Jutta Raab Hansen

NS-verfolgte Musiker in England

Musik im "Dritten Reich" und im Exil

Schriftenreihe
Herausgegeben von
Hanns-Werner Heister und Peter Petersen

Band 1

Jutta Raab Hansen

NS-verfolgte Musiker in England

Spuren deutscher und österreichischer
Flüchtlinge in der britischen Musikkultur

von Bockel Verlag
Hamburg 1996

Die Deutsche Bibliothek - CIP-Einheitsaufnahme

Raab Hansen, Jutta:
NS-verfolgte Musiker in England : Spuren deutscher und
österreichischer Flüchtlinge in der britischen Musikkultur /
Jutta Raab Hansen. - Hamburg : von Bockel, 1996
Zugl.: Hamburg, Univ., Diss., 1995
ISBN 3-928770-69-1

Titelbild:
Geiger-Seminar von England-Emigranten in Knokke am Meer (Belgien), Sommer 1939.
Von links nach rechts, vordere Reihe:
Hassiel, Ida Händel, Professor Carl Flesch, Betty Attkinson, unbekannt, unbekannt.
Letzte Reihe:
Gittes-Feritz Meyers, Lilo Kantorowicz, Jascha Herzog, unbekannt, unbekannt, Adele Katz.
Besitz: Lilo Kantorowicz.

Copyright von Bockel Verlag
Simrockstr. 62 B - 22589 Hamburg
Druck und Bindung: Interpress.
Alle Rechte vorbehalten. Auch die fotomechanische Vervielfältigung der Schrift
bedarf der vorherigen Zustimmung des Verlages.
ISBN 3-928770-69-1

Inhalt

Vorwort der Herausgeber 11

Vorwort der Autorin 15

Einleitung 19

1	Exilland Großbritannien	28
1.1	Die Situation nach der Machtübernahme Hitlers	28
1.2	Großbritannien als Schachfigur für Hitlers Eroberungspläne	31
1.3	Die Flucht von Musikern nach Großbritannien	34
2	Die musikalischen Beziehungen zwischen Deutschland/ Österreich und Großbritannien nach der Machtübernahme Hitlers	37
2.1	Quellenlage und Problemstellung	37
2.2.	Gegenseitige Gastspiele	38
2.2.1	Das Berliner Philharmonische Orchester	38
2.2.2	Das London Philharmonic Orchestra in Deutschland	43
2.2.3	Britisch-deutsche Kontakte nach 1933	49
2.2.4	Aufführungen mit deutscher Beteiligung an der Covent Garden Opera	52
2.2.5	Das Gastspiel der Dresdner Staatsoper in London 1936 ...	58
2.2.6	Das Gastspiel der Dresdner Staatsoper im Spiegel der deutschen Presse	61
2.2.7	Die Wiener Philharmoniker in Großbritannien	64
2.2.8	Die Musikstadt Wien im Spiegel der britischen Presse	66
2.2.9	Das Gastspiel des B.B.C. Symphony Orchestra in Wien ..	70
3	Das Musikleben im Dritten Reich und das Musikerexil im Spiegel der britischen Presse	71
3.1	Bruno Walter	71
3.2	Darstellungen des deutschen Musiklebens	73
3.3	Problemstellung	80
3.4	Sharfs retrospektive Analyse	81
3.5	Ausländerfeindlichkeit	84
3.6	Schlußfolgerungen	87
3.7	Britische Vorbehalte gegenüber kontinentaler Musik und Musikern zwischen den beiden Weltkriegen	89
3.7.1	Urteile und Pauschalurteile	89
3.7.2	"Little Europe" in England	92

4	Britische Musiker und ausländische Musiker	96
4.1	Problemstellung	96
4.2	Debatten in der Times	97
4.3	Die Politik der Incorporated Society of Musicians (I.S.M.) und Dysons Rede	100
4.4	Die Resonanz der Presse auf Dysons Rede	107
4.5	Prominente Antworten auf Dysons Rede	109
4.6	Dysons Replik	112
5	Das Problem der Arbeitserlaubnisse	117
5.1	Quellenlage	117
5.2	Das Musicians' Refugee Committee	117
5.3	Ein Briefwechsel zwischen Home Office, Ministry of Labour, Incorporated Society of Musicians und Musicians' Refugee Committee	119
5.4	Öffentliche Resonanz	133
6	Die Bedeutung der B.B.C. für deutsche und österreichische Exilmusiker	136
6.1	Quellenlage	136
6.2	Historische Entwicklung der B.B.C. bis zum Kriegsausbruch	137
6.3	Tätigkeit von Flüchtlingen in der B.B.C.	141
6.3.1	Kontaktaufnahme	141
6.3.2	Sänger	143
6.3.2.1	Irene Eisinger, Erika Storm und Elena Gerhardt	143
6.3.2.2	Das Auslandsprogramm der B.B.C.	149
6.3.2.3	Alice Schaeffer	149
6.3.2.4	Ernst Frank und Richard Tauber	151
6.3.2.5	Zusammenfassung	151
6.3.3	Instrumentalisten	152
6.3.4	Der Einsatz von Musikern bei der Gegenpropaganda der B.B.C.	156
6.3.5	Musikologen	159
6.3.6	Dirigenten	164
6.3.7	Komponisten radiospezifischer Kompositionen	171
6.3.8	Komponisten bei der B.B.C.	174
6.3.9	Exkurs: der Tierstimmenforscher Ludwig Koch	179
6.4	"Ban on alien composers"	181
6.4.1	Quellenlage	181
6.4.2	Anlaß und Reaktionen	182
6.4.3	Umsetzung des "Ban"	187
6.4.4	Resümee	197

7	Ausnahmen bei der Erteilung von Arbeitserlaubnissen	200
7.1	Verlage und Musikaliensammmlungen	200
7.1.1	Flüchtlinge als Verleger und Verlagsmitarbeiter	200
7.1.2	Antiquare und Bibliophile	207
7.2	Dirigenten	210
7.3	Beschäftigung in Bildungseinrichtungen	213
7.3.1	Das Morley College als Enklave	215
7.4	Musiker in britischen Orchestern	218
7.5	Lehrer an Musikhochschulen	220
8	Committee for the Promotion of New Music	223
9	Die "National Gallery Concerts" - ein Symbol des britischen Widerstands gegen Nazi-Deutschland	230
9.1	Quellenlage	230
9.2	Die Idee der National Gallery Concerts und ihre Resonanz	230
9.3	Ferdinand Rauter und Engel Lund	234
9.4	Elena Gerhardt	235
9.5	Das Rosé-Quartett	239
9.6	Louis Kentner	241
9.7	Louis Kentner und Ilona Kabos	243
9.8	Irene Eisinger	245
9.9	Das Czech Trio	246
9.10	Franz Osborn und Max Rostal	247
9.11	Franz Reizenstein	248
9.12	Sabine Kalter	249
9.13	Peter Stadlen	250
9.14	Walter Bergmann	250
9.15	Fritz Berend	251
9.16	Karl Haas	251
9.17	Resümee	255
10	Musiker in Flüchtlings- und Internierungslagern	258
10.1	Flüchtlingslager	258
10.2	Internierungslager	259
11	Der Freie Deutsche Kulturbund	269
11.1	Quellenlage	269
11.2	Gründung, Aufbau und Mitglieder	269
11.3	Politische Hintergründe	276
11.4	Die Taktik der KPD im britischen Exil	278
11.5	Wertungen zur Rolle des FDKB	280
11.6	Musik in Veranstaltungen des FDKB	283
11.7	Das Repertoire	287

11.8	Die Auflösung des Kulturbundes	290
11.9	Die Bedeutung des Freien Deutschen Kulturbundes für vertriebene Musiker	294
11.10	Zur Rezeption des FDKB	295
11.11	Die Bedeutung des FDKB für Exilmusiker	299
12	Das Austrian Centre in London	301
12.1	Quellenlage	301
12.2	Gründung und Zusammensetzung	302
12.3	Die Konzerte des Austrian Centre	310
12.4	Das Repertoire	317
12.5	Publikationen über Musik	319
12.6	Musikervereinigungen der Österreicher	321
12.6.1	"Musicians' Group of the Austrian Circle"	321
12.6.2	"Austrian Musicians' Group"	322
13	Die Programmzettelsammlung des Ernst Henschel	325
14	Die Internationale Gesellschaft für Neue Musik	328
14.1	Problemstellung und Quellenlage	328
14.2	Zur Geschichte und Haltung der IGNM gegenüber vertriebenen Musikern	328
15	Drei Londoner Musikerbiographien	333
15.1	Berthold Goldschmidt	333
15.1.1	Quellenlage	333
15.1.2	Problemstellung	333
15.1.3	Berthold Goldschmidt in London	334
15.1.4	Neuanfang nach dem Krieg	342
15.2	Ernst Hermann Meyer	361
15.2.1	Quellenlage:	361
15.2.2	Ernst Hermann Meyers Flucht nach London	361
15.2.3	Meyer als Musikwissenschaftler	362
15.2.4	Meyer als Komponist und Agitator	365
15.3	Maria Lidka	379
15.3.1	Quellenlage	379
15.3.2	Biographie	380
16	Kurzbiographien von 298 Musikern	393
17	Zusammenfassung	479

Anhang		483
1.	Abkürzungen	483
2.	Benutzte Archive	484
3.	Anonyme Quellen	485
4.	Oral History	488
5.	Literaturverzeichnis	489
Namensregister		515
Nachweis der Abbildungen		530

Vorwort der Herausgeber

Seit etwa 15 Jahren wird auch in der Musikwissenschaft der BRD die Bedeutung des Nazifaschismus für die Geschichte der Musik und der internationalen Musikkultur erkannt. Die Perspektive der Asylländer, die in der vorliegenden Arbeit gewählt wurde, bestimmte auch das einstige monumentale Projekt der Akademie der Künste in der ehemaligen DDR (Kunst und Literatur im antifaschistischen Exil 1933-1945). Die fast ausschließliche Beachtung der *politischen* Flüchtlinge führte allerdings zu Verzerrungen und zu einem insgesamt schiefen Bild von der Lage der Künste und Künstler im Exil. Jutta Raab Hansen ist die erste, die in Großbritannien die Archive der einschlägigen Institutionen und die Nachlässe von betroffenen Musikern (und in wenigen Fällen auch diese selbst) befragt hat, um die Bedingungen der beruflichen Existenz von Musikern im englischen Exil und die Reaktion der britischen Öffentlichkeit auf die Flüchtlinge zu eruieren.

Jutta Raab Hansen geht von der neuen politischen Lage nach dem Machtantritt der Nazis 1933 aus, um über die allgemeine Flüchtlingsstatistik zu der Gruppe der professionellen Musiker zu gelangen, die in Großbritannien um Asyl nachsuchten, sich dort eine neue berufliche Existenz aufbauten bzw. von England aus nach Übersee (meist in die USA) weiteremigrierten. Um das Spezifische der Situation in Großbritannien erfassen zu können, wird in einem historischen Rückblick auf die musikkulturellen Beziehungen zwischen England und Deutschland bzw. Österreich eingegangen. Da der Musikaustausch zwischen England und dem Festland auch nach 1933 zunächst noch ungemindert weiterlief, ergab sich für die Exilmusiker auf den britischen Inseln die demütigende Situation, im Asylland den ehemaligen Kollegen zu begegnen, die, obgleich sie ihren Frieden mit dem NS-Regime gemacht hatten bzw. (wie Karl Böhm) erklärte Nazis geworden waren, vom britischen Publikum umjubelt wurden, während sie selbst mit einem generellen Arbeitsverbot in England belegt worden waren.

In zwei großen Durchgängen beschreibt Raab Hansen sodann das Verhalten der berufsrelevanten Institutionen in England gegenüber den Immigranten. Dieses Verhalten war überwiegend von Abwehr bestimmt. Die britische Interessenvertretung der Musiker, die Incorporated Society of Musicians, fürchtete Verschiebungen auf dem Stellenmarkt durch die Einwanderer und wirkte deshalb auf die Regierung ein, das Arbeitsverbot möglichst restriktiv zu handhaben. Andererseits verfolgte die B.B.C. als wichtiger Arbeitgeber eine uneinheitliche Strategie, indem sie zwar auch den Andrang von Musikern, Komponisten und Musikwissenschaftlern aus Deutschland und Österreich abzuwehren suchte, andererseits aber ab 1939 eben deren Kompetenz benötigte, um ihre Sendungen im Rahmen der Gegenpropaganda durchführen zu können.

Daß alle Institutionen im Einzelfall die behördlichen Bestimmungen auch unterliefen, also Musiker und Musikerinnen einstellten, zeigt das eindrucksvolle Kapitel "Ausnahmen bei der Erteilung von Arbeitserlaubnissen". Hier wird auch deutlich, daß die Verhältnisse je nach Berufssparten unterschiedlich waren. Musikverleger, die aus Deutschland und Österreich flüchten mußten, hatten demnach viel bessere Chancen, in England Fuß zu fassen, als etwa Komponisten und Dirigenten. Desgleichen waren im Bildungssektor immer wieder Ausnahmen von dem generellen Arbeitsverbot möglich. Auf diesen Gebieten sind denn auch Spuren der deutschen und österreichischen Musikerflüchtlinge zu erkennen, die bis heute im Musikleben Großbritanniens wahrzunehmen sind.

Zwei Begebenheiten, die für die Situation in England spezifisch waren und in dieser Arbeit erstmals dokumentiert und untersucht werden, betrafen die Musikerasylanten sowohl positiv wie negativ. Gemeint sind die National Gallery Concerts einerseits und die Internierung von Flüchtlingen andererseits. In beiden Fällen wurde auf den Kriegseintritt Großbritanniens am 3.9.1939 reagiert. Die Konzerte in der Nationalgalerie _ es waren insgesamt 1.698! _ gingen auf eine Privatinitiative zurück, nachdem die Kunstschätze wegen der deutschen Bombenangriffe ausgelagert waren und die leeren Galerieräume zu anderweitiger Nutzung freistanden. Über sämtliche Kriegsjahre hin fanden hier täglich (außer Samstags und Sonntags) zwischen 13 und 14 Uhr Konzerte statt, bei denen Musikerflüchtlinge aller Länder neben Kollegen und Kolleginnen aus Großbritannien auftreten konnten. Auf den Programmzetteln ist tagebuchartig der Verlauf des Krieges vermerkt, so daß hier eine unvergleichliche Schilderung von Musiziersituationen unter Extrembedingungen vorliegt.

Andererseits war die von der Regierung angeordnete Internierung von Flüchtlingen, die den Status von "feindlichen Ausländern" bekommen hatten, eine Maßnahme, die von den Betroffenen nur schwer zu verkraften war. Hinter der Maßnahme stand die Befürchtung, daß sich unter den Flüchtlingen Spione befinden könnten. Indem Raab Hansen Dokumente ausgewertet, aus denen hervorgeht, daß selbst unter diesen Bedingungen musiziert und komponiert wurde, wird das Spektrum der Exilmusik-Typologie um ein weiteres Feld bereichert. (Übrigens ist das berühmte Amadeus-Quartett aus dem Kontakt der Musiker im britischen Internierungslager hervorgegangen.)

Im weiteren Verlauf der Arbeit wird das Musikerexil aus der Sicht der Flüchtlinge geschildert und dokumentiert. Zwei große Verbände hatten sich in England gebildet: der "Freie Deutsche Kulturbund" und das "Austrian Centre". Jutta Raab Hansen beschreibt die Gründung und Zielsetzung beider Exilvereinigungen getrennt, geht aber auch auf die komplizierten Beziehungen der 'organisierten' Deutschen und Österreicher untereinander sowie auf deren mehr oder weniger gelungene Integration im britischen Musikleben ein. Der FDKB verstand sich als Exilvertretung der KPD, wohingegen das Austrian Centre zwar auch von Kommunisten gegründet, politisch aber nicht so festgelegt war. Hinzu kamen deutsch-österreichische Spannungen, die sich eben auch im Exil nicht ganz unterdrücken ließen. Jutta Raab Hansen kann belegen, daß längst nicht alle deutschen Musikeremigranten unter den Fittichen des FDKB versammelt waren, sondern daß vielmehr ein Grenzgängertum zwischen deren Organisationen und den britischen Hilfsorganisationen die Regel war.

Drei exemplarische Musikerbiographien sowie ein umfangreiches Personenlexikon schließen die Arbeit ab. Es handelt sich um einen Beitrag sozialgeschichtlicher und biographischer Ausrichtung. Derartige Untersuchungen sind nötig, um ein Fundament zu geben für weiterführende Forschungen zum Thema "Musik im Exil". Wir freuen uns, mit diesem Band von Jutta Raab Hansen über *NS-verfolgte Musiker in England* unsere Schriftenreihe *Musik im "Dritten Reich" und im Exil* eröffnen zu können.

Vorwort der Autorin

Im Winter des Jahres 1987 saßen die Mitglieder der "Projektgruppe Musik und Nationalsozialismus" unter der Leitung von Professor Peter Petersen zusammen, um die für November 1988 geplante Ausstellung "Zündende Lieder - verbrannte Musik: Folgen des Nationalsozialismus für Hamburger Musiker und Musikerinnen" vorzubereiten. Ich stellte mich für weitere Recherchen und den Kontakt zu Berthold Goldschmidt zur Verfügung. Damit waren im Prinzip die Weichen für die vorliegende Arbeit gestellt. Nachdem Berthold Goldschmidt zur Ausstellungseröffnung nach Hamburg gekommen war, ließ mich das Thema "Musikerexil in England" nicht mehr los - war es doch zu vergleichen mit einem weißen Fleck auf der Landkarte. Prof. Petersen unterstützte mich dabei, das Thema anzugehen, und schließlich erhielt ich von März 1991 an ein dreijähriges Promotionsstipendium der Friedrich Naumann-Stiftung. Etwa zu diesem Zeitpunkt waren mir 17 Musiker beiderlei Geschlechts bekannt, die nach England geflohen waren. Über vorhandene Quellen wußte ich zu diesem Zeitpunkt fast nichts. Die Öffnung der Berliner Mauer begünstigte meine Arbeit. Nun war es möglich geworden, Archive und Remigranten in der ehemaligen DDR zu besuchen. So sprach ich im Frühjahr 1991 mit Georg Knepler und Ingeborg Wall Lade in Berlin.

Richtig spannend wurde es, als ich mich im September 1991 nach Harwich einschiffte, um an Ort und Stelle zu recherchieren. Bereits nach einer Woche hatte ich eine ideale Unterkunft in London Hackney gefunden.
Besonderen Anteil an meiner Arbeit nahm Berthold Goldschmidt. Kurz nach meiner Ankunft hatte er mich bereits bei Mrs. C.A. Banks bei der Musikabteilung der British Library avisiert, die es sich nicht nehmen ließ, mich ganz persönlich in den folgenden Monaten zu beraten. In regelmäßigen Abständen luden Goldschmidt und seine langjährige Lebensgefährtin Margot Rosenkranz mich nach Hampstead ein und taten alles, damit ich mich in London wie zu Hause fühlte. Oft ließen sie es sich nicht nehmen, für mich den schönsten Lachs zu kochen. Ich konnte nicht ahnen, daß es wirklich die letzten und kostbaren Stunden waren, die ich gemeinsam mit ihnen beiden so harmonisch verbringen konnte. Margot Rosenkranz starb im März 1993, wenige Monate nach der konzertanten Berliner Aufführung des *Gewaltigen Hahnrei* in London. Auch sie gehört als Frau eines Zahnarztes aus Berlin, die mit Mann und ihren beiden kleinen Söhnen relativ früh nach London geflohen war, zum Kreis der Flüchtlinge, die sich nach England retteten.

Berthold Goldschmidt vermittelte Kontakte zu Freunden, die er noch aus Deutschland, z.T. seit den dreißiger Jahren, kannte. Als erstes besuchte ich die Hamburgerin Erika Storm (verheiratete Graetz), die neben ihrer eigenen Geschichte auch meine zahlreichen Fragen nach Musikern und Musikerinnen des Freien Deutschen Kulturbundes gern beantwortete. Auch Milein Cosman, die Witwe von Hans Heinrich Keller, opferte ihre Zeit und berichtete mir von der Flucht und dem Wirken ihres verstorbenen Mannes in England. Goldschmidt empfahl mir auch die Geigerin Maria Lidka. Als ich sie besuchte, stellte sich heraus, daß sie nahezu alle Musiker und Musikerinnen, die ich inzwischen in meine Kartei aufgenommen hatte, kannte oder von ihnen gehört hatte. Frau Lidka übergab mir sofort einen Koffer mit etwa 500 Programmzetteln ihrer Auftritte, von denen etwa 200 aus der Zeit bis 1946 stammten. (Bei den meisten Programmen während des Krieges wurde übrigens aus Verdunklungsgründen die genaue Jahreszahl weggelassen, so daß diese nach einem bestimmten Schlüssel errechnet werden mußten.) Maria Lidka traf ich noch mehrmals. Sie wurde nicht müde, sich die Anfangsjahre ihres Exils ins Gedächtnis zurückzurufen. Und geduldig korrigierte sie später den Abschnitt, der in der vorliegenden Arbeit ihr vorbehalten war. Siegmund Nissel und Peter Gellhorn begegneten mir mit großer Offenheit. Meine Fragen berührten auch Wunden, die bis heute nicht verheilt sind. Ich habe es als besonders wertvoll empfunden, daß meine Gesprächspartner mich daran Anteil nehmen ließen.

Die Liste der Archive, die mich unterstützten, ist lang. Allen bin ich zu Dank verpflichtet. Dabei möchte ich besonders diejenigen erwähnen, bei denen ich mitunter wochen- oder tagelang recherchierte: Die Mitarbeiter und Mitarbeiterinnen des ehemaligen Zentralen Parteiarchivs im Institut für Geschichte der Arbeiterbewegung in Berlin, Jeff Walden vom BBC Written Archives Centre, Egon Rubisch von der Sammlung Ernst Hermann Meyer an der Akademie der Künste in Berlin und der Exil-Sammlung der Beutschen Bücherei in Leipzig, Joy Eldridge vom Mass-Observation Archive der Universität Sussex. Die meiste Zeit verbrachte ich in der Londoner British Library, deren Mitarbeiterinnen und Mitarbeitern ich zu danken habe. Dr. Clemens Hellsberg vom Archiv der Wiener Philharmoniker beantwortete aus der Ferne ganz ausführlich meine Fragen. All diejenigen Emigranten und Emigrantinnen, die aus England und den USA meine Briefe beantworteten, verdanke ich, daß mein Blick auf die Geschichte des Musikerexils in England immer differenzierter wurde.

Für die Unterstützung meiner Arbeit danke ich: Herrn Prof. Dr. Peter Petersen und Prof. Dr. Constantin Floros, Nicole Ristow, Bettina Fellinger, Michael Graefe, Werner Hinze, Reiner Licht, Ludger Kreuzheck, Paula Bradish und Thurid Koestermann-Babick. Und die Geduld und das Verständnis, die meine Tochter Juliane und mein Ehemann Dr. Friedrich Hansen aufbrachten, haben mir in ganz besonderem Maße geholfen.

Die vorliegende Arbeit wurde im Mai 1995 abgeschlossen und im Juni 1995 vom Fachbereich Kulturgeschichte und Kulturkunde der Universität Hamburg als Dissertation angenommen. Für die Drucklegung wurde sie geringfügig bearbeitet. Die Übersetzungen aus dem Englischen stammen - soweit nicht anders vermerkt - von mir.

Einleitung

Nach der Machtübernahme der Nationalsozialisten wählten Juden und andere Verfolgte die britischen Inseln als eine mögliche Zufluchtsstätte. Hier konnten sie relativ sicher sein. Das British Empire war Weltmacht und das Land berühmt für seinen Liberalismus und seine funktionierende parlamentarische Demokratie. Auch die Insellage war ein wichtiger Aspekt. Von hier aus ließen sich in sicherer Entfernung die Ereignisse in Deutschland beobachten, um bei veränderter politischer Lage kurzfristig zurückkehren zu können. So wandten sich zwischen 1933 und 1939 46.458 Flüchtlinge nach Großbritannien (Strauss 1983, Bd. II, Tl. 1, XX).

Deutsche Musik und Musiker hatten traditionell einen guten Ruf auf der Insel, so daß gerade diese Berufsgruppe mit etwas Optimismus auf eine gute Aufnahme hoffte. Unter den Flüchtlingen befanden sich etwa 400 Musiker. Die Musik war in Deutschland bzw. Österreich ihre eigentliche Profession gewesen. Es handelte sich dabei um ausübende Musiker, Komponisten, Sänger, Instrumental- und Gesangslehrer, Dirigenten, Musikologen verschiedener Wirkungsbereiche, Konzertagenten, Librettisten, Musikbibliothekare, Bibliophile, Antiquare, Lektoren, Rundfunkredakteure, Choreographen und Regisseure männlichen und weiblichen Geschlechts. Genau sie sind der Gegenstand der vorliegenden Arbeit.[1] Unter Exil soll im Zusammenhang dieser Arbeit "gelungene Flucht" und "Zufluchtsstätte" verstanden werden. Um eine sichere Zufluchtsstätte zu erreichen, sind Flüchtlinge gezwungen, ihre Heimat zu verlassen. Dort sehen sie sich weiteren existentiellen Problemen gegenüber. Sie müssen Entscheidungen treffen und Antworten auf folgende Fragen finden:
1. Ist die gewählte Zufluchtsstätte vor den Verfolgern sicher? 2. Ist ein Überleben und eine berufliche Existenz im Exil möglich? 3. Gibt es eine Rückkehr?
Das Leiden von Flüchtlingen ist im Exil nicht beendet. Auch das als sicher erachtete Exil kann sich plötzlich als unsicher erweisen. Das traf z.B. auf die Flüchtlinge in Holland, Belgien und Frankreich zu, die nach Beginn des II. Weltkrieges plötzlich der Wehrmacht und SS ausgeliefert waren. In anderer Hinsicht galt es auch für die aus Nazi-Deutschland geflohenen Kommunisten, die sich in der Sowjetunion in Sicherheit wähnten. Solange sich Flüchtlinge in der Fremde weiter bedroht fühlen, werden sie versuchen, eine andere Zufluchtsstätte, die eine größere Sicherheit ver-

---

1   Es ist überliefert, daß Vertriebene ihre Musikinstrumente mit ins Exil retteten und, ihrer Hausmusik-Tradition entsprechend, gemeinsam - zuweilen auch mit Briten - musizierten. Diese Form der musikalischen Betätigung soll im folgenden jedoch keine Berücksichtigung finden. So berichtet z.B. Charlotte Singer, die als Dienstmädchen arbeitete, daß sie in einem Orchester in London Geige spielte. Es handelt sich dabei höchstwahrscheinlich um das "West London Amateur Orchestra", das Heinz Unger leitete (Programmzettelsammlung Erika Storm). Sie beschreibt, welche besondere Bedeutung gerade im Exil das Musizieren als Gemeinschaftserlebnis für sie besaß (Singer 1988, 121f.).

spricht, zu erreichen. Ist in absehbarer Zeit eine Rückkehr in das Heimatland nicht möglich, müssen sie sich mit den Möglichkeiten, die sich in dem Asylland bieten, auseinandersetzen.

Mit dem Versuch, sich als Fremde zu assimilieren, entstehen oft neue Probleme und neues Leiden. Neben aufrichtigem Mitgefühl für ihre Situation begegnen Flüchtlingen möglicherweise auch offene und versteckte Ablehnung, Vorurteile und Konkurrenzgefühle. Flüchtlinge werden vor die Entscheidung gestellt, ihre erworbene berufliche Kompetenz im Exil in die Waagschale zu werfen, oder sich eine neue berufliche Kompetenz anzueignen. Dabei machen Flüchtlinge in der Auseinandersetzung mit der neuen Realität produktive Erfahrungen. Auch für die aufnehmende Gesellschaft ergeben sich durch die Fremden Irritationen und Konflikte. Sie werden in den meisten Fällen als Gäste angesehen, verbunden mit dem Wunsch, daß sie möglichst schnell das Land wieder verlassen. Die Aufnahme von Vertriebenen wirkt sich auf ökonomischem und sozio-kulturellem Gebiet befruchtend für das Asylland aus. Viele von ihnen sind hochmotiviert, die gewährte Aufnahme und Rettung durch eigene Leistungen zu rechtfertigen und als eine richtige Entscheidung begreiflich zu machen. Vom Gastland wird dieser positive Effekt oft erst in der historischen Distanz erkannt und gewürdigt. Dafür gibt es in der Geschichte viele Beispiele.[2]

Bereits zu Beginn meiner Untersuchungen zeigte sich, daß im Falle Großbritanniens neben den deutschen auch die österreichischen Flüchtlinge in die Betrachtung mit einbezogen werden mußten. Die Gründe dafür sind folgende:

1. Die Österreicher und Deutschen im Land wurden nach dem "Anschluß" Österreichs von den britischen Behörden gleich behandelt. Nach Beginn des Krieges hatten sie gemeinsam den Status als "enemy aliens" in der britischen Gesellschaft.

2. Obwohl es mit dem Freien Deutschen Kulturbund und dem Austrian Centre jeweils Flüchtlingszentren von Deutschen und Österreichern gab, können die deutschen und österreichischen Musiker nicht strikt voneinander getrennt werden. Sie musizierten vor dem Hintergrund ihrer gemeinsamen Tradition innerhalb und außerhalb dieser Zentren in verschiedenen Ensembles zusammen und unterstützten sich gegenseitig.

3. Nicht wenige österreichische Musiker waren in den zwanziger Jahren nach Deutschland gegangen, weil sie dort bessere Arbeitsmöglichkeiten als in ihrer Heimat vorfanden. Die jüdischen Musiker unter ihnen wurden nach 1933 entlassen. Einige von ihnen gingen nicht mehr nach Österreich zurück, sondern wandten sich gleich nach Großbritannien.

---

2 Den Sephardim, die in Hamburg nach ihrer Vertreibung aus Spanien und Portugal Aufnahme gefunden hatten, begegneten die Bürger mit Mißtrauen. Die aufgenommenen Juden begründeten durch ihre weltweiten Geschäftsverbindungen die Handelsmetropole und verhalfen Hamburg damit zu Reichtum.

Bei den Musikern handelt es sich um eine besondere Berufsgruppe. Ein Musiker kann nur durch intensive und kontinuierliche Förderung heranreifen. Die Musik trägt zu dem ideellen Reichtum einer Gesellschaft in besonderem Maße bei. In Friedenszeiten übernehmen Musiker, deren Sprache überall verstanden werden kann, die Funktion von Botschaftern zwischen einzelnen Ländern. In Deutschland hatte bis zur Machtübernahme der Nationalsozialisten das Musikleben mit allen seinen verschiedenen Bereichen einen hohen und differenzierten Standard erreicht. Musiker aller Professionen besaßen ein großes gesellschaftliches Ansehen. An den Universitäten hatte sich seit Ende des 19. Jahrhunderts die Musikwissenschaft etabliert. Mit dem Beginn der Hitler-Diktatur wurde die Vielfalt auf dem Gebiet der Musik und Musikwissenschaft, wie sie sich in den zwanziger Jahren in Deutschland entwickelt hatte, zerstört.

Mindestens 90% der vertriebenen Musiker waren Juden. Natürlich ist diese Zuordnung nicht immer zweifelsfrei möglich, schon gar nicht rückblickend. Nach dem jüdischen Religionsgesetz werden Menschen als Juden definiert, wenn sie eine jüdische Mutter hatten. Hingegen wurde die jüdische Herkunft nach den Nürnberger Rassengesetzen rein biologisch definiert und über mehrere Generationen anhand sogenannter Rassengutachten nach Bruchteilen ermittelt. So war ein Mensch, der drei arische und ein jüdisches Großelternteil aufwies, ein Vierteljude. Wenn ein Elternteil jüdisch war, sprach man von Halbjuden. Das Geschlecht spielte dabei keine Rolle. Die Klassifizierung als Jude geschah in ausdrücklich stigmatisierender Absicht und zog bekanntlich alle Stufen der Verfolgung nach sich. Dieser Rassismus bestimmte auch das "Lexikon der Juden in der Musik", das im Auftrag der NS-Behörden unter "Mithilfe der Reichsstelle für Sippenforschung" hergestellt wurde (Stengel/Gerigk 1940 u.a.).

Die vorliegende Arbeit versucht, die Spuren von Musikern aller Professionen, die in Großbritannien Aufnahme fanden, weiter zu verfolgen. Es sollte herausgefunden werden, ob und in welchen Bereichen sich diese meist hochsensiblen und entwurzelten Menschen assimilieren oder integrieren konnten und wie ihnen die aufnehmende Gesellschaft begegnete. Dabei sind die Schwerpunkte der Betrachtung folgendermaßen gegliedert:

Kapitel 1 beschäftigt sich zunächst mit grundlegenden politischen Sachverhalten. Dabei geht es auch um die Rolle, die Hitler Großbritannien in seinen Eroberungsplänen zugedacht hatte. Denn danach richtete sich seine Politik gegenüber der britischen Regierung zwischen 1933 und 1939. Regierungsamtliche Maßnahmen gegenüber den "refugees" und Statistiken schließen dieses einleitende Kapitel ab.

Die musikalischen Beziehungen zwischen Deutschland, Österreich und Großbritannien im Spiegel der Gastspielpraxis thematisiert das 2. Kapitel. Dazu gehört insbesondere die Behandlung des Problems, daß die britischen Medien während der Zeit des Nationalsozialismus zwar über das deutsche Musikleben mehr oder wenig kritisch berichteten, sich dies aber nicht auf die Zufluchtsuchenden im eigenen Land auswirkte. In Kapitel 3 wird die Stimmung und Reaktion der britischen Gesellschaft gegenüber den Einwanderern auf die britische Insel beschrieben. In diesem Zusammenhang bietet es sich an, auch Vorurteilen und Urteilen von britischen Komponisten über die zeitgenössische kontinentale Musik im einzelnen nachzugehen.

Kapitel 4 und 5 behandeln die Selbstbehauptung der britischen Musikervertretung gegenüber der Konkurrenz aus dem Ausland und die Auseinandersetzungen verschiedener Interessengruppen im Umgang mit Arbeitserlaubnissen für ausländische Musiker. Es folgt in Kapitel 6 die Darstellung der Tätigkeit von Flüchtlingen an der B.B.C. Dabei wird deutlich, wie sich der Krieg auf die Anstellung von Flüchtlingen und auf die Gestaltung von Rundfunkprogrammen auswirkte.

Trotz des generellen Arbeitsverbots gab es natürlich Ausnahmen aus Gründen der Staatsraison. In Kapitel 7 werden diese Ausnahmen und ihre Wirkungen näher beschrieben. Eine Gründung von Briten und Ausländern ist das Committee for the Promotion of New Music. Dessen Bemühungen, das britische Musikleben während des Krieges zu befördern, ist das Kapitel 8 gewidmet. Auf Initiative der Pianistin Myra Hess gaben nach Kriegsbeginn Musiker täglich Mittagskonzerte in der Nationalgalerie, bei denen Deutsche und Österreicher beteiligt waren. Es werden in Kapitel 9 nur die Konzerte erwähnt, bei denen diese Musiker mitwirkten. Der Zeitpunkt ihres ersten Auftritts in der Nationalgalerie bestimmt die gewählte Reihenfolge der Darstellung. Mit einer kurzen Betrachtung der Musikausübung von Flüchtlingen in Flüchtlings- und Internierungslagern in Kapitel 10 schließt die Beschreibung von britischen Institutionen, Initiativen, Organisationen und Interessengruppen, mit denen sich die Musiker aus Deutschland und Österreich arrangieren mußten.

Von Kapitel 11 an richtet sich der Blick auf die Überlebensstrategien von Flüchtlingen. In Flüchtlingsorganisationen wie im Freien Deutschen Kulturbund und im Austrian Centre hatte die Musik eine besondere Funktion. Österreicher gründeten weitere Musikervereinigungen, die in Kapitel 12 berücksichtigt werden. Kapitel 13 ist Ernst Henschel aus Berlin und seiner deutsch-englischen Programmzettelsammlung vorbehalten. Mit dem Blick auf die Haltung der Internationalen Gesellschaft für Neue Musik gegenüber geflüchteten Musikern und Komponisten soll die Frage nach einer möglichen Unterstützung "von außen" in Kapitel 14 beantwortet werden.

Drei beispielhafte Londoner Biographien ergänzen die Studie. Der Komponist und Dirigent Berthold Goldschmidt, der Komponist und Musikwissenschaftler Ernst Hermann Meyer und die Violinistin Maria Lidka fanden in London Zuflucht. Während Ernst Hermann Meyer remigrierte, blieben Goldschmidt und Lidka als spätere britische Staatsbürger in England. Ihre Londoner Wirkungsbereiche unterscheiden sich deutlich voneinander, berühren sich aber auch in geringem Maße. Ihre Biographien machen deutlich, wie kompliziert und widersprüchlich sich die Situation im britischen Exil für Musiker, Komponisten und Musikologen beiderlei Geschlechts gestaltete. Im letzten Teil, in Kapitel 16, erscheinen Kurzbiographien von Flüchtlingen, die sich nach England retten konnten. Den Abschluß bildet in Kapitel 17 der Versuch, die besondere Situation für die Musiker im britischen Exil zusammenfassend darzustellen.

Innerhalb der Musikwissenschaft hat sich Exilforschung erst seit Beginn der achtziger Jahren etabliert. Zunehmend verfolgen Autoren den Ansatz, das Musikerexil auch unter dem Gesichtspunkt des Exillandes darzustellen. Dabei werden Musik und Musiker in Darstellungen integriert, in denen entweder die Literatur bevorzugt behandelt wird, oder verschiedene künstlerische Berufsgruppen betrachtet werden. Die bisher erschienene Literatur, in der das Musikerexil in Großbritannien eine Rolle spielt, ist relativ überschaubar.

Eine erste Publikation zum Exil in Großbritannien stellt der Sammelband "Exil in Großbritannien", herausgegeben von Gerhard Hirschfeld dar, der bereits 1983 erschien. Hier werden in einzelnen Aufsätzen "die politischen, sozialen, wirtschaftlichen und kulturellen Bedingungen" (Hirschfeld 1983, 7), mit denen sich Flüchtlinge konfrontiert sahen, beleuchtet. Einige Beiträge dieser Sammlung wurden für die vorliegende Arbeit ausgewertet. Insbesondere Wassersteins Aufsatz über die Flüchtlingspolitik britischer Regierungen und die Flüchtlingsbewegungen nach Großbritannien erwies sich als ergiebig. Der Brite John Willett schenkte in seinem Aufsatz "Die Künste in der Emigration" den Musikern und Komponisten unter dem Blickwinkel ihres Beitrages für die britische Musikkultur Beachtung und gab einen kurzen summarischen Überblick über ihre Leistungen. Einige Erkenntnisse Willetts werden hier aufgegriffen und diskutiert.

1986 veröffentlichte Habakuk Traber den Aufsatz "Emigrierte Musik" mit dem Schwerpunkt Großbritannien und stellte einige Komponisten vor, die die britischen Inseln entweder als Zwischenstation nutzten oder sich dort niederließen (Traber 1986). Ein Jahr darauf publizierte Karoly Csipak im Ausstellungskatalog "Verdrängte Musik" (Traber/Weingarten 1987, 43-77) ein Interview, das er mit Berthold Goldschmidt in London geführt hatte. Darin wird dem Leser durch den lebendigen Bericht eines exilierten Komponisten und Dirigenten die besondere Situation des Musikerexils in Großbritannien nahegebracht.[3]

---

3   Da in diesem Interview zahlreiche Fehler vorhanden sind, steht dieser Veröffentlichung und deren weiterer Nutzung Berthold Goldschmidt kritisch gegenüber. Eine revidierte und ge-

Der Österreicher Peter Stadlen berichtete während eines Kolloquiums zum Thema "Österreicher im Exil" über "Österreichische Exilmusiker in England". Mit großer Offenheit behandelt Stadlen darin nicht nur Erfolge, sondern auch die Schwierigkeiten, auf die er traf, und Vorurteile, mit denen er sich in den ersten Jahren nach seiner Ankunft in Großbritannien auseinandersetzten mußte (Stadlen 1990). Ein Kompendium über das Exil der Österreicher in Großbritannien legte das Dokumentationsarchiv des Österreichischen Widerstands 1992 mit dem Dokumentationsband "Österreicher im Exil - Großbritannien 1938-1945" vor (DÖW 1992). Verschiedene Dokumente und darin enthaltene Interviews wurden für diese Arbeit genutzt.

1991 erschien Erik Levis Aufsatz "The German Jewish Contribution to Musical Life in Britain", der mit Abstand umfassendste Aufsatz zum behandelten Gegenstand in dem deutsch-britischen Sammelband "Second Chance: Two Centuries of German-speaking Jews in the United Kingdom". Er schließt das 19. Jahrhundert mit ein und geht zeitlich weit über das Ende des II. Weltkrieges hinaus. Es handelt sich um eine eindrucksvolle Würdigung des Beitrages der deutschen und österreichischen Musiker zur britischen Musikkultur nach 1933. Levi ordnet die Beiträge der Flüchtlinge nach einzelnen Berufsgruppen und hebt ähnlich wie Willett den Beitrag von emigrierten Verlegern und Verlagsmitarbeitern für das britische Musikleben hervor. Zusammenfassend gelangt er zu dem Ergebnis:

> In all these specialised fields, the extraordinarily wide range of talent that reached these shores during the years of Nazi pression played no small part in paving the way for the rich plethora of experiences which constitute much British musical life during the 1980s (Levi 1991, 295).

Levi legte 1992 auf dem Essener Symposium "Musik in der Emigration 1933-1945: Verfolgung - Vertreibung - Rückwirkung" eine Kurzfassung dieses Aufsatzes vor, der somit 1994 erstmalig in deutscher Sprache erschien (Levi 1994). Der Sammelband "Musik im Exil: Folgen des Nazismus für die internationale Musikkultur" unternimmt den ersten Versuch, einen Überblick über die wichtigsten Fluchtländer zu geben (Heister/Maurer Zenck/Petersen 1993). Es wird dabei deutlich, wie unterschiedlich sich in jedem Zufluchtsland die Situation für die betroffenen Musiker darbot und welch besondere Bedeutung der Kontext des Asyllandes gerade für den weiteren Lebensweg von Musikern hat. Der darin von mir veröffentlichte Beitrag über Großbritannien, während der Recherchen zu dieser Arbeit entstanden, gab einen ersten Überblick über die historische Situation des Gastlandes Großbritannien, mit denen Musiker sich konfrontiert sahen.[4] Stephan Stompor recherchierte im

---

kürzte Fassung des Interviews ist in das Buch: Berthold Goldschmidt - Komponist und Dirigent: Ein Musiker-Leben zwischen Hamburg, Berlin und London. Hamburg, von Bockel 1994, eingegangen.

[4] Da in diesem Aufsatz (Raab 1993) einige Fehler und Ungenauigkeiten enthalten sind, sollen sie hier korrigiert werden: S. 287: Georg Knepler war als Sekretär des Austrian Centre

Rahmen der Betrachtung des Exils von Künstlern in 62 Ländern einzelne Musiker in Großbritannien. Im Vergleich zu den weiter von ihm berücksichtigten Ländern bietet er einen relativ umfangreichen Artikel an, der zahlreiche Fakten und Details[5] zur Gruppe der Musiker enthält, die bisher nicht zugänglich waren (Stompor 1994). Innerhalb des Sammelbandes "Kunst und Literatur im antifaschistischen Exil 1933-1945" aus dem Jahr 1987 steuerten Leske und Reinisch den Aufsatz "Exil in Großbritannien" bei, der sich unter dem Blickwinkel der SED-Geschichtsbetrachtung mit dem Freien Deutschen Kulturbund in Großbritannien befaßt. Wegen der zugrundeliegenden Ideologie muß dieser kritisch betrachtet werden. Detailliert beschreiben die Autorinnen die verschiedenen kulturellen und musikalischen Beiträge des Freien Deutschen Kulturbundes in London. Immerhin wurde damit Lesern in der damaligen DDR eine erste Publikation vorgelegt, welche überhaupt Musikerexil in Großbritannien berührte. Bereiche über den Kulturbund hinaus fanden darin aus ideologischen Gründen kaum Berücksichtigung (Leske/Reinisch 1987).

Im Rahmen der Recherchen zu dieser Arbeit sind bisher "vergessene", in oben genannten musikwissenschaftlichen Beiträgen zum Gegenstand nicht berücksichtigte Archive herangezogen worden. Dazu gehören das Public Record Office, Kew, das B.B.C. Written Archive in Reading und die Sammlung der "National Gallery Concerts" in der British Library in London, die sich als relativ ergiebig für das Thema erwiesen. Eine wichtige Quelle waren die Programmzettel von Konzerten. Insgesamt wertete ich rund 2.400 Programme aus. Sie liefern die Belege für die Tätigkeit von Dirigenten, Musikern und Sängern bzw. für die Aufführungen von Werken vertriebener Komponisten. Sie zeigen, wie die Flüchtlinge im Konzertalltag präsent waren und lassen deshalb genaue Schlußfolgerungen zu. Zu dieser Quellensorte gehören:

-Die Programme des Freien Deutschen Kulturbundes (SAPMO, Berlin).

---

verantwortlich für alle Veranstaltungen, nicht nur für die musikalischen. S. 291: Die Zeit, in der Knepler bei Hans Gál Unterricht nahm, fällt in die Jahre 1923-1929 (vgl. für weitere Ergänzungen und Richtigstellungen zur Tätigkeit von Georg Knepler bei der Television, B.B.C. und Opera Group das Kapitel 6.3 vorliegender Arbeit). S. 280: Anstatt Immigration Office muß es richtig heißen: Home Office; der Beamte hieß Immigration Officer. S. 282: richtig Bockelmann, nicht Boeckelmann. S. 284: anstatt Paula = Rose Pauly-Dreesen. S. 293: Berthold Goldschmidt war "ziviler Luftschutzwart", anstatt Helfer der Londoner Feuerwehr. Die U-Bahn-Station heißt Hampstead (ohne "Heath"). S. 294: anstatt Chronos richtig *Chronica*. Nach der Aufführung von Bruchstücken der Goldschmidt-Oper *Beatrice Cenci* 1953 in der B.B.C. und 1988 konzertant in London. S. 295: richtig ist als Uraufführungsstätte des *Gewaltigen Hahnrei* Mannheim (anstatt Darmstadt) und 60 (statt 50) Jahre später.

5   Bei seinen Recherchen zog Stompor auch den Artikel über Großbritannien aus dem Sammelband Heister/Maurer Zenck/Petersen 1993 heran.

25

-Die privaten Programmzettelsammlungen von Maria Lidka, Erika Storm und Ernst Hermann Meyer (letztere befinden sich innerhalb der Sammlung des "Ernst Hermann Meyer Archivs" in der Akademie der Künste, Berlin).

-Die "Ernst Henschel Collection" und die von Myra Hess zusammengestellte Programmzettelsammlung der Nationalgalerie-Konzerte in der British Library in London.

Weitere Dokumente sind die Akten über die Tätigkeit von Flüchtlingen an der B.B.C., die die persönliche Situation der Flüchtlinge und ihr Verhältnis zu den Repräsentanten des britischen Senders widerspiegeln. Zu den Dokumenten gehören weiter die Zeugenaussagen von Flüchtlingen. Dabei gaben diese Berichte Anstöße, weiteren Fragen nachzugehen. Milein Cosman, Peter Gellhorn, Berthold Goldschmidt, Maria Lidka, Siegmund Nissel und Erika Storm stellten sich in London freundlicherweise meinen Fragen zur Verfügung. Die Abschriften der Interviews befinden sich in meinem Besitz. Georg Kneplers und Berthold Goldschmidts Erinnerungen an einzelne Flüchtlingen vermerkte ich systematisch. Georg Knepler berichtete im Winter 1992 der Arbeitsgruppe Exilmusik vom Musikwissenschaftlichen Institut der Universität Hamburg über sein Exil in London. Die Abschrift des Gespräches liegt vor. Ingeborg Wall Lade übergab mir ein schriftliches Protokoll eines Gespräches, in dem sie sich bereits einige Jahre zuvor ausführlich über ihre Londoner Exiljahre geäußert hatte.

Mit den erwähnten Zeitzeugenberichten ist auch das Problem der Oral History angesprochen. Es existieren in der Oral History verschiedene Methoden der Befragung. Es ist möglich:

a) Aus der genauen Kenntnis des Gegenstandes heraus die subjektiven Erfahrungen und Erinnerungen eines Interviewpartners über den Gegenstand in Erfahrung zu bringen.

b) Die Befragten ohne besondere Einschränkungen sprechen zu lassen, so daß sie selbst die Schwerpunkte dabei setzen.

c) Beide Verfahren - als "diachrones Interviewverfahren" - miteinander zu koppeln (Steinbach 1980, 319).

Die Interviews fanden zu einem relativ frühen Zeitpunkt der Recherchen statt, als mein Kenntnisstand über das Problem noch relativ gering war. Die Befragten erzählten, zumeist nur durch wenige Verständigungsfragen unterbrochen, ihre individuelle Exilgeschichte und setzten dabei selbst die entsprechenden Schwerpunkte. Dadurch ergab sich für den gewählten Zeitraum, mit ähnlichen äußeren Bedingungen für jeden einzelnen von ihnen, ein differenziertes Bild. Es setzte sich aus ganz unterschiedlichen Blickwinkeln, angereichert durch viele Details, zusammen. Die Befragten hatten mit ihrer Flucht nach London ähnliches erlebt und "erlitten". Es trifft auf diese Gruppe zu, was Steinbach für die Anwendung der Oral History vorausschickt:

Nicht Lebensläufe beliebiger Personen gilt es zu untersuchen, sondern Lebensläufe von Personen, die sich in einer ähnlichen, vergleichbaren Sozialisationssituation befanden (ebenda). Maria Lidka befragte ich ein Jahr später noch einmal zu ganz gezielten Schwerpunkten, die sich aus weiteren Auswertungen von Materialien ergeben haben. Die Auswertung der Interviews bot innerhalb der Arbeit oft Anlaß zu weiteren Fragestellungen. Nach Möglichkeit wurden objektive Dokumente oder Quellen den Berichten gegenübergestellt.

1 Exilland Großbritannien

1.1 Die Situation nach der Machtübernahme Hitlers

Als die Nationalsozialisten in Deutschland 1933 an die Macht kamen, trafen die ersten Flüchtlinge in Großbritannien ein und bekamen Asyl. Für die Einwanderung gab es seit 1919 mit dem Gesetz zur Beschränkung der Ausländer ("Alien Restriction Act") und durch den Fremdenerlaß ("Aliens Order") von 1920 relativ scharfe Bestimmungen, mit denen die Flüchtlinge konfrontiert waren. Danach durfte kein Fremder, außer er konnte seinen Unterhalt nachweisen, ins Land gelassen werden. Ferner besagte der Erlaß, daß "jeder Einwanderer durch einen Einwanderungsbeamten abgewiesen werden (konnte)" (Wasserstein 1983, 46). Berthold Goldschmidt schilderte die Prozedur seiner Einreise:

> Ich landete in Harwich im Oktober 1935 und kam an das Pult des Einwanderungsoffiziers. Der fragte mich: 'Was sind Sie von Beruf?' - 'Musiker.' - 'Musiker werden es schwer haben, denn die Gewerkschaften sind in einer sehr schwierigen Lage augenblicklich, weswegen die ausländischen Musiker keinerlei Arbeitserlaubnis bekommen. Also, ich kann Ihnen da keine Aussicht machen, daß Sie Erlaubnis bekommen, hier einzuwandern' (Goldschmidt 1994, 57).

Der Einwanderungsoffizier ließ Goldschmidt ins Land, nachdem ihm der junge Komponist einige seiner gedruckten Kompositionen vorlegte und erklärte, von den zu erwartenden Tantiemen seinen Unterhalt bestreiten zu können.
Daß die o.g. Gesetze dennoch relativ "human" gehandhabt wurden, geschah nicht ohne Grund: Nachdem sich ein Kabinettsausschuß unter dem Vorsitz des Innenministers am 5. April 1933 des Flüchtlingsproblems annahm, erklärten sich spontan englisch-jüdische Organisationen bereit, für alle Kosten der jüdischen Einwanderer aufzukommen. Die britische Regierung stimmte dem zu. Trotzdem sollte aber nach Ansicht der Regierung das Einwanderungsgesetz beibehalten und, auch wenn die Hilfsorganisationen zahlten, jeder Einzelfall genau geprüft werden (Wasserstein 1983, 48). Wenngleich die Aufnahme großzügiger gehandhabt wurde, so lag letztlich die Entscheidung darüber, wer in das Land zu lassen sei, bei der Regierung. Am 8. April 1933 stimmte das Kabinett dem Vorschlag des Ausschusses über eine großzügige Behandlung der meist hochqualifizierten Flüchtlinge zu, da dies im öffentlichen Interesse lag und zudem Großbritannien internationale Reputation verschaffte (Wasserstein 1983, 49). Um diesen eine Anstellung an britischen Universitäten zu ermöglichen, ohne dabei die Belange britischer Wissenschaftler besonders zu tangieren, gründeten Briten im Mai 1933 den Academic Assistance Council (Sharf 1964, 157). Die Bemühungen dieses Council waren jedoch nur kurze Zeit erfolgreich. Auch am Beispiel von Musikern zeigt sich, daß diese besondere Aufnahmebereit-

schaft nicht lange anhielt: Noch 1933, bei der verhältnismäßig geringen Anzahl der ausländischen Musiker, erhielt beispielsweise Walter Goehr eine feste Anstellung. Franz Osborn, ebenfalls 1933 ausgewandert, war bereits 1934 naturalisiert worden. 1934, als Georg Knepler mit seiner Frau, ebenfalls eine Musikerin, kam, war diese gelockerte Politik bereits beendet. Nach einer vorübergehenden Abnahme der Flüchtlingszahl im Jahr 1934 (gegenüber 1933), nahm sie 1935, nach der Verabschiedung der Nürnberger Gesetze,[6] wieder zu. Wasserstein benennt für das Jahr 1933 etwa dreihundert bis vierhundert Flüchtlinge und für 1934 etwa einhundert Flüchtlinge monatlich (Wasserstein 1983, 51). Es gab allerdings auch im Unterhaus antisemitische Positionen[7] und ein unterschwelliges ausländerfeindliches Klima im Land. Die britische Regierung, der das nicht verborgen geblieben sein konnte, handelte im Interesse ihrer Bevölkerung strikt und erteilte keine Arbeitserlaubnisse. Wie an der Gruppe der geflüchteten Musiker deutlich wird, bestand offensichtlich eine enge Verbindung zwischen der Aufnahme vieler Flüchtlinge und dem strikten Arbeitsverbot für diese.

Für die Jahre von 1935 bis zum "Anschluß" Österreichs 1938 existieren keine Belege über die genaue Anzahl von Flüchtlingen bzw. "Transitreisenden" in Großbritannien. Strauss gibt mit dem Stichtag des 8. September 1936 jährlich "einige Tausend" an (Strauss 1983 Bd. II, Tl. 1, XX).[8] Bis September 1938 waren nach Strauss 11.000 Flüchtlinge zuzüglich 400, die sich im Transit befanden, ins Land gekommen. Ein Jahr darauf, im September 1939 verzeichnet Strauss in der angeführten Quelle knapp 46.500 Flüchtlinge in Großbritannien. Demnach waren allein zwischen September 1938 und September 1939 35.000 Asylsuchende auf die britische Insel gelangt (ebenda). Das sind innerhalb eines Jahres drei mal so viel wie in den Jahren von 1933 bis zum Beginn des Jahres 1938. Etwa 90% dieser Asylsuchenden waren Juden (Wasserstein 1983, 46).

Mit der zunehmenden Anzahl von Flüchtlingen hatten die Hilfsorganisationen in Großbritannien große Schwierigkeiten, ihre Zusage aus dem Jahr 1933 weiter einzuhalten. Um die Einreise für die aus rassischen, politischen oder religiösen Gründen

---

6   Reichsbürgergesetz vom 15. September 1935; "Gesetz zum Schutze des deutschen Blutes und der deutschen Ehre." Danach waren Ehen zwischen Juden und Nichtjuden verboten und nach der "Ersten Verordnung zum Reichsbürgergesetz, vom 14. November 1935" wurde den Juden das Stimmrecht und das Recht aberkannt, Reichsbürger zu sein. Jüdische Beamte wurden mit Ablauf des Jahres 1935 in den Ruhestand versetzt (Pflug 1985, S. 76-78).

7   E. Doran, konservativer Abgeordneter, verlangte am 9. März 1933 vom Innenminister, "Schritte zu unternehmen, die jedweden ausländischen Juden daran hindern, von Deutschland aus dieses Land zu betreten"; zitiert bei Wasserstein 1983, S.47 nach A.J. Sherman 1973, S. 28.

8   Die Quelle, auf die sich Strauss und Wasserstein beziehen, ist: A.J. Sherman, Island Refuge: Britain and Refugees from the Third Reich 1933-1939 (London, 1973 bzw. Berkeley, Los Angeles, California, 1973).

Verfolgten zu regeln, gab das Außenministerium am 27.4.1938 neue Anordnungen heraus, die von deutschen und österreichischen Asylsuchenden den Besitz eines britischen Visums verlangten (Wasserstein 1983, 54). Das bedeutet, daß es für die Flüchtlinge schwieriger geworden war, in das Land einzureisen. Die Ablehnung oder Gewährung von Visa-Anträgen sollte bei den entsprechenden Stellen "vom 'Wert oder Unwert des Antragstellers für das Vereinigte Königreich'" abhängig gemacht werden. In diesem Zusammenhang wurde auch die Berufsgruppe der Musiker als dritte von vier Berufskategorien ausdrücklich angeführt. So heißt es in einem internen Rundschreiben: "Among those who must be regard as *prima facie* unsuitable will be: [...] Minor musicians and commercial artists of all kinds..."[9] Was genau unter "minor musicians" zu verstehen war, wurde nicht erläutert. Diese Anweisung wurde jedoch offenbar großzügig gehandhabt. Wasserstein bezeichnet es als "bemerkenswert", daß "trotz des antijüdischen und antideutschen Ursprungs der damals bestehenden Einwanderungsgesetze eine derart große Zahl[10] deutscher Juden aufgenommen wurde" (Wasserstein 1983, 46).

Der Zeitraum, in dem der größte Anteil der Flüchtlinge Deutschland verließ, war das letzte Jahr vor Ausbruch des Krieges. Dazu kamen nach dem März 1938 die Flüchtlinge aus Österreich sowie einige Tausend, die nach den Ereignissen des Münchner Abkommens die Tschechoslowakei verlassen mußten. Die britischen Hilfsorganisationen arbeiteten unter Aufbietung aller Kräfte. Die Sympathie und das Mitgefühl der Briten gegenüber den verfolgten Juden war 1938/1939 groß (Wasserstein 1983, 58). Mit Beginn des Krieges änderte sich für die Flüchtlinge im britischen Exil die Situation schlagartig: "Am 3. September 1939, um 11 Uhr vormittags, mit der britischen Kriegserklärung an Deutschland, verloren automatisch alle Visa ihre Gültigkeit, die 'feindlichen' Staatsangehörigen ausgestellt worden waren" (ebenda). Die Regierung ließ größte Vorsicht gegenüber Flüchtlingen aus den Feindesgebieten walten. Von nun an - und das galt bis zum Ende des Krieges - durften keine weiteren Personen aus Feindesgebieten aufgenommen werden. Trotzdem wurde keiner der wenigen, die sich nach Beginn des Krieges noch nach Großbritannien retteten, abgewiesen (Wasserstein 1983, 58f.). Die britische Öffentlichkeit mußte sich nun mit den Flüchtlingen unter Kriegsbedingungen arrangieren, da ein Verlassen des Landes zusehends schwieriger oder nahezu unmöglich geworden war. Sofort nach Beginn des Krieges wurden Tribunale eingerichtet, die über Internierungen von "enemy aliens" zu befinden hatten. Nach dem Zusammenbruch des französischen, belgischen und niederländischen Widerstands im Mai 1940 begannen aus Angst vor einer "5. Ko-

---

9 Rundschreiben des Foreign Office vom 27. April 1938; zitiert bei Wasserstein 1983, S. 54.
10 Wasserstein gibt die Zahl der aufgenommenen Flüchtlinge mit 49.500 Deutschen und Österreichern ohne Berücksichtigung der Transitreisenden an (Wasserstein 1983, S. 46).

lonne" die Internierungen (Wasserstein 1983, 61). Auch Musiker blieben davon nicht verschont. Die Ausländerfeindlichkeit war auf einem Höhepunkt angelangt. Die Zeitungen hatten dabei zu einer Massenhysterie in der Öffentlichkeit beigetragen.[11] Bald nach der erfolgten Internierung von "feindlichen Ausländern" regte sich jedoch öffentliche Kritik an dieser Maßnahme, und die Regierung unternahm sofort Schritte, denen erst einige, dann jedoch weitere Entlassungen folgten. Es bildeten sich Komitees, die sich für die zu Entlassenden einsetzten.[12]

1.2 Großbritannien als Schachfigur für Hitlers Eroberungspläne

Um seine in "Mein Kampf" beschriebenen Eroberungspläne zur Kolonialisierung der Sowjetunion durchsetzen zu können, war Hitler bestrebt, gute Beziehungen mit England zu halten und versuchte, ein starkes Bündnis zwischen England und Frankreich zu verhindern. Historiker, die die außenpolitischen Ziele Hitlers in Richtung England anhand verschiedener Dokumente und Zeugnisse[13] untersuchten, sind sich weitgehend darin einig, daß Hitler bei seinem "Weltentwurf" eine militärische Auseinandersetzung mit Großbritannien vermeiden wollte. Er spekulierte darauf, daß die Briten ihm "freie Hand" bei seinem Hauptziel, der Eroberung der Sowjetunion, lassen würden, da sich England nur gegen eine "Vormacht in Europa" stellen würde, "soweit sie Weltmachtziele verfolgte" (Henke 1978, 586). Anhand seiner Äußerungen in "Mein Kampf" konstatiert Henke bei Hitler ein "irrationales Verhalten" gegenüber dem von ihm selbst so bezeichneten "nordischen Brudervolk". Hitler bewunderte "das englische Empire" und sein "Kolonialregime" (ebenda). Und obwohl Hitler in Staaten mit parlamentarischer Demokratie die besten Angriffsflächen für "Bolschewisierung" und "Sieg des Judentums" witterte, gestand er der "traditionellen britischen Staatskunst" zu, dem "verheerenden jüdischen Einfluß" entgegenwirken zu können (Henke 1978, 588). Das bedeutete, daß für Hitler auch im ideologischen Bereich einer Partnerschaft mit England nichts im Wege stand.
Als wichtige Figur für diese Ziele tat sich Alfred Rosenberg hervor, der im Reichstag Mitglied des Auswärtigen Ausschusses der NSDAP war und sich schon seit 1931 häufig in Großbritannien aufhielt, um für das Ansehen der Deutschen in England zu werben. Nach 1933 wurde Rosenberg Chef des Außenpolitischen Parteiamtes (APA). Beim britischen Außenminister fand Rosenberg jedoch keinen Anklang, zumal Rosenbergs Amt mit den Belangen des deutschen Botschafters in London, Leopold von Hoesch, konkurrierte. Obwohl nach den Intentionen Rosenbergs jegliche deutsche Propaganda in Großbritannien vermieden werden sollte (Jacobsen

---

11 Vgl. die Kapitel 3.4 und 3.5.
12 Vgl. das Kapitel 10.
13 Haffner 1970; Haffner 1978; Jacobsen 1968; Henke 1978.

1968, 75), hatte er dennoch einige Erfolge zu verzeichnen. Bei einigen britischen Luftwaffen-Generalstabs-Offizieren, deren pro-deutsche Haltung zudem von der englischen Zeitschrift Aeroplane unterstützt wurde, konnte Rosenberg 1933 eine positive Resonanz auf seine Bemühungen verbuchen. Einen weiteren Erfolg für Rosenberg stellte die Rede Baldwins vor dem englischen Unterhaus am 30.7.1934 dar, in der dieser die deutsche Aufrüstung akzeptierte (Jacobsen 1968, 76f.). Das APA unterstützte den Reiseverkehr zwischen beiden Ländern und hatte sich darum bemüht, Engländer zum Reichsparteitag nach Nürnberg einzuladen. Andererseits standen den Intentionen Rosenbergs jedoch die Goebbelsche Propaganda und Rassenpolitik, die auch Briten nicht verborgen geblieben waren, entgegen (Jacobsen 1968, 78).

Joachim Ribbentrop, ein Newcomer auf englischem Parkett und von Hitler protegiert, schaffte es 1935 dank zahlreicher Intrigen in den eigenen Reihen, insbesondere gegen seinen Feind Rosenberg, die Position "Außerordentlicher und Bevollmächtigter Botschafter des Deutschen Reiches" zu erlangen, mittels derer er das "Deutschlandbild der Angelsachsen (zu) manipulieren" suchte (Jacobsen 1968, 79). Mit der Hilfe Ribbentrops hatten Hitlers Täuschungsmanöver, seine politischen und militärischen Ziele betreffend, bei britischen Politikern weiterhin Erfolg. Hans-Adolf Jacobsen führt als Nazi-Sympathisanten in der britischen Öffentlichkeit u.a. den konservativen Politiker im Unterhaus, Oberstleutnant T.C.R. Moore, an. Moore bezeichnete "Hitler als einen Mann des Friedens, als Staatsmann und weitsichtige(n) Verwalter seines Landes" (Jacobsen 1968, 334). Ward Price von der Daily Mail veröffentlichte bis 1938 sieben Interviews mit Hitler, der den britischen Journalisten gerade immer dann gern empfing, wenn sich die öffentliche Meinung des Auslandes negativ für den Reichskanzler darstellte. Nach einem Besuch auf dem Obersalzberg bezeichnete gar der ehemalige Premierminister Lloyd George Hitler "als den größten Deutschen des Jahrhunderts" (ebenda). Das Beispiel der faschistischen Bewegung im Dritten Reich machte in Großbritannien mit zunehmenden Aktivitäten der britischen Faschisten Schule. Deshalb sah sich die britische Regierung im Frühjahr 1936 zu gesetzlichen Maßnahmen gegen die British Union of Fascists veranlaßt (Vespignani 1977, 150).

Das Verhältnis zwischen beiden Regierungen war nach Meinung Henkes aufgrund der außenpolitischen Bestrebungen Hitlers belastet. Zu Spannungen führte so etwa Hitlers Haltung im Abessinien-Konflikt 1935/36 (Henke 1978, 592). Das Flottenabkommen zwischen Großbritannien und dem Deutschen Reich von 1935, mit dem Hitler Aufrüstungsbeschränkungen des Versailler Vertrages abschüttelte, betrachtet Haffner hingegen als kalkuliertes Entgegenkommen der Briten gegenüber Hitler (Haffner 1970, 27). Nach der Besetzung des Rheinlandes durch deutsche Truppen vom 7. März 1936 sprach sich die britische Regierung immerhin deutlich dagegen aus (Henke 1978, 592).

Haffner beschreibt in seinem Buch "Der Selbstmord des dritten Reiches", wie Hitler und die britische Regierung sich zwischen 1933 und 1939 gegenseitig "belauerten" und jede die andere Seite für die eigenen Ziele zu instrumentalisieren suchte. Chamberlain hoffte, mit seiner kalt berechnenden Appeasement-Politik Deutschland zu befrieden. Er baute darauf, daß Deutschland und Rußland sich gegenseitig "in Schach hielten", damit England zusammen mit Frankreich im europäischen Machtkampf "Zünglein an der Waage" sein konnte (Haffner 1970, 30). Demgegenüber hoffte Hitler, daß die Briten ihm freie Hand bei seinen Eroberungsplänen im Osten lassen würden. Er wollte kein Durchkreuzen dieser Pläne (Haffner 1970, 32). Die Briten versuchten, Hitler durch Entgegenkommen zu zähmen. Genau das aber lehnte Hitler ab. Und nach der Auffassung Haffners war so betrachtet das Münchner Abkommen sogar eine Niederlage für Hitler, da Hitler damit das Sudetenland per Vertrag mit der Zustimmung von Briten und Franzosen erhalten hatte (Haffner 1970, 33).

Obschon Konflikte und Spannungen zwischen dem Deutschen Reich und Großbritannien seit 1933 bestanden, änderte Hitler seine grundsätzliche Meinung über den potentiellen Bündnispartner England erst Ende 1937: Hitler beauftragte seine Militärs, bereits für den Kriegsfall mit England vorauszuplanen (Henke 1978, 593). Trotzdem, so der Historiker Henke, sei Hitler weiter bis 1945 an dem Bündnispartner England interessiert gewesen. Als Bedingung hätte England jedoch seine politischen Grundsätze über die Appeasement-Politik hinaus ändern müssen (Henke 1978, 592). Darauf hoffte Hitler, besonders seitdem Churchill Premierminister geworden war, vergebens. Um sein Hauptziel zu erreichen, nahm Hitler letztlich auch die Konfrontation mit den Engländern in Kauf.

Die britische Regierung akzeptierte wegen des kritikwürdigen Versailler Vertrages und um den Frieden um beinahe jeden Preis zu wahren, Hitlers ständige Vertragsbrüche. Somit konnte sich Hitlers Vormachtstellung im Vorkriegseuropa, zuletzt mit britischer Hilfe durch das Münchner Abkommen sanktioniert, weiter festigen. 1939 sollte sich jedoch erweisen, daß Hitlers wichtiger "Baustein" als Basis seiner Kriegsstrategie in Richtung Osten fehlte. Dieser fehlende Baustein war der von Hitler schon in den frühen zwanziger Jahren geplante "neue Dreierbund Deutschland-England-Italien". Trotz Hitlers Vormachtstellung in Europa war mit Großbritannien als dem unerbittlichen Gegner im Westen Europas damit der "Selbstmord des Deutschen Reiches" eine vorgezeichnete Sache (Haffner 1970, 10f.).

1.3 Die Flucht von Musikern nach Großbritannien

Die genaue Anzahl der Musiker unter den Flüchtlingen aus dem Deutschen Reich und Österreich, die während des Krieges in Großbritannien um Asyl nachsuchten, ist nicht belegt.[14] Levi schätzt diese auf etwa 400 (Levi 1991, 279). Diese Anzahl kann nach Recherchen, die sich vorwiegend auf London konzentrierten, in etwa bestätigt werden. Danach konnten insgesamt 298 Musiker und Musikerinnen als Flüchtlinge in Großbritannien nachgewiesen werden. Bei 204 von ihnen fanden sich Anhaltspunkte über den Zeitpunkt der Ankunft, der Weiteremigration oder Remigration. Das bedeutet aber nicht, daß grundsätzlich auch alle Daten für einen Flüchtling ermittelt werden konnten. Oft ließ sich etwa nur der Zeitpunkt der Einreise, oder nur eine grundsätzliche Weiterwanderung ohne zeitliche Festlegung ermitteln. Oder das genaue Einreisejahr ist nicht bekannt, hingegen aber der Zeitpunkt der Remigration oder die Tatsache des Verbleibens. Diese, teilweise für einen geflüchteten Musiker nicht vollständig ermittelten Daten, wurden **Abbildung 1** zugrundegelegt. Daran ist ersichtlich, daß in den Jahren 1933, 1938 und 1939 der relativ größte Anteil der Musiker nach Großbritannien gelangte. Das Jahr 1937 verzeichnet demgegenüber die relativ wenigsten.[15] Das entspricht etwa der Bewegung der Flüchtlinge überhaupt, die sich nach Großbritannien in Sicherheit brachten. Zwischen 1934 und 1937, so stellt es die Kurve in Abbildung 1 dar, war der Anteil der "Bleibenden" in Großbritannien höher als der Anteil derjenigen, die in diesem Zeitraum weiterwanderten.[16] Mit dem steilen Anstieg der Kurve der "Zugänge" in den Jahren 1938/1939 geht ein paralleler Zuwachs der Weiterwanderer einher. Das bedeutet, daß Großbritannien in diesen Jahren gleichfalls für Musiker verstärkt zum Transitland geworden war. 1940 gelangten nur noch einige wenige Musiker ins Land. Genauso niedrig ist der Anteil unter den Musikern, die, möglicherweise als entlassene Internierte in Kanada oder Australien, noch während des Krieges weiteremigrierten. Der Verlauf der Kurve der remigrierten Musiker verdeutlicht weiter, wie verschwindend gering im Vergleich zu ihrer Einreise nach Großbritannien die Anzahl derjenigen war, die nach 1945 zurückkehrten.

Bei **Abbildung 2** fanden die Musiker Berücksichtigung, von denen genau bekannt ist, daß sie in ein anderes Land weiteremigrierten. Die Darstellung zeigt, in welch hohem Maße die USA als finales Exilland von Flüchtlingen auf der britischen Insel favorisiert wurden.

---

14   Im P.R.O. fanden sich dazu keine solchen Aufstellungen.
15   1937 war das Jahr, in dem im Vergleich zu den anderen Jahren zwischen 1933 und 1939 die relativ wenigsten Flüchtlinge Deutschland verließen (Strauss 1983, Bd. II, Tl.1, S. XXI).
16   Zwischen 1934 und 1936 war das bevorzugte Einwanderungsland der vertriebenen Juder Palästina (Strauss 1983, Bd. II, Tl. 1, S. XX).

Abbildung 1: Flucht nach GB, Verbleib, Weiter- und Rückwanderung
1933 -1958

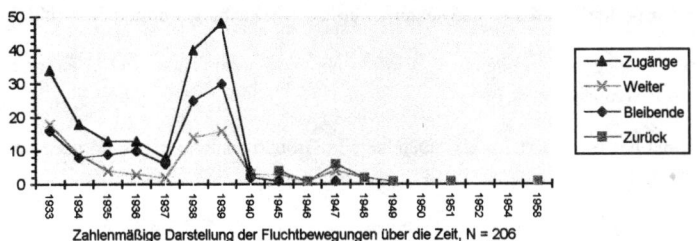

Zahlenmäßige Darstellung der Fluchtbewegungen über die Zeit, N = 206

Abbildung 2: Weiteremigration und Remigration aus Großbrtitannien

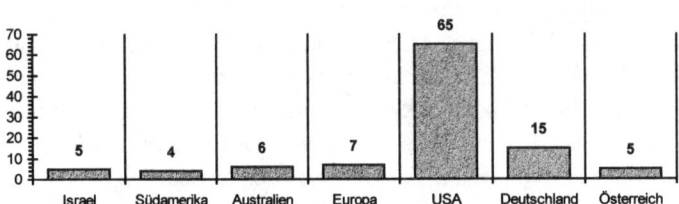

Zahlenmäßige Darstellung der Weiter- und Rückwanderung nach Ländern bzw. Kontinenten, N = 107

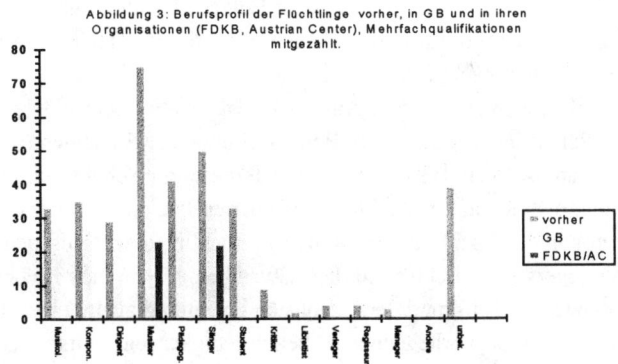

Abbildung 3: Berufsprofil der Flüchtlinge vorher, in GB und in ihren Organisationen (FDKB, Austrian Center), Mehrfachqualifikationen mitgezählt.

Zahlenmäßige Darstellung der verschiedenen beruflichen Spezialisierungen im Vergleich, N = 298

Das Berufsprofil in **Abbildung 3** soll veranschaulichen, wie sich die berufliche Entwicklung von Flüchtlingen während des Exils gestaltete. Dabei wurden Musiker berücksichtigt, die

- nach Großbritannien flohen und später als britische Staatsbürger im Lande verblieben,

- als Flüchtlinge eine bestimmte Zeit in Großbritannien verweilten und in ein anderes finales Zielland weiteremigrierten,

- während der Nazi-Diktatur als Flüchtlinge in Großbritannien lebten und nach der Befreiung Deutschlands zurückkehrten,

- nach der Befreiung vom Hitler-Faschismus als ehemalige KZ-Insassen nach Großbritannien emigrierten.

Bei der beruflichen Zuordnung wurden Mehrfachqualifikationen berücksichtigt. Das bedeutet, daß beispielsweise von einem Flüchtling, der in Deutschland oder Österreich als Musikologe, Komponist und Dirigent wirkte, drei Tätigkeitsmerkmale festgehalten sind. Im Vergleich dazu wurden auch sämtliche Tätigkeitsmerkmale während des Exils berücksichtigt. Auffällig an dieser Übersicht ist, daß die Tätigkeit des ausübenden Musikers im Exil deutlich überwiegt. Extra ausgewiesen sind in dieser Übersicht diejenigen Musiker und Sänger beiderlei Geschlechts, von denen eine Tätigkeit ausschließlich innerhalb des FDKB und Austrian Centre bekannt wurde und von denen sich keine weiteren Spuren im britischen Musikleben finden ließen. In die Kategorie "unbekannt" flossen diejenigen Musiker ein, von denen eine Tätigkeit in Deutschland oder Österreich bekannt war, sich aber kein Nachweis über eine Tätigkeit in Großbritannien oder eine Weiteremigration ermitteln ließ. Andererseits ergibt sich durch die Kategorie "unbekannt", daß zwar Belege über die Tätigkeit eines geflüchteten Musikers in Großbritannien vorliegen, jedoch eine Tätigkeit in Deutschland oder Österreich nicht nachgewiesen werden konnte.

Weiterhin kommt in der Statistik zum Ausdruck, daß relativ viele Flüchtlinge eine pädagogische Tätigkeit im Exil ausübten. Bei der Gruppe der Studenten (in die auch die Schüler eingeschlossen sind) ist abzulesen, daß diese ihre schulische, instrumentale oder Gesangsausbildung, wenn auch nach Kriegsbeginn in eingeschränktem Maße, fortsetzen konnte. Significant ist, daß sich Flüchtlinge im britischen Exil der Tätigkeit des Verlegers bzw. Lektors stärker zuwandten, als sie dies zuvor in ihrem Heimatland praktizierten. Aufgrund der Unvollständigkeit und auch Fehler der ermittelten Biographien sind die vorliegenden Tabellen lediglich ein Hilfsmittel, um die Situation für die Berufsgruppe der Musiker im englischen Exil zu beschreiben. Man kann indessen davon ausgehen, daß die allgemeinen Trends in den Diagrammen richtig abgebildet sind.

2 Die musikalischen Beziehungen zwischen Deutschland/Österreich und Großbritannien nach der Machtübernahme Hitlers

2.1 Quellenlage und Problemstellung

Für das vorliegende Kapitel erhielt ich Materialien aus Archiven der Deutschen Staatsoper Berlin[17], der Sächsischen Staatsoper Dresden[18], der Wiener Philharmoniker[19], des London Philharmonic Orchestra und der Covent Garden Opera, die sich für die Bearbeitung des Themas als unterschiedlich ergiebig erwiesen. Für die Gastspiele der Berliner Philharmoniker in England wurde die dreibändige Dokumentation von Muck über das Berliner Philharmonische Orchester ausgewertet (Muck 1982). Während die Daten von Konzertreisen hier im einzelnen belegt sind, wird ihr Repertoire vernachlässigt. Dieses wiederum wird durch Musikkritiken ergänzt. Mucks Dokumentation sämtlicher Konzerte der Berliner Philharmoniker läßt Rückschlüsse über Aufführungen englischer Komponisten in Nazi-Deutschland zu bzw. schließt Gastdirigate und Auftritte englischer Solisten ein. Auswertungen verschiedener Periodika, der Times und anderer Tageszeitungen ergänzen die Hinweise für einen gegenseitigen Orchesteraustausch der betreffenden Länder im behandelten Zeitraum.

Im Jahre 1936 kam die Dresdener Oper hierher nach Covent Garden als Gesamtgastspiel mit Böhm, meinem Böhm![20] Ich biß die Zähne zusammen und schrieb ans Home Office, die Dresdener Staatsoper komme hierher mit Böhm, und da ich doch einmal hier sei, würden Sie mir erlauben, als Verbindungsmann und als Korrepetitor... Glatt abgelehnt. Also die Nazis kamen hierher und wurden hoch bezahlt, und man selber saß hier und hatte nicht die Möglichkeit, auch nur eine kleine Winzigkeit damit zu verdienen (Traber/Weingarten 1987, 68).

---

17 Lt. Brief des Archivs der Deutschen Staatsoper Berlin vom 10.2.1993 an die Autorin mit dem Verweis auf kriegsbedingte Verluste konnten keine Belege über Gastspiele des Ensembles der Deutschen Staatsoper Berlin nachgewiesen werden.
18 Hier begleiten Artikel aus einer nicht näher bezeichneten Dresdner Tageszeitung die Tournee der Sächsischen Staatsoper und der Sächsischen Staatskapelle 1936 nach London; Schreiben des Archivs der Sächsischen Staatsoper Dresden vom 12.2.1993 an die Autorin.
19 Auflistung sämtlicher Gastspiele der Wiener Philharmoniker nach Großbritannien einschließlich Konzertprogrammen; vgl. Schreiben vom 1.3.1993 von Clemens Hellsberg an die Autorin.
20 Berthold Goldschmidt ging im Frühjahr 1927 gemeinsam mit Carl Ebert nach Darmstadt, um für den Intendanten Bühnenmusiken zu schreiben und in der Hoffnung, auch dirigieren zu können. Generalmusikdirektor war Karl Böhm, der, so Goldschmidt, die Dirigierambitionen Goldschmidts eher verhinderte als förderte und seinen Weggang von Darmstadt betrieb (Traber/Weingarten 1987, S. 51ff.). Goldschmidt hoffte natürlich nun, daß der einstige Kollege sich für ihn einsetzen würde.

Dieser Hinweis Berthold Goldschmidts auf eine schizophrene Situation, der sich deutsche und österreichische Musiker in Großbritannien gegenübersahen, wirft die Frage nach dem Verhältnis in den Musikbeziehungen zwischen Großbritannien und Österreich bzw. Deutschland auf. Welche Kontakte gab es zwischen ihnen? Wie wurden die Musikkulturen gegenseitig gewertet? Wie kritisch oder nicht reagierten die Briten auf die von Juden gesäuberten Orchester der Deutschen - war das überhaupt ein Problem für die Briten? Welche Werke spielten die deutschen Orchester in Großbritannien? Wieweit erkannten die Briten die Auswirkungen des Nationalsozialismus auf die Orchester überhaupt? Wie begegneten britische Orchester der Situation in einem Land, in dem nicht nur zeitgenössische Komponisten, sondern auch Mendelssohn und Mahler als "nicht-arische" Komponisten verunglimpft wurden? Welche Konzertprogramme setzten die britischen Orchester der "gesäuberten" deutschen Musikkultur entgegen?

2.2. Gegenseitige Gastspiele

2.2.1 Das Berliner Philharmonische Orchester

Wilhelm Furtwängler und das Berliner Philharmonische Orchester stellten fast jährlich den wichtigsten Beitrag des deutschen Musiklebens auf der britischen Insel dar. Die erste Konzertreise nach England in dieser Besetzung fand vom 2. bis 4. Dezember 1927 statt (Muck 1982, III, 232). Neun Jahre mußten nach dem Ende I. Weltkrieges vergehen, bis diese erste Konzertreise eines deutschen Orchesters nach Großbritannien zustandekam. Gleichzeitig bedeutete sie für das Berliner Philharmonische Orchester den ersten Besuch Englands "seit Bestehen des Orchesters" (Muck 1982, II, 57). Gespielt wurden die *Tannhäuser-Ouvertüre* und die *1. Symphonie* von Beethoven, wie aus einer Kritik der Zeitschrift für Musik 1928 hervorgeht.[21] Nach dem Muster dieser Konzertreise - zwei Londoner Konzerte umrahmen einen Abstecher nach Liverpool bzw. Bristol - erfolgten auch die Reisen der darauffolgenden Jahre (Muck 1982, III, 237; 242). Von 1931 an schlossen die Konzertreisen der Berliner Philharmoniker auf die britische Insel bis zu sechs Städte ein. Man reiste bis nach Edinburgh und ins schottische Dundee, aber das Anfangs- und Endkonzert war grundsätzlich den Londonern vorbehalten. Bis zur Machtübernahme der Nationalsozialisten waren die Gastspiele so etwas wie eine Tradition geworden. Der politische Umschwung änderte dann auch nichts an einer Konzertreise vom 13. bis 19. Februar 1933 nach England (Muck 1982, III, 256).

---

21   zitiert bei Muck 1982, II, S. 57.

Erst 1934 kam es vor der England-Tournee der Berliner Philharmoniker zu kritischen Äußerungen in der britischen Öffentlichkeit. Anlaß war der Vertragsabschluß zwischen Furtwängler und dem preußischen Ministerpräsidenten, der ihn als "1. Staatskapellmeister und Operndirektor" angestellt hatte (Prieberg 1986, 109). Beecham, als Freund Furtwänglers, veröffentlichte daraufhin einen Brief in der Daily Mail und vertrat die Ansicht, daß Furtwängler trotz dieses Vertrages einen Sieg "der künstlerischen Unparteilichkeit über (das) nationale Dogma" errungen habe. Im Orchester, das weiterhin Juden in seinen Reihen hatte, gäbe es keine Rassendiskriminierung (Muck 1982, II, 109). Damit konnte Beecham offenbar die Gemüter beruhigen. Der britische Musikkritiker McNaught warf in seiner Besprechung dreier Londoner Konzerte von 1934 (McN. 1934) die Frage auf, warum Furtwängler seit 1932 jedes Jahr immer wieder die gleichen Klassiker spielte.[22] McNaught konnte sich nicht vorstellen, daß Furtwängler so wenig über den musikalischen Bildungsstand der Briten wissen konnte, denen diese Werke doch vertraut waren. So schlußfolgerte der Kritiker, daß Furtwängler dieses Repertoire gewählt hatte, um die Qualitäten seines Orchesters besser an bekannten als an unbekannten Werken vorführen zu können und akzeptierte das ganz diplomatisch als einen Teil der "saisonalen Gewohnheiten" in Großbritannien, mit dem eigenen Standard vergleichen zu können. Furtwängler selbst äußerte sich 1952 in dem Essay "Über das Reisen" zurückblickend zu der Frage seiner Programmwahl, die er als "entscheidend und einschneidend" ansah, aber auch unter "praktische(n) Gesichtspunkte(n)" im Hinblick auf die Konzertveranstalter betrachtete. Im Laufe seiner Erfahrungen habe er festgestellt, daß seine persönliche Beziehung zu einem "Meisterwerk(e)" dabei ausschlaggebend sei.

Alle lediglich interessante oder problematische Musik erscheint in ihrer Wirkung bei öfterem Wiederholen abgeschwächt, z.B. ist das, was einen das erste oder zweite Mal lebhaft interessiert, schon das vierte oder fünfte Mal geradezu unerträglich (Furtwängler 1956, 128).

Beim Publikum habe er, so Furtwängler, den Eindruck, daß es "gegen die problematische Musik empfindlicher sei, als vor 20 bis 30 Jahren, wo ich das Reisen anfing" (Furtwängler 1956, 129). Insofern hatte McNaught recht. Es war Furtwängler genau um eine lebendige Interpretation bekannter Meisterwerke gegangen.
An den von dem britischen Kritiker McNaught aufgeworfenen Fragen wird deutlich, daß neben allen guten Kritiken für die Interpretationen des Orchesters auch grundsätzliche Fragen gestellt wurden, die ein gestärktes Selbstbewußtsein der Briten im Hinblick auf ihre eigene Orchesterkultur und deren gewachsene Anerkennung in der

---

22 J.S. Bachs *Orchestersuite D-Dur*, Schumanns *4.*, Beethovens *7.*, Brahms' *3.* und Schuberts *8. Sinfonie*, Mozarts *Kleine Nachmusik* und von Richard Strauss *Tod und Verklärung* (McN. 1934).

Öffentlichkeit zum Ausdruck brachten. So verwundert es nicht, daß die Absage der für den Januar 1935 geplanten Konzertreise der Berliner Philharmoniker, verursacht von Furtwänglers erzwungenem Rücktritt "von all seinen künstlerischen Verpflichtungen" (Muck 1982, II, 111) wegen seines Eintretens für Hindemiths *Mathis der Maler* in der britischen Presse wenig Bedauern hervorrief.

Furtwängler hatte die Bitte der Philharmoniker, doch das Dirigat der Englandreise zu übernehmen, abschlägig beschieden. Trotzdem sollte nach Willen des Propagandaministeriums die Tournee auch ohne Furtwängler stattfinden; der angefragte Beecham war nicht bereit dazu. Der Londoner Konzertagent Harold Holt bestand auf seinem Vertrag mit Furtwängler, so daß Goebbels' Ministerium den finanziellen Verlust des Konzertunternehmers in Höhe von 3478 RM zu tragen hatte.[23]

In der Musical Times nahm man das Ereignis zum Anlaß, auf das unausgewogene Gleichgewicht im Orchesteraustausch zwischen Großbritannien und Deutschland hinzuweisen. Nun, da die Berliner Philharmoniker abgesagt hatten, zog man darüber Bilanz.

> At present it seems to be assumed across the Channel that musical England has nothing to export, but has plenty of money[24] to pay for imports and lots to learn from them. Ten years ago a few lessons in orchestral laying were needed, and were well worth the heavy cost. To-day, the best English orchestras can teach their Continental rivals as well as learn from them, and the need now is for a scheme of mutual visits, with programmes designed (at least in part) to promote in the countries concerned a better knowledge of one another's contemporary music (Anonym 1935a).

Damit bezog sich die Musical Times auf die bereits 1934 an gleicher Stelle geäußerte Kritik an den traditionellen deutschen Programmen der Berliner Philharmoniker (die auch keine englischen Werke beinhaltet hatten, J.R.H.) und kritisierte die Nichtbeachtung, die die Deutschen gegenüber den britischen Orchestern an den Tag legten. Aus dem Deutschen Reich war demzufolge keine Einladung an ein britisches Orchester ergangen. Die geforderte Verbesserung im gegenseitigen Kennenlernen von zeitgenössischer Musik könnte möglicherweise ein Hinweis auf die Nazi-Politik gegenüber "entarteter Musik" gewesen sein, war aber dafür nicht nachdrücklich genug formuliert. Ihr Land, so führte die Musical Times weiter aus, würde sich für das vorgeschlagene "system of exchange" bereitwillig einsetzen: "If Germany is too poor, or thinks too little of our orchestras to join in a turn and turn about arrangement, there will be few complaints from this side" (ebenda). Ebenfalls "no tears over

---

23   Geissmar 1985, S. 135 und Anmerkung 81, S. 313.
24   Prieberg schreibt im Zusammenhang mit Furtwänglers Absage der England-Tournee von 1935, daß die Tourneen seit 1933 für das Reichsfinanzministerium "höchst profitabel" gewesen waren. Man erwartete 1935 wieder einen Überschuß von 20 bis 30.000 RM (Prieberg 1986, S. 214).

the cancelling of the Berlin Philharmonic Orchestra" vergoß der Daily Telegraph, der an dieser Stelle zitiert wurde. Dieser wies darauf hin, daß mit der angekündigten Alternative von Thomas Beecham und dem London Philharmonic Orchestra, das anstelle der Berliner Philharmoniker die Konzertreise übernahm, besonders dem Publikum in den Provinzstädten ein großer Gefallen getan würde.

> Up to them (the L.P.O. and Beecham, J.R.H.) it is to show that the most ridiculous characteristic of the British musical public of old - its inverted chauvinism and anti-national snobbery, a more preposterous thing than nationalism and chauvinism, hateful though these are where the arts are concerned - is dead, by making the London Philharmonic tour even more successful then the Berlin Philharmonic tour would have been (ebenda).

Die Musical Times schloß sich ausdrücklich dieser Auffassung an. Durch die Absage der Berliner böte sich nun dem London Philharmonic Orchestra die Möglichkeit, als verkannter Prophet im eigenen Lande durch Qualität zu überzeugen und Vorurteile abzubauen. Musical Times und Daily Telegraph zeigten sich gegenüber den bejubelten Auftritten des deutschen Orchesters in Großbritannien zunehmend souveräner. Damit wurde den Bemühungen von Goebbels, das Orchester für das Ansehen des Deutschen Reiches im Ausland zu nutzen, im Januar 1935 eine Abfuhr erteilt. Die aktuelle Berichterstattung in Großbritannien, die Goebbels mit Sicherheit nicht unbekannt war, gab die Gewichtungen des britischen Musiklebens deutlich wieder. Besonders das saisonale System an Covent Garden verhalf Sängerinnen und Sängern aus dem Ausland zu großen Erfolgen, und ebenso begrüßten die Briten Gastspiele berühmter Orchester vom Kontinent oder den USA, so daß die eigenen Orchester es schwer hatten, sich daneben zu behaupten. Begriffe wie "musical snobs" oder "anti-national snobbery" lassen sich öfter in Musikkritiken dieser Zeit finden. Auch George Dyson, Präsident der Incorporated Society of Musicians, richtete seine Angriffe gegen diese Art der Abwertung britischer Musik und deren Interpreten (Dyson 1935).

Weniger kritisch gegenüber dem Publikum und dessen Bevorzugung von ausländischen Orchestern gab sich die Times (Anonym 1935b) anläßlich der Absage Furtwänglers, die im Interesse des Publikums zwar bedauert, zugleich aber mit Blick auf Furtwänglers Unabhängigkeit von "political or commercial considerations" durchaus begrüßt wurde. Im Gegensatz zur Musical Times konstatierte die Times eine deutliche Anhebung des Niveaus bei britischen Orchestern, das gerade durch Gastspiele berühmter Orchester angeregt und durch ein anspruchsvolles Publikum begleitet würde. Ganz im Gegensatz zu den oben genannten Auffassungen wollte die Times keinen Unterschied in der Resonanz des Publikums gegenüber einheimischen oder fremdländischen Ensembles erkennen.

Damit wurden zwei unterschiedliche Sichtweisen in den britischen Medien deutlich. Die erste unterstellte eine geringe öffentliche Beachtung der eigenen Orchester, die zweite bescheinigte dem englischen Publikum ein gutes Urteilsvermögen im Umgang mit Orchestermusik und stand Gastspielen keineswegs ablehnend gegenüber. Auffallend dabei ist, daß die Musical Times ein kritisches Urteil sowohl gegenüber dem eigenen Publikum als auch gegenüber den britisch-ausländischen Musikbeziehungen pflegte. In der Times wurde dagegen deutlich für das kompetente britische Publikum Partei ergriffen. Die Unausgewogenheit des Orchesteraustausches wurde in der angesehenen Tageszeitung nicht thematisiert.

Die Gastspiele des Berliner Orchesters wurden, unangefochten von jedweder Kritik, weiter fortgeführt. Die abgesagte Tournee holte Furtwängler Ende November/Anfang Dezember 1935 mit Konzerten in sieben Städten nach (Muck 1982, III, 276). 1936 fand keine Gastspielreise statt. Zur "Coronation Season" 1937 gab Furtwängler mit seinem Orchester zwei Konzerte (1. und 2. Mai) in der Queen's Hall in London. Andere britische Städte besuchte das Orchester in diesem Jahr nicht. Bei der Aufführung der *9. Symphonie* von Beethoven beteiligte sich neben einem deutschen Solistenquartett auch der Philharmonic Choir unter der Leitung von Kennedy Scott "with the most brilliant result", wie die Times hervorhob (Anonym 1937a). Möglicherweise ist eine singuläre Mitwirkung britischer Sänger in einem Konzert der Berliner Philharmoniker als Entgegenkommen von deutscher Seite zu werten. Das zweite Konzert schloß die *Londoner Symphonie* von Haydn, die *Coriolan-Ouvertüre* von Beethoven sowie Bruckners *7. Symphonie* ein, wobei sich die Times wenig mit dem Symphoniker Bruckner anfreunden konnte (ebenda). Die letzte Gastspielreise vor dem Krieg mit England als erster Station - Holland und Belgien schlossen sich an - führte die Berliner Philharmoniker vom 21. bis 23. Januar 1938 nach London und Bristol. Furtwängler verabschiedete sich gleichzeitig als Pianist mit J.S. Bachs *5. Brandenburgischem Konzert*, das er vom Klavier aus leitete (Anonym 1938a). "Popular German Classics" (Anonym 1938b) beendeten in der Royal Albert Hall die Gastspiel-Tradition der Berliner Philharmoniker zwischen den beiden Weltkriegen, bezeichnenderweise unter anderem mit *Vorspiel* und *Liebestod* aus *Tristan und Isolde* von Richard Wagner.[25] Die für Januar 1939 geplante Tournee stand nach den antisemitischen Novemberpogromen von 1938 nicht mehr zur Debatte (Geissmar 1985, 252f.).

In den Kritiken der Times über die Auftritte der Berliner Philharmoniker wurde der politische Hintergrund weitgehend ausgespart. Auch das Repertoire, 1935 noch an

---

25   Das Programm diese Konzertes soll im einzelnen hier nicht unerwähnt bleiben: Beethovens *5. Symphonie*, Pfitzners *Ouvertüre zu Käthchen von Heilbronn* (in Großbritannien weitgehend unbekannt), Richard Strauss' *Till Eulenspiegel*, Schuberts *Rosamunde*: Ouvertüre und Zwischenspiel.

anderer Stelle kritisiert, wurde in den nachfolgenden Jahren stets akzeptiert. Im Blickwinkel der Würdigung stand primär die Interpretationsleistung des Orchesters aus Nazi-Deutschland, das die Briten im Januar 1938 noch mit enthusiastischen Ovationen feierten (Anonym 1938b). Dem grundsätzlichen Problem der "von Juden gesäuberten Orchester" in Deutschland und der Streichung jüdischer Komponisten von sämtlichen Programmen wurde keine Beachtung geschenkt.

2.2.2 Das London Philharmonic Orchestra in Deutschland

Ein erster Hinweis über eine Austauschtournee des London Philharmonic Orchestra mit der Sächsischen Staatskapelle findet sich in der Times mit der Nachricht, daß Karl Böhm mit seinem Orchester das Konzert der Royal Philharmonic Society in der Queen's Hall übernommen habe, während das Londoner "will then be touring in Germany" (Anonym 1936a). Dieser Gegenbesuch des berühmten britischen Orchesters mit seinem Gründer und Dirigenten Thomas Beecham war der einzige während der Nazi-Ära überhaupt und, wie der Evening Standard anmerkte, "the first concert in Germany of a British orchestra since 1912" (Anonym 1940a). Die Tournee umfaßte vom 13.-21. November 1936 in der Reihenfolge der Auftritte Berlin, Dresden, Leipzig, München, Stuttgart, Ludwigshafen, Frankfurt und Köln. Für diese acht Konzerte hatten die Musiker drei verschiedene Programme mit folgenden Komponisten vorbereitet:

Folge 1: Dvořák, Haydn, Berlioz, Händel, Elgar (Berlin, München und Stuttgart);

Folge 2: Rossini, Mozart, Berners, Sibelius (Dresden und Leipzig);

Folge 3: Vaughan Williams, Mozart oder Haydn, Delius, Rimskij-Korsakow, Dvořák (Ludwigshafen, Frankfurt und Köln).[26]

Jedes Konzert schloß einen bzw. zwei englische Komponisten ein, die dem überwiegenden Teil des deutschen Publikums kaum bekannt gewesen sein dürften. Beecham hatte zudem sein Programm nicht vordergründig englisch-deutsch zusammengestellt, sondern auch andere europäische Komponisten mit einbezogen. Nach Einschätzung von Thomas Russell, selbst Viola-Spieler des Orchesters, hatten die Musiker des L.P.O. der Reise ins Deutsche Reich nicht vorbehaltlos entgegengesehen:

After three years of Nazi domination, which the war in Spain had done nothing to deny, the country which boasted so many names celebrated in cultural history had little of living worth to

---

26 Russell 1944, S. 156ff.

offer the world. The players were anxious enough to show Berlin what *das Land ohne Musik* could produce in the way of an orchestra, but had doubts as to the propriety of accepting Hitlerite hospitality (Russell 1944, 39).

Der Autor bezweifelte jedoch, daß auch Thomas Beecham so gedacht habe, wenn er weiter ausführte:

Wrapped up as he was in the cares and details of an artistic life, scornful of most forms of orthodox government, and ready to scoff at official cultural pretensions, he merely recognised that the tour would add lustre to the reputation of his Orchestra. Most dangerously persuasive to him, perhaps, was the indisputable fact that Germany, more especially Nazi Germany, acknowledged the right of its symphony orchestras to a well-ordered existence and made the means available to them. After a lifetime of unsuccessful struggle for just such recognition, Sir Thomas could not, with the same clarity as that of Toscanini, see through the facade to the falseness which lay behind it (Russell 1940, 40).[27]

Thomas Beecham hatte als Gastdirigent seit Jahren mit den Berliner Philharmonikern Kontakt und war mit dem Berliner Konzertleben schon vor der Machtübernahme der Nationalsozialisten vertraut. Seinem Engagement ist es zu danken, daß das Berliner Publikum mit Werken englischer Komponisten konfrontiert wurde, die im Repertoire des Berliner Philharmonischen Orchesters nahezu gänzlich vernachlässigt wurden.[28] Beechams erste Begegnung als Dirigent der Berliner Philharmoniker geht auf den 29. Januar 1930 zurück, als er neben Mozart und Richard Strauss auch Elgars *Overture Cockaigne* und Frederick Delius' *Eventyr* dirigierte (Muck 1982, III, 239).[29] Welche politische Bedeutung die Nationalsozialisten im Jahre 1936 dem Besuch des Londoner Orchesters beimaßen, zeigte sich an dessen behördlicher Bevorzugung. Bei der Einreise der Musiker verzichtete man deutlich auf Pass- oder Gepäckkontrolle, "a unique exception for the Gestapo mentality" (Russell 1944, 40), und zerstreute damit die Befürchtungen der Orchestermitglieder. Während der gesamten Reise gaben Bürgermeister und Honoratioren der jeweiligen Städte Empfänge für das Orchester, welche die "Freundschaft mit England um jeden Preis" (Geissmar 1985, 175) untermauern sollten. Propagandistisches Interesse richtete sich insbesondere auf Berta Geissmar, langjährig Sekretärin von Furtwängler in Berlin. 1936 verließ sie als Jüdin Deutschland und ging nach London. Beecham engagierte Berta

---

27 Berta Geissmar bestätigte dies: "Viele Leute mißbilligten die Konzerttournee nach Hitler-Deutschland und Sir Thomas wurde stark kritisiert" (Geissmar 1985, S. 195).
28 Vgl. Muck 1982, III.
29 Weitere Gastspiele folgten am 13.11.1930 (Muck III, S. 243), 12.12.1930 (Muck III, S. 259), 5.11.1934 (Muck III, S. 264), 18.11.1935 (Muck III, S. 270). Nach dem hier behandelten Gastspiel dirigierte Beecham zuletzt am 11.11.1937 ein Orchesterkonzert vor dem Krieg (Muck III, S. 285).

Geissmar, die über außerordentlich gute Kontakte in der Musikwelt verfügte, als "Generalsekretärin für alle musikalischen Angelegenheiten".[30] Sie hatte die Konzertreise nach Deutschland organisiert und begleitete auch das Orchester unter ausdrücklicher Befürwortung Ribbentrops (Geissmar 1985, 175). Sie und Beecham wurden "als Gäste der deutschen Regierung" behandelt (Geissmar 1985, 195). Das interpretiert Prieberg, der Herausgeber ihrer Memoiren, folgendermaßen: "Die Spitzenfunktionäre hatten begriffen, wie wichtig für das Reich und seine künstlerisch propagandistische Präsenz im Ausland eine Art organistorischer Brückenkopf in London in Gestalt von BG[31] wäre, zumal mit dem Image der Jüdin im angeblichen 'Judenstaat' England und als Sekretärin Beechams, der als überaus deutschfreundlich galt" (Geissmar 1985, 315; Anmerkung 95).

Das von Hitler, Goebbels, General von Blomberg und zahlreichen uniformierten Nazis besuchte Berliner Konzert am 13. November 1936 beschrieb Russell detailgetreu. Er berichtete, daß sich, anders als das Publikum, das Orchester weigerte, beim Eintreffen Hitlers aufzustehen. Nach dieser Verweigerung einer sonst üblichen Geste des Orchesters folgte die Verweigerung einer musikalischen Höflichkeitsbezeigung:

It had also been agreed that no national anthems were to be played, thus avoiding the possible mutiny from those of us who would have given anything rather than take part in a performance of the notorious *Horst Wessel* hymn. Perhaps Toscanini's example of some years earlier had helped in coming to this wise decision (Russell 1944, 42).

Das gesamte diplomatische Corps und die Reichsregierung besuchten das Konzert, das "über die halbe Welt per Radio gesendet wurde" (Geissmar 1985, 1979). Geissmar berichtete in diesem Zusammenhang über eine veröffentlichte Photomontage, die Beecham gemeinsam mit Hitler und anderen Nazigrößen in Hitlers Loge zeigte, was aber nicht den Tatsachen entsprach (Geissmar 1985, 198). Auch Russell konnte einen Besuch Beechams in Hitlers Loge nicht eindeutig bestätigen (Russell 1944, 42). In der Besprechung des Berliner Konzerts im Monthly Muscial Record ging Stuckenschmidt auf das in Europa einschließlich Deutschland mangelnde Interesse an Musik der britischer Insel ein.

Berlin has not been guiltless in this respect. Of course it has always honoured eminent English artists - conductors like Sir Thomas Beecham or Albert Coates, and composers like Elgar, Bantock and Delius. But the real cultural exchange between the two countries remained fragmentary and one sided (Stuckenschmidt 1936).

(Die Briten hatten diese plötzlich bestätigte Einseitigkeit schon im Jahr zuvor im Zusammenhang mit der Absage der Berliner Philharmoniker sehr wohl registriert.)

---

30   Brief von Thomas Beecham an Berta Geissmar vom 18.4.1936; zitiert bei Geissmar 1985, S. 168.
31   BG: Abkürzung für Berta Geissmar.

Stuckenschmidt bezeichnete die Dirigierweise Beechams für die deutsche Tradition als zu effektvoll. Die Auswahl der gebotenen Werke sei jedoch mit Beechams Dirigierstil zu vereinbaren gewesen, und das Berliner Konzert "was a triumphant success". Er führte weiter aus:

> The greatest achievement of the evening was Berlioz's 'Carnival Roman' which I have rarely heard given with such a union of temperament and fantasy. Here the peculiar grouping of Beecham's orchestra (first and second violins together on the left, violas on the right) proved very advantageous (ebenda).

Mit Stadtrundfahrten und Sightseeing inklusive der neuesten deutschen Architektur wie etwa dem Luftfahrtministerium in Berlin oder einer Strecke der neuerbauten Autobahn zwischen Heidelberg und Mannheim (Russell 1944, 41; 47f.) versuchten die Gastgeber, sich den Gästen gegenüber im besten Licht zu zeigen. Nach Russell kam es zu verschiedenen Gesprächen zwischen britischen und deutschen Musikern, in denen die politischen Ereignisse im Deutschen Reich den Hauptgegenstand bildeten. Bei dieser Gelegenheit erfuhr Russell von einem deutschen Musikerkollegen in München, daß die Münchner Philharmoniker nun "endlich" ohne Juden spielten (Russell 1944, 46).

Die Auswahl der Stadt Ludwigshafen als Auftrittsort, die sich neben den anderen großen Städten befremdend ausnahm, führte Russell auf die dort ansässige I.G. Farben zurück. Unter zwanzig weiteren Städten, die sich um ein Konzert des Londoner Orchesters bemüht hatten, bekam ausgerechnet Ludwigshafen den Zuschlag. In keiner Weise in die geplante Inszenierung des Propagandaministeriums paßte die Begegnung Thomas Russells mit einer jüdischen Familie in Frankfurt, die ihm berichtete, daß es ihnen nicht erlaubt sei, das Konzert der Londoner zu besuchen. Russell stellte dazu fest: "This was only 1936, and the enormity of Nazi politics was still unrealised outside Germany" (Russell 1944, 48f.).

Das Konzert in Leipzig fand wenige Tage nach dem Abriß des Mendelssohn-Denkmals in der Nacht zum 10. November 1936 (Wulf 1989b, 451) statt. Das Denkmal war während der Abwesenheit von Oberbürgermeister Carl Goerdeler auf Anordnung seines Stellvertreters Rudolf Haake abgerissen worden. Bürger Leipzigs steckten Berta Geissmar Briefe zu, in denen sie sich von dem Abriss des Denkmals distanzierten und darauf hofften, daß im Ausland darüber berichtet werden würde.[32] Auch Russell berichtet ausführlich über eine Begegnung mit einem Leipziger, der sich über diesen Vandalismus entrüstet habe (Russell 1944, 44). In dem Bericht eines Zeitzeugen[33] wird überliefert, daß Beecham zuvor bei Oberbürgermeister Goer-

---

32   Abdruck zweier anonymer Briefe bei Geissmar 1985, S. 199f.
33   Kurt Sabatzky: Meine Erinnerungen an die Nationalsozialisten. Ms. 3015. The Wiener Library, London.

deler[34] angefragt habe, um einen Kranz vor diesem Denkmal abzulegen. Beecham habe dann am Morgen nach dem Konzert mit einer "Musikerabordnung" vergeblich nach dem Denkmal gesucht, wie Sabatzky sich zu erinnern meint. Weder bei dem aufmerksamen Zeitzeugen Russell noch in Geissmars ausführlicher Schilderung der Deutschland-Reise ist jedoch von einer beabsichtigten Kranzniederlegung die Rede, so daß sich zu der überlieferten Anekdote aus der Sicht der Gäste keine Bestätigung findet. Nach Ansicht Russells hatte die Tournee, entgegen den Intentionen der Nazis, einen wichtigen Nebeneffekt: Sehr wohl erhielten britische Orchestermitglieder durch ihre Begegnungen mit deutschen Musikern einen Eindruck von der Realität im Deutschen Reich. Berta Geissmar hatte allerdings einen anderen Eindruck, wenn sie im Zusammenhang mit den Leipziger Ereignissen äußert: "Dies war die ernste Seite der Tournee, von der aber das Orchester nicht viel merkte" (Geissmar 1985, 201). Im Januar 1937 erschien der Bericht eines beteiligten Musikers,[35] der sich von der Gastfreundschaft, den Opernhäusern und der Musikerbezahlung im Reich durchaus beeindruckt zeigte, hingegen die deutschen Konzertprogramme und das Gebaren der Deutschen kritisch betrachtete.

> To judge from the advertisements I saw in every city, musical activity is everywhere abundant, though the programmes struck me as less varied than those we are accustomed to in London. [...] We were continually shown the results of the 'New Germany'... In fact the greatest pains were taken to convince us that the 'New Germany' was the most wonderful thing ever created. We should have been more impressed if the methods had been less obvious (Savage 1937).

Bei zumindest einigen Orchestermitgliedern erzielten die Bemühungen der Nazis, das Ansehen Deutschlands durch ihre Selbstinszenierungen im Ausland zu verbessern, demnach nicht die angestrebte Wirkung, während die im Inland demonstrierte Attitüde der Freundschaft mit Großbritannien plötzlich auf fruchtbaren Boden fiel. Nancy Fleetwood, Korrespondentin der Musical Times im Deutschen Reich, erzählte ihren Lesern in Großbritannien im Januar 1937:

> It is interesting to note that at the moment English music and English artists are in favour. Thus the visit to Berlin of Sir Thomas Beecham and the London Philharmonic Orchestra was a brilliant artistic and social event [...] Sir Thomas Beecham has been invited to conduct 'Tristan and Isolde' and 'Figaro's Hochzeit' at the Berlin State Opera next month (Fleetwood 1937a, 76).

Für Beecham hatte das erfolgreiche Gastspiel den Effekt weiterer Dirigate an der Berliner Staatsoper. Nancy Fleetwood übersah jedoch bei dem seit Jahrzehnten von den Briten erwarteten Gastspiel den Zeitpunkt für seine Einladung und den politischen Rahmen. Ein britisches Orchester wurde nur "im Gegenzug" eines deutschen

---

34   Goerdeler wurde 1944 als Mitglied im "Kreisauer Kreis" nach dem Stauffenberg-Attentat zum Tode verurteilt.
35   R. Temple Savage war lt. Russells detaillierter Besetzungsliste des L.P.O aus dem Jahr 1943 Bassklarinettist (Russell 1944, S. 146).

Gastspiels in Großbritannien eingeladen. Mit großer Sicherheit spielte dabei auch die durch die Auftritte der "Dresdner" entstandene Möglichkeit eine Rolle, Erlöse gegeneinander aufrechnen zu können. Ein wirkliches Interesse an britischer Musik oder britischen Orchestern existierte im Dritten Reich kaum. Auch nicht, nachdem jährliche Konzerte des Berliner Philharmonischen Orchesters in Großbritannien allmählich eine Tradition zu werden begannen. Furtwängler hatte wenig Gespür dafür entwickelt, seinen britischen Gastgebern gegenüber eine Reverenz mit der Interpretation eines britischen Orchesterwerkes zu erweisen. Darauf mußten die Briten bei jedem Gastspiel der Berliner Philharmoniker vergeblich hoffen. Ohne großes Zutun konnte Goebbels das Berliner Philharmonische Orchester so als "deutschen Kulturbringer" bequem funktionalisieren. Auch der Besuch des London Philharmonic Orchestra hatte einen eindeutig politischen Zweck. 1936 war Hitler noch daran gelegen, die Briten nicht zum Kontrahenten seiner Kriegspläne werden zu lassen. Außerdem war das Repertoire der Orchester im Deutschen Reich merklich eingeschränkt worden, Abwechslung konnte dagegen Musik aus dem Ausland bringen. Berühmte Dirigenten gestalteten zudem die Konzertprogramme attraktiver, und je angesehener, umso besser verwertbar, wie das Beispiel von Beecham zeigt. Aus der Sicht der vertriebenen Musiker oder Dirigenten wie Fritz Busch oder Bruno Walter waren die Dirigate Thomas Beechams bzw. die Annahme der Einladung für das Gastspiel im Dritten Reich wohl kaum zu akzeptieren. Sie selbst hatten aus politischen und rassischen Gründen das Land verlassen müssen. Das hatte jedoch in Großbritannien keine Reaktionen gegenüber dem Deutschen Reich hervorgerufen. Der Konzertalltag verlief weiter ganz normal und ging sogar so weit, daß ein angesehenes Londoner Orchester im Deutschen Reich unter nationalsozialistischen Flaggen auftrat. Beecham hatte sich weiter durchaus auf seine Gastgeber eingestellt. Obwohl er seine Konzertprogramme ablesbar europäisch zusammengestellt hatte, sparte er dabei jüdische Komponisten aus. Auf eine möglicherweise daraus resultierende Konfrontation wollte er es offensichtlich nicht ankommen lassen.

Der Besuch des Londoner Orchesters in Deutschland 1936 stand in außenpolitischem Kontext. Im Berliner Konzertleben, so stellt Fritz Stege im Dezember 1936 fest, gab es "eine auffällige Zunahme ausländischer Kunst in der schaffenden und nachschaffenden Musik", bei der das Londoner Gastspiel als besonderer Höhepunkt gewertet wurde (Stege 1936). Die Berliner Philharmoniker boten Ende 1936 und zu Beginn des Jahres 1937 in Berlin je ein Konzert mit englischer, französischer und italienisch-ungarischer Musik an, wobei das von Leo Borchard dirigierte Konzert (Muck 1982, III, 280) ein Echo in einer eigenen Times-Besprechung fand. Das Besondere an diesem Konzert war, daß ausschließlich britische zeitgenössische Komponisten gegeben wurden. Als Solist in Vaughan Williams *Suite für Viola und Orchester* brillierte zudem William Primrose (Anonym 1936b).

Auch der Ständige Rat, also die Gegen-IGNM,[36] hatte im Vorhinein des Gastspiels am 25. September 1936 mit einem englischen Abend in Wiesbaden unter der Leitung von Karl Schuricht ein Zeichen gesetzt. Die Musical Times druckte danach Kurzfassungen von Kritiken deutscher Zeitungen ab, die auf die jeweiligen Stilmittel der englischen Komponisten Edward Elgar, Eugéne Goossens, Arnold Bax, Herbert Bedford, Frederick Delius und Ralph Vaughan Williams eingegangen waren (Anonym 1936c). Im selben Jahr unternahm der Fleet Street Choir eine Konzertreise nach Berlin, Leipzig, Dresden und Hannover (Fleetwood 1936). Überhaupt bezogen die sogenannten Internationalen Festivals für zeitgenössische Musik des Ständigen Rates wenige Male auch Werke von Briten in ihre Programme ein, wie etwa im April 1938 den Komponisten Arnold Bax (Anonym 1938c).[37] Während eines Internationalen Musikfestivals 1938 in Stuttgart enthielt das abschließende Orchesterkonzert Werke von fünf Nationen, "among them England for the first time with 'Melée Fantasqué,' by Arthur Bliss" (Anonym 1938d).

Aufführungen von Musik aus dem Ausland wurden im Deutschen Reich zunehmend erschwert. In der Musical Times wurde darüber berichtet, daß die Reichsmusikkammer eine Prüfungsabteilung für ausländische Musik einrichten werde. Es sei damit verboten, ausländische Musik einzuführen oder zu verbreiten, die nicht von der entsprechenden Abeilung gesehen wurde (Anonym 1938c). Wie einer Ankündigung zu entnehmen ist, war ein Auftritt des B.B.C. Choir noch für März/April 1939 in Baden-Baden während des 4. Internationalen Musikfestivals mit Werken von Ralph Vaughan Williams, Gustav Holst und Benjamin Britten vorgesehen (Anonym 1939a).

2.2.3 Britisch-deutsche Kontakte nach 1933

Ein wichtiges Bindeglied zwischen Hitler-Deutschland und Großbritannien stellte Händel dar. Anläßlich einer Ausstellungseröffnung von Autographen der Komponisten Bach und Händel im Frühsommer 1935 in Oxford druckte die Zeitschrift Music & Letters Auszüge der Rede des deutschen Botschafters, der auf die Biographien beider Komponisten Bezug nahm und die Bedeutung Englands für Händel herausstellte (Anonym 1935c). Dem vorausgegangen waren Feierlichkeiten anläßlich des

---

36 Vgl. hier das Kapitel 14.
37 In dieser Ausgabe der Musical Times kommt der "Anschluß" Österreichs an das Deutsche Reich deutlich zum Ausdruck. Die sonst übliche Unterteilung unter dieser Rubrik - Deutschland und Österreich - entfällt von nun an, wie die Unterordnung der Stadt Linz unter Deutschland zeigt.

250. Geburtstags von Händel am 23. Februar 1935 in Halle, zu denen man auch Briten eingeladen hatte. Der Deutsch-Englische Kulturaustausch, 1930 an der Hallenser Universität gegründet und dort angesiedelt, hatte "Angelsächsisches" deutlich, und für die Besucher nicht zu übersehen, in den Vordergrund gerückt. "It symbolises the admiration and affection which Germany of today feels for England and the English. Here a little English library and reading room and English correspondence are maintained" (Lambert 1935, 387f.).

Die Vorliebe vor allem junger Menschen für England wurde demnach in dieser Gesellschaft aufgefangen und gesteuert. Andrew Sharf (Sharf 1964, 201f.) bringt diese Interessengemeinschaft, die zum Beispiel auch in Hamburg[38] existierte, gemeinsam mit anderen halb-offiziellen Institutionen der Nationalsozialisten, diplomatischen und geschäftlichen Gruppen, in Zusammenhang mit dem Versuch, Nazi-Ideologie insbesondere unter dem Aspekt des Antisemitismus in Großbritannien auszubreiten; auch wenn die Mitgliederzahl solcher Gruppierungen relativ gering war. Er vertritt die Auffassung, daß weniger Antikommunismus als gemeinsamer Antisemitismus das Verbindungsgsglied zwischen Deutschen und Briten in dieser Gesellschaft gewesen wäre.[39] Wie man aus dem Bericht von R.S. Lambert ersehen kann, waren die Verantwortlichen auf deutscher Seite in Halle besonders daran interessiert, britische Studenten nach Deutschland einzuladen, um sie ideologisch beeinflussen zu können. An Stipendien für deutsche Studenten und einen Aufenthalt in Großbritannien war man kaum interessiert.

Die Veranstalter wußten die geladenen Briten mit der Aufführung der Oper *Otto und Theophano* im Stadttheater Halle zu beeindrucken, was ihnen jedoch nicht vollständig gelang. Insbesondere reagierten die Gäste auf die bei dieser Gelegenheit gehaltenen Reden ablehnend. "It was strange to English taste to have a concert of which the former was the principal event broken in two parts by long political-mystical-musical orations by Herr Rosenberg, Germany's cultural dictator, and other Nazi leaders" (Lambert 1935, 388). Lambert lobte überschwenglich die Aufführung unter Bruno Vondenhoff mit eigens aus Berlin herangezogenen Sängern, die in Wagner-Kostümen nach Wagner-Art agierten. Auch britische Musikwissenschaftler waren vertreten: Edward Dent von der Universität Cambridge hielt einen Vortrag in der Universität Halle, "teeming with Scholarship, wit, and skilful allusions to certain political virtues at present under a cloud in Nazi Germany" (Lambert 1935, 389). Darüber berichtete auch Nancy Fleetwood ausführlich. Sie würdigte den Besuch Dents in Halle

---

38 In Hamburg hieß sie: Friedrich-Sthamer Deutsch-Englische Gesellschaft (Anonym 1938e). Stipendien für einen Aufenthalt im Reich wurden von der Universität an englische Studenten vergeben. Freie und Hansestadt Hamburg, Staatsarchiv; P 70/3/12/23.
39 Sharf führte hierzu, neben seinen eigenen Erfahrungen im Großbritannien jener Jahre, veröffentlichte Listen des Wiener Library Bulletin IX (1955), S. 4 und VIII (1954), S. 35 an.

und die Gespräche über einen weiterführenden deutsch-englischen Kulturaustausch (Fleetwood 1935a). Wie Lambert schreibt, beabsichtigten die Stadtväter Halles, nun ein jährliches Festival zu organisieren, für das besonders englische Touristen interessiert werden sollten. Für August 1935 war bereits ein Semesterkursus für englische Studenten über Händel und sein Werk geplant. Lambert gestand den Organisatoren durchaus einen Erfolg für ihre publikumswirksamen Bemühungen zu, wenngleich die Engländer zu dem Zeitpunkt andere attraktive Musikstädte auf dem Kontinent bevorzugten (Lambert 1935, 389).

Thomas Beecham verkörperte als Dirigent des britischen Orchesters die Appeasement-Politik seiner Regierung gegenüber Hitlers Forderungen. Der wichtigste Unterschied zu den Berliner Philharmonikern bestand jedoch für das London Philharmonic Orchestra darin, daß es in Großbritannien völlig unabhängig war und keine Mittel der Regierung beanspruchte. Beecham nutzte die Einladung, um als bekannter Dirigent im Reich, auch die Qualität seines Orchesters im "Land der Musik" darstellen zu können. Auch wenn Berta Geissmar als seine Sekretärin in ihren Memoiren voller Sympathie über seinen Charme und seine Ironie berichtet, mit denen er den Nazibonzen gegenübergetreten wäre[40], so setzte er während der Tournee nur schwache Akzente - etwa mit dem demonstrativen Fernbleiben bei einem Empfang in Ludwigshafen. Beecham ging jedoch nie soweit, daß seine Dirgentenkarriere in Deutschland hätte Schaden nehmen können. Die Nationalsozialisten nutzten sein Eingehen auf ihr Angebot schamlos aus. Beechams Kontakte gestalteten sich im Reich ambivalent. Die Abriss-Gegner des Mendelssohns-Denkmals in Leipzig betrachteten ihn zumindest als wichtige Ansprechperson aus dem Ausland. Und er gehörte zu den ersten überhaupt, die sich für vertriebene Musiker auf britischem Territorium einsetzten, wie er das wenige Tage nach Bruno Walters Ankunft in London mit Empfang und Sympathieerklärung demonstrierte (Anonym 1933a). An der Person Beechams zeigt sich deutlich die Gratwanderung für einen Künstler außerhalb des Deutschen Reichs. Sie bestand darin, sich einerseits solidarisch mit vertriebenen Musikern im eigenen Heimat- bzw. Asylland zu erklären, andereseits aber subjektiv weiter am Ausbau der Karriere und nützlichen Kontakten im Deutschen Reich interessiert zu sein. Damit stand Beecham jedoch nicht allein. Es existiert auf musikalischem Gebiet bis etwa zum Beginn des Krieges kein Nachweis darüber, daß britische Musiker oder Musikologen sich von den Praktiken der Nationalsozialisten öffentlich distanziert oder sich solidarisch mit ihren aus Nazi-Deutschland geflohenen Kollegen erklärt hätten. So gab es kein Aufführungsverbot eines britischen zeitge-

---

40 Einschränkend muß dazu gesagt werden, daß es sich hierbei um Erinnerungen von Berta Geissmar handelt, die durch keine Dokumente belegt sind. Maurer Zenck wies im Zusammenhang mit Hindemith darauf hin, daß diese Quelle nicht kritiklos für wissenschaftliche Zwecke genutzt werden könne (Zenck 1980, S. 79, Anmerkung 61).

nössischen Werkes im Rahmen der Gegen-IGNM. Aufführungen im Deutschen Reich wurden in den Periodika bzw. in der Times als Erfolg für die britische Musik im Ausland bewertet. Letztlich dienten aber Konzerte mit britischen Werken im Deutschen Reich dazu, den Schein der Normalität im Konzertalltag zu wahren. In den Kritiken britischer Zeitungen wurde dies, als Mittel für die Konsolidierung in Deutschland willkommen zu sein, nicht erkannt. Als Pendant zum "Einsatz der Musik zu außenpolitischer Sympathiewerbung" (Prieberg 1989, 376) außerhalb Deutschlands, veranstaltete man ausländische Gastspiele,

> "nachdem sichergestellt war, daß sich durch diese Hintertür nicht 'jüdische Elemente' wieder einschleichen konnten.[41] Weil das Ausland - um seinerseits die Chance der Musikpropaganda wahrzunehmen - den Judenboykott weitgehend mitmachte, lief alles nach Wunsch" (Prieberg 1989, 379).

Nach Beginn des II. Weltkrieges, als das London Philharmonic Orchestra aus Mangel an öffentlicher Unterstützung in eine Existenzkrise geraten war, erinnerte der Londoner Evening Standard an das Gastspiel 1936 im Deutschen Reich:

> Less than four years ago the orchestra was receiving an ovation in Berlin, where it played British and other music. Hitler, Goebbels and Blomberg joined in the applause from the stagebox....When the orchestra was hard up for funds, at the beginning of the war, Sir Thomas suggested bitterly to a friend that an appeal should be made to the Germans (Anonym 1940a).

Etwa zum gleichen Zeitpunkt gab die in Hamburg erscheinende Hansische Hochschul-Zeitung ein Sonderheft über England heraus, in dem verschiedene Bereiche abgehandelt wurden. Wilhelm Heinitz schrieb darin über "Britannien und seine Musik". Es handelt sich dabei um eine Hetzschrift, die den Engländern jede Eigenständigkeit ihrer eigenen Musikgeschichte absprach. Die wirklichen Impulse für die englische Musik wären danach über Jahrhunderte hinweg von Deutschen, Italienern und Franzosen ausgegangen (Heinitz 1940, 10). Dieser Aufsatz, der besonders an deutsche Studenten gerichtet war, bestätigt im nachhinein, daß die zuvor angestrebten Kontakte zu britischen Universitäten vorwiegend ideologisch motiviert waren. Als die politischen Gegebenheiten sich änderten, wurde auch die englische Musikgeschichte unter chauvinistischem Blickwinkel betrachtet.

2.2.4 Aufführungen mit deutscher Beteiligung an der Covent Garden Opera

Sämtliche deutschen Quellen, die eventuelle Gastspiele der Staatsoper Berlin oder deren Solisten in diesem Zeitraum belegen könnten, sind im II. Weltkrieg verloren

---

41 Prieberg stellte dazu fest, daß in diesem Punkt die nationalsozialistischen Konzertveranstalter bezeichnenderweise irrten (Prieberg 1989, S. 379f.).

gegangen, so daß ausschließlich britische Quellen dazu ausgewertet wurden. Danach gab es zwar kein Gastspiel der Staatsoper Berlin in England, wohl aber Auftritte einzelner Solisten. Im Zeitraum zwischen 1928 und 1939 organisierte das Covent Garden Opera Syndicate (später London Opera Syndicate) internationale Spielzeiten (Seeger 1978, 332). Ein festes Ensemble mit einem Spielplan über das gesamte Jahr hinweg, vergleichbar mit anderen europäischen Opernhäusern, gab es an Covent Garden in diesen Jahren nicht. Die Attraktivität der Londoner Opernszene bestand in der kurzzeitigen Repräsentanz international bekannter Gesangssolisten und Dirigenten. Wie bereits im Zusammenhang mit Bruno Walter erwähnt, gab es eine jährliche Saison mit deutschen Sängern an Covent Garden, in der als besondere Attraktion auch Wagner-Opern aufgeführt wurden.

Eine Ankündigung der "Coronation Season" von 1937 (Anonym 1937b) weist beispielsweise zwanzig Opern in Deutsch, Französisch, Italienisch und Englisch im Zeitraum vom 19. April bis 30. Juni aus. Wagner-Aufführungen wie *Der Ring des Nibelungen*,[42] *Der fliegende Holländer* und *Tristan und Isolde* bildeten in diesem Jahr den Schwerpunkt der deutschen Oper. Französische Opern wurden von Künstlern der Grand Opéra und der Opéra Comique, Paris, mit eigenen Produktionen bestritten. Bei den Aufführungen der Franzosen, des *Orphée* von Gluck und *Le Coq d'Or* von Rimskij-Korsakow hatte man außerdem Colonel de Basils Russische Ballett Company verpflichtet. Ein Kontingent von Sängern der Mailänder Scala und des Teatro Reale, Rom, wurde für italienische Opern herangezogen. Eine einzige britische Oper stand 1937 auf dem Programm: Die Uraufführung des *Don Juan de Manara* von Eugène Goossens.

Auch die Dirigenten entstammten den jeweiligen Ländern, aus denen die Produktionen in Zusammenarbeit mit dem London Philharmonic Orchestra nach Covent Garden kamen. Experimente mit deutschen zeitgenössischen Opern gab es an Covent Garden nicht. Durch die Initiative von Thomas Beecham genossen Opern von Richard Strauss seit 1910 eine besondere Wertschätzung am Covent Garden Opera House (Cowden 1992, 229). So standen auch im Jahr 1938 *Rosenkavalier* und *Elektra* auf dem Spielplan (McN. 1938).

Wie interpretendominiert die Auffassung über Oper an Covent Garden in jenen Jahren war, bezeugen die Musikkritiken in der Musical Times, die sich vorwiegend mit den stimmlichen Leistungen der Sänger und den Leistungen des Orchesters, jedoch weniger mit dem Regiekonzept einer Oper auseinandersetzten. Die Kopplung der Opernaufführungen an berühmte Namen warf jedoch Probleme auf, die regelmäßig von britischen Musikkritikern bemängelt wurden. Problematisch wurde es oft, weil im Spielplan keine zweite Besetzung einkalkuliert wurde. Die Unflexibilität dieses

---

42 Beide gegebenen Zyklen dirigierte Furtwängler.

Starsänger-Theaters sprach wie auch der Monthly Musical Record (Anonym 1938f) Kritiker McNaught an: Neben terminlichen und Gesundheitsproblemen anderer deutscher Solisten war auch Richard Tauber nicht in der Lage, den angekündigten Belmonte in der *Entführung* zu singen. Für Tauber gab es keinen Ersatz, so daß die ganze Oper abgesetzt und der Spielplan kurzfristig geändert werden mußte. "... and the cast of *Rosenkavalier* had to be hastily reassembled, in two cases by aeroplane from Berlin. Luckily everybody was available, and for the second time in a few days the necessity of sending the audience home was avoided by a hair's-breadth" (McN. 1938, 464).

Bis 1936 hatte Francis Tovey den Posten des "artistic und financial director" an Covent Garden inne. Mit seinem Nachfolger Thomas Beecham wurde ab 1936 für die nächsten dreieinhalb Jahre der Schwerpunkt des Repertoires auf deutsche Aufführungen verlagert. Beecham unterhielt feste Beziehungen nach Berlin. Seine Freundschaft mit Wilhelm Furtwängler und Heinz Tietjen, dem Intendanten der Berliner Staatsoper, begünstigte die Präferenz für deutsche Opern: Furtwängler, in London geschätzt, dirigierte 1937 und 1938 jeweils zwei Zyklen des *Ring*. Außerdem war der in Bayreuth engagierte Berliner Emil Preetorius für die Bühnenbilder der Londoner Aufführungen des *Fliegenden Holländer* und des *Orpheus* von Gluck unter Vertrag genommen worden. Im Gegenzug konnte sich Beecham mit dem Dirigat der neuen Inszenierung des *Orpheus* an der Berliner Staatsoper weiter profilieren.

Tietjen war zudem behilflich beim Engagement der deutschen Sänger, so daß die Solisten des *Ring*-Zyklus in Berlin, Bayreuth und an Covent Garden nahezu identisch waren (Rosenthal 1967, 129). Das bedeutete für Sänger und Sängerinnen aus dem Deutschen Reich, die nicht rassisch verfolgt wurden oder sich nicht als politisch unbequem erwiesen hatten, einen willkommenen Zuwachs an internationaler Reputation. Gleichzeitig gastierten in London Künstler, die in Deutschland zu diesem Zeitpunkt bereits mit Berufsverbot belegt waren: Lotte Lehmann, die "wienerischste aller Sängerinnen" (Seeger 1978, 314) gehörte neben Richard Tauber in diesen beiden Jahren zu den prominenten deutschen Sängern in London. Ihre Marschallin im *Rosenkavalier* wurde als unvergleichlich gepriesen. An Covent Garden hatte sie bereits in den zwanziger Jahren Sternstunden ihrer Sängerlaufbahn gefeiert (MGG 1960, Bd. 8).

Richard Tauber, als Jude in Deutschland untragbar geworden und seit 1933 an der Wiener Staatsoper engagiert, reiste zu Opernaufführungen nach Covent Garden (MGG 1966, Bd. 13). 1938 emigrierte Tauber, aus Wien fliehend, nach London, so daß er den Londonern bei den letzten beiden "German Seasons" erhalten blieb.[43]

---

43 Bei Pâris (Pâris 1992) ist in dem Personalartikel Taubers ausdrücklich davon die Rede, daß ihm seit 1938 die Türen an Covent Garden wegen seiner Operetten-Tätigkeit verschlossen

1938 verkörperte Tauber den Tamino (seine wohl berühmteste Partie) und den Belmonte. Sabine Kalter gehörte als Fricka, Ortrud, Brangäne, Herodias (Seeger 1978, 284) nach ihrem Weggang aus Hamburg 1935 zu den Interpreten der German Seasons an Covent Garden. Nach 1939 wandte sie sich dem Liedgesang zu. Die staatstreuen Sänger und Sängerinnen aus Deutschland, die nach ihrem Auftritt wieder ins Deutsche Reich zurückfuhren, waren den wenigen Flüchtlings-Kollegen gegenüber eindeutig in der Überzahl.[44] Nicht von ungefähr - und nach dem erfolgreichen Gastspiel der Dresdner Oper an Covent Garden 1936 insbesondere - veranlaßte die vermeintlich günstige Verbindung nach Covent Garden Hitler, als "Coronation present" die gesamte neue Bayreuth-Inszenierung des *Lohengrin* nach London zu schicken. Dieses Ansinnen wurde jedoch von den Briten abgelehnt (Rosenthal 1967, 129).[45] Am Beispiel der Covent Garden Opera stellte Rosenthal fest: "Unfortunately international politics were playing an increasing part in the European operatic scene during the few years before the outbreak of war, a fact of which the general public was quite ignorant" (ebenda).

Von den von mir befragten Flüchtlingen betrachtete allein Berthold Goldschmidt das Gastspiel der Dresdner Oper an Covent Garden 1936 unter politischem Aspekt. Erika Storm, die als Choristin ebenfalls ab 1935 an Covent Garden 1937 in der *Walküre* unter Furtwängler und in *Elektra* unter Thomas Beecham sang, verband dagegen mit ihrem Engagement nur positive Erinnerungen (Gesprächsprotokoll Storm). Es scheint, als wäre die Covent Garden Opera unter Thomas Beecham eine besondere Enklave gewesen, die die Nationalsozialisten zur eigenen Präsentation nutzen konnten und für die sie andererseits zu Zugeständnissen bereit waren (Seeger 1978, 314). Mit Hilfe Ribbentrops konnte Beecham ein Visum für den von den Nazis entlassenen Dirigenten Hans Knappertsbusch erwirken, der die *Salome* in der kurzen Wintersaison 1936/37 dirigierte (Rosenthal 1967, 129f.). Diese Inszenierung hatte Hans Strohbach, Oberspielleiter aus Dresden, besorgt (Stompor 1994, Bd. 1, 282). Fest steht, daß an dieser Stätte insbesondere seit 1936 eine durchaus widersprüchliche Politik betrieben wurde.

Eine Konfrontation zwischen Emigranten und gastierenden Sängern aus dem Deutschen Reich war unter diesen Umständen nicht auszuschließen. Nach dem "An-

---

gewesen wären. Das entspricht den Kritiken aus den Jahren 1938/39 zufolge nicht den Tatsachen.
44 Stompor weist darauf hin, daß die Realisierung von deutschen Opern an Covent Garden mit Sängern aus Nazi-Deutschland zunehmend unsicherer wurden, da einige Sänger keine Ausreiseerlaubnis für Großbritannien erhielten (Stompor 1994, Bd. 1, S. 284f.)
45 Rosenthal lieferte für die Ablehnung dieses Angebots keine Begründung. Ohne Angabe von Quellen ergänzt Rudolf Augstein, daß dieses Geschenk nicht angenommen wurde, weil Eduard VIII., der vorgesehene neue König, wissen ließ, daß ihn nichts mehr als Opern langweile (Augstein 1994, S. 157).

schluß" 1938 sah die Situation folgendermaßen aus: Auf der einen Seite die Sänger und Sängerinnen Lotte Lehmann (Marschallin und Elektra), Richard Tauber (Tamino, Belmonte), Herbert Janssen (Der Sprecher, Holländer, Orestes, Don Fernando, Donner, Gunther, Telramund), und Rose Pauly (Titelrollen in *Elektra* und *Fidelio*), Erika Storm (Waltraute, dritte Maid in *Elektra*), Erich Kleiber als Dirigent sowie der Korrepetitor Leo Wurmser und - auf der anderen Seite unter den deutschen Sängern und Sängerinnen auch solche, die dem Nazi-Regime wohlwollend gegenüberstanden: die Sopranistin Tiana Lemnitz (Pamina, Octavian, Elsa, Sieglinde) und der Bariton Rudolf Bockelmann (Telramund, Wotan).[46] Wie gespannt die Lage innerhalb des Solistenensembles war, zeigte sich an folgendem Ereignis: 1938, während der ersten Aufführung des *Rosenkavalier* hatte die Sängerin Lotte Lehmann einen Zusammenbruch erlitten, der in der Presse als Ergebnis des unzulänglichen Starsystems an Covent Garden gewertet wurde. Rosenthal führte diesen Kollaps auf die schlechten Nachrichten von ihrer Familie aus Wien[47] zurück, die die Sängerin kurz vor der Vorstellung erhalten hatte. Dazu kam das widerwärtige Verhalten einiger reichsdeutscher Kollegen. "What had really happened was that some of the more ardent Nazis in the company had behaved abominably towards her" (Rosenthal 1967, 131). Grund zur Aufregung lieferte ebenfalls Herbert Janssen, der den Telramund im *Lohengrin* nicht singen konnte (Anonym 1938f, 129). Ausgerechnet drei Emigranten verursachten 1938 die Schwierigkeiten für den Spielplan; ein Indiz dafür, daß psychische Belastungen der Exilsituation physische Konsequenzen nach sich zogen, die sich naturgemäß bei Sängern am wenigsten verbergen lassen. Beecham ließ sich offenbar kaum von solchen Diskrepanzen beeindrucken: Er engagierte für die Wiederholungsvorstellung des *Rosenkavalier* den Flüchtling Fritz Zweig[48] aus der Tschechoslowakei und für die Saison 1939 den im Schweizer Exil lebenden Felix Weingartner (Rosenthal 1967, 131).[49]

Aus der täglichen Berichterstattung war nicht zu entnehmen, ob die politischen Vorgänge in Deutschland 1938 unmittelbare Reaktionen auf Seiten des Publikums an

---

46 McN. 1938, S. 464f.
47 Ob diese schlechten Nachrichten im Zusammenhang mit dem "Anschluß" standen oder rein persönlicher Natur waren, führt Rosenthal nicht weiter aus.
48 Der Schönberg-Schüler Fritz Zweig, 1893 in Olmütz, Österreich geboren, hatte in Deutschland seine Dirigentenkarriere abbrechen müssen. 1925-27 Dirigent an der Städtischen Oper Berlin und von 1927 bis zu seinem Hinauswurf 1933 war er Kollege von Bruno Walter, Otto Klemperer, Leo Blech und Erich Kleiber als erster Dirigent der Berliner Staatsoper. Er floh 1933 nach Frankreich, dann in die CSR, wo er 1934-38 als erster Dirigent am Deutschen Theater Prag wirkte. 1938 kehrte er nach Frankreich zurück, dirigierte hier an der Grand Opéra in Paris und von hier aus an Covent Garden in London. 1940 ging er mit seiner Frau Mathilda de Garmo, die führende Sopranistin an der Berliner Staatsoper gewesen war, in die USA (Röder/Strauss 1983, Bd.II, Tl.2, S. 1287).
49 Stompor beschreibt die Besetzungen der an Covent Garden mit deutscher Beteiligung aufgeführten Opern detailliert (Stompor 1994, Bd. 1, S. 284-288).

Covent Garden nach sich gezogen haben. Für die Tatsachen zog Rosenthal später das Archiv der Covent Garden Opera heran: Die Einnahmen bei Aufführungen deutscher Opern gingen signifikant zurück, so daß ein Verlust von mehreren zehntausend Pfund am Ende der Saison zu verzeichnen war. Ein deutliches Zeichen setzten außerdem britische Sponsoren, unter ihnen jüdische Geschäftsleute, die der Oper ihre finanzielle Unterstützung im Falle weiterer Engagements deutscher Künstler versagten. Nach der Zusage Beechams, für 1939 nur einen einzigen *Ring*-Zyklus aufzuführen und italienische Opern zu favorisieren, floß der Geldstrom wieder. Als "hardly inspired choice on Beecham's part" bezeichnet Rosenthal die Aufführung der *Verkauften Braut*, die anstelle des geplanten Gastspiels der Tschechischen National-Oper, kurzfristig nach der Einverleibung von Teilen der Tschechoslowakei am 15. März 1939 abgesagt, ersatzweise gegeben wurde: Die in Deutsch gehaltene Vorstellung bestritt ein Ensemble, das "'Nazi, Jew, Teuton, Briton and Slav'" einschloß, wie Rosenthal sich ironisch ausdrückt (Rosenthal 1967, 131). Dieses war offensichtlich die letzte Vorstellung in einer solchen Konstellation.
Während 1939 von einer turnusmäßig anstehenden Januar-Tournee der Berliner Philharmoniker nicht mehr die Rede war, hatte man an Covent Garden selbst bis in das Jahr 1939 hinein weniger Probleme, die politischen Gegebenheiten zugunsten von Opernaufführungen zu verdrängen. Der Beginn des Krieges beendete dann für die nächsten sieben Jahre den Opernbetrieb an Covent Garden.
Auf den ersten Blick scheint es verwunderlich, daß kaum eine Handvoll geflohener Sänger und Sängerinnen mit Wohnsitz in London ein Engagement an Covent Garden erhielt. Eine besondere Arbeitserlaubnis hätte sich für sie erwirken lassen, wie die Beispiele von Erika Storm und Leo Wurmser belegen. Ernst Frank, Claire Born oder Lilli Heinemann traten nicht an Covent Garden auf.
Nach dem Studium der Kritiken und Essays in Tageszeitungen und Periodika über Covent Garden liegt der Schluß nahe, daß für ein Engagement nach Covent Garden eine erfolgreiche Opernkarriere nicht unerheblich war. Darauf basierte das Konzept der Saison-Oper. Das wird deutlich an Irene Eisinger, die nach ihrem Hinauswurf aus Berlin an die Deutsche Oper nach Prag ging und von da aus, und neben ihren umjubelten Auftritten in Glyndebourne, auch an Covent Garden engagiert wurde: 1936 als Gretel in *Hänsel und Gretel* und 1937 als Adele in *Die Fledermaus*.[50]
Selbst im Exil sahen sich Sängerinnen und Sänger in Großbritannien einer Konkurrenz aus Nazi-Deutschland ausgesetzt, gegen die sie geringe Chancen hatten. Die Sänger aus dem Deutschen Reich wurden als Teil eines intakten Opernbetriebes von ihren Regisseuren, wie hier Tietjen, vorgeschlagen, damit deutsche Produktionen

---

50 Hans Strohbach, Oberspielleiter aus Dresden, war mit der Inszenierung der *Fledermaus* beauftragt worden (Stompor 1994, Bd. 1, S. 282).

nach England exportiert werden konnten. Das Einbeziehen von Emigranten beschränkte sich im wesentlichen auf kassenwirksame "Zugpferde", wie das Beispiel aus dem Jahr 1938 zeigt. Es entbehrt aus der Sicht der Flüchtlinge nicht einer gewissen Tragik, daß ausgerechnet von 1936 an bis zum Beginn des Krieges - mit der kontinuierlichen Etablierung der Nazis in Deutschland - die Repräsentanz der deutschen Oper, geknüpft an die Position und Karriere Thomas Beechams, verstärkt wurde. Damit einher ging eine weitere Ausgrenzung der nach England geflohenen Sänger. Auch wenn Beecham mit Fritz Zweig und Felix Weingartner Emigranten an das Dirigentenpult holte, so standen Sänger aus Nazi-Deutschland im Blickpunkt der britischen Öffentlichkeit, die - wenn auch nicht unbedingt allesamt Nazi-Sympathisanten - mitunter direkt oder indirekt vom Hinauswurf jüdischer Sänger profitiert hatten. Die eingangs erwähnte Äußerung Berthold Goldschmidts, der auf eine Arbeitsmöglichkeit im Zusammenhang mit dem Dresdner Gastspiel 1936 hoffte und sich sofort um eine Arbeitserlaubnis bemühte, weist auf die Hoffnung hin, die der Auftritt eines deutschen Ensembles bei den geflüchteten Musikern und auch Sängern auslöste. Böhm, wenn er denn einen Korrepetitor überhaupt gebraucht hätte, vermied die Situation des Wiedersehens mit Berthold Goldschmidt, um dessen Qualitäten er wußte. Eine Begegnung des in Dresden und London erfolgreichen Böhm mit Goldschmidt hätte letzterem umso mehr die deutlich ungerechte und ausweglose Position, in der er sich befand, vor Augen geführt.[51]

2.2.5 Das Gastspiel der Dresdner Staatsoper in London 1936

Als ein besonderes Ereignis auf musikkulturellem Gebiet zwischen Nazi-Deutschland und Großbritannien ist das Gastspiel der Sächsischen Staatsoper und der Sächsischen Staatskapelle vom 2. bis 14. November 1936 an der Covent Garden Opera anzusehen.[52] Politisch war Hitler zu diesem Zeitpunkt noch vehement an einem guten Einvernehmen mit den Briten interessiert. Die Dresdner waren mit einem außergewöhnlich großen Apparat, der fünf Opern und sämtliche Ausstattungen umfaßte, angereist. *Rosenkavalier, Tristan und Isolde, Don Giovanni* und *Die Hochzeit des Figaro* wurden einschließlich ihrer Wiederholungsvorstellung von Karl Böhm dirigiert. Als Scheitelpunkt des Gastspiels leitete Richard Strauss die *Ariadne auf Naxos* (Generalintendanz 1937, 62).

---

51 In seinen Memoiren (Böhm 1979, S. 68f.) erwähnt Böhm das Londoner Gastspiel, der Name Goldschmidt kommt nicht vor.
52 Im Gegensatz zu den Quellen der Sächsischen Staatsoper beschreibt Grete Busch in der Biographie über Fritz Busch ein Gastspiel der Dresdner Staatsoper mit *Arabella* in London für Mai 1934, während Busch in Glyndebourne arbeitete (Busch 1985, S. 81). Dabei handelt es sich offenbar um einen Irrtum.

Während das Opernensemble pausierte, dirigierten Richard Strauss am 7. und Karl Böhm am 14. November ein Konzert in der Queen's Hall mit einem Programm aus Wagner-Opern (Generalintendanz 1937, 63). Das turnusmäßige Abonnementskonzert der Royal Philharmonic Society vom 12. November 1936 (Programm: Wagners Ouvertüre *Der fliegende Holländer*, Schuberts *Unvollendete* und die *4. Symphonie* von Bruckner in der Originalfassung) hatte ebenfalls Karl Böhm mit der Staatskapelle übernommen (Generalintendanz 1937, 63, 66),[53] da das London Philharmonic Orchestra zur gleichen Zeit mit Thomas Beecham einen Austauschbesuch in Form einer Konzertreise durch Deutschland (Anonym 1936a) abstattete. Das Dresdner Konzert des L.P.O. fand am 14. November 1936 statt (Generalintendanz 1937, 66). Der gegenseitige Austausch beider Orchester an ihren jeweiligen Konzertstätten sollte das gute Einvernehmen zwischen den beiden Städten mit ihrer besonderen Musiktradition bzw. zwischen beiden Ländern demonstrieren. Dabei spricht die Gewichtung - die Deutschen mit einem Mammutprogramm in dieser Form zum ersten Mal in London und die Briten mit einer Konzertreise in Deutschland - für das politische Interesse der Deutschen an Großbritannien genauso wie das der Briten an deutscher Resonanz. Seit der Machtübernahme der Nationalsozialisten war dieser Besuch überhaupt der erste eines britischen Orchesters im Deutschen Reich. Auf eine entsprechende Einladung hatten die Briten lange vergeblich gewartet. In der Besprechung des Konzerts vom 9. November 1936 kam die Times darauf zu sprechen, daß das deutsche Orchester wie üblich alt bekannte Werke,[54] die Strauss schon vor Jahrzehnten in London dirigiert hatte, präsentierte: "But these visits ought to be regarded as diplomatic missions, and their business is to show to the country visited the country mind of the country from which the visitors come, that is the musical mind of to-day, not of 30 years ago" (Anonym 1936a). Wie in den Jahren zuvor wurde auch bei diesem Gastspiel zeitgenössische Musik im Programm der Deutschen konsequent ausgeklammert. Die restriktiven Maßnahmen der Reichsmusikkammer waren der Times offensichtlich durchaus bekannt:

> We hear much of a youth movement in Germany, but how is it expressing itself in music? We are told that decadent modern tendencies in the arts are vigorously suppressed, but has that brought a healthy crop of young German composers? These are questions which the Dresden orchestra's programme do not answer. We came away from their fine performance on Saturday wondering whether if the revolutionary Strauss had been suppressed, we should now enjoy the 'old master' (ebenda 1936a).

Die Times wertete das Programm als Eingeständnis für fehlende zeitgenössische Werke eines neuen Geistes, die - so wie man in Großbritannien wußte - anstatt der

---

53 Böhm berichtet, daß er die *Vierte* und *Fünfte* von Bruckner in den Originalfassungen Böhm während des Gastspiels außerdem für "His Master's Voice" dirigierte (Böhm 1979, S. 69).
54 Mozarts g-Moll Symphonie KV 550, Don Quichote und Till Eulenspiegels lustige Streiche.

unterdrückten dekadenten modernen Tendenzen in der Musik treten sollten. Damit deutete die Times einer bereiten Leserschaft wenigstens die Probleme an, die sich hinter dem gezeigten Programm verbargen. Die Zeitung betonte, ansonsten ungewöhnlich in einer Musikkritik, die politische Bedeutung des Austauschsbesuchs beider Orchester.

1936 hatte Goebbels' Propagandaministerium mit den Olympischen Spielen in Berlin beste Erfahrungen darin gesammelt, wie selbst ausländische Besucher im Deutschen Reich gezielt über die politische Realität hinweg getäuscht werden konnten. Dagegen war das Gastspiel eines Opernensembles ein vergleichsweise einfaches Unterfangen. Es galt, Deutschland das Ansehen einer friedlichen Kulturnation im Ausland zu verschaffen, während innerhalb des Landes die Repressionen weiter zunahmen. Das Kalkül ging auf. Die Dresdner Oper, von jüdischen Sängern und Musikern "gesäubert" und fest in der Hand der Nationalsozialisten (Busch 1974, 176ff.), wurde begeistert aufgenommen.

Während des Gastspiels gab Richard Strauss ein Interview, bei dem er eine ständige Oper in London befürwortete (Einstein 1936, 217) und damit aussprach, was in diesen Tagen spruchreif geworden war. Besonders die Tatsache, daß ein eingespieltes Ensemble hier mit mehreren Inszenierungen aufwartete, schien auf die Briten großen Eindruck gemacht zu haben, so daß sie ihren eigenen Umgang mit Oper überdachten. Alfred Einstein, von 1933 bis 1935 selbst im Londoner Exil und sowohl mit deutschen als auch britischen Opern-Instituten vertraut, griff diesen Gedanken auf und räumte mit britischen Illusionen über die tägliche Bespielung deutscher Opernhäuser und deren wirklicher Qualität auf.

Einstein bezog sich auf eine Äußerung des bekannten Musikkritikers Ernest Newman in der Sunday Times, der als Brite vom Besuch der Dresdner inspiriert, die Probleme der Saison-Oper aufzeigte und die Überlegenheit der deutschen Variante konstatierte:

> He pointed out particularly that though Dresden company lacked voices of the first rank they had a genuine ensemble - a unity of music and scene, a feeling of co-operation even in the smallest details, and the most intimate acquaintance with the work; whereas at the international season we have a handful of celebrities assembled for the occasion, every one of whom does what he think best himself (ebenda).

Die langjährige Zusammenarbeit in einem gewachsenen Ensemble stellte hier in der Tat das Gegenmodell zu temporär zusammengestellten Ensembles dar, deren Probenzeit begrenzt war. Es scheint, als wäre Einstein der einzige gewesen, welcher das aus der Sicht der Briten verbesserungswürdige Saison-System an Covent Garden und an Sadler's Wells[55] trotz des sächsischen Beispiels verteidigte. Einstein durchschaute die politische Absicht der Deutschen, wenn er fragt:

> Does anyone suppose that performances like those given by the Dresden Company here can be heard every day in Dresden, that they were not the result of intensive rehearsal for the propaganda visit to London? - though it must be admitted, in justice to the performers, that such a thing is only possible if the general standing is already high (Einstein 1936, 218).

Alfred Einstein relativierte das Dresdner Gastspiel - so wie es in London schien - als Modell alltäglich gepflegter Musikkultur in Deutschland. Allerdings war die Leserschaft des Monthly Musical Record, in dem Einsteins Aufsatz erschien, nicht sehr zahlreich. Durch die Unterstützung der B.B.C. hatten weit über London hinaus britische Hörer die *Ariadne auf Naxos*, dirigiert vom Komponisten, und *Don Giovanni*, unter der Leitung von Karl Böhm, in einer Übertragung am Radioapparat verfolgen können. Neben hervorragenden Kritiken konnten die Drahtzieher im Dritten Reich auch diesen Erfolg für sich verbuchen.

2.2.6 Das Gastspiel der Dresdner Staatsoper im Spiegel der deutschen Presse

Das Gastspiel der Dresdner Oper kann nicht ohne seinen besonderen Hintergrund betrachtet werden. Fritz Busch hatte als Operndirektor von 1922-1933 das Dresdner Ensemble geprägt. Er hatte Opern von Richard Strauss, Busoni und Hindemith zur Uraufführung gebracht und durch sein Beispiel eine Verdi-Renaissance eingeleitet (Riemann 1989, Bd. 1). Den guten Ruf, den die Dresdner Staatsoper genoß, hatte sie zum größten Teil diesem außergewöhnlichen Dirigenten zu verdanken. Begünstigt durch den "Weggang" seines Vorgängers Busch hatte Karl Böhm als Generalmusikdirektor seine Nachfolge im Januar 1934 angetreten (Böhm 1979, 61). Dem Dresdner Publikum kann mit Sicherheit nicht verborgen geblieben sein, daß sein ehemaliger Operndirektor auch in England bereits wieder überaus erfolgreich wirkte. Diesen beiden Seiten im Bewußtsein der Dresdner - Böhm als Nachfolger des Nazi-Gegners Fritz Busch, der nun ausgerechnet in England erfolgreich war - hatte eine nationalsozialistische Berichterstattung mit Sicherheit Rechnung zu tragen. Unter der im kollektiven Plural gehaltenen Überschrift "Wir werden siegen! Dr. Böhm über das Dresdner Gastspiel in London" läutete der das Ensemble begleitende "Schriftleiter Dr. Hans Schnoor" die Reihe der Hofberichterstattungen für den Dresdner Anzeiger[56] ein.[57] Dabei gab Schnoor[58] verschiedene Äußerungen Karl Böhms wieder. So

---

55 An Sadler's Wells gab es auch eine Saison, wenn auch länger als die der Covent Garden Opera.
56 Lt. Brief des Archivs der Sächsischen Staatsoper Dresden vom 12.2.1993 an die Autorin berichtete Hans Schnoor seit 1926 an dieser Zeitung über Opernaufführungen.

bezeichnete Böhm eine Einladung beim (laut Schnoor nazifreundlichen) Präsidenten der englischen Nationalbank, Verhandlungspartner von Schacht in Berlin, als "...gutes Omen für unser Gastspiel in London". Das folgende Böhm-Zitat zielte zweifellos auf Fritz Busch ab:

> Denn wir kämpfen noch gegen viele Vorurteile und viele Anfeindungen der Emigranten und ihrer Anhänger in der Presse. Zu unseren Gegnern gehören selbst deutsche Künstler, die ehemals sehr eng mit Dresden verbunden waren...! Wir werden aber zeigen, daß wir auf dem Posten sind und es mit allen Neidern in der Welt aufnehmen (ebenda).

Am Sprachgebrauch von Hans Schnoor ist offensichtlich, daß er - vorausgesetzt, daß es sich dabei wirklich um Böhms Meinung handelte - diese geschickt in nationalsozialistisches Vokabular verpackte. Inwieweit er hier Böhm genau zitiert, ist nicht mehr nachzuvollziehen. Nachdem Böhm die technische Zusammenarbeit an Covent Garden gelobt hatte, zitierte Schnoor noch einmal Böhm im Hinblick auf die "Emigranten": "Statt der von deutsch-feindlichen Kreisen prophezeiten Sabotage, eine geradezu entwaffnende Liebenswürdigkeit und ein beispielhafter Wille zu kameradschaftlicher Hilfe!"

Auf jeden Fall wird deutlich, daß die Nazi-Presse auf das Mittel der Wiedergabe der Äußerungen von Karl Böhm zurückgriff und seine Meinung über die deutschen Emigranten für die Leser in Dresden genau abdruckte. Böhm hatte offensichtlich auch nichts gegen das Instrumentalisieren seiner Person einzuwenden, womit man genau auf Fritz Busch abzielte. Damit wird von anderer Seite deutlich, daß Karl Böhm wohl kaum an einer Zusammenarbeit mit ehemaligen Kollegen aus Deutschland interessiert gewesen sein konnte.

In seinen Memoiren mit dem Titel "Ich erinnere mich ganz genau!" erwähnt Karl Böhm, der sich nach Ende des Krieges als naziwillfähriger Dirigent rechtfertigen mußte, besagtes Gastspiel in London. Eine Begegnung mit Flüchtlingen beschreibt er in dem Buch nicht (Böhm 1979, 68f.). Ironie des Schicksals: Fritz Busch hielt sich während des Besuchs der Dresdner Staatsoper auf dem Weg nach Kopenhagen für kurze Zeit in London auf. Fritz Tröber, Autor des Nachwortes der Memoiren von Busch und Mitglied der Dresdner Staatskapelle, traf ihn "in aller Heimlichkeit", wobei sich Busch im Interesse des Orchesters auch nach den Qualitäten des "Orchestererziehers" Böhm erkundigte. Das war die letzte Begegnung zwischen Fritz Busch und einem Mitglied der Dresdner Staatskapelle. Busch hat das Orchester bis zu seinem Tod nicht wieder dirigiert (Busch 1974, 204f.). Bei allen Vorbehalten,

---

57 Dresdner Anzeiger, ohne Datum. Archiv der Sächsischen Staatsoper, Kopie Bl. 1.
58 Karl Laux, Kritikerkollege von Schnoor in Dresden, stellt diesen in seinen Memoiren als den Nazis gegenüber kritisch dar. Beide Kritiker wurden im April 1944 vor Gericht gestellt und erhielten eine "Schwere Verwarnung" (Laux 1977, S. 300f.). Laux erwähnt das obige Gastspiel in genannter Quelle nicht.

eine nationalsozialistische Berichterstattung im Zusammenhang mit Böhms obigen Äußerungen als seriöse Quelle zu behandeln, spricht jedoch das Glaubensbekenntnis von Böhm zum "Anschluß" Österreichs eine Sprache, die eine Authentizität der oben genannten Äußerungen in vorstellbare Nähe rückt. Böhm äußerte sich dazu folgendermaßen: "Wer dieser Tat unseres Führers nicht mit einem hundertprozentigen JA zustimmt, verdient nicht, den Ehrennamen Deutscher zu tragen."[59] Das erfolgreiche Gastspiel der Dresdner wurde dazu genutzt, um innenpolitisch für die Richtigkeit der nationalsozialistischen Kulturpolitik zu werben. Hans Schnoor bezog dafür geschickt Äußerungen bekannter britischer Persönlichkeiten über Deutschland in seine Berichte ein. So kolportierte er einen Bericht Böhms über einen "Abend beim Präsidenten der englischen Nationalbank":

> Böhm hörte in diesem Kreise Meinungen über das neue Deutschland, die jeden Deutschen mit Stolz und Genugtuung erfüllen müßten. Jeden Monat weilt der Präsident (...) einmal in Berlin,(...). Dabei überzeugte er sich von den ungeheuren Fortschritten des Nationalsozialismus, gerade auch auf wirtschaftlichem Gebiet.[60]

Der nächste Bericht von Schnoor verband die Schilderung der begeisterten Aufnahme des Ensembles durch die Londoner mit dem Hinweis auf anwesende deutsche Politiker wie den Dresdner Oberbürgermeisters Zörner und Dr. Gottschalk.[61] Letzterer hatte während der Übertragungspause des *Rosenkavalier* die Gelegenheit, zu den Briten über die B.B.C. zu sprechen.

Das Gastspiel fand in den Tagen der Parlamentseröffnung statt. Nach dem Tod Georg V. und der Abdankung Eduard VIII. wurde Georg VI. 1936 König von England. Dieser Zeitpunkt, bei dem London im Mittelpunkt der internationalen Berichterstattung stand, erwies sich als gut gewählt. Schnoor meldete nach Deutschland:

> Alle hofften, Zeit zu finden, um etwas von der großen Parade zu sehen, von der heute alle Welt hier spricht. So schließen Politik und Kunst einen guten Bund, und die Vorzeichen sind festlich.[62]

> Da man in Cambridge nur selten Gelegenheit hat, gute Kammermusik zu hören, waren wir besonders dankbar für die ausgezeichnete Darstellung solcher Meisterwerke....[63]

---

59 Zitiert nach Prieberg 1986, S. 298; Musiker bekennen sich zur Heimkehr ins Reich. Dokumentationsarchiv des österreichischen Widerstandes; ZL. 1203/46, S. 8.
60 Dresdner Anzeiger, ohne Datum; Archiv der Sächsischen Staatsoper, Bl. 1.
61 Dessen Funktion war den Dresdner Lesern offenbar bekannt. Aus den Quellen ist sie nicht ersichtlich.
62 "Man steht Schlange in London! Oberbürgermeister Zörner und Richard Strauß (sic) eingetroffen: Von unserem nach London entsandten Schriftleiter Dr. Hans Schnoor." Dresdner Anzeiger, ohne Datum; Archiv der Sächsischen Staatsoper, Bl. 2.
63 "Schluß in London." Dresdner Anzeiger, ohne Datum; Sächsisches Staatsarchiv, Bl. 10.

Wie es heißt, sind im Hinblick auf den Erfolg der Dresdner Oper bereits Verhandlungen mit der Regierung angeknüpft worden, um eine ständige Oper zu schaffen. Sie werde das unvergängliche Denkmal dieses erinnerungswürdigen Dresdner Besuches bilden.[64]

Der Autor unterstellte dabei, daß die britische Regierung mit einem ungenannten Partner verhandeln würde und führte dabei seine Leser bewußt irre. Die britische Regierung hatte, im Gegensatz zur Regierung des Dritten Reichs, keinen Einfluß auf die Bespielung der Opernhäuser.

2.2.7 Die Wiener Philharmoniker in Großbritannien

Nach dem 25. Juli 1934, dem Tag des faschistischen Putschversuchs in Österreich und der Ermordung des Bundeskanzlers Dollfuß, dem Schuschnigg als Bundeskanzler folgte, gab es bereits die ersten Verfolgten in Österreich, die sich nach Großbritannien wandten. Der weitaus größte Teil der Flüchtlinge versuchte jedoch erst nach dem "Anschluß" Österreichs vom 13. März 1938 (und der damit verbundenen Verhaftungswelle durch österreichische Nazis) nach Großbritannien zu gelangen. Die jüngst erschienene, umfangreiche Dokumentation zum österreichischen Exil berücksichtigt insbesondere den Zeitraum von 1938 bis 1945 (DÖW 1992), während das Internationale Symposion zur Erforschung des österreichischen Exils von 1977 den zeitlichen Rahmen von 1934 bis 1945 steckte und damit auch die Flüchtlinge von 1934 bis 1938 mit einschloß (DÖW 1977).

Trotz politischer Sanktionen gegenüber politisch Andersdenkenden, wie sie Georg Knepler[65] für das Jahr 1934 in Österreich anschaulich beschrieb, kehrten ab 1933 Österreicher aus Deutschland in ihr Heimatland zurück, weil sie aus rassischen Gründen mit Arbeitsverbot belegt worden waren. Dazu gehörte z.B. Hans Gál, der nach seinem Hinauswurf als Direktor der Mainzer Musikhochschule 1933 nach Wien ging und hier als Dirigent tätig war. Auch der spätere 2. Geiger im Amadeus-Quartett, Siegmund Nissel, verließ mit seinem Vater 1933 München und kehrte nach Österreich zurück, um den nationalsozialistischen Repressionen wenigstens in Deutschland vorerst zu entkommen.

Bruno Walter, als Jude für die Nationalsozialisten untragbar geworden, wandte sich nach seinem Arbeitsverbot 1933 nach Österreich und war von 1936 bis 1938 Direktor der Wiener Staatsoper. Walter war in Österreich bereits seit 1922 ein bekannter Mozart-Dirigent bei den Salzburger Festspielen. Außerdem dirigierte er von 1924 bis 1931 an Covent Garden deutsche Opernaufführungen (Riemann 1989, Bd.4). So verwundert es nicht, daß vor allem Bruno Walter bei den Gastspielen der Wiener

---

64 "Wieder ein Triumph der Staatskapelle in London." Dresdner Anzeiger, ohne Datum; Sächsisches Staatsarchiv, Bl. 10.
65 Gesprächsprotokoll Knepler.

Philharmoniker in Großbritannien von 1933 bis 1938 österreichische Orchesterkultur repräsentierte. Drei Tourneen fanden in den folgenden Jahren statt:[66]

28. und 29. April 1934 in London.

1. Mai 1935 in London; 2. Mai 1935 in Leeds; 3. Mai 1935 in Birmingham; 4. Mai 1935 Manchester mit dem Programm vom 1. Mai. 6. Mai 1935 in Bristol. 7. Mai 1935 in London.

25. und 26. Juni 1937 in London.

Das Repertoire würde man heute mit "leichter" oder "heiterer Klassik" bezeichnen. Neben einer "obligatorischen" Sinfonie von Haydn, Mozart, Beethoven und Schubert lag das Schwergewicht auf abwechslungsreichen Ouvertüren, Vorspielen und Tänzen von Gluck über Mozart, Beethoven, Weber, Suppé und Wagner bis hin zu Kompositionen von Richard Strauss. Experimente im Hinblick auf neue österreichische bzw. deutsche Musik gab es bei diesen Konzertreisen nicht.

Anders als im Dritten Reich konnten allerdings in Österreich bis zum "Anschluß" Werke, die in Deutschland längst als "entartet" verfemt oder wegen ihres jüdischen Autors verboten waren, gespielt werden. Die gebotenen Programme der Wiener Philharmoniker in Großbritannien nutzten diese Freiheit nicht, sie waren rein "österreichisch" und "arisch". Werke englischer Komponisten als Reverenz an das Gastland standen nicht auf dem Programm, des gleichen fehlte die Symphonik von Mendelssohn und Mahler.

Etwas anderes fällt dagegen bei den Programmen der Wiener Philharmoniker auf: 1937 engagierte Bruno Walter als Solisten des *5. Klavierkonzertes* von Beethoven Artur Schnabel,[67] bekannt durch seine Beethoven-, Schubert- und Brahmsinterpretationen. Schnabel war nach achtjähriger Tätigkeit an der Berliner Musikhochschule 1933 von den Nationalsozialisten entlassen worden war. Bis zu seiner Übersiedelung nach New York 1939 gastierte Schnabel, mit Wohnsitz in Italien, auch in Großbritannien.[68] Solistin des letzten Konzertes 1937 war die Sopranistin Elisabeth Schumann, die von 1919 bis 1937 an der Staatsoper in Wien engagiert war und gleichzeitig an den Bühnen in London, Salzburg und München auftrat. Bruno Walter hatte mit

---

66   Historisches Archiv der Wiener Philharmoniker; Brief vom 1.3.1993 von Clemens Hellsberg an die Autorin. Die Konzerte am 6. und 7. Mai 1935 wurden von Weingartner dirigiert, alle anderen Konzerte von Bruno Walter.
67   Der österreichische Pianist und Komponist Artur Schnabel, geboren 1882 in Lipnik, kehrte nach dem Krieg wieder nach Europa zurück und starb 1951 im Schweizer Morschach (Riemann 1989, Bd. 4). Die Nazis bezeichneten Schnabel im "Lexikon der Juden in der Musik" als "Komponisten atonaler Richtung" und als "Mitunterzeichner des Begnadigungsgesuches für den jüdischen Eisenbahnattentäter Otto Schlesinger" (Stengel/Gerigk 1940, S. 245).
68   Röder/Strauss 1983, Bd.II, Tl.2, S.1041.

ihr 1924 an Covent Garden den *Rosenkavalier* von Richard Strauss aufgeführt, in dem sie als "legendäre Sophie" gerühmt wird (Seeger 1978, 498). Im Londoner Gastspiel-Konzert 1937 sang sie neben Strauss- auch Haydn-Lieder und eine Mozart-Arie. Ein Jahr später, nach dem "Anschluß", verließ Elisabeth Schumann als Protestemigrantin Wien und hielt sich als Zwischenstation in London bis zu ihrer Weiterwanderung in die USA auf.

An diesem Gastspiel kommt auch zum Ausdruck, wie verflochten die drei Städte Berlin, Wien und London aus der Sicht der Interpreten seit den zwanziger Jahren miteinander waren. Die in Deutschland geborene und ausgebildete Elisabeth Schumann sang die meiste Zeit ihres Lebens in Europa, und zwar vorwiegend in Wien, und gastierte ab 1924 jährlich an Covent Garden in London. Am Dirigentenpult der deutschen Aufführungen stand bis 1931 Bruno Walter, der ebenso auch als Dirigent der Salzburger Festspiele ab 1922 mit Österreich verknüpft war. Der Österreicher Artur Schnabel wiederum begann im gleichen Jahr (1925) seine Lehrtätigkeit in Berlin, als Bruno Walter Generalmusikdirektor der Städtischen Oper Berlin wurde. Während Schnabel nach 1933 in verschiedenen Ländern gastierte, wandte sich Walter zunächst nach Österreich.

Eine Stadt, in der diese drei bedeutenden Musiker gemeinsam auftreten konnten, war nun wiederum London, wo sie bereits seit Jahren als Interpreten einen guten Ruf genossen. Bruno Walter engagierte mit Schnabel und Schumann zwei Künstler, die wie er ins Exil getrieben worden waren. Offensichtlich machte er seinen Einfluß geltend, um ihnen Arbeitsmöglichkeiten zu beschaffen - eines der vielen Beispiel dafür, wie sich diese Notgemeinschaft gegenseitig unterstützte.

2.2.8 Die Musikstadt Wien im Spiegel der britischen Presse

Regelmäßig berichteten die Times und die Musical Times über besondere musikalische Ereignisse in der österreichischen Hauptstadt. Die Artikel lassen erkennen, daß in Deutschland als "entartet" abgewertete Musik in Wien durchaus zu ihrem Recht kam. Die Musical Times schenkte Aufführungen neuer Werke eine besondere Beachtung, während die Times unter der Überschrift "Music in Vienna" Berichte über die musikalischen Höhepunkte der jeweiligen Saison lieferte, die auch zeitgenössische Musik mit einschloß. Die Times konnte den prominenten Musikforscher, Komponist und Schönberg-Schüler Egon Wellesz als Korrespondenten gewinnen. 1937 schrieb Wellesz drei Artikel und empfahl sich damit im Vorhinein einem breiten Leserkreis vor seinem Exil nach Oxford. Im Februar dieses Jahres berichtete Wellesz über eine Aufführung des *Violinkonzerts* von Alban Berg durch Klemperer und über dessen Dirigat eines Kammerkonzertes der "Internationalen Gesellschaft für Neue Musik" mit Schönbergs *Suite* für Streichorchester, "a powerful work, in which th composer shows his mastery in handling old forms in a very original way" (Wellesz 1937a). Es folgte eine Betrachtung darüber, welche Mittel der Komponist in diesem Werk verwendete, mit dem er im "Stile espressivo" zur Tonalität zurückgekehr war (ebenda). In seinem darauffolgenden Bericht über das Wiener Musikleben nahm die Betrachtung zur modernen Musik in Wien die Hälfte eines 150 Zeilen-Aufsatzes ein (Wellesz 1937b). Die österreichische Sektion der IGNM war in diesem Jahr in Wien mit sechs Konzerten und Aufführungen von Hindemith, Strawinsky, Schönberg und Webern sehr erfolgreich. Auch Hans Gál als Dirigent der Wiener Madrigalvereinigung wurde für seine Aufführungen von zeitgenössischer Musik hervorgehoben. Wellesz attestierte dem österreichischen Publikum einen guten Instinkt für musikalische Qualität und Offenheit gegenüber neuer Musik. In seinem Bericht hob Wellesz ausdrücklich ebenso wie ein nichtgezeichneter Aufsatz des Monthly Musical Record (Anonym 1938f) die von Peter Stadlen dargebrachte Aufführung der *Variationen* für Klavier op. 27 von Anton Webern hervor:

> It had been played for the first time a few days before by this young and gifted pianist in his own recital. It consists of three short movements and represents Webern's most mature and accomplished composition; the twelve-tone system, handled to perfection, offers no impediment to understanding (Wellesz 1937c).

Peter Stadlen hatte den Anweisungen Weberns entsprechend in seine Partitur Bemerkungen zur Phrasierung, Agogik etc. eingefügt, die den nachfolgenden Webern-Interpretationen durch eine lebendigere Auffassung widersprechen. Die Art der Interpretation, wie sie Webern anstrebte, kann aus Peter Stadlens persönlicher Partitur nachvollzogen werden, die als Veröffentlichung der UE vorliegt. Hierauf nimmt auch Pierre Boulez Bezug, der sich fünfundfünfzig Jahre später über seine Absicht, sämtliche Webern-Werke neu aufzuzeichnen, äußerte:

> The thing that was so revealing for me was when Universal Edition published Peter Stadlen's copy of the Variations for Piano op. 27. Fascinating! I would recommend anyone who still has the 'Swiss watchmaker' image of Webern in their minds to look at this score. When you see what he wrote - constant rubato, intense concern with shades of expression. We tend to think of him as an ascetic, but what you learn here is the need for the expression and for the line, the long range phrasing. [...] But this score is a revelation. I always felt that something more was needed, something along these lines. But this made it much clearer (Boulez/Johnson 1992, 37).

Peter Stadlen spielte die genannten Webernschen *Variationen* op. 27 in ihrer britischen Erstaufführung am 27. Januar 1939 in der Aeolian Hall in London (Anonym 1939b).

The Chesterian gab unter der Bezeichnung "Letter from Vienna" regelmäßig eine Rundumschau über das Musikleben der österreichischen Metropole mit der Aufzählung von Höhepunkten, so daß sich der britische Musikliebhaber über besondere Opernaufführungen oder berühmte Dirigenten in Wien informieren konnte.

Wenn die Briten regelmäßig über diese musikalischen Ereignisse berichteten und Londoner Orchester Wiener Klassik favorisierten, so stellt sich die Frage danach, welche Wertschätzung die Wiener Philharmoniker englischen Komponisten in ihren Konzertprogrammen beimaßen. Nach der dazu befragten Geschichte der Wiener Philharmoniker (Hellsberg 1992) fanden englische Komponisten nur ganz vereinzelt Beachtung. In der neunzehnjährigen Dirigententätigkeit von Felix von Weingartner wurde seit 1908 beispielsweise kein englischer Komponist jemals aufgeführt (Hellsberg 1992, 366f.). Obwohl sich Toscanini bei seiner Programmauswahl europäisch offen unter anderem mit Debussy, Castelnuovo-Tedesco, Ravel, Busoni, Schostakowitsch, Saint-Saëns und auch Sibelius (Hellsberg 1992, 449f.) zeigte, zog er keine Partitur aus der Werkstatt eines englischen Komponisten für die Gestaltung seiner Abonnementskonzerte heran. Überhaupt lag die Aufführung eines neuen Elgar-Werkes in der Ära von Felix Mottl zwischen den Jahren 1904 und 1907 in Wien schon recht lange zurück (Hellsberg 1992, 336f.). Von Beginn der Saison 1933/34 bis 1938 wurde bei den Wiener Philharmonikern das "Gastdirigentensystem" (Hellsberg 1992, 423) praktiziert, bei dem insgesamt elf Dirigenten für vierzig Konzerte im Abonnement verpflichtet wurden. Bruno Walter und Felix von Weingartner bestritten zahlenmäßig die meisten Konzerte. Als "künstlerischen Mittelpunkt" benennt Hellsberg dagegen Arturo Toscanini. Das Experiment hatte keine negativen Konsequenzen für die Leistungen des Orchesters zur Folge: "...und die Zusammenarbeit mit mehreren Künstlern von internationalem Format beeinträchtigte keineswegs die stilistische Homogenität oder gar die klangliche Individualität der Philharmoniker, wie noch zu Beginn des Jahrhunderts, als man erstmals auf einen ständigen Leiter verzichtete, befürchtet worden war" (Hellsberg 1992, 445). Einen Vergleich zwischen den beiden Musikzentren Wien und London brachte 1937 aus britischer Sicht Joanne Holbrook. Den Briten bescheinigte sie durch eigenes Verschulden wenig Ansehen für ihr Musikleben im Ausland. Ganz im Gegensatz dazu würdigte sie Wien, das unter schwierigsten Umständen nie seine Bedeutung als Musikstadt verlieren würde. Besonders in der Orchesterkultur gab sie den Wiener Philharmonikern gegenüber dem London Philharmonic Orchestra eindeutig den Vorrang: "And it must be said that the Vienna Philharmonic is one of the perfectly balanced orchestras, which plays not only with inspiration but with an accuracy which the London Philharmonic cannot always maintain" (Holbrook 1937, 605). Sie begründet dies mit der Flexibilität und Offenheit der Wiener, die so unterschiedliche Dirigenten wie Bruno Walter, Weingartner, Knappertsbusch und Sabata engagierten; außerdem arbeiteten Furtwängler und Toscanini gelegentlich mit dem Orchester (ebenda). Dagegen wäre ihrer Meinung nach die Londoner Öffentlichkeit mit ihren Orchestern, dem London Symphony-, dem B.B.C- und dem London Philharmonic Orchestra, und deren regelmäßigen Konzertserien besser bedient, weil diese nicht durch zusätzliche Operndienste belastet waren. Da die Wiener Philharmoniker zudem als Opernorchester dienten, konnten sie nur 14tägige Konzerte geben und ließen deshalb das Publikum bereits in der letzten Probe zu.[69] "So the net result is that neither audience, nor conductor, nor orchestra is completely at ease, and the playing is apt to suffer accordingly" (Holbrook 1937, 605). Dabei widerspricht sich die Autorin in einem gewissen Maße selbst. Einerseits lobt sie die besondere Qualität des Wiener Orchesters, aber andererseits kritisiert sie den Standard der öffentlichen Konzert-Probe. Offensichtlich lag nach ihrer Auffassung der Vorteil für die Londoner Öffentlichkeit in den regelmäßigen Auftritten der Londoner Orchester. Beim Repertoire-Vergleich gelangte Holbrook zu dem Ergebnis, daß die Österreicher bei Aufführungen von "modern musicians" deutsche und österreichische Komponisten bevorzugten. "Sibelius and Delius[70] are even more neglected in Vienna than are its favourites, Bruckner and Mahler, in London, and its musical community have hardly heard of Elgar" (Holbrook 1937, 605). Damit betrachtet sie als "moderne Musiker" solche, die eine Generation hinter der zurücklegen, die man eigentlich hinter diesem Begriff vermuten würde. In der Tendenz hatte sie jedoch grundsätzlich Recht, wenn sie diese Komponistengeneration anspricht.

Bei den beschriebenen Gastspielen in Großbritannien spielten die Wiener Philharmoniker kein Werk eines englischen Komponisten, was im Juni 1906 unter der Leitung von Franz Schalk während eines dreitägigen Londonbesuches mit Elgars *Enigma-Variationen* (Hellsberg 1992, 340) noch zum guten Ton eines gastierenden Orchesters gehört hatte.

Während die Briten das Musikleben Wiens in der Presse regelmäßig reflektierten und - ganz abgesehen von den Konzertprogrammen mit Werken der Wiener Klassik - besonders das B.B.C. Symphony Orchestra zeitgenössische Werke von österreichischen Komponisten aufführte, kamen in den Konzerten der Wiener Philharmoniker englische Komponisten fast nicht vor. Vergleichbar den Programmen von Gastspielen des Berliner Philharmonischen Orchesters unterblieb auch bei diesem Orchester die Geste an das Gastland, nämlich wenigstens ein Werk eines englischen Komponisten ins Programm zu nehmen. Das B.B.C. Symphony Orchestra zeigte indes bei einem einzigen Gegenbesuch in Österreich, mit welcher Sorgfalt sich die Briten in ihrer Programmwahl auf ihre Gastgeber einstellten.

---

69 Die Handhabung, die letzte Probe als öffentliches Konzert zu werten, bestätigt eine Statistik über Toscaninis Auftreten in Wien von 1933 bis 1937 (Hellsberg 1992, S. 448).
70 Frederick Delius, geboren 1862 in Bradford (Yorkshire), gestorben 1934 in Grez-sur-Loing in Frankreich, gehörte als "Nachwagnerscher Spätromantiker" der Generation von Mahler und Richard Strauss an. Seinen größten Erfolg in England feierte der Sohn eines deutschen Einwanderers, der seit 1899 in Frankreich lebte, 1929 bei einem von Thomas Beecham initiierten Delius-Festival mit sechs Konzerten in London (MGG 1954, Bd. 3).

2.2.9 Das Gastspiel des B.B.C. Symphony Orchestra in Wien

Im April 1936 unternahm das B.B.C. Symphony Orchestra eine Konzertreise nach Paris, Zürich, Wien und Budapest. Edward Clark hatte diese Reise vorbereitet und Programmvorschläge für die Konzerte unterbreitet. Jedes Konzert sollte dabei einen Komponisten des Gastlandes, ein englisches Werk, ein Repertoire-Stück und ein "Paradestück" beinhalten. Seinen Vorschlägen wurde nicht genau entsprochen, doch kam man ihnen entgegen. Außer bei dem Konzert in Zürich wurde jedes Gastland durch die Aufführung eines Werkes berücksichtigt. Im übrigen setzte man auf Vielfalt: während der gesamten Tournee wurde kein Werk zweimal gespielt.

In Wien fand das Gastspiel am 23. April 1936 im Konzerthaus vor gut besuchtem Haus statt. Auch der Bundespräsident und der britische Botschafter Österreichs gehörten zu den Gästen. Bei der Vorbereitung des Wiener Konzertes hatte Clark festgestellt, daß Schönbergs *Orchestervariationen* op. 31 noch nicht in einem Wiener Konzertsaal erklungen waren und setzte sie als Erstaufführung auf das Programm. Außerdem wurden unter der Leitung von Adrian Boult die *Tragische Ouvertüre* von Brahms, Vaughan Williams' *Symphonie Nr. 4* und *Daphnis und Chloe* (zweite Suite) von Maurice Ravel gespielt. Nach dem Bericht von Kenyon (Kenyon 1981, 119-122) wurde das Orchester enthusiastisch von den Wienern gefeiert und mußte zwei Zugaben (Wagner) geben. Die Kritiken fielen nach Kenyon ebenso positiv aus wie zuvor in Paris und Zürich, wobei in Wien insbesondere die Sinfonie von Vaughan Williams und die Aufführung von Schönbergs *Orchestervariationen* Zuspruch fanden. Mit Erstaunen nahmen die Wiener zur Kenntnis, daß im Londoner Orchester auch Frauen mitwirkten. Einige Mitglieder der Wiener Philharmoniker gaben ihren Kollegen bei ihrer Weiterreise nach Budapest auf dem Bahnsteig mit Strauß-Walzern und Märschen ein Abschiedsständchen, wovon die B.B.C.-Musiker höchst beeindruckt waren. Dank des internationalen Rundfunkaus-tauschs wurden sämtliche Konzerte im Rundfunk übertragen und "weitergereicht", so daß die Wiener bereits das Züricher Konzert vom Vorabend hören konnten. Auch die B.B.C.-Hörer in Großbritannien wurden Zeugen der Tournee ihres Orchesters (ebenda). Wenn auch die Atmosphäre des Konzertsaals und die begeisterten Reaktionen des Publikums nur eingeschränkt und unvollständig über den Äther nach Großbritannien drangen, so wurde doch ein Eindruck von dem besonderen Ereignis vermittelt. Man war stolz, gerade in Wien einen solchen Erfolg errungen zu haben. Es blieb bis zum Kriegsbeginn das einzige Gastspiel in Österreich. In Deutschland trat das Orchester nicht auf.

3 Das Musikleben im Dritten Reich und das Musikerexil im Spiegel der britischen Presse

3.1 Bruno Walter

Wenn Peter Gellhorn über die "erste Sentimentalität" berichtet, mit der man in Großbritannien "Musiker empfangen hat", so stellt sich die Frage nach der unmittelbaren Reaktion der britischen Presse auf die Vertreibung von Musikern aus Deutschland bzw. Österreich. Die öffentliche Aufmerksamkeit konzentrierte sich zu Beginn der Vertreibung auf die Person Bruno Walters, dem Sympathie bereits vor seinem Londonbesuch in Amsterdam als Dirigent des Royal Concertgebouw Orkest und ebenso in Wien entgegengebracht worden war (Walter 1947, 445f.). Am 2. Mai 1933, also wenige Wochen nachdem Bruno Walter aus Deutschland geflohen war, berichtet die Times (Anonym 1933a) über ein Essen, das der Music Club im Londoner May Fair Hotel zu Ehren Bruno Walters gab. Edward Elgar wollte dabei eigentlich den Vorsitz übernehmen, mußte aber wegen Erkrankung kurzfristig absagen (Walter 1947, 447). Thomas Beecham würdigte während dieser Gelegenheit die Beziehungen zwischen Deutschland und England auf musikalischem Gebiet, und bezog sich dabei besonders auf Bruno Walter. Die erste Initiative für eine Einladung Walters nach England überhaupt war von der ebenfalls anwesenden Komponistin Ethel Smyth ausgegangen, wodurch ein Dirigat in London im Februar 1910 zustande gekommen war. "Since then he had become not only a welcome and regular visitor, but the most beloved of musicians who came to this country from over the seas" (Anonym 1933a). Dem muß einschränkend hinzugefügt werden, daß zumindest der I. Weltkrieg zu einer längeren Unterbrechung der regelmäßigen Besuche Walters führte. Die Times berichtet weiter:

> England, said Sir Thomas Beecham, owed a great debt to Germany in respect to music. He had to admit that we should not have advanced one-quarter of the way we had done if it had not been for the inspiring influence of Germans who had settled in this country and inculcated their musical ideas and culture on the masses (ebenda).

Im einzelnen kam Beecham dabei auf die Verdienste von Charles Hallé[71], Augustus Manns[72] und Hans Richter[73] zu sprechen und schloß mit einer Würdigung des an-

---

[71] Charles Hallé bzw. Karl Halle (1819-1895) stammte aus Hagen und begann seine Karriere als Pianist in Paris. 1850 übernahm er als Dirigent die Gentlemen's Concerts in Manchester. Hallé begründete dort das Hallé-Orchester, reformierte das Konzertwesen, führte in England als Pianist das Piano Recital ein und wirkte als Pädagoge und Herausgeber von

wesenden prominenten Dirigenten. "Mr. Walter, who recently was debarred from conducting concerts in Germany by anti-Jewish opinion, said he had received messages of sympathy from all over the world." Thomas Beecham setzte insofern ein wichtiges Signal, als er nicht von wechselseitigem Austausch sprach, sondern den Einfluß von deutschen Musikern auf das britische Musikleben betonte. Dazu hatte zweifellos Bruno Walter einen wichtigen Beitrag geleistet. Bruno Walter war trotz seiner Exilsituation den Briten weiter zugewandt. Er leitete in den kommenden Jahren neben den Gastspielen der Wiener Philharmoniker auch britische Orchester. Am 11. und 18. Januar 1939 dirigierte er das B.B.C. Symphony Orchestra mit Werken von Mozart, Brahms und Beethoven. Einen Tag darauf führte er mit dem London Philharmonic Orchestra unter anderem die *1. Symphonie* von Gustav Mahler auf. Der Kritiker McNaught schrieb darüber voller Anerkennung und hob die Exil-Situation des Dirigenten hervor.

> When Bruno Walter arrived in London to conduct two B.B.C. concerts and a Philharmonic [...], it was well known that he had suffered a second banishment since his previous visit. He was welcomed therefore with an added note of sympathy and acclamations loud and long that gave him something to live up to as an artist (McN 1939, 139).

Mit dem "Anschluß" Österreichs an Nazi-Deutschland wurde Walter zum zweiten Mal ins Exil getrieben, das ihn erst einmal nach Paris führte.[74] Mit einem letzten Konzert im Rahmen des "London Music Festival" am 29. April 1939 verabschiedete sich Bruno Walter mit dem London Symphony Orchestra in der Queen's Hall von England und ging in die USA.[75]

Bruno Walter hatte mit der ihm entgegengebrachten Anerkennung durch britische Musiker und Komponisten bis zu seiner Übersiedlung in die USA so etwas wie eine

---

Klaviermusik. 1883 folgte er Max Bruch als Dirigent der Philharmonie in Liverpool (Riemann 1989, Bd. 2 und Kersting 1986).

72 Augustus Manns dirigierte mit den Crystal Palace Concerts (1856 bis 1901) in Sydenham bei London ernste Musik für ein breites Publikum (MGG 1960, Bd. 8, Stichwort London). Der Crystal Palace brannte in den dreißiger Jahren ab.

73 Hans Richter (1843-1916) leitete von 1875 bis 1898 die Philharmonischen Konzerte in Wien und wurde von 1876 an mit dem erfolgreichen Dirigat des *Ring des Nibelungen* einer der Hauptdirigenten bei den Bayreuther Festspielen. Neben Wagner leitete er 1877 Wagner-Konzerte in London und von 1903 bis 1910 die Aufführungen von Wagner-Opern an Covent Garden. Von 1879 bis 1897 an dirigierte er die "Orchestral Festival Concerts", 26 Jahre lang Musikfeste in Birmingham und das Hallé Orchester in Manchester, wo er von 1897 bis 1912 auch lebte (Riemann 1989, Bd. 4).

74 Die Zeitschrift "The British Musician and Musical News", die in Birmingham herausgegeben wurde, informierte ihre Leser 1938 darüber, daß Bruno Walter nun "ein Franzose" sei (Anonym 1938g).

75 Von den hier genannten Konzerten befinden sich die originalen Programmzettel in der Sammlung von Ernst Henschel in der British Library in London. Möglicherweise besuchte Ernst Henschel diese Konzerte.

Sonderstellung inne.[76] Er war prominent und seit Jahrzehnten mit dem britischen Musikleben verbunden.

3.2 Darstellungen des deutschen Musiklebens

Britische Zeitungen und Zeitschriften berichteten regelmäßig über die musikpolitischen Ereignisse in Deutschland. Dazu gehörten etwa die Gründung der Reichskulturkammer (Anonym 1933b), die Angriffe gegen Bruno Walter (Anonym 1933c) und der Protest von Toscanini gegen die Restriktionen, denen seine Musikerkollegen in Deutschland ausgesetzt waren (Anonym 1933d).[77] Hugo Leichtentritt - 1940 im "Lexikon der Juden" aufgelistet - berichtete für die Musical Times aus Deutschland. Ausführlich beschrieb er den neugeschaffenen Kulturbund in Berlin. "The Jewish artists being with a few exceptions unable to practise their art in public, are making the best of their rather desperate position by organising - necessarily on a restricted scale - musical activity among themselves" (Leichtentritt 1933d, 845). Als Beobachter des jährlich[78] ausgerichteten Musikfestes des Allgemeinen Deutschen Musikvereins, das im Juni 1933 in Dortmund stattfand, hatte Leichtentritt offenbar zum letzten Mal eine Komposition eines Schönberg-Schülers in solch einem Rahmen miterlebt. Denn der Komponist Peter Schacht hatte sich geweigert, sein *Streichquartett* zurückzuziehen und auf einer Aufführung bestanden and "got his reward in an outburst of hissing and indignant clamour". Angesichts dieses Fiaskos könne nun Schacht als ein junger Künstler, der Aufmerksamkeit verdiente, beiseite gelegt werden, fügte Leichtentritt bedauernd hinzu (Leichtentritt 1933d, 845). Leichtentritt hatte bereits zuvor in der Musical Times in Beiträgen den Exodus von bekannten Dirigenten (Leichtentritt 1933a), Kompositionslehrern an der Akademie der Künste in Berlin (Leichtentritt 1933b) und Instrumentalisten sowie Instrumentalpädagogen für das deutsche Musikleben dargestellt

---

76 Bei den Musikwissenschaftlern erfüllte diese Funktion Egon Wellesz, der als Rezensent des österreichischen Musiklebens den Lesern der Times bekannt war. Nach seiner geglückten Flucht nach Oxford berichtete Tempo in einer kurzen Notiz, daß Wellesz "has just been appointed to a permanent post as lecturer in music at Oxford. He is also be congratulated on having been elected to an Honorary Fellowship of Lincoln College". Er wurde als Musikologe auch im Hinblick auf seine Tätigkeit in Oxford gewürdigt (Anonym 1939c).

77 Anfangs legte die britische Presse dabei eine bemerkenswerte Unbefangenheit an den Tag. So wurde ausgerechnet Hans Friedrich Blunck, Mitglied der Preußischen Akademie der Künste, als Autor für den Listener gewonnen, um den britischen Lesern in deutscher Sprache über die nationalsozialistische Umgestaltung der Abteilung Dichtung zu berichten. Blunck ließ es sich nicht nehmen, sein Bedauern über Thomas Mann zum Ausdruck zu bringen, der "sich im ersten Eifer zurückzog" (Blunck 1933, 183). Blunck war geschickt genug, die ideologischen Hintergründe der NS-Kulturpolitik in den Hintergrund zu stellen, vielmehr war er bestrebt, dem Leser den Eindruck einer neuen Normalität zu vermitteln.

78 1937 wurde der Allgemeine Deutsche Musikverein durch das Reichs-Propaganda-Ministerium aufgelöst (Laux 1977, S. 212).

(Leichtentritt 1933c, 748). Letztmalig taucht der Name Leichtentritt als Korrespondent der Musical Times im Oktober 1933 auf. Hier beschrieb Leichtentritt die Auswirkungen, die sich aus der Absage Toscaninis für die Bayreuther Festspiele ergeben hatten und registrierte die Gewichtungen im Konzertrepertoire zugunsten von Max Reger, der zuvor schon von der modernen Musikszene verdrängt worden war (Leichtentritt 1933e, 943). Mit der Autorenschaft von Nancy Fleetwood als Korrespondentin der Musical Times in Deutschland (1934 bis April 1938) verschwanden weitgehend kritische Anmerkungen über die Musiklandschaft in Deutschland. Fleetwood berichtete beispielsweise enthusiasmiert über eine Rede von Goebbels während der Reichstheaterwoche 1934 in Dresden und meinte, "(he) made a long and brilliant speech with regard to the future of the German theatre" (Fleetwood 1934, 655). Mit der gleichen Begeisterung goutierte sie zahlreiche Angebote im deutschen Musikleben, die sie, nach Städten und wichtigen Ereignissen geordnet, den britischen Lesern nahe zu bringen suchte. Wie sollte ein britischer Leser begreifen, was es mit den nach außen so erfolgreich scheinenden Musikereignissen eigentlich auf sich hatte? Das Musikleben in Deutschland schien nach diesen Berichten reibungslos weiter zu funktionieren, es fehlten lediglich ein paar bedeutende Namen. In dieses Bild paßt, daß der britische Komponist Roland Bocquet[79] im Jahr 1937 im Rahmen der nationalsozialistischen Umgestaltung des Dresdner Konservatoriums als Lehrer für Komposition und Theorie bestätigt wurde (Fleetwood 1937b, 1074).
Mit geringer kritischer Distanz beurteilte Nancy Fleetwood die Folgen der Abschaffung der Kunstkritik durch Goebbels.[80] Sie interessierte sich vorwiegend für die formal-ästhetische Seite des Verbots und beklagte den damit einhergehenden Niveauverlust von Aufführungen. Daß damit ein weiterer Schritt zur Ausschaltung jeder Opposition und unabhängigen Meinungsäußerung unternommen wurde, fehlt als Schlußfolgerung einer Britin. Sie machte in alldem nur eine temporäre Erscheinung aus, die sich bald - wenn auch mit Folgen für das Musikleben - von selbst erledigen wird: "One wonders how long this state of affairs can be maintained, and with what drastic results" (Fleetwood 1937a, 76).
Mit dem gleichen Thema beschäftigte sich der Monthly Musical Record, der die Funktion von Musikkritik für das Musikleben eindringlich unterstrich. Dabei wurde auch der berühmte Musikkritiker Ernest Newman angegriffen, der sich zuvor in der Radio Times zu Goebbels Zensurpolitik ausweichend geäußert und die Musikkritik überhaupt als "quite useless" bezeichnet habe (Anonym, 1937, 5). Das war sicherlich nicht ganz ernst gemeint, denn der prominente Musikkritiker hatte sich bereits

---

79 Keine Angaben in NGDM 1980, Riemann 1989 und MGG.
80 Am 27.11.1935 wurde das Verbot der Kunstkritik angeordnet; an ihre Stelle traten Kunst-"Berichte" (Vespignani 1977, S. 151).

einige Monate zuvor mit dem Gegenstand Musikkritik in Deutschland in einem umfangreichen Artikel in der Sunday Times (Newman 1936b) auseinandergesetzt.[81] Den Anlaß dafür bot Peter Raabes Publikation "Die Musik im Dritten Reich".[82] Raabe war nicht irgendjemand, sondern als damaliger Präsident der Reichsmusikkammer verfügten seine Äußerungen im Kontext der NS-Kulturpolitik durchaus über einiges Gewicht. In dieser Aufsatzsammlung hatte Raabe den Staat für die Hebung des kulturellen Niveaus in die Pflicht genommen, ihn gar zum Schutz von Musikern und Komponisten aufgefordert, um sie vor den störenden Auswirkungen der Musikkritik zu bewahren. Damit bereitete Raabe das durch Goebbels verfügte Verbot der Musikkritik ideologisch vor. Raabe untersuchte das Musikleben in Deutschland anhand von zwei Fragestellungen:

1. Wie muß die Kunst beschaffen sein, die läuternd auf die Gemüter einwirken kann, und auf welchen Wegen ist sie an das Volk heranzubringen?

2. Was kann der Staat tun, was m u ß er tun, um die Bestrebungen der Künstler auf diesem Gebiet zum Erfolg zu führen? (Raabe 1935, 11).

Ernest Newman analysierte die Argumente Raabes und widersprach entschieden seiner Behauptung, daß die freie Meinungsäußerung in Deutschland nicht angetastet worden sei:

Dr. Raabe is careful to point out that according to the enactment of the 28th February, 1933, for the protection of the people and the State, 'every German has the right, within the limits of the common law, to express his opinion in speech, in writing, in printing or in any other form.' But this does not mean in Germany as it would be taken to mean here, that *everyone* has the right to say what he thinks upon any and every subject, [...]"(Newman 1936b).

Was das Problem der Musikkritik anging, so versuchte Newman unter seinem Blickwinkel als Brite, der jeglichen staatlichen Eingriff gegenüber der Musikkritik ablehnte, den Gedankengängen Raabes jedoch soweit zu folgen, als er sie auf ihre Brauchbarkeit, aber mehr noch auf ihre Fragwürdigkeit hin genüßlich und mit beißender Ironie zerpflücken konnte.[83] Es zeigte sich bei Newman eine gewisse Ambivalenz gegenüber seinem Gegenstand. Der bekannte Kritiker entlarvte durchaus einige demagogische Äußerungen Raabes und läßt damit sein Wissen um die wahren Zustände in Deutschland erkennen. Zweifellos war ihm angesichts der all-

---

81 Eine Woche zuvor war an gleicher Stelle ein Aufsatz zu Raabes "Die Musik im Dritten Reich" veröffentlicht worden (Newman 1936a).
82 1935 hatte diese Publikation immerhin bereits die 11.-15. Auflage erreicht (Raabe 1935).
83 Ganz anders als Newman verhielten sich die tschechischen Behörden gegenüber der Verbreitung von Nazi-Ideologie auf ihrem Territorium. Sie hatten Raabes Schriften "Musik im Dritten Reich" und "Kulturwille im deutschen Musikleben" sofort verboten und auch ein für Dezember 1937 geplantes Konzert Raabes in Karlsbad abgesetzt (Prieberg 1989, S. 377).

mählich anwachsenden Zahl von Flüchtlingen in Großbritannien die Vertreibung von jüdischen Komponisten und Musikern aus Nazi-Deutschland nicht verborgen geblieben. Newman mußte gewußt haben, daß ausgerechnet Raabe jener Institution vorstand, die den Wert oder Unwert eines Werkes im Dritten Reich nach der "Rassenzugehörigkeit" eines Autors beurteilte - mit all den verhängnisvollen Folgen, die sich daraus ergaben. Ernest Newman ignorierte jedoch diesen Aspekt von Raabes Täterschaft und ließ sich, zum Teil geradezu humorvoll, auf die Diskussion von dessen Thesen ein. Fest steht, daß Newman der Schrift von Raabe in Großbritannien zu Popularität verhalf. Die Ansicht des prominenten Ernest Newman zu den Thesen Raabes wurde durchaus ernst genommen. Wie die Diskussionen um das Gastspiel der Dresdner Staatsoper zeigte, gab es nicht wenige, die sich - so wie in Deutschland - staatliche Subventionen auch für das Musikleben erhofften. Ob Newman mit seiner Kritik gerade bei diesen Befürwortern von staatlicher Präsenz im Musikleben auf eine eindeutige Ablehnung kontrollierter Musikkritik gestoßen ist, muß dahingestellt bleiben.

Noch zwei Jahre später bezog sich Michael Bell in dem Artikel "Music in Nazi Germany" (Bell 1938) auf Newmans genannten Aufsatz. Bell erläuterte euphorisch die Pläne von Raabe und zeigte Verständnis für die Probleme der Reichsmusikkammer, die die Erneuerung des Musiklebens in Deutschland aus der Ausgrenzung und Vertreibung von jüdischer und "entarteter Musik" zu entwickeln bestrebt war.

> The Non-Aryans have been caught in the specious argument that as they are not themselves true to their fatherland (indeed, they cannot be expected to be since they are not Germans), how can they assist in that spiritual development of the nation which consists in the making men 'tüchtig, gut und vaterlandstreu'? (Bell 1938, 100).

Trotz dieser eindeutig die deutschen Juden diskriminierenden Position kam Bell nicht umhin, die Beschädigungen des Musiklebens durch ihren Verlust zuzugestehen. "The forcible expulsion and the voluntary departure of others has undeniably inflicted hurt on musical life" (ebenda). Dieses Eingeständnis war jedoch nur halbherzig, wenn Bell weiter ausführt:

> To the evident anti-Nazi this hurt is irreparable, but although I have every sympathy with these outlaws musicians, I am afraid I cannot see any reason why in point of fact their removal should produce any permanent ill effect on music in Germany, this is probably the somewhat callous attitude of the German Government (Bell 1938, 100).

Kurz vor dem "Anschluß" Österreichs publiziert, lag der Kern von Bells Artikel in seinem affirmativen Verständnis dafür, der völkischen Bewegung in Nazi-Deutschland eine revolutionär-kreative Tendenz zuzugestehen, die zwangsläufig auch intolerante Auswüchse mit sich bringen mußte:

My own hope lies in the supposition that the vitality which makes bonfires of what it hates, even if it destroys much that is good, may perhaps have such an enlivening effect on cultural life as a whole that in the long run the latter may be better for it. Something good must come out of such fire (Bell 1938, 101).

Während Ernest Newman einer staatlich gelenkten Kulturpolitik grundsätzlich skeptisch gegenüberstand, diese aber nicht der menschenverachtenden Politik eines totalitären Staates subsumierte, zeigte sich Bell in einer bemerkenswerten und gefährlichen Naivität von der Idee begeistert, mittels einer Revolution das Niveau der Musik anzuheben. Dabei akzeptierte er, daß dabei "extreme" Entwicklungen wie Atonalität dabei ausgegrenzt werden genauso wie die Vertreibung der Juden und anderer, die seiner Meinung nach auch nicht zur geistigen Entwicklung der Nation beitragen würden, ausgegrenzt werden. Ähnlich wie die Komponistin Ethel Smyth die Vorgänge der Vertreibung von Musikern in einem Brief von 1933 an den Herausgeber der Times als "merely a passing phase of national madness, such as occasioned the worst horrors of the French Revolution" (Smyth 1933) charakterisierte, schien auch Bell die Ereignisse in Deutschland zu begreifen: Eine Revolution bringt Auswüchse und Überspitzungen, Tod und Vertreibungen mit sich, die gleichsam unausweichlich dem, was sich daraus an Neuem entwickeln wird, geschuldet sind. Oder anders ausgedrückt: der Zweck heiligt die Mittel. Dabei zeigte sich, daß die Nazi-Ideologie auch mittels ihrer Musikpolitik eine gewisse Faszination über die Grenzen des Landes hinaus ausübte und daß sich selbst kritische Musikologen im Gestrüpp der nationalsozialistischen Ideologie verfingen. Überflüssig anzumerken, daß es zu einer Erneuerung des Musiklebens, die diesen Namen verdient, unter der Nazi-Herrschaft nicht kam.

Als Erwiderung auf den Artikel von Michael Bell schrieb ein anonymer "foreign musician"[84] einen Leserbrief. Er stellte dabei klar, daß es sich in Deutschland um ein totalitäres System handelte, in dem eine kleine Gruppe Zwang auf alle Geistes- und Naturwissenschaften ausübte und bezeichnete die Beschädigungen der deutschen Wissenschaft und Kunst durch die "arischen Theorien" als Tragödie. Der anonyme Musiker bestritt das Vorhandensein irgendwelcher "nichtarischer" Bestandteile in Werken von deutschen jüdischen Komponisten, die schließlich wie alle Komponisten auf der Welt, durch die Vielfalt ihrer künstlerischen Umgebung geprägt worden seien (G.F.D. 1938, 286f.). Damit lag ein klarer und eindeutiger Standpunkt eines Mannes vor, der selbst Opfer der von ihm bezeichneten Tragödie geworden war.

Ein interessantes Beispiel für die Wirkung, die sogar von Nazi-Liedern ausging, bietet ein Aufsatz in der Zeitschrift Music & Letters vom Januar 1935. Dieser er-

---

84 Der vollständige Name dieses Musikers konnte bisher nicht ermittelt werden.

schien etwa um die gleiche Zeit, als Berthold Goldschmidt und Peter Gellhorn ihre letzten Monate in Berlin verbrachten. Max Rostal lebte bereits seit einigen Monaten mit seinen Studenten in London. Der Autor William Saunders hatte Deutschland besucht, um die Lieder der völkischen Bewegung, insbesondere von SA und SS, unter denen er einige Freunde hatte, kennenzulernen (Saunders 1935, 50). Saunders zeigte sich von dem Zusammenhalt der Gefolgschaft Hitlers und von der Vielzahl ihrer Lieder beeindruckt, bei denen die Marsch-Lieder deutlich überwogen. Dazu gehörten auch Lieder aus den deutschen Befreiungskriegen und solche mit neuen Texten zu überlieferten patriotischen Melodien. "Nor are songs specially composed to meet the requirements of the revolutionary propaganda or to voice the ideals of the Nazis, alone sung or played" (Saunders 1935, 51).

Als hervorragendes Beispiel, "which exemplifies to perfection the wide differences, in point of excellence, between the word and music" stellte Saunders das *Horst-Wessel-Lied* heraus: "The tune to which these words are sung, is an excellent one, easy to sing and typically German" (Saunders 1935, 51f). Saunders zählte weitere Beispiele umfunktionierter oder neu komponierter Nazi-Lieder auf, die er vollständig, Melodie und deutscher Text jeweils voneinander getrennt, abdruckte. Ohne den Text direkt unter die Notenbeispiele zu unterlegen, mußten diese einem britischen Betrachter wie aus einem deutschen Volksliederbuch entnommen, erscheinen. Angeführt werden beispielsweise das *Hakenkreuzlied*, *Hitlers Getreue* oder *Heil Hitler Dir*. Für den Typus des "Parteiliedes", das sich gegen Kommunisten und Juden richtete, führte der Autor als Beleg einen antikommunistischen und antisemitischen Text zu der Melodie *Wir sind des Geyers schwarzer Haufen* an und nahm ihn mehr von der humorvollen Seite: "The Germans do not shine as satirists; their humour is heavy and far-fetched and, not infrequently, gross" (Saunders 1935, 55). Darin heißt es:

Das deutsche Land dem deutschen Mann, dem Arbeitsmann.
Der Jude lauf' nach Kanaan, wenn er noch laufen kann.
Und wer die Sowjets lieber hat als deutsches Land,
Der nehme nach dem Sowjetstaat die Beine in die Hand.
Gemach! Schon steigt das Dritte Reich aus Not und Nacht;
Marxist und Jude, wehe euch! Wenn unser die Macht! [...] (Saunders 1935, 55).

Saunders konstatierte bei den Texten durchaus einen Mangel an Inspiration, jedoch seien die Melodien dafür nicht verantwortlich zu machen. Er war nicht nur von der Schlichtheit der Harmonik und Melodik dieser Lieder sondern auch von den Deutschen angetan, die er diese Lieder singend im Schwarzwald beobachten konnte. Der lyrische Impuls, den die Nazi-Revolution stimuliert habe, habe das Reich in ein "nest of singing birds" verwandelt. Was könnte da ein Hitler schon dagegen ausrichten? fragte er naiv. "A nation that can sing, as Germany is doing all through her triumphs

and troubles, has little to fear, even from her own so-called rulers, and dictators. And when all is said and done, *what* she sings matters not a bit" (Saunders 1953, 57).[85]
Genau dies schien eine verbreitete Ansicht in Großbritannien zu sein. Die meisten Briten betrachteten Deutschland von außen als Kulturland, das sich besonders auf dem Gebiet der Musik durch Konzertgastspiele, Kammermusiker und berühmte Sänger in Großbritannien präsentierte, und man war froh, daß die Feindschaft des I. Weltkrieges allmählich überwunden schien. Die politischen Ereignisse in Deutschland betrachtete man in der Hoffnung auf ihre Kurzlebigkeit.

Ernüchtert druckte die Times wenige Wochen nach Kriegsbeginn eine englische Übersetzung des Liedes *Denn wir fahren gegen Engelland* (Worte Hermann Löns, Musik Herms Niel), das nach seiner erfolgreichen Präsentation sofort im Reichsradio zur Einleitung der Nachrichten benutzt wurde (Anonym 1939h). Es ist dies genau der Typus eines patriotischen Liedes (mit neuer Melodie), den Saunders beschrieb. Nun unter Kriegsbedingungen entdeckten die Briten, "was" hier gesungen wurde und als "Lied der Luftwaffe" (Prieberg 1989, 336) konzipiert war.

Bald nach Beginn des Krieges verflüchtigte sich die Hoffnung der Briten, daß das Flüchtlingsproblem nur von kurzer Dauer sein würde. Denn auch diejenigen Flüchtlinge, die eigentlich Großbritannien nur als Transitland nutzen wollten, mußten nun um Asyl in Großbritannien nachsuchen, denn es wurde täglich gefährlicher, das Land auf dem Schiffs- oder Luftweg zu verlassen. Das bedeutete aber nicht, daß die Flüchtlinge, unter ihnen Musiker aus Deutschland und Österreich, nun eine Lobby in der Presse gehabt hätten. Erst einmal überstürzten sich durch die außenpolitischen Ereignisse auch die innenpolitischen, die mit der Ablösung Chamberlains durch Winston Churchill 1940 geklärt wurden. Zugleich aber waren sie von einem Anstieg der Ausländerfeindlichkeit begleitet.[86] Es schloß sich die Fehlentscheidung der Internierung von "enemy aliens" an, die von jenen Zeitungen befördert wurde, die eine Art von Massenhysterie wegen einer vermeintlichen 5. Kolonne in Großbritannien losgetreten hatten.[87]

---

85   Soweit meine Recherchen stimmen, gab es auf diesen Artikel hin keine Reaktion.
86   Vgl. Wasserstein 1983, S. 58.
87   Nach dem Ergebnis einer Befragung der Mass-Observation FR 118 vom 18.5.1940 äußerte sich die überwiegende Mehrheit der Befragten, mehr Menschen zu internieren. Damit war der Höhepunkt in der Ausländerfeindlichkeit erreicht. Kaum einer der Befragten wußte jedoch genau, aus welchen Gründen überhaupt die Flüchtlinge nach Großbritannien gekommen waren. Eine Analyse derselben Mass-Observation (FR 332 vom 7.9.1940) belegt den Anteil verschiedener Zeitungen im Hinblick auf die ausländerfeindliche Meinung der Bevölkerung, die dann bereits im Juli 1940, wie verschiedene Zeitungen auch, wieder mehr Verständnis für die Internierten aufbrachte. Damit ergab sich eine Korrelation zwischen der Stellung der Presse und der öffentlichen Meinung zu diesem Ereignis.

3.3 Problemstellung

Aus den bisherigen Darlegungen ergibt sich nun die Frage: Warum finden sich in den britischen Zeitungen von 1933 an nur wenige Untersuchungen über die Situation in Nazi-Deutschland einerseits und andererseits über die Flüchtlinge, die sich aus Deutschland nach Großbritannien retteten? In keiner der hier berücksichtigten Zeitschriften oder Zeitungen erschien - abgesehen wiederum von Bruno Walter in der Times - beispielsweise Interviews mit deutschen bzw. österreichischen Musikern oder Musikerinnen, die durch ihre Authentizität eine besondere Wirkung hätten erzielen können. Die persönlichen Erfahrungen der Flüchtlinge, auf Grund derer sie Nazi-Deutschland verlassen hatten, wurden auf diese Weise nicht unmittelbar und aktuell aufgegriffen und publik gemacht, außer, wenn sie sich selbst in Leserbriefen zu Wort meldeten. Dies verwundert um so mehr, als es sich doch im Falle Großbritanniens um ein Land handelte, das sich seiner Pressefreiheit rühmte und in dem die Medien mit Kritik an der eigenen Regierung nicht geizten.

Wo lagen die Gründe für die Zurückhaltung der Briten gegenüber den Flüchtlingen? Welche Motive spielten für die ganz unterschiedliche Rezeption - bis hin zur Apologetik nationalsozialistischer Positionen - eine Rolle?[88] Die Tatsachen, nicht zuletzt ablesbar an der wachsenden Zahl von geflüchteten Musikern, sprachen doch eine deutliche Sprache. Auch wenn die Musiker und Sänger aus Deutschland bzw. Österreich zu einer zahlenmäßig kleinen Berufsgruppe gehörten, so genossen sie doch auf der Grundlage langjähriger deutsch-englischer Musikbeziehungen bei ihren Auftritten großes Ansehen. Warum war man hier nicht hellhöriger und nutzte die geflüchteten Musiker nicht als verläßliche Zeitzeugen?

Mit dem Beginn des Krieges machte sich hier in gewissem Maße eine Änderung bemerkbar. Nun lassen sich Aufsätze von vertriebenen Musikologen nachweisen, die ihre Kenntnis über Hintergründe von Musik und Politik im Dritten Reich publizierten.[89]

---

88   In diesem Zusammenhang muß auf Thomas Russell verwiesen werden, der während des Besuchs des London Philharmonic Orchestra in Deutschland die Nazi-Propaganda als Besucher durchschaute (Russell 1944).

89   Im Dezember 1939 erschien von Karl Geiringer der Aufsatz "Beethoven and Nazidom" im Listener, der das Instrumentalisieren Beethovens für die politischen Ziele der Nationalsozialisten beschreibt und die damit einhergehende Verdrehung von historischen Tatsachen aufdeckt (Geiringer 1939). Adolf Aber, ehemaliger Musikkritiker in Leipzig, rezensierte ausführlich Berta Geissmars in Großbritannien erschienenes Buch "The Baton and the Jackboot" (Aber 1944). Richard Freymann, mit großer Wahrscheinlichkeit ein deutscher Autor, über den sich keine Spuren in Großbritannien fanden, schilderte kenntnisreich die Nazifizierung aller Bereiche des deutschen Musiklebens seit 1933 (Freymann 1942).

3.4 Sharfs retrospektive Analyse

Eine mögliche Antwort auf die Haltung der Presse gibt Andrew Sharf in seinem Buch "The British Press and Jews under Nazi Rule". Er untersuchte britische Zeitungen, "dailies and weeklies", mit einem ganz unterschiedlichen Leserkreis, um die Reaktionen und Haltung der Presse sowohl auf die Verfolgung der Juden im Dritten Reich als auch auf die jüdischen Flüchtlinge im eigenen Land herauszufinden. Sharf fragte: Wie reagierte die Presse zwischen 1933 und 1945 auf das Flüchtlingsproblem überhaupt? Welche Vorschläge kamen von ihrer Seite, die zu seiner Lösung beitrugen? Was waren die Gründe dafür, daß, bei allen drohenden Anzeichen ihrer Vernichtung, nicht eine größere Anzahl von Juden aus Deutschland und Österreich gerettet werden konnte? Hatte die Presse mit ihrer Berichterstattung hier nicht eine gewisse Verantwortung?

Sharf ging in seiner Untersuchung chronologisch vor und stellte dabei deutliche Unterschiede in der Beachtung und Bewertung des Problems fest: Für das Jahr 1933, in dem 3.000 Flüchtlinge nach Großbritannien gekommen waren,[90] konstatiert Sharf kaum eine Beachtung des Problems. Der Grund lag in der generellen Unterschätzung Hitlers und der Meinung, daß das Problem nur temporär sei. Man war der Ansicht, daß, wenn die Herrschaft Hitlers vorüber sei, sich damit das Problem des Antisemitismus gleichsam von selbst lösen würde.

Ein deutliches Zeichen hatte neben den jüdischen Hilfsorganisationen der von Briten gegründete Academic Assistance Council (A.A.C.) für die bis zum April 1934 in Großbritannien Zuflucht suchenden weiteren 2.000 Flüchtlinge, zumeist Akademiker, gesetzt, indem er diesen bei der Integration an Universitäten behilflich war. Auch die Times - Bruno Walter zugewandt - unterstützte dieses Anliegen (Sharf 1964, 157). Auf der anderen Seite - und das sollte sich bis zum Ende des Krieges nicht ändern - brachten insbesondere Zeitungen in der Provinz sehr früh zum Ausdruck, daß bei der wirtschaftlich komplizierten Lage die Aufnahme von Flüchtlingen den Verlust von Arbeitsplätzen für die Briten nach sich ziehen würde. Der Widerspruch zwischen mitmenschlichen Gefühlen für die Flüchtlinge und der Wahrung eigener ökonomischer Interessen verschärfte sich mit der zunehmenden Anzahl von Besitzlosen und war nach den Erkenntnissen von Sharf über den gesamten Zeitraum hin charakteristisch (Sharf 1964, 158f.). Genau dies läßt sich bei der Berufsgruppe der Musiker anhand der Politik der Incorporated Society of Musicians und über die

---

90 Dies stimmt etwa mit Strauss überein, der für Großbritannien im Jahr 1933 eine Anzahl von etwa 300 bis 400 Flüchtlingen monatlich konstatiert (Strauss 1983, Bd. II, Tl. 1, S. XX).

Diskussion in der Times zur Beschäftigung von ausländischen Musikern sowohl in Friedens- als auch in Kriegsjahren ablesen.[91]

Ein weiteres Charakteristikum konstatierte Sharf: Die wirkliche Anzahl derer, die in Großbritannien Asyl suchten und mit denen weitere angekündigt wurden, wurde mit Metaphern wie "Wellen" und "Strom" so übertrieben und unsachlich umschrieben, daß den Briten der Eindruck vermittelt wurde, als würde ihr Land von Flüchtlingen förmlich "überschwemmt" (Sharf 1964, 165).

Bestätigt wird diese Beobachtung von Sharf durch die Ergebnisse der Ende der dreißiger Jahre neu ins Leben gerufenen Meinungsforschung (Mass-Observation): 1939 nahm danach ein beträchtlicher Anteil der britischen Bevölkerung an, daß nicht Zehntausende, sondern Hunderttausende Flüchtlinge ins Land gekommen waren. Als Grund für diese Annahmen benennt auch diese Quelle die Knappheit von faktischen Informationen der Presse sowie von Statements der Regierung über die Ausländer und ihre Ausländerpolitik.[92]

Sharf benennt für die Lösung des Flüchtlingsproblems in Großbritannien wichtige Jahre:
- 1938 nach dem "Anschluß" Österreichs und nach den Pogromen in Deutschland
- 1942/43 nachdem die Vernichtungsaktionen in den Konzentrationslagern in der britischen Öffentlichkeit bekannt geworden waren (Sharf 1964, 179).

Nach diesen beiden Ereignissen wurde klar, daß es nicht mehr um Asyl für einen Teil der deutschen und österreichischen Juden ging, sondern um die Rettung der Juden aus Europa überhaupt. In beiden Jahren, 1938 und 1943, gab es mit der Konferenz von Evian bzw. der "Anglo-American Conference on Refugees in Bermuda" jeweils völlig unbefriedigende Ergebnisse für eine Lösung zur Rettung der Juden.[93] Bis auf wenige Ausnahmen reagierte nach den Analysen Sharfs die britische Presse darauf nicht kritisch und drastisch genug (Sharf 1964, 180f.). Sharf untersuchte die Haltung gerade der britischen Presse unter dem Gesichtspunkt, daß London für das internationale Flüchtlingsproblem eine besondere Bedeutung zukam. Die "Permanent Commission for Refugees (Jews and Others) Coming from Germany" der League of Nations, die ohne Regierungsrückhalt durch Gelder privater Spender unterstützt wurde, hatte im Januar 1934 zum ersten Mal in ihrem Hauptquartier London getagt -

---

91   Vgl. dazu die Kapitel 4 und 5.
92   MO-Sussex FR 79, 25.4.1940 "Report on Mass Observation on Public Feeling about Aliens".
93   Zu den Ergebnissen von Evian erläutert Wasserstein, daß Großbritannien, wenn auch kein Einwanderungsland, aus verschiedenen Gründen doch bereit war, "eine großzügigere Haltung als bisher einzunehmen", und vermögende Flüchtlinge, Studenten, Akademiker, Hochqualifizierte bzw. diejenigen, die sich, von Hilfsorganisationen ausgebildet, im Transit befanden, aufzunehmen. Andere Länder des Britischen Empire machten hingegen verschwindend geringe bzw. gar keine Zugeständnisse (Wasserstein 1983, S. 55).

freilich ohne ein Ergebnis. 1935 trat dann der britische Hochkommissar nach der Verabschiedung der Nürnberger Gesetze in Deutschland mit der Begründung zurück, daß das Problem "was only soluble if international pressure caused a change of heart on the part of the German Government" (Sharf 1964, 162). Dieser Rücktritt setzte ein Signal und die Lösung des Flüchtlingsproblems wurde breit diskutiert. Bei aller Verschiedenheit der Positionen in unterschiedlichen Blättern überwog jedoch die Hoffnung, daß die deutsche Regierung durch den Verlust ihres internationalen Prestiges nun von selbst einlenken müsse (Sharf 1964, 163). Konkrete Lösungsvorschläge kamen jedoch 1936 nicht von der Presse, ganz abgesehen davon, daß weiterhin über die meist deutschen Juden, die um Asyl in Großbritannien nachsuchten, unsachlich berichtet wurde. Eine sachliche Berichterstattung hätte auch bedeutet, die Anzahl derer, die in anderen europäischen bzw. außereuropäischen Ländern Zuflucht gesucht hatten, in diese Informationen miteinzuschließen (Sharf 1964, 164f.). Noch auf einen anderen Aspekt weist Sharf hin: Fast durchgehend wurde das Flüchtlingsproblem unzutreffend als historisch einmalig dargestellt. Er selbst hielt - im Nachhinein - eine Rettung der Juden für realistisch und begründet das mit einer historischen Parallele: Am Ende des I. Weltkrieges setzte nach den Ereignissen in Russland und der Türkei ein Flüchtlingsstrom ein, der kaum mit der Situation von 1933 bis 1936 zu vergleichen war. Allein die russischen Flüchtlinge betrugen knapp eine halbe Million, mit Armeniern[94] und Assyrern stieg diese Zahl weit über eine Million an. Frankreich[95] allein hatte nahezu eine halbe Million Russen aufgenommen, ohne für seine Wirtschaft ernsthaft Schaden zu nehmen. Es war mithin, so Sharf weiter, bereits einmal im 20. Jahrhundert gelungen, drei Mal so vielen Menschen wie der Anteil der deutschen Juden an der Bevölkerung ausmachte, eine neue Heimat zu geben.

Erleichtert wurde diesen Flüchtlingen die Situation dadurch, daß der Völkerbund nach dem Ersten Weltkrieg für die international anerkannte Identität eines Flüchtlings mit dem "Nansen-Paß" bereits eine Lösung gefunden hatte. Ausgerechnet zu Beginn des Jahres 1936 wurde dieses so wichtige Dokument nicht weiter ausgegeben. Damit hatte sich die Situation der Flüchtlinge aus Nazi-Deutschland im Vergleich zu denen des I. Weltkrieges deutlich verschlechtert. Nun war ein Flüchtling

---

94 Franz Werfel beschrieb 1932/33 in seinem Roman *Die vierzig Tage des Musah Dagh* den während des I. Weltkrieges verübten Genozid an den Armeniern durch die Türken, dem zwischen 1,5 oder 2 Millionen zum Opfer fielen. Diese Tatsache war weitgehend von der Weltöffentlichkeit unbeachtet geblieben. Die türkische Regierung hat bis heute die geplante und fast erfolgreiche Ausrottung des armenischen Volkes nicht offiziell eingestanden (Buch 1983).
95 Frankreich hatte im April 1934 nach Schätzungen 21.000 Flüchtlinge aufgenommen; Wasserstein (1983, S. 51) in Auswertung der Unterlagen der "Hugh Commission for Refugees" des Völkerbundes.

allein von dem spezifischen Gebaren einer Regierung gegenüber Asylsuchenden abhängig und hatte keinerlei Rückhalt eines internationalen Gremiums für die Anerkennung seiner Situation. Auch darauf nahm die Presse kaum Bezug, wie Sharf kritisch anmerkt. In den kommenden zwei Jahren bis 1938 fand man sich mit den Flüchtlingen ab (Sharf 1964, 167f.). "But this new attitude was no more justifiable than the old", kommentiert Sharf dazu. Nach dem "Anschluß" Österreichs und den Ereignissen des November 1938 änderte sich die Haltung der Presse, und man sprach wieder von einer Krise (Sharf 1964, 168). Allein zwischen Sommer 1938 und dem Beginn des Krieges kamen zwischen drei Vierteln und vier Fünfteln der Gesamtanzahl der Flüchtlinge aus Deutschland nach Großbritannien (Sharf 1964, 168). Die Sympathie für diese Flüchtlinge war "grenzenlos", die Politik blieb jedoch - was eine grundsätzliche Lösung anging - hilflos. Lediglich eine Minderheit setzte sich in Großbritannien dafür ein, daß mehr getan und sofort gehandelt werden müsse (Sharf 1964, 173f.).

3.5 Ausländerfeindlichkeit

Nach dem Beginn des Krieges kam es zu einem Anwachsen der Ausländerfeindlichkeit, weil die Flüchtlinge aus dem Ausland besonders unter den Kriegsbedingungen als ökonomische Belastung angesehen wurden (Sharf 1964, 177). Sharf beobachtet in diesen Jahren eine Verschärfung des Antisemitismus, der zwar nicht als Bewegung, sondern eher disparat in verschiedenen Bereichen, auftrat.[96] Die "Tradition des britischen Antisemitismus zwischen 1887 und 1939" (Wasserstein 1983, 45) liegt nach Wasserstein in der Einwanderung von 100.000 russischen Juden, die zwischen 1881 und 1901 nach England kamen, begründet. Sharf machte den Antisemitismus beispielsweise in Angriffen gegen die Ladenöffnungszeiten der Juden oder gegen die Verwendung englischer Namen bei jüdischen Kindern fest. Die direkten Vorwürfe wurden in der Presse jedoch stets gegen die "aliens" erhoben, obschon dabei in Wirklichkeit die Juden gemeint waren.[97] Das bestätigten selbst britische Zeitungen (Sharf 1964, 178). Eine Auswirkung davon war, daß eine Spaltung so-

---

96   Im Zusammenhang mit Hitlers Einmarsch in Holland wurde in dem "Report from Mass-Observation on Feeling about Aliens" festgestellt, daß bei vorangegangenen Untersuchungen nahezu fast jeder der Befragten versteckt oder latent antisemitisch und fremdenfeindlich war. Durch die politischen Ereignisse traten diese versteckten Meinungen nun emotional verstärkt, und in gewissem Maße durch bestimmte Zeitungen gestützt, deutlicher an die Öffentlichkeit. M-O FR 107, 14.5.1940.
97   In einer vergleichenden Analyse von Befragungen 1940 und 1941 über "Feelings about Foreigners, in April 1940 and 1941" wurde festgestellt, daß 1940 keine Gleichsetzung zwischen Juden und Ausländern zu erkennen war. In den Vorbemerkungen dazu wird jedoch einschränkend vorausgeschickt, daß man aufgrund des wenigen Materials keine Verallgemeinerungen darüber treffen könne (M-O FR 691, 14.5.1941).

wohl zwischen Briten und Ausländern als auch Juden und Nichtjuden, ganz gleich ob nun deutsch, österreichisch oder britisch, in der Bevölkerung unterstützt wurde (Sharf 1964, 178). Befragt man zu dieser letzten Behauptung die Meinungsforschung, so findet sich dazu keine grundsätzliche Bestätigung. Nach ihren Befragungsergebnissen gelangten die Meinungsforscher zu der Schlußfolgerung, daß in Gebieten, in denen Juden gemeinsam mit Christen lebten, Antisemitismus weniger vorkam, als etwa in Gebieten, in denen die Bevölkerung grundsätzlich allem Fremden gegenüber argwöhnischer war.[98]

Eine besonders schlimme Form des versteckten Antisemitismus während des Krieges entdeckte Sharf in Zeitungen, bei denen auf der ersten Seite über die Greueltaten der SS an Juden in deutschen Konzentrationslagern berichtet wurde und einige Seiten weiter die "aliens" angegriffen wurden, weil sie angeblich als Ladenbesitzer britische Mitbewerber übervorteilten (Sharf 1964, 179). Sharf untersuchte anhand verschiedener Quellen und Befragungen das Vorhandensein von Antisemitismus bis über das Ende des Krieges hinaus. Er unterschied dabei einen unbedeutenden manifesten von einem bedeutsameren latenten Antisemitismus: "And although real anti-Semitic was incondiserable, potentiell anti-Semitism was not. Somehow, between 1933 and 1939, the atmosphere became slightly but noticeable infected" (Sharf 1964, 204).

Dazu ergänzend und relativierend ergibt sich aus dem Bericht "Recent Trends in Anti-Semitism (Confidential)" vom März 1942[99] sowohl eine Zunahme von latentem Antisemitismus, dem jedoch gleichzeitig großes Mitgefühl für die Juden, verursacht durch die Ereignisse in Nazi-Deutschland, gegenüberstand. Viele der Befragten, insbesondere aus gebildeten Schichten in der Bevölkerung, äußerten das Bedürfnis, selbst über ihre irrationalen Gefühle zu sprechen und diese klären zu wollen. Unterschwelliger Antisemitismus bedeutete nach dieser Umfrage jedoch nicht, wie Sharfs Analysen es unterstellen, daß sich alle diejenigen, die Vorbehalte in dieser Form hegten, nicht doch für die Juden einsetzen würden. Daß er vorhanden war, ist unzweifelhaft.

Die Ursache für den latenten Antisemitismus sah Sharf in dem weltweiten Bemühen der Nazis, Antisemitismus über die eigenen Grenzen hinaus zu verbreiten. Damit seien sie in gewissem Grade erfolgreich gewesen.[100] Weiter schlußfolgerte Sharf: Auch die Presse war dagegen nicht immun (Sharf 1964, 204). Oder warum erlaubten sich Journalisten beispielsweise des Observer, die sonst ganz korrekt Fakten recher-

---

98 "Public Opinion & the Refugee"; M-O FR 332, 7.8.1940.
99 M-O FR 1648, 10.3.1942.
100 Nach möglichen Ursachen für ihren unterschwelligen Antisemitismus wurden diejenigen, die damit selbstkritisch umgingen, nicht befragt. Sharfs Schlußfolgerung kann keine gegenteiligere Aussage entgegengesetzt werden.

chierten und realistisch darstellten, bei dem Problem der Flüchtlinge aus Deutschland plötzlich diese Übertreibungen und falschen Darstellungen (Sharf 1964, 205)? Sharf gelangte zu dem Ergebnis, daß es den Nazis durch unaufhörliche Propaganda gelungen war, ihr Klischee des verfemten Juden in abgeschwächter Form auch auf das Ausland zu übertragen. Kontinuierlich und zielgerichtet wurden die jüdischen Flüchtlinge darin von der Nazi-Propaganda besonders als ökonomische Bedrohung Europas dargestellt. Aber nur durch eine Übertreibung der schlechten ökonomischen Situation Großbritanniens in britischen Zeitungen konnte diese Propaganda überhaupt auf fruchtbaren Boden fallen. Die Nazis hatten mit einer Rettung der Juden von Seiten der Briten nicht gerechnet. Zu dieser Einschätzung konnten sie, Sharf zufolge, allein durch das Studium der britischen Presse gelangt sein (Sharf 1964, 207).

Auf der Grundlage, daß die Politik der Regierung stark von der öffentlichen Meinung abhängig ist und die Presse die öffentliche Meinung vertritt, kommt Sharf zu dem Ergebnis, daß die Presse mit ihrer Haltung zum Antisemitismus der Nationalsozialisten im Deutschen Reich eine Chance ungenutzt verstreichen ließ. Sie hätte bei einer anderen Berichterstattung die britische Regierung dazu bewegen können, die Einreiseformalitäten großzügiger zu handhaben. Nach seiner scharfen Kritik gesteht Sharf der britischen Presse jedoch insgesamt eine widersprüchliche Haltung gegenüber den Ereignissen in Nazi-Deutschland zu. Als positiv bewertet er die aufrichtige Sympathie für die Opfer des Nazi-Terrors in Deutschland. Wohlmeinende und hilfsbereite Briten hatten zudem die Flüchtlinge durch Sammlungen von Geldern unterstützt oder sich für vertriebene Akademiker eingesetzt. Britische Medien hätten diese Aktionen unterstützt (Sharf 1964, 208). Eine besondere Aktion, die Sharf allerdings nicht erwähnt, stellt der Aufruf des ehemaligen Premierministers Lord Baldwin[101] dar, der von der B.B.C. am 8. Dezember 1938 ausgestrahlt und einen Tag darauf von der Times[102] veröffentlicht wurde. Lord Baldwin fand bewegende Worte für das Schicksal der Juden in Nazi-Deutschland und nannte die Zahl von insgesamt 600.000 (einschließlich nichtjüdischer Ehepartner), die auf Rettung hofften. Er bat um schnelle Hilfe zur Rettung und Aufnahme von 50.000 jüdischen und christlichen Kindern. Wieviele davon in England unterkämen, hinge allein von der Bereitschaft der Briten ab. In Bezug auf die Umsiedlung der Hunderttausende hoffte Baldwin auf Verhandlungen des "Inter-Governmental Committee" und darauf, daß die deutsche Regierung dieses schwierige internationale Problem anerkennen würde, das nicht so schnell zu lösen sei (Baldwin 1939). Der Erfolg war überwältigend. Bis zum 17. Dezem-

---

101   Lord Baldwin (1867-1947) war zwischen 1923 bis 1937 in drei Legislaturperioden "Prime Minister and First Lord of Treasury" (Who was Who? 1952).
102   Auch in anderen Zeitungen, wie im Listener, wurde er abgedruckt (Baldwin 1938b).

ber 1938 war aus allen Bevölkerungsschichten eine Gesamtsumme von 127 879 162 Pfund an Spenden beim Lord Baldwin Fund eingegangen. 10.000 Kinder, darunter einige der hier dokumentierten Musiker und Musikerinnen, konnten in der Zeit vom Dezember 1938 bis September 1939 aus Deutschland gerettet werden (Wasserstein 1983, 57f.). Dieser Aufruf und die Reaktion darauf bestätigen in gewisser Weise Sharfs Position und die Ergebnisse der Meinungsforschung. Auf der einen Seite hoffte Baldwin, daß Hitler einlenken würde, da Verhandlungen Zeit kosteten. Auf der anderen Seite standen sein Mitgefühl und die spontane Hilfsbereitschaft der Briten, die auf diesen Appell über die ungeschminkt dargestellte Notsituation der Flüchtlinge hin erfolgte.

Zum Abschluß seiner Untersuchung macht Sharf für das Nichterkennen der rassistischen Vernichtungspolitik der Nationalsozialisten die eingefleischte britische Unfähigkeit verantwortlich, Vorstellungen darüber, was in Europa geschehen konnte, zu entwickeln. Ihr standen durchaus positive Haltungen gegenüber. Diese gründen sich auf eine Basis, die in der britischen Geschichte verwurzelt ist: Die Liebe zur Toleranz und zum politischen Maß, die Abscheu vor offenkundigem Unrecht (Sharf 1964, 209).

3.6 Schlußfolgerungen

Die Musikkritiken oder Kommentare zu den Ereignissen in Deutschland gehörten zu der Presselandschaft, in der die Meinung der Briten zum Ausdruck gebracht wurde.[103] In der Reflexion des deutschen Musiklebens und der geflüchteten Musiker im eigenen Land überwog bis zum Beginn des Krieges die "Liebe zur Toleranz" gepaart mit der Unfähigkeit, die Ereignisse in Deutschland richtig zu interpretieren, und zwar auch dann, wenn sie den eigenen Vorstellungen drastisch zuwiderliefen. Nur wenige Berichte über das deutsche Musikleben wie der von Thomas Russell deckten die wirklichen Tatsachen in Deutschland auf. Das Phänomen eines latenten oder manifesten Antisemitismus zeigte sich auch hier. Nancy Fleetwood gab vorwiegend den Ist-Zustand in Nazi-Deutschland wider, ohne weiter auf die ausgegrenzten Komponisten hinzuweisen und damit publik werden zu lassen, daß das deutsche Musikleben als Teil eines menschenverachtenden Systems beschädigt war. Deutlich wurde dabei auch, daß die Politik der Nationalsozialisten einen Einfluß auf britische Musikkritiker ausübte, die teilweise die Vertreibung der Juden einer größeren Bewegung unterordneten oder sie, auch innerhalb des Landes, nicht ernstnahmen. Nicht wenige britische Beobachter des deutschen Musikleben ließen sich von

---

103 In einigen Untersuchen der Mass-Observation über "Feeling about aliens" wurde auch die Presse berücksichtigt und ausgewertet, weil ihre Haltung, kurzfristig ablesbar, Änderungen im Verhalten der öffentlichen Meinung bewirkte.

der Musikpolitik der Nationalsozialisten blenden, statt sie weiter zu hinterfragen. Als Berichterstatter über Deutschland wurden sie mit Sicherheit als verläßliche Zeitzeugen von ihren Landsleuten anerkannt. Mit diesem Bild trugen die britischen Korrespondenten weiter dazu bei, daß die Bedeutung der Flüchtlinge im eigenen Land - zumindest bis 1938 - verkannt wurde. Wenn Sharf als eine der positiven Seiten in der Geschichte der britischen Medien die Abscheu vor offenkundigem Unrecht feststellte, dann hatten unter britischen Beobachtern in Deutschland nur wenige den genauen Blick dafür, dieses Unrecht auch zu erkennen.

Maria Lidka nahm 1936 bei einem ihrer Besuche nach Berlin einen Engländer mit, der "sich die rassistischen Übergriffe auf die deutschen Juden nicht vorstellen konnte" (Gesprächsprotokoll Lidka). Das bedeutet auch, daß ihm solche Vorstellungen in Großbritannien kaum vermittelt worden waren. Durch die geringe Beachtung der geflüchteten Musiker, die nicht unabhängig von der Berichterstattung britischer Journalisten über Nazi-Deutschland gesehen werden kann, versäumten die Musikredakteure und Autoren in britischen Zeitungen und Periodika eine Gelegenheit, über die Deformierung der deutschen Gesellschaft, wie sie sich auf dem Gebiet des Musiklebens vollzogen hatte, wahrheitsgemäß zu berichten.

Im Rahmen dieser Arbeit wird der Frage nachgegangen, ob und inwieweit die oben beschriebene Zwangslage zwischen mitmenschlichem Gefühl gegenüber den Flüchtlingen bei Wahrung ökonomischer Interessen auch für die Gruppe der britischen Musiker eine Rolle spielen konnte. Kann es aus Gründen der Konkurrenz möglich gewesen sein, den deutschen und österreichischen Musikern in der britischen Presse keine große Publicity einzuräumen? So wurde versäumt, die Öffentlichkeit darauf aufmerksam zu machen, daß hervorragende Solisten wie Eva M. Heinitz, Instrumentalpädagogen wie Carl Flesch oder Musikwissenschaftler wie Karl Geiringer in andere Länder weiteremigrierten, obwohl sie gern geblieben wären.[104] Der Weggang dieser Persönlichkeiten wurde jedoch ignoriert. Gemessen an der Gesamtzahl der Flüchtlinge in Großbritannien betrugen die Musiker aller Professionen und beiderlei Geschlechts nur einen verschwindend geringen Teil davon. In der Presse wurde versäumt, auf die mögliche Bereicherung durch diese Berufsgruppe für Großbritannien hinzuweisen. Aber nur die Presse hätte hier, seit 1933, mit der Darlegung realistischer Tatsachen ein Umdenken bewirken können. Über die genaue Anzahl der nach Großbritannien geflohenen Musiker, Komponisten, Musikwissenschaftler oder Instrumentalpädagogen beiderlei Geschlechts lassen sich keine Darstellungen in der Presse finden, so daß man diese nur schätzen kann. Das Beispiel des Academic As-

---

104 "With a full labourpermit I think I would have been quite successful there. They liked me and I liked England very much" (Brief von Eva M. Heinitz vom 14.2.1994 an die Autorin).

sistence Council, noch 1934 von der Times unterstützt, machte im Interesse dieser Musiker keine Schule.

3.7 Britische Vorbehalte gegenüber kontinentaler Musik und Musikern zwischen den beiden Weltkriegen

3.7.1 Urteile und Pauschalurteile

Der Brite John Willett äußerte sich in seinem Aufsatz "Die Künste in der Emigration" (Willett 1983) auch über die Situation der neuen Musik, die aus der Sicht der Engländer ihren Ursprung im Ausland hatte und deshalb in Großbritannien von Interpreten abhängig gewesen sei, die sie verbreiteten (Willett 1983, 197). Warum aber gerade die Verbreitung neuer Musik so schwierig in England war, führte Willett zudem auf "gleichermaßen starke Vorurteile" gegenüber deutscher Malerei und Musik zwischen den beiden Weltkriegen zurück. Er exemplifizierte seine Behauptung an drei Beispielen:

> 'Diese schrecklichen Komponisten, die alle auf *er* enden', soll Edward Dent gesagt haben: 'Reger, Mahler, Bruckner, Pfitzner'.[105] Hindemith wurde von Constant Lambert[106] als 'Kontrapunkt der Nähmaschine' abqualifiziert und Ernest Newman, allgewaltiger Musikkritiker seiner Zeit,[107] fand, die Songs von Weill in der 'Dreigroschenoper' hätten 'die schlimmsten Fehler von mehreren schlechten Stilrichtungen und von guten besitzen[108] sie kein einziges Merkmal, noch nicht einmal vom Hörensagen' (Willett 1983, 197).[109]

Weiter sei Richard Strauss der einzige akzeptierte "Vertreter der neueren deutschen Musik" in England gewesen, dessen "Sinfoniebegriff" nicht von Mahler, sondern von Elgar und Sibelius stammte (Willett 1983, 198).

Die Äußerung Dents sollte man nicht allzu ernst nehmen, denn die Briten sind außerdem für ihre Vorliebe für Wortspiele bekannt. Dents Taten sprechen immerhin eine ganz andere Sprache. Er gehörte als einer der Leiter zur britischen Delegation beim ersten Festival der IGNM und suchte die Berührung mit anderen Komposi-

---

105   Da im o.a. Aufsatz kein Quellenbeleg vorlag, beantwortete der Autor meine dahingehende Frage. "Edward Dent on 'Er'. This was told me by a now dead friend, who claimed to have heard it when at Cambridge 1936-39" (Brief Willets vom 10.10.1992 an die Autorin).
106   Constant Lambert (1905-1951) war ein Allround-Musiker, Komponist, Arrangeur, Herausgeber, Dirigent und Musikkritiker (NGDM 1980, Bd.10).
107   Ernest Newman (1868-1959), war fast 40 Jahre, ab 1920 Musikkritiker der Sunday Times, der das Opernleben in England und den USA nachhaltig beeinflußte (Riemann 1989, Bd. 3).
108   Hier müßte es richtig heißen "besäßen".
109   Willett gibt die Quelle dafür in seinem Brief ebenfalls an: Sunday Times, 10.9.1935. Trotzdem hat diese Oper bis heute ihre Faszination nicht eingebüßt. Der Kritiker irrte.

tionsrichtungen. Außerdem war es Edward Dent, der Egon Wellesz nach Großbritannien holte und sich weiter für ihn einsetzte. Der Zusammenhang, in dem Dent diese Äußerung machte, wird von Willett nicht angegeben. Constant Lambert hingegen machte keinen Hehl aus seiner Abneigung gegen Hindemith und seine Schüler, deren es mit Ernst Hermann Meyer und Franz Reizenstein bereits zwei im Londoner Exil gab,[110] als er 1934 schrieb:

> The physical texture, the uniform drabness of modern urban life is far more vividly presented by Hindemith and his followers than by any self-conscious nationalists. For not only does Hindemith produce busy and colourless music without any distinguished spiritual or national quality, but his followers, whether they write in Serbia or Golders Green, produce precisely the same type of busy and colourless music. Their works differ as much from each other as a Cook's office in one town differs from a Cook's office in another. They represent the final decline of the aristocrat, the romantic and the peasant, of the three types of whose psychology the composer must in the some degree partake. Here at last is the musical equivalent of the robot and the adding machine (Lambert 1948, 132).

Die Bezeichnung Hindemiths als "Kontrapunkt einer Schreibmaschine" findet sich so nicht. Das "musikalische Äqivalent von einem Roboter und einer Addiermaschine" bezog Lambert auf Hindemith und seine Schüler, die "geschäftige und farblose Musik" komponierten und die sich letztlich nur im technischen Standard und im unterschiedlichen Geräusch voneinander unterscheiden würden.[111] Das Zitat entstammt einem Kapitel über "Nationalism and the Modern Scene", in dem Lambert verschiedene nationale Schulen beschreibt und am Schluß dieses Kapitels über Hindemith bemerkte: "Moreover, its avoidance of essential psychological differences in national musical thought is as false as the insistence on superficial differences in music style." Für Hindemiths Kompositionsstil fand Lambert eine psychologische Charakterisierung zusammengesetzt aus dem letzten Niedergang von Aristokrat, Romantiker und Bauer. Stilistische Unterschiede bei denjenigen, die aus dieser Schule kamen und die aus Lamberts Sicht nichts von nationalem Selbstbewußtsein in sich trugen, verneinte er. In der gleichen Publikation spricht er weiter Schönbergs Kompositionsmethode mit zwölf Tönen jegliche Daseinberechtigung ab, erkennt aber in seinen weiteren Ausführungen den frühen Schönberg durchaus an.

> If we can rid the word abnormal of any outside association of taboo, or even glamour, that we must admit that the atonal movement is by far the most abnormal movement music has ever

---

110   Nach Traber /Weingarten 1987, S. 325 hielt sich auch die Hindemith-Schülerin Lotte Schlesinger 1933 kurzzeitig in London auf. (Hans Schlesinger, der Bruder Lotte Schlesingers, berichtete das dem Berliner Musikwissenschaftler Karoly Csipak.)
111   Die Hindemith-Schülerin Ruth Schonthal berichtete am 16.3.1995 im Rahmen einer Einladung nach Hamburg, daß Hindemith von seinen Schülern verlangte, in seinem Stile zu komponieren. Sie selbst benötigte von 1948 bis 1963 nahezu 15 Jahre, um sich mit Unterstützung von außen vom Komponierstil ihres Lehrers zu lösen.

known. ...It is a radical intellectual revolution whose origins are not be found in any primitive school of music, which has no instinctive physical basis (Lambert 1948, 209).[112]

Willetts Ausführungen finden hier mit den ergänzten Bemerkungen von Lambert durchaus eine Bestätigung, auch was dessen Haltung gegenüber der neuen Musik anbelangt. Einschränkend muß hinzugefügt werden, daß es sich dabei um eine subjektive Einschätzung von Lambert handelte, die er anschaulich untermauert. Aus dem Zusammenhang gerissen, könnte man Lamberts Urteil durchaus als Vorurteil werten. Die britischen Aufführungen von Werken Hindemiths sprechen jedoch eine ganz andere Sprache. Gerade Hindemiths Kompositionen wurden nämlich in den dreißiger Jahren durchaus in London aufgeführt. Hindemith selbst dirigierte am 21. Dezember 1934 im Rahmen der B.B.C. ein Konzert mit seiner neuen Symphonie *Mathis der Maler* und der *Konzertmusik* für Klavier, Blechbläser und zwei Harfen op. 49 (McN 1935) sowie am 5. Dezember 1937 die Erstaufführung seiner *Symphonischen Tänze* (Boys 1937). Einen deutlichen Fürsprecher fand Hindemith in Donald Francis Tovey,[113] der vor einer B.B.C.-Sendung im Januar 1937 eine Einführung im Listener (Tovey 1936) für die Hörer der *Kammermusik Nr. 4* und der *2. Klaviersonate* gab, in der er sich deutlich als Bewunderer Hindemiths und Verfechter seines Kompositionsstils auswies. Ein sechsseitiges "Portrait of Hindemith" von Hans Heinz Stuckenschmidt mit einer Beschreibung ausgewählter Kompositionen veröffentlichte 1937 der Chesterian (Stuckenschmidt 1937). Dabei würdigt Stuckenschmidt die besondere Beziehung des Komponisten zu England:

> The last of the printed compositions is the Funeral music for viola and strings which Hindemith wrote on the 21st of January, 1936, after the death of King George V of England, and performed the very next day in the British Broadcasting Corporation Programme. In spite of its shortness the piece has an international greatness which distinguishes it from all similar occasional music. In hard harmonies, often polytonally invented, it leads to a contrapuntal central part which is followed by a concluding psalmodic paraphrase of the choral Für deinen Thron tret ich hiermit (Stuckenschmidt 1937, 125f.).

Franz Reizenstein widmete während des im Zusammenhang mit dem IGNM Festival in London 1938 veranstalteten Kongresses über Probleme der zeitgenössischen Musik seinen Vortrag "Hindemith's New Theory".[114] Während des Krieges nahm die Aufführungsfrequenz insbesondere von Hindemiths Kammermusik deutlich zu. Bei

---

112 Das Kapitel lautet: "Schoenberg and Official Revolution" (Lambert 1948, S. 208-220).
113 Donald Francis Tovey (1875-1940) wird in seiner Bedeutung für die britische Musikwissenschaft der von Riemann und Kretzschmar für Deutschland gleichgesetzt (Riemann 1989, Bd. 4). Seit 1914 Prof. of Music an der University of Edinburgh, hatte er sich dort besonders für Hans Gál verwendet.
114 In diesem Rahmen gab es an zwei Tagen sechs "Sessions" zu verschiedenen Problemkreisen. Reizensteins Vortrag fand in der Sektion über "Problematic Tendencies in Contemporary Music" statt. Chairman war Edward Clark. (Music and Life-1938. Congress on the Problems of Contemporary Music. 28./29.05.1938 London. Programmheft.)

den National Gallery Concerts führten ihn in acht Konzerten überwiegend britische Musiker auf: Der bekannte Pianist Noël Mewton-Wood spielte das Klavierwerk *Ludus tonalis* (1943) im März 1945. Diese ausführlichen Gegenbeispiele zu den von Willett dargestellten Vorbehalten gegenüber Hindemith sollen stellvertretend für die anderen in diskriminierender Weise behandelten Komponisten gelten. Interessant dabei ist jedoch, daß die Vorbehalte bzw. Urteile und Fehlurteile von einem Briten angedeutet wurden, der selbst die Zeit zwischen den beiden Weltkriegen bewußt erlebte.

3.7.2 "Little Europe" in England

Der österreichische Pianist Peter Stadlen war als einer der wenigen Musiker während seiner Internierung nach Australien verschifft worden. Für seine Entlassung hatte sich Ralph Vaughan Williams[115] eingesetzt. Darüber berichtete Stadlen (Stadlen 1990, 129):

> Vaughan Williams aktive Anteilnahme am Schicksal der musikalischen Exilanten ist umso schätzenswerter, als er, wie sich später zu meinem Erstaunen herausstellte, damals besorgt gewesen war, daß die Unabhängigkeit der Musiktradition seines Landes bedroht sei. In einem Artikel, den er 1942 schrieb, aber noblerweise erst 1953 veröffentlichte, warnte er die Einwanderer - er meinte, glaube ich, besonders die Komponisten -, sie sollten nicht versuchen 'a little Europe in England' zu errichten. Nichts desto weniger stand er, zusammen mit Myra Hess, der gefeierten Pianistin und Freundin der damaligen Königin, wie auch mit Sir Adrian Boult [...] an der Spitze des neugegründeten 'Musicians' Refugee Committee' (Stadlen 1990,129).[116]

Der von Stadlen angesprochene Ausspruch von Ralph Vaughan Williams findet sich in dem Aufsatz "Nationalism and Internationalism" aus dem Jahr 1942 (Vaughan Williams 1963). Vaughan Williams setzte sich darin mit dem Verhältnis dieser Bestrebungen auseinander: Unter dem Aspekt das 20. Jahrhunderts betrachtet, waren sich zwar die Völker näher gekommen, aber im Widerspruch dazu konnten sie nicht in Frieden miteinander leben. Deshalb plädierte Vaughan Williams als Brite dafür, sich auf die eigenen kulturellen Werte zu besinnen. "What we have to offer must derive essentially from our own life. It must not be a bad imitation of what other nations already do better" (Vaughan Williams 1963, 155). Zur Bereicherung des nationalen Lebens gehörte die Musik anderer Länderer zweifellos dazu. Das wichtigste

---

115 "He was appointed chairman of the Home Office Committee for the Release of Interned Alien Musicians, and his quite work behind the scenes resulted in a number of useful releases -..." (J.A.W. 1961, S. 56).

116 Im Brief vom 23.9.1992 schrieb Peter Stadlen an die Autorin: "Da es Ihnen wesentlich darum geht, wie weit sich die Exilanten hier integrieren konnten, muss ich Ihnen, rein persönlich gesprochen, sagen, dass ich weder als Pianist noch später als Musikologe und Kritiker - beim B.B.C., oder in All Souls oder beim Daily Telegraph je das Gefühl hatte, dass ich in irgendeiner Weise durch meine Herkunft benachteiligt war."

sei jedoch, die eigene Musik, die im Mutterland am besten gedeihen kann, zu fördern. Dann kam Vaughan Williams auf die ausländischen Musiker im Land ausführlich zu sprechen.

> The problem of home grown music has lately [1942] become acute owing to the friendly invasion of these shores by an army[117] of distinguished German and Austrian musicians. The Germans and Austrians have a great musical tradition behind them. In some ways they are musically more developed then we, and therein lies the danger. The question is not who has the best music, but what is going to the best for us. Our visitors, with the great names of Bach, Beethoven, Mozart and Brahms behind them, are apt o think that all music that counts must come from their countries. And not only the actual music itself, but the whole method and outlook of musical performance and appreciation. We must be careful that, faced with this overwhelming mass of 'men and material', we do not all become shame little Austrians and Germans. In that case either we shall make no music for ourselves at all, or such as we do make will be just a mechanical imitation of foreign models. In either case the music which we make will have no vitally of its own. [...] As long as our distinguished guests are with us we shall enjoy their art. But when they return to their own country, or when time inevitably puts an end to their activities, we shall find that we cannot successfully imitate their art, and that we have lost the power of initiating any for ourselves (Vaughan Williams 1963, 156).

Damit appellierte Vaughan Williams an seine Landsleute, sich nicht den kompositorischen Modellen und dem Aufführungsstil, wie sie von den Deutschen und Österreichern vorgeführt wurden, unterzuordnen, da dies zum Verlust der eigenen Identität führen könne. Die Attitüde, welche Vaughan Williams den Gästen im Hinblick auf die Bedeutung ihrer traditionellen und gegenwärtigen Musik vorwirft, kann so jedoch nicht nachvollzogen werden. Es existiert dazu kein sachlicher Anhaltspunkt in Form einer schriftlichen Äußerung eines Flüchtlings. Belege über die Hegemonie der deutschen Musik finden sich so nur in Publikationen der Nationalsozialisten wie etwa bei Peter Raabe. Der ehemalige Flüchtling Georg Knepler schätzte im Rückblick seinen Aufenthalt in Großbritannien als wirkliche Bereicherung ein:

> Bei mir haben sich die Umstände so glücklich ergeben, daß ich vorwiegend positive Dinge zu berichten habe. Ich möchte diese zwölf Jahre nicht gerne missen. Es ist schön, sich in eine fremde Kultur einzuleben, Leute kennenzulernen, eine Sprache erfassen, eine Kultur sozusagen von innen heraus zu erleben. Ich war damals schon 28 Jahre alt. Ich bin 1906 geboren, ich war nicht mehr im Studentenalter und war eben schon ein junger Musiker. Um das konkret zu machen, ich hatte Shakespeare natürlich in der wundervollen deutschen Übersetzung von den Schlegels schon längst als Erlebnis erfahren. Aber es war dann doch etwas ganz anderes, das in englischer Sprache zu hören. Ich habe mir, ich weiß nicht wie viele Shakespeare-Dramen besonders in englischer Sprache angehört. Auch Händel in England zu erleben, war anders als in Deutschland. Händel in Deutschland ist ein anderer als der Händel in England, obwohl es der-

---

117 Auch hier zeigt sich, daß Vaughan Williams, so wie es Sharf bei den Medien konstatiert hatte, ihre Anzahl deutlich überschätzte.

selbe Mann ist. Oder auch die mir bis dahin noch unbekannten Schätze der englischen Musik. Ich habe so richtig erst Purcell in England kennengelernt (Gesprächsprotokoll Knepler).

Gegen Vaughan Williams' Standpunkt sprechen einige Argumente, die auch an seiner eigenen Persönlichkeit festgemacht werden können. Robert Müller-Hartmann suchte nach seiner Flucht nach London den Kontakt zu Vaughan Williams, den er außerordentlich schätzte. Beiden war am gegenseitigen Urteil ihrer Werke gelegen. Franz Reizenstein studierte in London Komposition bei Vaughan Williams und Klavier bei Solomon. Dagegen sprechen weiter die Kammermusikvereinigungen, in denen Briten gemeinsam mit deutschen und österreichischen Flüchtlingen musizierten. Berthold Goldschmidt wählte gerade England als Exilland, weil er von der konzertanten Aufführung des *Wozzeck* durch die B.B.C. gehört hatte und sich damit Offenheit der Briten im Umgang mit zeitgenössischer Musik versprach. Es scheint, als ob hier Mißverständnisse oder Kommunikationsschwierigkeiten zwischen den deutschen, österreichischen und britischen Musikern bestanden haben, die die Ansicht Vaughan Williams' stützten. Diese mag eher darin begründet sein, daß in England seit Purcell erst wieder mit Edward Elgar ein dieses Land repräsentierender Komponist hervorgetreten war, in dessen Nachfolge Vaughan Williams selbst, Michael Tippett und Benjamin Britten traten. Seit Ende des Jahrhunderts wurden demgegenüber mit Gustav Mahler, Richard Strauss, Feruccio Busoni, Arnold Schönberg, Franz Schreker, Alban Berg und Anton Webern, ganz abgesehen von Strawinsky, neue kompositorische Konzepte vorgelegt, die schulbildend wirkten. Für die geringe Wertschätzung britischer Musik auf dem Kontinent waren jedoch nicht die Flüchtlinge verantwortlich zu nachen.

Diese Vorbemerkungen waren nötig, um die Intention des "Little Europe in England" genau zu verstehen, die nämlich im Zusammenhang eines Angebotes an die deutschen und österreichischen Musiker begriffen werden muß. So schreibt Vaughan Williams weiter:

> Perhaps the way our distinguished visitors can help us is by becoming musically British citizens; by getting at the heart of our culture, to see the art of music as we see it, and then stimulate it and add to it with their own unique experience and knowledge. If, however, they propose to establish a little 'Europe in England', quite cut off from the cultural life of this country and existing for itself alone, then indeed they will have the enthusiastic support of those snobs and prigs who think that foreign culture is the only one worth having, and do not recognise the intimate connexion between art and life (Vaughan Williams 1963, 158).

Im Sinne einer Bereicherung des britischen Musiklebens akzeptierte Vaughan Williams die Gäste durchaus. Er lehnte die Herausbildung einer Musik, die ein Abbild verschiedener europäischer Kompositionsrichtungen darstellte und nichts mit den Wurzeln Großbritanniens zu tun hatte, ab und besonders die Art wie diese von "snobs and prigs" aufgenommen wurde. Daß Peter Stadlen über diese Äußerung von

Vaughan Williams befremdet war, ist durchaus nachzuvollziehen. Das Befremden ist eher darin begründet, daß die Gruppe der genannten Musiker und Komponisten in keiner Weise versuchte, sich vom britischen Musikleben abzugrenzen, sondern jeder ganz individuell bestrebt war, sich in das Land und sein Musikleben gleichermaßen zu integrieren. Im Gegenteil, die Möglichkeit, innerhalb des britischen Musiklebens Fuß fassen zu können, erhielt für die Befindlichkeit im Exil einen hohen Stellenwert. Die Musiker unter den Flüchtlingen wollten keine isolierte europäische Musikenklave auf der britischen Insel errichten. Andererseits konnten diejenigen unter ihnen, die sich für die in Großbritannien weniger verehrten Komponisten wie Mahler, Schönberg, Berg und Webern als Interpreten einsetzten, nicht für Jahre selbst ihren Enthusiasmus suspendieren. Deshalb begannen sie, mit britischen Musikern gemeinsam "Little Europe"-Komponisten aufzuführen.

Der Zeitpunkt der von Stadlen herausgestellten Äußerung Vaughan Williams', die erst nach dem Krieg veröffentlicht wurde, darf zudem nicht unberücksichtigt bleiben. 1942 war für die Briten ein Jahr, in dem die Wende des Krieges noch nicht abzusehen war. Erst im November wurde die zweite Front durch britisch-amerikanische Truppen unter General Eisenhower in Algerien und Marokko errichtet. Und die sowjetische Gegenoffensive, die mit der Einkesselung der deutschen Truppen in Stalingrad die Wende des Krieges einleitete, begann ebenfalls im November 1942 (Vespignani 1977, 162). Immerhin befand sich Großbritannien schon das dritte Jahr in einem Krieg, den die Briten nicht gewollt hatten und dessen Ende noch immer nicht abzusehen war.

Im Januar 1943 wurde das britische Committee for the Promotion of New Music gegründet, in dem Vaughan Williams mitarbeitete. Die Ausführungen von Vaughan Williams über "Little Europe in England" bieten ohne Zweifel einen zu berücksichtigenden Hintergrund bei der Gründung des Komitees.

4 Britische Musiker und ausländische Musiker

4.1 Problemstellung

In diesem Kapitel wird das Problem dargestellt, wie die britischen Musiker, vertreten durch die Incorporated Society of Musicians (I.S.M.), auf die Einreise von deutschen und österreichischen Musikern reagierten. Diese waren nach der Machtübernahme der Nationalsozialisten spärlich, aber stetig, nach den Ereignissen in Österreich, dem Münchner Abkommen und den Pogromen in Hitler-Deutschland 1938 plötzlich in größerer Anzahl ins Land gekommen. Offiziell war es den Flüchtlingen nicht erlaubt "paid or unpaid" (Gesprächsprotokoll Lidka) zu arbeiten. Trotzdem konnte es den britischen Musikern nicht verborgen geblieben sein, daß sich eine Anzahl ihrer Kollegen vom Kontinent mit Stundengeben über Wasser hielt oder, wie in den Kapiteln über den Freien Deutschen Kulturbund oder des Austrian Centre hervorgehoben, für ihre Auftritte Konzerthallen mieteten, und damit auch britisches Publikum ansprechen wollten. An der B.B.C., einem begehrten Arbeitgeber, behaupteten sich mit Sonderarbeitserlaubnissen aus dieser Gruppe Interpreten und Musikologen neben ihren einheimischen Mitbewerbern. Es stellt sich die Frage, ob die britischen Musiker dies unwidersprochen hinnahmen oder sich dagegen auflehnten?
In globalen Darstellungen über den Beitrag von deutschsprachigen Flüchtlingen[118] für das Musikleben Großbritanniens wie bei Willett (Willett 1983) und Levi (Levi 1991) fand dieser Aspekt keine Berücksichtigung. Allein Peter Stadlen (Stadlen 1990) gab einen Hinweis auf dieses Problem. So beschrieb er im Zusammenhang mit dem Musicians' Refugee Committee: "Nicht zuletzt ging es darum, uns Flüchtlingen [...] eine Arbeitserlaubnis für musikalische Betätigung zu verschaffen und zwar gegen den Widerstand der 'Incorporated Society of Musicians'" (Stadlen 1990, S. 129).
Den eigentlichen Anlaß jedoch, dieser Frage überhaupt nachzugehen, boten Stichworte wie "Foreign Musicians" oder "Alien Musicians" im Index der Times, die darauf schließen ließen, daß es hier Tatbestände oder Diskussionen gegeben haben muß, die von der Tageszeitung aufgegriffen wurden. Weitere Recherchen bestätigten diese Vermutung. So berührte Peter Gellhorn das Problem bei der Schilderung seiner Einreise nach England im Frühjahr 1935:

> Man brauchte (noch J.R.H.) kein Visum zwischen England und Deutschland. Aber der Immigration Officer fragte einen aus. Und wenn ich ihm gesagt hätte, daß ich in Deutschland nicht

---

118 Wegen des besseren Verständnisses sind unter dem Begriff "deutschsprachige Musiker" im Rahmen dieser Arbeit die vertriebenen Musiker aus Deutschland und Österreich gemeint. Die Schweiz ist in diesem Falle als auch deutschsprachiges Land ausgenommen.

mehr arbeiten kann, hätte er mich zurückgeschickt. [...] Es gab schließlich in England eine Menge arbeitsloser Musiker, die nichts zu tun hatten. Das waren noch die späten Nachwirkungen des Tonfilms, daß in den Kinos keine Orchester mehr gebraucht wurden usw. Obwohl das Jahre vorher war, war aber die musikalische Welt davon sehr betroffen. Die haben nicht darauf gewartet, daß noch Musiker aus dem Ausland kamen (Gesprächsprotokoll Gellhorn).

In seiner Autobiographie schilderte der Physiker Max Born seine Bemühungen, den Berliner Geiger Alfred Wittenberg[119] nach England zu retten:

> Die flehentlichen Briefe dieses großen Musikers erschütterten mich tief, doch ich konnte nichts tun, denn die britischen Musiker waren nicht so großmütig wie die Wissenschaftler und mochten keine Konkurrenz. Wittenberg ist umgekommen; ich habe nie wieder von ihm gehört (Born 1975, 362).

Der Zeitpunkt dieser Briefe muß zwischen der Ankunft des Physikers 1934 in Großbritannien und seiner Weiterreise nach Indien im Jahr 1935 gelegen haben. Born ordnete das nicht genau ein.

4.2 Debatten in der Times

Etwa zu diesem Zeitpunkt berichtete ein Korrespondent der Times über den Rücktritt Furtwänglers in Berlin und kam dabei auf die politische und finanzielle Unabhängigkeit von Musikern zu sprechen, womit die Briten bestens vertraut waren. Außerdem zeigte die Konferenz der Musikervereinigung I.S.M. eine Woche zuvor, daß

> the principle of artistic independence is not very perfectly understood in this country. They are apt to contain outcries against foreign 'invasion' coupled with complaints of the one channel, the B.B.C., through which public money is in fact passed to the support of music and musicians. It is natural to want the advantages of State aid without the disadvantages of State control, and musicians are not alone in crying for the moon (Anonym 1935b).

Damit wird deutlich, daß sich die Musikervereinigung mit Hilfe der Regierung behaupten wollte, was in der Öffentlichkeit keinen guten Eindruck erweckte. Denn die Musiker hatten gefordert, den Zustrom von ausländischen Musikern, die als Solisten deutlich höhere Gagen gewohnt waren, zu begrenzen. Dazu meinte die Times, man könne damit nicht wie bei der Industrie verfahren. Es sei <u>eine</u> Sache, Kontrolle über einzelne auszuüben, die in das Land kommen, um in einem Fachberuf angestellt zu werden. Eine andere Sache sei es, die gleiche Kontrolle auf die Kunstform eines Sinfonieorchester anzuwenden. Denn gerade diesen internationalen Ensembles räumte

---

119 Alfred Wittenberg, geboren am 14.1.1880 in Breslau, lebte als Violinvirtuose und Musiklehrer in Berlin (Stengel/Gerigk 1940, S. 295). Lilo Kantorowicz war eine Zeitlang bei ihm Schülerin (Gespräch Lilo Kantorowicz-Glick mit der Autorin, Januar 1996 in New York.)

die Times einen stimulierenden Effekt auf das Musikleben Großbritanniens ein. Sie nahm dabei auch die britischen Musikliebhaber in Schutz, wenn sie schreibt: "...most disappointed at the withdrawal of the Berliners[120] are those who are most regular in their support of the London Philharmonic, the B.B.C., or other native organisations." Die Gastorchester wüßten, daß es in den Gastspielorten ein gebildetes Publikum gäbe, das ihre Leistungen durchaus einschätzen könne. Also, schlußfolgerte die Times, gehe es darum, das örtliche Musikleben zu fördern, um auf diese Weise ein gebildetes Publikum heranzuziehen. Weiterhin hätte die I.S.M. Engagements internationaler Stars in Städten bemängelt, in denen keine Gastorchester auftraten. Denn durch die Verpflichtung ausländischer Musiker würde das schmale Budget von Chören oder anderer lokaler Institutionen, die die musikalische Laienkultur in Großbritannien förderten, so sehr belastet, daß nicht mehr viel für britische Interpreten übrigbliebe. Die Forderung der Musikervereinigung, statt ausländischer, gleichwertige britische Künstler zu engagieren, unterstützte die Times nicht. Sie befürchtete, daß damit ein künstlerischer Verlust einhergehen würde. Deshalb unterbreitete die Times einen anderen Vorschlag:

> Is it possible to meet this difficulty, not by forbidding the visitor, but by furnishing some support to the local enterprise? That is the problem which is exercising many of the more thoughtful minds, and there are signs that this year may see some attempt to solve it (ebenda).

Die Musikervertretung hatte sich demnach schon 1935 gegenüber ausländischen Musikern abzugrenzen versucht. Die Times stellte diese Kritik in einen größeren Zusammenhang und entschärfte das Problem der Konkurrenz. Danach sollten nicht britische Musiker bevorzugt, sondern das örtliche Konzertleben im Interesse eines breiten Angebotes nachhaltig unterstützt werden. Die arbeitslosen Musiker waren nach Auffassung der Zeitung ebenso eine Folge der wirtschaftlichen Rezession wie Einschränkungen des ehemals gut funktionierenden Musiklebens. Das Ansinnen der Musikervereinigung, die Probleme britischer Musiker auf Kosten ausländischer Künstler zu lösen, wies die Times zurück.

1941 gerät das Thema der ausländischen Musiker erneut in die Schlagzeilen: Die Times berichtete am 3. Oktober 1941 von einem Problem, das bei einem Nationalgaleriekonzert anläßlich des 100jährigen Geburtstags von Antonín Dvořák aufgetreten war (Anonym 1941e). Das Czech Trio[121] sollte dafür engagiert werden. Dazu be-

---

120 Wilhelm Furtwängler trat "von allen seinen künstlerischen Verpflichtungen" im Dezember 1934 zurück und reagierte damit auf die Angriffe im Zusammenhang mit der Aufführung der *Sinfonie* zur Oper *Mathis der Maler* von Paul Hindemith. Die traditionelle England-Tournee wurde abgesagt (Muck II, S. 111).
121 Es handelte sich um das Konzert mit der Programmbezeichnung "The Czech Trio - Dvořák Centenary" am 10.9.1941. Es erklang das *Trio* op. 65, die tschechische Sängerin Olga Haley sang, begleitet von Gerald Moore, *Zigeunerlieder*.

durfte es einer besonderen Erlaubnis des Arbeitsministers. Aus diesem Anlaß ließen es sich einige, vermutlich der I.S.M. nahestehende Musiker nicht nehmen, die Konzertveranstalter bloßzustellen. Sie versuchten, nur zum Schein engagiert zu werden und gaben dann das Engagement demonstrativ zurück, um auf die prekäre Situation der einheimischen Musiker aufmerksam zu machen. Die Times schrieb dazu:

> The Ministry of Labour is advised in such matters chiefly by a society whose primary purpose it is to safeguard the professional interests of British musicians. Foreign residents, it is urged, must be controlled, so that they may not take the bread out of the mouths of native musicians, who at the best of times represent a struggling industry, in these worst of times an exceptionally depressed one (ebenda).[122]

Sie wollte damit sowohl die Definitionsmacht des Arbeitsministeriums als auch der I.S.M. infragestellen. Denn es ging nicht nur um solides Handwerk, sondern um Kunst. Die Times vertrat dazu ihren Standpunkt:

> The higher forms of music-making, solo and chamber music combinations, are of a rank beyond craftsmanship and depend on individual temperament and special artistic aptitudes which cannot be graded on paper. This is so evident to the ordinary concert-goer that it seems surprising that it should have to be stated to a Government Department, and still more so, to a society of professional musicians (ebenda).

Wieder mußte sich die I.S.M. deutliche Kritik gefallen lassen. Ihre Politik würde nach Ansicht der Times nur die Konzerthallen leerfegen, denn: "The public wants to hear certain artists in certain kinds of music and it is no use to say to the provides (sic) of concert-goer: 'You must find good British performencers instead of these foreigners.'" Wirklich berühmte europäische Künstler befänden sich nach Ansicht der Tageszeitung auf der anderen Seite des Atlantik und wären nicht daran interessiert, nach England zu kommen.[123] Und gerade deshalb sollten im Interesse der Öffentlichkeit die ausländischen Musiker, die in Großbritannien lebten, uneingeschränkt engagiert werden. Dafür plädierte die Times mit deutlichen Worten:

---

122 Es war bereits vor 1933 eine ganz normale Praxis des Außen- und Arbeitsministeriums im Interesse der eigenen Künstler, Musiker und Entertainer, Arbeitserlaubnisse bei Ausländern für einen Aufenthalt in Großbritannien an ganz bestimmte Bedingungen zu knüpfen. In einer Akte des Arbeitsministeriums wird über elf Seiten hinweg am 5.4.1937 allein die Situation zwischen Großbritannien und den USA beschrieben, wonach zwischen 1934 und 1936 48 Sänger und 113 Instrumentalisten in Großbritannien eine Arbeitserlaubnis erhielten. D.h., daß gleich viele britische Instrumentalisten und Sänger demnach in den USA auftreten durften. Grundlage der gegenseitigen Vereinbarung war das "Formula 1932" (P.R.O.; LAB 8/72). Die "Federation for Variety Artists" sprach sich gegen die Erteilung von Arbeitserlaubnissen für ausländische Künstler in der "Deputation to Parliamentary Secretary on 21st April, 1936" ebenso aus wie später die britischen Schauspieler, die in der Daily Mail vom 15.5.1939 ihre Forderungen anmeldeten (P.R.O.; LAB 8/85).
123 An dieser Stelle bietet sich eine Äußerung von Maria Lidka an: "Das Busch-Quartett ist sofort nach Amerika gegangen wie viele andere. Es sind sehr viele weitergegangen, weil es hier so schwer war" (Gesprächsprotokoll Lidka).

The artists who are here, as has been said, through no fault of their own, are not already world famous, but have a distinctive art of their own, on which, like the Czech Trio, they quickly built up a reputation with the more intelligent part [...] of the musical public. They play, and they are wanted again; then those who wanted to engage them are told that they cannot have them; hence the irritation, not so much on the part of the players themselves as on that of their British audiences (ebenda).

Abschließend setzte sich die Times dafür ein, Ausländern und ihrer spezifischen Kunst eine Chance in Großbritannien einzuräumen: " If the foreigner in our midst has no distinctive art of his own to show us he will come to naught, if he has, let him show it and let us benefit by it" (ebenda). Im Interesse der Öffentlichkeit unterstützte die Times die ausländischen Musiker, die schließlich ohne ihr eigenes Verschulden in Großbritannien lebten. Maria Lidka, damals Geigerin im Czech Trio, bestätigte die Sicht der Times: das britische Publikum sei dem Czech Trio mit großer Sympathie begegnet, meinte sie. Dessen Interpretationen - bevorzugt tschechische Komponisten - verschafften ihm überall Auftrittsmöglichkeiten in Großbritannien. Die tschechischen Flüchtlinge galten hier ohnehin als "friendly aliens". Sie führte weiter aus:

Ich habe nie irgendeine Feindseligkeit bemerkt, als ich Mitglied des Czech Trios war. Wir haben einen solchen Erfolg gehabt. Es war auch eine gewisse Meinung da, die Tschechen können besser als wir spielen. Es hieß ja immer, 'England, the country without music'. Und wenn die Leute zu uns kamen, haben sie auf jeden Fall gedacht, daß die Tschechen besser wären, was aber gar nicht so war. Wir haben gar nicht besser gespielt. Wir hatten ein großes Publikum und immer ausverkaufte Säle" (Gesprächsprotokoll Lidka).

Im Falle des Czech Trios, das von der tschechischen Exilregierung in Großbritannien ins Leben gerufen und bezahlt wurde, mußten auch keine Musikvereinigungen für die Honorare der Musiker aufkommen.[124]Genau das zu erwähnen, vergaß der Autor der Times. Damit hätte er das ökonomische Argument der I.S.M., das auf einen Teil der ausländischen Musiker nicht zutraf, entkräftet.

4.3 Die Politik der Incorporated Society of Musicians (I.S.M.) und Dysons Rede

Im Gegensatz zum Standpunkt der Times sahen die in der I.S.M. organisierten britischen Musiker dieses Problem ganz anders. Im Januar 1942 lieferte dann George Dyson (1883-1964) bei einer Versammlung in Leeds die Argumente dazu. Dyson war Komponist, Musikpädagoge und Musikschriftsteller und war von 1938 bis 1952 Präsident des Royal College of Music in London. Aus seiner Rede geht hervor, daß

---

124 Während des Krieges wurden die britischen Musiker vom Musicians' Benevolent Fund unterstützt. "Chamber music societies" erhielten Zuwendungen vom Pilgrim Fund.

sich seit Jahren unter den englischen Musikern Vorbehalte angestaut hatten, die nun nicht länger zurückgehalten werden konnten. Und weil sich seiner Meinung nach in der Öffentlichkeit Ignoranz und Vorurteile (wie möglicherweise der oben zitierte Artikel in der Times im Herbst 1941) in der Diskussion der Thematik ausgebreitet hätten, wollte Dyson einige Tatsachen dazu beisteuern (Dyson 1942, 12). Im folgenden werden die wichtigsten Thesen aus dieser Rede referiert, da sie die Haltung der organisierten britischen Musiker zum Problem der Auslandsmusiker begründen und zum weiteren Verständnis beitragen. Zu Beginn seiner Rede beschrieb Dyson die Situation der britischen Musiker, die sich durch die Kriegserklärung katastrophal verschlechtert hatte:

> September 1939 was a staggering blow, not because our people were stunned, but because the black-out, the commandeering of buildings, and the evacuation of women and children, shattered the whole organisation of public music, and destroyed or interrupted a great deal of school and private teaching too. And we had only just begun to grope our way into various new expedients, when the air-raids of September 1940 and the growing toll of conscription and armaments reduced our normal work still nearer to paralysis (ebenda).

Bereits vor dem Krieg waren die englischen Musiker mit ganz anders gearteten Problemen konfrontiert worden:

> Further, this war situation, ..., comes at the end of a long period of world-wide restrictions of the opportunities open to practising musicians. Mechanical reproduction, universal broadcasting, and a growing change in the distribution of populations and incomes, had already fundamentally undermined the conditions under which musical enterprises could be successfully pursued (ebenda).

Damit benannte Dyson die Folgen der wirtschaftlichen Rezession in den zwanziger Jahren und die Auswirkungen, die der Tonfilm, das Radio und die Schallplattenindustrie, also die technische Reproduzierbarkeit von Musik, für die Existenz von praktischen Musikern in Großbritannien nach sich gezogen hatten. Außerhalb Großbritanniens hatte sich zudem für die britischen Musiker folgende Situation geboten:

> The aggressive nationalism of certain European governments made fair competition increasingly impossible. Germany in particular pursued a purely selfish one-way policy. And Germany was not alone in this. Neither in Germany nor France could any British artist perform on equal terms with a native. He was either banned altogether or, if allowed to perform, was not allowed to bring away anything he might have earned (ebenda).[125]

Offensichtlich hatten die scharfen Devisenbestimmungen der Nationalsozialisten auch Auftritte britischer Musiker in Nazi-Deutschland eingeschlossen.[126] Dyson

---

125 Vgl. das Kapitel 2.2. über die gegenseitigen Gastspiele. Danach erfährt Dysons Behauptung eine Bestätigung.
126 Diese These erhärtet die Biographin von R. Vaughan Williams. Der Komponist konnte nach Erhalt des Shakespeare-Preises in Hamburg 1938 weder das Preisgeld noch Wertge-

macht damit auf eine Tatsache aufmerksam, von der weder im Rahmen des Deutschland-Gastspiels des London Philharmonic Orchestra in der britischen Presse noch von der Zeitzeugin Berta Geissmar berichtet wurde. Hinzu kamen nach Dyson die innenpolitischen Restriktionen der Nationalsozialisten gegenüber Komponisten und Musikern, mit deren Auswirkungen sich nun die britischen Musiker auf ihrem eigenen Territorium auseinanderzusetzen hatten. "Germany went so far as to prohibit the actual music of certain composers entirely, while at the same time her political persecutions were driving more and more of her own artists to try and find asylum elsewhere" (ebenda). Aus der Sicht der britischen Musiker war es noch eine größere Ungerechtigkeit, daß ausgerechnet sie sich mit Musikern aus einem der Länder konfrontiert sahen, in denen sie zuvor selbst benachteiligt und gering geachtet worden waren. Wie kompliziert sich die Situation seit nunmehr neun Jahren und verstärkt durch die Kriegsereignisse für die britischen Musiker darstellte, zeigt sich daran, daß Dyson das Spektrum der Musiker unter den Flüchtlingen[127] in drei Kategorien gliederte: "There was a small group of so-called international artists of exceptional repute. There has never been any real restriction on them, but they are not economically so very important" (ebenda). Und nun konnte sich Dyson auch Emotionen nicht enthalten:

> They gather the more golden eggs, wherever these are laid. When Europe became too hot, they came here. When Britain became too hot, they went to America. I do not blame them. Their profession is essentially cosmopolitan. They are at home wherever there are large audiences and high fees. They are not at home in make-shift halls or rest centres (ebenda).[128]

Es handelte sich dabei um die Gruppe renommierter Musiker, die, wie das Busch-Quartett oder Eva M. Heinitz, nach einigen Auftritten in Großbritannien wegen des Arbeitsverbotes in die USA weiterwanderten. Auch wenn Dyson an mehreren Stellen seine Sympathie mit den Flüchtlingen zum Ausdruck brachte, so waren diese wenigen Sätze in Richtung auf emigrierte Musikerkollegen geäußert, nicht sehr verständnisvoll.

Mit der von ihm im folgenden beschriebenen Musikergruppe, zu der auch Siegmund Nissel und andere in dieser Arbeit erwähnten Flüchtlinge gehörten, hatte er hingegen weniger Probleme:

---

genstände nach Großbritannien ausführen. Erst nach Kriegsende erhielt er einen Scheck (Vaughan Williams 1964, S. 221f.).

127 Dyson verwendet die Bezeichnung "musicians refugees", wenn er alle Musiker unter den Flüchtlingen umschreibt.

128 An dieser Stelle stellt sich das Verhalten der britischen Pianistin Myra Hess auch in einem anderen Licht dar: Sie sagte offensichtlich eine Tournee in den USA ab, um mit ihren Musikerkollegen unter wesentlich schlechteren Bedingungen durchzuhalten (Dokumente der National Gallery Concerts, B.L.).

They ... were mostly work-a-day practitioners of various kinds, some of whom have been absorbed either into musical or other works. Many of them are still a charge on the refugee organisations. They are of course, in the main, enemy aliens who have now no country they can call their own (Dyson 1942, 13).

Er sympathisierte mit ihnen, die von der gesamten Nation unterstützt werden sollten, "for so long as they are here" (ebenda). Nachdem seit dem Krieg keine Arbeitserlaubnisse an feindliche Ausländer vergeben worden wären, gäbe es eine dritte Gruppe von Musikern, die nach Großbritannien gekommen waren und die Dyson als "refugees from every country which Germany has over-run" bezeichnete. Ihnen räumte er am Beispiel des polnischen Streichquartetts[129] auch ein uneingeschränktes Musizieren vor englischem Publikum ein und bezeichnete den Wettbewerb als nur "indirectly to our own (concerts)" (ebenda). Mit Sicherheit gelangte er zu dieser Schlußfolgerung, weil diese Musiker Komponisten ihrer Heimatländer aufführte, die auch von den aus diesen Ländern in Großbritannien lebenden Flüchtlingen bevorzugt wurden. Zu dieser Kategorie wäre auch das Czech Trio mit Maria Lidka zu zählen. Im weiteren Verlauf seiner Rede kam Dysons auf die Politik der Regierung gegenüber ausländischen Musikern unter Kriegsbedingungen zu sprechen. Er wertete es grundsätzlich positiv, daß Ausländer aufgenommen und von der Regierung bzw. der ganzen Nation unterstützt würden. Bis zu einem gewissen Grade könnten sich dem auch die britischen Musiker anschließen. "But we will not tolerate a policy which, while pretending to give national hospitality, actually destroys the livelihood of our own artists in order to give work to others" (ebenda). Die Verantwortlichen für diese Politik sah Dyson bei den übertrieben agierenden Sympathisanten der Flüchtlinge, ohne diese allerdings namentlich zu benennen: "It is the irresponsible sympathisers (sic) outside, people either grossly misled or prepared only to be generous at other people's expense, who badger us and the Government to starve our own people in order to support our guest competitors" (ebenda). Es könnte sich bei der hier angesprochenen Personengruppe um diejenigen gehandelt haben, die sich als Mitglieder des Parlaments wie beispielsweise Eleanor Rathbone[130] für Flüchtlingsorganisationen verwendeten oder eben auch um britische Journalisten, wie das Beispiel der Times veranschaulicht.

Es galt offensichtlich einige Mißverständnisse über die Arbeitsmöglichkeiten und den Wettbewerb zwischen britischen und ausländischen Musikern auszuräumen, wie folgender Feststellung Dysons zu entnehmen ist: "There is not, and there never has been, any restriction whatever on the giving of concerts in this country by refugees."

---

129 Das Polish String Quartett bestand, ähnlich der Besetzung des Czech Trio, aus drei polnischen Streichern und dem deutschen Cellisten Paul Blumenfeld (vgl. Programmzettel der N.G.C., B.L.).
130 Vgl. die Kapitel 11 und 12.

Dabei hätten sie dieselben Möglichkeiten wie die einheimischen Musiker, ja mehr noch: "They are far freer in this respect than were our own artists in many parts of Europe, even in peacetime." George Dyson nahm dabei deutlich Bezug auf den oben zitierten Times-Artikel und erklärte: "What they are not allowed to do, without a special permit, is to accept paid employment from British nationals or societies. And in view of the catastrophic position of our native profession, who can say that this is unfair?" Genau dies hatte ja die Times bemängelt, die den "societies" auch ausländische Musiker für ihre Programme zugestanden wissen wollte, damit die Attraktivität von Konzertprogrammen erhöht werden konnte. Demgegenüber begründete Dyson seine Position damit, daß die wenigen Kammermusikvereinigungen vom Pilgrim Trust unterstützt würden, der damit die desolate Situation der britischen Musiker verbessern wollte. Bei Engagements von ausländischen Musiker hieße das: "If any one of these few engagements is given to foreign artists, every guinea they are paid is one guinea less for our own performers..." (ebenda).

Auf spezifische Weise unterstützte Dyson als Direktor des Royal College of Music auch ausländische Musiker und wies auf ein Angebot hin, von dem bisher noch keine Rede war:

> The only fund we have at the Royal College of Music which can be used for non British subjects, is being spent at this moment to give free musical education to a group of young refugees, and is also providing a refresher course for one or two older refugees who hope ultimately to get back into their professions (ebenda).

Das bedeutete, daß begabten ausländischen Studenten eine kostenlose Ausbildung angeboten wurde. Einige aus dem hier dokumentierten Personenkreis nutzten dies Angebot, das demzufolge auch andere Colleges gewährt haben mußten.[131] Zur künstlerisch-ästhetischen Seite des Wettbewerbs stellte Dyson fest, daß es in der Qualität zwischen ausländischen und britischen Musikern keinerlei Unterschiede gab. Das traf sowohl auf junge als auch bereits erfahrene Musiker zu (Dyson 1942, 14). Es scheint, als ob Dyson dem von ihm so bezeichneten verbreiteten "großen Unsinn" noch schärfer entgegentreten wollte, der noch weitere Konsequenzen bei den englischen Musikern nach sich gezogen hatte, wie sich am Beispiel eines originär britischen Ensembles gezeigt hatte. Dieses hätte sich einen von Dyson nicht genannten ausländischen Namen zugelegt, um damit mehr Aufträge zu bekommen.

---

[131] Der Pianist Paul Hamburger studierte von 1941 bis 1943 am Royal College of Music; Mirjam Wieck, seit 1938 in Großbritannien, studierte möglicherweise noch während des Krieges ebenfalls an diesem College Violine; Hans Heinrich Keller erhielt dort ebenfalls ab 1943 eine Ausbildung als Violinist; Siegfried Landau war während seines Aufenthaltes 1939/40 in Großbritannien Student am Trinity College in London ebenso wie Eric Gross nach seinem Studium in Aberdeen letztgenannte Ausbildungsstätte besuchte. Ilse Wolf studierte ab 1942 Gesang am Morley College, an dem Walter Bergmann im gleichen Jahr Assistent von Michael Tippett wurde (für die Quellen vgl. das Kapitel 16).

Dieses Ensemble wäre jedoch nicht das einzige dieser Art gewesen, wie Dyson weiter ausführt:

> And there are still today native artists, both here and in America, who find that a strange name, real or assumed, is a good passport to the plaudits and purses of the more gullible enthusiasts... We respect genuine talent wherever it comes from, but let it rest on honest musical perception, not either on fashionable oddity or sentimental ignorance (ebenda).

Diese Art der Präsentation stand den Zielen der britischen Musikervertretung deutlich entgegen und vor diesem Hintergrund war der Angriff Dysons durchaus verständlich. Das Verhältnis zwischen der Regierung und der I.S.M. bewertete Dyson als ausgesprochen gut. Mit den entsprechenden Vertretern habe er bei der Einschätzung der vorangestellten Probleme übereingestimmt (ebenda). Bis etwa zu diesem Zeitpunkt entsprach das auch den Tatsachen, wie aus den Akten des Innenministeriums[132] hervorgeht.

Mit dieser Rede umriß Dyson die Situation der britischen Musiker zu Beginn des Jahres 1942. Demnach kam zu der deprimierenden aktuellen Situation außerdem die Mißachtung hinzu, die britischen Musikern vor dem Krieg insbesondere von Frankreich und Deutschland entgegengebracht worden war. Demgegenüber war man in Großbritannien Musikern anderer Nationen mit Achtung gegenübergetreten. Zu dieser unfairen Behandlung im internationalen Rahmen gehörte außerdem, daß berühmte Künstler, nachdem sie in Großbritannien erfolgreich aufgetreten waren, in die USA weiterzogen. Ganz im Gegensatz dazu hatten die britischen Musiker unter Kriegsbedingungen Arbeitslosigkeit und Kriegsdienst auf sich genommen. Nicht von ungefähr konnte sich Dyson der oben zitierten und an die Weiterwanderer gerichteten Bemerkungen nicht enthalten, die auf eine Ohnmacht und Ausweglosigkeit der eigenen Situation schließen lassen. Aus der Sicht der im Lande lebenden britischen Musiker stellte der eingangs referierte Times-Artikel aus dem Jahr 1935, der wirklich berühmte europäische Künstler einzig in den USA vermutete, ein Diskreditieren ihres Berufsstandes dar und war nicht fair. Schließlich waren die Bedingungen beider Länder nicht gleich zu setzen.

An dieser Stelle muß wegen der differenzierten Situation noch folgendes erwähnt werden: Auch Thomas Beecham, neben Adrian Boult und Henry Wood einer der angesehensten Dirigenten des Landes, ging wenige Monate nach Beginn des Krieges auf Gastspielreisen nach Australien, Kanada und den USA und kehrte erst gegen Ende des Krieges nach Großbritannien zurück.[133] Das London Philharmonic Orchestra meisterte nach seinem Weggang fortan selbstverwaltet die schwierigen fi-

---

132   Vgl. das Kapitel 5.3.
133   Im November 1939 wurden noch dreizehn "Sunday Concerts" des L.P.O. unter Beechams Leitung bis einschließlich März 1940 angekündigt, danach entfiel der Name Beechams in diesen Ankündigungen (Anonym 1939d).

nanziellen und personellen Probleme und mußte sich zudem Angriffe wegen seines gesunkenen Standards gefallen lassen (T.R. 1944). Nach Beechams Rückkehr lehnte das Orchester ihn als alleinigen Leiter ab (Pâris 1992).

Die beschriebenen "Eintagspraktiker", die weitgehend von Flüchtlingsorganisationen unterstützt wurden, stellten für Dyson keine Konkurrenz dar. Er setzte sie den Musikern gleich, die Großbritannien als Zwischenstation nutzten und eine befristete Arbeitserlaubnis erhalten hatten, da sie wie etwa das Busch-Quartett meist als Gäste gekommen waren. Dyson betonte besonders, daß "feindliche Ausländer" seit dem Krieg keine Arbeitserlaubnisse erhalten hatten. Mit den feindlichen Ausländern waren die Flüchtlinge aus Nazi-Deutschland, Österreich und Italien, solange Nazi-Deutschland mit dem faschistischen Italien verbündet war, gemeint. Dyson gab diesen sein Mitgefühl und plädierte dafür, sie zu unterstützen. Im Verhältnis zu der Länge der Rede erwähnte Dyson die Musiker unter den feindlichen Ausländern nur andeutungsweise. Er äußerte sich nicht über etwaige berufliche Möglichkeiten für Musiker aus dem feindlichen Ausland. Und nun kann man spekulieren: Gab es eine unausgesprochene Vereinbarung innerhalb dieser Musikervertretung, nicht über das Problem der Musiker aus dem feindlichen Ausland[134] explizit zu reden, um das Problem nicht publik werden zu lassen? Wollte man diese Gruppe aus Gründen der Konkurrenz und wegen der eigenen Erfahrung im Vorkriegsdeutschland ausgrenzen? Konnte man dieses Thema - bei dem Stand der öffentlichen Meinung über die Deutschen - überhaupt anschneiden, ohne daß ein Strom der Entrüstung durch das Land gegangen wäre?

Eine Akte der Mass-Observation vom 27. Februar 1942 "Report on Private Opinion about German People. Strictly Confidential" belegt zweieinhalb Jahre nach Beginn des Krieges, daß dieser die Meinung über alle Deutschen negativ beeinflußt hatte. 43% der Befragten brachten eine (graduell-abgestufte) anti-deutsche Haltung zum Ausdruck. Innerhalb dieser Gruppe war der Anteil der Briten, die Deutsche mit Nazis gleichsetzten, signifikant angestiegen.[135] Eine Unterscheidung zwischen Deutschen und Österreichern traf die Umfrage nicht.

Auf die vorherrschende Stimmung läßt die Tatsache schließen, daß Dyson die ausländischen Musiker in zwei Gruppen teilte: 1. die aus Deutschland und Österreich (und Italien) geflohen und 2. diejenigen, die aus den von der Wehrmacht besetzten Gebieten ins Land gekommen waren.

Solange die belgischen, tschechischen, holländischen oder polnischen Musiker mit dem Geld ihrer Exilregierungen selbst das Risiko für ihre Konzerte trugen, standen sie im fairen Wettbewerb mit den britischen Musikern. Wenn sie nicht die be-

---

134 Dyson verwendet: "enemy alien musicians".
135 M-O, FR 1104, 2 und 8.

schränkten Geldmittel der beiden für britische Musiker bestimmten Hilfsfonds beanspruchten, empfand man ihre Aktivitäten als Gewinn für die britische Öffentlichkeit. Auch hier galt, daß sie Arbeitserlaubnisse für Engagements zu beantragen hatten, die gleichzeitig auch für britische Musiker als Verdienstmöglichkeiten in Betracht kamen. Das zeigte sich am Beispiel des Czech Trio. Dagegen waren die Musiker unter den feindlichen Ausländern durch keine Exilregierung im Land abgesichert - d.h. wenn diese Gruppe über den Rahmen ihrer Flüchtlingsorganisationen hinaus Konzerte veranstalten wollte, dann beeinträchtigte sie die Einnahmequellen für die britischen Musiker. Deshalb sollte ihr dieser Markt nicht offenstehen.

Es scheint, als hätte das Selbstbewußtsein der britischen Musiker durch die "Invasion" von ausländischen Musikern gelitten. Die vehementen Feststellungen Dysons, daß die ausländischen Musiker als Gruppe keinesfalls besser wären als die britischen, und vor allem, daß britische Musiker sich einen fremdländisch klingenden Namen zulegten, um sich selbst aufzuwerten, sprechen dafür. Auch die Times hielt relativ wenig von den "Propheten im eigenen Land". Diese verschiedenen Aspekte müssen bei der Bewertung der Abgrenzungspolitik der I.S.M. gegenüber den "Musikern unter den feindlichen Ausländern" berücksichtigt werden. Die gesamte Berufsgruppe der britischen Musiker war durch die zahlreichen kriegsbedingten Einschränkungen geschwächt und deren Vertreter hatten offensichtlich in der Presse kaum eine Lobby. Es besteht kein Zweifel daran, daß sich die britischen Musiker über ihre existentiellen Probleme hinaus einer Konkurrenz gegenüber sahen, die ihnen in dieser kontinuierlich präsenten Form bisher nicht begegnet war. Neben den Musikern aus Feindesland waren zudem Musiker aus den okkupierten Ländern ins Land gekommen, die insgesamt diese Konkurrenz ausmachten. So ist es nur allzu verständlich, daß sich die I.S.M. als Interessenvertretung der britischen Musiker unter diesen Bedingungen zu behaupten suchte, um die wenigen gegebenen Möglichkeiten im Interesse ihrer Mitglieder auszuschöpfen.

4.4 Die Resonanz der Presse auf Dysons Rede

Einige Tage nach der Rede von Dyson veröffentlichte die Times unter der bezeichnenden Überschrift "Alien Musicians: Performances without Payment" einen Artikel über die Tagung in Leeds (Anonym 1942b). Darin wurde konstatiert, daß die I.S.M. im Interesse der britischen Musiker Forderungen anmeldete, dabei jedoch weniger die Bedürfnisse derjenigen berücksichtigte, die Konzerte in der Öffentlichkeit organisierten. Britische Konzertgänger wären nämlich durchaus interessiert daran, die Musiker der "verbündeten Regierungen" zu hören und auch für sie zu bezahlen: "The rub come in dealing with those foreign artists who are classed as 'allied refugees' - Czechs, Poles, Belgians and others, whom English audiences may want to hear, and are ready to pay to hear" (ebenda). Dyson hielte es demgegenüber jedoch für besser, daß diese Musiker, mit der finanziellen Unterstützung ihrer eigenen Regierungen abgesichert, kostenlose Konzerte für ihre eigenen Landsleute und Briten veranstalteten.

Um die Verwicklungen dieses Problems noch weiter zu treiben, hatte die Times bereits auch dazu ein Gegenbeispiel parat: Das Belgische Quartett (Streicher und Piano) hatte Ende Januar 1942 in Oxford eine Tournee durch ein Dutzend englischer Städte begonnen. Dabei hätte eines dieser Konzerte auch im Zusammenhang mit den Oxforder "Kriegskonzerten" stattgefunden. Dazu stellte die Times fest: "It looks rather as though concert-givers in the provinces were being encouraged to accept these artists as a free gift and save their normal expenditure. Is this what the I.S.M. policy really intends to further?" (ebenda). Das von der I.S.M. geforderte Reglement in der Behandlung von ausländischen Musikern produziere einen Effekt, der dem eigentlich angestrebten zuwiderlaufe. Die Ursache dafür sah die Times in dem geringen Kontakt der professionellen Musiker zu den konzertveranstaltenden Gesellschaften. Anhand des weiter ausgeschmückten Beispiels sollte der Öffentlichkeit das Problem veranschaulicht werden:

> What happens is that the secretary of such a society consults the concert agent with whom he usually deals. He says: 'I hear this new Belgian Quartet well spoken of,' and asks the agent to book a date for them and quote a fee. He is told that cannot be done. Later he finds that this organisation is touring and has been acquired, perhaps, by a neighbouring society. He feels illused and thinks that his agent is incompetent. He is not pacified by being told that he could have got them for nothing if he had gone the right way to work. He did not want to get them for nothing. He wanted to engage them and pay (ebenda).

Die Times bemängelte, daß die professionellen Musiker außerdem den öffentlichen Geschmack nicht berücksichtigten, während sich aber gerade die Kammermusikvereinigungen daran orientierten. Deren Anliegen sei es, ganz unterschiedliche Geschmacksrichtungen zu befriedigen oder anzuregen, nicht aber zu disziplinieren oder ihnen gar entgegenzuwirken. Der Gegenposition zu Dysons Behauptung, daß das Publikum a priori Ausländer bevorzuge, wurde deutlich widersprochen:

> If a society wants to hear the Chausson Quartet it wants to engage these Belgians, not because they are foreigners nor because they play the work better than any English party of players could play it, but because they are known to play it well. In fact no one else recently has been known to play it at all (ebenda).

Damit kam auch eine versteckte Kritik an britischen Ensembles zum Ausdruck, welche eben diese Komposition überhaupt nicht im Repertoire hatten. Um das *Klavierquartett* Chaussons überhaupt hören zu können, mußte man die Belgier engagieren. Der letzte Satz des Artikels richtete sich gegen Dyson, da seine im Einklang mit der Regierung geforderten Einschränkungen des Konzertangebotes auch zwangsläufig ästhetische Auswirkungen nach sich ziehen würden: "Government regulations cannot take account of aesthetic considerations, but musicians who aspire to offer their advice to the Government must surely do so" (ebenda). Der konstruierte Fall des Sekretärs einer Musikvereinigung, der sich um das belgische Quartett bemühte, ist nur angenommen und nicht als wirklich geschehen anzusehen. Offensichtlich diente er dazu, die Fragwürdigkeit von Dysons Forderungen hervorzuheben. Mit Befremden registrierte die Times das Bestreben der professionellen Musiker, lokal wirkenden und aus Musikliebhabern gebildeten Konzertvereinigungen vorschreiben zu wollen, wen sie zu engagieren hätten. Und das sogar, wenn diese selbst, ohne den Pilgrim Fund in Anspruch zu nehmen und gestützt vom Zuspruch des Publikums, die Gagen dafür bezahlten. Deutlich wird außerdem: Der Artikel unter der Überschrift "Alien Musicians" behandelte zwar engagiert, aber doch einseitig die Gastmusiker aus dem von Hitler annektierten Staaten - die Musiker aus dem feindlichen Ausland kamen im Kommentar der Tageszeitung gar nicht vor.

Der vom Austrian Centre herausgegebene Zeitspiegel ging auf die Konferenz der Musikervereinigung in einer knappen Meldung wie folgt ein: "Sir George Dyson, der neue Präsident der "Int. Society of Musicians" setzte sich in einer Rede in Leeds dafür ein, daß ausländische Musiker in England vollen Anspruch auf Beschäftigung in ihrem Beruf haben sollen" (Anonym 1942c). Die Information stimmt nicht mit den wirklichen Tatsachen überein. Auch die abgekürzte Bezeichnung der "Int. Society..." anstatt, wenn richtig abgekürzt "Inc. Society...", scheint kein Druckfehler zu sein. Im Gegenteil, die Bezeichnung wirkt sich auf den Sinn der Meldung aus, denn eine eventuelle "Internationale Gesellschaft der Musiker" könnte sich viel eher für eine Beschäftigung ausländischer Musiker eingesetzt haben. Unverständlich daran ist, daß die Redaktion des Zeitspiegels offensichtlich wenig sachliches Interesse an der Rede von Dyson gehabt hatte, die für einen Teil der Mitglieder des Centre mit Sicherheit von Bedeutung war.

4.5 Prominente Antworten auf Dysons Rede

Der Times-Artikel über die "Aufführungen ohne Bezahlung" rief ein vielfältiges Echo hervor. Die erste, die sich in einem Leserbrief dazu äußerte, war Myra Hess (Hess 1942). Sie bezog sich darin auf die Konzerte in der Nationalgalerie, die, "as it should be", hauptsächlich von britischen Künstlern bestritten wurden. Weiter hob sie die Möglichkeit für das Publikum "of hearing certain proved and distinguished foreign artists, some of whom are allied refugees", hervor. Damit schloß sie indirekt vertriebene Musiker aus Deutschland und Österreich ein, bezog sich aber primär auf die Musiker aus den von der Wehrmacht eroberten Ländern. Sie eröffnete, daß allen Musikern eine bescheidene Einheitsgage angeboten würde. "Apparently these allied refugees may not accept our modest offer. Instead we are required to accept the generosity of their respective Governments who are to pay them and present them to us."[136] Durch die provokante Überschrift des Times-Artikels fühlte sie sich als Konzertveranstalterin angegriffen und versuchte, die kostenlosen Auftritte von Musikern in den Konzerten der Nationalgalerie zu rechtfertigen, die sie bisher dankbar angenommen hatte. Darauf bestehen wollte sie aber nicht. "We will not be beholden in this way to foreign Governments who are the guests of our nation at this time." Weiter führte sie aus, daß sie niemals irgendwelche Geschenke als Bedingung für einen Auftritt von Künstlern angenommen habe und bedauerte, diesen Brief überhaupt schreiben zu müssen (ebenda).

Die Konzerte in der Nationalgalerie[137] waren keinesfalls mit denen des sich auf Tournee befindlichen belgischen Quartetts zu vergleichen. Trotzdem verwahrte sich Myra Hess gegen den Vorwurf, Musiker auszunutzen, wie es der Times-Artikel vom 13. Februar 1942 mit der kostenlosen Bezahlung angedeutet hatte. Im Gegenteil, für die Exilregierungen in London gehörte es ohne Zweifel zu einer besonderen Ehre, die eigenen und von ihnen bezahlten Musiker an so exponierter Stelle agieren zu sehen. Das bedeutete für Myra Hess schließlich, den Musicians' Benevolent Fund großzügiger unterstützen zu können und damit die Situation der britischen Musiker im Land verbessern zu helfen. Dazu trugen die Regierungen der "verbündeten Musiker" indirekt bei.

Vier Tage später meldete sich John Christie zu Wort, der als einer der ersten Briten überhaupt Exilmusiker auf seinem Landsitz in Glyndebourne engagiert hatte (Christie 1942). Er unterstrich, daß er grundsätzlich keine künstlerischen und sonstigen Unterschiede zwischen britischen und ausländischen Künstlern machte:

> We want the best artists we can get, and Glyndebourne claims that it has proved that, given the right opportunities and the right preparation. British artists have nothing to fear from foreigners names. We claim also that this view was accepted by the British public (ebenda).

Er hätte 1938 und 1939 während des von ihm begründeten Festivals in Glyndebourne täglich alle Nationalitäten der beteiligten Sänger in der Presse veröffentlicht, während man an Covent Garden die Nationalitäten der angekündigten Sänger überging. 1939 hatte Christie festgestellt, daß während dreier Vorstellungen des *Don Giovanni* an Covent Garden mit nur einem britischen Sänger im Ensemble der Eintrittspreis um 25 Schilling herabgesetzt worden sei. Zur gleichen Zeit hätte Christie in Glyndebourne seine Eintrittspreise mit nur einem Ausländer im Ensemble erhöht. Ungeachtet dessen seien in Glyndebourne alle Vorstellungen ausverkauft gewesen.

---

136 Fragen der Bezahlung von Musikern gingen aus den Dokumenten der National Gallery Concerts, B.L., nicht hervor.
137 Vgl. dazu das Kapitel 9.

Nach dieser Schilderung der unterschiedlichen Bewertung von ausländischen und britischen Sängern, wie sie an dezidierter Stelle von Briten selbst vorgenommen wurde, konnte sich Christie einer ironischen Bemerkung nicht enthalten, die auf die I.S.M. anspielte: "Surely this is the answer to this attitude of despair and feebleness argued in certain circles?" Abschließend lenkte er jedoch mit einem Appell an die Vernunft wieder ein:

> British music must put its house in order and not retire to bed with a cold. Surely out of the fusion of British and foreign artists the right solution will come, so long as there is one purpose and one purpose only - the search for the best artists, irrespective of national exploitation and prejudices and of commercial profit (ebenda).

In gewisser Weise vertrat Christie ähnlich wie Myra Hess eine exklusivere Position innerhalb des britischen Musiklebens. Bis zum Beginn des Krieges fungierte Christie als Arbeitgeber für Musiker und Sänger in Glyndebourne. Musikvereinigungen spielten hier keine Rolle. Mit seinem Unternehmen bewies Christie erfolgreich, daß gemeinsames Miteinander von britischen und ausländischen Künstlern im besten Sinne funktionierte. Seine etwas prononcierte Darstellung des Verfahrens der Covent Garden Opera, wenn sie auch "nur" einen britischen Künstler anstatt eines zugkräftigeren Ausländers beschäftigte, den Eintrittspreis zu reduzieren, offenbarte den Zwiespalt, in dem sich die britischen Musiker befanden.

Als Repräsentant der "alliierten Musiker" äußerte sich Tadeusz Jarecki,[138] "Director of the Polish Musicians of London" (Jarecki 1942). Seiner Meinung nach zeichnete Dyson mit seiner Darstellung nur die negative Seite des Problems für die britischen Musiker, wenn die wenigen ausländischen Musiker Arbeitserlaubnisse erhielten. Doch Dysons Sichtweise vernachlässige geradezu die russischen, polnischen, tschechischen und anderen slawischen Musiker, die britische Musiker direkt unterstützten. Darin einzuschließen wären die Russische Oper, das anglo-polnische Ballett oder all die Feierlichkeiten und Festivals von Flüchtlingen, an denen auch britische Orchester und Ensembles teilgenommen hätten. Genauso würden britische Interpreten bei Konzerten polnischer Flüchtlinge einbezogen werden. Jarecki nutzte den Anlaß, um die Öffentlichkeit mit der tragischen Situation der polnischen Musik überhaupt bekannt zu machen: "The case of Polish music is essentially a unique one. Because of the ban placed upon it by the Nazis in all occupied Europe, it is doomed to oblivion as we look on, unless it can be kept in Britain" (ebenda). Jarecki bedank-

---

138 Jarecki (1899-1955), seit 1921 amerikanischer Staatsbürger, hatte eine besondere Beziehung zu den USA, in denen er bereits 1917 sowie von 1920-1932 lebte. Mit der Zwischenstation Polen ging er 1936 wieder in die USA, 1938 lebte er in Paris. Nach Kriegsende siedelte er endgültig in die USA über. Auch in Deutschland war er nicht unbekannt: Noch im August 1935 hatte er mit den Berliner Philharmonikern ein "Konzert im Funkhaus" einschließlich der deutschen Erstaufführung seiner *Symphonie breve* op. 20 dirigiert (Muck III, S. 270).

te sich an dieser Stelle für die Unterstützung britischer Musikliebhaber, die der polnischen Musik gegenüber aufgeschlossen gegenüberträten und schloß mit seinen Erfahrungen als Musiker in den USA:

> I feel impelled to state that a long experience in America, whose hospitality I, as well as many representative British musicians, have cherished, has convinced me that this policy of exclusivism, as opposed to one of co-operation and fellowship, is not really characteristic of the Anglo-Saxon race and can have only a sterile and disappointing result for those who would enforce it (ebenda).

Das Statement des polnischen Dirigenten und Komponisten, der seit 1939 als Mitglied des Informationsministeriums der polnischen Exilregierung in London (MGG 1957, Bd. 6) lebte, drehte nun mit dem Verweis auf die Anstellung von britischen durch ausländische Musiker den Spieß völlig herum. Durch seine Parteinahme für das amerikanische Modell im Umgang mit ausländischen Musikern wandte er sich außerdem gegen die Kritik Dysons an denjenigen, die in die USA weitergewandert waren, weil es ihnen angeblich "in Europa zu heiß" geworden sei. Weitergedacht hieß das auch unterschwellig, daß sie in den USA eine bessere Aufnahme gefunden hatten als zuvor in Großbritannien.

Positiv an der durch die Politik der I.S.M. ausgelösten Diskussion war die Tatsache, daß das komplizierte Problem der ausländischen Musiker in die Öffentlichkeit gelangte. Diese nutzten die Gelegenheit, ihre Situation in der Times darzustellen und Vorbehalten entgegenzutreten. Wer zwischen den Zeilen lesen konnte, fand hier auch die Musiker aus dem feindlichen Ausland, die beispielsweise in den Konzerten der Nationalgalerie präsent waren. Die deutschen und österreichischen Exilmusiker waren jedoch kein eigenständiger Gegenstand der Diskussion, obwohl sie selbstverständlich von dem Problem der Auftrittsmöglichkeiten betroffen waren. Es gab keine offene Stellungnahme eines Musikers aus dieser Gruppe, die mehr als die Musiker, die durch ihre Exilregierungen unterstützt wurden, auf die Gastfreundschaft der Briten angewiesen war.

4.6 Dysons Replik

Die Antwort Dysons kam prompt - drei Tage nach der Veröffentlichung des Jarecki-Beitrages erschien sein Leserbrief (Dyson 1942a). Nach ein paar freundlichen Komplimenten an ausländische Musiker und deren Organisationen unterstrich er noch einmal die Position der I.S.M.: "What we cannot approve is the mere dilution of what little normal employment is left for our own musicians." Eindrücklich schilderte Dyson die Situation, in der sich zu diesem Zeitpunkt die englischen Musiker befanden.

Abb. 1: Eva M. Heinitz.

Abb. 2: Lilo Kantorowicz, New York 1942.

More than half the executive musicians of Britain are now either in the national services, thus losing, at least, their musical connections and skill, or else living precariously on a fraction of their former work. [...] In peace-time the amateur societies alone provided over 100.000 Pounds a year in fees to executive artists. Their present activities, including Trust help, do not now provide a third of this sum over the whole country (ebenda).

In Richtung auf Jarecki ordnete der Präsident der Musikervereinigung die Unterstützung, die verbündete Regierungen ihren Musikern gewährten, dem völlig normalen Gebaren von Staaten zu, damit selbst an Reputation gewinnen zu können. Und er beharrte auf seiner Meinung im Hinblick auf Auftrittschancen für britische Musiker:

Unfortunately it occasionally happens that British musicians of at least equal standing are displaced by refugees. Still more unfortunately, we are asked to admit the 'necessity' for refugee employment in cases where this 'necessity' is entirely due to the conscription of our own people. This background must not be forgotten, because we have always stood for artistic freedom (ebenda).

Schließlich kam Dyson auf die Musiker zu sprechen, die jahrelang als Gäste in Großbritannien und zudem in ihren Heimatländern gut abgesichert, eine ernsthafte Konkurrenz für die weniger unterstützten britischen Musiker bedeutet hätten:

...and for long years past our performers have had to compete here with visitors who were virtually protected in their own countries, sometimes to the extent of a complete monopoly. There can be no real freedom without reasonable security, and this security, by Continental standards, has never existed at all in Britain (ebenda).

Damit kann Dyson - angesichts der Vorkriegsdiskussionen um das Thema der staatlichen Unterstützung für Orchester und Opernhäuser - nur die deutschen und österreichischen Musiker im Visier gehabt haben. Einen weiteren Angriffspunkt bot für Dyson der British Council, von dem bisher noch keine Rede war: "Even the British Council[139], which is now sending a few of our leading artists abroad, is in England helping refugees, not our own people." Zur Lösung des Problems unter schwierigen Umständen schlug Dyson eine Konferenz von Flüchtlingsorganisationen in offener Rücksprache mit der I.S.M. vor. Danach könnte eine Annäherung an alle betreffenden Regierungen einschließlich der britischen stattfinden, um neue Wege zu erkunden. Dyson unterstrich noch einmal, daß das Flüchtlingsproblem ein nationales sei und nicht zu Lasten einer besonders stark betroffenen Gruppe der Gesellschaft gehen könne (ebenda). Ob die Gesprächsvorschläge wirklich ernst gemeint waren, muß dahingestellt bleiben. Aus der Presse geht nicht hervor, ob solche Zusammenkünfte stattfanden. Auf jeden Fall war sich Dyson der Unterstützung der britischen Regierung gewiß.

---

139 The British Council wurde 1934 gegründet und engagierte sich für die Pflege der englischen Sprache und Kultur des U.K. im Ausland (Rauchhaupt 1965, S. 145).

Ob er wirklich bereit war, von seinen Positionen abzuweichen, bleibt Spekulation. Wie bereits in seinem ersten Artikel führte Dyson Argumente gegen die ausländischen Musiker ins Feld, die mit der realen Situation wenig zu tun hatten und eher auf der emotionalen Ebene angesiedelt waren. Reizworte dafür waren die "Vormachtstellung" oder die nicht vorhandene "Sicherheit für britische Musiker". Seine Erfahrungen mit ausländischen Musikern waren nicht positiv. Im Gegenteil, diese hätten die Toleranz der Briten einseitig ausgenutzt. Am Ende dieser in Form von Leserbriefen geführten Auseinandersetzung stand keine Andeutung eines Kompromisses. Dyson beharrte auf seiner Position.

Damit war das Thema noch nicht beendet, denn auch Ernest Makower, "Chairman, Music Committee of the British Council", nahm die Äußerungen von Dyson nicht unwidersprochen hin (Makower 1942). Makower korrigierte Dyson dahingehend, daß diese Organisation "...has given considerable employment to British and very little to foreign artists in the last year". Die Aufgabe des British Council im Hinblick auf Musik

> is to spread among foreigners a knowledge of British musical thought and activities in all its branches. Its work as regards music in this country is limited to the home division, which is a war-time creation only and has the responsibility of supplying the cultural needs of our foreign guests (ebenda).

Erneut wird deutlich, daß Dyson Vorbehalte sogar gegen eine britische Körperschaft hegte, ohne sich genau über deren Anliegen zu informieren. Von einer Unterstützung ausländischer Musiker durch den British Council, wie sie von Dyson unterstellt worden war, konnte offensichtlich keine Rede sein.

5 Das Problem der Arbeitserlaubnisse

5.1 Quellenlage

Im "Public Record Office" in Kew existiert unter den Dokumenten des Home Office, Aliens Department, eine Akte "Professions: Musicians". Diese enthält eine Korrespondenz zwischen dem Home Office, dem Ministry of Labour, der Incorporated Society of Musicians und dem Musicians' Refugee Committee im Zeitraum vom 22. September 1942 bis zum 24. April 1944. Diese Akte ist im wesentlichen, neben unterschiedlichen Quellen zur Darstellung des Musicians' Refugee Committee, Grundlage dieses Kapitels.[140]

5.2 Das Musicians' Refugee Committee

Peter Stadlen erinnerte sich fast 50 Jahre später: "Das ...'Musicians' Refugee Committee' fungierte als der britische Schutzengel der 'Austrian Musicians' Group'" (Stadlen 1990, 129). Für die Belange der Flüchtlinge in Großbritannien war es von großer Bedeutung, die richtigen Verbindungen zu einflußreichen Persönlichkeiten zu knüpfen, um diese mit ihrer Situation vertraut zu machen und als Fürsprecher bei den Behörden zu gewinnen. Auch das Musicians' Refugee Committee knüpfte Kontakte zu britischen Persönlichkeiten, die sich zur Mitarbeit bereiterklärten. Dazu gehörte die Pianistin Myra Hess, die als Freundin der Königin über wichtige Verbindungen verfügte. Der in Großbritannien hoch geachtete Adrian Boult, Dirigent des B.B.C. Symphony Orchestra, gehörte wie Ralph Vaughan Williams, dessen Wort als anerkannter englischer Komponist Gewicht hatte, ebenfalls dazu (ebenda). Die eigentliche Initiative zur Gründung des Komitees war von Ferdinand Rauter ausgegangen, der Maud Karpeles, die "weltbekannte Autorität in Volksliedern und frühere Assistentin von Cecil Sharp" (Vaughan Williams 1963, 229f.) dafür gewinnen konnte. Nach Vorbesprechungen fand die erste Sitzung, die sich der Freilassung internierter Musiker widmete, am 17. Januar 1941 statt (DÖW 1992, 450).

Das Musicians' Refugee Committee hatte seinen Sitz im "Zentralen Büro für Flüchtlinge", Bloomsbury House, in London. Zu den Mitarbeitern des Hauptvorstandes[141] zählten, neben den bereits genannten: Hugh Allen (Vorsitzender), Henry Cope Colles,

---

[140] Dabei handelte es sich um folgende Ansprechpartner: Home Office - Ernest Bevin, Ernest N. Cooper, L.W. Burge. Ministry of Labour - Paul H. Brind, E.V. Crookenden, Billinghurst. Incorporated Society of Musicians - Frank Eames, George Dyson. Musicians' Refugee Committee - Maud Karpeles.

[141] P.R.O. 213/871; Briefkopf eines M.R.C. - Schreibens vom 6. Mai 1943.

Harriet Cohen, George Dyson, Hubert Foss, Frank Howes, Stanley Marchant, Stanley Roper und Percy Scholes. Als Schatzmeister hatte sich Louis Sterlin zur Verfügung gestellt. Dem Exekutivkomitee gehörten Frank Thistleton (Vorsitzender), Ludwig Brav, Georg Knepler, Miss L. Livingstone, J. Loewenbach,[142] E.H. Meyer, Ferdinand Rauter, Miss H. Roeder, Miss D. Wadham und als Geschäftsführerin Maud Karpeles[143] an. Wie die Auswertung von Zeitungen und Zeitschriften erbrachte, war die öffentliche Beachtung des Komitees relativ gering. So kündigte der Zeitspiegel 1943 ein Konzert der Austrian Musicians' Group an. Dabei wurde die Nützlichkeit dieses Zusammenschlusses von Musikern, der sich gemeinsam mit dem Musicians' Refugee Committee für die Belange der Musiker unter den Flüchtlingen einsetzte, unterstrichen. Es wurde darauf hingewiesen, daß Beitrittserklärungen für beide Vereinigungen an das Free Austrian Movement, also die Dachorganisation der im Austrian Centre organisierten Österreicher in Großbritannien, zu richten seien (Anonym 1943a).

Das Komitee hinterließ bei denjenigen, für die es sich einsetzte, einen ganz unterschiedlichen Eindruck. Siegmund Nissel konnte sich gut daran erinnern: "Es war ein hauptsächlich jüdisches Komitee. Meistens Engländer. Eine der wichtigsten Personen war eine gewisse Frau Maud Karpeles, sie hat eine ganz führende Rolle dabei gehabt. Sie haben allen Refugees dort geholfen" (Gesprächsprotokoll Nissel). Wie diese Hilfe im einzelnen aussah, wußte Nissel außerdem zu berichten: "Die Engländer haben uns ein ganz kleines Stipendium gegeben, d.h. die Flüchtlingsorganisationen im Bloomsbury Haus, 10 Schilling die Woche. Das ist jetzt 50 P., dafür konnte man damals ein Zimmer mieten" (Gesprächsprotokoll Nissel). Berthold Goldschmidt war diese Einrichtung gänzlich fremd. Maria Lidka wußte um seine Existenz, nahm es jedoch nicht in Anspruch, da sie bereits ihren Lebensunterhalt durch das Czech Trio gesichert hatte. Die Dokumente des P.R.O. bestätigen die Beobachtung Nissels über Maud Karpeles, die als treibende Kraft agierte. Wofür sich das Musicians' Refugee Committee im einzelnen einsetzte, geht aus dem im folgenden ausgewerteten Briefwechsel hervor.

---

142   Das ist der einzige Nachweis über den Flüchtling Jan Loewenbach in London.
143   Ralph Vaughan Williams zitiert einen Brief von Maud Karpeles in dem Aufsatz "When do we make Music?", in welchem Maud Karpeles die engen Beziehungen von Musik und Tanz bei den Forschungen von Sharp erläuterte (Vaughan Williams 1963, S. 229f.). Maud Karpeles war Biographin von Cecil Sharp.

5.3 Ein Briefwechsel zwischen Home Office, Ministry of Labour, Incorporated Society of Musicians und Musicians' Refugee Committee

An den Bedingungen, die sich seit 1933 Musikern nach ihrer geglückten Flucht aus Deutschland und Österreich in Großbritannien boten, hatte sich bis zum Jahr 1941 nichts geändert. Das grundsätzliche Arbeitsverbot für Musiker hatte weiter Bestand. Allmählich zeigte es sich, daß im Umgang mit den Flüchtlingen grundsätzliche Entscheidungen neu überdacht werden mußten, zumal diese im gleichen Maße von den Auswirkungen des Krieges betroffen waren wie ihre britischen Kollegen.

Das Musicians' Refugee Committee[144] hatte sich seit März 1941, also acht Monate vor der Diskussion in der Times über "Foreign Musicians", mit der Frage der Arbeitserlaubnisse für ausländische Musiker beschäftigt.[145] Nach vorherigen Verhandlungen mit der Ausländerabteilung des Arbeitsministeriums und der I.S.M. hatte sich das M.R.C. am 10. April 1942 mit dem Problem der Arbeitserlaubnisse für ausländische Musiker an den amtierenden Arbeitsminister Ernest Bevin[146] gewandt.[147] Bevin schlug daraufhin eine Konferenz zwischen der Incorporated Society of Musicians, dem Musicians' Refugee Committee sowie der Musicians' Union[148] vor. Diese Konferenz fand am 30. Juni 1942 im Arbeitsministerium (Hanway House) mit den genannten Gesprächspartnern statt. Als Ergebnis unterbreiteten die Gesprächspartner dem Arbeitsminister folgenden Vorschlag:

> The principle to be adopted should be, so far as it is practicable,[149] complete equality of treatment as between British and foreign musicians, that is to say a foreigner should not be permitted to exercise his profession as a musician, if were he a British subject, he would be required to undertake some form of service in the Armed Forces or in civilian employment connected with the war effort.[150]

Zum besseren Verständnis der Situation sei auf folgende Tatsache hingewiesen: Einige Monate zuvor war die Entscheidung der alliierten Regierungen über die Einzie-

---

144 Im folgenden überwiegend M.R.C. abgekürzt.
145 "Memorandum on Labour Permits to Foreign Musicians" vom 24.9.1942: "The Musicians' Refugee Committee for the last 18 months had under review the question of permits to foreigner musicians." P.R.O; HO 213/871, Bl. 1.
146 Ernest Bevin, M.P., war Minister of Labour von Mai 1940 bis Mai 1945 (Ince 1960, Appendix II).
147 Der Brief liegt nicht vor, es wird darüber am 24.9.1942 berichtet;vgl.P.R.O; HO 213/871, Bl. 1.
148 Die Gewerkschaft der Musiker wird hier als Gesprächspartner benannt, spielte aber bei der weiteren Diskussion überhaupt keine Rolle.
149 In einem Nachsatz dazu wird erklärt, warum "so far as it is practicable" eingefügt wurde: in gewissem Grade wurden Ausländer besonderer Nationalität begrenzt im Kriegsdienst eingesetzt.
150 "Memorandum on Labour Permits to Foreign Musicians." P.R.O.; HO 213/871, Bl. 1.

hung der verbündeten Flüchtlinge zum Kriegsdienst getroffen worden, die die britischen Musiker mit ihren fremden Konkurrenten auf eine Stufe stellte.[151] Das hob George Dyson später während einer Versammlung der I.S.M. zu Beginn des Jahres 1943 ausdrücklich hervor (Dyson 1943).[152] Durch diese Gleichbehandlung war eine wichtige Entkrampfung des Problems erreicht. Auf dieser Grundlage tagte das M.R.C. am 27. Juli 1942 unter der Leitung von Ralph Vaughan Williams und verabschiedete im Interesse der ausländischen Musiker einen Schriftsatz, der dem Arbeitsminister Bevin unterbreitet wurde. Dieser hatte folgenden Wortlaut:

(1) That since foreigners are now sharing with British subjects the sacrifices demanded by the war effort, the Musicians' Refugee Committee welcomes the recommendation of the Conference held at Hanway House on June 30th 1942 'that the policy to be adopted should be as far as is practicable complete equality between British and foreign musicians'.

(2) That to ensure the effective realisation of this policy the Committee agrees to recommend to the Ministry of Labour and to the Home Office that unrestricted permits to practise their profession (including the right to teach) be given to those foreign musicians who are ineligible for national service.

(3) That an advisory panel be appointed by the Committee to recommend to the appropriate body such foreign musicians as might, on account of their value to the musical life of the country, be considered for deferment or exemption from national service.[153]

Der Bann schien gebrochen. Endlich sollten nun diejenigen, die wehruntauglich bzw. für den Zivildienst nicht in Frage kamen, in ihren Musikerberufen und als Lehrer arbeiten können. Um außerdem Vorschläge für vom Kriegsdienst zu befreiende Musiker auszuarbeiten, schlug das M.R.C. dafür ein Beratergremium vor. Paul H. Brind teilte am 29. September 1942 Maud Karpeles die grundsätzliche Position des Arbeitsministers zur Gewährung von Arbeitserlaubnissen für ausländische Musiker bei öffentlichen Auftritten mit: "A foreign musician may be permitted to accept professional engagements to perform unless, were he a British subject, he would be liable for services in the Armed Forces or in civil employment connected with the war." Briten waren zu den verschiedenen Formen des Kriegsdienstes eingezogen. Bei

---

151   Das "Central Welfare Department, Bloomsbury House, Bloomsbury Street, London, W.C.1." hatte im Mai 1941 eine zwanzigseitige Broschüre "Information relating to the general welfare of refugees from Nazi oppression" herausgegeben, die die Verfahrensweise im Hinblick auf die kriegsbedingte Beschäftigung von Flüchtlingen auflistet. Das Kapitel "Employment" beginnt mit folgendem Satz: "In recent months the Minister of Labour has expressed his keen desire that everyone in the country, whatever his nationality, should be given every opportunity of contributing to the national effort." Einzelheiten zum "Service in his Majesty's Forces" sind auf Seite 3f. abgehandelt (SAPMO ZPA NL 140/9).

152   "At the least, we now have a clear and consistent ruling, which the Ministry has agreed to apply to all applicants, and which will not unduly favour any one class of refugees at the expense of their professional competitors, native or foreigners" (Dyson 1943, S. 41).

153   "Memorandum on Labour Permits to Foreign Musicians." P.R.O.; HO 213/871, Bl. 1f.

Gleichbehandlung der Ausländer hieß das, daß auch Ausländer primär zum Wehrdienst oder zivilen Kriegsarbeit eingezogen würden. Auftrittserlaubnisse waren somit nicht erteilt.[154] Die Frage des freiberuflichen Unterrichtens verwies Brind an das Innenministerium. Demnach war dieses Problem während der Konferenz im Hanway House vom 30. Juni 1942 nicht geklärt worden. Punkt (2) der oben zitierten Vorschläge des M.R.C. wurde mit folgender Begründung nicht akzeptiert:

> For reasons into which I need not enter here it is not considered desirable to grant unrestricted permission to foreign refugees landed in this country under 'conditions' to practise in any profession or occupation, and it would not be practicable to single out the musical profession for exceptional treatment.[155]

Nach den geltenden Gesetzen konnte der Arbeitsminister, als Mitglied des Parlaments Gegenstand öffentlicher Kritik, keine andere Entscheidung treffen als diese, zumal - George Dyson hat es wiederholt betont - dieselbe britische Berufsgruppe entweder zum Dienst in den Bewaffneten Streitkräften oder zum zivilen Kriegsdienst einberufen worden war. Unter Kriegsbedingungen hatten britische Musiker zudem einen Rückgang von Schülern und Studenten bzw. unter Umständen den Abbruch der eigenen Karrieren hinnehmen müssen. Das M.R.C. hatte sich im Interesse seiner Klientel allzu optimistischen Hoffnungen hingegeben, wenn seine Vertreter annahmen, daß nun die unbesetzten Positionen britischer Musiker von Ausländern eingenommen werden könnten. Im Sinne der gleichen Behandlung von Ausländern und Briten galt es erst einmal eine weitere demokratische Hürde zu überspringen: Denn nicht die vom Musicians' Refugee Committee festgesetzte Bedeutung eines "Kandidaten" für das englische Musikleben war für eine Arbeitserlaubnis ausschlaggebend. Über den Wert oder Unwert eines ausländischen Musikers für das britische Musikleben hatte erst einmal das Freistellungskomitee zu entscheiden. In diesem Komitee saßen neben dem Vorsitzenden Hugh Allen je ein Vertreter der Musikergewerkschaft und der Harrow School[156] sowie auch zwei Vertreter der I.S.M. Man bot Maud Karpeles nun an, diesem Gremium ihre Vorschläge vorzutragen. Wie aus dem Schreiben hervorgeht, hatte dieses Gremium demnach über britische Musiker zu entscheiden: "As the function of this committee is to make recommendations upon applications for deferment from military or other war service in the case of British musicians..."[157]

---

154 Siegmund Nissel berichtete dagegen, als ziviler Kriegsdienst-Arbeiter in einer Eisengießerei in London-Hackney eine Erlaubnis für einen Auftritt bei den N.G.C. erhalten zu haben (Gesprächsprotokoll Nissel).
155 Brief des Ministry of Labour and National Service vom 29.9.1942 an das M.R.C.; P.R.O. HO 213/871.
156 Was sich hinter dieser Bezeichnung verbarg, konnte nicht ermittelt werden.
157 Brief des Ministry of Labour and National Service vom 29.9.1942 an das M.R.C.; P.R.O. HO 213/871.

Datiert vom 23. Oktober 1942 schrieb Paul H. Brind vom Arbeitsministerium an Ernest N. Cooper von der Ausländerabteilung des Innenministeriums,[158] um zu einer Einigung hinsichtlich einer gemeinsamen Verfahrensweise beider Ministerien zu gelangen. Zu Beginn berichtete Brind seinem Kollegen vom engagierten Einsatz der Maud Karpeles. Sie habe bei gleicher Behandlung von britischen und ausländischen Musikern für ihre Klientel gefordert, daß "they should be exempted from the necessity of obtaining Ministry of Labour permits for individual engagements". Brind gestand seinem Kollegen vom Innenministerium ein, daß es gar nicht so leicht gewesen sei, dieses Begehren niederzuschlagen. Für das freiberufliche Lehren habe Maud Karpeles genauso eine grundsätzliche Erlaubnis gefordert. Für die Klärung dieser Frage konnte Brind sie jedoch an das Innenministerium verweisen. Aus der Sicht des Arbeitsministeriums teilte Paul H. Brind nun Ernest N. Cooper seine Bedenken darüber mit:

> We feel that great opposition from the Incorporated Society of Musicians ...would result from any wide distribution of permits for free-lance teaching, and I do not think it would be at all safe to say that permits for teaching would be granted where foreign musicians were found unfit for some form of national service. [159]

Das hieß, daß Flüchtlinge, die keinen Kriegsdienst leisten konnten, möglichst auch keine Arbeitserlaubnis als Lehrer erhalten sollten. Nach dieser Lesart wären solche Musiker den Briten nur dann gleichgestellt, wenn sie auch Kriegsarbeit leisteten. Das Freistellungskomitee erwähnte Brind nicht. Das Arbeitsministerium stand mit dieser Position ganz auf der Seite der Musikervereinigung, so wie Dyson es auf seiner Rede in Leeds 1942 (Dyson 1942, 14) betont hatte. Um großes Aufsehen in der Öffentlichkeit zu vermeiden, schlug Brind vor, daß jeder Antrag für freiberufliches Lehren zuvor mit der I.S.M. abzusprechen sei, bevor man danach eine gemeinsame Antwort an das M.R.C. senden würde.[160] Dann erklärte Brind seinem Kollegen vom Innenministerium die eigentlichen Beweggründe für das oben vorgeschlagene Verfahren, die auch ihn offensichtlich bewogen hatten, sich mit der Musikervereinigung kurz zu schließen bzw. ihr deutlich entgegenzukommen:

---

158 Am 10.2.1938 wurde zwischen Vertretern des U.K., elf europäischen Ländern und Kuba eine Konferenz abgehalten, auf der man sich über den Umgang mit Flüchtlingen aus Deutschland verständigte. Dabei wird E.N. Cooper, "Principal in the Alien Department of the Home Office" als Delegierter für das U.K. ausgewiesen. "Status of Refugees coming from Germany", London 1938. Wiener Library, Cmd. 5780.
159 Brief des "Ministry of Labour and National Service, Overseas Department, International Labour Branch; Hanway House" an das "Home Office, Aliens Dpt., Bournemouth" vom 23.10.1942. P.R.O.; HO 213/871; Bl.1.
160 "I am quite sure that, if we are to proceed in this matter without a great deal of public trouble, we should have to carry the Incorporated Society of Musicians with us and I would suggest that each application for teaching should be dealt with on its merits; if you care to refer such to us we would take the advice of the Incorporated Society of Musicians before sending our reply." Brief vom 23.10.1942; P.R.O.; HO 213/871; Bl.1.

You probably know that the musical bodies generally feel very strongly about teaching and as there is a popular impression that foreign teachers are so much better than British, it is more than likely that free-lance foreign teachers would capture a good many of the pupils of British teachers who have been called away for military or civilian war service.[161]

Nach etwa sechs Monaten, am 6. Mai 1943, reichte Maud Karpeles Ernest N. Cooper vom Innenministerium eine Liste der Musiker, die für eine Lehrerlaubnis empfohlen wurden, ein, um die man sie zuvor gebeten hatte. Wie ihrem Brief zu entnehmen ist, hatte sich die Haltung der I.S.M. zu dem Problem herumgesprochen, denn Maud Karpeles schrieb mit einem deutlichen Verweis auf die britischen Mitglieder ihres Komitees: "The Council of the Musicians' Refugee Committee, which consists of eminent British musicians, is opposed to the policy adopted by the I.S.M. towards foreign musicians, and would like to bring the matter to the attention of the Home Office." Sie schlug deshalb ein Treffen zwischen der Behörde für Inneres und ihrem Komitee, vertreten durch seinen Vorsitzenden Vaughan Williams und ihr, vor.[162] Das wiederum deutete auf eine Differenzierung innerhalb der Konfliktparteien hin. Durchaus nicht alle britischen Musiker vertraten demnach vehement die Position der I.S.M. - im Gegenteil - innerhalb des M.R.C. setzten sich britische Musiker für die Belange der ausländischen Musiker ein. Interessanterweise ist im Kopf dieses Briefes auch George Dyson als Mitglied des Hauptvorstandes aufgeführt.

Nun sollte das Innenministerium über die Unterrichtserlaubnis von vier Frauen und drei Männern, die das M.R.C. befürwortete, entscheiden. Es handelte sich dabei um Deutsche und Österreicher, die mit einer Ausnahme 1937 bzw. 1939 nach Großbritannien gekommen waren. Auf der Liste sind neben dem Namen, der Wohnort, das Geburtsdatum, der Ankunftstag im United Kingdom und eine kurze Beschreibung der beruflichen Tätigkeit im Herkunftsland vermerkt.[163] Da diese Menschen Gegenstand der Diskussion waren, soll ihre Lage hier kurz erläutert werden. Sie waren alle vor der Jahrhundertwende geboren worden, d.h. sie verfügten über eine relativ große Berufserfahrung in ihrem Heimatland.

Die ehemals bekannte Wiener Sängerin Margarethe Bum lebte in Birstall, Leics. Sie war Schülerin von Messchaert und war nach ihrer Sängerlaufbahn in Österreich als Lehrerin tätig gewesen. Auf der zweiten Seite des Schriftstücks findet sich ein Nachtrag zu ihr:

> Dr. Egon Wellesz of Vienna recommends her highly as a singer and writes: 'She was considered as a teacher of great celebrity.' Wishes to teach in Leicestershire. Previously has a permit

---

161 Brief vom 23.10.1942; P.R.O.; HO 213/871; Bl.2.
162 Brief des M.R.C. vom 6.5.1943 an Home Office, Aliens Dpt. P.R.O.; HO 213/871, Bl. 1.
163 Anlage zum Brief vom 6.5.1943, ebenda, Bl.1f.

from the local Employment Exchange, and had about a dozen pupils... (Alles Weitere ist unleserlich bzw. abgerissen, J.R.H.).

Der Name Margarethe Bum ist in diesem Zusammenhang zum ersten Mal überhaupt zutage getreten. Zum Zeitpunkt ihrer Flucht war sie 47 Jahre alt. Mit Hilfe einer örtlichen Erlaubnis hatte sie sich schon in Großbritannien einen Schülerkreis aufbauen können.

Die zu diesem Zeitpunkt 68jährige Friederike Goldstein, Cumberland, ebenfalls eine gebürtige Wienerin, steht an zweiter Stelle. Sie war von 1920-1938 Mitglied des Wiener Frauen-Symphonie-Orchesters und bereits seit 30 Jahren Violine-Lehrerin. Ihr Name spielte in ausgewerteten Konzertprogrammen keine Rolle.

Die Österreicherin Ella Herschmann mit Wohnsitz in Northam/Devon bewarb sich gleichfalls um eine Lehrgenehmigung. Aus dem Antrag geht hervor, daß sie Geigerin und Violinlehrerin am Wiener Konservatorium gewesen war. Wie diesem zu entnehmen ist, arbeitete sie 1929-1938 als Assistentin des Violinpädagogen Ševčik. Der angegebene Zeitraum ist unkorrekt, da Ševčik bereits 1934 gestorben war. Er war u.a. Professor in Kiew, in Prag und ab 1909 an der Musikakademie in Wien. Als Lehrer ist Ševčik durch seine Halbtonmethode und besondere Bogenhaltung berühmt geworden. Mit Sicherheit war er auch durch seine Schüler in Großbritannien bekannt. In London erschien 1914 von Paul Stoeving "A Key to Ševčik's Work" (Riemann 1989, Bd. 4).

Der Name des Komponisten Robert Müller-Hartmanns war in Londoner Musikerkreisen nicht unbekannt. Er lehrte von 1923-1933 an der Hamburger Universität und fand noch bis zu seinem Exil 1937 als künstlerischer Beirat des Jüdischen Kulturbundes und Lehrer an der jüdischen Mädchenschule in Hamburg eine Überbrückungsmöglichkeit (Projektgruppe 1988, 131f.). Als einer der wenigen Exilkomponisten hatte Müller-Hartmann einige Monate vor der Aufnahme in diese Liste beim Fürstner-Verlag *Five Pieces for Piano* veröffentlichen können, über die bereits zwei Kritiken erschienen waren.[164] Im Freien Deutschen Kulturbund in London war sein Name außerdem im Gespräch.

Auch der dreiundsechzigjährige Sänger Stefan Pollmann mit Wohnsitz in Laughs (Ayrshire) versuchte, eine Lehrerlaubnis zu erwirken. Bei seiner Flucht nach England blickte Pollmann auf eine zwanzigjährige Berufserfahrung als Gesangslehrer an renommierten Wiener Ausbildungseinrichtungen zurück. Nachweise über Auftritte als Sänger im englischen Exil ließen sich (abgesehen von seiner Internierung) nicht beibringen.

Der gebürtige Wiener Ernst Possony gehörte zu den Österreichern, deren Karriere an Opernhäuser in Deutschland gekoppelt war. Außerdem hatte er große Erfahrung in

---

164 E.R. 1943; E.L. 1943.

der Ausbildung von Opernsängern. Im "Lexikon der Juden in der Musik" (Stengel/Gerigk 1940, 217) bezeichneten ihn die Nazis als Sänger und Musiklehrer mit Leipzig als letzter Wirkungsstätte. In London hatte Possony Kontakte zum FDKB und Austrian Centre geknüpft. Als Solist eines "Österreichischen Konzertes" trat er am 15. Mai 1942 in der Wigmore Hall gemeinsam mit dem Young Austria Choir auf (Anonym 1942d) und beteiligte sich bei der konzertanten Aufführung der *Zauberflöte*, die Georg Knepler[165] im November 1942 leitete (A.R. 1942). Possony hatte sich außerdem dem Ensemble um Fritz Berend angeschlossen, das bei den National Gallery Concerts vertreten war und außerhalb davon Konzerte gab.[166]

Die aus Karlsruhe stammende Grete Reichmann[167] lebte seit 1939 in London. Sie hatte in leitender Position am Musiklehrerseminar in Königsberg von 1924 bis 1929 selbst Musiklehrer ausgebildet. Für ihren Aufenthalt in London konnten keine Belege über eine mögliche Tätigkeit beigebracht werden.

Die Existenz dieser kurzen Liste gibt Anlaß für weitere Schlußfolgerungen: Während ausübende Musiker in Flüchtlingszentren relativ schnell neue Kontakte durch gemeinsames Musizieren aufbauen konnten, hatten es ehemalige Instrumental- und Gesangslehrer, die selbst nicht mehr praktisch tätig waren, schwerer, sich zu integrieren. Eine berufliche Neuorientierung kam nicht mehr in Frage. Ihre pädagogische Fähigkeiten sind an den Leistungen ihrer Schüler abzulesen und das erfordert über Jahre hinweg behutsamen Umgang und Förderung. Zumal, und das trifft für die hier beschriebenen Personen insbesondere zu, auch eine bestimmte Altersgrenze bereits überschritten war. Ihr großes Kapital bestand in jahrelangen Erfahrungen, die sie als Sänger, Musiker oder bereits als Lehrer angesammelt hatten. Diese wollten sie nun mit einer offiziellen Erlaubnis weitergeben.

Berthold Goldschmidt berichtete, daß er sich in London einen bescheidenen Lebensunterhalt durch Privatunterricht, an den Behörden vorbei organisiert, sichern konnte. Im einzelnen gestaltete sich das so:

> Hauptsächlich habe ich mit Sängern und Sängerinnen das deutsche Liederrepertoire und Opernrepertoire geprobt. Junge englische Sänger und Sängerinnen, die daran interessiert waren, mit einem deutschen Korrepetitor das deutsche Liederrepertoire mit einwandfreier deutscher Aussprache zu lernen. Das sprach sich dann herum, und ich hatte ganz gut zu tun und hielt mich über Wasser (Goldschmidt 1994, 58f.).

---

[165] "Häufig am Sonntag Vormittag hatten wir Konzerte in den Räumen des Austrian Centre. Ich habe einmal eine konzertante Aufführung der Zauberflöte dort gemacht, auch wiederum mit sehr guten Sängern, das war sehr schön" (Gesprächsprotokoll Knepler).
[166] Wie am 2.6.1944 im City Literary Institute Music Club, London (Programmzettelsammlung Lidka).
[167] Bei Stengel/Gerigk (1943, S. 222) wurde sie mit Dr. Grete Reichmann, geboren am 7.6.1892, als Musiklehrerin (Klavier und Komposition) aufgelistet.

Goldschmidts Lehrtätigkeit war mehr eine finanziell willkommene Nebenbeschäftigung des Dirigenten-Komponisten. Die angestrebten und mit Hilfe des M.R.C. auf höchster Ebene diskutierten Arbeitserlaubnisse hätten den oben angeführten Musiklehrern eine Integrationsmöglichkeit und soziale Anerkennung bieten können, die ihrem eigentlichen Beruf entsprach. Dafür konnten sie ihre ehemalige Karriere im Hinblick auf ihr berufliches Ansehen nun im Gastland in die Waagschale werfen. Ob sie ähnlich wie Berthold Goldschmidt auch im Bekanntenkreis Stunden gaben, ist nur für Robert Müller-Hartmann, der "einige Privatschüler (hatte)" (Projektgruppe 1988, 132) überliefert, lag aber durchaus im Bereich des Möglichen. Jüngere Pädagogen waren nicht in diese Liste aufgenommen, da sie primär für den (zivilen) Kriegsdienst in Betracht kamen und nicht unter die Voraussetzungen für diese Aufstellung fielen. Am 17. Mai 1943 nahm Maud Karpeles in einem Schreiben an Ernest N. Cooper vom Innenministerium auf den Lehrermangel und eventuelle Musikstudenten Bezug: "It will, however, be difficult to get evidence as to the shortage of teachers in a given locality. The number of potential music students is not static, but depends to a great extent on the available teachers - in other words, the supply creates the demand." Damit versuchte sie dem Argument entgegenzuwirken, daß ausländische Lehrer den britischen die Schüler wegnehmen würden. Weiter sprach sie die Frage der angeblich besseren Qualität von ausländischen Lehrer an, die in dem ministeriellen Schreiben vom 23. Oktober 1942 als Problem dargestellt wurde:

> A foreign musician may be no better than his British colleagues, but he may, through his personality or some particular qualification, make a special appeal to those with whom he is in contact. If these people are denied the opportunity of studying with him, it does not necessarily mean that they will be willing to study with another teacher. [168]

Mit dieser Argumentation versuchte Maud Karpeles die Konkurrenz zwischen fremden und einheimischen Lehrern herunterzuspielen. Auf der anderen Seite bestätigte sie aber gleichzeitig die "besondere Anziehungskraft" eines österreichischen oder deutschen Lehrers, die die I.S.M. nicht akzeptieren wollte.[169] Am 31. Mai 1943 unterbreitete Ernest N. Cooper Maud Karpeles den interessanten Vorschlag, daß Musiker, die keine Erlaubnis zum Lehren erhielten, doch für dieses Gebiet in den Streitkräften als Musiker tätig sein könnten. Dabei führte er das Beispiel einer ungenannten Sängerin aus Hamburg an, die im Sommer 1938 oder 1939 nach London gekommen wäre, nun als Köchin arbeitete und innerhalb der Kompanie sang. Hier

---

168 Brief des M.R.C. vom 17.5.1943 an das Home Office, Aliens Dpt., P.R.P.; HO 213/871, Bl.1f.
169 Ein Beispiel: Elena Gerhardt unterrichtete deutschen Liedgesang. Ein britischer Lehrer wäre für einen britischen Gesangsstudenten für dieses Gebiet sicher weniger akzeptabel gewesen.

gäbe es seiner Meinung nach doch auch andere Möglichkeiten."[170] Maud Karpeles antwortete auf diesen Vorschlag zurückhaltend und berichtete: "A certain number of refugee musicians are already serving in the British Armed Forces, mainly in the Pioneer Corps. A few of them have been fortunate and are able to do a certain amount of music, but others do not seem to have had these opportunities..."[171] Geschickt setzte sie sich wieder für ihre Klientel ein, nachdem sie die Tätigkeit der Musiker unter Kriegsbedingungen ins rechte "nationale" Licht gerückt hatte:

> Actually, most of those who have opportunities of accepting public engagements are doing work of national importance and are thus able to obtain permits from the Ministry of Labour for occasional engagements; and the only people with whom we are seriously concerned are the few who are unsuited for war work and have opportunities of getting teaching engagements.[172]

Trotz des Optimismus von Maud Karpeles war das Problem des freiberuflichen Lehrens noch immer nicht gelöst. Der der I.S.M. nahestehende Paul H. Brind vom Arbeitsministerium wandte sich am 21. Juni 1943 wiederum an Ernest N. Cooper und kündigte an, daß ein Vertreter seines Ministeriums darüber mit der I.S.M. diskutieren werden. Das Hauptproblem sah Paul H. Brind im folgenden:

> There is, however, the question whether during the absence of so many British teachers of music on war service, this is a very appropriate time to give free-lance permits to foreign musicians with some claim to distinction who might build up connections from amongst the pupils of absent British teachers.[173]

Die britischen Lehrer hatten danach Bedenken, daß bei ihrer Rückkehr die ehemaligen Schüler dann Verbindungen zu den ausländischen Lehrern aufgebaut haben würden, die sie selbst überflüssig werden ließen.

Neue Namen erscheinen in der Korrespondenz. Der beim Arbeitsministerium tätige Billinghurst[174]stellte am 3. Juli 1943 in einem Schreiben an die I.S.M, die offensichtlich zuvor grundsätzliche Einwände gegen die Antragstellung für ausländische Lehrer erhoben hatte, unmißverständlich fest:

> The Home Office is of the opinion that the application is not unreasonable and we are inclined to agree with them, particularly in view of the age and lack of industrial experience of the persons concerned which would make it extremely difficult, if not impossible to place them in any employment in connection with the war effort.[175]

---

170   Brief des Home Office, Aliens Dpt. vom 31.5.1943 an das M.R.C. vom 31.5.1943. P.R.O.; HO 213/871, Bl.1.
171   Brief des M.C.R. vom 3.6.1943 an Home Office, Aliens Dpt. P.R.O.; HO 213/871, Bl. 1.
172   Brief des M.C.R. vom 3.6.1943 an Home Office, Aliens Dpt. P.R.O.; HO 213/871, Bl. 1f.
173   Brief des Ministry of Labour.. vom 21.6.1943 an das Home Office... P.R.O.; HO 213/871.
174   Der Vorname ist aus der Quelle nicht ersichtlich.
175   Brief des Ministry of Labour vom 3.7.1943 an die I.S.M.; P.R.O.; HO 213/871.

Sehr schnell, drei Tage später unterstrich Frank Eames von der I.S.M. noch einmal den Standpunkt seines Präsidenten, den er etwa ein Jahr zuvor dem Arbeitsminister deutlich gemacht hatte. Eames wies ausdrücklich darauf hin, daß sich seitdem an einem generellen Lehrverbot für ausländische Lehrer nichts geändert habe.[176] Billinghurst bereitete in dem Brief vom Juli 1943 eine Wende vor, die zur definitiven Entscheidung über fünf Musiker der oben genannten Liste führte. Dies läßt sich aus einem vollständig erhaltenen Brief rekonstruieren, den E. V. Crookenden vom Arbeitsministerium am 14. Juli 1943 an Frank Eames von der I.S.M. verfaßte. E.V. Crookenden ging darin ausführlich auf die Argumente der I.S.M. ein und grenzte sich sowohl gegen die an das Arbeitsministerium gerichteten Vorwürfe einer veränderten Politik als auch gegen die Forderungen nach einem gänzlichen Arbeitsverbot ab:

> It seems from your letter that your society has not considered these cases on their merits, but instead has made what appears to be an outright objection to all foreign teachers and has implied that if a policy of general restriction of this nature is not followed it is a modification of former policy. I am afraid that we cannot agree that this is the case. Although permits for foreign teachers have not been granted freely in the past, there has never been a ban on such permits being granted and we feel quite sure that the Home Office would not be prepared to impose such a ban at the present time.

Sodann folgt der entscheidende Satz: "The five cases submitted by the Musicians Refugee Committee were of persons who they considered were of sufficent distinction in the musical profession and had the necessary qualifications to justify their being given permission to teach." E.V. Crookenden begründete die Entscheidung des Arbeitsministeriums folgendermaßen:

> Moreover with the exception of one (who is 52) they are all persons who are round about 60 years of age. We should be unable to use them in the war effort in any way but by teaching they would become self-supporting to some extent and from this angle we fell they should be encouraged if possible.[177]

Angesichts der einmal gesetzten Voraussetzungen zu Beginn des Briefwechsels war es logisch, diesen zivildienstuntauglichen Flüchtlingen eine Unterrichtserlaubnis zu erteilen. Trotz vorheriger Absprache und deutlicher Sympathie mit der Politik der I.S.M. wurde nun, nach einem Jahr des Zögerns, zugunsten von fünf, nicht im einzelnen benannten, ausländischen Lehrern entschieden. Die Vereinigung der britischen Musiker konnte sich bei der Entscheidung des Problems nicht durchsetzen. Trotz der nach außen festgelegten Gleichstellung von britischen und ausländischen Musikern hatte die Leitung der I.S.M. darauf spekuliert, daß auch im Zusammen-

---

176 Brief der I.S.M. vom 6.7.1943 an das Ministry of Labour; P.R.O.; HO 213/871.
177 Brief des Ministry of Labour ... vom 14.7.1943 an die I.S.M.; P.R.O.; HO 213/871.

hang mit den beantragten Ausnahmefällen keine Arbeitserlaubnisse erteilt werden sollten. Mit der personellen Veränderung innerhalb des Arbeits- und Innenministeriums verlor die I.S.M. personengebundene Rückendeckung für ihre Politik. Eine allgemeine Erlaubnis zum Lehren war mit diesen fünf genehmigten jedoch nicht ausgesprochen. Schließlich hatte weiterhin der Kriegsdienst für Flüchtlinge den Vorrang. Das Hauptargument der I.S.M., daß mit einer Lehrgenehmigung für diese fünf ausländischen Lehrer die britischen benachteiligt würden, akzeptierte E.V. Crookenden nicht. Er zeigte sich aber konkreten Einwänden der I.S.M. gegenüber offen.

> On present information we do not consider that the grant of teaching permits to these few elderly people would be to the detriment of British teachers, either now or in the long run, but we should naturally be prepared to consider any representations on this aspect which your Society wish to make in respect of any particular individual (ebenda, 1f.).

Bei der Prüfung zukünftiger Anträge sollte die I.S.M. weiterhin einbezogen werden. E.V. Crookenden vom Arbeitsministerium unterrichtete Frank Eames darüber, daß er bereits einen Antrag an das Innenministerium für eine Lehrgenehmigung von Paula Adler,[178] Ambleside/Westmoreland, gestellt habe. Ihrem 68jährigem Ehemann sei bereits eine Lehrerlaubnis im November 1941 gewährt worden. Crookenden bat Frank Eames, ihren Namen auf eine bereits vorhandene Liste von Antragstellern, über die weiter abgestimmt werden sollte, zu setzen (ebenda, 2). Diese genannte Liste ist nicht überliefert. Aus der Bemerkung zum Ehemann von Paula Adler geht hervor, daß offenbar begrenzte Lehrerlaubnisse in Ausnahmefällen erteilt wurden.

Die I.S.M. fühlte sich durch die Entscheidung einigermaßen vor den Kopf gestoßen, war doch während all dieser Verhandlungen eines klar, "that the infiltration of foreign tea-chers of music would neither be urged or sanctioned". Das sei auch mit dem M.R.C. so abgesprochen gewesen, wie Frank Eames am 21. Juli 1943 E.V. Crookenden mitteilte. Aufgrund dieser gegenteiligen Entscheidung torpedierte die I.S.M. eine weitere Erörterung des Problems mit den Worten: "It is obvious, therefore, that we cannot now submit our observations on the list of alien teachers recently forwarded for that purpose." Danach insistierte Frank Eames auf einer weiteren gemeinsamen Vereinbarung, die eine weitere Berufsgruppe anging und bisher keine Rolle spielte:

> With regard to solo-artists, you may remember that it was the intention of the Ministry to review the permits granted to those aliens who had been in residence here over 5 years on the

---

[178] Eine Paula Adler konnte bisher nicht ermittelt werden. Einzig bei einem "Tea Time Concert by European Artist's" am 22.2.1940 gab es einen Dr. Oskar Adler unter den Mitwirkenden (Programmzettelsammlung Lidka).

outbreak of war with the view of ensuring that they were carrying out the same obligations as those imposed on British citizens in connection with the war effort.[179]

Das bedeutete ein weiteres Indiz für ein Distanzieren des Arbeitsministeriums von der I.S.M. Eine zugesagte Überprüfung von zugelassenen Solisten, die bei Ausbruch des Krieges fünf Jahre im Land waren, unter dem Gesichtspunkt, daß sie die gleichen Verpflichtungen wie Briten unter Kriegsbedingungen erfüllten, war danach also nicht erfolgt. Damit war eine Konfrontation zwischen der I.S.M. und den beiden Ministerien eingeleitet, die auch Gegenstand in dem innerministeriellen Schreiben vom 17. August 1943 war. E.V. Crookenden vom Arbeitsministerium bat L.W. Burge vom Innenministerium um Verständnis für eine verspätete Antwort mit den Worten: "The reason is that we have been having a tussle with the Incorporated Society of Musicians who have adopted an obstructive attitude throughout." Er setzte Burge darüber in Kenntnis, daß die I.S.M. den gesamten Briefwechsel im Oktober 1943 ihrem Exekutivausschuß vorlegen wolle, und daß es auch in Zukunft nicht ohne Auseinandersetzungen gehen würde:

If, after the October meeting the Incorporated Society of Musicians put forward any constructive suggestions about future policy the Home Office and ourselves can consider them, but as they refuse to give us any constructive advise on the individual cases submitted to them I feel we must go ahead without their help.

Crookenden befürwortete aus seiner Sicht den "Adler-Fall" und weitere Anträge des M.R.C. und signalisierte dem Innenminister eine grundsätzlich liberale Haltung bei der Behandlung weiterer Anträge.

Prima facie we see no strong reason for refusing the present applications and if you decide to grant them you may take that we are in agreement with this course. This applies to the Adler case (...) as well as to the cases submitted by the Musicians' Refugee Committee.

Crookenden kündigte den Verzicht auf die Mitarbeit der Musikerorganisation an, falls diese zu keinen konstruktiven Vorschlägen mehr bereit wäre. Abschließend schlug er ein diplomatisch taktisches Vorgehen, über das man sich einigen solle, vor. "We suggest however that as a precaution it might be as well to indicate that the permission to teach is subject to review necessary."[180]

Die I.S.M. gab dennoch nicht auf. Im Januar 1944 war der Generalversammlung der I.S.M. der vorliegende Briefwechsel vorgestellt worden. Dabei hätten auch sämtliche Mitglieder der I.S.M. die Politik ihrer Vertreter gutgeheißen. Die Gewährung der Arbeitserlaubnisse sei mit scharfer Kritik bedacht worden, wie man dem Arbeitsministerium mitteilte.

---

179 Brief der I.S.M. vom 21.7.1943 an das Ministry of Labour; P.R.O.; HO 213/871.
180 Brief des Ministry of Labour vom 17.8.1943 an das Home Office; P.R.O.; HO 213/871.

Our Society has on many occasions since 1938 expressed the opinion that the maintenance of alien refugees should be a national responsibility[181] and should not in any circumstances be transferred to any particular profession or occupation which would be affected by the issue of permits by our Ministry. There is no scarcity of good and competent teachers of music in private practise, and it is obvious that the issue of these permits must result in depriving our native teachers of some pupils.[182]

Etwas anderes kam dabei außerdem zutage: Bereits seit 1938, dem Jahr drastisch ansteigender Flüchtlingszahlen, hatte die I.S.M. ihre Position gegen eine Erteilung von Arbeitserlaubnissen an ausländische Musiker bezogen. Durch die Gründung des M.R.C. und die daraus resultierenden Anträge war die Musikervereinigung jedoch gezwungen, sich zu einzelnen Fällen konkret zu äußern.

Eigentlich hätte ihre unnachgiebige Position einen Bruch in der Zusammenarbeit zwischen I.S.M. und Regierung bedeuten müssen, wie Crookenden im April 1944 feststellte.[183] Ungeachtet dessen strebte Paul H. Brind, langjähriger Befürworter der I.S.M. im Arbeitsministerium, eine klärende Aussprache mit George Dyson an, die auch zustande kam. Nach dem Treffen fixierte Brind in einem Brief an George Dyson die inhaltlichen Schwerpunkte des gemeinsamen Gespräches:[184]Danach lag die eigentliche Entscheidung über die fünf Arbeitserlaubnisse beim Innenminister. Das Arbeitsministerium, also der Arbeitgeber von Brind, hatte in Ermangelung stichhaltiger Argumente, die gegen eine Erlaubnis gesprochen haben konnten, der Entscheidung des Innenministeriums nur noch zustimmen können. Aus dem Blickwinkel des Arbeitsministeriums habe es jedoch auch ein Argument gegeben, das für eine Erteilung sprach: Wenn keine Einwände bestünden, gestattete man gut qualifizierten Personen, in gewissem Rahmen für ihren Unterhalt selbst zu sorgen. Dabei würden öffentlichen Mittel entlastet und dieser Personengruppe wäre es möglich, ihre eigene Selbstachtung bewahren zu können. Mit den Worten von Brind:

> As I mentioned to you, there is the additional point - [...] - namely that it would be improper for this Ministry to allow properly qualified persons in any profession or calling, to continue in receipt of public funds if there was no strong reason against their earning their own living in such a profession, thus relieving public funds and permitting them to retain their own self-respect.[185]

Brind erinnerte Dyson noch einmal an dessen mündliche Zusage, daß sich die I.S.M. bei der Prüfung weiterer Fälle kooperativ zeigen würde (ebenda). Genau daran war Brind offenbar sehr gelegen.

---

181 Diesen Begriff hatte bereits Dyson in seiner Rede in Leeds verwendet.
182 Brief der I.S.M. vom 20.1.1944 an das Ministry of Labour & National Service; International Labour Branch. P.R.O.; HO 213/871, Bl.1f.
183 Brief des Ministry of Labour... vom 24.4.1944 an das Home Office. P.R.O.; HO 213/871.
184 Brief des Ministry of Labour vom 13.3.1944 an die I.S.M. P.R.O.; HO 213/871.
185 Brief des Ministry of Labour vom 13.3.1944 an die I.S.M. P.R.O.; HO 213/871, Bl.2.

Die beiden Ministerien, vertreten durch Crookenden und Burge waren sich in ihrer gemeinsamen Position einig. Crookenden hatte Burge eine Kopie des oben angeführten Briefes von Paul H. Brind mit der Bemerkung zugeschickt: "This letter did not definitely call for reply, nor has one been received, but it would be inadvisable to assume from this that there has been any real 'change of heart' by the Incorporated Society of Musicians."[186] Crookenden nahm die Angelegenheit jedoch gelassen und beendete seinen Brief, der gleichzeitig die Akte beschließt: "We shall have to wait and see what happens when we next refer a case to them" (ebenda, Bl. 2). Das wiederum bedeutete, daß weitere Anträge an die I.S.M. geschickt und sie trotz ihrer ablehnenden Haltung in die Entscheidungsfindung einbezogen werden sollte. Ob es ein Umdenken im Hinblick auf die Unterrichtserlaubnis von Lehrern oder auch über die oben angedeuteten Arbeitserlaubnisse von Solisten gegeben hat, konnte wegen des Abbruchs des Briefwechsels nicht eruiert werden.

Ein weiterer Gesichtspunkt kommt hinzu: Auf der Liste des M.R.C. standen ausschließlich deutsche und österreichische Antragsteller. Obwohl nicht eindeutig von deutschen oder österreichischen Musikern die Rede war, haben sich die Einwände der Vertreter der I.S.M. genau gegen Musiker und Lehrer aus diesen Nationen gerichtet. Wenn George Dyson oder Frank Eames diese Personengruppe beschrieben, gebrauchten sie konsequent die Bezeichnungen "alien refugees", "aliens" oder "alien teachers". Demgegenüber wählten Maud Karpeles und die Vertreter der Ministerien Begriffe wie "foreign musicians" oder "foreign teachers". Am unterschiedlichen Gebrauch dieser Termini läßt sich die Haltung zu der betreffenden Gruppe deutlich ablesen.[187] Als weiteres Argument für diese Interpretation spricht, daß die "foreigners" aus den von der Wehrmacht annektierten Ländern auch bei anderen Statements der I.S.M.[188] nicht mit "aliens" bezeichnet wurden.

Daß George Dyson als Präsident der I.S.M. gleichzeitig auch im Hauptvorstand des Musicians' Refugee Committee vertreten war, gibt zur Verwunderung Anlaß: Selbst intern äußerte er kein Verständnis für die politische und soziale Situation der nach England geflohenen Musiker. Im Gegenteil, wie aus dem Briefwechsel beider Ministerien ersichtlich, gehörte er durchaus zu den Hardlinern der Musikervereinigung. Wie bereits beschrieben, hatte an anderer Stelle George Dyson emotional und unsachlich argumentiert bzw. auch die Situation der ausländischen Musiker undifferenziert dargestellt. Und wie in den referierten Leserbriefen der Times dargestellt, wurde das nicht kritiklos hingenommen.

---

186 Brief des Ministry of Labour vom 24.4.1944 an das Home Office,. P.R.O.; HO 213/871.
187 Mit "foreign" ist mehr die neutrale Bezeichnung "ausländisch" gemeint, während "alien" dazu "fremd", "unsympathisch" assoziieren läßt und intuitiv eine Abwehrhaltung auslöst.
188 Vgl. das Kapitel 4.

Die Sorge um die eigenen Schüler, die Ohnmacht, unter Kriegsbedingungen als Musiker den hohen Standard zu verlieren und sich nach Ende des Krieges gegen etablierte Ausländer im eigenen Beruf zur Wehr setzen zu müssen, bestimmte die bis April 1944 dokumentierte Position der I.S.M. Wer sollte hier richten? Andererseits bleibt zu fragen: Wo waren in Deutschland die Musiker aller Professionen, die sich, abgesehen von wenigen Protestemigranten wie Fritz Busch, zur Vertreibung ihrer jüdischen Kollegen äußerten? Wie viele nutzten die Chance, nun einen freiwerdenden Posten trotz möglicherweise schlechterer Qualitäten besetzen zu können? Ausgerechnet Staatsangestellte stellten sich auf die Seite der hochqualifizierten, vertriebenen Musiker und ließen sich nicht von der Unnachgiebigkeit der Musikervereinigung beeinflussen. Der Briefwechsel zeigt, daß sich in den Jahren 1943/44 allmählich ein Umdenken im Innen- und Arbeitsministerium im Hinblick auf die Integration von Musikern aus Deutschland und Österreich, deren fachliche Kompetenz auch Briten nicht verschlossen bleiben sollte, vollzog. Er offenbart, daß die Beharrlichkeit, mit der insbesondere die Engländerin Maud Karpeles, unterstützt von Ralph Vaughan Williams, die Interessen der "foreign" und nicht "alien musicians" vertrat, zu einem ersten Erfolg im Hinblick auf die Erteilung von Arbeitserlaubnissen führte. Der Briefwechsel zeigt das, was sich "hinter den Kulissen" um das Problem rankte, das so deutlich der Presse nicht zu entnehmen war.
Im vorangegangenen Kapitel wurde auf George Dysons öffentlich geäußerte und von der Presse kritisch aufgegriffene Behauptung verwiesen, es bestünde Einklang zwischen der I.S.M. und den entsprechenden Regierungsabteilungen. Der Briefwechsel zeigt, auf welch tönernen Füßen diese Behauptung stand.

5.4 Öffentliche Resonanz

Letztmalig wurde diese Thematik 1944 mit dem Abdruck von Dysons Rede auf der Generalversammlung der I.S.M von der Presse aufgegriffen (Dyson 1944).[189] Dem schloß sich ein ausführlichen Kommentar an ('Back Bencher' 1944). Zum Problem der ausländischen Privatlehrer charakterisierte der Autor die Situation: "The I.S.M. has had difficulty in keeping the Ministry of Labour up to the scratch here" ('Back Bencher' 1944, 62). Während "refugee *performers*" und Lehrer an Schulen oder Institutionen im Falle ihrer Kriegsdienstuntauglichkeit aufträten bzw. unterrichteten, gäbe es Probleme bei freiberuflichen Lehrern: "...that it has been found that some aliens are taking work which British teachers need - and may need much more sharp-

---

189   Die Rede Dyson's wurde nur zu vier Fünfteln abgedruckt (Dyson 1944). Das Problem von "some aliens" die freiberuflich unterrichten wollten, wurde (merkwürdigerweise!) beim Druck ausgespart; nur der Kommentator bezog sich darauf ('Back Bencher' 1944).

ly when war-boomed-wages cease." Drei oder vier Mitglieder der I.S.M[190] hätten nach dem Bericht dafür plädiert, daß die I.S.M. "Fremden" uneingeschränkt freiberufliches Unterrichten erlauben sollte. Diese Mitglieder begründeten es damit, daß die Briten sich doch nicht selbst besonderer Talente, wie sie unter den ausländischen Musikern vermutet wurden, berauben sollten (ebenda).

Das Ende des Krieges war einigermaßen absehbar. Die einheimischen freiberuflichen Lehrer konnten nach Kriegsende begründete Hoffnung auf Schüler hegen. Auf der Sitzung wurde sogar festgestellt: "There is now a lot of work for many teachers; waiting lists are not unknown, in some towns" (ebenda). Die sozialen Ängste zumindest einiger englischer Lehrer schienen nun offensichtlich unbegründet, und ihr Einkommen war gesichert, so daß sie die wenigen Ausländer von einem gesicherten sozialen Standpunkt aus ansehen konnten.

Der Ansicht über besondere Talente unter den ausländischen Musikern trat George Dyson jedoch in diesem Rahmen deutlich entgegen. Nach seinen Erfahrungen habe er Anzeichen eines besonderen Talentes weder bei Privatlehrern noch bei Lehrern an Institutionen finden können (ebenda). Damit schienen die Probleme, die sich für britische Musiker mit der Qualität von Musikern anderer Nationalitäten verbanden, nun ebenso vom Tisch zu sein. Dyson belegte anhand seiner Beobachtungen am Royal College of Music, daß britische Musiker - ganz im Gegenteil - hier nichts mehr zu befürchten hätten.[191] Damit hatte sich das Problem der Arbeitserlaubnisse für "ausländische Musiker" weiter entschärft. Es tauchte in den Medien nicht mehr auf. Nach dem Ende des Krieges blieb ein großer Anteil der immigrierten Musiker und Musikerinnen in Großbritannien. Es muß angenommen werden, daß ein nicht unbeträchtlicher Teil von ihnen freiberuflich unterrichtete. Die meisten von ihnen erhielten 1946 oder 1947 die britische Staatsbürgerschaft, die sie rein rechtlich nun auf eine gleiche Stufe mit den britischen Musikern stellte. Der potentielle Gewinn für das britische Musikleben durch die Aufnahme von geflüchteten deutschen und österreichischen Musikern und Musikerinnen wurde angesichts des Krieges und der mit ihm verbundenen Probleme für die britischen Musiker während dieser Zeit in der Öffentlichkeit kaum reflektiert.

Nach 1938/39 bis 1945 existiert m. W. keine schriftliche Äußerung darüber, die dieses Problem auch unter einem positiven Aspekt beleuchtet haben könnte. Die Mitarbeiter des Musicians' Refugee Committee sowie E.V. Crookenden und Billinghurst er-

---

190   Damit muß die Aussage des Briefes vom 20.1.1944, daß alle Mitglieder der I.S.M. der Politik einstimmig zugestimmt hätten, bezweifelt werden.
191   "...twenty places being offered to foreign students, there were but fifteen candidates, five being elected; and ... none of those five would, in an ordinary English competition of similar nature, have won an open scholarship. The quality was simply not good enough for that" ('Back Bencher' 1944, S. 62).

kannten 1943 hingegen, daß eine strikte Ausgrenzung ungenutzter Erfahrungen und Fähigkeiten nicht sinnvoll war und scheuten dabei auch nicht die Konfrontation mit der Vertretung der britischen Musikervereinigung. Diese Position ließ die geschlossene Wand der I.S.M. zugunsten der ausländischen Mitbewerber allmählich bröckeln.

6 Die Bedeutung der B.B.C. für deutsche und österreichische Exilmusiker

6.1 Quellenlage

Im Written Archive[192] der B.B.C., das sich in Reading-Caversham, westlich von London befindet, sind von zweiunddreißig deutschen und österreichischen Musikern Akten erhalten. Sie sind ein Nachweis dafür, daß diese Personengruppe sich bei der B.B.C. um Aufträge bemühte bzw. in einigen Fällen tätig werden konnten. Dabei sind diese Akten[193] folgendermaßen gegliedert:
Radio Contributors (enthält einzig die Akte Kurt Weills);
Artists (Sänger und Musiker);
Music Copyist (Belange für Notenkopisten);
Conductors;
Composers;
Contributors;
Copyright (Schriftstücke der Urheberrechtsabteilung);
Music General (interne Schreiben).

Die Zuordnung von Musikern innerhalb des Archivs erfolgte einerseits nach Professionen und andererseits nach internen Organisationsprinzipien der B.B.C. So existiert beispielsweise neben der Personalakte eines Komponisten eine Copyright-Akte, in der die Rechtsfragen für die im Auftrag der B.B.C. komponierten Werke geklärt wurden. Von einigen Musikern wurden - je nach ihrem Tätigkeitsbereich - verschiedene Akten parallel angelegt. Akten existieren für diejenigen, die über einen gewissen Zeitraum freiberuflich bei der B.B.C. tätig waren oder sich beharrlich darum bemühten. Darüber hinaus gibt es Zeugnisse über eine sporadische Mitwirkung von Flüchtlingen, ohne daß ihnen Akten zugeordnet wurden. Akten zu einzelnen Personen lagen mitunter unvollständig vor. Wegen der urheberrechtlichen Bestimmungen der B.B.C. erhielt ich keine Kopien von persönlichen Schriftstücken der hier behandelten Personengruppe. Berthold Goldschmidt und Georg Knepler gaben mir ihre Erlaubnis, Schriftstücke zu zitieren.

---

[192] Künftig mit WAR bezeichnet.
[193] Unter der Bezeichnung "RCONT I". Hinter der Abkürzung verbirgt sich "Radio Contributors, Section I".

6.2 Historische Entwicklung der B.B.C. bis zum Kriegsausbruch

1922 wurde der britische Rundfunk zunächst privat als British Broadcasting Company gegründet. Die Bedeutung des Mediums nahm rasant zu. Mit dem 1. Januar 1927 erhielt die nunmehrige British Broadcasting Corporation durch eine "königliche Bestallungsurkunde" den Status eines "öffentlichen Unternehmens". Es wurde von einem Generaldirektor geleitet, für die öffentliche Kontrolle des Rundfunks bestimmte der königliche Staatsrat Gouverneure. In einem von der B.B.C. herausgegebenen Abriß über das englische Musikleben aus dem Jahre 1950 spricht J. Borner von einer "doppelten Pflicht" des Rundfunks auf musikalischem Gebiet, der "eigene musikalische Aufführungen veranstalten (muß), die von wegweisender Bedeutung für die Allgemeinheit sind, und er muß außerdem das allgemeine Musikleben widerspiegeln" (Borner 1950, 54f.). Waren durch die Einführung des Tonfilmes viele Musiker in den zwanziger Jahren arbeitslos geworden, so entwickelte sich das Medium Rundfunk zu einem neuen Arbeitgeber für Musiker, Sänger und Komponisten mit dem sich ein breites Publikum erschließen ließ. Zu Beginn der Rundfunkgeschichte war die Empfangsqualität von Konzertübertragungen sehr mangelhaft. Deshalb wurde, wie Max Butting sich äußert, mehr Kammermusik geboten, da hier die wenigsten Verzerrungen, im Gegensatz zur Orchestermusik, zu verzeichnen waren (Butting 1955, 192). Allmählich und kontinuierlich verbesserten Rundfunkingenieure auf empirischem Weg die Aufnahme- und Empfangsqualität weiter. Insofern bedeutete jede neue Aufnahme und Sendung einer Komposition auch einen Zuwachs an Erfahrung für den Umgang mit dem Medium Rundfunk.

Komponisten hatten am Rundfunk neue Genres zu bedienen, die sich, wie etwa das Hörspiel, ganz neu herausgebildet hatten. Reportagen oder Features verlangten unter Umständen ebenfalls den Einsatz neuer Kompositionen. Komponisten hatten dabei die besonderen technischen Voraussetzungen zu berücksichtigen und danach ihre "Rundfunkmusik" einzurichten. Für Musikologen entwickelten sich allmählich neue Berufsperspektiven als Manager, Programmgestalter oder Redakteur. Sie widmeten sich der Realisierung der erwähnten doppelten Aufgabenstellung, indem sie Aufführungen hervorragender Werke anregten und das britische Musikleben sowie das Musikleben anderer Länder einem breiten Publikum zugänglich machten. Um der ersten Pflicht gerecht werden zu können, war die Gründung eines allein für Rundfunkzwecke präsenten Orchesters notwendig geworden. Nach Elkin (Elkin 1944, 48f.) trat bereits 1928 ein (offensichtlich nicht festes) B.B.C.-Orchester erstmals in der Queen's Hall in London auf, das sogleich für die nächste Saison zwölf Konzerte angekündigt hatte. Es erfüllte jedoch nicht die Anforderungen eines erstklassigen Orchesters, und so mußte sich die B.B.C. im Januar 1929 harsche Kritik in der Musical

Times gefallen lassen: "This corporation, with all its assumed and conspicuous wealth, has given and is giving us the worst orchestra performances ever heard in London" (zitiert bei Elkin 1944, 48f.).

Wohl auch um weiterer Kritik vorzubeugen, wurde nach verschiedenen Diskussionen 1929/1930 das B.B.C. Symphony Orchestra gegründet, dessen Zusammensetzung auf einen gemeinsamen Vorschlag von Edward Clark, Julian Herbage[194] und Kenneth Wright[195] zurückging (Kenyon 1981, 35f.). Über die Hälfte der Mitglieder des neugegründeten Ensembles war vom London Symphony Orchestra hinübergewechselt, das dadurch in eine ernsthafte Krise geriet, die erst über ein Jahr später mit dem Engagement neuer Musiker überwunden werden konnte (Elkin 1944, 39).

Die "Comprehensive Orchestral Organisation" der B.B.C. hatte ein großes (A)-Orchester mit 114 Musikern zur Grundlage, die weitere vier Ensembles, bezeichnet von B bis E, speisten. Das B-Ensemble umfaßte 78 Musiker für kleinere symphonische Werke. 36 Musiker waren im C-Ensemble für das Theatre Orchestra für Drama und musikalische Komödien vorgesehen und in der D-Formation waren 67 Musiker zuständig für Unterhaltungsmusik und leichte Sinfoniekonzerte. 47 Musikern erfüllten im Popular Orchestra ganz unterschiedliche Aufgaben. Die Summe der Musiker von B + C sowie D + E ergab jeweils 114, so daß zur selben Zeit auch mehrere Aufnahmen mit Teil-Orchestern möglich waren.

Der erste öffentliche Auftritt des neugegründeten Rundfunkorchesters fand am 22. Oktober 1930 unter der Leitung von Adrian Boult in der Queen's Hall statt (Kenyon 1981, 55). Dieses Konzert wurde später als "Sternstunde" des B.B.C. Symphony Orchestra bezeichnet (Elkin 1944, 49). 1931 wurde Adrian Boult Chefdirigent des Orchesters. Damit besaß London nun einen weiteren Klangkörper, der mit jenen auf dem Kontinent durchaus konkurrieren konnte. 1931 sendete die B.B.C. allein 53 britische Premieren, "erste Rundfunksendungen" bzw. "erste Sendung(en) im United Kingdom" von vorwiegend zeitgenössischen Werken für Orchester, die auch von

---

194 Julian Herbage (1904-1976) arbeitete zuerst als Theaterdirigent und begann seine Tätigkeit an der B.B.C. 1927, bald darauf als Assistent von Clark. 1928 arbeitete er als stellvertretender Leiter in der Musik-Programm-Abteilung; 1930 Programm-Direktor, verantwortlich für die Koordinierung aller Musik-Programme und weitere Chefpositionen. 1938 Koordinator aller Musikprogramme und führender Musikologe der Programm-Abteilung, 1939 "Music Organiser"; 1940 stellvertretender Musikdirektor der B.B.C. 1944 Rücktritt von dieser Position und bis 1946 besonderer Programmredakteur, begründete die Sendung "Musikmagazin". Freiberuflich tätig für die B.B.C. bis 1973. Spezialist für englische Musik des 17. und 18. Jahrhunderts (Doctor 1993 II, S. 663).

195 Kenneth A. Wright (1899-1975), Komponist und Elektroingenieur, war 1922 erster Direktor der B.B.C.-Station Manchester; ab 1923 stellvertretender Direktor der Station in London. 1926 Leitungsmitglied in der Musikabteilung. 1928, nach der Reorganisation der B.B.C. hauptverantwortlich für die Verwaltung der Programm-Abteilung; 1931 Leiter der Programm-Abteilung; 1935 stellvertretender Musikdirektor der B.B.C. Oktober 1940 bis Mai 1943 "Overseas Music Director"; danach stellvertretender Direktor für Musik. 1951-1959 Mitarbeit beim Fernsehen (Doctor 1993 II, S. 674f.).

Komponisten-Dirigenten wie Schönberg, Ansermet, Webern und Strauss geleitet wurden. In den weiteren Jahren bis einschließlich 1939 lag der Pegel etwa bei 30 erstgesendeten Werken verschiedener Besetzungen. Bis in die 50er Jahre hinein wurden die Werke bei einer Aufführung im Rundfunk direkt "live" aus dem Studio gesendet (Kenyon 1981, 447-461), womit an Solisten und Orchester die höchsten Anforderungen gestellt wurden. Das Zusammenschneiden von Magnetophonbändern war bis dahin noch nicht üblich. Im Bereich des gesprochenen Wortes und des Features wurden Dokumente von Schallplatten verwendet oder auf diesem Tonträger zusammengeschnitten, wie Brinitzer in seiner Geschichte der deutschsprachigen Abteilung der B.B.C. anschaulich beschreibt (Brinitzer 1969, 98).

Das Fernsehen, als ein weiteres Betätigungsfeld für Flüchtlinge aus Deutschland und Österreich, war am 2. November 1936 offiziell eröffnet worden. Der Kriegsbeginn setzte weiteren Television-Sendungen wegen drohender Luftangriffe jedoch ein vorläufiges Ende (Briggs 1985, 164 und 171). Zur Begründung hieß es damals: "The television service had already closed down on 1 September, due to the imminent outbreak of war, and the possibility that the Alexandra Palace transmitter could act as a navigational aid to enemy aircraft" (MacDonald 1988, 10). Im ganzen Land waren sämtliche Sendestationen der B.B.C. auf den Kriegsfall vorbereitet. Die realen Kriegsverhältnisse zogen weitreichende Veränderungen der Struktur der B.B.C., die sich sofort auf den Kriegszustand technisch, räumlich, personell und im Hinblick auf das Programm einstellte, nach sich. Das bis dahin existierende National- und die Regionalprogramme wurden durch den Home Service ersetzt, der nun Unterhaltungs-, Bildungs- und Informationsaufgaben erfüllen mußte (MacDonald 1988, 10). Bereits vom 1. September 1939 an änderte die B.B.C. in Großbritannien ihre Empfangsfrequenzen mit den Mittelwellenlängen 449 m und 391,1 m. Nach 21.00 Uhr sendete der britische Rundfunk für Europa auf der Mittelwelle 201 m. Dies hatte den Vorteil, daß bei Luftangriffen auf die britischen Inseln die Sender weiterarbeiten konnten, was in Deutschland technisch nicht möglich war (Brinitzer 1969, 44f.). Mit einem Schreiben vom 3. September 1939 an die Auslandsstelle der Reichsrundfunkgesellschaft in Berlin kündigte die B.B.C. die zwischen beiden Gesellschaften vereinbarten "relays" (Cannon 1988, o.S.). Gemeint waren damit die Vereinbarungen über einen gegenseitigen Programmaustausch. Dabei wurden die aus dem Äther empfangenen Programme anderer Sender dann von einem eigenen Sender weitergereicht, der in diesem Fall als Relaissender funktionierte (Boelcke 1977, 72). Wieweit dieser Austausch bis August 1939 gediehen war, zeigt sich am Beispiel eines Toscanini-Konzertes der Internationalen Musikfestwochen in Luzern, das von 789 Sendern in Europa und Übersee übernommen worden war (Boelcke 1977, 72). In den dreißiger Jahren geht aus der Programmzeitschrift der B.B.C. hervor, daß die B.B.C. regelmäßig Übertragungen aus deutschen Konzertsälen und Opernhäusern anbot. Auf der anderen Seite konnten auch Hörer im Deutschen Reich Musikaufführungen aus Großbritannien direkt miterleben. Musikübertragungen waren jedoch nur ein Teil des Programmaustausches, der zunehmend differenzierter gestaltet wurde.

Von deutscher Seite wurde der Programmaustausch besonders seit 1934 gezielt für Propagandazwecke genutzt. Die "Programmabgaben" der Reichsrundfunkgesellschaft an Rundfunkstationen anderer Länder waren in den Jahren 1934-1939 um das Doppelte höher als die Übernahmen von Beiträgen ausländischer Sender (Boelcke 1977, 73). Es darf vermutet werden, daß dies bei Übertragungen aus deutschen Konzertsälen oder Opernhäusern auf die britischen Inseln ähnlich war.[196] Mit dem Krieg war das zehnjährige Kapitel der internationalen "relays" beendet. Diese wurden nun von politischen Bündnissen diktiert.

Asa Briggs beschreibt in ihrer Geschichte der B.B.C. in dem Kapitel "Sounds of War" (Briggs 1985, 175-237) detailliert die ständigen personellen Veränderungen in den Leitungsgremien der B.B.C. und innerhalb des Informationsministeriums, deren Ursache letztendlich in der schwierigen innen- und außenpolitischen Situation zu finden waren. Hinzu kamen die unterschiedlichen Auffassungen des Ministry of Information, der B.B.C. und der Öffentlichkeit über die Funktion, die das Medium während des Krieges zu erfüllen hatte. Besonders die Sendungen des Home Service sahen sich nach Beginn des Krieges scharfer Kritik in den Zeitungen ausgesetzt, da dieser Sender nun ganz unterschiedliche Bedürfnisse einer großen Hörerschaft unter eingeschränkten Lebensbedingungen zu befriedigen und gleichzeitig als wichtigste Informationsquelle über die Ereignisse des Krieges zu dienen hatte. Dazu hieß es:

> For the present we have to be content with single programmes and to judge the proportion of valubale music that is broadcast as satisfactory otherwise on the basis. Liberal allowance for light entertainment must, of course, be made, and made rather more open-mindedly at a time when relaxation is needed by everybody and difficult to come by outside the home (E.B. 1940).

In diesem Artikel besprach Eric Blom die Pläne der B.B.C., die Adrian Boult für das weitere Programm kurz zuvor der Öffentlichkeit vorgestellt hatte. Darin kamen einige Fakten zur Sprache, die die Situation im Hinblick auf den Anteil klassischer Musik kennzeichnen. Dazu führte Blom aus: "Sir Adrian Boult made it clear that the share taken by serious music will be adequately large, proportionately to the general reduction in the broadcast output necessiated by the war [....]." Die Dauer einzelner Sendungen war Beschränkungen unterworfen, so daß davon insbesondere klassische Werke betroffen waren, wie aus der genannten Quelle deutlich wird: "The chief

---

196 Das ist eine Schlußfolgerung, hingegen wurde sie im einzelnen nicht anhand der Rundfunkzeitung nachgewiesen.

drawback, perhaps is that owing to the impossibility of duplication programmes all performances, musical or otherwise, have to be kept rather short. Very little seems ever to be allowed to go on much longer than an hour" (ebenda).

Die Einschränkung der Unabhängigkeit des Rundfunks während des Krieges läßt sich auch an der spärlichen Beschäftigung von ausländischen Musikern ablesen. In der Akte von Irene Eisinger spiegelt sich deutlich die Kriegssituation wider, die zunächst eine Einstellungssperre für die inzwischen als "enemy aliens" bezeichneten Flüchtlingen zur Folge hatte.

6.3 Tätigkeit von Flüchtlingen in der B.B.C.

6.3.1 Kontaktaufnahme

Die Mehrheit der Musiker, Sänger, Dirigenten oder Musikologen bewarb sich erst nach ihrer Ankunft in London um eine Tätigkeit bei der B.B.C. Es gab jedoch Ausnahmen, die bereits auf eine vorherige Kontaktaufnahme vor dem endgültigen Schritt des Weggangs aus Deutschland oder Österreich verweisen.

Der Agent Louis Kentners knüpfte für den späteren Emigranten bei einem Gastspiel in London 1928 den ersten Kontakt zur B.B.C. Drei Jahre später kam die erste Aufnahme mit einem in der B.B.C. so bezeichneten "light Orchestral Concert", u.a. mit Mozarts *A-Dur Klavierkonzert* KV 488, und Klavierwerken von Schumann und Liszt, zustande. Nach seiner Übersiedlung nach London erfolgten 1936 spärlich, ab 1937 jedoch regelmäßig Sendungen mit Louis Kentner bei der B.B.C.[197]

Aus Berlin wandte sich im August 1931 Alice Schaeffer ganz gezielt mit Programmvorschlägen von Goethe-Vertonungen zu dessen bevorstehendem 100. Todestag an die Rundfunkanstalt der Briten. Alice Schaeffer hatte als Liedsängerin in Deutschland und in den Niederlanden (1928) erfolgreich gastiert (wie die vorliegenden Konzertkritiken belegen). Ihre Bemühungen waren jedoch erst nach ihrer Einreise im Jahr 1935[198] von Erfolg gekrönt. Sie erhielt eine Möglichkeit zum Vorsingen: "Good voice. Knows her job. Worth including in a suitfull place. A.W."[199]

Ebenfalls von Berlin aus bemühte sich Ernst Hermann Meyer im Jahr 1931 um die Aufführung seiner Rundfunkmusiken, die er mit Max Butting zusammen erarbeitet

---

197 WAR, Louis Kentner, Artists, File 1: 1928-1938.
198 Dies geht aus einem Schreiben Alice Schaeffers vom 17.3.1935 hervor. An anderer Stelle wird ihre Ankunft für 1933 vermerkt, was danach nicht den Tatsachen entspricht. WAR, Alice Schaeffer, Artists; File 1: 1931-1950.
199 Kommentar zu ihrem Vorsingen vom 15.5.1935; WAR, Alice Schaeffer, Artists File 1: 1931-1950.

hatte. Ab 1933 - Meyer gehörte zu den "Frühankömmlingen" dieses Jahres - zeigte sich die B.B.C. an seinen Programmvorschlägen interessiert.[200] Die Manager konnten 1933 nicht ahnen, daß sie ausgerechnet dem späteren Chefdirigenten des B.B.C. Symphony Orchestra der Jahre 1957 bis 1962, Rudolf Schwarz, eine Absage erteilten. Rudolf Schwarz hatte sich am 30. August 1933 aus Munderfing bei Salzburg um ein Dirigat beworben. Auch Kurt Singer aus Berlin, der ihm 1937 in einem Empfehlungsschreiben die besten Zeugnisse ausstellte, konnte diese Entscheidung nicht beeinflussen.[201]
Der Initiative des österreichischen Musikologen Karl Geiringer, mit der er seit Juni 1933 Programmvorschläge über Sendungen von ungedruckten Notenmanuskripten einreichte, war 1935 Erfolg beschieden: Zwei *Scarlatti-Kantaten*, die Geiringer bearbeitet hatte, wurden in London gesendet. Geiringer wählte für das Medium Rundfunk die Themen seiner Sendungen über Musik mit Bedacht und Einfühlsamkeit im Hinblick auf die Hörer aus. Er knüpfte an Wissensvoraussetzungen bei ihnen an und erweiterte ihren Gesichtskreis, wie er das mit einer Sendung über die Bach-Familie praktizierte. Offensichtlich machte ihn das für die B.B.C. auch als Autor mit Wohnsitz in Wien zu einem geschätzten Partner. Nach seiner Flucht im Jahr 1938 nach London änderte sich hier im Prinzip nichts.[202]
Vor seinem endgültigen Weggang aus Deutschland hatte Berthold Goldschmidt 1934 versucht, als Dirigent und Komponist bei der B.B.C. seinen Wirkungskreis zu vergrößern. Er scheiterte an dem Limit für ausländische Künstler, das die B.B.C. festgesetzt hatte.[203] Wie sich aus dem Schriftverkehr der vorliegenden Akten rekapitulieren läßt, bemühten sich nicht nur Interessenten aus Deutschland und Österreich, sondern auch aus anderen europäischen Ländern um eine Chance bei der B.B.C. "Fernbewerbungen" behandelten die Manager deutlich zurückhaltend. In Großbritannien angekommen, erhöhten sich die Chancen der Flüchtlinge, überhaupt einen Termin für die in regelmäßigen Abständen durchgeführten Vorsingen oder Vorspiele zu bekommen. Die B.B.C.-Mitarbeiter gaben nach diesen Anhörungen in kurzen, internen Statements ihre Urteile über die Qualität des Gehörten ab und verknüpften damit ihre Vorstellungen über einen möglichen Einsatz für ein entsprechendes Programm. Das besagte aber trotzdem noch nichts über ein wirkliches Engagement. Für sämtliche Termine mit ausländischen Künstlern beantragte die B.B.C. als Arbeitgeber Arbeitserlaubnisse bei der Ausländerabteilung des Arbeitsministeriums und dem

---

200 WAR, Ernst Hermann Meyer: Artists, File 1: 1931-1962.
201 WAR, Rudolf Schwarz, Artists; File 1: 1933-1958.
202 WAR, Music General; Geiringer, Karl: 1933-1939.
203 WAR, Composer; Berthold Goldschmidt, File 1; 1934-1962; Briefe vom 4.3.1934 und 23.3.1934.

Innenministerium. Bis auf eine Ausnahme, wie noch gezeigt wird, befürworteten bis zum Kriegsbeginn beide Ministerien die Arbeit von Flüchtlingen an der B.B.C.

6.3.2 Sänger

6.3.2.1 Irene Eisinger, Erika Storm und Elena Gerhardt

Am häufigsten wurde Irene Eisinger in verschiedenen Programmen (London Regional, London National, London Empire) seit 1934 bis zum Beginn des Krieges mit Operettenmelodien engagiert. "She is one of the most distinguished Continental artists we have ever had with the Theatre Orchestra and I shall be glad if, at this last moment, you can give her as much publicity as possible", bemerkte der "Variety Director" in einem Schreiben an die "Press Section" vom 8. Juni 1934, das offensichtlich als Grundlage für eine Programmankündigung in der Radio Times über sie gedacht war.[204] Von Juli 1938 bis April 1939 trat sie auch im Programm der Television auf.[205] Obwohl Erika Storm keine vergleichbaren Bühnenerfolge wie Irene Eisinger aufzuweisen hatte, erhielt sie bald nach dem ersten Vorsingen immer wieder Aufträge. Diese ermöglichten es ihr, von 1936 bis 1938 im regionalen Rundfunk, begleitet vom Theatre Orchestra, mit Operettenmelodien von Franz Lehár bzw. auch mit Liedern von britischen Komponisten wie Peter Warlook, John Ireland und Arnold Bax hervorzutreten. Erika Storm ist bis 1938, "solange es noch möglich war", öfter nach Deutschland zurückgefahren, um im Jüdischen Kulturbund in Frankfurt am Main und Berlin zu singen (Gesprächsprotokoll Storm). Die B.B.C. kam ihr dabei entgegen und sandte ihr sogar Verträge nach Deutschland nach, die sie dann jeweils bei der Einreise den britischen Behörden vorlegen konnte.[206] Wenngleich mit dem Beginn des Krieges alle Engagements von "enemy aliens" unmöglich geworden waren, so hatte doch die B.B.C. die deutsche Sprache aus ihren Musikprogrammen nicht gänzlich gestrichen und möglicherweise Plattenaufnahmen mit deutschen Texten abgespielt. Denn wie aus einer kurzen Notiz aus den Evening News vom 30. Mai 1940 (Anonym 1940b) unter der Frage: "German Songs on the B.B.C.: Why?" hervorgeht, hatte eine Reihe von Lesern bei der Zeitung gegen Sendungen in deutscher Sprache protestiert: "One indignant listener said that, after hearing stories of German

---

204 WAR, Irene Eisinger; Artists, File 1: 1934-1962.
205 Wie Knepler in dem Brief vom 8.2.1994 an die Autorin ausdrücklich bemerkt, wurde das Fernsehen "im Experimentierstadium" von der Post betrieben und "hatte mit der B.B.C. nichts zu tun". In anderen Quellen wird es hingegen bei der B.B.C. angesiedelt und es finden sich in den Akten Belege über Kontrakte von Künstlern, die im "Television Programme" auftraten. Das eine muß das andere nicht ausschließen. Die Technik war möglicherweise bei der Post angesiedelt, die B.B.C. stellte das künstlerische Personal.
206 WAR, Artists; Erika Storm, File 1: 1936-1962 und Privatsammlung Erika Storm.

brutality in Belgium, he considered it an insult to the nation to have to listen to German songs, one of which was about a German drummer in France."[207] Wenige Tage später, am 5. Juni 1940, meldete der Londoner Daily Express die Entscheidung der B.B.C. über den Gebrauch der deutschen Sprache: "Songs in German have been banned on the radio following protest by the listeners" (Anonym 1940c). Dem war, wie aus der genannten Quelle ersichtlich, eine Anfrage des bekannten Journalisten Jonah Barrington[208] an die B.B.C. vorausgegangen: "Listeners want to know why they must listen to a language which, in times like these, they have good cause to hate." Diesem Druck konnte sich die B.B.C. nicht entziehen und hatte schließlich erklärt: "Conscious of the irritation caused to some listeners by even the occasional use of the German tongue in such musical items as Lieder, the B.B.C. has decided to avoid the use of the German language in all musical programmes for the time being" (ebenda).

Die Ablehnung der deutschen Sprache hatte weitere Auswirkungen. Die meisten Studenten, die an der Guildhall School bei der international gefeierten Liedsängerin Elena Gerhardt studierten, beendeten ihre Studien, da in der britischen Öffentlichkeit nun kein Bedarf mehr nach Liedern in deutscher Sprache bestand. Elena Gerhardt hatte kurz vor Ausbruch des Krieges Verträge über einige Konzerte bei der B.B.C. abgeschlossen, die nun kurzfristig annulliert wurden, wie sie in ihren Erinnerungen schreibt (Gerhardt 1953, 125f.).[209] Sie beschloß daraufhin, einige private Aufnahmen bei His Masters Voice aufzuzeichnen, was ihr mit der Unterstützung englischer Freunde auch gelang (ebenda). Der Grund für die Annullierung der Verträge lag darin, daß auch Elena Gerhardt - wie alle anderen Flüchtlinge aus Deutschland und Österreich - als "feindlicher Ausländer" eingestuft wurde.

Intern hatten die B.B.C.-Redakteure schon im Februar 1940 erwogen, die Sängerin Irene Eisinger für Beiträge in Englisch wieder einzustellen: "I understand she is free from any of the restrictions normally applying for foreign Artists. Her English is now very good and (as in many other cases) any engagements would be welcome."[210] Durch die Kriegsereignisse war dies aber nicht möglich. Die Entscheidung über die Einstellung von Flüchtlingen konnten die Manager der B.B.C. nicht allein treffen und es mußten einige Monate verstreichen, bis deutschsprachige Flüchtlinge am briti-

---

207 Es könnte sich dabei um das Schumann-Lied "Nach Frankreich zogen zwei Grenadier" gehandelt haben.
208 Jonah Barrington vom Daily Express hatte zu Beginn des Krieges täglich über die Propagandasendungen aus Nazi-Deutschland berichtet und prägte die Bezeichnung "Lord Haw-Haw" für den in deutschen Diensten stehenden Engländer Norman Baillie-Stewart, womit dann die englischen Propaganda-Sendungen der R.R.G. personifiziert wurden (Brinitzer 1969, S. 56).
209 Eine B.B.C.-Akte von Elena Gerhardt lag nicht vor.
210 WAR, Irene Eisinger; Artists, File 1: 1934-1962; Internes Schreiben von W.L. Streeton an Arthur Wynn vom 16.2.1940.

schen Rundfunk wieder singen durften. Ab April 1941 wurde Erika Storm (nach einer Unterbrechung seit April 1938) kontinuierlich für das European Programme eingesetzt. Ihr Partner Mosco Carner begleitete sie bis 1943 bei Sendungen mit Liedern Mahlers, Kreneks, Grosz's, Schönbergs und Wellesz's. Irene Eisinger sang Partien aus Wiener Operetten mit dem Theatre Orchestra im Juli 1941 für eine Latin America Transmission, einer der Sendungen des London Overseas Programme, um damit Hörer in Ländern außerhalb Großbritanniens zu erreichen. Auch Elena Gerhardt wurde vom Januar 1942 an für Sendungen nach Südamerika verpflichtet. "This gave me a great thrill to know that even in war-time I was not forgotten in the world", bemerkte sie erleichtert (Gerhardt 1953, 132).

Die erste Sängerin, die wieder für das Inland zugelassen wurde, war wiederum Irene Eisinger. Von 1941 an war sie im Home Service und relativ häufig in Regionalprogrammen der "Forces" zu hören. Das Forces Programme, am 7. Januar 1940 für die britischen Truppen in Frankreich eingerichtet (MacDonald 1988, 10), wurde während des Krieges auf den britischen Inseln zum bevorzugten Programm nicht nur der Soldaten sondern auch eines großen Teils der Zivilbevölkerung. Von Beginn an war dieser Sender hauptsächlich der Unterhaltungsmusik vorbehalten. Gesprochene Abschnitte wurden dabei möglichst kurz gehalten (Briggs 1985, 186f.). Für anspruchsvollere Ohren wie die des Musikkritikers Eric Blom gab es hingegen für die Auswahl an Unterhaltungsmusik herbe Kritik. Für den 16. Mai 1940 traf er folgende Wertung: "*For the Forces*. Serious Music: nil. Light Music: 315 minutes. Rubbish: 185 minutes. Non-musical Programmes: 540 minutes" (E.B. 1940). Damit ist auch erklärt, warum Irene Eisinger - wie aus den Verträgen ihrer Akte ersichtlich - vorwiegend klassische Operettenmelodien in englischer Sprache sang.

Offensichtlich gab es neben den hier genannten noch weitere Flüchtlinge aus Deutschland und Österreich, die als Sänger in der B.B.C. vertreten waren. In der Akte von Alice Schaeffer fanden sich im Bericht über ein Vorsingen auch Urteile über die Sopranistin Anita Oberländer und den Bariton Ernst Possony.[211] Alice Schaeffer verwies in einem Brief auf die so von ihr bezeichnete "B.B.C.-Kollegin" Rose Walter. Hilda Alexander sang 1943 in der "German Section" die *Kindertotenlieder* von Mahler; Georg Knepler begleitete u.a. Emmy Heim in der Sendereihe "Austrians in the World".[212]

---

211 WAR, Akte Schaeffer; "Subject: Overseas Music Auditions: Monday, Nov. 24, 1941."
212 WAR, Georg Knepler, Artists; File 1: 1936-1962.

Your Week-End Radio Guide

ic-Hall Hour : New Play : Many oncerts : "Hamlet" To-morrow

Home Stations

NATIONALS 200 kc / 1,149 m

AFTERNOON
—Gramophone Dance Music.
rchestra from the Commodore
Hammersmith.
Gramophone: Pro Arte Quartet
ring Quartet, and Schnabel
.45.—Harold Sandler and his
Octet.
—Final Welsh Trial: Commentary
T. Wakelam on the second half
ugby Union Football Match, from
n's Ground, Swansea.
B.B.C. Scottish Orchestra.

EVENING
An Hour to Play: Fun and Frolics
prise items by Jack Jackson and
, with Helen Clare, Jack Cooper,
ie and The Three Jackdaws.
News and Weather. 8.30.—
g It: Mark Twain and Music
phone).
Songs of the Spanish Provinces
Singers). 7.30.—In Town To-

—Music-Hall, with Charles Hayes
ian); Issy Bonn (vocal raconteur);
& Long; Bebe Daniels and Ben
Flanagan and Allen (comedians/
enn (impersonations)
Commentary: Ly Raymond
ing (relayed from America).
—Chamber Music—Menges String
Isolde Menges (violin); Beatrice
(violin); John Yewe Dyer
Ivor James (cello); Helen Just

—"The Absentee," a short story
G. Strong, read by the author.
ack Harris and his Band, with
isle, Dinah Miller, Peggy Dell
Latham, from Ciro's.
—Weather and News. 11.40—
ck Harris and his Band (con-

REGIONAL 877 kc

AFTERNOON
—Piano recital by Phyllis
12.45.—"Paris, The Quays,
es and the Seine," by Robert

Naves; who is in the Music-
loc o'clock
.1 m.).

7.15.—Curling, by A. M. Lee. 7.25.—
Cotton and Wheat Prices; For Farmers;
Sports.
7.30.—The Northumbrian Singers. 8.0.
—Regional. 8.40.—Midland. 8.0.—Regional. 8.35.—Good Intentions (Resolu-
tions for 1938).
10.0.—News and Weather. 10.30.—
Regional. 11.30.—Weather and News.
11.40-12.0.—National.

BEST OF THE REST

285.7 m   WESTERN   1,050 kc

8.0.—G.W.R. (Swindon) Social and
Educational Union Silver Band; Hooper
Bussell (baritone).
8.40.—Folk Song Almanack (January) by H. E. Piggott and Doreen Greenwood.

373.1 m   WELSH   804 kc

6.30.—Women in the World of Light
Entertainment (gramophone). 8.20.—
Piano recital by Frederick Trott.

307.1 m NORTHERN IRELAND 977 kc

8.0.—B.B.C. Northern Ireland Orchestra with York Bowen (piano).

391.1 m   SCOTTISH   767 kc

7.5.—"Songs I Remember" (remini-
scences with Violet Davidson, Willie
Johnston and Florrie Davie).
9.10.—Students' Songs: Male Chorus
of the B.B.C. Scottish Singers and B.B.C.
Scottish Orchestra; John Tainsh (tenor);
Neil Forsyth (baritone).
ATHLONE, 531 m.—6.—Light Classical
Music and other Concerts. 6.15.—Original
Songs from Gaelic Pantomime. 9.30.—
Variety. 10.40.—A Galway Night (Variety
Concert).

ABROAD TO-NIGHT

Medium Waves

BERLIN (Funkstunde), 356.7 m.—6.30.—
Light Music by the Krepela Sextet. 7.—
"Gasparone" (Operetta by Millocker). 8.40.
Barnabas von Gezcy Band (gramophone).
9.30.—Dance Bands.
BEROMUNSTER, 539.6 m.—6.10.—Light
Music. 7.—Old Chamber Music. 7.35.—
Orchestra. 8.10.—"Die Weinprobe" (Opera
by Mazacher). 8.30.—Light Music by the
Berne Municipal Band. 9.30.—Dance
Records.
BUDAPEST, 549.5 m.—6.15.—A Story.
8.40.—A Play. 8.55.—Orchestra. 10.—
Cigany Band.
COLOGNE, 455.9 m.—6.10.—"The Ever
Young Fledermaus" (Play about Johann
Strauss: Opera with the Composer's Music).
9.40.—Dance Music.
HAMBURG, 331.9 m.—5.30.—Hitler Youth
Programme. 7.—Bremen Stadtmusikanten
(Bremen Teachers' Choir and Soloists.)
9.30.—Swing into the New Year! (Light
Music and Dance Music).

Opera Relay

MILAN, 368.6 m. and TRIESTE, 263.2 m.
8.30.—Light Music. 8.—"Margherita da
Cortona" (Opera by Refice), from the
Scala, Milan. Dance Music later.
MUNICH, 405.4 m. and NUREMBERG,
238.5 m.—6.10.—Old Folk Songs (Recorded).
6.30.—New Year Wishes. Orchestra, Dance
Band, Singers and Entertainer). 9.30.—
Dance Music.
PRAGUE, 470.2 m, 638 kc, 1293 m.—6.10.—
Czechoslovak Folk Songs (Recorded).
8.40.—Gramophone. 7.5.—Slavic Dances
(Dvorak) by the Czech Philharmonic. 8.55.
—Gramophone. 9.30.—Jazz.
ROME, 420.8 m and BARI, 283.3 m.—9.30.
—Light Music. 7.30.—Orchestra. 9.—The
Prince of Mountains (Concerto Opera).—
Dance Music.

ERIKA STORM, who is broadcasting
a song recital at 5.45 p.m. to-morrow.

Florence Hooton (cello); Dorothy Manley (piano).
6.30.—"The Cato Street Conspi-
racy," by Norman F. Grant; a dramatic
reconstruction of the plot to murder
George IV's Ministers, which was de-
vised by Arthur Thistlewood and
betrayed by George Edwards.
7.10-7.55.—B.B.C. Military Band.
7.55.—Organ Voluntary from St. Margaret's, Lee.
8.0.—Service (Church of England);
address by Rev. Canon F. H. Gillingham;
from St. Margaret's, Lee.
8.45.—Tommy Handley appearing on
behalf of the Variety Artistes' Ladies'
Guild. 8.50.—News and Weather.
9.5.—Imperial Ballet: with Lydia
Lopokova. 10.5.—Rawicz and Landauer
(two pianos). 10.30.—Epilogue. 11.0.—
Shipping Forecast.

342.1 m   REGIONAL   877 kc

12.30 p.m.—National. 4.0.—Alfredo
Campoli Trio. 4.25.—Music of the
Week, by Sir Adrian Boult.
4.35.—For the Children: Told by an
Angel—7. The Second Book of Samuel;
with Carleton Hobbs, Clive Baxter,
Muriel Pavlow, William Fox, Ralph Tru-
man, Eric Anderson and Alec Mango.
5.0.—Reginald Foort (Theatre Organ
Favourites). 5.30.—Luton Band. 6.0.—
Musical Boxes, by A. J. A. Symons.
6.30-7.50.—B.B.C. Orchestra (Section
B), conducted by Sir Henry J. Wood;
Beatrice Harrison (violoncello).
8.0.—Service (Methodist); address by
Rev. L. F. Church, from a Studio.
8.45.—Gracie Fields appearing on be-
half of the London Child Guidance
Clinic. 8.50.—News and Weather.
9.5.—"Hamlet" (Shakespeare), with
Leslie Howard, Geoffrey Wincott,
Richard Watson, David King-Wood,
William Devlin, Basil Radford, Alec
Clunes, Bromley Davenport, Olga Lindo,
Hermione Hannen, John Abbott, Anthony
Quayle, John Glyn-Jones, Freda Jack-
son, Ernest Jay and Francis de Wolff.
11.5.—Epilogue.

296.2 m   MIDLAND   1,013 kc

4.0 p.m.—Regional. 5.0.—Orchestra;
Dorothy Megeney (soprano). 6.0.—Re-
gional. 8.30.—Birmingham Fire Brigade
Band.
7.0.—Brahms Programme: City of
Birmingham Orchestra; Male Chorus of
the Birmingham Festival Choral Society;
Mary Jarred (contralto), from the Town
Hall, Birmingham.
7.55.—Organ Voluntary from Carr's
Lane Church, Birmingham. 8.0.—Ser-

THE PICK OF TH WEEK-END RADIO

To-night
7. 5 p.m.—Hear some of the songs from Scottish.
8. 0.—Please Yourself; Music-l with Flanagan and Allen, the National; a new play, on the Regional; opera from the Scala, Mil
8.40.—Folk Song Almanack, on Western.
9.30.—Swing music on the Hamb wave-length.

To-morrow
2.20 p.m.—Eugene Pini and Tango Orchestra.
4. 0.—Symphony Concert from R but you get it from Milan Trieste.
5. 0.—Beautiful Melodies from 1 lin (Deutschlandsender) Variety (usually very go from Cologne.
6.30.—Murder play. It's the plot assassinate the Ministers George the fourth (Natione
8.45.—There's an appeal by Gra Fields, on Regional.
9. 5.—"Hamlet," with a good c Regional.

sel and Gretel" (Fairy Opera, by Hu dinck), followed by "Swan Lake" (rovsky's ballet). 7.30.—Light Music Dance Music.
ROTTENS, 443.1 m.—11.40-1 Gramophone. 5.—Gramophone. 8 Vocal Quartet. 8.30.—Gramophone.
—Dances (Orchestra). 9.—Dance Mu STOCKHOLM, 426.1 m.—1.30 p.m.— cal Miniatures. 5.45.—Songs. Violin Piano. 4.5.—Orchestra. 7.30.—Bean vian Ball.
STRASBURG, 349.2 m. — 2.30 p Gramophone. 4.—Viennese Music Songs from Marseilles. 7.30.—Light 3 8.30.—Mandoline Band and Singers. Dance Music
STUTTGART, 522.6 m.—3 p.m.— Music. 8.—New Year in the Moun

Olga Lindo will be heard in the broadcast version of "Hamlet" to-morrow at 9.5 (Regional, 342.1 m).

> **AT HOME TO-MORROW**

1,500 m   **NATIONALS**   **200 kc**
261.1 m   **1,149 kc**

(Until 4 p.m., only on 1,500 m.)

9.25 a.m.—Bells from Croydon Parish Church. 9.30-10.15.—Service (Church of England); address by Right Rev. W. L. Anderson; from Croydon Parish Church.

10.30 - 10.45. — Weather for Farmers and Shipping.

11.0-12.15 p.m.—Service in Welsh; address by Rev. Stephen O. Tudor; from Moriah Calvinistic Methodist Church, Caernarvon. **12.30.**—Orchestra.

1.30.—Students' Songs: B.B.C. Men's Chorus: Raymond Newell (baritone).

2.0.—In Your Garden: **"The New Spring Catalogues,"** by C. H. Middleton. **2.20.—Eugene Pini** and his Tango Orchestra, with Diana Clare.

3.15.—Music by Norman O'Neill: B.B.C. Orchestra (Section C). **4.0.—" The Universal Week of Prayer,"** by Rev. Prebendary W. Wilson Cash. **4.20.—Fred Hartley** and his Sextet, with Cyril Grantham.

5.0.—Signposts to God, 1—**Nature,** by Very Rev. W. R. Matthews. **5.20.— Chamber Music:** Erika Storm (soprano); Grinke Trio: Frederick Grinke (violin);

Abb. 3 und 4: Erika Storm (oben links) in der Ausgabe des "Week-End Radio Guide" der B.B.C. Daneben: Ein kurzer Ausschnitt des B.B.C.-Programms vom 1. Januar 1938, wahrscheinlich aus dem "Observer".

Abb. 5: Die aus Hamburg stammende Sängerin Erika Storm, 1934.

6.3.2.2 Das Auslandsprogramm der B.B.C.

Bereits vor Ausbruch des Krieges hatte die B.B.C. ihr Auslandsprogramm eingerichtet und am 3. Januar 1938 ihr erstes fremdsprachiges Programm in arabisch ausgestrahlt. Ende September 1938 begann der "European Service" der B.B.C. mit Nachrichten in Französisch, Deutsch und Italienisch. Bald darauf konnten auch die Griechen Sendungen aus London in ihrer Muttersprache hören (Briggs 1985, 195f., 225, 373f.). Das Entwicklungstempo war rasant, und Ende 1943 war die B.B.C. dazu in der Lage, in 45 Sprachen zu senden (Briggs 1985, 195f. und 225). Bei besonderen Ereignissen war es technisch sogar möglich, simultan in der Overseas Transmission und im Home Service zu senden. So konnte die britische Erstaufführung der *Leningrader Sinfonie*[213] gleichzeitig in Moskau empfangen werden (Lockspeiser 1944, 97). Es verwundert nicht, daß bei einem solch breiten Spektrum an Sendungen der Bedarf an Musikern und Sängern groß war. So griff man während des Krieges etwa seit 1941 auch auf Flüchtlinge zurück.

Vom 29. März 1943 an hatten die Österreicher, die bis dahin in der Deutschen Abteilung des Bush House angesiedelt waren, mit der Sendung eigener Beiträge in ihre Heimat begonnen (Briggs 1985, 377). Oder wie Brinitzer zurückblickend feststellte, "(wurde) erst im April 1943 eine selbständige österreichische Sendung geschaffen. Programmleiter war Patrick Smith. [...] Die österreichische Abteilung war also eine Spätgründung. Aber schon vorher wimmelte es im Deutschen Dienst von Österreichern." Selbstverständlich bestand auch das Programm der österreichischen Abteilung aus Nachrichten, Vorträgen und Features (Brinitzer 1969, 207f.). Als bekannte Mozart-Interpretin konnte wiederum Irene Eisinger im Oktober 1943 für die Sendereihe "Austrians in the World"[214] der neugegründeten österreichischen Abteilung gewonnen werden.[215]

6.3.2.3 Alice Schaeffer

Welchen psychologischen Stellenwert insbesondere eine Arbeitsmöglichkeit an der B.B.C. für die Flüchtlinge besaß, dokumentiert die Akte der Sängerin Alice Schaeffer.[216] Ohne einen ersichtlichen Grund hatte ihr das Innenministerium nach Absprache mit dem Arbeitsministerium die Arbeitserlaubnis für ein B.B.C.-Konzert mit

---

213   Wie derselbe Autor in der genannten Quelle schreibt, wurde ein Mikrofilm der *Leningrader Sinfonie* im Gepäck eines Diplomaten aus Moskau nach London gebracht.
214   Irene Eisinger war keine Österreicherin, sie hatte ihre Gesangsausbildung jedoch in Wien erhalten und war den Österreichern durch ihre Auftritte bei den Salzburger Festspielen bekannt.
215   WAR, Irene Eisinger; Artists; File 1: 1934-1962.
216   Alice Schaeffers richtiger Name ist "Schäffer-Kuznitzky", in England nennt sie sich Schaeffer.

Weihnachtsliedern von Peter Cornelius, das sie selbst vorgeschlagen hatte, verweigert.[217] Daraufhin wurde der bereits von der B.B.C. festgelegte Termin mit Alice Schaeffer für den 20. Dezember 1938 abgesagt. Völlig verzweifelt schilderte sie daraufhin Arthur Wynn ihre seit 1935 andauernden Bemühungen um eine neue Existenz: "Singing at the B.B.C. not only assisted me actually but also stimulated my efforts in this very difficult task because to my feeling the fact that I could sing then was proof that there is still room in the cultured world for a jewish artist."[218] Auch die Redakteure der B.B.C. hatten, wie die Festlegung des Termins mit ihr zeigt, mit einer Arbeitserlaubnis für die deutsche Sängerin gerechnet. Die Absage des Innenministeriums an die B.B.C. stammt vom 9. Dezember 1938. Genau einen Monat zuvor hatten die Pogrome gegen die Juden in Nazi-Deutschland eine Welle der Empörung in Großbritannien ausgelöst. Möglicherweise vor diesem Hintergrund verbot das Innenministerium die Anstellung einer deutschen Sängerin, die paradoxerweise selbst Opfer der Nazis geworden war. Ihre Lebensgeschichte spielte bei dieser Entscheidung jedoch keine Rolle.

Nach dreijähriger Pause sang Alice Schaeffer zum Weihnachtsfest 1941 dann doch die Cornelius-Lieder, gesendet in der Overseas Transmission.[219] Dem waren Bemühungen von B.B.C.-Mitarbeitern vorausgegangen, gerade dieser Frau ihre schwierige Lebenssituation verbessern zu helfen. Das Schicksal ihrer Familie hatte die Mitarbeiter der B.B.C. sehr berührt, wie sich einem internen Schreiben vom 17. Januar 1941 entnehmen läßt:

> She is the sister-in-law of Walter Schaeffer, who was a colleauge of ours. He was the Chief Engineer of the R.R.G.[220] in Germany up to 1933, when he and his wife both committed suicide, I imagine as a result of persecution by the Nazi Regime. He was a really first-class engineer, and we thought a tremendous lot of him and liked him very much. One of his brothers was killed in the last war, and Mrs. Alice Schaeffer is this brother's widow. She and her son have lived in England since 1933.[221]

Dieser Brief erhellt das Schicksal von Alice Schaeffer, die ihren Ehemann bereits im I. Weltkrieg verloren hatte, ihren Sohn großzog und nach geglückter Flucht ins United Kingdom vor erneuter Ablehnung stand. Außerdem zeigt er, daß es zwischen deutschen und britischen Rundfunkingenieuren in den Pionierzeiten des Rundfunks persönliche Kontakte gab, die auf gegenseitige Wertschätzung hindeuten.

---

217 WAR, Schreiben des Home Office vom 9.12.1938 an die Administration Division der B.B.C. Alice Schaeffer; Artists, File 1: 1931-1950.
218 WAR, Brief vom 18.12.1938 in letztgenannter Akte. Da ein vergleichbarer Fall an der B.B.C. nicht vorkam, habe ich diesen Ausschnitt ausnahmsweise wörtlich zitiert. Es war mir leider nicht möglich, einen Verwandten Frau Schaeffers wg. der Rechte zu finden.
219 WAR, Order vom 22.12.1941 in der o.g. Akte.
220 Abkürzung für: Reichs-Rundfunk-Gesellschaft m.b.H.
221 Richtig ist 1935.

6.3.2.4 Ernst Frank und Richard Tauber

Einige der ausübenden Musiker und Musikerinnen ließen sich durch einen Agenten vermitteln, wie im Fall des Bariton Ernst Frank. Auch er sang vor dem Krieg in Regionalprogrammen der B.B.C. vorwiegend "leichte Klassik". Obwohl er eine britische Mutter besaß, demnach nicht unter die Kategorie der "enemy aliens" fallen müßte, datiert seine letzte Zusammenarbeit mit der B.B. C. vom 13. November 1939. Seine Bemühungen um neue Verträge hatten keinen Erfolg, auch weil er selbst zu den Streitkräften eingezogen wurde. Erst nach 1946 konnte er die begonnene Zusammenarbeit mit der B.B.C. weiterführen.[222]

Richard Tauber erhielt als eine besondere Ausnahme unter den Flüchtlingen bereits im Jahr 1940 die britische Staatsbürgerschaft. Sein Gastspiel an der B.B.C. war relativ kurz und - gemessen an dem Grad seiner Popularität - eher zurückhaltend. Sein erster Auftritt als Sänger, begleitet vom Theatre Orchestra, fand im April 1940 für den Home Service statt. Auch damit stellt er eine besondere Ausnahme unter den Flüchtlingen dar. Tauber versuchte, bei der B.B.C. auch als Dirigent zu arbeiten, was ihm aber nicht gelang.[223] Er verlangte eine deutlich höhere Gage als andere Sänger und beschwerte sich außerdem über die Übertragungsqualität seiner Sendung.[224] Die Initiative für Taubers Engagement war von der B.B.C. ausgegangen. Ihm wurde eine besondere Vorzugsbehandlung gewährt. Er war auch der einzige, nun bereits naturalisiert, für den eigens eine Hörerbefragung durchgeführt wurde. Während der Sendung seines vierzigminütigen Liederkonzertes befragte die B.B.C. am 20. September 1941 71 Mitglieder der Streitkräfte. Die Zusammenfassung des Reports ergab: "Richard Tauber's song recital on Saturday, 20th September, was held to be very popular with a 'large' audience of Forces Listeners. The timing was held to be suitable by the majority of those reporting."[225]

6.3.2.5 Zusammenfassung

Die Frage nach dem Repertoire der Sänger und Sängerinnen, mit dem sie sich an der B.B.C. vorstellten, kann recht klar beantwortet werden: Sie greifen genau auf Werke von Komponisten zurück, mit denen sie ihren Erfolg im Heimatland begründen konnten. Erst allmählich setzten sich die Sänger auch mit britischen Komponisten auseinander, wenn sie dafür von Verantwortlichen der B.B.C. zugelassen wurden,

---

222 WAR, Ernest Frank; Artists; File 1: 1936-1949.
223 Diese Aussage geschieht unter Vorbehalt. Meine dahingehende briefliche Rückfrage beim WAR wurde ignoriert und telefonisch wegen Arbeitsüberlastung abgelehnt.
224 WAR, Schreiben vom 5.8.1943 an den Director of Recorded Programme. Richard Tauber; Artists 1A; 1940-1944.
225 WAR, "A Listeners Research Report", S. 2; Richard Tauber; Artists 1A; 1940-1944.

die einen strengen Maßstab an den Grad der Beherrschung der englischen Sprache anlegten.

Nach dem Beginn des Krieges bis in das Jahr 1941 hinein war von den Sängern unter den Flüchtlingen im Home Service nur Richard Tauber anzutreffen. Mit dem gezielten Ausbau der Propagandasendungen nach Deutschland und Österreich sowie in die von den Nazis besetzten Länder, die in der Sprache der Zielländer gehalten wurden, nutzte man auf britischer Seite die deutsche Sprache als Mittel für den Widerstand gegen die Nazis. Im Vordergrund dieser Programme standen Nachrichten, politische Kommentare und Features, um deren Entwicklung in der Reaktion auf die politischen Ereignisse und Nazi-Propaganda sich die Erinnerungen des B.B.C.-Mitarbeiters Brinitzer ranken (Brinitzer 1969). Dabei spielten das deutsche Liedgut, Operettenmelodien oder Opernausschnitte eher eine quantitativ geringe Rolle. Dramaturgisch brisant wurde deutsches Liedgut in Features eingesetzt und in Sketchen verwendet. Unter politischem Aspekt betrachtet war es von großer Bedeutung, daß berühmte Sänger wie Richard Tauber und Sängerinnen wie Irene Eisinger durch ihren künstlerischen Beitrag, gerichtet an die Heimatadresse von Deutschen und Österreichern, ihre Zugehörigkeit zur Anti-Hitler-Front demonstrierten.

6.3.3 Instrumentalisten

An erster Stelle der deutschen und österreichischen Instrumentalisten muß Louis Kentner genannt werden, der nach seiner Übersiedlung als bevorzugter Pianist bei der B.B.C. gelten kann. Auf Anhieb gelang ihm der Sprung in die erste Reihe der Pianisten an der B.B.C., wobei ihm seine Vielseitigkeit als Interpret der Klavierliteratur von Bach bis Schubert und seine Spezialisierung auf Chopin und Liszt nützlich war. Eines seiner Bravourstücke muß die *Wanderer-Fantasie* gewesen sein, die er öfter einspielte.[226] Zu seinem Repertoire zählten Beethoven-Sonaten genauso wie Mozart-Klavierkonzerte. 1938 hatte er als Flüchtling bereits die Ehre, bei einem Promenadenkonzert der B.B.C. den Solopart des *2. Klavierkonzerts* von Liszt auszuführen. Mindestens mit einer Sendung monatlich war er präsent. Ab 1938 kamen die Aufnahmen mit seiner Duopartnerin und Ehefrau Ilona Kabos hinzu. Kentner genoß offensichtlich einen besonderen Status, da sich seine Engagements, bis auf eine Unterbrechung bei Ausbruch des Krieges, kontinuierlich fortsetzten.[227] Er spielte für den Home Service, die Forces und verschiedene Stationen der Overseas Transmission. Zunehmend führte er mit dem B.B.C. Symphony Orchestra Werke britischer Komponisten auf: im Dezember 1943 das *Klavierkonzert* von Alan

---

226   WAR, Order für den 11.4.1937 und 13.2.1938. Louis Kentner, Artists, File 1: 1928-1938.
227   WAR, File 2: 1939-1941, Louis Kentner.

Rawsthorne und im November 1943 die Erstaufführung des *Klavierkonzerts* von Arnold Cooke, die hier stellvertretend genannt werden sollen.[228] Der Beginn der Zusammenarbeit zwischen Franz Osborn und der B.B.C. ist ungewiß und aus den Akten nicht nachzuvollziehen, da Dokumente erst mit dem Jahr 1944 überliefert sind. Gemeinsam mit Max Rostal spielte er in diesem Jahr vorwiegend Kammermusik ein. In einem Schreiben vom 8. Februar 1945 an Julian Herbage zeigte sich Osborn deutlich an einem gemeinsamen Auftritt mit dem B.B.C.-Orchester unter Adrian Boult interessiert. Das erste und bis dahin letzte gemeinsame Konzert lag danach bereits elf Jahre zurück und inzwischen hatte er nach eigenem Bekunden mit allen wichtigen britischen Orchestern zusammengearbeitet.[229] Bis zum Ende des Krieges kam diese gewünschte Zusammenarbeit jedoch nicht zustande. Hingegen konnte Osborn als Solist sowie gemeinsam mit Max Rostal an der B.B.C. auftreten. Auch als Solist mit dem Northern Orchestra (Liszt *A-Dur Klavierkonzert* am 15. August 1944) wurde Osborn an der B.B.C. geschätzt. In den folgenden Jahren gestaltete sich die Zusammenarbeit weiter intensiv, besonders im neugeschaffenen III. Programm.[230]

Die gleiche unvollständige Quellenlage wie bei Osborn liegt bei dem Pianisten Franz Reizenstein vor. Von 1943 bis 1945 wurde er danach nur für wenige Aufnahmen engagiert. Beim Overseas European Service gelang ihm im April 1943 die Einspielung seines eigenen *Klavierkonzertes* mit dem Northern Orchestra. Reizenstein erhielt als Pianist hervorragende Kritiken in den Zeitungen. Innerhalb der B.B.C. beurteilte man seine Interpretationen jedoch kritischer. Dies zeigt ein interner Bericht über ein "Beethoven-Konzert" 1946, vorgelegt vom "Director of Music", Victor Hely-Hutchinson.[231] Nach einer eingehenden Interpretationskritik dreier *Sonaten* und der *Sechs Bagatellen* op. 126 gelangt dieser zu folgender Zusammenfassung:

> I feel that while we ought to use Reizenstein occasionally, it is not reasonable to hope that he will ever be as good a pianist as his learning and sincerity would make possible. I fear that his

---

228 War, File 3: 1942-1943, Louis Kentner. Die weiteren Akten bis Ende des Krieges waren nicht zugänglich.
229 Höchstwahrscheinlich besuchte Ernst Henschel das "Second Experimental Rehearsal", organisiert vom Committee for the Promotion of New Music am 4.2.1944 im Royal College of Music. Osborn spielte gemeinsam mit dem London Symphony Orchestra unter Constant Lambert ein *Piano Concerto* in drei Sätzen von Francis Chagrin (Programmzettelsammlung Henschel).
230 WAR, Franz Osborn, Artists; File 2a: 1944-1947.
231 Victor Hely Hutchinson (1901-1947) kam 1926 als Pianist und Komponist zur B.B.C., wurde ab 1927 Assistent von Edward Clark. Von 1928 an verantwortlich für das tägliche Programm "Foundations of Music", komponierte er für Radio-Features "Background Music", arbeitete als Dirigent und Begleiter. 1933-1943 Professor an der University of Birmingham; von September bis zu seinem frühen Tod Nachfolger von Arthur Bliss als B.B.C. Director of Music (Doctor 1993 II, S. 662f.).

lack of a sense of poetry, as well as a sense of performance, are defects which will never be overcome.[232]

Dessen ungeachtet war Reizenstein als Kammermusiker und Solist ein gut beschäftigter Mann bei der B.B.C. Das Urteil von Victor Hely-Hutchinson schien andere Mitarbeiter im Hinblick auf Reizensteins Anstellung wenig zu beeindrucken. Es zeigt andererseits, daß sich die B.B.C.-Redakteure ihr eigenes kritisches Urteil bildeten und nicht unbedingt vorbehaltlos einen Musiker engagierten, der bereits an anderer Stelle des britischen Musiklebens erfolgreich aufgetreten war.

Die Bezugsperson für die Anfragen interessierter Interpreten war der musikalische Leiter und Dirigent des B.B.C. Symphony Orchestra, Adrian Boult, dessen überlieferte Antworten die Situation widerspiegeln. Sogar einem ehemaligen "College people", wie er Harriet Cohen,[233] die sich für die österreichische Pianistin Edith Vogel eingesetzt hatte, bezeichnete, antwortete er in recht drastischen Worten. Daran ist eine Überforderung Boults mit diesem Problem deutlich zu erkennen:

> I will see, what can be done about your young friend, but candidly, we are so flooded with English pianists of first-class-merit that it is very difficult for us to do anything for foreigners; this whole refugee problem is a terrible one.[234]

Dessen ungeachtet hatte Boult den Brief von Harriet Cohen an das "Music Department" weitergereicht, das am 24. November 1938 von dieser Dame nähere Details über Edith Vogel erbat. Erst 1944 - auch Hermann Scherchen hatte sich inzwischen für Edith Vogel eingesetzt, wie sich aus einem Brief von Boult rekapitulieren läßt[235] - wurde sie engagiert. Die beiden österreichischen Pianisten Edith Vogel und Paul Hamburger wurden 1938 zu einem Vorspiel eingeladen. Bedingt durch die Kriegssituation erhielten beide jedoch erst ab 1942 eine Arbeitsmöglichkeit. Die eigentliche Karriere der Pianistin Edith Vogel bei der B.B.C. ging mit dem Aufbau des III. Programmes einher. Gleichzeitig begann ihre Laufbahn als Solistin in den Konzerthallen.[236]

---

232 WAR, "Report on concert at Wigmore Hall - Monday, April 8th." Franz Reizenstein, Artists, File 2: 1943-1952.
233 Es handelt sich hierbei um die englische Pianistin Harriet Cohen (1895-1967), die sich engagiert für zeitgenössische englische Musik einsetzte. 1924 war sie zu den Salzburger Festspielen für zeitgenössische Musik eingeladen worden und hatte möglicherweise Krenek kennengelernt, mit dem sie im Juni 1938 in London zusammentraf (Pâris 1992; Zenck 1992, S. 72). Welches College Boult hier meint, kann im Vergleich beider Biographien nicht nachvollzogen werden. Harriet Cohen engagierte sich auch im Musicians' Refugee Committee.
234 WAR, Brief vom 21.11.1938 an K.H. Cohen. Edith Vogel, Artists; File 1: 1938-1956.
235 WAR, Brief von Scherchen vom 14.2.1938 an Wright. Hermann Scherchen; Artists, File 1: 1934-1951.
236 WAR, Edith Vogel, Artists; File 1: 1938-1956.

In einem internen Schreiben der B.B.C. äußerte sich W.L. Streeton eindeutig über Engagements von Österreichern (und damit auch Deutschen) zu Kriegszeiten: "Further, he (Peter Stadlen, J.R.H.) is an Austrian subject and would not and could not normally be booked for broadcasting in anything but the Overseas Service."[237] Mit besonderer Genehmigung wurde Stadlen in einem "Schubert Recital" 1943 im Home Service eingesetzt, parallel dazu in der Overseas Transmission mit "Viennese Music" (26.6.1943). Als Spezialist für Schönberg und Berg brachte er einige Farbtupfer mit zeitgenössischer Klaviermusik in die für die Briten bestimmten Programme (10.9.1944 Schönberg und 5.12.1944 Mozart und Berg). Im Februar 1945 begann mit einer Sendung über Klaviermusik von Schönberg und Bartók die kontinuierliche Zusammenarbeit zwischen der B.B.C. und dem Pianisten Peter Stadlen, zudem ein sachkundiger Musikologe für neue Musik.[238]

Ein Schriftverkehr zwischen der B.B.C. und Dea Gombrich ist nicht überliefert. In einem internen Schreiben vom 22. Dezember 1941 wird sie hingegen als eingestellte Geigerin erwähnt. In welchem Umfang sie tätig gewesen ist, kann nicht mehr nachvollzogen werden.[239]

Maria Lidka als Violinistin des Czech Trio wurde schon im Dezember 1940 für Aufnahmen an der B.B.C. verpflichtet (Gesprächsprotokoll Lidka).[240]

Die Cellistin und Gambistin Eva M. Heinitz hatte 1935 ihren ersten Auftritt bei der B.B.C. und erhielt danach weitere Engagements. Sie schreibt dazu: "B.B.C. - I played regulary - once even the cello for Television - I think I was one of the first people to play for T.V."[241] Ihre Tätigkeit ist durch keinen Archivbefund nachgewiesen.

Einem ganz anderen Genre widmete sich Georg Knepler. Er hatte 1936 gemeinsam mit Ernst Schoen die Opera Group[242] mit etwa zwölf jungen britischen Sängern gegründet und in konzertanter Form klassische, englisch-klassische und zum Teil moderne Musik aufgeführt. Edward Clark vermittelte 1936 die Opera Group an die B.B.C. für Opern im Rundfunk. Danach wurde sie zu etwa vier konzertanten Aufführungen u.a. von Opernszenen aus *Die lustigen Weiber von Windsor* im britischen Rundfunk herangezogen. Die Operntruppe führte außerdem Purcells *Dido and Aeneas* und *The Ephesian Matron* von Charles Dibdin vollständig auf, wobei Georg Knepler das B.B.C. Symphony Orchestra dirigierte (Gesprächsprotokoll Knepler).

---

237 WAR, Schreiben des Programm Contracts Director, W.L. Streeton, vom 26.11 (vermutlich 1942) an drei verschiedene B.B.C.-Partner.
238 WAR, Artists, Personal File 1; Peter Stadlen, 1938-1947.
239 WAR, R27/3/2 Music General; Alien Composers; File 2: 1941.
240 Eine Akte Maria Lidka liegt nicht vor.
241 Brief von Eva M. Heinitz vom 14.2.1994 an die Autorin.
242 In der B.B.C.-Akte Kneplers behauptet sich die Bezeichnung "Chamber Opera Group"; dies ist nach Knepler, dem Mitbegründer, eine falsche Bezeichnung.

Ernst Krenek besuchte während eines Londonaufenthaltes am 19. Juni 1938 eine solche Aufführung von *Die Witwe von Ephesus* und beschrieb sie in seinem Tagebuch, als "sehr nett, [...], ziemlich derb, mit hübscher Musik, von Schoen einfallsreich und gut gemeint inszeniert" (Zenck 1992, 71). Die Frage, ob von dieser Tätigkeit möglicherweise Anregungen für das britische Musikleben ausgegangen sein könnten, beantwortete Knepler folgendermaßen: "Es wurde sicher auch durch unsere Aufführungen der Gedanke nahe gelegt, wie man in einer Rundfunkstation mit einer Oper verfahren kann und die Art, die wir gewählt hatten, nämlich Auszüge aus Opern aufzuführen mit einem verbindenden Sprecher, war neu" (Gesprächsprotokoll Knepler). Die Opera Group wurde bald für das Fernsehen im Pionierstadium mit dem Wilder-Stück *The Happy Journey to Trenton and Camden*[243] engagiert. In diesem Zusammenhang schilderte Knepler die ersten Versuche, mittels des neuen Mediums Opern zu realisieren:

> Der Regisseur hieß Eric Crozier, später Textautor von Benjamin Britten, und er inszenierte das Stück für das Fernsehen nicht so, wie man das auf einer Bühne gemacht hätte, sondern machte die Primitivität der Aufführung zu einem Medium, zum Stil. Eine Familie fährt in einem Auto von einem Ort zum anderen und was sich dabei so ergibt. Als Auto wurden eben sechs Stühle zusammengestellt und das war das Auto, und das wurde bewußt so versucht. Oder wir haben einmal ganz anders, auch in einem Versuchsprogramm des Fernsehens, eine Offenbach-Operette aufgeführt. *Une Demoiselle en Loterie*[244] hieß das Stück. Eher selten, vielleicht einmal im Monat gab es so etwas in dieser Art (Gesprächsprotokoll Knepler).

Im Rundfunk waren Kneplers letzte Termine vor Ausbruch des Krieges der Sendung *The Gamblers* vorbehalten. In der Order dazu vom 1. März 1939 wurden Kneplers Aufgaben genau festgelegt: "To choose, arrange and score for small orchestra non copyright music as discussed, provide score and band parts or use in this production, attend rehearsals, coach artists and conduct small orchestra at both performances." Das war für drei Jahre das letzte Engagement des Georg Knepler bei der B.B.C.[245]

6.3.4 Der Einsatz von Musikern bei der Gegenpropaganda der B.B.C.

Die Propaganda in Sendungen für das In- und Ausland bildete als sogenannter Propagandafeldzug einen spezifischen Teil des Eroberungs- und Vernichtungskrieges der Nationalsozialisten. Die B.B.C. schlug auf die von den Nazis in Richtung England gesendeten verbalen Angriffe mit eigenen Mitteln zurück. In Sendungen Richtung Deutschland und Österreich sahen die Mitarbeiter des britischen Rundfunks

---

243   Erschienen 1931 in: The Long Christma Dinner & Other Plays in one Act. Musik: Georg Knepler (Gesprächsprotokoll Knepler).
244   Gesprächsprotokoll Knepler; die Offenbach-Operette wird in Kneplers B.B.C.-Akte nicht erwähnt.
245   WAR, Georg Knepler; Artists; File 1: 1936-1962.

eine Möglichkeit, den erhofften deutschen Widerstand durch eine ungeschminkte Berichterstattung über die Kriegsereignisse zu unterstützen. Das oberste Prinzip der B.B.C. bestand in der Darlegung realistischer Tatsachen, auch wenn diese zuungunsten der Briten und ihrer Verbündeten ausfielen. Allein durch das Festhalten an diesem Prinzip konnte man Glaubwürdigkeit bei den Hörern erzielen. Der verbissenen Aggressivität, wie sie in den chauvinistischen Hetzsendungen des Reichsrundfunks transportiert wurde, begegneten die Briten neben der sachlichen Aufklärung mit anderen Mitteln. Dabei kam der Musik eine besondere Aufgabe zu. Besonders ein musikalisches Motiv erlangte dabei historische Bedeutung.

Victor de Lavelyae, belgischer Programmleiter der B.B.C., hatte im Rundfunk im Januar 1941 seinen Landsleuten, den Flamen und Vallonen, als sichtbares Zeichen ihres gemeinsamen Widerstandes gegen die Nazis das "V"= "Victory" vorgeschlagen. Daraufhin hatten nicht nur Flamen und Vallonen dieses Symbol angenommen, sondern das "V" trat als allgegenwärtiges Graffiti seinen Siegeszug durch das besetzte Europa an. Dieses Zeichen auch hörbar zu machen, hatten die Briten eine in ihrer Einfachheit geniale Idee. Das Morsezeichen des "V" - auf drei kurze Schläge folgt ein langanhaltender Schlag - wurde auf einer Kesselpauke wiedergegeben. Gleichzeitig ließen diese vier eindringlichen Schläge Assoziationen an Beethovens *5. Symphonie* erkennen.

Zum ersten Mal wurde dieses Motiv am 27. Januar 1941 im European Service für die Ankündigung einer Rede von Colonel Britton eingesetzt, der darin die "V-Army" in Europa ansprach (Brinitzer 1969, 129-134). In den von der Wehrmacht besetzten Ländern wurde wiederum dieses Motiv zum Synonym für den britischen Rundfunk überhaupt.

In Propagandasendungen nach Deutschland bestritt Annemarie Hase seit dem Sommer 1940 ihre Auftritte als Frau Wernicke, einem Berliner Original, die in ihren Sketchen die Politik der Nazis in berlinisch-satirischer Weise schonungslos entlarvte. Die Texte dazu schrieb der tschechische Flüchtling Bruno Adler (Briggs 1985, 223). Auf die Idee, nach dem gleichen Prinzip auch in Richtung Österreich zu verfahren, kam man jedoch erst später. "Es gab auch eine satirische Hörfolge, die viel Anklang fand, 'Alois mit'n grünen Hut', und sogar eine Kopie der Frau Wernicke, die nun Frau Blaschke hieß", erinnerte sich Brinitzer (Brinitzer 1969, 207f.). Georg Knepler war seit Februar 1942 wöchentlich als Pianist für den "Alois mit dem grünen Hut" engagiert worden. Den Abschluß der zwanzigminütigen Sendung, die von dem Schauspieler Fritz Schrecker und Georg Knepler bestritten wurde, bildete stets ein Wiener Lied, zu dem Paul Knepler, der Vater Georg Kneplers, jeweils einen neuen Text verfaßte.[246] Georg Kneplers letzter Vertrag für die 132. Folge des "Alois" stammt vom 24. Januar 1946.[247] Er sorgte für Einstudierung und adäquate musikalische Umsetzung mit österreichischem Idiom. In den Liedern des "Alois" wurde die bekannte Wort-Ton-Beziehung eines Wiener Liedes verfremdet, um auf satirische Weise, gekoppelt an vertraute Klänge, die Österreicher über die Nazis aufzuklären. Jedoch nur ein Landsmann konnte damit bei den Österreichern überhaupt eine Wirkung erzielen.

Kneplers musikalischer Beitrag zum Anti-Hitler-Propagandafeldzug der B.B.C. bildete weiterhin ab September 1943 die Begleitung von Sängern und Musikern in der Sendung "Austrians in the World" und seine Mitwirkung von November 1944 bis November 1945 im "Austrian Personal Prisoners Programme". Mit diesem Programm wendeten sich österreichische Kriegsgefangene direkt an ihre Landsleute (Brinitzer 1969, 268f.). Nach dem Ende des Krieges war Knepler außerdem an der Sendereihe "Austrian Features" beteiligt, die die britisch-österreichischen Beziehungen auf kulturellem Gebiet betonte. Georg Knepler setzte im Interesse der Propagandasendungen nach Österreich seine Vielseitigkeit als Pianist,[248] Korrepetitor und Dirigent ein.

Mit Hilfe der Flüchtlinge sollte innerhalb der Gegenpropaganda der B.B.C. ein wichtiger Effekt bei den Hörern erzeugt werden. Auf der Seite des feindlichen Senders sprachen Personen im Berliner oder Wiener Dialekt zu ihren Landsleuten und begegneten dabei den Verdrehungen und Lügen der Nazi-Propaganda ironisch und witzig, ohne pathetisch oder autoritär wirken zu wollen. Die vertrauten Melodien schafften österreichisches Ambiente zu den neuen zeitkritischen Texten.

Erst nach dem Krieg war es möglich festzustellen, in welchem Umfang - trotz Abhörverbotes - die Sendungen der B.B.C. gehört worden waren. Auch Brinitzer interessierte sich als Nachrichtensprecher an der Deutschen Abteilung der B.B.C. nach dem Ende des Krieges für seine Hörer, die man rein zahlenmäßig nicht erfassen konnte: "Allgemein wird angenommen, daß die Sendungen der B.B.C. gegen Ende des Krieges Millionen von Hörern erreichten. Schon Weihnachten 1941 schätzte ein Gestapomann die Zahl auf eine Million" (Brinitzer 1969, 284). Andere warnten davor, die Wirksamkeit von Rundfunkstationen gegen Hitler-Deutschland nachträglich zu überschätzen, zumal hier auch ein "Quellen- und Messungsproblem" vorliegt (Frühwald/Schieder 1981, 267).[249] Immerhin trug der "Der Alois mit dem grünen

---

246 Gesprächsprotokoll Georg Knepler und Brief Georg Kneplers vom 24.2.1994 an die Autorin.
247 WAR, Georg Knepler, Artists; File 1: 1936-1962.
248 Auch Käthe Knepler wirkte dabei als Duopartnerin, wie am 1. Mai 1942, mit.
249 Der hier vorliegende Kongreßbericht einer interdisziplinären Tagung vom September 1979 "Leben im Exil" zeigt in der Diskussion der Referate von Ernst Loewy, Elke Hilscher und Conrad Pütter zum Thema Rundfunk im Exil, daß die Referenten bzw. die angeführten

Hut" im Kontext der realistischen, ungeschminkten Berichterstattung der B.B.C. dazu bei, die Glaubwürdigkeit der Nazi-Propaganda zu erschüttern und die Identität der Österreicher gegenüber den Deutschen hervorzuheben. Mit dem "Alois" konnten sich Österreicher ganz anders als mit einer "Frau Wernicke" aus Berlin identifizieren. Die Authentizität des "Alois" wurde neben dem österreichischen Dialekt auch durch die Einbeziehung von Elementen des österreichischen Volksliedes erreicht. Möglicherweise bezog Brinitzer außer Nachrichten, Kommentaren und Features solche satirischen Sendungen wie den "Alois" und "Frau Wernicke" in seine Schlußfolgerung ein, wenn er urteilt:

> Es steht heute, nach einem Vierteljahrhundert, jedenfalls einwandfrei fest, daß die deutschen Sendungen der B.B.C. einen starken Einfluß auf die Stimmung der Bevölkerung in Deutschland hatten, auch wenn diese Gefühlsreaktionen so gut wie nie in Aktionen umgesetzt wurden (Brinitzer 1969, S. 287f.).

6.3.5 Musikologen

Mit dem Rundfunk entwickelte sich ein neues und attraktives Betätigungsfeld für Musikologen. Besonders junge Musikwissenschaftler hatten hier die wenigsten Schwellenängste, für das neue Medium zu arbeiten. Obwohl Wien eine eigene Rundfunkstation besaß, zeigte sich Karl Geiringer aus Wien an Kontakten zur B.B.C. deutlich interessiert. 1935 sandte Geiringer die Partituren zweier von ihm entdeckter und bearbeiteter *Scarlatti-Kantaten* an den britischen Rundfunk. Die Kantaten wurden, aufgeführt von Musikern der B.B.C., auch gesendet. Ob sie außerdem von Geiringer kommentiert wurden, geht aus den Dokumenten nicht hervor. Im Januar 1938 lag der Schwerpunkt einer Sendung über die Bach-Familie in erster Linie in der Aufführung unbekannter Werke. Ob Geiringer dazu Texte lieferte, kann aus dem Archivbefund nicht geklärt werden.[250] Nachdem Geiringer 1938 aus Österreich nach London geflohen war, machte er weitere Themenvorschläge, die aber nicht mehr umgesetzt wurden.

Offensichtlich waren die Redakteure der B.B.C. nicht abgeneigt, ihr Angebot an Musik durch kompetente Zulieferer wie Karl Geiringer zu ergänzen, womit gleichzeitig eine Erweiterung und wertvolle Differenzierung des B.B.C.-Archivs einherging. Wie sich an dem Beispiel Karl Geiringers zeigt, bildete nach den Ereignissen von 1938 in Österreich die B.B.C. einen letzten Rettungsanker für Flüchtlinge, um

---

ehemaligen Mitarbeiter der Rundfunkstationen die Wirksamkeit des Mediums wesentlich höher einschätzten als demgegenüber das kritische Auditorium; vgl. die Diskussion dazu in der genannten Quelle.
250 WAR, Music General, Karl Geiringer, 1933-1939; Schreiben vom 17.12.1937, Lewis an Geiringer.

eventuell in Großbritannien Fuß fassen zu können. Geiringer hatte sich nach seiner Entlassung und Flucht aus Wien als B.B.C.-Autor und Zulieferer[251] begründete Hoffnungen auf eine feste Anstellung gemacht, zumal die B.B.C.-Mitarbeiter Dr. Stanton und Victor Hely-Hutchinson ihn dabei unterstützten. In einem internen Brief bat auch K.A.Wright seine Kollegen um eine Lösungsmöglichkeit für Geiringer. Darin kommt zum Ausdruck, daß Geiringer sogar finanziell völlig unabhängig war und es ihm nicht primär auf den Verdienst, sondern auf einen interessanten Wirkungskreis ankäme. Geiringer benötigte danach für eine Anstellung dringend eine Bescheinigung, die seinen Beitrag als besonders wertvoll für England erachtet und die gleichzeitig bestätigt, daß er keinem Briten einen Arbeitsplatz streitig machte.[252] Obwohl die Redakteure deutlich an einer Mitarbeit Geiringers interessiert waren, gelang es ihnen nicht, für ihn eine Ausnahmeregelung beim Innenministerium zu erzielen. Die B.B.C. konnte ihm nicht helfen. Mit einem Dankesbrief an Wright, der sich neben Adrian Boult für Geiringer erfolglos verwandte, setzte Geiringer selbst einen Schlußstrich unter die erhoffte Festanstellung an der B.B.C.[253] Er korrespondierte noch einige Male mit B.B.C.-Redakteuren und machte weitere Programmvorschläge. So bearbeitete er für die Hinrichsen Edition einige unbekannte Klavierwerke von Mozarts Sohn, die er gleichzeitig der B.B.C. für eine Sendung anbot.[254] Daneben bereitete er mit großer Sicherheit seine Weiteremigration in die USA vor. Sein letzter Brief aus England an die B.B.C. stammt vom 13. Juni 1939. Geiringers hoffnungsvolle Ankunft in London endete mit einer herben Enttäuschung, da er sich voller Optimismus über die Einflußmöglichkeiten der B.B.C. zugunsten von Flüchtlingen falsche Vorstellungen gemacht hatte.

Anhand der Akte von Ernst Hermann Meyer läßt sich der Aufbau von Musiksendungen in jenen Jahren deutlicher nachvollziehen. Die vorliegenden Kommentare zu einer fünfundzwanzigminütigen Sendung des Home Service am 8. Mai 1934 über "Musik des 17. Jahrhunderts von William Lawes und John Jenkins"[255] enthalten kurze Ansagen über Entstehung und wichtige Charakteristika einzelner Stücke und zu ihrem Gebrauch im Musikleben. Die Leistung Meyers und somit die Attraktivität für die Zuhörer bestand in der Entdeckung und Zusammenstellung dieser Kammer-

---

251 Als Kustus der Musiksammlung bei der Gesellschaft der Musikfreunde in Wien bereitete er Material aus Beständen dieser Sammlung für Sendereihen der B.B.C. vor. WAR, Music General, Karl Geiringer, 1922-1939; Schreiben Wright an Makower vom 31.3.1938.
252 WAR, Music General. Karl Geiringer, 1933-1939. "Attached Draft Letter on Behalf of Dr. Karl Geiringer", KAW/CME; 5.5.1938.
253 WAR, Music General, Karl Geiringer, 1933-1939, Brief vom 20.6.1938 Geiringer an Wright.
254 WAR, Music General. Karl Geiringer; 1933-1939, Brief vom 13.6.1939 Geiringer an Herbage.
255 Dieses Thema fügt sich genau in den Gegenstand ein, für den Meyer britische Archive sichtete und später als "Die Kammermusik Alt-Englands" veröffentlichte.

musik. Dabei wurde nicht einfach Musik abgespielt, sondern unter einem bestimmten historischen Gesichtspunkt eine Gattung gezielt vorgestellt. Im Februar 1934 bereits hatte Meyer in der Reihe "The Foundations of Music" in fünf Sendungen "Early Continental Chamber Works" zu Gehör gebracht, die in Großbritannien weitgehend unbekannt geblieben waren. Im Manchester Guardian würdigte der Kritiker diese Art der Präsentation, in der Meyer charakteristische Stücke aus einem breiten Spektrum an europäischen Kompositionsstilen ausgewählt hatte. Der Kritiker beschloß seine Ausführungen folgendermaßen: "The B.B.C. is indebted to Dr. Ernst Hermann Meyer for the provision of music which much of our modern Western art is founded" (G.A.H. 1934). Damit traf er ganz offensichtlich das Anliegen Meyers. Diese auf eine breite musikgeschichtliche Bildung abzielende Sendereihe "The Foundations of Music" war bereits 1927 von Victor Hely-Hutchinson ins Leben gerufen worden. Da sie in den dreißiger Jahren jedoch nur etwa 15 Prozent der Hörer erreichte, war sie erheblicher Kritik ausgesetzt (Briggs 1985, 125 und 150). Dagegen hatte Meyer neue Akzente zu setzen vermocht, die nicht unbeachtet geblieben waren. Sein zusammenhängender Exkurs "From Cromwell to Restoration Time" wurde (laut Order) in der Woche vom 26. Februar bis 2. März 1934 täglich von Montag bis Freitag gesendet. Dabei unterschied er die Werke von sechzehn Komponisten nach soziologischen Gesichtspunkten oder solchen der Musikpraxis. Um dies anschaulich zu machen, sollen hier die wichtigsten Einzelheiten wiedergegeben werden:

"Monday: The True Old Chamber Music (music for viols)." Besetzungen: Ensembles von 2, 4, 6 Violinen bzw. 6 Violinen und 1 Blasinstrument.

"Tuesday: Instrumental Music at the Royal Court." Besetzung: Trompete und vier Streicher.

"Wednesday: On the Stage." Besetzung: 4 Streicher.

"Thursday: In the Concert Hall (the first concerts and the beginning foreign influence in England)." Besetzung: Cembalo, Spinett, Clavichord, Violine, Trompete, Violone; "Friday: The New Home Music." Besetzung: Violine, Viola, Bass.[256]

Mit der bekannten britischen Dolmetsch-Familie[257] fand Meyer (wie auch schon bei der ersten erwähnten Sendereihe) die geeigneten Interpreten. Daß diese Art Programme ungewöhnlich und neu war, läßt sich aus der außergewöhnlichen Resonanz ablesen: Der Kritiker "Audax" führte in der Musical Times dazu aus: "I wish we had

---

256 WAR, Ernst-Hermann Meyer, Artists; File 1: 1931-1962; Programm; Order vom 16.1.1934.
257 Arnold Dolmetsch (1858-1940), studierte Orgel, Klavier und Violine und beschäftigte sich mit der Musik des Mittelalters und der Renaissance; ab 1890 erste Konzerte auf alten Instrumenten; arbeitet als Instrumentenbauer und begründet 1917 in Haslemere (Surrey) eine eigene Firma; ab 1925 dortige Festspiele. Musiker auf alten Instrumenten, 1937 Begründer der Recorder Society in England (Pâris 1992).

such concerts more often. How can one get the full flavour when the music is heard only once ore twice a year? This side of the B.B.C. catering always needs attention. It gives too much and repeats less-known things too seldom" (Audax 1934). 1937 kam die letzte Sendung vor dem Krieg zustande. Erst 1943 folgte dann bis 1947 jährlich eine weitere Sendung, die wie alle anderen auch, auf den Vorschlag von Ernst Hermann Meyer zurückgingen.[258]
Obwohl Egon Wellesz als Musikologe in Großbritannien großes Ansehen genoß, der zudem als einer der ehemaligen musikalischen Direktoren des Wiener Rundfunks mit Sicherheit rundfunkerfahren war, wird seine Tätigkeit an der B.B.C. nur für die Sendung "The Legacy of Arabian Music" für die Arabic Transmission aus dem Jahr 1941 belegt.[259] Eine intensivere Zusammenarbeit mit der B.B.C. begann für den Musikologen erst 1947.

Eine andere Art von Rundfunksendungen, die heute noch üblich sind, bilden die so bezeichneten "Intervall Talks" zwischen gesendeten Musikstücken. Mátyás Seiber engagierte sich in dieser Weise ab 1943 für den European Service. Er sprach selbst beispielsweise über arabische Musik und dirigierte einen Chor mit ungarischer Musik. 1943 unterbreitete Seiber der B.B.C. Vorschläge für "Talks", die wie etwa im Mai 1944 bei der Aufführung der *Janos-Suite* seines Lehrers Kodály, auch zustande kamen. Der Home Service sendete im Januar 1945 einen "Intervall Talk" über Strawinskys *Capriccio für Klavier und Orchester* und Kodálys *Galante Tänze*. Verschiedene Stationen gingen auf Seibers Vorschläge vermehrt ein. So bat ihn der Home Service im Oktober 1945 um einen Beitrag zu "Béla Bartók and his music" mit Illustrationen am Piano. Seibers Kompetenz auf dem Gebiet der zeitgenössischen Musik war bei der B.B.C. gefragt. Nach Kriegsende war er in einer ständigen Sendung mit dem Titel "Tonality & atonality" oder als Berichterstatter über das "Festival of the International Society of Contemporary Music 1946" präsent. Die thematischen Schwerpunkte Seibers für seine Rundfunksendungen waren Bartók, Kodály, ungarische Musik und Musik der Zigeuner. Relativ spät, im November 1951 trat er als Autor im III. Programm einer gänzlich Schönberg vorbehaltenen Sendung hervor, die im Januar 1952 fortgesetzt wurde.[260]

Mosco Carner begann seine Karriere bei der B.B.C. als Autor und konnte sich von da aus weitere Tätigkeitsbereiche erschließen. Nachdem er bereits Beiträge in verschiedenen Periodika, eingeschlossen auch die Musical Times und The Monthly Musical Record, veröffentlicht hatte, stellte er sich im März 1935 Ralph Hill[261] vor.

---

258   WAR, Ernst Hermann Meyer; Artists, File 1: 1931-1962.
259   WAR, Talks; Wellesz, Egon Dr., File 1: 1941-1962.
260   WAR, Mátyás Seiber, Artists, File 1: 1941-1951.
261   Ralph Hill (1900-1950) war ausgebildeter Cellist, Herausgeber von Musical Mirror and Fanfare, Musikkritiker, von 1935 bis 1945 Musikredakteur der Radio Times und danach

Im Januar 1936 erhielt Carner seinen ersten Auftrag für die Radio Times, die ausführliche Programmzeitschrift der B.B.C. Die erste Ausgabe war am 28. September 1923 erschienen und zu Weihnachten 1927 wurden davon eine halbe Million Exemplare verkauft. Bis 1939 hatte sich ihre Auflage dann auf wöchentlich drei Millionen erhöht (Briggs 1985, 61). Carner lieferte von Januar 1936 bis April 1939 zehn über etwa 600 Worte umfassende Einführungen in Werke, die von der B.B.C. gesendet wurden. Dazu gehörten solche Kompositionen wie Wagners frühe *C-Dur Symphonie*, Strauss' *Till Eulenspiegels lustige Streiche* oder Glucks *Alceste*. Parallel dazu begann Carner 1938 für The Listener, die zweite Wochenzeitschrift der B.B.C., die auf einem höheren Niveau als die Radio Times angesiedelt war und ein ganz anderes Profil besaß, zu schreiben. Seit der Gründung des Listener im Jahr 1929 gab R.S. Lambert, ehemaliger Mitarbeiter der B.B.C.-Erwachsenenbildung, die Zeitschrift mit großem Erfolg heraus. Dazu schreibt Asa Briggs:

> In face of the criticism from its 'rivals' (notably the New Statesman) it soon became one of the best-known regular London 'quality' weeklies rather than narrowly adult education journal as some people inside the B.B.C. had wished. By 1935 its circulation had reached 52,000, more than that of the *New Statesman* and the *Spectator* combined. ...*The Listener* was ahead of most listeners and it successfully withstood Governor's criticism, too, of its progressive outlook on art, design, literature and jazz (Briggs 1985, 114f.).[262]

Mit "Mahler and his 'Song of the Earth'" (Carner 1938) eröffnete Carner seine Serie von Aufsätzen und Rundfunkkritiken in der Rubrik "Broadcast Music", die er 1939 unterbrach und in den Jahren von 1940 bis 1946 regelmäßig weiterführte. Es ging dabei nicht um einzelne Werke, sondern Carner legte damit Untersuchungen zur Auseinandersetzung von Komponisten mit spezifischen Gattungen vor: "Beethoven's Early Quartets" (Carner 1940), "Bartók's String Quartets" (Carner 1942a), "Schubert's Early Symphonies" (Carner 1942b) oder "Elgar as Symphonist" (Carner 1942c). Er gab damit seinen Lesern Anregungen, ein Bartók-Streichquartett oder eine Elgar-Sinfonie in den Kontext zu anderen Werken der gleichen Gattung desselben Komponisten über ein angekündigtes Werk hinaus stellen zu können. Im Gegensatz zu anderen Flüchtlingen hatte Carner kaum Probleme mit dem Status des "feindlichen Ausländers": Schon im April 1940 wurde er britischer Staatsbürger (Röder/Strauss 1983, Bd. II, Tl. 1, 181).[263] Diese Ausnahmebehandlung Carners war mit Sicherheit auf seine engen familiären Bindungen in England zurückzuführen,

---

    bei der B.B.C. als Redakteur und Kritiker tätig (Hill/Hinrichsen 1944, 294; NGDM 1980, Bd. 8).
262 Über diese Tätigkeit existiert keine Akte an der B.B.C., die Beiträge Carners im Listener fanden sich bei Sichtung der Zeitschrift.
263 Carner "came to England 1933 and is now a British subject", wie über ihn im ersten Hinrichsen's Musical Year Book 1944 zu lesen stand (Hinrichsen/Hill 1944, S. 293).

von denen in einem zweiseitigen gedruckten Prospekt die Rede war.[264] Seit Februar 1944 erweiterte Carner seine Tätigkeit als Dirigent, Musikologe und Kammermusiker um die des Rundfunkjournalisten. Regelmäßig war er nun vertreten bei Reihen des Home Service und im European Service mit "Talks on Music". Beispielsweise am 26. Juni 1944 mit "The Orient in Opera". Als erfahrener Dirigent sprach er über "Orchestras in the World" im Home Service 1944 oder 1945 im "Music Lovers Diary". Als gebürtiger Österreicher stellte er im November 1945 im European Service, nun wiederum in deutscher Sprache, den englischen Komponisten Edward Elgar vor. Andererseits übertrug man ihm als Mahler-Spezialist für den Inlanddienst im November 1946 für das Pausengespräch während eines Sinfoniekonzertes "Mahler - the Man and the Artist". Von Ende 1944 an wurde Carner als Musikkritiker mit "Music Reports" über Sendungen bei der B.B.C. beauftragt, die er bis Ende 1946 lieferte.[265] Vergleichbar mit Mátyás Seiber gehörte Mosco Carner zu den herausragenden Mitarbeitern der B.B.C., deren Fähigkeiten als Musikologen, Musiker und Dirigenten, (wie noch zu zeigen sein wird), auf ganz unterschiedliche Weise Anwendung fanden.

6.3.6 Dirigenten

Obwohl sich unter den Flüchtlingen zahlreiche Dirigenten befanden, gelang es wenigen, bei der B.B.C. in dieser Funktion tätig zu werden. Walter Goehr, musikalischer Direktor von "Columbia" und "His Masters Voice Gramophone Companies", bewarb sich in einem Schreiben vom 3. November 1938 an Adrian Boult als Dirigent bei der B.B.C. Er interessierte sich für ein Dirigat des B.B.C. Symphony Orchestra für "seriöse" und "leichte" Werke großer Komponisten. Dieses Ansinnen lehnte die B.B.C. ab. Ein Jahr später, zwei Monate nach Beginn des Krieges schrieb Walter Goehr an Kenneth A. Wright, daß er zu dem Dreiviertel der Angestellten der Firma Gramophone gehörte, die ihre Arbeit verloren hatten und nun auf eine Möglichkeit bei der B.B.C. hoffe.[266] Wie in anderen Fällen auch, mußte Goehr einige Jahre warten und begann seine Karriere als Dirigent beim Oversaes European Service im Januar 1942. Man engagierte ihn für die Programme "Home" und "Forces" für die wöchentliche Sendung "Marching on!", also für Unterhaltungsmusiken mit der Zielgruppe der britischen Armee. Diese gereichten bis in das Jahr 1943 hinein. Daran

---

264 Darin heißt es: "Owing to political events in Central Europe, he came to England where he had relatives."
265 WAR, Mosco Carner; Artists; File 2a: 1944-1946. File 1 fehlte, so daß man mit großer Sicherheit annehmen kann, daß Mosco Carner bereits vor 1944 mit Sendungen für die B.B.C. tätig gewesen war.
266 WAR, Walter Goehr, Conductor, File 1: 1934-1942; Schreiben vom 30.10.1939 Goehr an Wright.

war auch Leo Wurmser als Arrangeur beteiligt. Für diese und andere Aufführungen schlug Walter Goehr zwischen 13 und 25 Musiker vor, bei denen es sich wahrscheinlich um entlassene Musiker der Schallplattenfirmen handelte und die nun von der B.B.C. engagiert wurden. Ein erstes Orchesterkonzert dirigierte Goehr im November 1942 mit Max Rostal[267] als Solisten. Ein Dirigat mit dem B.B.C. Symphony Orchestra war dem Anschein nach wohl 1942 für Goehr geplant, aber kurzfristig wieder abgesagt worden. Ein internes Telegramm verweist darauf: "D.M. agrees that Walter Goehr should not be offered an engagement with B.B.C. Orchestra. Could you please cancel him for Saturday, January 23."[268] Im August 1943 wurde ihm für den Home Service die musikalische Leitung und das Dirigat von *Peer Gynt* mit Chor und Orchester übertragen. Welches Orchester er dabei zur Verfügung gestellt bekam, ist nicht ersichtlich. 1944 ist Walter Goehr noch einmal als Dirigent - nun des Theatre Orchestra in Bedford - aufgeführt. Eine einschneidende Zäsur für die Dirigentenkarriere Goehrs setzte das Ende des Krieges: Nach 1945 wurde er kontinuierlich als Dirigent herangezogen.[269]

Von Mosco Carner war bereits im Kapitel über Musikologen an der B.B.C. die Rede. Eine Akte über seine Dirigate liegt nicht vor. In dem bereits erwähnten Prospekt ist jedoch von Carner als Dirigent die Rede:

> Dr. Carner first made his name in this country in a series of Mozart concerts at Cambridge Theatre, London... Since then he has been conducting the leading London orchestras such as the B.B.C. Orchestra and the London Philharmonic Orchestra and the London Symphony Orchestra, and has also been on provincial tours.

In Henschels Programmzettelsammlung findet sich der Beleg über ein Mozart-Konzert vom 8. Januar 1939 mit dem Dirigenten Mosco Carner und dem London Theatre Concert Orchestra, an dem ausschließlich britische Solisten mitwirkten. Carner dirigierte dabei zwei *Sinfonien*, ein *Klavierkonzert* und die Arie für Baß *Mentre ti lascio, o figlia* K 513.[270] Das würde, rückschließend auf den genannten Absatz des Prospekts, bedeuten, daß Carner mit großer Wahrscheinlichkeit seit 1939 auch das B.B.C. Symphony Orchestra leitete. Welche Wertschätzung ihm an der B.B.C. als Dirigent entgegengebracht wurde, zeigt sich noch an einer anderen Tatsache: Mosco Carner dirigierte als einziger der hier behandelten Dirigenten während des Krieges eine Erstaufführung (hier Rundfunkerstaufführung) an der B.B.C., nämlich am 16. November 1942 die *Symphonie in B-Dur* K 45 von Mozart.[271] Da Carner bereits

---

267 Von Max Rostal existiert keine Akte im B.B.C.-Archiv.
268 WAR, Walter Goehr, Conductor, File 1: 1934-1942.
269 WAR, Walter Goehr, Conductor; File 1: 1937-1942; File 2: 1943-1944.
270 Mozart sah ursprünglich eine Begleitung von 11 Instrumenten vor; (vgl. von Köchel 1975, S. 650).
271 Vgl. Kenyon 1981, S. 447 und S. 460-463.

1940 britischer Staatsbürger wurde, ist anzunehmen, daß er möglicherweise nicht lange als "enemy alien" von einem strikten Arbeitsverbot zu Beginn des Krieges betroffen war.

An der Person des Dirigenten Karl Rankl erfährt die Geschichte der Beziehungen der B.B.C. zu den Flüchtlingen aus Deutschland und Österreich eine weitere Differenzierung. Der Österreicher Karl Rankl war als Dirigent am Deutschen Theater in Prag tätig gewesen und hatte unter großem persönlichen Einsatz die Krenek-Oper *Karl V.* uraufgeführt.[272] Nachdem Hitler im September 1938 das Sudetenland, von den Westmächten geduldet, an das Deutsche Reich angegliedert hatte, waren die Tage der Tschechoslowakei gezählt. Die zahlreichen Flüchtlinge aus Nazi-Deutschland, die sich in die scheinbar sichere junge Demokratie gerettet hatten, waren damit einer erneuten Bedrohung ausgesetzt. Einen Monat danach begann eine an die Adresse der B.B.C. gerichtete, einzigartige Solidaritätsaktion für Karl Rankl, an der Georg Knepler, Ernst Krenek, Lotte Goldschmidt und Arnold Schönberg beteiligt waren. Georg Knepler bat den ihm persönlich bekannten K.A. Wright um einen B.B.C.-Kontrakt für Rankl, um ihm aus Prag herauszuhelfen.[273] Dieses wurde freundlich abgelehnt.[274] Mit der Bitte um Unterstützung Rankls wandten sich Lotte Goldschmidt, eine Lehrerin aus Wien,[275] und Arnold Schönberg[276], Rankls Lehrer, an Boult. Schönberg schrieb diesen Brief am 9. Februar 1939, erhielt jedoch mehrere Monate keine Antwort. In einem Schreiben vom 16. Juni 1939 an Leo Kestenberg[277] in Palästina zeigt sich Schönberg in Sorge um seinen Schüler Rankl:

> Nun freue ich mich von Ihnen zu hören, daß Sie glücklich den Klauen der Nazis entkommen sind, und in einer Position, wo wirklich Erstrebenswertes geleistet werden kann. Ich wüßte nun gerne, ob Sie etwas von Karl Rankl, meinem früheren Schüler gehört haben. Ich habe zuletzt seinetwegen an Sir Adrian Boult und Willem Mengelberg geschrieben - leider ohne Erfolg. Das ist mehrere Monate her und seitdem habe ich nichts von ihm gehört. Hoffentlich ist er gerettet! (Schönberg 1958, 224).

Um seiner Bitte für Rankl Nachdruck zu verleihen, hatte Krenek den österreichischen Emigranten Alfred Rosenzweig beauftragt, seinen Brief persönlich bei Adrian

---

272 Vgl. Zenck 1992, S. 60.
273 WAR, Karl Rankl, Artists, File 1; Brief Kneplers an K.A. Wright vom 2.10.1938.
274 WAR, Karl Rankl, Artists, File 1: 1938-1954. Schreiben von K.A. Wright an Knepler vom 4.10.1938.
275 WAR, Brief vom 18.10.1938 an Adrian Boult.
276 Aus urheberrechtlichen Gründen darf dieser Brief hier nicht zitiert werden. In der hier genannten Ausgabe der Briefe Schönbergs (Schönberg 1958) ist der Brief an die B.B.C. nicht enthalten.
277 Leo Kestenberg (1882-1962) Konzertpianist, Verleger, Ministerialrat, bekannt für seine Reform im Bereich der Musikhochschulen, Prof. Hochschule für Musik Berlin; ging 1933 ins tchechische Exil und weiter 1938 nach Palästina (Röder/Strauss 1983, Bd.II, Tl. 1, S. 617).

Boult abzugeben.[278] Der Brief von Krenek, der schließlich nach einigen Monaten an die B.B.C. gelangt war, stammte bereits vom 27. Oktober 1938. Krenek befand sich zu dieser Zeit auf seiner zweiten Amerikareise, die sich zur Einwanderung ausdehnte (Zenck 1992, 88). Antwortschreiben der B.B.C. auf die Briefe der beiden Komponisten liegen in der Akte nicht vor. Offensichtlich konnte sich die B.B.C. diesem prominenten Appell für Rankl nicht verschließen: Die zum Schein ausgestellte Einladung an "Herrn Direktor Rankl" in Prag vom 5. Juli 1939 rettete ihm mit großer Wahrscheinlichkeit das Leben. Wright hatte das Schreiben unterzeichnet, dessen wichtigster Satz schlicht lautete: "We should like to discuss with you very soon the possibility of your collaboration in some of the modern music with which you have been specially connected." Es war gleichermaßen als Ausreise- und Einreisedokument für Rankl und seine Ehefrau gedacht. Karl Rankl bedankte sich dafür nach seiner Ankunft in London und sandte diese Einladung an die B.B.C. zurück. Er ahnte, daß er daraus keine bindende Zusage entnehmen konnte.

Nun müßte man annehmen, daß Rankl sich bei der B.B.C. um Dirigate bemühte, zumal er von seinen Fürsprechern die besten Zeugnisse ausgestellt bekommen hatte. Das passierte merkwürdigerweise nicht. Nach zwei Jahren, am 28. Oktober 1941 ging Wright auf eine briefliche Anfrage Rankls an den "Plymouth Director", Reginald Redman,[279] ein, die der geflüchtete Dirigent und Komponist seine Sinfonie betreffend[280] an Redman gerichtet hatte. Wright gemahnte darin seinen Kollegen zur Vorsicht, Rankl irgendwelche Hoffnungen "for a view of the Symphony, unless we have reason to believe it is a marvellous work", zu machen. Die Möglichkeiten für eine Aufführung wären auch wegen eines fehlenden "Overseas"-Orchesters gering. Der weitere Verlauf des Schreibens von Wright wirft ein völlig neues Schlaglicht auf die Beziehungen der deutschen und tschechischen Flüchtlinge untereinander:

---

278 WAR, Karl Rankl, Artists, File 1; Briefe von Rosenzweig vom 19.3.1939 und 26.3.1939 an Wright, in denen er dringend um einen Termin in dieser Angelegenheit bittet.
279 Reginald Redman war auch Dirigent; er dirigierte am 11. Juni 1940 die Uraufführung der Cantata *Kubla Khan* von Rawsthorne mit dem Orchester der B.B.C., Sektion C (Kenyon 1981, S. 461).
280 Nach Auskunft von Nicole Ristow (Hamburg), die z.Z. den Nachlaß Rankls bearbeitet, müßte es sich dabei wahrscheinlich um die *1. Sinfonie* Rankls handeln, die er in Großbritannien komponierte. Der Nachlaß von Rankl befindet sich im Archiv der Hochschule für Musik in Graz.

Another point is that I doubt if it could be carried financially or otherwise under the banner of international gesture, because Rankl is in the unfortunate position of being a German Czech[281], and he is therefore ignored by the national Czechs with whom we deal. Even the leading Czech musicians in London either profess complete ignorance of Rankls name, in spite of all he did at the German Czech Opera in Prague and in Vienna for people like Alban Berg, or at best shrug their shoulders and say they have heard of him.[282]

Eine Erklärung fällt schwer. Jedenfalls ist dem Schreiben zu entnehmen, daß es nicht nur Solidarität und gegenseitiges Verständnis bei den geflüchteten Musikern gegeben hat. Möglicherweise trug dieser Konflikt, aus dem sich die B.B.C.-Mitarbeiter heraushielten, auch dazu bei, daß es zu keinem weiteren Kontakt zwischen der B.B.C. und Rankl kam. Reginald Redman indes pflegte persönliche Beziehungen zu Rankl[283] und verwandte sich erneut auf schriftlichem Wege für ihn bei Wright.[284] Danach habe Rankl ihm bei einem Treffen zwei Sätze aus seiner o.g. Sinfonie und seine Vertonungen von englischen Gedichten vorgespielt. (Während seines Exils in Großbritannien 1941/41 hatte Rankl mit großer Sicherheit außerdem Gedichte von Ruth Tenney unter dem Titel *Chinese Picture Book* vertont.)[285] Redman schreibt: "I attache herewith details of his musical work and experience and it seems to me very wasteful that a man of his intellectual attainment should be unable to make some contribution in the musical life of today." Darin waren seine Leistungen als Dirigent miteingeschlossen. Redman verwies auf Walter Goehr und Walter Süsskind, die als "Operndirektoren" bei ihm gearbeitet hatten und schlußfolgerte in Bezug auf Rankl: "His conducting experience seems to be very comprehensive" (ebenda).

Während andere Komponisten sich im britischen Exil mit Stundengeben und Korrepetition finanziell über Wasser hielten, wird am Beispiel Rankls etwas Gegensätzliches deutlich. Die Exilsituation verbunden mit der Ablehnung einer bestimmten Gruppe unter den Exilmusikern blockierte bei ihm die Initiative, sich mit der englischen Musikszene auseinanderzusetzen, um sich selbst darin möglicherweise einen Platz zu erobern. Redman beschreibt dieses Phänomen folgendermaßen:

> He is not the type to push himself, and that is partly why after years in this country he is more or less where he was when he arrived - living on what his wife makes in dressmaking etc. He has lived for so long necessarily without much touch with fellow musicians that he has lost

---

281 Der Autor irrt an dieser Stelle, denn Rankl war eindeutig Österreicher.
282 Schreiben von K.A. Wright an Redman vom 28.10.1941; WAR, Karl Rankl, Artists, File 1: 1938-1954.
283 Rankl lebte nach Krankheit und Internierung durch die Unterstützung von Sir Gilbert und Lady Murray "who have put a cottage in the grounds of their house at Boars Hill, Oxford at the disposal of the Rankls they would not be able to carry on" (Redman an Wright, 20.9.1943, S.2).
284 Brief von Redman an Wright vom 20.9.1943, als "confidental" gekennzeichnet.
285 Diese Angaben stammen von Nicole Ristow.

something of his confidence in himself and in his ability to carry forward his art. He said to me that if only Sir Adrian would look through the score of one of his symphonies, (with of course no obligation at all) it would help him to have some idea of the reaction of other musicians to his work, instead of his present condition of not knowing where he stands.[286]

Vertrauen hatte Rankl demnach auch nicht in österreichische oder deutsche Berufskollegen, sondern nur in den Dirigenten Adrian Boult. Ein Treffen mit Adrian Boult Ende 1943 hinterließ ebenfalls Ratlosigkeit, wie aus dem Brief vom 18. November 1943 hervorgeht, den Adrian Boult an George Dyson, Royal College of Music, schrieb: Rankl hatte Boult zuvor seine Schwierigkeiten geschildert, ein Angebot der Carl Rosa Company anzunehmen bzw. abzulehnen, "he said he could never again conduct 'Butterfly' or anything else with an orchestra of twenty-five." Es scheint, als konnte sich Rankl nur schwer mit der Situation in Großbritannien abfinden. Dafür spricht, daß er eigentlich weiter in die USA gehen wollte und bereits vor seiner Flucht nach London Versuche unternommen hatte, dorthin zu gelangen. Eine Flucht nach Großbritannien stand für ihn selbst offenbar gar nicht zur Debatte. Die Voraussetzungen dafür hatten andere Flüchtlinge gemeinsam mit den Mitarbeitern der B.B.C. geschaffen. Und, nicht lange nach seiner Ankunft wurde Karl Rankl in Großbritannien interniert. Ganz abgesehen von diesem Schockerlebnis, war er jahrelang schwer lungenkrank und seine körperliche Konstitution dementsprechend schlecht. Von einem Affidavit für die USA, das er wenige Jahre nach dem Beginn des Krieges erhalten hatte, machte er wegen der gefahrvollen Überfahrt keinen Gebrauch.[287] Rankl brauchte mehrere Jahre, um diese unerwarteten Schwierigkeiten des Exils zu überwinden.

Zwei Nachweise belegen jedoch, daß er wenige Male gemeinsam mit anderen Flüchtlingen musizierte, und zwar im österreichischen Klub in Oxford, gemeinsam "mit Rosé, Buxbaum, oft mit Sängern" (DÖW 1992, 470). Ein anderes Mal leitete er im Januar 1942 einen Opernabend des Czechoslovak-British Friendship Club mit Kompositionen von Mozart und Dvořák, wie der Zeitspiegel ankündigte (Anzeige 1942a).

Die Wende für die Anerkennung Rankls brachte das Angebot des London Philharmonic Orchestra, das ihn für eine Konzertreise im Sommer 1944 engagiert hatte, wie aus einer Kritik der London Philharmonic Post ersichtlich ist (M.L. 1944).[288] Reginald Redman hatte eines dieser Konzerte am 10. August 1944 in der Colston Hall in

---

286 WAR, Karl Rankl, Artists 1: 1938-1954; Redman an Wright, 20.9.1943, S. 1.
287 Nach Auskünften von Nicole Ristow.
288 Weitere Dirigenten waren Anatole Fistoulari und Fritz Unger (M.L. 1944).

Bristol besucht und schrieb einen Tag darauf spontan seine Eindrücke darüber an Wright. Die erklungenen Kompositionen bezeichnete Redman nicht näher.[289]

I am attaching the programme. The Mozart was meticulous in very detail, yet had a sparkle which made it a sheer joy to listen to it. The Beethoven Symphony had qualities which made it sound a new work, yet at the same time one felt it was just what Beethoven meant to say.

Dieses Dirigat in Bristol, das Redman so beeindruckt schildert, bedeutete den Durchbruch für den Dirigenten Rankl bei der B.B.C. Damit hatte er überzeugen können. Von diesem Zeitpunkt an dirigierte er, nachvollziehbar anhand der Verträge, regelmäßig und wurde im Dezember 1945 auch in die weitere Programmplanung einbezogen.[290] Arbeitserlaubnisse wurden ihm problemlos gewährt. Rankls erstes "Broadcasting" hatte unabhängig davon am 14. Januar 1944 in der Reihe "Austrians in the World" stattgefunden, was aber - wie in anderen Fällen auch - kein Engagement für den Home Service nach sich zog. Es scheint, als hätte Rankl die ersten Jahre seines Exils in Großbritannien mit einem zweiten inneren Exil bewältigt. Er wandte sich ausschließlich dem Komponieren zu - ohne Auftrag oder ohne auch nur eine Möglichkeit für eine Aufführung zu sehen. Kontakte zu anderen geflüchteten Musikern knüpfte er, so wie der Brief von Redman es andeutete, kaum und überließ seiner Frau die finanzielle Sicherung. In Dokumenten von Flüchtlingsorganisationen taucht sein Name nicht auf. Auch in den verschiedenen Programmzettelsammlungen konnte kein weiterer Nachweis über eine Mitwirkung bei Konzerten gefunden werden. Während alle anderen hier genannten Musiker, Sänger und Sängerinnen, Dirigenten, Komponisten und Musikologen von sich aus Verbindungen zur B.B.C. anstrebten, liegen von Rankl nur zwei Briefe an die B.B.C. vor. Eine Bitte um ein Engagement ist darin nicht enthalten. Es scheint, als habe Rankl den Verlust seines Wirkungskreises und diese von ihm so nicht gewollte Situation nur, indem er sich abkapselte, verarbeitet. Gleichzeitig war er über diese selbstgewählte Isolation unglücklich, wie sich hinter Redmans Worten erkennen läßt. "He seemed pathetically grateful to me for hearing some of his works, and talking to him as a fellow musician."[291] Seine Annäherung an das Gastland England vollzog Rankl auf eine sensible, intime Art, indem er englische Poesie vertonte. Hier gelang ihm auch nach einigen Jahren eine (nachweisbare) Aufführung. Nach dem Programmzettel[292] eines Konzertprogrammes von Somerville, College Hall, sang Erika Storm begleitet von Edward Manning die Lieder des *Chinese Picture Book* von Rankl am 28. November 1943.

---

289   Wie aus der Akte ersichtlich, handelte es sich dabei um ein Konzert der "Festival of Music Week" vom 7.8. bis 12.8.1944 in Bristol.
290   WAR, Karl Rankl, Artists 1: 1938-1954; Internes Schreiben vom 10.12.1945.
291   WAR, Karl Rankl, Artists 1: 1938-1954; Schreiben Redman an Wright vom 20.9.1943.
292   Programmzettelsammlung Erika Storm.

Die oben erwähnte Kritik von Reginald Redman über Rankls Dirigat in Bristol liest sich nach all dem wie eine Befreiung, die das einlöst, wovon Schönberg und Krenek bereits 1938/1939 überzeugt waren. Plötzlich hatte Rankl seine Kraft wiedergewonnen und nun dirigierte er auf solche Weise, daß sich ein Dirigent und kritischer Hörer wie Redman spontan in Superlativen äußerte. Erst damit begann der Neubeginn von Rankls Karriere in Großbritannien.[293]

6.3.7 Komponisten radiospezifischer Kompositionen

Unter "incidental" Musik sind radiospezifische Kompositionen zu verstehen. Dazu gehören: Hintergrundmusik, Überleitungen, Erkennungsmelodien (heute würde man diese mit Trailer bezeichnen) und Kompositionen für Features und Hörspiele. In den Propagandasendungen wurden vorwiegend Kompositionen kleinerer Besetzungen oder Bearbeitungen benötigt. Ähnlich wie Bühnenmusiken sollten diese die Wirkung des gesprochenen Wortes erhöhen, indem sie sich zu dessen Inhalt in besonderer Weise verhielten. Durch den gezielten Einsatz von Kompositionen ganz unterschiedlicher Gattungen und Genres, Geräuschen oder Klangbildern versuchten die B.B.C-Redakteure, auch Propagandasendungen attraktiver zu gestalten, um deren Resonanz zu vergrößern.

Der für die Engagements von Musikern verantwortliche Redakteur Arthur Wynn stellte in dem als "Privat & Confident" bezeichneten Brief vom 31. Januar 1942 an den stellvertretenden Musikdirektor eine Tatsache richtig, um Irrtümern innerhalb der B.B.C. vorzubeugen: Walter Goehr tritt immer noch mit Unterhaltungsorchestern und bei Kompositionen dieser Kategorie als George Walter auf, so wie er sich selbst auch bei der Gramophone Company und bei Aufführungen von Unterhaltungsmusik bezeichnet hatte. Als Dirigent, Komponist und Begleiter von "ernster Musik" hingegen arbeitete er unter seinem Namen Walter Goehr.[294] Von 1939 bis 1945 hatte Goehr für die B.B.C. regelmäßig Unterhaltungsmusiken komponiert bzw. arrangiert. Schon 1934, wie aus seinem Schreiben vom 31. Dezember 1935 an die B.B.C. ersichtlich ist, war Walter Goehr alias George Walter nach Schweden eingeladen worden, damit er dort ein von ihm arrangiertes *Walzerpotpourri* dirigierte.[295] Diese Wertschätzung als Dirigent wurde ihm jedoch bis 1940 an der B.B.C. nicht entgegengebracht. Seine Vielseitigkeit im Umgang mit unterschiedlichen musikalischen

---

293 In der Akte Rankl fand sich ein internes Schreiben vom 15. Dezember 1941, das auf Bemühungen von Fritz Unger, an der B.B.C. zu dirigieren, schließen läßt. Dabei ist es nach den vor liegenden Quellen geblieben. In dem hier behandelten Zeitraum bis 1945/46 ist es Berthold Goldschmidt bis zum Ende des Krieges ebenfalls nicht gelungen, bei der B.B.C. als Dirigent arbeiten zu können (WAR, Artists, Berthold Goldschmidt, File 1: 1942-1959).
294 WAR, Walter Goehr, File 1, Conductor; 1937-1942; File 2: 1940-1962.
295 Walter Goehr meinte hier möglicherweise den schwedischen Rundfunk.

Genres konnte Goehr dann mit der Komposition von Radiomusik für Propagandaprogramme unter Beweis stellen. Drei Monate nach Beginn des Krieges hatte Goehr für die Reihe "The Shadows of the Swastika" die Musik zu liefern. Das setzte sich 1941 in der Drama-Abteilung für "Under the Crooked Cross" und "Highway for Americans" fort.[296] Nach 1942 schränkte Goehr diese Tätigkeit ein. Es versteht sich von selbst, daß Goehr seine eigenen Kompositionen während der Rundfunksendungen auch dirigierte.

Am 2. August 1940 schrieb Wright an seinen Kollegen Muir Mathieson,[297] um Informationen über die Staatsbürgerschaft von Mischa Spoliansky zu erhalten: "I greatly admire the music he writes for British films."[298] Obwohl nicht direkt ausgesprochen, interessierte sich Wright für den begabten Komponisten, um ihn auch für den Home Service zu gewinnen, denn in der deutschsprachigen Abteilung hatte man ihn bereits für das Programm verpflichtet. 1941 komponierte Spoliansky dafür die *Moritat vom Volkswagen*, *Heim ins Reich* und das *Deutsche Soldatenlied* und wurde beauftragt, weitere Lieder zu orchestrieren und deren Aufführungen zu dirigieren. Für 1942 liegt der Akte ein Vertrag über ein *Hitler Oratorio* bei. Bis einschließlich 1945 - weniger in den folgenden Jahren - war Spoliansky als Komponist, Arrangeur, Begleiter und Dirigent für seine eigenen Kompositionen bei der B.B.C. vertreten. In mehreren Schreiben wird deutlich, welche Wertschätzung der flexible Musiker hier genoß.[299] Dennoch bedeuteten für Spoliansky die B.B.C.-Aufträge eher eine Nebenbeschäftigung. Seine Karriere hatte er sich vorwiegend mit Filmmusiken in Großbritannien neu und erfolgreich aufgebaut.

Während verschiedene deutschsprachige Flüchtlinge verschiedener Professionen kurz nach Ausbruch des Krieges für Propagandasendungen mitunter auch fest als Sprecher, Schauspieler oder Regisseure angestellt wurden (Brinitzer 1969), gehörte Berthold Goldschmidt (neben Ludwig Koch) von 1941 an zum Personal der B.B.C. Damit stellte er als Musiker eine Ausnahme dar. Als Mitarbeiter und musikalischer Leiter (1943/44) der Deutschen Abteilung des European Service mußte er Musikvorschläge für die Programme einbringen und für das Engagement der geeigneten deutschen Künstler Sorge zu tragen.[300] Mit Blick auf Nazi-Deutschland suchte Goldschmidt solche Komponisten aus, die von den Nationalsozialisten in Deutschland

---

296   WAR, Artists, Walter Goehr, 1934-1941, File 1.
297   Muir Mathieson (1911-1975) gehörte in den dreißiger Jahren zu den namhaften Filmmusik-Dirigenten in England (Thiel 1981, S. 184).
298   In einem beiliegenden Emergency Bulletin No 4, Seite 28 ist Spoliansky als Mitglied der Performing Right Society aufgezählt, von der man offensichtlich auch Informationen eingeholt hatte.
299   WAR, Mischa Spoliansky, Copyright; File 1, 1940-1962.
300   Wie aus einem internen Brief von Berthold Goldschmidt an Arthur Wynn ersichtlich ist, lag in Goldschmidts Arbeitsgebiet auch das Engagement von Alice Schaeffer für die *Weihnachtslieder* von Peter Cornelius vom 7. November 1946.

verboten worden waren. Seine Aufgabe bestand darin, diese Kompositionen auch mit solchen Interpreten zu verknüpfen, die aus rassischen und anderen Gründen Deutschland verlassen mußten (Matthews 1983a, 5). Goldschmidt beschrieb diese Tätigkeit anschaulich:

> Sogenannte 'kulturbolschewistische' Werke von Strawinsky, Bartók oder Prokofjew waren in den 30er und vierziger Jahren nur spärlich vertreten, und von Mahler gab es fast nichts. Gemischte Programme waren die Lösung: Repräsentative und in Deutschland wenig bekannte englische und französische Musik, - wie z.b. Vaughan Williams 4. Symphonie unter Adrian Boult oder Ravels 'L'enfant et les sortileges', - konnte man mit Werken von Mendelssohn oder Offenbach zusammenstellen. Manchmal hatte man Glück und konnte dem Erbfeind der Nazis, Toscanini, in seiner sensationellen Wiedergabe von Mendelssohns 'Scherzo' aus der Sommernachtstraummusik oder Wladimir Horowitz' hinreißende Interpretation von Brahms' 2. Klavierkonzert mit dem New York Philharmonic Orchestra - ebenfalls unter Toscanini - präsentieren (Cannon 1988, 120).

In der etwa eine halbe Stunde vom Bush House entfernten "B.B.C. Gramophone Library" wählte Goldschmidt die Schallplatten dazu aus. Trotz theoretisch besserer Möglichkeiten hatte sich die B.B.C. aus finanziellen Gründen auf diesen Tonträger beschränkt.

Da jede Plattenseite zu jener Zeit höchstens viereinhalb Minuten Spieldauer hatte, war das Zusammentragen des Materials, das Zeitmessen und der Qualitätsvergleich eine Tätigkeit von mehreren Stunden, eine Arbeit, die oft durch den Kontrapunkt der näherkommenden 'fliegenden Bomben' (V1) oder das Krachen der V2 Raketen ebenso an- wie aufregend war (Cannon 1988, 120).

In einem Brief vom 16. Juli 1946 bedankte sich Krenek aus den USA bei Goldschmidt dafür, daß er sich für die Sendung seiner *Fidellieder* mit Erika Storm eingesetzt hatte: "At any rate, I am very glad that you are interested in using my music for the 're-education' of the barbarians", wie er diese Rundfunktätigkeit Goldschmidts bezeichnete.[301] Gleichzeitig waren neben dieser Redakteurstätigkeit Goldschmidt als flexibler Komponist gefragt. Goldschmidt arrangierte in den Jahren 1942 bzw. 1944 deutsche Volks- und Arbeiterlieder wie *Mein altes Berlin,*[302] *Anne Marie, Freiheit, die ich meine, Brüder zur Sonne zur Freiheit* und *Unsterbliche Opfer* für deren kurzfristige Einbeziehung in Programme nach Deutschland.[303] Unter der Rubrik "Zum Tagesende", in der zum Abschluß der Sendungen jeweils ein Gedicht von deutschen Schauspielern oder Sprechern vorgetragen wurde, hatte Goldschmidt noch

---

301 Die Kopie des Krenek-Briefes übergab mir freundlicherweise Berthold Goldschmidt.
302 WAR, Schreiben vom 2.1.1942, Berthold Goldschmidt, File 1: 1941-1953; Copyright.
303 WAR, Artists, Berthold Goldschmidt, File 1: 1942-1959.

eine dem Sinn des Gedichts entsprechende Musik anzuschließen. Dafür benannte er zwei eindringliche Beispiele, wovon eines hier angeführt werden soll: Nach dem Verlesen eines Gedichtes, das von einem im KZ Bergen Belsen gefangengehaltenen Mädchen stammte, und das Hugh Carleton Greene als B.B.C.-Mitarbeiter[304] aus dem befreiten KZ mit nach London gebracht hatte, sendete Goldschmidt den a capella Kinderchor *Hebe deine Augen auf* aus Mendelssohns *Elias* (ebenda). 1947, als die Deutschen auch mit Unterstützung der Briten (wie beim NWDR) ihre eigenen Funkhäuser neu aufgebaut hatten, wurden diese Sendungen eingestellt. Damit endete das Anstellungsverhältnis von Goldschmidt bei der B.B.C.[305] Wie oben ausgeführt, hatte sich Goldschmidt bereits 1934 als Dirigent und Komponist bei der B.B.C. beworben. Obwohl er selbst Mitarbeiter der B.B.C. war und als Radiodirigent der Berliner Funkstunde Erfahrungen gesammelt hatte, gelang es ihm in diesen Jahren nicht, Aufträge als Dirigent von der B.B.C. zu erhalten.

6.3.8 Komponisten bei der B.B.C.

Die Komponisten unter den Flüchtlingen waren daran interessiert, ihre Werke bei der B.B.C. zur Aufführung zu bringen. Das relativ demokratische Auswahlsystem am britischen Rundfunk war eigentlich dazu prädestiniert, auch unbekannteren Komponisten entgegenzukommen. Ein Partiturausschuß (panel), bestehend aus verschiedenen britischen Fachleuten, beschäftigte sich mit den gedruckten oder ungedruckten Partituren und, je nach dem Urteil dieses Gremiums, wurden diese zur Sendung mit entsprechenden Orchesterbesetzungen bzw. Kammermusikern vorgeschlagen.[306] Nach Aktenlage bemühten sich um Aufführungen ihrer Werke folgende Komponisten:

Berthold Goldschmidt ab 1934;
Franz Reizenstein ab 1936;
Mátyás Seiber ab 1936;
Ernst Toch ab 1941;
Ernst Hermann Meyer ab 1942;
Leo Wurmser ab 1942;
Hans Gál ab 1943;
Artur (!) Willner ab 1943;

---

304 Lt. Brinitzer war Greene auch Nachrichtensprecher beim Deutschsprachigen Dienst der B.B.C. (Brinitzer 1969, S. 253).
305 Da Goldschmidt zum Staff der B.B.C. gehörte, existieren keine zusammenhängenden Unterlagen über diese Redakteurstätigkeit, so daß auf andere Quellen hier zurückgegriffen werden mußte. Ergänzend dazu fanden sich einige Belege in der Copyright-Akte des Komponisten.
306 WAR, Schreiben Gáls vom 14.6.1946 an Boult; vgl. Hans Gál; Composer; File 1: 1940-1962.

Walter Goehr ab 1944.[307]

Der Erfolg dieser Bemühungen tendierte gegen Null, wie die Liste der zwischen 1930 und 1980 vom B.B.C. Symphony Orchestra neu aufgeführten Orchesterwerke deutscher und österreichischer Komponisten in Großbritannien zeigt (Kenyon 1981, 448-487). Da die Bezeichnung "Erstaufführung" sehr weit gefaßt ist,[308] enthält die Liste jede hier erstmalig durch die B.B.C. gesendete Aufführung eines Orchesterwerkes, unabhängig davon, ob ein Stück bereits von einem anderen Orchester gespielt wurde. In dem betrachteten Zeitraum von Februar 1933 bis September 1946 wurden folgende Werke der oben aufgelisteten Komponisten registriert:

8. Januar 1934: Ernst Toch, *Bunte Suite* (Dirigent Braithwaite; britische Erstaufführung).

Ernst Toch befand sich in diesem Jahr mit Zwischenaufenthalt in London und ging im selben Jahr weiter in die USA. Ein Briefwechsel über diese Aufführung existiert nicht. 1941 reichte er erfolglos sein *Spiel für Blasorchester* ein. Erst ab 1951 ist ein weiterer Briefwechsel erhalten.

25. September 1936: Fritz Hart, *Fantasy: Cold blows the Wind* (Dirigent Fritz Hart; britische Erstaufführung).

Der Titel deutet auf Unterhaltungsmusik hin. Eine Akte von Fritz Hart ist nicht vorhanden. Sein Name steht ohne nähere Berufsbezeichnung einzig auf einer Liste von "foreign artists" und deren Einsatz an der B.B.C. für den 20. und 26. September 1936.[309]

30. Oktober 1936: Karol Rathaus, *Serenade* (Dirigent Raybold; britische Erstaufführung).

13. Mai 1938: Karol Rathaus, Suite: *The Lion in Love* (Dirigent Raybold; Uraufführung).

Eine Akte von Rathaus stand nicht zur Verfügung.

8. November 1939: Hans Gál, Orchestration von Schuberts *Divertissement* (Dirigent Guy Warrack; Uraufführung).

---

307   WAR; Hans Gál; Composer; File 1: 1940-1962; Walter Goehr; Composer; File 1: 1942-1960; Berthold Goldschmidt; Composer; File 1: 1940-1962; Ernst Hermann Meyer; Composer; File 1: 1942-1962; Franz Reizenstein; Composer File 1: 1940-1954; Mátyás Seiber; Composer, File 1: 1941-1962; Ernst Toch; File 1: 1941-1962; Artur Willner; Composer; File 1: 1933-1962; Leo Wurmser; Composer, 1942-1962.
308   Folgende Kategorien von Erstaufführungen gab es lt. Aufführungsverzeichnis (Kenyon 1981, S. 447): First performance (world premiere); First European performance; First United Kingdom performance (British premiere); First broadcast performance; First broadcast in United Kingdom; First London performance; First public performance in this category (ie prevously broadcast from studio); B.B.C. commission.
309   WAR, Erika Storm; File 1: 1936-1962.

1. Februar 1945: Mátyás Seiber, *Four Greek Songs* for Soprano and Strings (Dirigent Harrison; britische Erstaufführung).[310]

Alle anderen genannten Komponisten erlebten keine Aufführung eines Orchesterwerkes an der B.B.C. Trotz des Auswahlsystems eines Partiturausschusses kann das kein Zufall gewesen sein. Der Vollständigkeit halber lohnt sich ein Blick auf die weiteren Jahre unter dem Aspekt der Einbeziehung der Flüchtlinge: Seiber hatte danach seine nächste Aufführung durch die B.B.C. am 27. April 1950 mit seiner Kantate *Ulysses* für Tenor, Chor und Orchester (Dirigent Adrian Boult; erste Rundfunkaufführung). Rankl dirigierte seine *1. Symphonie* am 18. März 1953 in einer ersten Rundfunkproduktion im United Kingdom. Reizenstein konnte nach dieser Aufstellung am 30. August 1957 seine Ouvertüre: *Cyrano de Bergerac*, dirigiert von Hollingworth, als erste Londoner Aufführung der B.B.C. erleben.[311] Bei der Aufstellung von Kenyon ist zu berücksichtigen, daß hier nur Aufführungen der britischen Sendestationen bzw. ab Kriegsbeginn für den Home Service mit dem Sendebereich der britischen Inseln betrachtet wurden. An diesen waren selbstverständlich die Exilkomponisten besonders interessiert. Aufführungen im European Service während des Krieges hatten nichts mit der Wirksamkeit von Komponisten innerhalb Großbritanniens zu tun. Obwohl hier, wie oben ausgeführt, wenige Sendungen von Exilkomponisten etwa in der Sendereihe "Austrians in the World" ausgestrahlt wurden, waren sie primär dem Propagandaeffekt untergeordnet und dienten dazu, anhand kurzer, klingender Portraits auf diese Berufsgruppe in Großbritannien aufmerksam zu machen.

Nach der Auswertung der Akten fällt auf, daß sich bei den oben genannten Komponisten der Verlauf der Bemühungen um Aufführungen und die ihnen dabei entgegengebrachte Resonanz auffallend ähneln.

Franz Reizenstein fragte am 14. Januar 1940 wegen seines eingereichten *Cellokonzertes*, das er bereits vier Jahre zuvor schon einmal in der B.B.C. vorgespielt hatte, an. Nach einem Monat sagte ihm die B.B.C. mit höflichen Worten ab. Als Gründe wurden die Kriegssituation und die daraus resultierenden geringen Chancen für neue Werke angegeben.[312] Zwei Jahre später legte Reizenstein sein in London komponiertes *Klavierkonzert* in der begründeten Hoffnung auf eine Annahme vor, denn er hatte es selbst als Solist einige Male mit einem anderen Orchester, auch für die B.B.C., eingespielt. Adrian Boult, Dirigent des B.B.C. Symphony Orchestra, hatte das Konzert 1942 mit dem London Philharmonic Orchestra in London uraufgeführt,

---

310 WAR, wie aus einem Brief Seibers vom 17.12.1944 ersichtlich ist, waren die Ausführenden Sophie Wyss und das Boyd Neel String Orchestra (Akte Seiber...).
311 Vgl. Kenyon 1981, S. 448-487.
312 WAR, Composer, Franz Reizenstein, File 1: 1940-1954; Schreiben an Reizenstein vom 28.2.1940.

wie der Zeitspiegel in einer Notiz hervorhob (Anonym 1942e). Weitere Aufführungen hatte das Konzert mit Henry Wood und demselben Orchester, mit Walter Goehr und dem London Symphony Orchestra für den European Service der B.B.C. und mit Mosco Carner als Dirigent für dieselbe Station mit dem B.B.C. Northern Orchestra in Manchester erlebt.[313] Der Partiturausschuß lehnte das Klavierkonzert dennoch für den Home Service wegen mangelnder Attraktivität ab.[314] Damit gab sich Reizenstein nicht zufrieden und schaltete die übergeordnete Instanz der Gutachterkommission ein, die jedoch die Entscheidung des Partiturausschusses bestätigte. Zweieinhalb Jahre nach der ersten Ablehnung erhielt Franz Reizenstein seine Partitur am 5. Dezember 1945 zurück. Mit Kammermusik hatte Reizenstein ebenfalls beim Home Service kein Glück.

Ähnlich erging es Mátyás Seiber, der sich seit 1936 um Annahme seiner Partituren bemühte. Das *2. Streichquartett*, aus der Zwölftonperiode Seibers, war von der britischen Sektion der ISCM als ein Beitrag Großbritanniens für das New Yorker ISCM-Festival 1940/41 ausgewählt worden. Es war das einzige Stück, das wegen seines Erfolges eine Woche später wiederholt wurde, wie Seiber mit Stolz berichtete.[315] Deshalb hoffte Seiber auf eine Sendung für das britische Inland. Seine Hoffnungen wurden enttäuscht. Dagegen sendete die B.B.C. im Home Service das von Seiber ebenfalls vorgeschlagene *Divertimento* für Klarinette und Streichquartett am 24. September 1941 mit Pauline Juler und dem New English String Quartet, das zuvor während des ISCM Festivals in Bad Pyrmont sowie in Bern, Budapest, München, Frankfurt am Main und Paris aufgeführt worden war.[316] Einige seiner Kammermusiken wie die *Serenade* für 6 Blasinstrumente wurden zwar 1943 vom Overseas Service ausgestrahlt, aber vom Panel abgelehnt. Bei der *Transsylvanien Rhapsody* passierte 1944 eine kleine Panne, denn sie wurde gerade mit der Begründung vom Partiturausschuß als "unsuitable for broadcast programmes" abgelehnt, war jedoch bereits mit großem Erfolg im Rundfunk (wahrscheinlich im Euro- pean Service, J.R.H.) aufgenommen worden.[317] Weitere Ablehnungen von Werken Seibers erfolgten bis zum Jahr 1951. Eine Ausnahme bildete die Annahme der *Cantata Ulysses* für das III. Programm im April 1950. Seiber, der sich inzwischen als anerkannter Komponist und gesuchter Lehrer junger britischer Komponisten in Großbritannien etabliert hatte, gab nach der Ablehnung seines *3. Streichquartetts* 1951 resigniert auf und kündigte an, dem Partiturausschuß der B.B.C. keine weiteren Kompositionen mehr

---

313 WAR, Schreiben Reizensteins vom 24.2. und 27.3.1942 an die B.B.C.
314 WAR, Schreiben von Bliss an Reizenstein vom 11.6.1943.
315 WAR, Schreiben Seibers vom 19.8.1941 an die B.B.C.
316 WAR, Schreiben Seibers vom 4.9.1941 an die B.B.C. In der Aufstellung über Uraufführungen von Kenyon ist dieses Stück nicht enthalten, da es sich dabei um ein Kammermusikwerk handelte.
317 WAR, Schreiben Seibers vom 13.4.1944 an die B.B.C.

vorzulegen.[318]Fast identisch gestalteten sich die Beziehungen zwischen der B.B.C. und Hans Gál, von dem die B.B.C. noch zwei Monate nach Kriegsbeginn seine Orchestration von Schuberts *Divertissement* aufgeführt hatte. 1942 wurden offensichtlich, nach einem Schreiben von Hans Gál zu schließen, zwei seiner Werke und mit Sicherheit im European Department, aufgeführt. Bis zum Ende des Krieges scheiterte auch Gál am Partiturausschuß und begann 1946, ähnlich wie Seiber, an diesem Auswahlverfahren Kritik zu üben.[319]
Berthold Goldschmidt hatte sich als einer der ersten Komponisten, die nach England flüchteten, um Aufführungen bemüht. Seine Geschichte mit der B.B.C. über das Jahr 1946 hinaus zeigt, wie zäh und langsam Entscheidungen getroffen wurden, wenn es um Aufführungen ging und, im Falle der Zustimmung, wie lange es brauchte, bis der Beschluß auch verwirklicht wurde. Immerhin unternahm die B.B.C. nach der bereits erwähnten Absage aus dem Jahr 1934 selbst die Initiative und bemühte sich im Mai 1941 beim Verlag Hinrichsen Ltd. um die Partitur zur *Ouvertüre "Komödie der Irrungen"* op. 6. Postwendend übergab Max Hinrichsen der B.B.C. diese Partitur mit den besten Empfehlungen über Goldschmidt. Vier Monate später sandte die B.B.C. die angeforderte Partitur an Hinrichsen zurück, da offenbar kein Interesse an einer Aufnahme bestand. Als nunmehriger Mitarbeiter der B.B.C. wandte sich Berthold Goldschmidt an Leonard Isaacs vom European Service und ließ ihm fünf Partituren[320]zukommen. Isaacs leitete sie an den Partiturausschuß weiter, der diese bereits vier Wochen später in einem internen Schreiben vom 29. Juli 1942 mit folgender Begründung ablehnte: "These works have been seen by the Panel, but their reports confirm that there is nothing outstanding in them, to warrant a performance. (H. Vowles) Assistant Music Executive." Obwohl eine Entscheidung getroffen worden war und Goldschmidt inzwischen die Partituren zurückerhalten hatte, erfuhr er von dem darüber getroffenen Urteil nichts. Als B.B.C.-Mitarbeiter hatte er interne Kenntnisse darüber, daß "now certain possibilites of performing orchestral as well as chamber music in the Europaen Service" bestünden und schlug Isaacs deshalb die *Sonate* für Cello und Klavier zur Sendung vor, die er dem Andenken an Emanuel Feuermann[321] gewidmet hatte. Bei dieser Gelegenheit erinnerte Goldschmidt an seine erfolgreiche Dirigententätigkeit in Deutschland und Rußland und wünschte sich, auch auf diesem Gebiet eine Chance von der B.B.C. zu erhalten "after more

---

318   WAR, Schreiben Seibers vom 21.11.1951 an die B.B.C.
319   Schreiben an Adrian Boult vom 14.6.1946. WAR, Hans Gál; Composer, File 1: 1940-1962.
320   *2. und 3. Streichquartett, Marsch im 5/4 Takt, Concertino* für Cello und Orchester sowie *Con-certino* für Violine und Piano. Alle diese Werke außer dem *2. Streichquartett* hat Goldschmidt später zurückgezogen.
321   Feuermann war am 25. Mai 1942 in New York gestorben.

than 7 years residence in this country".[322] Ein Empfehlungsschreiben von Rudolf Bing vom 1. Dezember 1943 an Bliss und eines vom Inspektor der Musikabteilung im European Service an Isaacs vom 1. August 1946, der Goldschmidt als bewährten Mitarbeiter lobte und sich für ihn als Komponisten einsetzte, sind alles, was sich an weiteren Dokumenten über den <u>Komponisten</u> in eigener Sache bei der B.B.C. finden ließen.[323]

6.3.9 Exkurs: der Tierstimmenforscher Ludwig Koch

Eine ganz andere Art von Programm bot Ludwig Koch an. Koch hatte bereits in seiner Heimatstadt Frankfurt am Main eine Sammlung mit Aufnahmen von Vogelgesängen, Vogelrufen und den Stimmen von wild lebenden Tieren zusammengetragen und ist als einer der Pioniere auf diesem Gebiet anzusehen. Diese Sammlung wurde von den Nationalsozialisten zerstört, nur einen Teil davon konnte er retten (Röder/Strauss 1983, Bd.2, Tl. 1, 636). Mit großem Enthusiasmus führte Koch diese Arbeit als Flüchtling in Großbritannien weiter und wurde von Engländern dabei unterstützt, die ihn für seine Aufnahmen großzügig auf ihre Landsitze einluden (Koch 1955, 68).

Das Interesse an Ornithologie war (und ist) unter den naturliebenden Briten weit verbreitet. Koch berichtet, daß sogar Chamberlain als (noch) Finanzminister ihn 1936 in die Downing Street einlud, um seine Aufnahmen kennenzulernen. Zwei Jahre später in der politisch brisanten Zeit nach dem Münchner Abkommen wurde Koch von einer Schweizer Zeitung vorgeworfen, er habe den Terminplan des Premierministers unnötigerweise in Anspruch genommen, denn Chamberlain habe einen wichtigen Termin verlassen, um in der Downing Street eine Amsel anzuhören, die Gesänge einer Singdrossel nachahmte. Kochs trockener Kommentar hierzu: "I do not believe, however, that either his interest in my work or this incident had any influence on the development of history" (Koch 1955, 40f.). 1936 war bereits das erste "British Sound-Book on Wild Birds", an dem Koch in Zusammenarbeit mit der E.M.I. beteiligt war, erschienen. Während der Präsentation des Buches in der Society of Arts in London erschien plötzlich ein mit Mikrophon bestückter Reporter der B.B.C., der durch seine Reportage Koch zu einer ersten Popularität in Großbritannien verhalf (Koch 1955, 40). Dennoch verhielt die B.B.C. sich Koch gegenüber in den ersten Jahren zurückhaltender, als er nach diesem plötzlichen Interesse für seine Arbeit erwartet hatte. Wie aus einem internen Schreiben der B.B.C. vom 12.

---

322 WAR, Composers, Berthold Goldschmidt, File 1: 1934-1962; Brief Goldschmidts vom 16.11.1942 an Leonard Isaacs.
323 WAR, Composers, Berthold Goldschmidt, File 1: 1934-1962; weitere Ausführungen vgl. Kapitel 15.1.

April 1940 deutlich wird, waren seine Aufnahmen jedoch bei der Rundfunkgesellschaft durchaus anerkannt.

Die ersten, wenigen Aufnahmen für die "Children's Hour" wurden im Mai 1941 in dem Beitrag "Listen to our song birds" gesendet. Diese Kinderstunde der B.B.C. besaß bereits eine lange Tradition. Die erste Sendung dieser Art hatte in der Pionierzeit des Rundfunks am 5. Dezember 1922 von der Sendestation Birmingham aus stattgefunden. Die Belegschaft der B.B.C. bestand damals aus vier Personen, so daß der Chefingenieur A.E. Thompson gleichzeitig die Rolle des "Uncle Tom" übernahm (Briggs 1985, 41 und 364).[324]

Koch selbst berichtet in seinen Memoiren über eine feste Anstellung beim Europaen Service, die im Jahre 1941 begann.[325] Seine seit dieser Zeit im Auftrag der B.B.C. erfolgten Aufnahmen von Industriegeräuschen und unterschiedlichsten Lauten von Tieren auf dem Bauernhof wurden in das Geräuscharchiv aufgenommen und in Feature-Programmen genutzt. Der Enthusiasmus von Koch, charakteristische Melodien bestimmter Vögel zu entdecken, ihnen ihre Geheimnisse zu entlocken oder sie mit bekannten Melodien zu vergleichen, kannte keine Grenzen. Sogar für die berühmten oben erwähnten vier Töne des B.B.C.-Signals fand Koch Parallelen in der Vogelwelt. Er produzierte die Sendung "The Victory Symphony" mit Gesängen von Vögeln, die auf diesen Tönen basieren und fand dabei heraus, daß der Lockruf des Brachvogels nicht nur in den Tönen, sondern just auch rhythmisch mit diesem Motiv identisch sei. 1942 wechselte Koch zum Home Service, der nach einer Unterbrechung nun diese Programme weiterführte. Das verschaffte Koch die Möglichkeit für Aufnahmen von Vögeln und anderen Tieren, die er zudem für die "Children's Hour" und Sendungen im "Talk Department" nutzen konnte. Daneben absolvierte Koch seinen zivilen Kriegsdienst bei den "King's Royal Rifles" in Manchester. Für das neugeschaffene "Country Magazine" lieferte Koch ein Klangbild der "Country-Side", mit der diese Sendung jeweils ausklang. Im Frühjahr 1943 verließ Koch die B.B.C., um freiberuflich zu arbeiten. Doch die B.B.C. verpflichtete ihn weiter für das "Country Magazine", und er begann eine Reihe mit Vogelprogrammen, die er nun auf längere Betrachtungen über einzelne Vögel zu bestimmten Jahreszeiten ausdehnen konnte. 1943 wurden seine Sendungen aufgrund der Kriegsereignisse zurückgestellt.[326] Ludwig Koch stellte fest, daß die B.B.C. im Vergleich mit anderen

---

324   WAR, Contributors; Ludwig Koch; Children's Hour - File 1: 1940-1962; Copyright; Ludwig Koch, File 1A: 1938-1943.

325   Als Mitglied der Belegschaft der B.B.C. wurden seine Dokumente offensichtlich den Akten von freiberuflichen Mitarbeitern nicht mehr beigefügt.

326   Zuweilen schoß Ludwig Koch im Eifer auch über das Ziel hinaus: 1944 schlug er eine Sendung vor, die "behaviour and effects of air raids on the blue pointed siamese cat 'Siddha'" zum Gegenstand hatte. Die Herren lehnten freundlich ab mit der Begründung "but we feel it would be too distressing to broadcast to children. Many of them may have lost their pets

Rundfunkstationen durch seinen Beitrag eine führende Position in jenen Jahren auf diesem Gebiet einnehmen konnte (Koch 1955, 70ff.). 1946 begann wiederum eine intensive Zusammenarbeit mit der B.B.C. Von 1948 bis 1950 gehörte er abermals zum Personal. Tausende von Aufnahmen wurden während dieser Zeit von der B.B.C. als "Ludwig Koch-Sammlung" übernommen und mit seiner Hilfe katalogisiert (Koch 1955, 114f.).
Der Forschungsschwerpunkt von Ludwig Koch mag etwas abseits von dem der hier betrachteten Musiker und Musikologen liegen. Trotzdem darf Ludwig Koch, auch aufgrund seiner Originalität und seiner Verdienste auf seinem Gebiet, in diesem Zusammenhang nicht unberücksichtigt bleiben. Er regte zahlreiche Sendungen während des Krieges an und verhalf dem britischen Rundfunk zur Erweiterung seines Geräuscharchivs, das er für Sendungen im In- und Ausland nutzen konnte. Die Sammlung von Ludwig Koch, einem Pionier und Enthusiasten bis zum Ende seines Lebens, ist heute zugänglich im British Institute of Recorded Sounds in London (Röder/Strauss 1983, Bd.II, Tl.1, 636).

6.4 "Ban on alien composers"[327]

6.4.1 Quellenlage

Unter der Bezeichnung Music General, Alien Composers, liegen dazu fünf Akten vor, die chronologisch geordnet sind: Akte 1: 1939/40[328] Akte 2: 1941[329]; Akte 3: 1942[330]; Akte 4: 1943-44[331]und Akte 5: 1945[332]. Sämtliche enthaltene Schreiben sind mit "privat & confidental" gekennzeichnet. Weiter befinden sich einige Zeitungsausschnitte in der ersten Akte, die sich mit den Themen "Ban on alien composers" und "Ban on German Language" auseinandersetzen. In keiner der mir zugänglichen Veröffentlichungen über die Geschichte der B.B.C., oft von ihr selbst herausgegeben, wurde der Bann erwähnt. Auch Brinitzer, immerhin ein als kritisch geltender Insider dieser Institution, kommt in seinen Memoiren nicht darauf zu sprechen. Möglicherweise war ihm diese stets als "privat & confidental" bezeichnete Angelegenheit verborgen geblieben.

---

      in raids, and we do not wish to recall such sad incidents to their memory" (Schreiben vom 6.10. sowie 8.11.1944; File Contributors, Ludwig Koch).
327 Diese Bezeichnung wurde von den Mitarbeitern der B.B.C. geprägt und in vorliegenden Schriftstücken verwendet..
328 WAR, R 27/3/1. Das erste Schriftstück darin stammt erst aus dem Jahr 1940.
329 WAR, R 27/3/2.
330 WAR, R 27/3/3.
331 WAR, R 27/3/4.
332 WAR, R 27/3/5.

6.4.2 Anlaß und Reaktionen

In der Sommer-Ausgabe der Zeitschrift Author im Jahr 1940 erschien unter der Überschrift "The B.B.C and British Composers" ein Schreiben, das von zehn englischen Komponisten unterschrieben worden war. Die bekanntesten waren darunter Granville Bantock, John Ireland, Constant Lambert, Ethel Smyth und Ralph Vaughan Williams. Den Anlaß dazu bot eine Verschiebung in der Programmauswahl des nationalen Rundfunks zum Nachteil wertvoller klassischer Musik. Das hatte zuvor schon an anderer Stelle Kritik ausgelöst. Als britischen Komponisten ging es ihnen jedoch auch darum, "that genuine music by British composers should be allotted a bigger share of broadcasting time than it enjoys in present" (Austin u.a. 1940). Gemeint waren damit insbesondere Suiten, Ouvertüren, Chormusik und unterschiedliche "leichte Musik" englischer Komponisten, die vorwiegend zu ungünstigen Sendezeiten ausgestrahlt wurden. Sie argumentierten dabei auch wirtschaftlich. Unter Hinweis auf die hohen Kosten, die von der B.B.C. für ausländische "copyrights" aufgewendet würden, plädierten sie für eine stärkere Nutzung vorhandener eigener Bearbeitungen für kleinere Besetzungen, die auch in der Kriegssituation von der B.B.C. bezahlbar wären (Austin u.a. 1940).

Der Ausbruch des Krieges hatte das britische Musikleben einschneidend beeinträchtigt. Dies veranlaßte im Januar 1940 Thomas Beecham dazu, einen Spendenaufruf für das London Philharmonic Orchestra (Daily Telegraph Reporter 1940) zu initiieren, das wie alle anderen großen britischen Orchester keine staatlichen Subventionen erhielt. Dem schloß sich der Dirigent Henry Wood, auch im Interesse seines Orchesters, an (Wood 1940). Im November 1939 gab es in London 3.000 arbeitslose Musiker, von denen allein 450 durch die Strukturveränderungen der B.B.C. in der Unterhaltungsmusik-Abteilung plötzlich ihre Arbeit verloren hatten (Knox 1939).[333]

In diesem Kontext steht auch die erwähnte Kritik der Komponisten. Denn anders als gerade die während des Krieges finanziell geschädigten Orchester besaß die B.B.C. in den Lizenzgebühren ihrer Nutzer eine solide ökonomische Grundlage. Daß sie aber unter der aktuellen Bedrohung des Landes durch die Deutsche Wehrmacht und der dadurch nahezu erschöpften Finanzkraft Großbritanniens fortfuhr, Geld für Senderechte ins feindliche Ausland zu transferieren, dürfte auch bei den Hörern ebenso wie bei den arbeitslosen Musikern und Nutznießern der B.B.C. auf Unverständnis, wenn nicht gar auf heftige Kritik gestoßen sein.[334]

---

[333] Nach Knox gab es vor dem Krieg 64 "light music combinations", die in London von der B.B.C. engagiert waren. Nach Beginn des Krieges blieben davon lediglich 14 festangestellte Musiker für unterschiedliche Besetzungen übrig.

[334] "It may be pointed out, also, that the B.B.C. by using so much foreign copyright music are sending considerable sums of money out of the country" (Austin u.a. 1940).

Einer solchen Kritik konnten sich die Verantwortlichen der B.B.C. einfach nicht verschließen, zumal der offene Brief der zehn Komponisten mit einem deutlichen Appell an den Patriotismus der B.B.C. abschloß: "Nor should it be forgotten that a more whole-hearted recognition by a National institution of our own native composers would be the greatest value to the progress of musical art in this country" (Austin u.a. 1940). In der folgenden Ausgabe desselben Periodikums nahm ein Vertreter der B.B.C., der seinen Namen jedoch nicht preisgab, Stellung (Anonym 1940d). Zum prozentualen Anteil von "ernster Musik" gab er eine Aufstellung über die zurückliegenden sechs Monate. Danach waren durchschnittlich wöchentlich zehn Orchesterkompositionen von britischen Komponisten gesendet worden, was einem Anteil von 18 Prozent in diesem Musikgenre entsprach. Hinzu kamen seit Ausbruch des Krieges neben zahlreichen Chorkompositionen insgesamt 39 Kammermusikwerke ganz unterschiedlicher Besetzungen, von denen elf bereits wiederholt wurden. Außerdem müßte man in dieser freilich inoffiziellen Aufstellung der B.B.C. die zahlreichen ungenannten Klavierstücke und Lieder britischer Komponisten, die die B.B.C. gesendet habe, hinzurechnen. Damit schien aus der Sicht der B.B.C. der Vorwurf einer Vernachlässigung britischer Komponisten entkräftet. Zu der ökonomischen Seite der Kritik äußerte sich der Vertreter des Rundfunks jedoch nicht.

Offensichtlich gab es zu dieser Zeit bereits eine heftige B.B.C.-interne Diskussion über diese Problematik. Einen Eindruck davon vermittelt ein Artikel des B.B.C.-Mitarbeiters Ralph Hill, der in der Radio Times wenig später nach dem Appell der Komponisten veröffentlicht wurde und damit direkt an die Gebührenzahler der B.B.C. gerichtet war (Hill 1940). Darin wandte sich Hill gegen eine pauschale Verbannung der Musik aus feindlichen Staaten[335] und erinnerte an eine ähnliche Aktion während des I. Weltkrieges, als man versuchte, die Musik von Richard Strauss und Richard Wagner in der Öffentlichkeit zu verbieten. Hill argumentierte entschieden gegen eine übertriebene Politisierung des Musiklebens und hielt es für fragwürdig, etwa die Werke Mozarts unter solchen Gesichtspunkten mit Restriktionen zu belegen. Hills Begründung lautete:

> The great point to be made is that the value of a piece of music has nothing whatsoever to do with the character of the composer or whith the moral characteristics of his country. [...] If it be true that in Germany and Italy at the present time British music is rigidly excluded, all the more reason for us not to emulate such a principle (ebenda).

Damit bezog er einen liberalen Standpunkt, der sich bewußt und prinzipiell gegen die totalitäre Kulturpolitik der Achsenmächte stellt, in der Sache jedoch pragmatisch blieb. Angesichts der angespannten kriegsbedingten Lage verschloß auch Hill sich

---

335 "I am so sorry to hear that there is a movement afoot to ban the music of enemy countries in toto. Such an idea seems to me so childish, totalitarian, and antimusical" (Hill 1940).

nicht der Notwendigkeit, gewisse Einschränkungen zuzulassen: Gegen *Madame Butterfly* beispielsweise könne nur ein Schwachsinniger Einwände erheben, verbannt wissen will er hingegen das kontinuierlich von den Nazis gezielt verwendete *Ein Heldenleben*.[336] Wie kompliziert die Situation tatsächlich war, verdeutlichte Hill am Beispiel von Richard Strauss, dessen Werke in britischen Konzertsälen durchaus Popularität genossen. Dieser hatte, wie bereits dargestellt, noch anläßlich des Dresdner Gastspiels in Großbritannien im Jahr 1936 mit dem Dirigat eigener Werke in der Londoner Queen's Hall großen Erfolg gehabt. Nach Hill sei Richard Strauss jedoch während des Ersten Weltkrieges ein notorischer Feind der Briten gewesen. Er sei es wohl auch noch, sonst würde er schon lange ein Flüchtling sein. Damit nahm Hill plötzlich Bezug auf die vertriebenen Komponisten in Großbritannien, von denen bisher an keiner Stelle die Rede war und machte damit indirekt auf ihre Nazi-feindliche Haltung aufmerksam. Die Schwierigkeiten der Unterscheidung zwischen politischen und ästhetischen Kategorien abwägend formuliert Hill am Schluß seines Artikels seine Option für die Programmpolitik der B.B.C. Er konzediert darin der bisherigen Haltung des Senders eine insgesamt vernünftige Programmauswahl und räumte ein, daß man künftig wohl Abstriche in ästhetischer Hinsicht hinnehmen müsse.[337] Auf die Kompositionen von erklärten Nazi-Sympathisanten solle man danach ebenso verzichten wie auf ältere Werke, die sich für die Nazi-Ästhetik instrumentalisieren ließen. Dafür benannte Hill Brahms' *Triumphlied* oder Wagners *Siegfried*.[338] Soweit Hills Einlassungen. Eine weitere Entscheidung war von der B.B.C. getroffen worden, die Hill an das Ende seines Artikels setzte:

> Furthermore, German and Italien songs must be sung either in English or not at all. The last may raise important aesthetic issues, but at all costs it must be made clear to listeners that they are not listening to enemy stations, whose excellences of music programmes are often a bait for insidious propaganda (ebenda).

Man schrieb vor, daß fortan alle vokalen Beiträge in englischer Sprache vorzutragen waren. Diese Entscheidung betraf genau die Gruppe der deutschsprachigen Sängerinnen und Sänger, die von der B.B.C. engagiert worden waren und die nach Kriegsbeginn keine Aufträge mehr erhalten hatten. Sie macht anschaulich, warum die akzentfreie Beherrschung der englischen Sprache für das britische Programm solch

---

336 "Neverless, I think there is quite a lot to say for banning during wartime some products of enemy countries. Nobody but an unmusical imbecile could possibly find any connections between Madame Butterfly and Mussolini, but 'Heldenleben' and Hitler might tempt more astute and impressionable minds" (Hill 1940).

337 "It seems to me that the B.B.C. has adopted a most worcable and reasonable scheme of action, despite the fact that a certain amount of artists value must of necessity be lost in its prosecution" (Hill 1940).

338 "The principle is that music by composers of Nazi sympathies and old works that can be interpreted in terms of modern Germany ... shall be excluded from the programme" (Hill 1940).

einen Stellenwert besaß. In den Akten der Sänger und Sängerinnen wurde allerdings auf diese Entscheidung nicht explizite Bezug genommen. Merkwürdigerweise erwähnte Erika Storm dieses Handikap im Gespräch über ihre Engagements bei der B.B.C. mit keinem Wort. Es war gewissermaßen nach Beginn des Krieges eine politische Entscheidung, die sich auf den Umgang mit den Immigranten auswirkte. Es machte sich darin auch der Umstand bemerkbar, daß die B.B.C. in dieser Zeit eben keine unabhängige Körperschaft war, sondern sich als wichtiges Massenmedium in der Kriegssituation den Intentionen von Informationsministerium, dem Innenministerium und dem Druck der Öffentlichkeit unterzuordnen hatte.

Das alles wird besser verständlich, wenn man einen Blick auf die Rundfunkpolitik der Gegenseite wirft. Der Großdeutsche Reichsrundfunk nahm alsbald nach der Kriegserklärung von 1939 seine Propagandasendungen in englischer Sprache auf. Über diese Sendungen wurde täglich im Daily Express unter der Rubrik "Stimme aus Feindesland" von Jonah Barrington, wie bereits im vorangegangenen Kapitel beschrieben, berichtet. In nationalsozialistischen Diensten stand William Joyce, ehemaliger Führer der englischen nationalsozialistischen Liga. Jonah Barrington hatte in einem seiner Artikel einen anderen in Nazi-Diensten stehenden Briten mit "Haw Haw" bezeichnet. Diese Bezeichnung wurde bei den Briten zum Synonym für britische Nazis in Propagandasendungen des Reichsrundfunks. William Joyce war dabei ganz besonders gefährlich. Denn sein in den Nazi-Propaganda-Sendungen geschickt verpacktes politisches Insiderwissen und seine Angriffe gegen Chamberlain stießen nach Kriegsbeginn bei den Briten auf eine beachtliche Resonanz. Mit den Worten eines Zeitzeugen ausgedrückt: "Für uns in der B.B.C. bedeutete Haw-Haw in jenen Tagen des Sitzkrieges eine ernste Gefahr. Die Presse hatte ihn populär gemacht. Schon aus purer Neugier wollte ihn nun jeder in England hören" (Brinitzer 1969, 56f.).

Also nicht nur wegen öffentlicher Kritik, sondern auch um der subversiven Nazi-Propaganda entgegenzutreten, mußten sich die Verantwortlichen der B.B.C. etwas einfallen lassen. Die B.B.C. war gewissermaßen unter Zugzwang geraten. So fühlte sich die Daily Mail genötigt, ihren Lesern mitzuteilen, daß Großbritannien "auf dem Schlachtfeld der Propaganda...eine entscheidende Schlappe erlitten" habe. Diese fatale Wirkung der englischsprachigen Sendungen aus Nazi-Deutschland beeinflußten "nicht nur die englische Zivilbevölkerung, sondern auch unsere Streitkräfte" (Brinitzer 1969, 57).

Nachdem Chamberlain am 10. Mai 1940 auch auf Druck der Öffentlichkeit zurückgetreten und Churchill Premierminister geworden war (Haffner 1967, 11), verschärfte sich die Diktion des fiktiven "Lord Haw-Haw" zur offen aggressiven Nazi-Propaganda. Diese Wendung führte dann allerdings zu einer Umkehrung des Propagandaeffekts, denn damit erreichte man die britischen Hörer nicht mehr (Brinitzer 1969, 57). Die Nazis gaben trotzdem nicht auf und ersannen neue Konzepte. Himmler schlug noch im Mai 1943 vor, einen "rein antisemitischen Sender für England und Amerika" in einer "sensationellen Aufmachung" aufzubauen. Ausgehend von englischen Gerichtsveröffentlichungen sollten etwa vermißte Kinder als Opfer "jüdischer(n) Ritualmorde" dargestellt werden, "um den Antisemitismus in der Welt" anzuheizen (Wulf 1989a, 404).[339]

Compton Mackenzie, einer der Herausgeber der "Incorporating Vox, The Radio Critic and Broadcast Review, The Gramophone" urteilte in einem "Editorial; Lunatics at Large" in der Dezemberausgabe von 1940 (Mackenzie 1940) scharf über Hills Äußerungen, dem er Halbherzigkeit gegenüber dem "B.B.C.-Idiotismus" vorwarf. Richard Strauss wegen seines unbritischen Verhaltens nicht mehr aufzuführen, lehnte Mackenzie nicht nur rundweg ab, sondern lobte sogar dessen Verhalten. Denn eine englandfreundlichere Haltung hätte diesen bekannten Komponisten vermutlich zum Exil gezwungen mit der möglichen Folge einer Internierung in Großbritannien als "enemy alien".[340] Damit zeigte sich Mackenzie als scharfer Kritiker der Internierungen, von denen auch Musiker betroffen waren. Auch die pro-britische Einstellung der überwiegenden Mehrheit der Flüchtlinge hätte bekanntlich die Behörden der Inseln nicht davon abgehalten, sie unter dem möglichen Verdacht der feindlichen Spionage zu internieren. Und zu glauben, daß einige Werke deutscher Komponisten aus Engländern Nazis machen könnten, bezeichnete Mackenzie als dumm. Deshalb wandte er sich gegen die Entscheidung, deutsche oder italienische Lieder nur in Englisch zuzulassen. Ziemlich einleuchtend behauptete er, daß jeder Engländer spätestens am Rundfunksprecher und dem Inhalt der Nachrichten erkennen würde, um welchen Sender es sich handelte. Sein Statement gipfelt in der Frage: "Cannot the officials of the B.B.C. understand that behaviour like this revealed by Mr. Ralph Hill drags us down to the level of what we are fighting against?" (ebenda).

Mackenzie war, soweit ersichtlich, der einzige, der eindeutig gegen die Entscheidung der B.B.C. auftrat. So bezog sich der News Review (Anonym 1940e) zwar auf den "B.B.C.- Ban" und auf Hills Veröffentlichung, vertrat jedoch keinen eigenen Standpunkt dazu. Dieser Artikel ist wiederum unter einem anderen Aspekt interessant. Ihm ist zu entnehmen, daß die Incorporated Society of Musicians bei der B.B.C. gegen die Aufführung von Copyright-Musik deutscher und italienischer

---

339 Dokument NO-2527, gekürzt.
340 "If he had been pro-British and taken refugee in this country he might have been drowned by now from the Arandora Star or at best be eating his heart out in one of our internee camp" (Mackenzie 1940).

Komponisten interveniert hatte.[341] Die ersten Kontakte zwischen der Incorporated Society of Musicians und der B.B.C. zu dieser Problematik wurden demnach bereits im Juni 1940, als die Internierungen begannen, aufgenommen. In einem Schreiben vom 14. Juni 1940 hatte Frank Eames von der Incorporated Society of Musicians den B.B.C.-Mitarbeiter K.A.Wright darum gebeten, vorerst die Öffentlichkeit nicht über ihre Überlegungen zu informieren. Damit entsprach Eames durchaus den Intentionen der B.B.C. Wie R.S. Thatcher von der B.B.C. Anfang 1941 feststellte, gab es auch keine offizielle Bekanntgabe dieser Politik, so daß es zu keinen nennenswerten Reaktionen in der Presse gekommen sei.[342] Außer einer: Der Sunday Chronicle & Sunday Referee aus Manchester brachte am 24. November 1940 eine knappe Meldung unter der Überschrift "B.B.C. bans enemy music" (Anonym 1940f) heraus, in der die Handhabung des Bannes intuitiv erfaßt wurde:

> German songs and music are to be banned from B.B.C. programmes. Incorporated Society of Musicians base objections on economic grounds and the B.B.C. has agreed to delate from their programmes any music by which Germany or Germans might benefit (ebenda).

Einen entschieden patriotischen Vorstoß unternahm Adrian Boult in der Dezemberausgabe des Author von 1940. Auf den eingangs erwähnten Brief der zehn britischen Komponisten zurückkommend forderte er, die Kategorien "Britische Musik", "Ausländische Musik" und "Klassiker" differenzierter zu betrachten, weil sich dadurch ein besseres Bild für Aufführungen britischer (klassischer) Komponisten ergäbe. Er unterstrich diese Option durch ein kategorisches Votum für die Streichung sämtlicher Aufwendungen für Copyright-Musik aus dem Ausland. "No sums of money, considerable or inconsiderable, are passing out of this country as copyright royalties to anyone in enemy countries or in countries occupied by the enemy" (Boult 1940). Damit war die öffentliche Diskussion über dieses Thema schon beendet.

6.4.3 Umsetzung des "Ban"

Aufschluß über die Richtlinien für den "Ban on alien Composers" und die davon betroffenen Komponisten geben allein die Akten der B.B.C. Danach wurde der "Ban" bereits im Juni 1940 angeordnet, also fast ein halbes Jahr vor der ersten öffentlichen Äußerung von Hill im November 1940 zu diesem Thema. Und selbst Hill hatte die Handhabung des Banns nicht klar beschrieben.

---

341 "'We put our case to the B.B.C.', said Secretary Frank Eames... 'The Corporation agreed, with few exceptions. We are not concerned with the artistic side of the matter'" (Anonym 1940e).

342 WAR, R 27/3/2; Music General, Alien Composers, File 2: 1941; Thatchers Report über die Probleme des "Ban" vom 21.3.1941, S. 2.

Gleich nach Kriegsausbruch hatte es bereits den Bann vorbereitende Einschränkungen gegeben, wie sich aus einem Schriftstück vom 21. März 1941 rekapitulieren läßt.[343] Während Mackenzie im Dezember 1940 in drastischen Worten dagegen sprach, wurde also der Bann längst praktiziert. Als Vertreter der Incorporated Society of Musicians hatte Frank Eames dafür plädiert, den Bann auf alle "copyright music" mit wenigen Ausnahmen auszudehnen. Diesem Votum schloß sich die Performing Right Society an.[344]
Wie im Kapitel über die Arbeitserlaubnisse für freiberufliche "foreign musicians" beschrieben, zeigt sich auch hier, daß die Incorporated Society of Musicians offensichtlich großen Einfluß ausübte, dem sich die B.B.C.-Verantwortlichen - wie es scheint - unwidersprochen beugten. Die Anwendung des Banns beschwor naturgemäß Konflikte herauf. Sämtliche "copyright music" konnte nicht verboten werden. Das hieße nämlich auch, einige englische Kompositionen damit zu belegen. Denn auch englische Komponisten hatten Verträge mit deutschen Verlagen abgeschlossen, wie ein britischer Autor mit Entsetzen feststellte (Anonym 1941a). Dazu gehörten Elgars *Sospiri - Seufzer*; Adagio für Streichorchester mit Harfe (oder Pianoforte) und Harmonium (oder Orgel) ad libitum op. 70 und *Sonate* (für Orgel) op. 28, die bei Breitkopf & Härtel, Leipzig 1914 bzw. 1896 verlegt waren (CPM 1983, Bd. 19, 127).[345] Es scheint, daß diese Werke in Großbritannien sehr populär waren. Andere Komponisten wie Granville Bantock,[346] Alex Campbell Mackenzie[347] und Alec Rowley[348] seien, wie der Autor weiter aufzählt, ebenfalls partiell davon betroffen gewesen (ebenda).

---

343   WAR, R 27/3/2; Music General; Alien Composers; File 2: 1941.
344   Dies geht aus einem etwa fünf Monate später verfaßten, vertraulichem Rundschreiben ohne Datum an alle Abteilungen der B.B.C. hervor. WAR, R 27/3/1; Music General; Alien Composers; File 1: 1939/40.
345   Das waren aber nur Ausnahmen, die meisten Werke Elgars hatten britische Verlage in ihren Katalogen; vgl. CPM 1983, Bd. 19, S. 102-132.
346   Ebenfalls nur einige Werke sind bei Breitkopf & Härtel erschienen; vgl. CPM 1981, Bd. 3, S. 267-283.
347   Von diesem Komponisten hatte z.B. seit 1902 die Rechte über die Oper *Cricket on the Hearth* (Heimchen am Herd) op. 62 der Verlag Bosworth & Co (CPM 1985, Bd. 37, S. 159), bei dem es sich aber um eine englische Firma in Leipzig handelte (Krummel/Sadie 1990, S. 182).
348   Im Falle Rowleys entspricht das nicht den Tatsachen; vgl. Alec Rowley in CPM 1986, Bd. 49, S. 231-253. Lediglich gab die Hinrichsen Edition, also die Firma eines deutschen Flüchtlings, 1938 Rowleys *Concerto* in D, op. 49 sowie eine Bearbeitung von Mozarts *Viennese Sonatinas* für Piano solo heraus. Daher rührte möglicherweise diese Behauptung (CPM 1986, Bd. 49, 233 und CPM 1985, Bd. 41, S. 59). Alec Rowley hatte mit deutschen und österreichischen Verlagen für den behandelten Zeitraum keine Verträge abgeschlossen. Seine zahlreichen Kompositionen verlegte er vorwiegend in London und teilweise in New York.

Die Programmredakteure verschiedener Abteilungen der B.B.C. erhielten im Juli 1940[349] eine Liste mit Namen von Komponisten aus feindlichen Ländern, die von dem Aufführungsverbot betroffen waren. Darunter befanden sich 73 Österreicher und 239 Deutsche, die jeweils getrennt aufgelistet waren. Eine spätere Aufstellung enthielt entsprechend 117 und 248 Namen.[350] Es handelte sich dabei um jene Komponisten, deren Aufführungsrechte in Deutschland oder in einem von der Wehrmacht besetzten Gebiet geschützt wurden. Darin waren auch solche, die bereits tot waren, eingeschlossen.

Alphabetisch geordnet standen hier sowohl Komponisten, die in Deutschland oder in dem von Nationalsozialisten angegliederten Österreich lebten und sich mehr oder weniger mit den neuen Machthabern arrangiert hatten, als auch diejenigen, die Nazi-Deutschland, als Juden oder anderweitig Verfolgte, verlassen hatten. Neben den bereits verstorbenen Alban Berg, Gustav Mahler und Hugo Wolf waren die Namen der Emigranten Erich Wolfgang Korngold, Arnold Schönberg, Felix Weingartner, und Alexander v. Zemlinsky aufgeführt. Auch Anton Webern stand auf der Liste, und für Franz Lehár, einen der Lieblingskomponisten Adolf Hitlers, wurde extra noch einmal ein besonderes, nicht näher begründetes Verbot ausgesprochen, obwohl man mit einzelnen Titeln auch Ausnahmen bei ihm machte.[351] Richard Tauber tourte dessen ungeachtet mit *Das Land des Lächelns* durch England.[352] Zu den Indizierten gehörten auch Wilhelm Grosz und Hugo Kauder, die zeitweilig in Großbritannien Zuflucht gesucht hatten, und der ebenfalls dort wirkende Egon Wellesz. Egon Wellesz hatte bis 1937 in nahezu allen musikalischen Gattungen und Genres einschließlich der Oper - seine erste Sinfonie schrieb er erst 1945 - Kompositionen vorgelegt, die fast alle bis auf wenige Ausnahmen bei der Universal Edition in Wien verlegt waren. Die Produktivität des Komponisten endete bei op. 59 *Quant'é bella Giovinezza* für dreistimmigen Frauenchor (Ms.) im Jahr 1937, bis Wellesz 1944 mit seinem *5. Streichquartett* op. 60, verlegt 1948 bei Schott, London/Mainz, das Komponieren wieder aufnahm.[353]

---

349 WAR, R 27/3/1; Music General, Alien Composers, File 1: 1939/40; Schreiben vom 29.7.1940.
350 In der zweiten vorliegenden Aufstellung WAR, R 27/3/1; Music General, Alien Composers, S.6, wurden auch fünf englische Songs der Unterhaltungsmusik mit dem "Ban" belegt, weil sie die aktuelle Situation offensichtlich, wie etwa mit *When the Light went out* karikierten. Über die Einbeziehung von Parodien hatte grundsätzlich der Vorgesetzte zu entscheiden (ebenda, S.7).
351 WAR, R 27/3/1; Music General, Alien Composers; File 1: 1939/40. "Copyright Music by alien Composers"; ohne Datum, Anweisung von Thatcher.
352 WAR, Brief intern von Cecil Madden vom 7.2.1941; R 27/3/2 Music General, Alien Composers; File 2; 1941.
353 Vgl. CPM 1987, Bd. 80, S. 169 und Werkverzeichnis der Kompositionen, in: Wellesz 1981, S. 275-279. Wellesz komponierte danach kontinuierlich weiter bis 1971 und der Opuszahl 112.

In einer revidierten Liste wurden unter der Bezeichnung "Nur Aufführungen im beschränkten Rahmen erlaubt" dreiundzwanzig Werke von Grosz, die dieser nach 1934 komponiert hatte, freigegeben. Es fällt auf, daß Hans Gál auf der Liste der Österreicher fehlte. Möglicherweise hatte man ihn gar nicht erst einbezogen, da er bis zu seinem Exil vorwiegend Opern komponiert hatte und diese von vornherein für die B.B.C. nicht in Betracht kamen. 1939 hatte Gál für den Londoner Verlag Augener Ltd. die *Ouvertüre* zur Oper *Armida* von Joseph Haydn bearbeitet und herausgegeben (E.R. 1939b). Vier Jahre später erschien bei Novello Gáls *Serenade for string Orchestra* (E.R. 1943).[354] Erst 1943 reichte Gál seine erste Partitur *Dirge for Orchestra* der B.B.C. zur Begutachtung ein.[355] Dies bietet ein Beispiel dafür, daß die genannte Liste nicht konsequent ausgeführt wurde bzw. nach vorgegebenen Kriterien auch Fehler enthielt.

Die Liste der deutschen Komponisten, die alle Gattungen und Genres einschloß, war mit 239 (1. Liste) bzw. 248 Namen auf der 2. Liste relativ umfangreich. Hanns Eisler, Paul Hindemith, Kurt Weill, Ernst Toch und Jean Gilbert, die allesamt bereits in andere Länder weiteremigriert waren, standen neben den im Londoner Exil lebenden Max Kowalski, Berthold Goldschmidt, Robert Müller-Hartmann, Kurt Schröder und Ernst Urbach. Bei Urbach handelt es sich um einen Sänger, von dem Kompositionen nicht nachgewiesen werden konnten. Mit großer Wahrscheinlichkeit lag hier ein Irrtum vor.

Bereits am 7. August 1940 wurden Kurt Weill und Ernst Toch neben fünf anderen, weniger bekannten österreichischen Komponisten auf Anordnung Thatchers von der Liste gestrichen. Mischa Spoliansky, obgleich in England wohnhaft und als Filmkomponist tätig, wurde irrtümlicherweise als italienischer Komponist erfaßt. Er wurde im August 1941 wieder freigegeben, nachdem er ein Engagement bei der B.B.C. erhalten hatte.[356]

Fehler und Ungereimtheiten in den Komponistenlisten bzw. die Verpflichtungen von Flüchtlingen für den European Service zogen Korrekturen nach sich. Im August 1940[357] lag eine zweite Fassung der Liste vor. Wie viele es überhaupt gab, kann nicht nachvollzogen werden. Manche dieser Ungereimtheiten lassen sich im nachhinein auflösen. So etwa, warum die Werke des indizierten Berthold Goldschmidt bei der B.B.C. ausgegrenzt wurden, während andere Komponisten wie Ernst Hermann Meyer, Franz Reizenstein, Mátyás Seiber und Walter Goehr gar nicht erfaßt

---

354 "Light, well written and moderately easy music. Not memorable in material. There are four movements: Con moto, Scherzino, Cavatina and Rondo", wie Edmund Rubbra sich knapp dazu äußerte (E.R. 1943).
355 WAR, Hans Gál, Composer, File 1: 1940-1962; Brief vom 15.4.1943 von L.A. Duncan an Hans Gál.
356 WAR, R 27/3/2, Music General, Alien Composers, File 2; 1941; Schreiben vom 26.8.1941.
357 WAR, R 27/3/2, Music General, Alien Composers, File 2: 1941.

waren. Gab es hier zweierlei Maß, nach dem gemessen wurde? Bei näherem Hinsehen nicht.
Ernst Hermann Meyers Agitprop-Lieder und Chöre wurden in London von der Workers' Music Association, London verbreitet. Bis zu seiner Flucht nach London hatte Meyer keine Kompositionen in Deutschland veröffentlicht und war bis zu diesem Zeitpunkt 1940 bei keinem britischen Verlag unter Vertrag.[358]
Reizenstein, bereits als Dreiundzwanzigjähriger in London, begann seine Laufbahn als Komponist erst in Großbritannien. Im Mai 1939 hatte Boosey & Hawkes die Veröffentlichung von *Prologue, Variations and Finale* für Violine und Orchester angekündigt. Von dem Stück gab es auch eine Fassung für Violine und Klavier, die Reizenstein gemeinsam mit Rostal im Sommer zuvor aufgeführt hatte (Anzeige 1939). Das bedeutet, daß Reizenstein nicht unter die Kriterien des Banns fiel.
Unter Seibers Namen waren in der Zeit von 1929 bis 1937 sechs Musikalien, die mehr für Studienzwecke und vorwiegend für Klavier gedacht waren, bei B. Schott's Söhne, Mainz und Leipzig veröffentlicht worden. 1938 druckte die Oxford University Press erstmals eine Kammermusik von ihm. Sein kompositorisches Hauptwerk hat Seiber dann weiter in London vorgelegt,[359] so daß er mit seinen für die B.B.C. offensichtlich wenig attraktiven Schulwerken zu diesem Zeitpunkt nicht mit einem Sendeverbot belegt werden mußte.
Walter Goehr, ehemaliger musikalischer Leiter der Plattenfirmen Gramophone und Columbia, war just zu jener Zeit für die B.B.C. als Arrangeur und Komponist für das Overseas Programme tätig, als die B.B.C.-Mitarbeiter die Liste zusammenstellten, so daß er schon deshalb gar nicht auf diese Liste gehörte. Denn auf die aktuellen Bearbeitungen für die Auslandsstationen des B.B.C. erstreckte sich der Bann nicht. Goehrs Bearbeitungen, Arrangements und Orchestrierungen vorwiegend von Werken Monteverdis, Mozarts oder Mussorgskys veröffentlichten, bis auf zwei Musikalien bei der UE Wien 1929, britische Verlage in London.[360] Erst von 1944 an bemühte er sich um Aufführungen auch auf dem Gebiet der "ernsten Musik" bei der B.B.C.[361]
Berthold Goldschmidt hatte vier Kompositionen bei der UE Wien veröffentlicht: *Der Gewaltige Hahnrei* op 14, UE 1931, war bereits seit 1933 in Deutschland von sämtlichen Opernhäusern verbannt. Von den Kammermusikwerken des Komponisten wie *Streichquartett Nr. 1* op. 8 und *Sonate* für Klavier op. 10, beide UE 1927 sowie *Capriccio* für Klavier, UE 1928. Goldschmidts *Variationen über eine palästinensische*

---

358 Vgl. Heiß 1973.
359 Vgl. CPM 1986, Bd. 51, S. 356-358.
360 Vgl. CPM 1983, Bd. 24, S. 173f.; bei den genannten zwei Musikalien handelt es sich um zwei *Balladen* für Gesang und Klavier aus dem Liederbuch *Pep* von Lion Feuchtwanger.
361 WAR, Walter Goehr, Composer, File 1: 1942-1960.

Hirtenweise op. 32 erschien 1935 im Jibneh-Verlag in Wien.[362] Deren Aufführungen am britischen Rundfunk hätten dem Feind Tantiemen eingebracht. Alle anderen Werke Goldschmidts waren also ohne Verlags-Copyright bzw. erst nach seiner Flucht nach London entstanden. So hatte Goldschmidt an der B.B.C. zu diesem Zeitpunkt keine Chance, daß etwa die Musik zu *Chronica*, mit der das Jooss-Ballett im britischen Exil aufgetreten und auf Tournee gegangen war, von der B.B.C. gesendet worden wäre.

Die Society of Authors vertrat die Interessen ihrer Mitglieder bei der B.B.C. vor dem Hintergrund, daß die Kriegssituation die Einnahmen britischer Autoren verringerte und die B.B.C. Gelder der Öffentlichkeit nutzte, die vorwiegend Briten zustehen sollten. Dazu ist ein Briefentwurf dieser Körperschaft für die Presse erhalten, worin in sechs Punkten die Argumente für eine "Musik während des Krieges" zusammengefaßt wurden. Sie geben Aufschluß über den ökonomischen Hintergrund der Nutzung von Copyright-Musik. Die damit verbundenen Devisentransfers waren nämlich nach dem sogenannten "Trading with the enemy act" untersagt. "This means that if the work is of Foreign origin money leaves this country or, in the case of composers of enemy countries, is sequested under the Trading with the Enemy Act."[363] Danach mußte man damit rechnen, daß beispielsweise bei der Sendung einer Schönberg-Komposition, die bei der Universal Edition Wien verlegt war, die auszuführenden Devisen beschlagnahmt werden würden. Deshalb plädierte die Society of Authors dafür, britische oder Komponisten der mit den Briten verbündeten Nationen zu bevorzugen, um dadurch britische Komponisten zu unterstützen oder die Geldzirkulation mit den verbündeten Nationen zu befördern. An Kompositionen gäbe es schließlich keinen Mangel:

> There is no shortage of first-rate modern music, serious or light, by British and French composers, and the list is lengthened by the many Polish, Norwegian, Dutch and Belgian composers who have temporaly found refuge in France or the United Kingdom (ebenda).

Eine entsprechende Presseerklärung wurde offenbar unter dem Eindruck der deutschen Überfälle auf Polen (1.9.1939), Dänemark und Norwegen (9. 4.1940), Holland, Belgien und Frankreich (10.5.1940) vorbereitet. (Über ihr tatsächliches Erscheinen findet sich kein Nachweis.) Die Exilregierungen dieser Länder bzw. das von de Gaulle geleitete "Provisorische Komitee der freien Franzosen" saßen in London. Werke von Exil-Komponisten jener Länder, deren Exilregierungen Gastrecht genossen, fielen demnach nicht unter die Zensur. Dahinter stand die Absicht der Society of Authors, die Chancen der deutschen und österreichischen Komponisten,

---

362 Vgl. CPM 1983, Bd. 24, S. 207.
363 WAR, R 27/3/1, Music General, Alien Composers, File 1: 1939/40. "Copy of letter for Press prepared by the Society of Authors. Draft." Ohne Datum.

ungeachtet dessen, ob sie sich nun innerhalb oder außerhalb Nazi-Deutschlands aufhielten, weiter zu reduzieren.[364] Der Bann gegen Kompositionen aus dem feindlichen Ausland war ursprünglich für eine experimentelle Periode von sechs Monaten geplant. R.S. Thatcher sandte am 20. November 1940[365] ein vertrauliches Rundschreiben an sechzehn Verantwortliche der Rundfunkstation, um deren Schwierigkeiten im Umgang mit der Anordnung zu erfragen und bat um Kritik und Vorschläge zu diesem Thema. Auf dieser Grundlage sollten dann weitere Entscheidungen über das Fortbestehen des Banns getroffen werden. Die Antworten verdeutlichen, daß die verschiedenen Programmredakteure sich zwar mit den Anweisungen mehr oder weniger arrangierten, zugleich aber grundsätzliche Vorbehalte gegen diese Politik hegten. Bei Sendungen zeitgenössischer Musik machte sich besonders das Fehlen von Hindemiths frühen Werken, etwa seine *Streichtrios* und Schönbergs *Verklärte Nacht* sowie sein *1. Streichquartett* nachteilig bemerkbar. Gleiches galt für Hugo Wolfs *Italienische Serenade* und für seine Lieder, die auf den britischen Inseln große Popularität genossen, worauf der Mitarbeiter George Phillips aufmerksam machte.[366] Leonard Isaacs, der während des Krieges als Pianist bei den National Gallery Concerts und anderswo mit Exilmusikern gemeinsam auftrat,[367] brachte sein Mißfallen ungeschminkt zum Ausdruck. Er legte dabei den Schwerpunkt auf den Umstand, daß vom Bann unbekümmert auch solche Komponisten abgestraft wurden, die ausgesprochene Nazi-Gegner waren oder sogar von diesen verfolgt worden waren. Er äußerte sich wie folgt:

> I feel very deeply that by withholding performances of music by men who themselves are anti-Nazi or who have been persecuted by the Nazis or even died before 1933, we are using enemy's own technique to our own moral disadvantage....The matter embraces both money and ethics and I submit that the economic aspect of the question should be subservient to the ethical one.[368]

Außerdem machte er deutlich, daß er als Mitglied der Incorporated Society of Musicians mit den Aktivitäten ihrer Leitung nicht einverstanden war. Ebensowenig wie mit jenen der Performing Right Society. Er kannte mindestens ein einflußreiches Mitglied der I.S.M., das weder über diese Politik informiert, noch damit einverstanden wäre. Außerdem hätten verschiedene Musiker Bedenken gegen diese Entschei-

---

364 "There is assuredly no reason why compositions by modern German composers should appear in programmes as has frequently been the case since the outbreak of war" (siehe vorangegangene Fußnote).
365 WAR, R 27/3/1, Music General, Alien Composers, File 1: 1939/40.
366 WAR, R 27/3/1, Music General, Alien Composers, File 1: 1939/40; 22.11.1940.
367 So spielte er etwa gemeinsam mit Maria Lidka am 5.7.1943 Mozart-, Brahms- und Dvořák-Sonaten in der National Gallery. Weitere Konzerte siehe Programmzettelsammlung Lidka.
368 WAR, R 27/3/1, Music General, Alien Composers; File 1: 1939/40; 28.11.1940.

dung der B.B.C. geäußert (ebenda). K.A. Wright sprach offen aus, was offensichtlich viele dachten. Nämlich daß diesem Prinzip etwas von "musical fascism" anhafte. Wright plädierte dafür, alle wertvolle Musik zu nutzen. Englische Musik sollte allerdings bei gleicher künstlerischer Qualität den Vorrang haben. Als wirklichen Verlust für seine Programme bezeichnete er etwa zwanzig bis dreißig Orchester- und Kammermusikwerke und warf das Problem auf, was sich denn für die B.B.C. ergeben würde, wenn weitere Länder wie etwa Ungarn und Spanien in den Bann eingeschlossen würden?[369] Witkinson[370] begrüßte die bereits zitierte Einlassung Màckenzies und kritisierte, daß die B.B.C. die einzige Institution überhaupt sei, die den Bann praktiziere. Im Gegensatz dazu würden zur gleichen Zeit öffentliche Konzerte von "copyright enemy composers" gegeben, die kein Mißfallen bei dem durchaus patriotischen Publikum erregt hätten. Die Vorbildfunktion des Banns für Sänger, Musiker und Dirigenten, wie sie von der Society of Authors erhofft wurde,[371] ist demnach ausgeblieben.

Während alle anderen Abteilungen sich mit der Situation irgendwie arrangiert hatten, waren die Grammophon-Programme durch den "ban on artists and on the Italien and German languages" substantiell betroffen. Auch die Musikproduktion hatte große Probleme durch das Verbot der Wiener Operette. Es scheint also auch einen "ban on artists" gegeben zu haben. Er ist jedoch durch keine Liste belegt, wie eine interne Nachfrage ausweist.[372]Die Abteilung "Feature and Drama" bemängelte den Verlust von "filling works" von deutschen, österreichischen und italienischen Autoren.[373] Um diesen Verlust auszugleichen, wurden mit großer Wahrscheinlichkeit George Walter (alias Walter Goehr) und Leo Wurmser für das Overseas Programme verpflichtet.

Thatcher sah sich nach Auswertung der Antworten auf sein Rundschreiben grundsätzlich bestätigt und verfügte die Fortschreibung des Banns in modifizierter Form.[374]Generell war durch den Bann insgesamt eine Einengung des Programmes eingetreten, das sich in Wiederholungen von Kompositionen bemerkbar machte und zu Lasten seiner Attraktivität ging. Aus diesen Gründen wurde das generelle Verbot von "enemy copyright music" nun, im März 1941, wieder gelockert. Transkriptionen

---

369 WAR, R 27/3/1, Music General, Alien Composers; File 1: 1939/40; 18.12.1940.
370 Vorname unleserlich; WAR, genannte Akte R 27/3/1; 15.12.1940
371 "It is to the B.B.C that we must look for a lead. Its example would, we are convinced, be followed promptly by vocalists, instrumentalists and conductors throughout the land." WAR, "Copy of Letter for Press prepared by the Society of Authors", bereits zitiert.
372 "I asked if it would be possible to have a list of both banned alien composers and artists, the latter being almost more important for my department then the composers." WAR, R 27/3/2; Music General, Alien Composers, File 2: 1941; 27.3.1941.
373 WAR, R 27/3/2; Music General, File 2: 1941. Zu dieser Einschätzung gelangte Thatcher in seiner Auswertung der Schreiben von einzelnen Abteilungsdirektoren vom 21.3.1941, S. 2.
374 WAR, R 27/3/2; Music General, Alien Composers, File 2: 1941; 21.3.1941, S. 3.

wie Bach-Busonia, Rossini-Respighi, Scarlatti-Tomasini, um nur einige Beispiele der Italiener zu nennen, konnten wieder gesendet werden. Feature-Programmen wurde für besondere Zwecke gestattet, auf bis dahin verbotene Quellen zurückzugreifen. Für den Einsatz besonders wertvoller Werke der "enemy composers" mußten zuvor Alternativen - in der Rangfolge britische Komponisten, Komponisten befreundeter Nationen und "non-copyright-music" - überprüft worden sein.
Grundsätzlich galt nun für alle Programm-Redakteure, Copyright-Musik feindlicher Nationen nur im Falle künstlerischer Notwendigkeit zu nutzen und bei gleichem künstlerischen Standard zuerst den britischen Anspruch zu berücksichtigen.[375] Sämtliche Werke feindlicher Nationen, deren spirituelle oder politische Eigenart sie für den Augenblick als unpassend erscheinen ließen, waren vom Programm auszuschließen. Dafür wurde keine spezielle Liste vorgegeben, jedoch *Finlandia*, die *Karelia Suite* sowie der *Marsch der Finnischen Infanterie* von Sibelius deuteten das Gemeinte an. Erst zwei Monate nach Ende des Krieges wurde *Finlandia* ausdrücklich wieder freigegeben.[376] Immer wieder wurde Brahms' *Triumphlied*, anläßlich des Sieges im Deutsch-Französischen Krieg geschrieben, als deutsches Beispiel für gänzlich unerwünschte Anleihen angeführt.[377] Im November 1942 wurde der Bann weiter gelockert: Besonders wertvolle Werke von Komponisten feindlicher Nationen, die sich im Konzertleben bewährt hatten, wurden nun erlaubt. Für alle Genres der Unterhaltungsmusik wurde eine Liste mit den besten Werken verbotener Komponisten zusammengestellt, die ausnahmsweise ins Programm übernommen werden durften. Auf einer dieser Listen mit dreiundzwanzig Namen deutscher und italienischer Komponisten waren auch Franz Lehár und Jean Gilbert mit je einem Werk vertreten.
Der Einsatz deutscher und italienischer Kompositionen wurde ständig kontrolliert. Wie bereits praktiziert, war weiterhin primär britische Musik und in zweiter Linie Musik befreundeter Nationen zu bevorzugen. Die Umsetzung dieser angekündigten Lockerung erhielt neuen Schwung, als im Juni 1943 "Assistent Director of Music" K.A. Wright eine neue Liste, ähnlich umfangreich wie die erste, intern verschickte.[378] Sie enthielt vierzehn Namen von deutschen und österreichischen Komponisten, für die - auch angesichts des weiteren Verlaufs der Kriegsereignisse - das Fortbestehen des Banns unhaltbar geworden war, darunter Alban Berg, Hanns Eisler, Paul Hindemith, Erich Wolfgang Korngold und Arnold Schönberg. Diese konn-

---

375 WAR, Thatcher, 21.3.1941, 3; siehe vorangegangene Fußnote.
376 WAR, R/27/3 Music General, Alien Composers; File 5: 1945; Schreiben an alle Abteilungen der B.B.C. von K.A. Wright, 9.6.1945.
377 WAR, R 27/3/2; Music General, Alien Composers, File 2: 1941; Draft vom 16.12.1941.
378 WAR, R 27/3/4; Music General, Alien Composers; File 4: 1943/44; "Copyright music by alien composers (New edition, June 1943)"; 4. 6.1943.

ten nun von den Redakteuren ohne Einschränkung gesendet werden. Die hier gleichfalls verfügte schriftliche Sende-Erlaubnis für Kompositionen Berthold Goldschmidts kam damit etwas verspätet, denn die B.B.C. hatte ihn bereits im Dezember 1941 mit Bearbeitungen für die deutschsprachige Abteilung beauftragt. Mit 57 österreichischen, 232 deutschen und 47 italienischen Komponisten waren drei Jahre nach der ersten Namensliste quantitativ kaum Veränderungen eingetreten. Bei den Österreichern wurden danach Walter Jurmann, Gustav Mahler, Oscar Straus, Felix Weingartner, Egon Wellesz und Berthold Reisfeld wieder zugelassen. Nicht so Hugo Wolf. Da half es auch nicht, daß sich ein Mitarbeiter ganz engagiert für dessen Lieder einsetzte. Er scheiterte, da das grundsätzliche Verbot deutsch- und italienischsprachiger Beiträge noch nicht aufgehoben war. Vielmehr wurde das Verbot der deutschen Sprache generell, außer für den European Service, nochmals ausdrücklich am 9. Juni 1945 von Wright bekräftigt.[379] Von der deutschen Liste wurden Josef Joachim, August Klughardt und Josef Reuinberger (sic) gestrichen. Bei letzterem handelte es sich vermutlich um den tschechischen Komponisten mit deutschem Namen Jiri Reinberger. Auch Hans Hermann Wetzler verschwand von der Liste. Richard Strauss hingegen blieb verbannt.

Das Ende des Krieges bedeutete keineswegs eine automatische Annullierung des gesamten Maßnahmebündels für den "Ban on alien composers". Während er bei den italienischen Komponisten entsprechend der Kriegsereignisse bereits aufgehoben war, verfuhr die B.B.C. bei deutschen und österreichischen Komponisten differenzierter. Die allmähliche Lockerung des Banns folgte offensichtlich den Grundsätzen, die auch bei der Entnazifizierung im befreiten Deutschland galten, wie K.A. Wright auf eine Anfrage hin im Juli 1945 deutlich machte:

> It is not anticipated, however, that there will still be a general release on works by German and Austrian composers. As you now, copyright fees, though temporaly frozen, will be passed over in due course; and works by composers of these nationalities who are known to have had Nazi sympathies will continue to be excluded from our programmes.

Danach war daran gedacht, daß zunächst jene Komponisten, die bereits vor 1933 gestorben waren, wieder zugelassen werden. Eine definitive Entscheidung lag jedoch zu diesem Zeitpunkt noch nicht vor. Die B.B.C.-Akten geben darüber keine Auskunft.[380]

---

379 WAR, R 27/3/5; Music General, Alien Composers, File 5: 1945, Schreiben an alle Abteilungen von Wright.
380 "It is hoped, however, to revise the list, so that works by composers who died before the Nazi regime, or who were not connected with the regime, will be free for inclusion." Damit beantwortete Wright am 3.7.1945 eine Anfrage von F. Benson Esq. WAR, R 27/3/5; File 5: 1945.

6.4.4 Resümee

Die dargelegte Politik des Bannes gegen Komponisten aus dem feindlichen Ausland wird in keiner der hier ausgewerteten Publikationen zur Geschichte der B.B.C. erwähnt. Der Grund dafür mag sein, daß der Bann - wie immer wieder deutlich wird - zwar innerhalb der B.B.C. auf Widerspruch stieß, gleichwohl aber loyal befolgt wurde. Ein weiterer Grund ist vermutlich, daß diese Politik nicht zum Image dieses für seine Liberalität weltberühmten Senders paßte. Anlaß zur Kritik gibt im Rückblick die alphabetische Auflistung von Komponisten, die einzig unter dem Gesichtspunkt des Copyrights und ohne Ansehen der Person vorgenommen wurde.

Den Nazis willfährige Komponisten standen neben vertriebenen Komponisten ebenso wie neben Dissidenten des Dritten Reiches, die wie beispielsweise Karl Amadeus Hartmann in Nazi-Deutschland blieben und die innere Emigration wählten. Problematisch war vor allem die Entscheidung, deutsche und österreichische Komponisten, die in Großbritannien Zuflucht gesucht hatten oder wie Schönberg in den USA lebten, nicht von dem Bann auszunehmen. Wie die B.B.C. sich selbst dabei in der Qualität und dem Spektrum ihrer Programme beschnitt, zeigt deutlich das Verbot von Gustav Mahler und Max Reger. Etwa ein Viertel der an der B.B.C. nicht gesendeten Komponisten waren Flüchtlinge aus Nazi-Deutschland und Österreich, die sich in verschiedene Länder retten konnten.

Während im Deutschen Reich Rundfunkredakteure das von Stengel und Gerigk im Auftrag der Reichsleitung der NSDAP herausgegebene "Lexikon der Juden in der Musik"[381] heranzogen, um "jüdische" Musik "auszumerzen", nutzten in Großbritannien B.B.C.-Mitarbeiter alphabetische Listen, um in Deutschland oder Österreich verlegte Komponisten, darunter zahlreiche Juden, auszuschließen. So kam es, daß außerdem dieselben Komponisten, die in Deutschland als "entartete" verfemt wurden, auch bei der B.B.C. auf dem Index standen. Da die Motive jedoch gänzlich verschieden waren, ging die erwähnte Charakterisierung des B.B.C.-Bannes als "musical fascism" durch einen ihrer Mitarbeiter sicher zu weit. Mit der allmählichen Lockerung des Bannes für einige Komponisten, gestand die B.B.C. stillschweigend die Unhaltbarkeit dieser Maßnahme zu. Und wie groß tatsächlich die Einsparungen an Tantiemen waren, die die B.B.C. durch den Bann auch der Exilkomponisten erzielte, ist schwer zu ermitteln. Selbst innerhalb der B.B.C. wurde das ökonomische Argument für nicht sehr stichhaltig erachtet.[382] Etwas anderes kommt bei der restriktiven Maßnahme der B.B.C. zum Ausdruck: Zum ersten Mal seit seinem Beste-

---

381 Es erschien in drei Auflagen 1940, 1941 und 1943, wovon die beiden letzteren jeweils "aktualisiert" wurden.
382 WAR, In einem Schreiben des Mitarbeiters D.P.P. vom 14.4.1941 heißt es dazu: "I don't believe, that the 'payment to the enemy' argument is a very strong one." WAR, R 27/3/2; Music General, Alien Composers, File 2: 1941.

hen überhaupt mußte sich der britische Rundfunk mit einer Kriegssituation auseinandersetzen, in der er wichtige Funktionen zu erfüllen hatte. Plötzlich erhielt das Abspielen einer Komposition von einem Autor eines anderen Landes eine ökonomische und politische Dimension, die sich der patriotischen Aufgabe des Mediums entgegenstellte. Der zwiespältigen Situation deutscher und österreichischer Komponisten in Großbritannien, aus innerer Überzeugung gegen die Nazis auf der Seite der Briten zu stehen, aber verlagsrechtlich im Deutschland der Weimarer Republik oder in Österreich verwurzelt zu sein, wurde seitens der B.B.C. kaum Rechnung getragen. Die Brutalität der Nazis gegenüber den Musikkulturen der Länder, die sie annektiert hatten, wie am Beispiel Polens dargestellt, beförderte umgekehrt auch ein rigoroses Vorgehen gegen Autoren deutscher Nationalität. Dabei spielte es nun keine Rolle mehr, ob sie noch bis zum Beginn des Krieges uneingeschränkt aufgeführt, oder, wie im Falle Hindemiths, sogar an der B.B.C. besonders geschätzt waren. Für diese Sichtweise spricht, daß der Bann im Juni/Juli 1940, wenige Wochen nachdem Churchill Premierminister geworden war, und nachdem die Deutsche Wehrmacht einen Schlag nach dem anderen in Europa geführt hatte, angeordnet wurde. Nach dem Zusammenbruch Frankreichs Ende Mai 1940 hatte Churchill erklärt:

> Was wir verlangen, ist gerecht und wir nehmen nichts davon zurück. Kein Jota, keinen I-Punkt lassen wir ab. Tschechen und Polen, Norweger, Holländer und Belgier haben ihre Sache mit der unseren vereint. Sie alle müssen wiederaufgerichtet werden (Haffner 1967, 123).

Fortan gab es gegenüber den Deutschen bzw. Österreichern in toto kein Pardon. Für die wenigen Exilkomponisten in Großbritannien bedeutete dies, daß sie am britischen Rundfunk von ihrer Vergangenheit eingeholt worden waren.

Nach dem Ende des Krieges wurden auch die nazifreundlichen Komponisten in den alliierten Besatzungszonen relativ schnell entnazifiziert. Beim Neuaufbau Deutschlands profitierten diese in beiden Teilen Deutschlands davon, daß ihre vertriebenen Kollegen zum überwiegenden Teil nicht mehr nach Deutschland zurückkehrten. Somit hatten sie selbst gute Chancen, bei den unter Leitung der jeweiligen Besatzungsmacht neugegründeten Rundfunkanstalten wieder Fuß zu fassen. Die im vorangegangenen Kapitel dargestellte Übersicht über Aufführungen von Kompositionen deutscher und österreichischer Flüchtlinge an der B.B.C. zeigt demgegenüber ein ganz anderes Bild. Es liegt die Vermutung nahe, daß die während des Zweiten Weltkrieges von der B.B.C. praktizierte Politik gegenüber diesen Komponisten noch einige Jahre nach Ende des Krieges weiterwirkte. Vor diesem Hintergrund werden die durch den Partiturausschuß auch über das Kriegsende hinaus ausgesprochenen Ablehnungen deutscher und österreichischer Werke erst schlüssig. Der Rundfunk verhalf durch seine Politik britischen Komponisten zu einer Popularität, die sie vorher aufgrund der Konkurrenz vom Kontinent einschließlich Deutschlands nicht erreichen konnten. Das geschah vor dem Hintergrund des Zusammenstehens der britischen Nation gegen Nazi-Deutschland. Damit vollzog sich die Besinnung auf die eigenen Kräfte und es entwickelte sich eine neue Wertigkeit auch gegenüber der britischen Musik.

Die Society of Authors hatte sich auch auf anderen Gebieten des britischen Musiklebens eine ähnliche Praxis im Umgang mit Autoren aus feindlichen Ländern erhofft. Dazu kam es jedoch nicht, wie Aufführungen des *Klavierkonzertes* von und mit Franz Reizenstein und dem London Philharmonic Orchestra belegen[383] oder sich an den täglichen Kammerkonzerten in der Nationalgalerie[384] zeigte. Myra Hess bezog in die Programme ausdrücklich deutsche Lieder beispielsweise von Hugo Wolf ein. Gustav Mahler, Max Reger, Paul Hindemith und andere bei der B.B.C. (zeitweilig) verbotene Komponisten wurden hier auch gemeinsam von Deutschen, Österreichern und Briten aufgeführt. Myra Hess setzte damit ein deutliches Zeichen gegen die Politik der B.B.C., wenn sie selbst als Begleiterin von Elena Gerhardt agierte und deutsche und österreichische Musiker in den täglichen Konzerten der Nationalgalerie auftreten ließ, was ihnen ja nach Kriegsbeginn an der B.B.C. nicht gestattet war. Das Publikum protestierte weder gegen deutsche oder österreichische Musiker noch gegen die Komponisten. Insofern ist Mackenzie zuzustimmen: das Publikum war mündig genug, zwischen deutscher und österreichischer Musik und der ephemeren Nazikultur zu unterscheiden.

---

383 Vgl. das Kapitel 6.3.3.
384 Vgl. das Kapitel 9.

7 Ausnahmen bei der Erteilung von Arbeitserlaubnissen

7.1 Verlage und Musikaliensammmlungen

7.1.1 Flüchtlinge als Verleger und Verlagsmitarbeiter

John Willett machte in seinem Aufsatz über "Die Künste in der Emigration" für die "Änderung in unserer Einstellung gegenüber der mitteleuropäischen Avantgarde" den "Einfluß, den die Verleger, Wissenschaftler und andere Vermittler allmählich ausübten" verantwortlich. Komponisten oder Interpreten hätten dabei eine untergeordnete Rolle gespielt. Er benennt dafür die Verlagsmitarbeiter Alfred Kalmus und Erwin Stein 1983, 199). Ebenso gesteht Erik Levi der Gruppe von "Collectors and Publishers" in seinem Aufsatz "The German Jewish Contribution to Musical Life in Britain" eine besondere Rolle zu und geht im einzelnen auf einige Verlagshäuser bzw. Mitarbeiter ein (Levi 1991, 292f.). Betrachtet man die Verlagslandschaft in London nach 1933, so stellt man fest, daß Flüchtlinge aus Deutschland und Österreich auf diesem Gebiet relativ schnell Fuß faßten und dort weiterwirkten. Das bedeutet auch, daß Innenministerium und Arbeitsministerium bei Neugründungen bzw. bei der Einstellung von Flüchtlingen in britischen Verlagen offensichtlich großzügiger mit der Erteilung von Arbeitserlaubnissen umgegangen sein mußten, als das bei den Musikern der Fall war. Über diesen möglichen Zusammenhang konnte bisher in der Literatur kein Hinweis gefunden werden.

Ein Zusammenhang mit einer Tatsache liegt jedoch nahe, die Herbert Loebl ausführlich recherchierte. Demnach war die britische Regierung daran interessiert, "in den wirtschaftlichen Krisengebieten Großbritanniens" (Loebl 1983, 205) die Erfahrungen von Fabrikanten und Exportkaufleuten unter den Flüchtlingen zu nutzen, damit sie zum Abbau der hohen Arbeitslosigkeit auf den britischen Inseln beitragen konnten. Bereits 1935 gab es die ersten Firmengründungen von Flüchtlingen in England und "diese Entwicklung nahm nach 1937 schlagartig zu" (Loebl 1983, 207). Während zu Beginn vor allem die Umgebung Londons für geflüchtete Unternehmer attraktiv war, entwickelten sich bald neue Industriezweige, besonders in der Leichtindustrie, an der Nordostküste, bei Cardiff und Glasgow (Loebl 1993, 209). An geflüchtete Privatunternehmer, die auch Briten einstellten und deren Produkte der britischen Wirtschaft zugute kamen, wurden bevorzugt Arbeitserlaubnisse erteilt. Mit großer Wahrscheinlichkeit kann hier ein Zusammenhang auch mit Verlagsgründungen von Flüchtlingen gesehen werden. Britische Verlage stellten außerdem berufserfahrene Flüchtlinge ein. Es kann also angenommen werden, daß die Integration dieser Berufsgruppe vorwiegend unter ökonomischen Gesichtspunkten gesehen wurde.

Der Berliner Verleger Adolph Fürstner[385] hatte Richard Strauss mit der Annahme der "umstrittenen" Partitur der *Salome* unerwartet zu einem Vermögen verholfen. Zum Dank für dieses verlegerische Risiko übergab der Komponist später Fürstner die Partitur des *Rosenkavalier*.[386] Der Fürstner-Verlag besaß außerdem die Rechte für *Elektra, Ariadne of Naxos, Frau ohne Schatten* u.a. Außerdem lag bei ihm das Verlags-Copyright von Pfitzners *Palestrina*, ein breites Spektrum an Klaviermusik und ein großes Angebot ganz besonders erfolgreicher, leichter Musik für Salonorchester. Otto Fürstner, der Sohn von Adolph Fürstner, verließ zu einem relativ frühen Zeitpunkt nach der Machtübernahme der Nationalsozialisten das Deutsche Reich. Er verpachtete die deutschen Veröffentlichungsrechte an den Johannes Oertel Verlag und gründete mit Beginn seines Exils im Jahr 1933 in London einen neuen Verlag. Während des II. Weltkrieges wurde der Fürstner Verlag vom deutschen Handelsregister gestrichen. Mit seiner Flucht als jüdischer Verleger hatte Fürstner wenigstens einige Verlagsrechte nach London retten können, die sich ökonomisch nun nicht für Deutschland, sondern für Großbritannien als einträglich erweisen sollten.[387] Boosey & Hawkes bzw. Ernst Roth erwarb dann 1943 eine Anzahl der Rechte des Verlages für die Verbreitung in den nicht von den Nazis okkupierten Ländern und kündigte dies wie folgt an:

> The most outstanding items in this list are the operas of Richard Strauss, ranging from early GUNTRAM AND FEUERSNOT ... and later examples such as HELEN IN EGYPT. This catalogue will henceforth be in our hands for all countries except pre-Nazi Germany, Italy, Portugal, Russia and Danzig (Anonym 1944).

Die restlichen Titel wurden von Fürstner in London weiter verwaltet, bis Ursula Fürstner in den siebziger Jahren in die Bundesrepublik Deutschland remigrierte (Krummel/Sadie 1990, 250f.).[388]

Während des Krieges kam es zu einer besonderen Verbindung zwischen Boosey & Hawkes und der Universal Edition Wien. Alfred Kalmus, Verleger bei der UE in Wien, hatte 1936 aus politischen Gründen die Stadt verlassen müssen und eine Londoner Dependance der UE gegründet. Nach dem "Anschluß" Österreichs wurde

---

385 Adolph Fürstner lebte von 1833-1908 (Krummel/Sadie 1990, S. 250).
386 Darauf weist Mahling im Zusammenhang mit "Rolle und Status des Opernkomponisten des 18./19. und 20. Jahrhunderts" und seinen Überlegungen über die finanzielle Unabhängigkeit von Opernkomponisten hin (Mahling 1992, S. 278).
387 Vgl. die bei Fürstner erschienenen Kompositionen von Strauss bei CPM 1986, Bd. 54, S. 420-446.
388 Wie eine Kritik von Edmund Rubbra (E.R. 1943) zeigt, hatte Fürstner in London Robert Müller-Hartmanns *Five Pieces* für Klavier verlegt. Das deutet darauf hin, daß es unter den vertriebenen Komponisten und Verlegern eine Verbindung gab.

Alfred Kalmus demonstrativ von den Nazis aus seiner Position in Wien entlassen und die UE Wien gleichgeschaltet. Dessen ungeachtet führte Kalmus die Geschäfte in London eigenständig weiter. Kurz vor dem Krieg übernahm Boosey & Hawkes die Schirmherrschaft über den Verlag, den Kalmus nach dem Krieg dann mit großer Energie weiter ausbauen konnte. 1951 arbeitete der Verlag wieder vollkommen selbständig und erfolgreich als Anwalt für zeitgenössische Musik (Krummel/Sadie 1990, 452-455).

Mit dem Londoner Verlag Boosey & Hawkes wiederum sind die Namen von Erwin Stein und Ernst Roth verbunden (Krummel/Sadie 1990). Erwin Stein, Schönberg-Schüler, Dirigent an Opernhäusern in Österreich und Deutschland, hatte von 1924-1938 als künstlerischer Berater und Herausgeber der UE Wien Erfahrungen auf dem Gebiet des Verlagswesens gesammelt. 1938, im ersten Jahr seines Londoner Exils, begann Stein ebenso wie Ernst Roth seine Tätigkeit bei Boosey & Hawkes. Erwin Stein kam schnell in Kontakt mit britischen Musikern und befreundete sich mit dem jungen Komponisten Benjamin Britten, dessen sämtliche Werke dann bei Boosey & Hawkes erschienen. Eine Zeitlang war Stein auch Herausgeber der Verlagszeitschrift Tempo. Die Musiklandschaft in London wurde von Stein nachhaltig geprägt durch die Organisation der Boosey & Hawkes Konzerte, die 1941 begannen und über das Kriegsende hinaus andauerten. Stein selbst wirkte als Musiker dabei mit und dirigierte z.B. in diesem Rahmen eine Aufführung von Schönbergs *Pierrot lunaire* (Harewood 1958, 36). Ernst Roth, Präsident der Verlagsgesellschaft bis zu seinem Tod 1975, gelang es, neben den genannten Strauss-Werken des Fürstner-Verlages auch Partituren von Bartók[389] und Kodály bzw. später nach dem Krieg auch Strawinsky,[390] Prokofjew, Mahler, Copland und Rachmaninow für den Verlag zu erwerben (Frank 1971). Gleichzeitig wurden Werke dieser Komponisten bei Konzertaktivitäten des Verlages in London mit einbezogen. Karl Rankl leitete am 28. Mai 1945 im Cambridge Theatre innerhalb eines Boosey & Hawkes Konzertes die englische Erstaufführung von Schönbergs *Ode an Napoleon*, das *Concerto* op. 35 von Schostakowitsch und die *Serenade* op. 31 von Benjamin Britten (McN. 1945). Das Interesse des Verlages, die Öffentlichkeit mit dem Spektrum "seiner" Kompositionen bekanntzumachen, traf sich mit dem interpretatorischen Engagement Erwin Steins, der selbst "als ausgezeichneter Musiker" (Gesprächsprotokoll Lidka) höchste

---

389 1940 erschienen bei Boosey & Hawkes bereits das *Allegro barbaro* für Piano solo und die sechs Bände des *Mikrokosmos*. Das *6. Streichquartett* folgte 1941 und ein Jahr darauf *Divertimento* for String Orchestra und *Four Choruses* for Female Voices. *Streichquartett Nr. 2* bis *5*, die vorher bei der UE Wien verlegt waren, gab Boosey & Hawkes 1945 heraus. Erwähnenswert an dieser Stelle ist auch, daß die Klavierfassung für zwei Klaviere und vier Hände des *3. Klavierkonzertes* von Bartók, das 1947 erschien, von Mátyás Seiber stammt (CPM 1981, Bd. 4, S. 42).
390 Vgl. CPM 1986, Bd. 54, S. 433-446.

Anforderungen an eine Interpretation stellte. In den Konzerten von Boosey & Hawkes standen nebeneinander auf den Programmen ungarische, russische, österreichische, amerikanische und selbstverständlich britische zeitgenössische Werke. Wenngleich relativ wenige Werke deutscher und österreichischer Exilkomponisten dabei berücksichtigt wurden, so profilierten sich Musiker aus diesen beiden Ländern auf den Konzertpodien von Boosey & Hawkes.
Der Verlag spielte darüber hinaus hinsichtlich der Verbreitung der Werke Gustav Mahlers eine Rolle: Erwin Stein hatte in Wien Opern- und Konzertaufführungen unter Mahler erlebt und wurde davon geprägt (Harewood 1958, 35). 1942 legte Stein in einer englischen Übersetzung von Stuart Wilson *Das Lied von der Erde* vor (E.B. 1943) vor. Zwei Jahre später folgte eine reduzierte Fassung des *Andante Pastorale* aus der *2. Symphonie* zum eigenständigen Gebrauch für den Konzertsaal. Anstatt dreifacher setzte er eine einfache Holzbläserbesetzung und beschränkte das Blech auf vier Hörner und drei Trompeten (E.B. 1944). Beide Partituren deuten darauf hin, daß Stein gerade unter den Umständen des Krieges und den daraus resultierenden Personalproblemen für die Orchester Mahler aufführbar machen bzw. den Briten durch eine englische Übersetzung den Zugang zu Mahlers Texten erleichtern wollte. In einem Aufsatz in Tempo (Stein 1944a) setzte sich Stein, provoziert von einem Artikel Ralph Hills,[391] mit Vorurteilen gegenüber dem Sinfoniker Mahler auseinander und gelangte zu dem Schluß, daß schließlich das Publikum über Mahler zu entscheiden habe. "I think we have no choice but to leave the last word to the public. At present it is flocking to Mahler, and the future will show whether this is merely a vogue or whether it will last" (Stein 1944a, 6).
Der Musikverlag B. Schott's Söhne Mainz hatte bereits 1835 eine Zweigniederlassung in London gegründet, die, im Ersten Weltkrieg enteignet, in den Besitz eines Briten überging. Seit 1924 besteht dieser Verlag unter dem Namen Schott & Co. Ltd. Auch dieser Verlag hat britische zeitgenössische Komponisten in seinem Programm, spezialisierte sich aber zum großen Teil auf Schul- und Unterrichtsmusik. Mátyás Seiber, von dem bereits einige Kompositionen bei Schott's in Mainz und Leipzig erschienen waren,[392] arbeitete hier nach seiner Ankunft 1935 als Berater. Von 1942 bis 1967 war auch Walter Bergmann, Jurist und Musiker, bei Schott's & Co. Ltd. tätig. Er verdiente sich hier seinen Lebensunterhalt zuerst als Packer und avancierte bis zum Herausgeber (Röder/Strauss 1983, Bd.II, Tl.1, 91).
Bis 1933 leitete Robert Sondheimer in Berlin die Edition Bernoulli, eine Sammlung von Musik aus dem 18. Jahrhundert. Sondheimer nahm diese Sammlung mit in die Schweiz, seinem ersten Exilland, und emigrierte 1939 weiter nach London. Hier

---

391   Radio Times vom 24.12 1943.
392   Vgl. das Kapitel 6.4.

setzte er die Edition Bernoulli fort und erweiterte sie unter dem Namen Sondheimer Edition um Ausgaben von Kammer-, Vokal-, Orchester- und Tastenmusik von Johann Sebastian Bach, Boccherini, Haydn, Vivaldi und der Mannheimer Schule (NGDM 1980, Bd. 17).

Vom alteingesessenen Londoner Verlag Novello, der vorwiegend britische Komponisten betreute (Krummel/Sadie 1990, 352f.), wurde der Musikwissenschaftler und ehemalige Kritiker der Leipziger Neuesten Nachrichten, Adolf Aber, angestellt. Adolf Aber, seit 1933 in London, gehörte von 1936 dem Direktorium der Firma an und wirkte dort auch nach dem Krieg weiter. Er setzte sich für deutsche Musik ein und erweiterte die Kataloge des Verlages um Werke der Leipziger Komponisten Scheidt, J.G. Schicht und J. Kuhnau. Britische Interpreten wandten sich an ihn als Experten für deutsche Musik.[393] Wie aus Besprechungen hervorgeht, publizierte Novello Hans Gáls *Serenade for String Orchestra* (E.R. 1943) und Max Rostal gab bei diesem Verlag Tartinis *Concerto* in g-Moll für Violine und Orchester oder Klavier heraus (E.R. 1942). Als Band 12 der Reihe "Veröffentlichungen der Musikbibliothek Paul Hirsch", der gleichzeitig der erste in Großbritannien war,[394] edierte Alfred Einstein, inzwischen in den USA wirkend, bei diesem Verlag *Ten Celebrated String Quartetts* von Mozart (A. Hyatt King 1945).

Eine besondere Rolle spielte seit seiner Flucht 1937 Max Hinrichsen für das Musikleben in London. Max Hinrichsen war einer der ehemaligen Teilhaber und Direktoren des Peters Musikverlages in Leipzig und dort für "public relations" (Lindlar 1967, 1929) zuständig gewesen. Gemeinsam mit Walter Littleton, dem Direktor des Novello-Verlages, gründete Hinrichsen im März 1939 die Hinrichsen Edition Ltd. "with the object of using authentic and practical editions of hitherto unpublished classics, and furthering the cause of modern composers" (Hinrichsen 1938/39, 1).

Im vorangegangenen Kapitel wurde der "Ban on alien composers" an der B.B.C. beschrieben, der wegen der verlagsrechtlichen Situation nach Kriegsbeginn verfügt worden war. Die Sachlage auf dem Gebiet der Verlage gestaltete sich besonders kompliziert, denn jüdische Verlage in Deutschland waren selbst vor Kriegsbeginn Opfer nationalsozialistischer Willkür geworden. Dabei spielte das Jahr 1938 eine entscheidende Rolle für das Schicksal jüdischer Verlegerfamilien und das weitere Bestehen ihrer Verlage: Nach den Pogromen 1938 folgte am 13. Dezember die Verordnung über die Zwangsverkäufe jüdischer Gewerbe- und Handelsbetriebe bis zum Jahresende (Vespignani 1977, 157). Für jüdische Verlage wurde 1938 vom Propagandaministerium ein Treuhänder eingesetzt. Richard Schauer, Inhaber des Benja-

---

393 MGG 1973, Bd.15; NGDM 1980, Bd.1.
394 Vgl. dazu die Veröffentlichungen von Faksimilé's, Liedsammlungen oder Neu-Herausgaben von Erstveröffentlichungen der Musik-Bibliothek Paul Hirsch bei Homeyer 1963, S. 42.

min-Verlages, dem Simrock und Rahter angegliedert waren, wurde so gezwungen, den gesamten Verlag zu verkaufen und ging ins Exil nach London (Krummel/Sadie 1990, 169f). Kurt Eulenburg baute nach seiner Flucht im Jahr 1939 den für seine Miniatur-Partituren berühmten Verlag seines Vaters Ernst Eulenburg in London wieder auf (Levi 1991, 294). Im Falle des Peters-Verlages konnte der Inhaber Henri Hinrichsen in Leipzig wenigstens noch einen "Anspruch auf einen wesentlichen Anteil an den Auslandsforderungen der Firma" erwirken und die Nachfolgeschaft in der Firmenleitung klären (Lindlar 1967, 1939). 1940 flüchtete Henri Hinrichsen mit seiner Frau und dem jüngstem Sohn nach Brüssel. Dieser Sohn Hans-Joachim starb bald darauf in einem Internierungslager in Frankreich. Henri Hinrichsen und seine Frau versuchten in Brüssel, in den Besitz eines USA-Visums und ihres "außerdeutschen Firmenguthabens" zu gelangen. Beides war ihnen jedoch verwehrt. Martha Hinrichsen starb in Brüssel, Henri Hinrichsen wurde 1942 in Auschwitz ermordet (Lindlar 1967, 1940). Noch 1940 hoffte Henri Hinrichsen, durch die Auslandsgeschäfte der Edition Peters möglicherweise einen kleinen Teil seines Besitzes zu retten. Vom Standpunkt der Briten aus gesehen, lagen nach Kriegsbeginn jedoch sämtliche Verlagsrechte in der Hand des Feindes. Deshalb mußten potentielle Auslandserlöse auf britischer Seite möglichst gering gehalten werden.

In der schwierigen urheberrechtlichen Situation während des Krieges unterstützte die britische Regierung die Verlage nach Kräften und bezweckte damit zweierlei: Einmal sollten die britische Druckindustrie Aufträge erhalten und zum anderen damit das deutsche Monopol auf diesem Gebiet gebrochen und Auslandsaufträge abgeschlossen werden, die der britischen Wirtschaft zugute kommen würden. Dabei war es unerheblich, ob diese durch ein Verlags-Copyright geschützt waren. Im Falle, daß ein deutscher Verlag auf eine vorgesehene neue britische Ausgabe Rechte beanspruchen konnte, mußten britische Verlage Anträge an einen Rechnungsprüfer stellen. Dieser setzte wiederum eine Lizenzgebühr fest, die an das "Custodian of Enemy Property" zu entrichten war. So war es bis Februar 1941 bereits zwei Verlagen, darunter auch Novello, gestattet, Reprints deutscher Musikalien-Ausgaben herzustellen (Anonym 1941a, 52). Lindlar ergänzt dazu, daß z.B. Novello damit die Berechtigung erhalten habe, auch Musikalien der von den Nazis enteigneten Edition Peters aus Leipzig nachzudrucken (Lindlar 1967, 1948). Nach dem Krieg prozessierte Novello "auf Grund eines Vertretungsvertrages mit Leipzig und unter der britischen Kriegsgesetzgebung die wichtigsten Peters-Rechte für sich in Anspruch nehmend" gegen Max Hinrichsen. Hinrichsen jedoch gewann den Prozeß und konnte einen Teil seiner ihm zustehenden Verlagsrechte wiedererhalten (ebenda).

Während des Krieges gab Max Hinrichsen Publikationen des "London Regional Committee for Education in der British Army" heraus und erweiterte 1942 seinen

Verlag um eine Konzertdirektion und ein Künstlermanagement (Röder/Strauss 1983 Bd. II, Teil 1, 511). Hinrichsen gewann für das "Hinrichsen's Year Book", das von 1944 bis 1961 erschien, eine Anzahl vorwiegend britischer Autoren und legte damit ein Kompendium über Organisationen, Institutionen, Personen und Entwicklungen des britischen Musiklebens vor. Für die in den ersten beiden Ausgaben[395] enthaltene und nach systematischen Gesichtspunkten aufbereitete "Bibliographie von Büchern und Artikeln über Musik", die im Zeitraum von 1942 bis 1945 in Großbritannien und den USA erschienen waren, zeichnete Alfred Loewenberg verantwortlich.[396] Die ersten beiden Ausgaben dieses Jahrbuches[397] vermitteln dem Leser einen detaillierten Überblick über das Musikleben in Großbritannien während des Kriegs. Da die relativ kurzen Aufsätze auch subjektive Standpunkte ihrer Autoren zum Ausdruck bringen, blieb neben Zustimmung auch Kritik nicht aus. Als Handbuch für britische Musiker, das zum ersten Mal in dieser Form überhaupt vorlag, wurde es durchaus geschätzt (E.B. 1944; J.A.W. 1944).

Wie kompliziert die verlagsrechtliche Situation in den Kriegsjahren war, zeigt sich außerdem daran, daß auch britische Komponisten, die bei deutschen Verlagen gebunden waren, nun finanzielle Verluste hinnehmen mußten (Anonym 1941a). Dazu gehörten, wie die Musical Times feststellte, Elgars *Sospiri - Seufzer*, Adagio für Streichorchester mit Harfe (oder Pianoforte) und Harmonium (oder Orgel) ad libitum op. 70 und *Sonate* (für Orgel) op. 28, die bei Breitkopf & Härtel, Leipzig 1914 bzw. 1896 verlegt waren (CPM 1983, Bd. 19, 127).[398] Es scheint, daß diese Werke in Großbritannien populär waren und nun nicht aufgeführt werden konnten. Andere Komponisten wie Granville Bantock, Alex Campbell Mackenzie und Alec Rowley seien, wie weiter aufgezählt, ebenfalls davon betroffen gewesen (ebenda). Das entsprach jedoch nur zum geringen Teil den Tatsachen.[399]

Britische Verlage oder Verlagsneugründungen boten den Flüchtlingen eine spezifische "Nische". Ausschlaggebend war hierbei der ökonomische Aspekt, der diese Tätigkeit überhaupt erst ermöglichte. Aufgrund ihrer jahrelangen Berufserfahrung und den bereits vorher bestehenden Kontakten zu Komponisten konnten die Verlagsmitarbeiter oder -inhaber auch im Exil weitere Projekte initiieren. Ausschlaggebend für die raschen Erfolge der Verlage, die sich bereits während des Krieges einstellten, war mit Sicherheit auch die sofortige Konzentration auf das britische Musikleben und auf britische Komponisten. Boosey & Hawkes veranstaltete darüber hinaus seit

---

395 Diese Jahrgänge gab Max Hinrichsen gemeinsam mit Ralph Hill heraus.
396 Loewenberg 1944, Loewenberg 1946.
397 Wegen des Krieges erschienen die ersten beiden Bände im Abstand von drei Jahren, 1944 bzw. 1946.
398 Das waren aber nur Ausnahmen, die meisten seiner Werke hatten britische Verlage in ihren Katalogen; vgl. CPM 1983, Bd. 19, S.102-132.
399 Vgl. das Kapitel 6.4.

1941 mit Hilfe Erwin Steins Konzerte, die in der Presse regelmäßig reflektiert wurden.[400]

Max Hinrichsen beschritt mit seiner Konzertagentur und einem Künstlermanagement einen ähnlichen Weg, um sich seinen Platz, wenn auch mit einer bescheideneren finanziellen Basis als Boosey & Hawkes, im britischen Musikleben zu erobern. Er arbeitete sofort mit Londoner Berufskollegen zusammen und mit seinem "Who is Who", wie sein Jahrbuch auch bezeichnet wurde, füllte er geschickt in Großbritannien eine Marktlücke.[401] Adolf Aber ging den anderen Weg und wies sich als Spezialist für deutsche Musik aus, womit er ebenfalls - auch nach dem Krieg - unter den britischen Musikern Anerkennung fand. Spezialisten wie Adolf Aber oder Kurt Sondheimer auf dem Gebiet von "non copyright music" konnten somit ihren individuellen ökonomischen Beitrag für Großbritannien leisten. Anders als die Musiker, die keine Arbeitserlaubnis erhielten, integrierten sich deutsche und österreichische Flüchtlinge in der Verlagsbranche relativ schnell und erzielten - so wie es Willett und Levi konstatiert hatten - eine beachtliche Wirkung.

7.1.2 Antiquare und Bibliophile

Etwa um die letzte Jahrhundertwende etablierte sich eine neue Generation von Antiquaren auch in Deutschland, deren Sammlungen sich mit solchen Zentren der Bibliophilie, wie sie lange in London, Paris oder Florenz bestanden, messen konnten. Zu diesen zählte die ehemals in Paris ansässige Firma Leo Liepmannssohn, die der Antiquar Otto Haas 1903 in Berlin übernahm. Durch den Umgang mit großen Sammlungen antiquarischer Bücher und Autographen entwickelte sich ein neuer Typus des spezialisierten und gelehrten Sammlers bzw. Antiquars, der seine Sammlungen nach wissenschaftlichen Gesichtspunkten aufbaute und handhabte. Die Kataloge dieser Sammlungen enthielten kenntnisreiche Beschreibungen von Büchern und Manuskripten.

Otto Haas galt über Jahrzehnte hinweg als führender Experte, den Musiksammler, Musikbibliothekare oder Autographensammler in Europa und Amerika konsultierten. Er leitete Auktionen von Sammlungen - zu Beginn des Jahrhunderts auch in England - zu denen er auch die Kataloge anfertigte. Diese Kataloge dienen heute wiederum als bibliographische Nachschlagewerke (Rosenthal 1966, 3f.). Für die größte private Musikbibliothek in Deutschland, die sich im Besitz des Frankfurter Bibliophilen Paul

---

400 Vgl. The Musical Times in diesen Jahren.
401 Die Verlagsproduktion umfaßte nach dem Krieg die "Herausgabe altenglischer Meister der Tudor-Zeit, pädagogische Veröffentlichungen, zeitgenössische Autoren, alles unter der Berücksichtigung der in der englischen Welt traditionsmächtigen Orgel- und Chormusik". Nach dem Tod von Max Hinrichsen 1965 führte seine Frau Carla E. Hinrichsen die Geschäfte (Lindlar 1967, 1933).

Hirsch befand, tätigte Otto Haas Anschaffungen. So erstand er beispielsweise 1906 den besten Teil der berühmten James E. Matthew Musikbibliothek in London für den noch jungen und "sorgfältig sichtenden Sammler deutscher Erstausgaben" (Homeyer 1963, 38) Paul Hirsch (Rosenthal 1966, 4f). Haas war es auch, der "den Grundstock" für Hirschs Bibliothek mit dem Kauf der Sammlung von Ignaz Moscheles, Komponist, Musikpädagoge und Freund Mendelssohns in Leipzig, gelegt hatte (Homeyer 1963, 39). Eine der spektakulären Aktionen von Otto Haas war zudem die Versteigerung von 66 Mozart-Autographen aus dem Besitz des Offenburger Mozart-Verlegers Johann Anton André in den Jahren 1929 und 1932 (Mecklenburg 1955, 394). In Deutschland hatte Haas insgesamt 238 Preiskataloge und 64 Auktionskataloge verfaßt. Vor seinem Exil nach London im Jahr 1936 war Haas gezwungen, einen Teil seiner Sammlung in Deutschland zu verkaufen. Die wertvollsten Exemplare konnte er noch nach London ausführen.

Haas veröffentlichte in seinem Leben insgesamt 34 Kataloge privater Sammlungen. Seit den 30er Jahren waren die zum Verkauf stehenden privaten Musiksammlungen rückläufig (Rosenthal 1966, 5). Offensichtlich hatten Krieg, Vertreibung und die Weltwirtschaftskrise ihre Spuren in der Zerstückelung antiquarischer Sammlungen hinterlassen. In seinen verbleibenden Londoner Jahren bis 1955 erstellte Haas, wie Rosenthal in der genannten Quelle schreibt, nur zwei Kataloge der privaten Musiksammlung von Alfred Moffat. Die "antiquarian book and music firm" von Otto Haas übernahm nach dessen Tod 1955 Albi Rosenthal. Der Sohn eines jüdischen Verlegers war 1933 aus Deutschland nach London geflohen und studierte hier Kunstgeschichte am Warburg-Institut bei Rudolf Wittkower. Er spezialisierte sich auf alte Musik und gründete 1937 eine eigene Firma in London. Albi Rosenthal führte die Tradition Liepmannssohn - Haas als Spezialist bei Verkäufen großer Musiksammlungen und Autographen von Monteverdi bis Webern weiter (MGG 1963, Bd. 11).

Paul Hirsch aus Frankfurt am Main gelang es 1936 noch, seine berühmte Bibliothek nach Cambridge ins britische Exil mitzunehmen, wodurch sie - wie die von Aby Warburg - erhalten bleiben konnte. Paul Hirsch publizierte im Exil in musikwissenschaftlichen Periodika sechs Aufsätze, die sich vorwiegend mit Fragen früher Editionen von Mozart, Beethoven und Händel befassen.[402] Kathi Meyer, die in Deutschland bei der Herausgabe von drei Katalogen der Hirsch-Sammlung mitgewirkt hatte, ging mit Hirsch ins Exil und setzte die Zusammenarbeit mit ihm fort. Gemeinsam erstellten sie Band IV der Musiksammlung von Hirsch (Erstausgaben, Chorwerke in Partitur, Gesamtausgaben, Nachschlagewerke usw., Ergänzungen zu Bd. I-III), der

---

402 Vgl. hierzu die genaue Aufstellung aller Publikationen von Hirsch in Deutschland und Großbritannien bei Homeyer 1963, S. 40f.

bei der University Press, Cambridge 1947, erschien.[403] Hirsch, der in Deutschland auch Kammermusik in seinem gastfreundlichen Frankfurter Haus gepflegte hatte, führte diese Tradition in Großbritannien weiter. Wie Maria Lidka berichtete, wurde sie des öfteren dazu eingeladen (Gesprächsprotokoll Lidka). Paul Hirsch übergab 1946 seine Bibliothek mit über 11.500 Werken, gesammelt zwischen 1897 und 1936, der British Library in London. The Trustees of the British Museum publizierten 1951, im Todesjahr von Hirsch, eine "special Accessions List", einen Katalog der Noten (nach 1830). Dieser umfaßt 9.000 Titel. 1959 folgte ein Katalog der von Hirsch zusammengetragenen Musikliteratur (nach 1800). Die Hirsch-Library befindet sich heute vollständig in der British Library, genau nach den Intentionen und systematischen Gesichtspunkten geordnet, wie sie von Hirsch angelegt wurde (Trustees of the British Museum 1959, o.S.) "The Catalogue of Printed Music in the British Library to 1980 (CPM 1980-1987)" weist unter besonderer Kennzeichnung die von Hirsch gesammelten Musikalien aus.

Daneben beherbergt die British Library außerdem die Autographensammlung von Stefan Zweig, zu denen kostbare Exemplare u.a. von Bach, Händel, Mozart, Beethoven, Richard Strauss und Strawinsky gehören (MGG 1968, Bd. 14). Auch für diese Sammlung hat Otto Haas Anschaffungen getätigt (Rosenthal 1966, 4f.). Bereits als fünfzehnjähriger hatte Stefan Zweig begonnen, Autographen berühmter Autoren zu sammeln. Später änderte sich sein Blickwinkel und er sammelte aus psychologischer Neugier Manuskripte, "Urschriften oder Fragmente von Werken, die mir zugleich Einblick in die Schaffensweise eines geliebten Meisters gewähren". Zweig verstand darunter "Entwürfe", Skizzen, korrigierte Fassungen von Manuskripten, die noch nicht zum Druck vorgesehen waren. "Solche Blätter von allen großen Dichtern, Philosophen und Musikern, solche Korrekturen und somit Zeugen ihres Arbeitskampfes zu vereinigen, war die zweite wissendere Epoche meines Autographensammelns" (Zweig 1994, 401). Aus dieser Sammelleidenschaft ergab es sich für Stefan Zweig fast zwangsläufig, auch Bücher über Autographen zusammenzutragen. Im Februar 1934 verließ Stefan Zweig Österreich und ging nach England. Einen Teil seiner Sammlung überließ Stefan Zweig der Wiener Nationalbibliothek, dabei "hauptsächlich jene Stücke, die ich selbst von zeitgenössischen Freunden zum Geschenk erhalten hatte, einen Teil veräußerte ich, und was mit dem Rest geschah oder geschieht, beschwert meine Gedanken nicht sehr" (Zweig 1994, 407). In den letzten zehn Jahren seines Lebens "veredelte" Zweig dann seine Sammlung von Autographen. Er versuchte genau solche Autographen, Skizzenblätter bzw. Entwürfe von Dichtungen und Kompositionen zu besitzen, die sich später als bedeutendste Werke ihrer Autoren erweisen sollten. Zweig beschreibt das Faszinierende daran:

---

403 Vgl. Katalog der Musikbibliothek Paul Hirsch, Frankfurt a.M., Homeyer 1963, S. 43.

Hatte es mir zuerst genügt, von einem Dichter oder Musiker Blätter zu haben, die ihn in einem schöpferischen Momente zeigten, so ging allmählich mein Bemühen dahin, jeden darzustellen in seinem allerglücklichsten schöpferischen Moment, in dem seines höchsten Gelingens (Zweig 1994, 402).

Er benennt einige Beispiele: Eine Bach-Kantate, die *Arie der Alceste* in einer Vertonung von Gluck und in einer von Händel, die *Zigeunerlieder* von Brahms, *Barcarole* von Chopin, Schuberts *An die Musik* und von Mozart *Das Veilchen* (Zweig 1994, 403f.). 1940 emigrierte Stefan Zweig nach Brasilien.

Einen kurzen Hinweis auf eine weitere Bibliothek eines Flüchtlings gibt der Personalartikel über Hans Ferdinand Redlich im NGDM. "His private library now forms the nucleus of the music department library at the University of Lancaster" (NGDM 1980, Bd.15). Ob Hans Ferdinand Redlich diese Bibliothek bereits aus Deutschland bzw. Österreich mit nach Großbritannien brachte, ist dabei nicht ersichtlich.

Daß der Beruf des Musikantiquars einen beruflichen Neuanfang für geflüchtete Musiker in Großbritannien bedeuten konnte, zeigt das Beispiel eines aus Deutschland stammenden jüdischen Geigers. Er baute nach dem Ende des Krieges ein Musikantiquariat in London auf und führte es erfolgreich bis zu seinem Tod.[404]

7.2 Dirigenten

Im Kapitel über die Verlage wurde auf die Tätigkeit von Lektoren oder Musikwissenschaftlern in britischen und deutschen Verlagen hingewiesen, für die das Innenministerium aus ökonomischen Gründen Arbeitserlaubnisse erteilte. Aus Kritiken und Konzertprogrammen geht hervor, daß auch einige Dirigenten als Ausländer einen besonderen Status genossen und trotz generell verhängten Arbeitsverbots zeitweilig dirigierten. Das traf sowohl vor dem Krieg als auch während des Krieges zu. Levi führt dazu an, daß keinem einzigen der Dirigenten im Exil mit Ausnahme von George Szell[405] überhaupt ein ständiger Posten von einem britischen Orchester angeboten worden war (Levi 1992, 291). Nach den geltenden Bestimmungen gibt das keinen Anlaß zur Verwunderung. Anders herum betrachtet ist es dagegen interessant festzustellen, daß einige Dirigenten doch zeitweilig von britischen Orchestern engagiert wurden. So hatte Mosco Carner, 1933 nach London gekommen, bis zum Ende des Krieges alle wichtigen Londoner Orchester dirigiert.[406] Vor Kriegsbeginn und

---

404 Diese Andeutung muß genügen, da ich mich verpflichtet habe, seinen Namen nicht zu nennen.
405 Georg Szell dirigierte von 1937 bis 1939 gleichzeitig das Scottish Orchestra in Glasgow und des Residentie Orkest von Den Haag (Riemann 1989, Bd. 4). Insofern erfährt die genannte Ausnahme bereits wieder eine Einschränkung, da er nicht nur ausschließlich in Glasgow angestellt war.
406 Vgl. das Kapitel 6.3.6.

außerhalb Londons gab es offensichtlich Vakanzen für Dirigenten: Hans Oppenheim, Dirigent in Glyndebourne, leitete die Dartington Hall Music Group in Totnes, Devon, von 1937 bis 1945 (NGDM 1980, Bd.13). Eine einschneidende Zäsur für das normale britische Konzertleben stellte der Beginn des II. Weltkrieges dar. Da man mit Bombenangriffen rechnete, wurden Konzerte abgesagt und Theater geschlossen. Sechs Monate später begann das London Symphony Orchestra ein erstes "wartime concert" zu organisieren. Wegen des unerwarteten Zuspruchs bei den Engländern folgte das London Philharmonic Orchestra diesem Beispiel. Diese Londoner Initiative hatte eine Initialwirkung, und nach wenigen Monaten gab es einen Boom von Orchesterkonzerten im ganzen Land. Die beiden genannten Orchester spielten in Londoner Vororten, kleinen Städten und in der Provinz. Die Konzerte waren immer gut besucht. Der Council for Encouragement for Music and Arts, C.E.M.A., aus dem später The Arts Council hervorging, organisierte Konzerte in Stadthallen, Kirchen und Fabriken (Crook 1946, 78ff.). Die Organisation Entertainments National Service Association, E.N.S.A., zeichnete verantwortlich für Konzerte bei allen Waffengattungen der Army und den Pioneer Corps, überall da, wo Soldaten stationiert waren und für die im ganzen Land verteilten Kriegsarbeiter. Die E.N.S.A engagierte von den großen Symphonieorchestern vorwiegend das London Symphony Orchestra, das Liverpool Philharmonic Orchestra und das Hallé Orchestra Manchester. Die Programme bestanden im Unterschied zu Sinfoniekonzerten in Friedenszeiten vorwiegend aus kurzen Stücken mit mehr unterhaltenden Charakter wie Ouvertüren, Tänzen usw. Auch die B.B.C. beteiligte sich daran und veranstaltete 1943 zwei Musikfestivals bei den Truppen, bei denen das B.B.C. Symphony Orchestra mit Solisten gastierte (Legge 1944, 171ff.). Die Konzerte boten den Briten ein besonderes Gemeinschaftserlebnis für ihre patriotischen Gefühle. Außerdem hatten die Konzerte noch eine andere Funktion zu erfüllen: Während des Krieges liest man in britischen Zeitungen immer wieder über verschiedene Aktionen für die "Holidays at home", zu denen die Musik auch ihren Beitrag leisten mußte. Durch die breite Streuung der Konzerte an ungewöhnlichen Konzertorten und bis in die Provinz hinein wurden Teile der Bevölkerung angesprochen, die sich bis dahin weniger für Konzerte interessiert hatten. Davon profitierten wiederum die Musikvereinigungen, die neue Mitglieder hinzugewinnen konnten (Crook 1946, 79). Möglicherweise traf Hans Ferdinand Redlich 1941 genau auf dieses Bedürfnis in Letchworth (Hertfordshire) wo er eine Choral and Orchestral Society gründete und bis 1955 leitete (NGDM 1980, Bd.15).
Wie bereits angedeutet, litt durch den Kriegsdienst von Orchestermusikern die Qualität der Darbietungen. Da die Orchester sich selbst finanzieren mußten, kam wegen der finanziellen Auflagen die Probenzeit zu kurz und die Qualität der Auffüh-

rungen ließ vorerst nach.[407](John Barbirolli, seit 1943 Chefdirigent des Hallé-Orchesters, ließ sich durch die Abwesenheit orchestererfahrener Musiker nicht beirren und baute mit jungen Musikern in kurzer Zeit ein hervorragendes Orchester auf, mit dem er konzentriert probte.) Ralph Hill konstatiert für das Jahr 1944 nicht nur eine mäßige Qualität der Orchester, sondern "there are less than half-a-dozen conducters in the country worthy of the name" (Hill 1944, 33). Offensichtlich verbarg sich hinter dem genannten Mangel an guten Dirigenten bei zahlreichen Tourneen der Londoner Orchester[408] die Notwendigkeit, auch "ausländische Musiker" wie Mosco Carner[409] und Walter Goehr als Dirigenten für das London Symphony Orchestra[410] zu engagieren. Eines der wichtigsten Ergebnisse der Zusammenarbeit von Walter Goehr mit dem London Philharmonic Orchestra bestand in der Uraufführung von Michael Tippetts Oratorium *A Child of our Time* am 19. März 1944 in London (M. L. 1944, 3), das zu dem meistaufgeführten Werk Tippetts werden sollte.[411] Richard Tauber dirigierte im August 1940 innerhalb eines Benefizkonzertes für das London Philharmonic Orchestra eine eigene Komposition, die *Sunshine Suite* in vier Sätzen (W.McN. 1940).

Bei den Kriegskonzerten trat Franz Reizenstein 1942 als Pianist mit den Londoner Philharmonikern auf. Am Dirigentenpult stand Adrian Boult (Anonym 1942e). Fritz Ungers britische Karriere war von 1942 an lückenlos. Er leitete das Northern Philharmonic Orchestra Leeds und die Orchester in Liverpool und Birmingham. Die Konzertreisen des London Philharmonic Orchestra von Juli bis Anfang September 1944, die das Orchester zuerst in Städten nahe Londons und weiter in Schottland unternahm, dirigierten vorwiegend Fistoulari, Fritz Unger und Karl Rankl, also alles Flüchtlinge (M.L. 1944, 5). Gerade mit der genannten Tournee fiel der Neubeginn für die Dirigentenkarriere Rankls zusammen.

Ähnlich wie bei einigen Kammermusikern oder Sängerinnen und Sängern aus Deutschland und Österreich zeichnet sich etwa 1942/43 eine Wende für das Engagement von Dirigenten unter den Flüchtlingen ab, die nun für die Konzertreisen britischer Orchester im eigenen Land herangezogen werden. Weiterhin wurden auch Dirigenten auf dem Gebiet der Oper benötigt, wie am Beispiel der Carl Rosa Opera Company ersichtlich wird. Diese Opera Company war 1875 gegründet worden und

---

407 Hill attestiert diesen Mangel an Qualität besonders den Londoner Orchestern, wobei hingegen die Orchester in Manchester, Liverpool und Glasgow allmählich ihre Qualität verbesserten.
408 Das London Philharmonic Orchestra gastierte z.B. in der Woche außerhalb und kehrte an den Wochenenden zu Konzerten nach London zurück (Anonym 1942f, S. 1f.).
409 Carner war seit 1940 britischer Staatsbürger.
410 F.B. 1942, S. 61f. und F.B. 1944, S. 383.
411 Anläßlich des 50. Jahrestages dieser Aufführung erklang das Oratorium am 22.5.1994 in seiner Uraufführungsstätte, dem Londoner Adelphi Theatre, unter Nicholas Cleobury als Dirigenten (Programmzettel).

reiste seit 1889 durch die Lande. Zu Beginn des 20. Jahrhundert vereinigten sich andere Gesellschaften mit dieser Company, so daß gleichzeitig mehrere Teilgesellschaften Opern auf englischen Bühnen spielten (Seeger 1978).[412] Fritz Berend und Peter Gellhorn (1945/46) wirkten als Dirigenten bei dieser Company mit. Peter Gellhorn berichtete über Dirigate von *Faust*, *Hoffmanns Erzählungen* und *Madame Butterfly*. *Der Fliegende Holländer*, die erste Aufführung einer Wagner-Oper nach dem Krieg überhaupt und nicht unumstritten, wurde von der Carl Rosa Company unter seiner musikalischen Leitung 1946 auf die Bühne gebracht (Gesprächsprotokoll Gellhorn). Nach Röder/Strauss (1983, Bd.II, Tl.1, 82) wirkte auch Fritz Berend als Dirigent der Carl Rosa Company und der London Opera Company. Weitere Hinweise über diese genannte London Opera Company ließen sich nicht finden. Es könnte sich möglicherweise um das Opernstudio von Elena Gerhardt gehandelt haben, die damit 1941 auf Tournee ging bzw. im Mercury Theatre in London auftrat.[413] In den Jahren 1941-1943 arbeitete Peter Gellhorn als zweiter Dirigent an Sadler's Wells in London, "während des Krieges Behelfsspielstätte" (Seeger 1978, 332). Das zeigt, daß vakante Dirigentenpositionen auch im Bereich von britischen Opera Companies von Flüchtlingen besetzt wurden.

Bereits 1936 hatten Georg Knepler und Ernst Schoen eine Opera Group ins Leben gerufenen, die - Georg Kneplers Bericht zufolge - während des Krieges nicht weiter bestand. Erst während des Krieges gegründet, aber damit offensichtlich auf eine Marktlücke trafen Karl Haas und Fritz Berend mit ihren Ensembles für Barockmusik, die an exponierter Stelle während der National Gallery Concerts vor die Öffentlichkeit traten. Entscheidend für das Wirken dieser deutschen und österreichischen Dirigenten während der schwierigen Jahre vor und während des II. Weltkrieges war ihre Flexibilität und Phantasie, mit der sie durch Neugründungen das Musikleben bereicherten und dabei wie Karl Haas[414] und Fritz Berend teilweise, oder wie Georg Knepler und Ernst Schoen ausschließlich, britische Interpreten berücksichtigten.

7.3 Beschäftigung in Bildungseinrichtungen

Leo Russell Wurmser gab 1938 nach seiner Flucht in London Gesangsunterricht an der Metropolitan Academy of Music und war an der Old Vic Dramatic School Privatlehrer und Korrepetitor. Benno Bardi hielt Vorlesungen am City Council Literature Institut in London. Erich Katz unterrichtete 1941-1943 an der Bunce Court

---

412 1958 scheiterte das Konzept durch interne Leitungsschwierigkeiten.
413 Vgl. Gerhardt 1953.
414 Das London Baroque Ensemble existierte auch nach Kriegsende weiter. Haas führte damit in einer Erstaufführung des United Kingdom Richard Strauss' *Sinfonie* für 16 Blasinstrumente im Januar 1953 in der Royal Festival Hall auf (Goodall 1973, S. 714).

School und wanderte in die USA weiter. Erwin Lendvai unterrichtete in Kennighall bei Norwich und Leopold Spinner gab Ende 1941 für einige Monate Abendkurse an der Bellevue School of Music in Bradford. Hans F. Redlich war von 1941-1943 Dozent für die östliche Abteilung der Workers' Educational Association und 1942-1955 an den Extra-Mural Departments der Universitäten Cambridge und Birmingham. Bei diesen genannten Musikern handelte es sich um hochqualifizierte Spezialisten, die von Briten - ebenfalls entgegen allen offiziellen Anordnungen - doch eingestellt wurden. Daran ist abzulesen, daß gerade während der Kriegsjahre Flüchtlinge wie Bardi, Katz, Lendvai und Spinner von örtlichen Behörden angestellt wurden, um dem kriegsbedingten Lehrermangel an britischen Schulen, Abendschulen und anderen Weiterbildungseinrichtungen zu begegnen.[415] So berichtete Peter Gellhorn über seine Anstellung bei der Toynbee Hall[416] in London 1935.

> Und dann lernte ich Doktor Mellon kennen, den "warden" von Toynbee Hall. Das ist ein Abendklassen-Institut in East End in der Nähe der Commercial Street. Er war ein wunderbarer Mensch und auch sehr bekannt als warden von Toynbee Hall. Ich weiß nicht, was er politisch war; er hatte das Vertrauen von allen Politikern, rechts oder links. [...] Er hat mich eingereiht in sein Abendklassen-Institut in die musikalische Abteilung unter John Toby, der jetzt tot ist. [...] Er war am Ende der Dirigent der London Chorus Society. Toby hatte Klassen, und da war ich Assistent. Und als Toby ging, wurde ich Musikdirektor. Dr. Mellon hat das Home Office überredet, meine Bedingungen für meinen Aufenthalt hier zu ändern. [...] Und Mellon drückte durch, daß ich in der Musikschule arbeiten konnte. Unterrichten, spielen usw. Aber alles nur in Toynbee Hall. Arbeit außerhalb wurde nur von Zeit zu Zeit auf besonderen Antrag hin erlaubt. Jeder, der mir etwas anbot, mußte einen Antrag stellen (Gesprächsprotokoll Gellhorn).

Gellhorn erhielt in Toynbee Hall "Kost und Logie" und bekam etwas Taschengeld. Er komponierte für John Toby und seine Partnerin eine *Sonate* für zwei Klaviere, die sie gemeinsam aufführten. Daneben schrieb Gellhorn Bühnenmusiken für die Dramagruppe des "subwarden" Josef Lyon Hodgkinson, die dieser zusammen mit seiner Frau leitete. An Toynbee Hall dirigierte Gellhorn zum ersten Mal eine Oper, den *Orpheus* von Gluck in der Übersetzung von Edward Dent. Lotte Reiniger, für die Gellhorn bereits in Berlin gearbeitet hatte, erstellte das Bühnenbild und Hodgkinson inszenierte. Der Chor von Toynbee Hall wirkte mit, und als Solisten konnten drei Schüler von Jani Strasser, ehemalige Choristen in Glyndebourne, gewonnen werden. Wegen des Erfolges dieser Aufführung wurde eine weitere Inszenierung, die Purcell-

---

415   Während des Krieges gab es in England über alle Parteigrenzen hinweg Diskussionen über den Neuaufbau des Bildungswesens nach Ende des Krieges unter Berücksichtigung der veränderten Sozialstruktur. So wurde 1944 im Parlament für England und Wales eine bedeutende Schulreform verabschiedet, die das Schulsystem einheitlich gliederte (Friebel 1965, S. 256f.).
416   Toynbee Hall war 1884 im Zuge der Bewegungen, daß Universitätsbildung über ihre Grenzen hinaus angeboten und Bildungsprivilegien gebrochen werden sollten, gegründet worden (Friebel 1965, S. 252).

Oper *The Fairy Queen* geplant, aber der Beginn des Krieges machte alle Pläne zunichte. Aus dem Bericht von Gellhorn geht deutlich hervor, daß seine Anstellung durch die Bemühungen des Rektors zustande gekommen war. Wie die oben genannten Beispiele zeigen, war Doktor Mellon offensichtlich nicht der einzige, dem es gelang, einen Flüchtling an einem Ausbildungsinstitut einzustellen.
Für diejenigen, die wie Gellhorn vor Beginn des Krieges in dieser Weise arbeiteten, bedeutete der Kriegsbeginn erst einmal das Ende dieser Tätigkeit, die dann nicht mehr von den Arbeitgebern verantwortet werden konnte. Im Jahr 1941 trat, nach den Fakten zu urteilen, auf dem Gebiet der Erwachsenenbildung eine Lockerung im Hinblick auf die Anstellung geflüchteter Musiker ein. Für eine weitere Karriere hatten diese Anstellungsverhältnisse jedoch relativ geringe Bedeutung. Aus der Sicht der Flüchtlinge hatten diese eher einen überbrückenden Charakter. In dieser Zeit konnten sie ihr Wissen sinnvoll weitergeben und Fähigkeiten praktisch anwenden. Offensichtlich wurden mit dieser Art der Beschäftigung keine britischen Musiker oder Lehrer brüskiert. Von ihnen ist keine Rede in den Diskussionen um Arbeitserlaubnisse. Diese Art der Beschäftigung von Flüchtlingen sollte jedoch nicht unerwähnt bleiben, um die Widersprüchlichkeit und Differenziertheit der Situation besser zu charakterisieren.

7.3.1 Das Morley College als Enklave

1889 wurde das "Morley[417] College for Working Men and Women", anfangs untergebracht in Künstlergarderoben der Royal Victoria Music Hall, ins Leben gerufen. Bei dieser Ausbildungsstätte handelte es sich um keine Privatschule, sondern um ein Abendklassen-Institut, das, mit öffentlichen Geldern unterstützt, heute bei den "Local Authorities" der Stadt London angebunden ist. Das Bildungsangebot stieß seit der Gründung auf große Nachfrage. Der Komponist Gustav Holst, "Director of Music" von 1907 bis 1924, begründete den Ruf der Musik-Abteilung des College. Die Zahl der Studenten vergrößerte sich, so daß 1925 ein neues Gebäude in der Westminster Bridge Road eingeweiht wurde. 1928 hatte das Morley College über 2.000 Studenten, die das in sieben Sparten gegliederte Programm[418] wahrnahmen. 1928 konnten 340 Studenten der Musikabteilung folgende Fächer belegen:

---

417 Samuel Morley, M.P., Textilfabrikant und Philanthrop, gehörte zu den Hauptförderern der Privatinitiative von Emma Cons, die die Gründung des College überhaupt erst ermöglichte. Morley starb 1886 (Morley College 1973, o.S.).
418 Neben dem Music Department: English Literature and Art; History, Economics; Foreign Languages; Gymnastics and Dancing; Domestic Subjects, Mathematics and Science.

Abb. 6: Das Morley College, eröffnet 1924.

"Orchestra, Choir, Madrigals, Sight Singing, Harmony, Violin, Rudiments of Music, 1st Century Music (University Extension)."[419] Ein Jahr vor Beginn des Krieges besuchten bereits 3.300 Studenten das College. Die Musikabteilung verfügte über zwei Amateur-Orchester und zwei professionelle Orchester. Durch den Krieg verringerte sich schlagartig die Anzahl der Studenten bis auf etwa 2.000. Während der Bombenangriffe im September 1940 wurde das College geschlossen und seine Gebäude ausgebombten Londonern als erste Notunterkunft zur Verfügung gestellt. Im Oktober 1940 zerstörten zwei deutsche Lufttorpedos das ältere Gebäude des College und begruben 57 der schutzsuchenden Londoner unter sich. Ein neuer Anbau aus den dreißiger Jahren war unbeschädigt geblieben, so daß der Unterricht in beengter Form weitergehen konnte (Morley College 1973, o.S.). Gerade in dieser schwierigen Zeit begann Michael Tippett am Morley College zu unterrichten. Wegen des kriegsbedingten Mangels an Instrumentalstudenten baute er einen a cappella Chor auf, der in kürzester Zeit über ein beachtliches Niveau verfügte. Als Assistent von Michael Tippett arbeitete der Generalbaßexperte Walter Bergmann bis 1952 mit dem Chor zusammen und hatte großen Anteil daran, daß dieser sich relativ schnell auf die Interpretation von Purcell- und Bach-Kompositionen spezialisierte. Walter Bergmann spielte dabei Continuo oder dirigierte auch Aufführungen von Kantaten Händels und seiner Zeitgenossen, die er selbst bearbeitet hatte. So war beispielsweise die Aufführung der *Ode for St. Cecilia's Day* (1692)[420] von Purcell durch die Mitarbeit Bergmanns überhaupt erst möglich geworden. Außerdem unterrichtete Walter Bergmann am College in diesen Jahren Blockflötenklassen (Tippett 1944, 148). Als weiteres Spezialgebiet führte der Chor englische Madrigale auf, die abwechslungsreich mit zeitgenössischen englischen Chorwerken gekoppelt wurden. Schon bald nach seiner Gründung wurde der Chor für die Nationalgalerie-Konzerte herangezogen.[421] Nahezu enthusiastisch berichtete Ilse Wolf, die seit 1942 Mitglied des Chores und anderer Vokalensembles des College war, von der Atmosphäre, die in jener Zeit an diesem College herrschte.[422] Neben Michael Tippett begann auch Walter Goehr, 1942 am College Konzerte mit Instrumentalmusik bzw. Orchesteraufführungen zu dirigie-

---

419 In den 70er Jahren des 19. Jahrhunderts gründete James Stuart von der Universität Cambridge die "University Extension". Damit sollte Berufstätigen die Chance gegeben werden, mittels eines theoretisch und praktisch angelegten Abendstudiums doch noch die Universität besuchen zu können (Friebel 1965, S. 252).
420 Tippett erwähnt nicht das genaue Jahr. Ein Programmzettel belegt die Aufführung des Stückes für den 31.12.1944 mit Maria Lidka als "Leader" (Programmzettelsammlung Henschel).
421 Vgl. Programmzettelsammlung der N.G.C.
422 "We had the most marvellous, unforgettable times. Michael Tippett's first performances were tried out in the Holst room. Benjamin Britten and Peter Pears gave Sunday concerts. We all fled to Morley, even half-bombed-out, because it was a haeven where we could feel happy" (Lucas 1975, S. 4).

ren.[423] Maria Lidka hatte dabei die Funktion der Konzertmeisterin inne. Als Solisten oder Ensemblemitglieder finden sich die Namen von Norbert Brainin, Paul Blumenfeld, Peter Gellhorn, Jani Strasser und Leo Wurmser. In die Programme des Morley College wurden, nachdem Michael Tippett sich dort engagierte, auch Kompositionen deutscher und österreichischer Exilkomponisten einbezogen; so die Erstaufführungen von Leo Wurmsers *Klarinettenquintett*[424] und Mátyás Seibers *Pastorale and Burlesque* für Flöte und Streichorchester.[425] Für 1944 zeigte Michael Tippett ein neues Vorhaben mit der Kompositionsklasse von Mátyás Seiber an, die sich gleichfalls in das musikpraktische Konzept des College eingliedern sollte (Tippett 1944, 148). Trotz des Gebäudeverlustes durch deutsche Bomben herrschte an diesem College eine Arbeitsatmosphäre, deren Ergebnisse sich an einem immer differenzierter werdenden Konzertangebot ablesen lassen. Walter Goehr blieb dem College bis zu seinem Tod 1960 als Dirigent verbunden. Ilse Wolf kehrte in den siebziger Jahren als Gesangslehrerin an das Morley College zurück, dessen liberale Atmosphäre bei der Arbeit mit den Studenten sie schätzte (Lucas 1975, 5).

7.4 Musiker in britischen Orchestern

Vor dem Hintergrund, daß deutsche und österreichische Musiker keine Arbeitserlaubnisse erhielten, war es logisch, daß sie kaum eine Chance hatten, Mitglieder eines britischen Orchesters werden zu können. Marion Berghahn untersuchte in ihrer Arbeit über die Assimilierung der "German-Jewish Refugees from Nazi-Germany" auch die Berufsgruppe der Musiker und kam dabei auf deren Möglichkeiten als Orchestermusiker zu sprechen. Eine von ihr befragte Musikerin begründete die Aussichtslosigkeit, als Orchestermusikerin angestellt worden zu sein, mit nichtvorhandenen "Verbindungen" und dem Verlust einflußreicher Lehrer, die normalerweise ihren Schülern in dieser Hinsicht hilfreich sind. Erst die zweite Generation bzw. diejenigen, die durch einen Kindertransport gerettet wurden und in Großbritannien Musik studierten, konnten später Orchesterstellen erhalten (Berghahn 1988, 103f.). Berghahn exemplifiziert dies an zwei Beispielen. Bei der Auswertung des im Rahmen dieser Arbeit dokumentierten Personenkreises ergibt sich die gleiche Schlußfolgerung. Levi steuert noch einen anderen Gesichtspunkt zu dieser Problematik bei. Erst mit ihrer Naturalisierung und der formalen Gleichstellung zu den britischen Musikern hatten die gebürtigen deutschen und österreichischen Musiker überhaupt

---

423 Aus der Programmzettelsammlung von Maria Lidka geht hervor, daß es verschiedene Besetzungen, wie das Morley College Orchestra und die Morley College String Players, gab.
424 Programmzettelsammlung Lidka. Kammerkonzert am 15.1.1944 Morley College.
425 Programmzettelsammlung Lidka: Kammerkonzert im Morley College am 5.12.1942. Maria Lidka war Konzertmeisterin in Walter Goehrs Chamber Orchestra.

erst eine Chance, sich um einen Posten in einem britischen Orchester zu bewerben. Er führt dazu aus:

> In the concert hall, only relatively few German and Austrian exiles managed to secure employment in various orchestras up and down the country. Younger and lesser known artists were prevented from accepting engagements until they obtained naturalisation papers after the war (Levi 1991, 291).

Im günstigen Fall wurden Flüchtlinge 1946 naturalisiert. (In Einzelfällen bereits 1934 bzw. 1940.) Mit Glück konnte, wie Levi schreibt, ein Flüchtling aus Nazi-Deutschland oder Österreich eine Stelle "in der Provinz" erhalten. In den Londoner Orchestern hatten sie jedoch nach dem Ende des Krieges die wenigsten Chancen. Dyson sprach zu Beginn des Krieges von 3.000 arbeitslosen Musikern. Diese drängten nach dem Krieg in die offenen Stellen. Unter diesem Gesichtspunkt standen die Chancen für Ausländer verständlicherweise schlecht, nach dem Krieg sofort herangezogen zu werden. Das bedeutet, daß sich die Barrieren gegenüber den ausländischen Musikern wegen der in großer Zahl vorhandenen britischen Musiker, die durch den Krieg berufliche Beeinträchtigungen hinnehmen mußten, erst allmählich abbauten.[426] Die Anzahl der im Rahmen dieser Arbeit zusammengetragenen Orchestermusiker deutscher und österreichischer Herkunft in London ist gering.

1. Die Violinistin Marie-Luise Amberg kam als 19jähriges Mädchen nach London und wirkte im FDKB mit. Nach dem Krieg spielte sie in verschiedenen Londoner Orchestern und auch Streichquartett (Gesprächsprotokoll Lidka).

2. Mit dem Violinisten Max Jekel verbinden sich Auftritte im Kitchener Camp, im FDKB und bei den National Gallery Concerts. Er war über Jahrzehnte hinweg Musiker im Covent Garden Orchestra (Gesprächsprotokoll Lidka).

3. Brigitte Loeser, verheiratete Eisner, spielte nach dem Krieg im Philharmonia Orchestra (Gesprächsprotokoll Lidka).

4. Valentine Kennedy, die Tochter von Ludwig Paul Koch, war nach 1945 Fagottistin im London Philharmonic Orchestra (Röder/Strauss 1983, Bd. II, Tl. 1, 636).

5. Paul Blumenfeld spielte als Cellist viele Jahre im Sadler's Wells Orchestra (Gesprächsprotokoll Lidka) sowie im Orchester des Ballet Rambert.[427]

6. Mirjam Wieck war als vierzehnjähriges Mädchen nach Großbritannien gekommen, lebte nach 1945 in den USA, Großbritannien und der BRD und spielte während ihres Großbritannien-

---

426 Willett (Willett 1983, S. 202) wies in diesem Zusammenhang auf Fritz Spiegl aus der 2. Flüchtlingsgeneration hin, der als Flötist im Royal Liverpool Philharmonic Orchestra tätig war und außerdem als bewanderter Musikologe in der B.B.C. und in Musikzeitschriften hervortritt, wie Berthold Goldschmidt ergänzte.
427 Schreiben des Sohnes Dennis Blumenfeld vom 7.10.1995 an die Autorin.

Aufenthalts Violine im Hallé und Belfast Orchestra (Röder/Strauss 1983 Bd. II, Tl. 2, 1042; Stichwort Schneider, Hans).

7. Der bereits erwähnte Fritz Spiegl war Flötist im Royal Liverpool Philharmonic Orchestra (Willett 1983, 202).

Anhand dieser wenigen Musiker, von denen Max Jekel, Valentine Kennedy und Paul Blumenfeld überhaupt noch als Musiker in Deutschland tätig gewesen waren, wird deutlich, daß, zumindest in London, die Chancen gering waren, als Orchestermitglied eine Anstellung zu erhalten.

7.5 Lehrer an Musikhochschulen

Betrachtet man die Lebenswege derer, die nach einem Aufenthalt in Großbritannien in die USA weiterwanderten, so fällt auf, daß diese Gruppe nach einer relativ kurzen Zeit an amerikanischen Colleges bzw. Universitäten neue Aufgabenbereiche fand. Demgegenüber beschrieb Maria Lidka, daß Musiker deutscher und österreichischer Herkunft und inzwischen naturalisiert, erst relativ spät von britischen Musikhochschulen Lehraufträge erhielten. So hätte es nahezu zwei Jahrzehnte gedauert, bis etwa die Mitglieder des Amadeus Quartetts oder Paul Hamburger, Peter Gellhorn, Max Rostal, Peter Stadlen, Ilse Wolf oder Edith Vogel an den Colleges of Music zu unterrichten begonnen haben. Lidkas Einschätzung kann, abgesehen von den Ausnahmen wie Max Rostal und Elena Gerhardt, anhand des NGDM 1980 bestätigt werden. Relativierend muß dabei hinzugefügt werden, daß es gewiß auch konzertierende Musiker gibt, die Vorbehalte gegenüber der Tätigkeit des Instrumentallehrers hegen. Die folgende Aufzählung soll im einzelnen darüber Auskunft geben:

Amadeus-Quartett: Von 1966 bis 1968 wirkten seine Mitglieder als ständiges Quartett an der Universität York, wo allen Mitglieder 1968 der Doktor ehrenhalber verliehen wurde. Bis 1980 keine Professur seiner Mitglieder ausgewiesen.[428]

Otto Erich Deutsch: Bereits 1928 erhielt er für seine Verdienste den Professorentitel in Österreich verliehen. 1939 ging er nach Cambridge, arbeitete weiter über Schubert und Händel und ging 1951 zurück nach Österreich. Keine Professur erwähnt.[429]

Hans Gál: 1945 zum Hochschullehrer an der Universität in Edinburgh ernannt.[430]

Elena Gerhardt: Gesangslehrerin an der Guildhall School of Music ab 1934.[431]

---

428   NGDM 1980, Bd. 1. Von Norbert Brainin, Siegmund Nissel und Peter Schidloff existieren im NGDM 1980 keine Personalartikel.
429   NGDM 1980, Bd. 5.
430   NGDM 1980, Bd. 7.

Walter Goehr: Kein Hochschullehrer bis zu seinem Tod.[432]

Ilona Kabos: Von 1965 an verbrachte sie 5 Monate im Jahr an der Juilliard School in New York. Daneben hielt sie Meisterkurse in den USA und Europa, in Großbritannien auch an der Dartington Summer School. Bei Erscheinen des NGDM 1980 war sie noch keine Lehrerin an einer britischen Musikhochschule, obwohl sie als bedeutende Lehrerin bezeichnet wird.[433]

Hans-Heinrich Keller: Bis 1980 noch keine Professur inne.[434]

Louis Kentner: 1980 noch nicht als Lehrer eines College of Music bezeichnet.[435]

Maria Lidka: In den siebziger Jahren Professorin für Violine am Royal College of Music in London (Gesprächsprotokoll Lidka).

Else Mayer-Lismann: Ab 1963 Dozentin am Royal College of Music und Hochschulkurse an der Universität in London (Glyndebourne 1992, 181).

Franz Osborn: Bereits 1934 naturalisiert, als Pianist von Rang gewürdigt, erhielt keine Professur bis zu seinem Tod 1955.[436]

Hans F. Redlich: 1955 als Hochschullehrer für Musikgeschichte an die Universität von Edinburgh berufen. Gleichzeitig war er in der Universitätsabteilung für Erwachsenenbildung und "extra-mural studies" tätig. 1962 Berufung als Prof. of Music an die Universität Manchester; 1967 DMus. ehrenhalber in Edinburgh.[437]

Franz Reizenstein: Professur für Klavier an der Royal Academy of Music von 1958 bis 1968 und am Royal Manchester College of Music von 1962 bis 1968. 1966 Gastprofessur für Komposition in Boston und zeitweise am Hendon Technical College.[438]

Max Rostal: Professor an der Guildhall School of Music and Drama in London von 1944 bis 1958. Danach siedelte Rostal in die Schweiz über und lehrte am Konservatorium in Bern.[439]

Mátyás Seiber: 1942 wurde Seiber von Michael Tippett eingeladen, am Morley College zu unterrichten. Diese Zusammenarbeit dauerte über 15 Jahre.[440] Bis zu seinem Tod war Seiber der begehrte Lehrer einer neuen britischen Komponistengeneration. Er unterrichtete privat.

---

431 Elena Gerhardt trat bereits seit der Zeit vor dem I. Weltkrieg mit großem Erfolg in Großbritannien auf und hatte schon lange vor der Nazi-Zeit eine besondere Beziehung zu den Briten; vgl. Gerhardt 1953.
432 NGDM 1980, Bd. 7.
433 NGDM 1980, Bd. 9.
434 NGDM 1980, Bd. 9.
435 NGDM 1980, Bd. 9.
436 NGDM 1980, Bd. 14.
437 NGDM 1980, Bd. 15
438 NGDM 1980, Bd. 15.
439 NGDM 1980, Bd. 16.
440 NGDM 1980, Bd. 17.

Peter Stadlen: Von 1965 bis 1969 Dozent an der Universität in Reading und 1967/68 Gastdozent des All Souls College in Oxford.[441]

Edith Vogel: Professorin für Klavier an der Guildhall School of Music in London (Gesprächsprotokoll Lidka).[442]

Egon Wellesz: 1932 Dr. h.c. der Universität von Oxford. Hochschullehrer in Oxford und Ehrenmitglied des Lincoln College (Anonym 1939c). Außerordentlicher Professor für Byzantinische Musik 1948.[443]

Ilse Wolf: In den siebziger Jahren Gesangslehrerin am Morley College, später an der Royal Academy of Music (Lucas 1975).

Max Rostal und Franz Reizenstein bestätigen mit der relativ frühen Ausnahme die Regel. Ebenso eine Besonderheit stellten Egon Wellesz und Otto Erich Deutsch aufgrund ihrer vorherigen Verdienste und des besonderen Einsatzes britischer Musikwissenschaftler dar.

---

441 NGDM 1980, Bd. 18.
442 Schriftliche Anfragen über weitere Einzelheiten ihrer Tätigkeit wurden von der Guildhall School of Music ignoriert.
443 NGDM 1980 Bd. 20.

8 Committee for the Promotion of New Music

1944 zählt Max Hinrichsen im "Musical Year Book: Music of Our Time" (Hinrichsen/Hill 1944, 202) in einer Zusammenstellung der Musikerorganisationen in Großbritannien sieben "Composers' Aid Organisations" auf. Sechs davon für London und eine für Manchester. An vierter Position erscheint das Committee for the Promotion of New Music, London Contemporary Music Centre. Mátyás Seiber beschreibt dann in dieser Publikation Zusammensetzung und Arbeitsweise des Komitees (Seiber 1944). Mosco Carner widmete ihm ebenfalls einen eigenständigen Artikel (Carner 1945). Es handelte sich im Gegensatz zum Musicians' Refugee Committee, das sich für soziale und berufliche Belange von ausländischen Musikern und Pädagogen einsetzte, dabei um eine primär britische Organisation, die die Verbreitung zeitgenössischer Kompositionen befördern wollte.

Am 22. Januar 1943 wurde das Komitee, angesiedelt bei der Sektion der Arrangeure, Komponisten und Kopisten innerhalb der Musiker-Gewerkschaft, gegründet (Seiber 1944, 181). Seine Ziele waren folgende:

> (a) 'To get in touch with all composers, not yet recognized or unjustly neglected, who are living at present in this country; try their work out before a private audience and attempt to bring the best works before a wider audience.'

> (b) 'To get in touch with all concert-giving organizations, conductors and performers, and attempt to influence through them the content of all concert programmes, with a view to achieving the inclusion of one contemporary work in all programmes.'

> (c) 'The introduction of new music in all schools, in a systematic way, and the stimulation of greater interest in it in music schools.'

> (d) 'The creation of record-libraries and listening rooms attached to music schools, colleges, public libraries, etc., containing recordings and scores of contemporary, as well as classical works' (Seiber 1944, 181).

Im wesentlichen ging es dabei um die "Stimulation" des Interesses für neue Musik in der Öffentlichkeit und bei den konzertveranstaltenden Gesellschaften, und weiter darum, jungen Komponisten unter den damaligen Bedingungen zum "ersten Durchbruch" zu verhelfen. Im Komitee saßen Repräsentanten des britischen Musiklebens. Zu seinen 21 Mitgliedern gehörten Ralph Vaughan Williams als Ehrenvorsitzender und Arthur Bliss als zweiter Ehrenvorsitzender, weiter Lennox Berkeley, Benjamin Britten, Howard Ferguson, Arnold Goldsborough, John Ireland, Leonard Isaacs,[444]

---

[444] Leonard Isaacs gehörte zur B.B.C.; vgl. Kapitel 6.

Thomas Russell,[445] Michael Tippett, William Walton und als einziger nichtbritischer Vertreter Mátyás Seiber.
Die Funktion des geschäftsführenden Veranstalters übernahm der Komponist Francis Chagrin. Dreißig Jahre lang engagierte sich Chagrin vorwiegend für die Arbeit in diesem Komitee, das 1970 in Society for the Promotion of New Music umbenannt wurde. Chagrin gründete ein Kammerensemble und führte "ungewöhnliche" Werke in Konzerten und im Rundfunk auf.[446] Fünf Juries beschäftigten sich mit eingereichten Partituren, und das Komitee entschied dann nach der Vorlage der Berichte über eine Auswahlvorführung der begutachteten Werke. Alle vierzehn Tage wurden Kammermusik-Aufführungen in Studio-Konzerten in der Fyvie Hall des Polytechnikums in London abgehalten. Werke für größere Besetzungen wurden nach Bedarf vorgestellt. Bis zum 31. Oktober 1943 wurden so Aufführungen von fünfzehn nicht näher benannten Kammermusikwerken angeregt, darunter von Komponisten wie Berthold Goldschmidt,[447] Erich Katz, Louis Kentner, Franz Reizenstein, Mátyás Seiber und Hugo Weisgall.[448]
Erich Katz, der 1943 in die USA weiterwanderte, wird hier zum ersten Mal im Zusammenhang mit einer aufgeführten Komposition erwähnt. Er trat bis dahin weder im FDKB, im Austrian Centre oder an anderer Stelle als Komponist hervor. Das wiederum deutet darauf hin, daß das Angebot des Komitees, auch Werke von ausländischen Komponisten aufzuführen, ernst gemeint war. Unter etwa fünfzig beteiligten Musikern finden sich bekannte deutsche und österreichische Flüchtlinge: die Cellistin Sela Trau, der Geiger Max Rostal und die Pianisten Franz Osborn und Ilona Kabos (Seiber 1944, 182).
Bis Oktober 1943 hatte bereits auch ein Orchesterkonzert mit britischen Kompositionen stattgefunden. Im Anschluß an die Aufführungen von Kammer- und Orchestermusik wurde dem Publikum die Gelegenheit gegeben, seine Eindrücke vorzutragen und mit den anwesenden Komponisten ins Gespräch zu kommen. Dadurch konnten die Komponisten selbst die Wirkung ihrer Werke einschätzen. Das Komitee erhoffte sich davon eine festere Verbindung zwischen Komponisten und Öffentlich-

---

445 Thomas Russell hatte nach dem Weggang von Thomas Beecham eine wichtige Position im selbstverwalteten London Philharmonic Orchestra inne.
446 Chagrins Werkliste umfaßt bei seinem Tod 1972 sechs Orchesterwerke, französische und englische Lieder, 200 Filmmusiken, Ballette und Bühnenmusiken. Während des Krieges betätigte sich Chagrin außerdem in der französischen Abteilung der B.B.C. (NGDM 1980, Bd. 4).
447 Berhold Goldschmidt konnte sich nicht mehr "unter diesen schwierigen Umständen des Krieges" daran erinnern, um welches Stück es sich dabei gehandelt haben könnte.
448 Hugo Weisgall gehört in engeren Sinne nicht zu dem hier behandelten Personenkreis. Er stammt ursprünglich (1912 geboren) aus Eibenschütz in der CSR, seine Familie emigrierte 1920 in die USA, so daß er eine amerikanische Ausbildung genoß. Als "assistent military attaché" hielt er sich während seines Militärdienstes in London auf (NGDM 1980, Bd. 9).

keit (Seiber 1944, 183). Nicht jede Diskussion wurde dabei jedoch auf hohem intellektuellen Niveau geführt, wie Ralph Vaughan Williams' Biographin berichtet. Vaughan Williams bezeichnete die Gesellschaft als "Society for the Prevention of Cruelty to New Music" und "often found the discussions that followed performances very dull, he attended many of the concerts and gave the whole scheme wholehearted support" (Vaughan Williams 1964, 257). Nach den Diskussions-Konzerten empfahl das Komitee Konzert-Vereinigungen die besten der bereits erprobten Werke, damit sie im ganzen Land in das Konzertrepertoire gelangen konnten. Seiber beendete seinen Aufsatz mit einem Appell an alle Komponisten, sich über die Arbeit des Komitees zu informieren, denn es würde sie darin unterstützen, mehr Resonanz in der Öffentlichkeit zu erhalten:

> The Committee is very anxious (to quote from the leaflet published at the 1st Orchestral Rehearsal) that all composers should come to know of the Committe's work and thus realize that their colleagues are prepared and anxious to help them in their struggle for recognition. This knowledge, it is hoped, will create a greater feeling of fraternity amongst composers and the consciousness that together they have a part to play in society (Seiber 1944, 183).

Ausdrücklich sprach Seiber nicht von einzelnen, sondern von allen Komponisten und dem Bewußtsein ihrer gemeinsamen Rolle in der Gesellschaft. Ein Programm aus der Sammlung von Maria Lidka weist das einundsiebzigste "Studio Recital" für den 8. Oktober 1946 aus. Demnach fanden pro Jahr durchschnittlich 18 Konzerte statt. Als Diskussionsleiter für dieses Konzert war Edric Cundell[449] angekündigt. Drei Kammermusikwerke standen auf dem Programm: Eine *Violinsonate* in drei Sätzen von David Wynne, die Kantate *Die Hochzeit* op. 16 des Schweizer Komponisten Armin Schibler.[450] Ern(e)st Frank sang, begleitet von drei englischen Musikern, die Baritonpartie dieser Kantate. Auch Franz Reizensteins *Violinsonate G-Dur* aus dem Jahre 1945 - Maria Lidka und der Komponist als Ausführende - standen zur Diskussion.

Das Komitee empfahl der Schallplattenfirma Decca Werke zur Veröffentlichung. Auf einer ersten Liste mit neun Vorschlägen für Decca finden sich Franz Reizensteins *Prologue, Variations and Finale* für Violine, verlegt bei Boosey & Hawkes und Mátyás Seibers *Fantasy* für Cello und Piano, Manuskript (Hill/Hinrichsen 1946, 296). Das Komitee hatte sich nach dieser Quelle vergrößert. Außer Mátyás Seiber arbeiteten jetzt Mosco Carner und Walter Goehr darin mit. Das verwundert nicht,

---

[449] In der Biographie des englischen Komponisten und Dirigenten Edric Cundell (1893-1961) gab es bereits vorher einen Berührungspunkt mit deutschen und österreichischen Musikern: 1937 gehörte er zum Ensemble der Glyndebourne Opera. Während des Zweiten Weltkrieges wird insbesondere sein Engagement für die Royal Society of Music als Administrator und Dirigent hervorgehoben (NGDM 1980, Bd. 5).

[450] Schibler, Jahrgang 1920, studierte in Zürich und London und wirkte ab 1944 wieder in Zürich (Riemann 1989, Bd. 4).

denn gerade diese drei Flüchtlinge waren nicht nur bereits zu einem frühen Zeitpunkt nach London ins Exil gegangen,[451] sondern hatten durch ihr Engagement auf ihren entsprechenden Arbeitsgebieten überzeugt.

Ein Programm des Committee for the Promotion of New Music vom 4. Februar 1944,[452] auf dem das London Symphony Orchestra im Royal College of Music angekündigt wurde, gibt Aufschluß über die relativ enge Verbindung, die hier zwischen Veranstaltern und Publikum vorgeherrscht haben mag. Constant Lambert dirigierte, Solisten waren Gareth Morris, Flöte und Franz Osborn,[453] Klavier. Das Konzert begann um 2.30 Uhr am Nachmittag - ein Merkmal für die Kriegssituation, da abends mit Bombenangriffen gerechnet wurde. Auf dem Programm standen das dreisätzige *Klavierkonzert* von Francis Chagrin,[454] *Night Music* von Humphrey Searle[455] und ein *Flötenkonzert* von Norman Del Mar.[456] Das Publikum erhielt einen Fragebogen und wurde gebeten, zu jedem Werk folgende Fragen zu beantworten: "Should this work be brought to a wider audience? If not, do you find in this work evidence of talent or promise? Any other constructive suggestions?"[457]Eine Auswertung etwaiger beantworteter Fragen zu den genannten Werken ist nicht überliefert. Allein dieses Verfahren, das Publikum in die Entscheidung über weitere Aufführungen einzubeziehen, ein Urteil über das Werk einzufordern und Vorschläge von ihm entgegenzunehmen, zeigt, wie sich die Mitglieder des Komitees ein gleichberechtigtes Verhältnis zwischen Produzenten und Rezipienten vorstellten.

Auf den ersten Blick erscheint es befremdlich, daß das Committee for the Promotion of New Music ausgerechnet während des Krieges entstand. Betrachtet man dagegen die für Großbritanniens Musikkultur bis dahin ungewöhnliche Präsenz von ausländischen Musikern und Ensembles, so erscheint es einleuchtend, daß Repräsentanten des britischen Musiklebens versuchten, die Briten als Publikum für neue Musik zu gewinnen. In diesen Jahren fand insgesamt eine deutliche Besinnung auf originär Britisches statt. Dabei vereinigten die Gründer des Komitees gleichsam die Förderung der eigenen kompositorischen Kapazität mit der Erziehung hin zum anspruchsvollen Hörer als Basis für kommende britische Generationen.

---

451 Carner und Goehr 1933, Seiber 1935.
452 Programmzettelsammlung von Ernst Henschel.
453 In Großbritannien (seit 1934 als britischer Staatsbürger) wurde er insbesondere durch seine musikalische Partnerschaft mit Max Rostal durch die gemeinsame Aufführung von Mozart-Sonaten sowie durch seine Interpretation von Mozarts Klavierkonzerten bekannt.
454 Francis Chagrin war in den Jahren 1928 bis 1934 Kompositionsschüler von Nadja Boulanger und Paul Dukas in Paris und setzte seine Studien ab 1936 bei Mátyás Seiber in London fort.
455 Humphrey Searle, geboren 1915 und Absolvent des Royal College of Music, war auch Privatschüler von Webern Riemann 1989, Bd. 4).
456 Norman Del Mar, 1919 geboren, Kompositionsschüler von R. Vaughan Williams, später Dirigent verschiedener britischer Orchester (Pâris, 1992).
457 Der Fragebogen befand sich ebenfalls in der Sammlung von Ernst Henschel.

COMMITTEE FOR THE PROMOTION OF NEW MUSIC

Under the Auspices of the
ARRANGERS, COMPOSERS AND COPYISTS' SECTION
(MUSICIANS' UNION)

INVITATION
To attend the
THIRD
EXPERIMENTAL REHEARSAL

(IN ASSOCIATION WITH C.E.M.A.)
OF NEW ORCHESTRAL WORKS

THURSDAY, MAY 25th, 1944

REHEARSAL - 2 p.m. - 5 p.m.
PERFORMANCE - - 6 p.m.

Followed by discussion, under the Chairmanship of
FRANK HOWES

ROYAL ACADEMY OF MUSIC
Marylebone Road, W.1
By kind permission of the Principal: Sir STANLEY MARCHANT

JACQUES STRING ORCHESTRA

Leader - RUTH PEARL

Conducted by

Dr. REGINALD JACQUES

with

SOPHIE WYSS (Soprano)

ADMISSION FREE

Abb. 7: Programm des "Committee for the Promotion of New Music" vom Mai 1944.

Wenn auch unter schwierigen Bedingungen, so existierte die Musikkultur in Großbritannien in ihrer Gesamtheit. Obgleich die Exil-Musiker nur mit Sondergenehmigungen konzertierten und Kompositionen von Exil-Komponisten kaum aufgeführt wurden, so repräsentierten sie doch im Blickwinkel britischer Musiker die ehemalige Vielfalt der seit 1933 systematisch von den Nationalsozialisten deformierten und verstümmelten Musikkulturen. Dies bedeutete für die britische Musik eine Konkurrenz, der man offenbar am besten begegnen konnte, indem sie das eigene Musikleben stimulierten. Gerade jetzt ermutigte das Komitee, ganz abgesehen von allen im Land lebenden Komponisten, die einheimischen Komponisten, neue Werke zu komponieren und stellte eine Aufführung oder Schallplattenproduktionen in realistische Nähe. Im System des musikalischen Kommunikationsprozesses mit seinen differenzierten Wechselwirkungen war der Bereich der Produktion noch am "wenigsten beschädigt". Für den kompositorischen Akt war das Subjekt "Komponist" allein verantwortlich. Ihn zu ermutigen, hieß auch, aus den schwierigen Bedingungen einen produktiven Ausweg zu suchen, der sich auf die britischen Komponisten weiter positiv auswirken könnte.

Mit der gezielten Förderung neuer Werke setzte das Komitee eine Zäsur, die es so deutlich zuvor nicht gegeben hatte. Die Gründung des Komitees im Januar 1943 erfolgte in einer besonderen historischen Situation. Churchills Prophezeiungen mit seiner "Blut-, Schweiß- und Tränenrede", die er am 13. Mai 1940 vor dem Unterhaus hielt, hatten sich erfüllt (Haffner 1967, 116). Die von ihm vorangetriebene "industrielle Mobilisierung" hatte die Briten zwar aus der militärischen Ohnmacht gegenüber den Deutschen geholt, machte aber England "zu einem bankrotten Land" (Haffner 1967, 128). Ein erstes überwältigendes Zeichen für den gemeinsamen Widerstand der Briten gegen Hitler-Deutschland hatten in einer beispiellosen Aktion Ende Mai 1940 englische Boots- und Schiffseigner geliefert, indem sie unter Bombenangriffen spontan die eigene Armee vor der Deutschen Wehrmacht aus Dünkirchen retteten (Haffner 1967, 122). Verteidigungsminister Churchill war nach Kriegsbeginn ein hohes Risiko eingegangen, bis endlich Roosevelt für einen Kriegseintritt der USA stimmte. Damit stand Großbritannien im Westen Europas nicht mehr allein auf verlorenem Posten gegen Hitler. Im November 1942 errichteten die Amerikaner gemeinsam mit den Briten unter General Eisenhower eine "zweite Front" in Marokko und Algerien, die dann im Mai 1943 das Ende des Krieges in Nordafrika besiegelte (Vespignani 1977, 163). Wenige Tage vor der Gründung des Komitees hatten am 14. Januar 1943 die USA und Großbritannien auf der Konferenz von Casablanca die bedingungslose Kapitulation Deutschlands gefordert (Vespignani 1977, 164). Genau in dieser relativ hoffnungsvollen Lage, die sämtliche Opfer der Briten im Zusammenhang mit Bombenangriffen, Militärdienst, Rüstungsarbeit, Lebensmittelknappheit bis hin zu Kleidermarken nachträglich als gerechtfertigt erscheinen ließen, fiel die Gründung des Komitees.[458] Sich auf die eigenen Kräfte zu besinnen, hatte sich für die Briten als richtig erwiesen.

Wenn Seiber, Carner und Goehr 1945 zur Mitarbeit innerhalb des Committee for the Promotion of New Music herangezogen wurden, dann weist das auf den Gewinn hin, den sich die Briten damit für die Förderung der zeitgenössischen Musik versprachen. Die Formulierung unter Punkt 1 der Ziele des Komitees, sich für gegenwärtig in Großbritannien lebende Komponisten einzusetzen und ihren Werken zur Repräsentanz im Konzertsaal zu verhelfen, schloß auch Komponisten aus dem Ausland ein. Die Initiatoren hatten offensichtlich zu dem Zeitpunkt erkannt, daß es besser war, Exil-Komponisten in den Wettstreit miteinzubeziehen, anstatt sie auszuschließen. Die Entscheidung über etwaige Aufführungen lag letztlich bei einem Gremium, in dem Briten deutlich dominierten. Auf der anderen Seite bedeutete die Mitarbeit für Seiber, Goehr und Carner, im Gastland etwas bewirken zu können, was über das unmittelbare persönliche Tagesgeschäft hinausging.

---

458 Während des Krieges druckte die Times Photographien von bombardierten Häusern, an denen zahlreiche Helfer versuchten, das Leben so schnell als möglich wieder zu "normalisieren". Oft ist dabei die Queen zu sehen, die am Ort des Geschehens ihren Landsleuten verbunden war. In einer Photo-Ausstellung im London Museum von 1992 über die Bombenschäden des "House of Parliament" sah man, wie angesehene Mitglieder des Parlaments bei der Beseitigung der Schäden selbst Hand anlegten oder als "Firewatcher" tätig waren. In Deutschland wäre ein solches Verhalten etwa von Goebbels, Göring oder anderen Nazi-Größen unvorstellbar gewesen.

9 Die "National Gallery Concerts" - ein Symbol des britischen Widerstands gegen Nazi-Deutschland

9.1 Quellenlage

In der British Library in London existiert eine Programmzettelsammlung von 1.698 Programmen, die in sieben Folianten aufbewahrt wird. Dazu gehören weiter Sitzungsprotokolle und Korrespondenz des diese Konzerte organisierenden Komitees sowie eine Kartei, alphabetisch nach den Namen der Komponisten geordnet, die die aufgeführten Werke extra ausweist.[459] Diese Primärquellen bilden die Grundlage für das folgende Kapitel.

9.2 Die Idee der National Gallery Concerts und ihre Resonanz

Die Kriegserklärung Großbritanniens an Nazi-Deutschland vom 3. September 1939 zog lähmendes Entsetzen der englischen Bevölkerung nach sich: alle Versuche der Chamberlain-Regierung, mit ihrer Appeasementpolitik den dreisten Forderungen Hitlers nachzugeben, nur um den Frieden zu erhalten, waren fehlgeschlagen. Das, was die britische Regierung nach nur 21 Friedensjahren um nahezu jeden Preis verhindern wollte, war nun mit ihrer Kriegserklärung am 3. September 1939 doch eingetreten: Großbritannien befand sich im Krieg mit dem Großdeutschen Reich.
Sofort wurden erste Maßnahmen getroffen, um auch die britischen Kunstschätze vor drohenden Bombenangriffen zu bewahren. Eine der ersten Aktionen war die Auslagerung der kostbaren Gemälde in der Nationalgalerie am Trafalger Square.
Die Briten besaßen und besitzen ein intensives Verhältnis zu ihren Kunstschätzen und Museen aller Art. Es gehört zur Tradition ihres Demokratieverständnisses, staatseigene Museen und Galerien der Öffentlichkeit, die davon regen Gebrauch macht, kostenlos zur Verfügung zu stellen. Dies sei vorausgeschickt, um den Schock zu verdeutlichen, den es für viele tausend Londoner bedeutete, nun vor einer Nationalgalerie ohne Bilder zu stehen. In dieser bedrückenden Situation schlug die Pianistin Myra Hess den Verantwortlichen der berühmten Galerie vor, täglich, außer Samstags und Sonntags, Lunch-time Konzerte zwischen 1.00 und 2.00 Uhr an diesem besonderen Ort, mitten im Herzen Londons, zu veranstalten. Unterstützt von Kenneth Clark bekam Myra Hess die Ausnahmegenehmigung der Sachwalter der Galerie. Auch das Innenministerium stimmte zu. Der Eintritt wurde auf einen Schil-

---

459 "National Gallery Concerts, Correspondence, Minutes, Balance-Sheets; 1939-1948." British Library.

ling festgesetzt und war damit niedriggehalten, um möglichst vielen Londonern den Zugang zu ermöglichen. Zweimal in der Woche, Dienstags und Freitags, wurde das "lunch-time" Konzert wiederholt, damit diejenigen, die nicht unbedingt auf die Mittagspause angewiesen waren, ebenfalls in den Genuß der angebotenen Musik gelangen konnten. Ein Kritiker beobachtete im November 1939, daß diese Wiederholungen im Gegensatz zu den Lunch-time Konzerten nicht so gut besucht waren. Er wußte auch den Grund dafür: "Apparently men are willing to go without their lunch for sake of good music, but not without their tea" (B.F. 1939). Die Einnahmen der Konzerte kamen ausschließlich dem Musicians' Benevolent Fund zugute. Die ausführenden Musiker verzichteten auf ihre volle Gage. Trotzdem bedeutete das reduzierte Honorar auch eine kleine direkte Hilfe für arbeitslose Musiker. Solisten erhielten 5, Begleiter 3, Quartette 12 Guineas. Mit größeren Ensembles wurde eine entsprechende Gage vereinbart.[460] Myra Hess selbst hatte sich für das erste Konzert am 10. Oktober 1939 als Solistin ankündigen lassen und ein Zeichen gesetzt. Damit fand sie eine unerwartete Resonanz: Die über siebenhundert Sitze in der Galerie waren alle besetzt. Weitere Besucher standen zudem oder saßen auf dem Fußboden. Einige hundert Menschen konnten wegen Überfüllung des Saals nicht eingelassen werden. Über dieses erste Konzert schrieb der Mitbegründer Kenneth Clark:

> The first concert was given by Miss Hess herself, and the moment when she played the opening bars of Beethoven's 'Appassionata' I will always remain for me one of the great experiences in my life: it was an assurance that all our sufferings are not in vain. I think the whole audience felt this, for I have never known people listen so earnestly, nor applaud with such a rush of pent up emotion and gratitude (Clark 1939).

Die weiteren Konzerte waren kaum weniger erfolgreich, so daß die Times bereits im Dezember 1939 davon überzeugt war, daß für die solcherart unterstützten Musiker bis in die Nachkriegszeit hinein vorgesorgt werden würde, denn die Konzerte seien bereits zu einer Institution geworden. Bis zu diesem Zeitpunkt waren 500 Pfund eingenommen worden (Anonym 1939e). Offensichtlich hatte Myra Hess vor Ausbruch des Krieges eine Tournee durch die USA geplant. In einem Brief vom 4. Dezember 1939 an Annie Friedberg in New York berichtete sie von den Konzerten, die gerade begonnen hatten:

> [...] it may surprise you to know that 30.000 people have attended the concerts; and an Friday last, when Elena Gerhardt, Lionel Tertis und I gave a Brahms programme, over 2.200 people were present. The Queen has already been twice[461]...Tomorrow I am inaugurating another series of concerts in another part of London, and still further series have begun in many parts of

---

460 Gallery Concerts IV. Meeting 17.11.1939; 84.
461 Die Queen wertete die Konzerte öfter durch die Anwesenheit ihres Besuches auf. Auch beim 1000. Konzert am 23.Juli 1943 war sie dabei.

the country. Last Sunday I had to speak on the Radio, making an appeal for the distressed musicians [...].

Myra Hess bat die Adressatin um Verständnis dafür, daß sie nun ihren geplanten Besuch, wahrscheinlich eine Konzertreise in den USA, absagen müsse.[462] Aus diesem Brief geht auch hervor, daß in Großbritannien Konzertveranstalter die Form der Lunch-time Konzerte[463] nachahmten. Häufig wurde Myra Hess zu deren Eröffnungen gebeten. Welches Ansehen Myra Hess als Pianistin in den USA genoß, verdeutlicht eine Spende in Höhe von nahezu 690 Pfund aus Übersee.[464] Vier Monate nach Beginn der Konzerte schlug der Monthly Musical Record vor, die Konzerte doch wegen ihres Zuspruchs nach dem Krieg fortzuführen:

> In fact the National Gallery concerts seem to have made everybody happy. The question that must already have occured to the organizers is: Why should they not go on making people happy in time of peace? It is a question that will bear considering when life becomes normal again (Anonym 1940g, 3).

Keiner der Veranstalter hätte damals geahnt, daß diese Konzerte noch fast sieben Jahre lang andauern würden. Bis Dezember 1939 hatten etwa dreißigtausend Menschen diese Konzerte besucht.[465] Sie wurden kontinuierlich ohne Sommerpause fortgesetzt, so daß das 250. Konzert am 23. August 1940 stattfand. Bereits nach einem Jahr wurden 150.000 Besucher gezählt. Mit über eintausend Engagements konnten Musiker beschäftigt werden. Der Musicians' Benevolent Fund hatte 5.000 Pfund erhalten. Das tägliche Erstellen eines anspruchsvollen Programms ließ die Veranstalter sehr bald auf die Idee kommen, Zyklen einzelner Komponisten anzubieten, was gleichzeitig den didaktischen Wert der Konzerte und deren Attraktivität insgesamt erhöhte. Im Juli und August 1940 fanden sieben Konzerte der angekündigten Beethoven-Reihe statt, die sämtliche Klaviertrios sowie Violin- und Klavier-Sonaten beinhalten sollte. Die vierzehntägigen Mozart-Konzerte waren im Sommer 1940 bei dem dreizehnten der Serie angelangt. Daneben gab es Konzerte mit gemischten Programmen verschiedener Komponisten und Porträtkonzerte mit den Schwerpunkten J.S. Bach, Brahms, Schumann und Schubert (Anonym 1940h).
Anläßlich das 500. Jubiläumskonzerts am 14. August 1941[466] hielt Myra Hess vor weit über tausend Besuchern eine Rede und berichtete darüber, daß das Ereignis der

---

462 Collection N.G.C., Correspondence II, S. 13f.
463 Im neuerbauten South Bank Centre in London, in dem sich auch die Royal Festival Hall befindet, werden bis heute "lunch-time series" angeboten. Die Konzerte bestreiten kleinere Kammermusikformationen. Sie beginnen täglich um 1.05 Uhr. Nach der Programmfolge ist ein täglich wechselndes, exklusives Lunch detailliert beschrieben (Programm South Bank Centre, London 1992).
464 Collection N.G.C., IV, Meeting vom 13.2.1941; 105.
465 Schreiben Myra Hess an Annie Friedberg, New York, vom 4.12.1939. Collection N.G.C., Correspondence II.
466 Myra Hess spielte Bachs *Italienisches Konzert* und die *Appassionata* von Beethoven.

Nationalgaleriekonzerte durch die B.B.C. bereits in vielen Ländern bekanntgeworden sei (Anonym 1941b). Hess verlas einen Ausschnitt aus einem Brief, den sie aus Holland erhalten hatte. Dort war in der großen Gemäldegalerie in Amsterdam nach dem Londoner Vorbild eine gleiche Konzertreihe eingerichtet worden. Nicht ohne Stolz fügte sie hinzu: "These concerts have their root - in the National Gallery, London."[467] Zu diesem Zeitpunkt waren über die Konzerte auf Anweisung des Informationsministers bereits zwei Filme gedreht worden.[468] Myra Hess ließ es sich nicht nehmen, auch bei weiteren Jubiläumskonzerten selbst auf dem Podium zu stehen. Ihre Verdienste um die Konzerte wurden schon bald mit denen von Henry Wood für die Promenadenkonzerten verglichen (Anonym 1941c).

Anläßlich des 1000. Konzertes würdigte am 23. Juli 1943 die Times im Rückblick die Konzerte, die zehn Monate kontinuierlich und sicher abgelaufen waren, bis der "Blitz" kam. Die Bombenabwürfe der Deutschen Luftwaffe über London hatten u.a. ein undichtes Galerie-Dach und eine funktionsunfähige Heizung nach sich gezogen. Trotzdem hatte nur eines der Konzerte in einem Ersatzquartier außerhalb der Nationalgalerie stattgefunden. Und, während das Scherzo eines Beethoven-Streichquartetts erklang, explodierte eine Spätzünderbombe, die von der vorangegangenen Nacht übrig geblieben war. Es kam jedoch keiner der Konzertbesucher zu Schaden (Anonym 1943b). Myra Hess wurde für ihre Verdienste, ihren Mut, ihre Beständigkeit und ihren künstlerischen Weitblick mit dem Titel einer Dame geehrt. Nach mehr konservativen Werken wurden allmählich und von Zeit zu Zeit neue Kompositionen oder weniger bekannte von alten Meistern aufgeführt. Einige junge begabte Interpreten konnten zudem die Mittagskonzerte für ihr Debüt nutzen. Bis zum Juli 1943 hatten 450.000 Zuhörer eine Eintrittskarte mit dem Ergebnis erworben, daß 13.000 Pfund an Gagen bezahlt werden und der Musicians' Benevolent Fund 8.000 Pfund erhalten konnten. Dieser wiederum bezeichnete in seinem Jahresbericht die Einnahmen der Nationalgalerie als seine sicherste Quelle, wie die Times ausdrücklich hervorhob (ebenda).

So, als würde es keine Diskussionen über fremde Musiker oder Probleme mit Arbeitserlaubnissen für Ausländer geben, signalisieren die Programme der National Gallery Concerts einträchtiges Miteinander von britischen Musikern und solchen anderer Nationalitäten. In den Dokumenten findet sich kein Hinweis über die Handhabung eventueller Arbeitserlaubnisse für ausländische Musiker. Zwei Indizien sprechen jedoch dafür, daß es hier keine Ausnahmeregelung gab, auch wenn diese Konzerte dazu dienten, arbeitslose britische Musiker zu unterstützen: Neben der bereits erwähnten Dvořák-Ehrung, bei der sich demonstrativ britische Musiker um das En-

---

467 Collection of the Programmes of the National Gallery, B.L. 2.
468 Collection of the Programmes of the National Gallery, B.L. 5.

gagement in der Nationalgalerie bemühten, berichtete Siegmund Nissel in diesem Zusammenhang:

> Ich wurde eingeladen im Rahmen der von Myra Hess organisierten Konzerte in der National Gallery von einem Dirigenten, der wollte, daß ich die Violine obligato spielte bei der Aufführung einer Bach-Kantate. Nun wurde eingereicht, und die Antwort kam zurück: Nein, es wurde nicht genehmigt. Daraufhin hat sich Myra Hess eingemischt und da wurde es natürlich sofort bewilligt, denn sie war eine sehr mächtige Dame (Gesprächsprotokoll Nissel).[469]

Mit der Programmzettelsammlung liegt gleichzeitig ein "musikalisches Kriegstagebuch" vor. Myra Hess vermerkte auf jedem Programmzettel die Anzahl der Besucher. Außerdem notierte sie in kurzen Stichworten wichtige Kriegsereignisse oder charakterisierte die gegenwärtige Londoner Situation aus ihrer ganz persönlichen Sicht. Eventuelle Änderungen in der Besetzung oder des Programmes trug sie akribisch ein. Unbeirrt von den aktuellen Ereignissen wurden die Konzerte weitergeführt, um täglich etwa dreihundert bis eintausend Menschen Freude und Kraft zum Durchhalten zu vermitteln. Daran beteiligten sich britische und kontinentale Musiker gemeinsam in allen erdenklichen Besetzungsvariationen: entweder gemischte Nationalitäten oder ausschließlich Briten, seltener ausschließlich deutsche Flüchtlinge bzw. ausschließlich österreichische Flüchtlinge.

9.3 Ferdinand Rauter und Engel Lund

Als erster österreichischer Musiker trat am 27. Oktober 1939 Ferdinand Rauter als Begleiter der isländischen Sängerin Engel Lund vor das Publikum in der bilderlosen Nationalgalerie. Engel Lund und Ferdinand Rauter hatten aus Protest gegen die Nazis Deutschland verlassen.[470] Ferdinand Rauter schrieb für Engel Lunds Programm *Folk Songs of Many Lands* Arrangements und fungierte bis zu seinem Lebensende als ihr Begleiter.[471] Seit 1930 hatte Engel Lund internationale Volkslieder gesammelt und trug sie in der jeweiligen Originalsprache vor. 1936 gab sie "Engel Lund's First Book of Folk Songs" und 1946 das zweite Volksliederbuch heraus (Krenek

---

469 Das Konzert fand am 4.4.1944 vor 677 Besuchern statt. Fritz Berend leitete ein Bach-Programm, bei dem die Kantaten Nr. 106 *Gottes Zeit ist die allerbeste Zeit* für Soli (Alt und Baß), vierstimmigen Chor und Instrumente; und Kantate Nr. 160 *Ich weiß, daß mein Erlöser lebt* für Tenor solo und Instrumente, außerdem zwei Duette für Sopran und Alt, aufgeführt wurden. Daran beteiligt waren fünf britische Musiker, darunter der Tenor Tom Purvis sowie insgesamt sechs Flüchtlinge: die Sängerinnen Hilda Zweig und Hilda Alexander und der Sänger Ernst Possony sowie Siegmund Nissel und Paul Blumenfeld.
470 "Am Tage vor Hitlers Machtergreifung gab das berühmte Paar ein Konzert in Hamburg und sie beschlossen, eine Gruppe von vier jüdischen Liedern nicht aus dem Programm zu streichen." Später reagierte Rauter abschlägig auf eine Einladung der Nazis zu einem nordischen Konzert mit den Worten "daß sie bis zum Ende des Dritten Reiches schon anderwärtig vergeben seien" (Stadlen 1990, S.129).
471 Nach Ausagen Berthold Goldschmidts 1992.

1992, 54, Anmerkung 266).[472] Nach ihrem ersten Auftritt wurde sie kontinuierlich bis zum Ende Konzerte in der der Nationalgalerie engagiert. Dabei bestritten Engel Lund und Ferdinand Rauter insgesamt 26 Volksliedkonzerte mit jeweils wechselnden Länderkreisen. Deutsche und österreichische Volkslieder waren dabei mit einbezogen. Die Besucherzahlen bewegten sich zwischen 565 am 27. Oktober 1939 und 196 am 18. Juli 1944. An diesem Tag verzeichnet Myra Hess "Flying bombs" und "Shelter" - mit anderen Worten, die Angriffe deutscher Bomben waren so beträchtlich, daß von den unermüdlichen Londoner Konzertgängern nur wenige einen Konzertbesuch wagten.[473] Bei Bombenangriffen wurden die Konzerte "in den grossen Luftschutzraum im Souterrain verlegt..." (Moore 1963, 137). Die Arrangements von bis zu elf verschiedenen Volksliedgruppen innerhalb eines Konzertes stammten fast ausschließlich von Rauter. Nur bei den englischen Liedern griff er auf Arrangements von englischen Kollegen zurück, und ließ diesen im Umgang mit ihrer eigenen Folklore einfühlsam den Vortritt, wie etwa bei den Konzerten am 4. November 1941 und am 3. Dezember 1942. Engel Lund und Ferdinand Rauter sind gemeinsam mit ihrem Programm auch in anderen Londoner Konzertsälen aufgetreten. Auf der Vorankündigung eines Programmzettels des Morley College vom 17. März 1945 waren beide für den 6. Juli 1945 in einer Konzertreihe avisiert.[474] Ähnlich wie der Chor des FDKB in den U-Bahnstationen während der Bombenangriffe deutsche und internationale Volkslieder darbot, so überbrachten auf eine mehr kunstvolle Weise Engel Lund und Ferdinand Rauter mit ihrem Programm die gleiche Botschaft.

9.4 Elena Gerhardt

Die erste deutsche Sängerin, die in der Nationalgalerie auftrat, war die Mezzo-Sopranistin Elena Gerhardt aus Leipzig. Mit England verband die Sängerin seit 1906 eine besondere Affinität: Hier hatte sie als Dreiundzwanzigjährige ihren ersten Auftritt auf internationalem Parkett, und seitdem gab sie hier kontinuierlich erfolgreiche Gastspiele. 1928 bekam Elena Gerhardt von den Engländern auch ihr erstes Ange-

---

472 Krenek notierte in seinem Tagebuch über seinen Aufenthalt in London am 25.3.1938 u.a.: "Ausgezeichnet der Sänger van Oos mit Felix De Nobel. Machen Sachen wie Engel Lund, doch besser" (Krenek 1992, S. 54). Am 11.4.1938 traf Krenek mit Engel Lund und Rauter zusammen, die ihm "Greuelnachrichten", d.h. Ergebnisse der Volksabstimmung zum "Anschluß" in Österreich, überbrachten (Krenek 1992, S. 59 und Anmerkung 295).
473 Wie groß der Zusammenhalt innerhalb dieser ganz spezifischen "Konzertgemeinde" war, läßt sich an einer anderen Bemerkung von Myra Hess ablesen: Am 3.12.1943 waren nur 328 Besucher erschienen. Der Grund: "Flueepidemic".
474 Ferdinand Rauter wirkte mit bei einem "Tea Time Concert by European Artists" am 22.2.1940 in der Queen Mary Hall und spielte zusammen mit Nina Milkina vierhändige Klavierstücke oder begleitete Maria Lidka und Engel Lund am 11.11.1943 in der Walker Hall des Shrewsbury Technical College (Programmzettelsammlung Lidka).

bot, Gesangskurse zu geben.[475] Die Reife ihrer Stimme und die Überzeugungskraft, mit der sie insbesondere Schubert, Brahms und Hugo Wolf interpretierte, hatte Elena Gerhardt zu einer gefeierten Sängerin werden lassen. Sie genoß in London großes Ansehen[476] und "steigerte ihren Ruhm durch zahlreiche Darbietungen in den von Myra Hess veranstalteten Konzerten in der National Gallery", wie Desmond Shawe-Taylor ausdrücklich hervorhebt (MGG 1979, Bd.16).

Bei ihrem ersten Konzert in der Nationalgalerie wurde Elena Gerhardt am 7.11.1939 von Grace Shearer begleitet. Später war die Sängerin außer mit Myra Hess auch mit Gerald Moore[477] verbunden, der als einer der besten Klavierbegleiter in der ersten Hälfte des 20. Jahrhunderts neue Maßstäbe setzte (Riemann 1989, Bd. 1). Moore trat in der Nationalgalerie in den verschiedensten Ensembles "über hundertmal" (Moore 1963, 137) auf. Beim ersten Konzert von Elena Gerhardt handelte es sich nach dem Programmzettel um ein Schubert-Programm, bei dem außerdem Myra Hess als Solistin mitwirkte. Gerald Moore hingegen schreibt, daß Myra Hess beim ersten Auftreten der Gerhardt in der Nationalgalerie deren Begleitung mit der Absicht übernommen habe, sie wegen ihres Status als "feindliche Ausländerin" zu schützen. Myra Hess hatte sich demnach auf Proteste des Publikums gegenüber der Deutschen eingestellt (Moore 1963, 138).[478] Tatsächlich gab es aber dann keine Proteste. Gerald Moore gab damit einen Hinweis auf die Stimmung nach Beginn des Krieges, der den Quellen sonst nicht zu entnehmen ist.

Die weiteren Programme von Elena Gerhardts Auftritten am Trafalger Square scheinen wie aus dem deutschen Konzertsaal exportiert: Beethoven, Schubert, Schumann, Brahms und Robert Franz. Der Publikumszuspruch war gerade bei den Konzerten der deutschen Liedsängerin jeweils groß und bewegte sich mitunter jenseits der Tausend pro Konzert: So besuchten am 1. Dezember 1939 die von ihr in zwei Konzerten mit verschiedenen Begleitungen dargebotenen Brahms-Lieder insgesamt 2.039 Hörer. Myra Hess begleitete Elena Gerhardt bei der Wiedergabe des Liederzyklus

---

475 Elena Gerhardt befand sich nach ihrem internationalen Durchbruch häufiger auf Konzertreisen in Europa und in den USA als in Deutschland. Erst der Lehrauftrag, den sie 1929 am Leipziger Konservatorium erhalten hatte, bewog sie, ihren ständigen Wohnsitz wieder in ihrer Geburtsstadt Leipzig zu nehmen. 1932 heiratete sie den Intendanten des Leipziger Rundfunks Fritz Kohl. Durch seine sofortige Verhaftung nach der Machtergreifung der Nationalsozialisten entschloß sich die Sängerin 1934, nach England überzusiedeln. 1935 folgte ihr Fritz Kohl endgültig nach (Gerhardt 1953, S. 109-119).

476 In London lebte und unterrichtete sie in der Ranulf Road in Hampstead (Schreiben E.Gerhardts an Myra Hess vom 16.11.1941; Collection N.G.C., Correspondence II).

477 Moore wurde 1899 in Watford geboren, seine Ausbildung erhielt er in Toronto. Nach dem Krieg ist er in Deutschland besonders als Begleiter von Dietrich Fischer-Diskau bekannt geworden.

478 Dies ist ein Beispiel dafür, wie Dokumente den Erinnerungen von Zeitzeugen widersprechen. Hätte Myra Hess Elena Gerhardt bei diesem Konzert begleitet, hätte sie das anschließend - auf dem eventuell falsch gedruckten Programmzettel - richtiggestellt.

Frauen-Liebe und Leben op. 42 von Robert Schumann, der am 21. Mai 1940 gegeben wurde. Gerade zu diesem Zeitpunkt begannen die Internierungen für deutsche, österreichische und italienische "enemy aliens". "Bad news" vermerkte Myra Hess auf dem Programmzettel. Seit dem 10. Mai 1940 lief der deutsche Angriff und die Besetzung Belgiens, Luxemburgs und Frankreichs; nun war auch die Kanalküste gegenüber den britischen Inseln in deutscher Hand. Die holländischen und belgischen Regierungen hatten sich nach London retten können, und der berüchtigte englische Faschist Mosley war mit mehreren seiner Gefolgsleute in England verhaftet worden (Vespignani 1977, 158). Wenige Monate später endete auch der "Phoney War" für die Nationalgalerie, die von deutschen Bomben am 13. September, am 10., 14. und 15. Oktober 1940 beschädigt wurde.[479] Der Begriff "Phoney War" stand für die Zeit, in der sich Großbritannien und Nazi-Deutschland zwar im Kriegszustand befanden, jedoch noch keine unmittelbaren Konfrontationen zwischen beiden Armeen stattgefunden hatten.

Insgesamt trat Elena Gerhardt sechzehn Mal in der Nationalgalerie auf.[480] In einem Brief vom 16. November 1941 bedankte sie sich bei Myra Hess für ein Geschenk mit den Worten: "I feel very flattered that my very modest efford to help to the success of this most marvellous Concerto should be so highly appreciated...and the joy to be accompagnied by you will always be one of the most treasured experiences of my life and career."[481] Sie reagierte dabei offensichtlich auf das Konzert vom 16. November 1941, in welchem die beiden ein Schumann-Programm mit Liedern und Klaviermusik dargeboten hatten. Zum dritten Geburtstagskonzert am 10. Oktober 1942 mit 1.380 Besuchern übertrug die B.B.C.[482] im Home Service die beiden er-

---

479 Collection N.G.C., IV, Meeting vom 17.10.1940, 102.
480 7.11.1939: Schubert-Programm mit Grace Shearer, Myra Hess als Solistin. 1.12.1939: Brahms-Lieder mit unterschiedlicher Begleitung; Myra Hess, Lionel Tertis. 21.5.1940: Schumann-Programm mit Myra Hess, Begleitung. 11.10.1940: Lieder: Schumann, Brahms, Wolf mit Elena Gerhardt und Gerald Moore. 25.3.1941: Beethoven-Programm mit Myra Hess als Begleiterin und Solistin (*Pathétique*). 10.6.1941: Schubert, Brahms und Hugo Wolf mit Gerald Moore. 4.8.1941: Brahms Programm, Lieder und Kammermusik, Viola und Klavier mit Lionel Tertis, Myra Hess. 10.11.1941: Schumann-Programm mit Myra Hess. 18.3.1942: Schubert, Brahms, Hugo Wolf mit Gerald Moore und Myra Hess. Birthday Concert am 10.10.1942 in "Aid of the National Art-Collections Fund": Haydn, Schumann-Debussy, Arensky: The Menges String Quartet, The Griller String Quartet, Moisewitsch (Klavier), Irene Scharrer (Klavier), Elena Gerhardt mit Schumann-Liedern (Hess und Gerhardt). 2.6.1943: Schubert und Tschaikowsky-Lieder mit Gerald Moore, Beethoven *Sonate c-Moll* op. 111 mit Hess. 14.11.1943: mit Gerald Moore als Begleiter bei Robert Franz- und Hugo Wolf-Liedern sowie Myra Hess: Chopin *Klavierstücke*. 19.1.1944: Brahms- und Richard Strauss-Lieder mit Gerald Moore, Schubert *Sonate a-Moll* op. 164 (Hess).
481 Collection N.G.C., Correspondence II.
482 Myra Hess wollte bei der Einrichtung der Konzerte die B.B.C. nur zu außergewöhnlichen Ereignissen im Konzertsaal zugelassen wissen. Ihrer Meinung nach wäre die B.B.C. nur an berühmten Künstlern interessiert, und diese hätten einen Auftritt in der Nationalgalerie finanziell nicht nötig. Andererseits würde das Geld für die Sendung der Galeriekonzerte

sten Stücke aus der Nationalgalerie: Cesar Francks *Quintett* (Hess und das Menges Streichquartett) sowie eine Medtner-*Sonate*, gespielt von dem berühmten Pianisten Moisewitsch. Elena Gerhardt war wiederum in der "Birthday Week" 1944, begleitet von Gerald Moore, mit Liedern von Beethoven, Schubert und Brahms vertreten. Gerade an diesem Tag verzeichnete Myra Hess auf dem Programmzettel mit deutschen Liedern: "Flying bombs at night". Da hier bei den deutschen Titeln die englischen Übersetzungen angegeben sind, ist anzunehmen, daß die Lieder in Deutsch gesungen wurden - in der Sprache, die während des Krieges besonders verpönt war, und welche die deutsch sprechenden Flüchtlinge in der Öffentlichkeit vermieden. Gerald Moore erinnerte sich, daß während des Ersten Weltkrieges die deutsche Sprache in Großbritannien kategorisch abgelehnt wurde und deutsche Lieder in englischer Übersetzung gesungen werden mußten. Vor diesem Hintergrund führte er aus: "Jetzt aber hörten wir bei den Konzerten in der Nationalgalerie Mozart- und Beethoven-, Schubert- und Brahmslieder in der Sprache gesungen, in der sie geschrieben waren" (Moore 1963, 138).

Eine aufschlußreiche Eintragung findet sich auf dem Programmzettel vom 15. März 1945 für das gemeinsame Konzert von Elena Gerhardt und Myra Hess: "V1 + V2". Den musikalischen Kontrapunkt dazu bildete eine Wiederholung des Schumann-Zyklus *Frauenliebe und Leben* und der *Vier Intermezzi* von Brahms vor 914 Zuhörern, gemeinsam aufgeführt von einer geflüchteten Deutschen und einer Engländerin. Gerald Moore berichtete, daß die Zuhörer bei der Interpretation des Liederzyklus von Schumann durch Elena Gerhardt besonders erschüttert waren. Weiter berichtet Moore, daß sie als eine der ersten Frauen überhaupt *Die Winterreise* sang und bezeichnet gerade dies als etwas ganz Außergewöhnliches. "Die zarte Wirkung ihrer feinen Farbtöne, ihre Meisterschaft im Rhythmus und in der Phrasierung waren nicht das Ergebnis von Zergliederung und kaltblütiger Berechnung. Sie sang, wie sie fühlte, eine intuitive Sängerin, zum Singen geboren" (Moore 1963, 104). Ihren letzten Auftritt in der Nationalgalerie bestritt Elena Gerhardt gemeinsam mit Gerald Moore am 1. April 1946.

Das Wirken von Elena Gerhardt unterschied sich von anderen geflüchteten Sängern oder Musikern, die mitunter verschiedenen Ensembles angehörten oder vorzugsweise in Flüchtlingszentren auftraten. Elena Gerhardt sang kontinuierlich in der Nationalgalerie und wurde von der Initiatorin selbst begleitet oder für den gemeinsamen Auftritt bewußt ausgewählt. Sie war erfolgreich mit der Interpretation von Liedern aus dem deutschen Sprachraum, auf die sie sich bereits als Studentin in Leipzig spezialisiert hatte. Weitere solistische Auftritte Elena Gerhardts an anderen Konzertor-

---

wiederum im Gesamthaushalt der B.B.C. zur Bezahlung anderer Musiker fehlen (Collection N.G.C., IV., Meeting vom 7.11.1939, 82).

ten sind in den ausgewerteten Programmzettelsammlungen nicht überliefert. Wie sie schreibt, kamen ihre Schüler, die nach Kriegsbeginn ihrem Unterricht ferngeblieben waren, allmählich wieder zurück. Von 1941 an war sie als Gesangslehrerin viel beschäftigt und gab auch außerhalb Londons Konzerte. Außerdem tourte sie mit ihrem Opernstudio und *Così fan tutte* durch das Land (Anonym 1941d). Mit ihren ausschließlich weiblichen Studenten führte sie während des Krieges Pergolesis *Stabat mater*, geschrieben für Chorknaben oder Frauenstimmen, am Mercury Theater in London auf. Fritz Berend unterstützte sie dabei als Leiter ihrer Ensemble-Klasse (Gerhardt 1953, 131f.).

Die Karriere der Liedsängerin Elena Gerhardts ging mit den Konzerten in der Nationalgalerie ihrem Ende entgegen. Im März 1947 sang sie in Liverpool ihr letztes Konzert, begleitet von Gerald Moore. Danach widmete sie sich ausschließlich ihren Studenten. Gerald Moore fand Worte großer Wertschätzung für diese Sängerin, die heute in Deutschland nahezu vergessen ist:

> Wenn in der heutigen Zeit Programme deutscher Lieder in den großen Konzertsälen Londons und New Yorks erklingen, sollten wir dankbar Elena Gerhardts gedenken, denn es war ihre Pionierarbeit, die so viel dazu beigetragen hat, die englisch sprechende Welt zur Verehrung Schuberts und seiner hohen Nachfolge zu bekehren (Moore 1963, 106).

9.5 Das Rosé-Quartett

Myra Hess engagierte das in veränderten Besetzungen spielende Rosé-Quartett oder Trio für die Lunch-time Konzerte vom 6. Dezember 1939 bis 13. April 1944 insgesamt vierzehn Mal. Beim ersten Konzert in der Nationalgalerie mit Beethoven und Brahms vor 850 Zuhörern war die zweite Violine mit Walter Price und die Viola mit Ernest Tomlinson besetzt. Elf Monate später, am 6. November 1940, spielte auch Myra Hess zusammen mit Arnold Rosé und Friedrich Buxbaum das Brahms *Trio* op. 8, das Arnold Rosé noch selbst mit Johannes Brahms 1890 im Musikvereinssaal in Wien wiederaufgeführt hatte, wie auf dem Programm vermerkt war. Dieses Trio wurde am 18. November 1943 wiederholt. Myra Hess' sachlicher Kommentar an diesem Tag lautete: "Roof being repaired; Roosevelt redected 5th; Shelter; 389". Das Konzert fand im Luftschutzkeller statt, während das Dach repariert wurde. Am 23. Juni 1941, einen Tag nachdem "Germany invades Russia 22nd" (Myra Hess), spielte das Rosé-Quartett Brahms- und Beethoven-Kompositionen vor 229 und damit deutlich weniger Besuchern als gewöhnlich. Vielleicht hatte sich die bedrückende Nachricht des Angriffs auf die Sowjetunion auch auf die Bereitschaft der Londoner ausgewirkt, ein Konzert zu besuchen. Am 29. Juli 1941 kündigte sich das "Rosé String Trio" mit Mozart- und Beethoven-Trios an. Aus dem Quartett war nun ein Trio geworden, das am 22. Dezember 1941 aber wieder als Quartett auf dem Podium stand. Diesmal in einer Besetzung, die relativ lange hielt. Max Jekel[483] spielte die zweite Violine bei Mozart- und Reger-Quartetten. Für Friedrich Buxbaum übernahm einige Male May Mukle die Violoncello-Partie. Dieser gehörte zum Ensemble, als am 5. Juni 1942 auf dem Programmzettel für die *Quartette* op. 95 und op. 132 das 50. Programm innerhalb einer Beethoven-Serie angekündigt war, die alle Klavierwerke und Kammermusik einschließen sollte. Myra Hess' Kommentar lautete dazu: "Hot weather, Battle of Midway Estand 4th". Trotz großer Hitze ließen sich 551 Besucher einen Konzertbesuch nicht nehmen. Die Räume der Nationalgalerie müssen ihnen angenehme Kühle geboten haben.

Das Repertoire der Rosé-Formation war zu 90% an der Wiener Klassik oder der Romantik orientiert: Haydn, Mozart, Dittersdorf, Beethoven, Brahms und Schumann. Umso mehr verwundert es, daß am 3. Dezember 1942 neben Beethovens *Quartett* op. 130 das Schostakowitsch-*Quartett C-Dur* op. 49 auf dem Programmzettel stand, das 1939 komponiert worden war. Die Aufführung eines Schostakowitsch-Quartettes durch das Rosé-Quartett ist eine besondere Ausnahme vor einem besonderen Hintergrund geblieben: Im Januar 1942 vereinbarten der sowjetische Staatsmusik-Verlag, der sowjetische Komponistenverband und der britische Verlag Novello & Co. eine Zusammenarbeit mit dem Ziel, sowjetische Kompositionen der vergangenen zwanzig Jahre in Großbritannien verbreiten zu helfen (Anonym 1942a). Die erste britische Aufführung des besagten *Streichquartetts* op. 49 hatte die "Society for Cultural Relations with the U.S.S.R." am 13. Dezember 1941 in der Aeolian Hall mit dem Hirsch-Quartett initiiert (McN. 1942).[484] Zwischen "Klassikern" plaziert, hatte dieses Quartett seine britische Rezeptionsgeschichte bereits begonnen. Die Auswahl gerade dieses Streichquartetts zeigt, daß aktuelle Ereignisse wie das militärische Zusammengehen von Großbritannien und der Sowjetunion, vermittelt über sowjetisch-britische Musikbeziehungen, auch in den Konzerten in der Nationalgalerie ihren Niederschlag fanden.

Am 19. März 1943 spielte Ferdinand Rauter gemeinsam mit Musikern des Rosé-Quartetts das Beethoven *Trio B-Dur* op. 97 für Klavier und Streicher und das *Quartett* für Klavier und Streicher in *Es-Dur* op. 87 von Antonin Dvořák. Seinen letzten Auftritt hatte das Rosé Quartett, in dem nun drei Exilmusiker mit dem Bratscher Ernest Tomlinson musizierten, am 13. April 1944 mit zwei *Quartetten* von Guiseppe Verdi und Joseph Haydn. Am Tag zuvor gab es einen leichten Luftangriff,

---

483   Vgl. Kapitel 12.6.
484   Der Kritiker McNaught äußerte sich voll des Lobes über das Quartett: "...this is music that speaks most of its mind in confidences and crafty meanings. Though never in a hurry it is rapid in thought. In general it can be describe as a tissue of musical machinations of a high order designed first to interest the mind and thereby to attract it" (McN. 1942).

wie Myra Hess vermerkte. Das Konzert dieses Ensembles war dennoch gut besucht. Warum diese Musiker nicht bis zum Ende der Reihe engagiert wurden, ist im Nachhinein nicht nachzuvollziehen. Arnold Joseph Rosé starb am 25. August 1946 in London.

9.6 Louis Kentner

Zwischen Dezember 1939 und Februar 1946 trat Louis Kentner dreißig Mal in der Nationalgalerie vorwiegend als Solist, aber auch als Ensemblemitglied, auf. Er war bereits vor dem Krieg in Großbritannien ein anerkannter Pianist und neben seinen Auftritten in Konzertsälen durch die B.B.C. bekanntgeworden. Betrachtet man das Konzertleben jener Jahre, so taucht der Name Kentner ständig auf. Es scheint, als wäre er als Pianist von seiner Arbeit besessen gewesen. Außerdem komponierte Louis Kentner.[485] Siegmund Nissel gibt zu bedenken, daß Kentner nicht mit anderen Musikern im Exil zu vergleichen war, da er durch seine zweite Heirat dem Establishment angehörte und deshalb keine Schwierigkeiten hatte, in der englischen Gesellschaft Fuß zu fassen. Ungeachtet dessen gehörte Louis Kentner während der Kriegsjahre zu den bedeutenden Pianisten auf den britischen Inseln. Die Anzahl der Besucher bei seinen Auftritten in der Nationalgalerie spiegelt das wider. Anläßlich seines ersten Konzertes spielte Kentner zusammen mit dem Philharmonic String Trio und James Merritt, Kontrabaß, ein Schubert-Programm. Unschwer ist hier die Besetzung für das *Forellenquintett* abzulesen, das mit denselben Musikern am 16. April 1942 vor 1.056 Zuschauern und am 27. Juli 1942 vor 725 Besuchern wiederholt wurde. Die beiden Wiederholungen sprechen für den Erfolg der Aufführungen. Dieser ist wiederum zu einem großen Teil dem Klavierpart mit dem so charakteristischen Flair im Diskant geschuldet, von der die Interpretation entscheidend abhängt. Damit war bereits ein Schwerpunkt gesetzt. Noch weitere sechs Schubert-Konzerte folgten. Kentner bestritt als Solist *Vier Impromtus* op. 90 und die *A-Dur Sonate* op. posth.[486] und koppelte *Sonaten* Beethovens und Schuberts innerhalb eines Programms. Schuberts *Sonate B-Dur* op. posth. gab Kentner am 13. Juni 1944 unter "Flying bombs" (Myra Hess) vor 402 Personen im Luftschutzkeller. Die von Myra Hess überlieferte Notiz "maximum" auf dem Programm läßt sich in zwei Richtungen interpretieren: Entweder meinte sie damit die Besucheranzahl von 402 Personen im Luftschutzkeller des Gebäudes oder sie bezog sich auf die "fliegenden Bomben". Auch die *Wandererfantasie* erklang genau an solch einem Tag (24. Januar 1945), als

---

485 Kentner komponierte *Serenade* für Orchester; *Divertimento* für Kammerorchester, *Streichquintett*, 2 Streichquartette, drei Sonatinen und andere kleinere Klavierwerke sowie Lieder (NGDM 1980, Bd. 9)
486 14.3.1944.

die Deutsche Wehrmacht V2 in Richtung London gestartet hatte. Ebenfalls am 28. Februar 1945, als Kentner die beiden Schubert-*Sonaten A-Dur*, op. 120 und *c-Moll* op. posth. darbot, suchten die Londoner Schutz vor V2-Waffen, die, begleitet von einem eigentümlich surrenden Geräusch, plötzlich über London auftauchten. Trotzdem war am Ende des Krieges die Gelassenheit der Londoner durch nichts mehr zu erschüttern, wie es 839 Konzertgänger demonstrieren.

Während der Nachkriegszeit nahmen die Publikumszahlen bei Konzerten von Louis Kentner weiter zu. Am 15. August 1945 folgten über 1000 Besucher seiner Interpretation von Schubert-Sonaten. Vom März 1941 bis zum Februar 1946 spielte Kentner Beethoven-Kompositionen in neun seiner Programme entweder gemischt oder als sogenanntes Porträtkonzert. Er spielte die großen Sonaten, darunter die *Hammerklaviersonate*, am 5. März 1941 als 10. Konzert einer Beethoven-Serie, die alle Klavier- und Kammermusikwerke umfaßte und an der ganz verschiedene Musiker beteiligt waren. Vier Tage nach Beginn der Schlacht von Alamein, die den Krieg in Afrika entschied, spielte Kentner drei Sonaten von Beethoven. Myra Hess verzeichnet dieses Kriegsereignis, von dessen Ausgang auch das herbeigesehnte Ende des Krieges abhing und bei dem britische Soldaten beteiligt waren, genau am Tag des Konzertes von Kentner, also am 27. Oktober 1942. Die Schlacht endete am 4. November 1942 mit der Niederlage der deutschen und italienischen faschistischen Truppen, die ihnen die britische Armee unter dem legendären Montgomery beibrachte. Die Anzahl der Besucher war genau während dieser angespannten Lage nahe an der Grenze zu Tausend.

Es paßt in das Bild, daß Kentner auch Klavierwerke von Johann Sebastian Bach in der Nationalgalerie aufführte: Die beiden Hefte der zwei mal 24 Präludien und Fugen spielte Kentner in vier Konzerten von Mai 1943 bis Januar 1944 etwa im Abstand von jeweils einem knappen Vierteljahr. Dadurch entsteht der Eindruck, als ob Kentner diesen Zyklus extra für die Konzerte in der Nationalgalerie einstudierte. Das dritte dieser Bach-Konzerte fand am 14. Oktober 1943 in der ersten Woche zum fünften Jahr des Bestehens der Galeriekonzerte und einen Tag nach der Kriegserklärung Italiens an Deutschland statt. Außerdem verzeichnet Myra Hess dabei die 13. B.B.C. Sendung - "Hungary + France". Daraus könnte man schlußfolgern, daß die B.B.C. das Konzert in Kentners Geburtsland ausstrahlte und außerdem den Widerstand gegen die Deutschen im besetzten Frankreich zu unterstützen suchte. Insgesamt waren bei dem Bach-Zyklus 3.193 Zuhörer anwesend. Das Komitee der Nationalgalerie- Konzerte beschloß am 27. März 1944, Kentner für diese Interpretation ein Präsent zu überreichen.[487]

---

487   Louis Kenter spielte bei diesen Konzerten offensichtlich ganz ohne Honorar. Wie aus einem Schreiben vom 1.12.1945 an Myra Hess hervorgeht, sandte Kentner einen Scheck mit

9.7 Louis Kentner und Ilona Kabos

Ilona Kabos aus Budapest, Lehrerin und erste Ehefrau Louis Kentners, bestritt ihren ersten Auftritt in der Nationalgalerie als Klavierpartnerin von Kentner, mit dem sie bis zum 20. August 1943 gemeinsam auf dem Podium stand. Daneben begann sie eine eigene Solokarriere. Einen besonderen interpretatorischen Leckerbissen bereiteten Louis Kentner und Ilona Kabos den Londonern mit vier Konzerten, bei denen sie, beginnend im Juni 1940, Werke für zwei Klaviere darboten. Dazu gehörten Brahms-, Clementi- oder Debussy-Stücke sowie - und das ist eine Ausnahme in der Nationalgalerie - ein *Popular Song from 'Façade'* von William Walton,[488] arrangiert von Mátyás Seiber. Ob es an "News bad"[489] lag oder an dem neuen Werk, die Besucher hielten sich mit 293 in Grenzen. Das Stück wurde am 21. Februar 1941 im Rahmen eines gemischten Programmes wiederholt.

Das Repertoire der National Galeriekonzerte bestand zu 90% aus bewährten klassischen Werken der Musikliteratur. Ausnahmen gab es wenige - auch was britische zeitgenössische Komponisten betraf. Um so höher zu bewerten sind Aufführungen von Werken vertriebener Komponisten, die im Konzertangebot von London sonst eher die Ausnahme bildeten.

Ilona Kabos trat am 21. Mai 1941 als Solistin auf. Sie spielte vor nur 185 Zuhörern Liszt, Mozart und Beethoven gerade einen Tag darauf, nachdem die Wehrmacht Kreta besetzt hatte. Das Konzert fand im Luftschutzkeller statt. Mit Kentner übernahm sie außerdem zwei Konzerte vierhändiger Klavierstücke innerhalb der Kammermusikreihe mit Kompositionen von Johannes Brahms. Ilona Kabos spielte am 2. Dezember 1942 bei ihrem zweiten Solokonzert in der Galerie ein gemischtes Programm: *Kreisleriana* von Schumann, *Epitaph* von Kodály, von Delibes-Dohnanyi *Naila Waltz* sowie von Louis Kentner *Sonatina No. 1* in vier Sätzen. Ein weiteres Indiz dafür, welche besondere Position sich Kentner im britischen Musikleben bereits während des Krieges geschaffen hatte. Am 18. Juni 1943 gab sie ihr drittes Solokonzert mit Beethoven- und Chopin-Sonaten vor gut besuchten Haus. Knapp elf Monate später erfolgte dann der nächste Auftritt mit Klaviermusik von Bach, Mozart und Chopin.

---

der Bemerkung zurück, daß die Teilnahme an den Konzerten ihm ein besonders Vergnügen gewesen sei und daß andere eine finanzielle Zuwendung besser verwenden könnten als er (Collection N.G.C.; Correspondence III).

488 Zu dem Gedichtszyklus *Façade* von Edith Sitwell hatte William Walton (geboren 1902) in dem "Entertainment" *Façade* für Rezitation und Instrumente satirisch-gewürzte Kammermusik komponiert und erzielte bei der Uraufführung 1923 einen Skandalerfolg (MGG 1968, Bd. 14).

489 Am 10.6.1940 hatte Italien Großbritannien und Frankreich den Krieg erklärt, um die Vorherrschaft am Mittelmeer und gegenüber den dort angrenzenden Kolonien beider Kolonialstaaten zu demonstrieren. Die Bedrohung der englischen Bevölkerung nahm in diesen Wochen stetig zu (Vespignani 1977, S. 158.)

Im März, April[490] und Juni 1945 weisen die Programme Ilona Kabos als Pianistin des Budapest Trio aus. Der Name des Trios bezog sich eindeutig auf sie, denn die beiden Streicher waren Briten: Nicholas Roth, Violine und George Roth, Violoncello. Ihr Programm mit Trios von Beethoven und Ravel hatte hingegen weniger mit Budapest zu tun. Im März 1945, während der letzten mit V2-Angriffe, trat Ilona Kabos mit einem kontrastreichen Programm und einem anderen Ensemble, bei dem sie wiederum die einzige Ausländerin war, vor die Öffentlichkeit. Gemeinsam mit Mewton-Wood, den Schlagzeugern William Bradshaw und James Blades spielte sie die *Sonate für zwei Klaviere und Schlagzeug* von Béla Bartók. Beide Schlagzeuger wirkten bereits am 27. Februar 1943 während eines "Boosey & Hawkes Concerts" in der Wigmore Hall bei der Aufführung der Sonate mit. Dabei hatte aber Louis Kentner den anderen Klavierpart übernommen. Beim Kritiker F.B. in der Musical Times fand diese Sonate wegen des ungewohnten Einsatzes der Schlaginstrumente keine Zustimmung:

> Béla Bartók's Sonata for two pianos and percussion [...] left me wondering whether this kind of music can ever please an audience that seeks in music something more than oddity of presentation. I must confess that I lack the profound knowledge of the folk-songs of Hungary, Rumania, Czechoslovakia and India said to be necessary to the understanding of Bartók, a knowledge evidently possessed by all who on this occasion applauded as vigorously as before the feats of the performers, Louis Kentner, Ilona Kabos, J.Blades and W. Bradshaw. I also instinctively dislike percussion instruments when used without discrimination. A few well-timed strokes of cymbals, a run or two for the xylophone may enhance the quality and add to the character of a musical chapter as certain sauces are said to affect certain dishes. But excess of condiment offends the ear as it offends the palate (F.B. 1943).

Die Nationalgalerie-Besetzung, also Kabos mit Mewton-Wood, trug dasselbe Stück dann wieder im Rahmen eines Boosey & Hawkes Konzertes am 27. Januar 1945 in der Wigmore Hall im Zusammenhang mit neuen britischen und amerikanischen Kompositionen vor.[491] Es zeigt sich, daß einige zeitgenössische Werke, die an anderen Orten bereits erprobt waren, die traditionell orientierten Begrenzungen der Nationalgaleriekonzerte doch überwinden konnten.

Kurz nach Kriegsende, am 25. Juli 1945, stellte sich Ilona Kabos mit dem Cellisten des Budapest Trio in neuer Formation mit Beethoven-, Debussy- und Brahms-Sonaten vor. Sie spielte daneben aber weiter solo und im Trio.

Am 5. Oktober 1945 teilte man dem Publikum auf dem Programmzettel des Budapest-Trios mit, daß die Räumlichkeiten für den Konzertbetrieb reduziert werden

---

490 Der 2. Auftritt des Trios mit Mozart und Brahms fand am 4.4.1945 statt. Myra Hess notierte neben die Anzahl der Besucher: 612 oben rechts "News wonderful" - das Ende des Krieges lag greifbar nahe.

491 Der Hinweis darauf stammt von einem Programmzettel aus der Sammlung von Ernst Henschel, möglicherweise war er selbst anwesend.

würden, denn die Bilder kämen nun in die Nationalgalerie zurück. Auch die Eintrittsgelder würden sich aus diesem Grund vom 15. Oktober 1945 an verdoppeln. Ilona Kabos gab ihr letztes Konzert in der Nationalgalerie als Solistin dreier Beethoven-Sonaten am 18. Februar 1946 im Rahmen einer Beethoven-Reihe. Insgesamt trat sie in der Nationalgalerie neunzehn Mal auf: Als Duo-Partnerin von Kentner (4 mal), als Pianistin im Budapest Trio (6 mal), im Duo mit George Roth (2 mal) und als Solistin (7 mal). Aus der Sicht einer um Anerkennung und Erfolg bemühten Musikerin bedeuteten die Nationalgalerie-Auftritte mit großer Wahrscheinlichkeit eine wichtige Plattform für ihren Einstieg in das britische Musikleben. Welche Schwierigkeiten dabei zu überwinden waren, zeigt sich an der Chronologie ihrer Auftritte: Bis zum Jahr 1944 liegen diese bei einem oder zwei jährlich. Das Jahr 1945 brachte Ilona Kabos dann den Durchbruch mit neun Konzerten, die sie auch zusammen mit britischen Musikern, als einzige Frau unter Männern und als Ausländerin, bestritt. Die Partnerschaft mit Kentner am Klavier war in der Nationalgalerie mit ihrem gemeinsamen Auftritt bei einem Brahms-Programm am 20. August 1943 beendet. Kentner spielte weiter als Solist - sie baute sich allmählich einen neuen Wirkungskreis gemeinsam mit britischen Musikern auf. Trotzdem war sie weiter bestrebt, sich als Solistin zu behaupten. Eine Karriere als außergewöhnliche Pianistin, die sie in Ungarn vorbereitet hatte, war ihr in Großbritannien versagt geblieben. Besondere Wertschätzung fand sie hingegen als Klavierlehrerin in Großbritannien und in den USA (NGDM 1980, Bd.9).

Wie unterschiedlich der berufliche Erfolgsweg im Exil verlief, ist ablesbar an den Nationalgalerie-Auftritten des Duo Kentner/Kabos. Es scheint, als haben die veränderten Lebensbedingungen bei Louis Kentner seine Durchsetzungsfähigkeit als Pianist motiviert und seine Energien verstärkt, die ihm sogar neben der zeitintensiven Arbeit als vielbeschäftigter Pianist noch Reserven zum Komponieren übrig ließen. Seine Integration in Großbritannien erfolgte relativ schnell. Die Auftritte bei den Lunch-time Konzerten, die ihm Interpretationen der bedeutendsten Werken der Klaviermusik einräumten, verhalfen ihm zur Festigung seines Ansehens in Großbritannien, auf dem er weiter aufbauen konnte.

9.8 Irene Eisinger

Im Londoner Musikleben war Irene Eisinger durch ihre Auftritte in Glyndebourne, an Covent Garden und durch einige Konzerte in der Wigmore Hall bekannt geworden. Ihr Debüt bei den National Galerie Konzerten gab Irene Eisinger mit Mozart-Liedern am 12. Juli 1940. Sie wurde begleitet von der britischen Pianistin russischer Abstammung Irina Milkina. Zwei Tage zuvor hatte "the Battle of Britain" begonnen, wie Myra Hess notierte. Ein Jahr später folgte Irene Eisingers zweites Konzert gemeinsam mit der populären Klarinettistin Pauline Juler. Diesmal begleitete Gerald Moore die Sopranistin. Sie sang Lieder von Mozart, Schubert, Beethoven und Leo Blech. Mit Sicherheit kannte Irene Eisinger noch aus Berlin den deutschen Komponisten Leo Blech, der von 1926 bis zu seinem Exil 1937[492] auch an der Berliner Staatsoper dirigiert hatte. Als Komponist stand Leo Blech in der Nachfolge Humperdincks (Riemann 1989, Bd.1). Ihr letztes Konzert gab hier Irene Eisinger, zusammen mit zwei Engländerinnen, Eda Kersey, Violine, und Kathleen Long, Piano, am 14. September 1943 im Rahmen der Aufführung aller Klavier- und Violinsonaten von Mozart. Die Galerie war mit 946 Zuhörern sehr gut besucht. Die B.B.C. übertrug das Konzert im "Eastern Service". Der Kommentar von Myra Hess lautete: "German Troops occupy Rome 10th". Mit drei Auftritten am Trafalger Square war Irene Eisinger wenig präsent. Es ist nicht mehr nachzuvollziehen, ob sie selbst kein weiteres Interesse bekundete, oder ob ganz einfach der Anteil der Lieder in dieser Konzertreihe von Elena Gerhardt bereits abgedeckt war. Die Resonanz des Publikums zeigt, daß Irene Eisinger zahlreiche Anhänger in London besaß.

9.9 Das Czech Trio

Am 28. Oktober 1940 findet sich zum ersten Mal das Czech Trio in der Interpretenliste der Nationalgalerie-Konzerte. Das Programm war mit Dvořák und Suk ganz tschechisch, nicht jedoch die Besetzung. Walter Süsskind, tschechischer Jude, ehemaliger Dirigent an der deutschen Oper in Prag und seit 1938 in London, führte den Klavierpart aus.[493] Karel Horitz, Violoncello,[494] und Maria Lidka, die ehemalige Marianne Liedke und Schülerin von Max Rostal aus Berlin, spielte die Violine.[495] Die Besetzung änderte sich 1944, als die Tschechin Lisa Marketta an die Stelle von Walter Süsskind trat. Das Trio, das viele Engagements im ganzen Land annahm, trat nicht so kontinuierlich wie andere Ensembles in der Nationalgalerie auf: Bis 1941 war es mit vier und von 1944 bis Juli 1945 mit elf Auftritten präsent.
In der Presse wurde das Trio gerühmt.[496] Zum "Dvořák Centenary" am 10. September 1941 übertrug die B.B.C. das Konzert des Trios aus der Nationalgalerie, bei dem

---

492 Leo Blech mußte als Jude fliehen. Im Lexikon der Juden in der Musik wird Blech als Generalmusikdirektor der Preußischen Staatsoper Berlin und als Opernkomponist erfaßt (Stengel/Gerigk 1940, S. 34).
493 Maria Lidka beschrieb ihn aus ihrer Erfahrung heraus als einen "fabelhaften Pianisten" und "fantastischen Musiker", der sie bereits während ihres Unterrichts bei Rostal begleitet hatte. Später, nachdem er das Czech Trio verlassen hatte, war Walter Süsskind als Dirigent in den USA erfolgreich (Gesprächsprotokoll Lidka).
494 Karel Horitz war vor seinem Exil erster Cellist bei den Prager Philharmonikern (Gesprächsprotokoll Lidka).
495 Näheres über die Gründung des Czech Trio wird im Kapitel über Maria Lidka beschrieben.
496 Vgl. die Programmzettelsammlung von Maria Lidka, die einige Kritiken enthält.

außerdem die Tschechin Olga Haley Dvořák-Lieder vortrug.[497] Das Ensemble spielte während seiner Konzerte Trios von Smetana und Suk, Ravel, Schubert, Mozart und Brahms. Es wurde aber auch während des ersten Halbjahrs 1945 in die Beethoven-Serie mit fünf Konzerten einbezogen.

9.10 Franz Osborn und Max Rostal

Vom 14. November 1940 an traten der 1905 in Berlin geborene Pianist Franz Osborn und der gleichaltrige österreichische Geiger Max Rostal gemeinsam auf. Beide flohen bereits 1933 bzw. 1934 nach London. Max Rostal war Schüler von Arnold Joseph Rosé und Carl Flesch. Franz Osborn absolvierte ein Klavierstudium bei Leonid Kreutzer und Artur Schnabel und hatte bei Franz Schreker Komposition studiert. Beide unterrichteten bald nach ihrer Ankunft in London auch deutsche und österreichische Flüchtlinge. Während der Nationalgalerie-Konzerte spielten sie vorwiegend Beethoven-Sonaten. Damit sind sie in Großbritannien berühmt geworden. Rund vierzig Mal standen sie gemeinsam vor dem Publikum. Die konsequente Beteiligung an dieser Konzertfolge, ihr gemeinsames Erarbeiten der Literatur bildete die Grundlage für ihre weitere Zusammenarbeit. Max Rostal trat hier außerdem mit seinem Kammerorchester auf, in dem seine Schülerin Maria Lidka als Solistin und Konzertmeisterin mitwirkte.

Eine andere Seite ihrer Konzerte darf nicht unberücksichtigt bleiben: Als kleine "Einsprengsel" im klassischen Repertoire finden sich Aufführungen zeitgenössischer Musik. Am 29. Dezember 1943 spielten sie zusammen mit Cesar Francks *A-Dur Sonate* Edmund Rubbras *Sonate Nr. 2 f-Moll* op. 31.[498] Edmund Rubbra leistete in dieser Zeit seinen Militärdienst ab. Die beiden Musiker setzten sich für sein Werk vor immerhin 647 Besuchern ein. Die Erstaufführung der *Sonate* für Violine und Klavier aus dem Jahr 1942 von Lennox Berkeley realisierten beide Musiker am 4. Mai 1944. Lennox Berkeley gehörte wie Edmund Rubbra derselben Generation wie die beiden Interpreten an. In einem intakten Musikleben ist es die Regel, daß Komponisten ihre Interpreten finden oder daß besondere Leistungen von Interpreten wiederum Komponisten dazu animieren, für diese zu schreiben. Ob der Nadja Boulanger-Schüler Lennox Berkeley, der seit etwa 1933 auf sich aufmerksam machte

---

497 Antonin Dvořák kam von 1884 an mehrere Male nach London, um eigene Werke zu dirigieren. 1885 leitete er die Uraufführung seiner *7. Symphonie d-Moll* op. 70 in der St. James Hall. Er erhielt Kompositionsaufträge und 1890 die Ehrendoktorwürde der Universität Cambridge verliehen (Riemann 1989, Bd. 1).
498 Edmund Rubbra, geboren 1901 in Nordengland, wird "als hervorragender Meister der polyphonen Orchestermusik in Westeuropa" bezeichnet. Seine Werke, die er vor seinem 40. Lebensjahr komponierte, wurden jedoch als nicht so bedeutend angesehen, wozu genannte Sonate gehören würde (MGG 1963, Bd.11).

(MGG 1949-51, Bd. 1), seine Sonate für die beiden geschrieben hat, liegt im Bereich des Möglichen.

Just an dem Tag (dem 4. Mai 1945), als Myra Hess auf dem Programm notieren könnte "War ending - Rangoon taken 3rd", gab es ein außergewöhnliches Mittagskonzert mit indischer Musik, das Narayana Menon (Veena) leitete. Mátyás Seibers *Drei Lieder des Rabindranath Tagore und Mohana* sowie eine *Traditionelle Melodie* für Flöte[499] waren Bestandteil des Programms, zu der die Veranstalter seltene Kompositionen von nichtbritischen zeitgenössischen Komponisten ausgewählt hatten. Zum 60. Geburtstag von Strawinsky führten Rostal, Osborn und die Klarinettistin Pauline Juler ein reines Strawinsky-Programm auf.

Als Pianist gab Franz Osborn von 1941 an durchschnittlich zwei Solokonzerte pro Jahr und beteiligte sich am Beethoven-Zyklus. Das erste Soloprogramm vom 23. Oktober 1941 mit Mussorgskys *Bilder einer Ausstellung* und Strawinskys *Petruschka-Suite* wiederholte er am 5. Mai 1942. Myra Hess verzeichnete hier "Baedeker raids". Am 19. Juli 1945 spielte Osborn die *Bilder einer Ausstellung* zum letzten Mal. Als Solopianist wandte sich Osborn in seinen "gemischten Programmen" von Bach über Beethoven sowie Strawinsky auch britischen Zeitgenossen zu. Ausgerechnet auf einem Osborn-Programmzettel vom 12. September 1944 vermerkte Myra Hess: "Upstairs: V2." Die Nationalgalerie war demnach von einer V2 beschädigt worden. Eine andere Nachricht stand daneben: "German bordercrossed". Die Alliierten hatten zum ersten Mal die deutsche Grenze bei Trier überquert. Die Hoffnung auf das Ende des Krieges wuchs.

Franz Osborn starb 1955 im Alter von neunundvierzig Jahren in Basel. Die Zusammenarbeit mit Max Rostal gehörte zu den besonderen Ereignissen in seiner Laufbahn als Pianist. "His performances of classical violin sonatas with Max Rostal made his name known to a wide public and of recent years he specialised in Mozart concertos, which he played with great musical perception and faultless precision" (Anonym 1955). Die Konzerte in der Nationalgalerie sind darin eingeschlossen.

9.11 Franz Reizenstein

Am 3. März 1941 bestritt Franz Reizenstein sein erstes Solokonzert in der Nationalgalerie. Auch er war wie Osborn und Goldschmidt Klavierschüler von Leonid Kreutzer an der Hochschule für Musik in Berlin gewesen; allerdings ein knappes Jahrzehnt später als diese. Mit 24 Jahren war Reizenstein nach London gekommen, zwei Jahre später hatte er eine *Suite* mit den Sätzen *Preludio, Aria, Burlesca, Siciliano,*

---

[499] Diese Kompositionen sind im Werkverzeichnis Seibers, MGG 1965, Bd. 12, nicht enthalten.

Marcia Barbara, *Lullaby* und *Tarantella* komponiert. Er führte sie bei dieser Gelegenheit gemeinsam mit einem *Impromptu*[500] auf. Weiter spielte er im Luftschutzkeller der Galerie vor 204 Zuhörern Kompositionen von Haydn, Mozart, Schubert und Debussy. Reizenstein hatte zivilen Kriegsdienst zu leisten, so daß vier Jahre vergingen, bis er am 20. Juni 1945 wieder in der Nationalgalerie konzertierte. Dabei setzte er sich für seinen Kompositionslehrer Hindemith ein und spielte zusammen mit Maria Lidka, Violine, Pauline Juler, Klarinette, und Audrey Piggott, Violoncello, Hindemiths *Quartett* für Klarinette, Violine, Violoncello und Klavier.

Mit großer Wahrscheinlichkeit kannte Reizenstein den englischen Komponisten und späteren Kompositionslehrer Arnold Cooke bereits aus Berlin. Cooke war während der gleichen Zeit (1929 bis 1932) wie Reizenstein Schüler von Hindemith in Berlin gewesen. Nun widmeten sich Franz Reizenstein und Maria Lidka am 11. Februar 1946 der *Sonata in G* in drei Sätzen (1939) von Cooke, der "kontrapunktische Techniken mit einer sangbaren Melodik (verbindet)" (Riemann 1989, Bd.1).

Reizenstein stellte gemeinsam mit dem London String Trio, in dem neben zwei Engländern die Geigerin Maria Lidka mitwirkte, ein Reger-Programm vor. Es scheint, daß Reizenstein für die originelleren Programme zuständig war und zu keiner festen Kammermusikbesetzung gehörte. Wieder mit Maria Lidka spielte er am 20. Oktober 1945 Sonaten von Mozart und Beethoven und Strawinskys *Suite* für Violine und Klavier (1925) nach Pergolesi. Am Beethoven-Zyklus beteiligte sich Reizenstein am 10. Januar 1946 mit zwei Sonaten, darunter der *Hammerklaviersonate*. Als Mitwirkender bei den Konzerten am Trafalger Square verkörperte der Pianist Franz Reizenstein mehr den Typus des "Hans Dampf in allen Gassen", der - hier auf dem Gebiet der Kammermusik - die Musikliteratur für sich eroberte.

9.12 Sabine Kalter

Sabine Kalter verzeichnete 1935/36 und 1939 vorzugsweise als Wagner-Sängerin an Covent Garden in London Erfolge oder sorgte als Liedsängerin für gut besuchte Häuser.[501] Im Jahr 1939 wandte sie sich ganz dem Konzertsaal und der Lehrtätigkeit zu, so daß es nicht verwundert, ihren Namen nur wenige Male auf Programmzetteln der Nationalgalerie zu finden. Am 21. Dezember 1941 hatte sie hier ihren ersten Auftritt mit Schubert-, Hugo Wolf- und Brahms-Liedern gemeinsam mit Ivor Newton, der auch Elena Gerhardt einige Male begleitete. Die Zahl der Besucher hielt sich hier mit 331 in Grenzen. Insgesamt gab Sabine Kalter bis zum Jahresende 1942 vier Konzerte mit durchschnittlich vierhundert Besuchern. Gerald Moore begleitete

---

500 Dieses Stück als Erstaufführung.
501 Vgl. dazu Wulf 1993, S. 151-154.

sie bei ihren beiden letzten Konzerten.[502] Ihr Repertoire umfaßte Lieder von Schubert, Hugo Wolf und Gustav Mahler. Sie sang ebenfalls in deutscher Sprache und führte mit ihren Mitteln das weiter, was Elena Gerhardt an diesem Ort begonnen hatte.

9.13 Peter Stadlen

Von Peter Stadlen war bereits an anderer Stelle die Rede. In London war er durch sein Engagement für die 2. Wiener Schule bekannt geworden. Seitdem Stadlen in London ansässig war, gab es kaum ein wichtiges Konzert mit zeitgenössischer Musik, bei dem er nicht als Pianist mitgewirkt hätte. Erst relativ spät, nachdem er aus australischer Internierung zurückgekehrt war, stieß er zu den Konzerten von Myra Hess. Peter Stadlen wirkte vom 13. Februar 1942 bis zum 15. Oktober 1945 insgesamt in neun Konzerten mit. Fünf Konzerte bestritt er darunter als Solist. Interessant an Stadlens Auftritten am Trafalger Square ist, daß er in diesem Rahmen mit der *Petruschka-Suite* von Strawinsky nur ein einziges zeitgenössisches Klavierstück aufführte (am 29. Mai 1944). Ansonsten spielte er Mozart, Beethoven, Schubert und Chopin, auch in gemischten Programmen, bei denen britische Instrumentalisten und Sänger mitwirkten. Stadlen zeigte sich hier vorwiegend als Interpret klassischer Klavierliteratur.

9.14 Walter Bergmann

Die Auftritte von Walter Bergmann zeigen, wie geschaffene Startkonstellationen den weiteren künstlerischen Lebensweg im Exil prägen. Erste Spuren Walter Bergmanns finden sich bei Aufführungen von Musik des Barock im Freien Deutschen Kulturbund. Im Mai 1942 trat er mit Maria Lidka und Max Rostal in der Nationalgalerie als Continuospieler bei der Wiedergabe einer Komposition von Johann Sebastian Bach hervor. Wenn der Chor oder die String Players des Morley College eingeladen waren, spielte Bergmann als Generalbaßspezialist Cembalo bzw. Klavier, dirigierte, oder hatte die gebotenen Werke selbst bearbeitet. Der Cellist Paul Blumenfeld, oft gemeinsam mit Walter Bergmann im Freien Deutschen Kulturbund in Erscheinung getreten - gehörte wiederum des öfteren zu den Instrumentalisten in den Programmen, bei denen Walter Bergmann mitwirkte.[503]

---

502 Gerald Moore erwähnt Sabine Kalter im Zusammenhang der Nationalgalerie-Konzerte nicht.
503 Walter Bergmann dirigierte außerdem das "London Recorder Consort" außerhalb der Nationalgalerie-Konzerte, das auch Werke von ihm aufführte: *Septet* für 2 Flöten und 5 Blockflöten sowie *Introduction und Fuge* für Blockflöten (Programmzettelsammlung Henschel).

9.15 Fritz Berend

Neben Aufführungen von Kammermusikwerken der Wiener Klassik und der deutschen Romantik gab es einen wichtigen Schwerpunkt innerhalb des Konzertrepertoires, der vorzugsweise von deutschen Interpreten angeregt und gepflegt wurde: nämlich die Musik des Barock bzw. insbesondere die von Johann Sebastian Bach. Bei den Konzerten in der Nationalgalerie fanden Auftritte größerer Kammermusikgruppen im Vergleich zu anderen Formationen eher seltener statt, so daß gerade diese Programme eine besondere Ausnahme bildeten.[504] Am 26. März 1943 wurde erstmalig ein "Bach Programme" angezeigt, das vier britische und fünf deutsche Instrumentalisten und Sänger gemeinsam bestritten.

In Konzerten des Freien Deutschen Kulturbundes hatten sich einige Jahre zuvor die Sopranistin Hilde Zweig, der Bariton Ernst Possony, der Cellist Paul Blumenfeld unter der Leitung von Fritz Berend (Continuo) bereits auf diesem Gebiet kontinuierlich erproben und bestätigen können. Es hat den Anschein, als ob dieser Musikerstamm eine neue Qualität in der Interpretation Bachscher Werke erreicht hatte, die sie bewog, über den FDKB hinaus an die Öffentlichkeit zu gehen. Unter der Leitung von Fritz Berend führten sie gemeinsam mit britischen Musikern in der Nationalgalerie die Bauernkantate *Mir hahn en neue Oberkeet* und die Kantate Nr. 158 *Der Friede sei mit Dir* sowie zwei Arien aus anderen Bach-Kantaten auf. Der Besuchsandrang war bereits bei diesem ersten Konzert mit 743 groß. Insgesamt führte dieses Ensemble unter der Leitung von Fritz Berend in sechs Konzerten dem Beispiel entsprechend Bachkantaten bzw. Ausschnitte aus diesen auf. Die genannten Exilmusiker und Maria Lidka bildeten dabei den festen Zirkel, während die britischen Mitwirkenden je nach Anforderungen der Partitur öfter wechselten.

9.16 Karl Haas

Der dritte Flüchtling mit Ambitionen für Barockmusik war der aus Stuttgart stammende Karl Haas, der selbst Violine und Viola spielte. Karl Haas hatte bereits in Deutschland einige tausend Mikrofilme von Partituren angefertigt und hatte sich dem Studium der Viola d'amore und anderer ungebräuchlicher Instrumente gewidmet. Zwei Violen d'amore und ein Basset Horn konnte Haas noch aus Deutschland nach London hinüberretten. John Willett bezeichnet Karl Haas als einen Dirigenten, der Einfluß auf die Gestaltung von Programmen ausübte (Willett 1983, 198). Berthold Goldschmidt würdigte ihn als einen Fachmann für alte Instrumente, der zahlreiche

---

504 Es könnte im Bereich des Möglichen liegen, daß kleinere Ensembles von Myra Hess bevorzugt wurden, weil damit die Einnahmen für den Musicians' Benevolent Fund automatisch höher waren.

Konzertprogramme anregte und sich nach dem Krieg weiter für deren Verbreitung auf Schallplatten einsetzte. In der angespannten verlagsrechtlichen Situation während des Krieges ließen sich die von Haas zusammengetragenen Partituren von "non-copyright music" zudem ganz problemlos in den Konzertalltag integrieren. Ihre Aufführungen realisierte Haas auf ganz praktische Weise, indem er die Aufführungsmaterialien herstellte bzw. die Partituren selbst für eine Aufführung bearbeitete. Die Programme der Nationalgalerie zeigen im einzelnen, worin die "Programmarbeit" von Haas bestand.

Am 2. Juni 1943 steht sein Name zum ersten Mal auf einem Programm ohne besondere Bezeichnung, bei dem zwei Sänger, Dorothy Bond und Jani Strasser, von sieben Instrumenten begleitet wurden. Edith Schragenheim spielte Blockflöte, Karl Haas Viola und Otto Huttenbach die Viola da gamba. Oboe, Viola d'amore, Violoncello und Spinet-Continuo waren mit Briten besetzt. Musik des 17. und 18. Jahrhunderts von Giovanni Gabrieli, Franz von Biber, Scarlatti und Johann Sebastian Bach bildeten das Programm. Karl Haas hatte zur Bach-Kantate Nr. 152 *Tritt auf die Glaubensbahn* eine Einführung geschrieben. Er ordnete das Werk in den Bachschen Kompositionszusammenhang ein und stellte fest, daß es unmöglich wäre, den Text für eine Aufführung in England zu übersetzen, weil damit die Konstruktion zerstört würde. Demnach wurde diese Kantate auf deutsch vorgetragen. Es scheint so, als ob die Verwendung der deutschen Sprache doch so etwas wie einen neuralgischer Punkt darstellte, den man nicht ohne Kommentar umgehen konnte. Mit oder ohne Beteiligung von Sängern oder Sängerinnen brachte Haas Gelegenheitskompositionen, Divertimenti, Kontretänze, Duette von bekannten Komponisten (Haydn und Mozart) oder in England weniger bekannten Meistern (Carl Philipp Emanuel Bach, Florian Gassmann) zu Gehör. Vom 29. März 1944 an nennt sich das Ensemble um Karl Haas, das bisher ohne besondere Bezeichnung angekündigt wurde, The London Baroque Ensemble. Mit zwei Flöten, Viola d'amore, Viola und Violoncello hatte das Ensemble Kammermusiken von Telemann, Haydn und Johann Sebastian Bach in unterschiedlichen Besetzungen vorbereitet. Karl Haas, Viola d'amore, und Maria Lidka, Viola, musizierten am 26. Mai 1944 gemeinsam mit der Sopranistin Margaret Field-Hyde, zwei Streichern und einem Cembalisten Werke von Telemann, es folgte in einer ersten öffentlichen Aufführung die Arie aus der weltlichen Bach-Kantate *Schwingt freudig euch empor* für Sopran, obligater Viola d'amore und Cembalo sowie die Arie *Auch mit gedämpften, schwachen Stimmen verkündigt man des Lehrer's Preis*.[505] Ebenfalls erstmals in Großbritannien führte Haas bei dieser Gelegen-

---

505 Maria Lidka berichtete, daß die besonderen Fähigkeiten von Karl Haas mehr im Aufbau des Ensembles und der Zusammenstellung von Programmen lagen. Durch die Mitwirkung solch hervorragender Musiker wie Dennis Brain und Gerrit Morris habe Haas seine Engagements erhalten. "Karl Haas war der erste, der mit diesen alten Instrumenten anfing, was

heit das *Divertimento in D-Dur* für Violine, Viola und Violoncello in drei Sätzen von Carl von Dittersdorf auf. Der "englische Bach", Johann Christian, hatte 1763 als opus 1 *Sechs Concerti* publiziert, von denen Haas das sechste bereits im September 1943 in der Nationalgalerie aufgeführt hatte. Nun folgte im Mai 1944 das Vierte, in G-Dur. Die Musiker spielten das Werk aus den Instrumentalstimmen von 1763. Myra Hess konfrontierte das Konzert wieder mit der Realität schwerster Verluste der Alliierten in Italien: "Anzio + 5th armies links 25th".

Haas präsentierte sich am 1. August 1944 als einziger Ausländer unter seinen britischen Musikerkollegen. Dabei gab es eine Londoner Erstaufführung von Beethovens *Zwei Menuetten* für zwei Violinen und Violoncello, komponiert 1795 in Wien. Das Konzert fand wegen "Flying bombs" im Luftschutzkeller vor 368 Besuchern statt.

Neben weiteren kammermusikalischen Erstaufführungen unveröffentlichter Werke streute Karl Haas zunehmend zeitgenössische Werke in seine Programme ein. Mitglieder des Baroque Ensembles führten im September 1944 die *Vier ungarischen Volkslieder* für zwei Violinen von Mátyás Seiber auf. Oder Karl Haas kombinierte "Old French & modern English music". Kurz nach Kriegsende hatte in einem Konzert mit sechs Streichern und zwei Flöten der junge Violinist Neville Marriner einen Part übernommen. Neville Marriner, Jahrgang 1924, gehört heute als Gründer und Dirigent der Londoner Academy of St. Martin-in-the Fields zu den britischen Spezialisten für die Aufführung von Barockmusik.

Die Programme von Karl Haas waren im Durchschnitt gut besucht. Die von ihm ausgewählten Kompositionen erzielten in der Abfolge von ungewöhnlichen Instrumentenkombinationen einen eigenen Reiz. Die bevorzugte Auswahl von Erstaufführungen erhöhte mit Sicherheit die Attraktivität der Konzerte des London Baroque Ensemble in der National Galerie. Mit ihnen praktizierte Karl Haas einen Umgang mit barocker Kammermusik, der den Briten in jenen Jahren kaum geläufig war.

---

ja jetzt groß in Mode ist." Haas verwendete in seinem Ensemble nicht <u>ausschließlich</u> originale historische Instrumente, sondern etwa neben gebräuchlichen die Viola d'amore. Maria Lidka spielte im Ensemble, weil sie Karl Haas unterstützen wollte, und weil es zudem eine Möglichkeit für sie bedeutete, Geld zu verdienen (Gesprächsprotokoll Lidka).

Abb. 8: Dame Myra Hess in einem "National Gallery Concert".

9.17 Resümee

Damit sind im wesentlichen diejenigen Musiker und Sänger[506] mit ihren ganz speziellen Beiträgen genannt, die über mehrere Jahre an den Konzerten in der Nationalgalerie mitwirkten. Die Zusammenarbeit zwischen deutschen, österreichischen und britischen Musikern in verschiedenen Kombinationen verweist auf die gegenseitige Wertschätzung. Gerald Moore beschreibt aus seiner Sicht, daß das zu Beginn der dreißiger Jahre noch anders war: Wenig vorbereitet, belehrend und arrogant verhielten sich Sänger "in der teutonischen Tradition erzogen" in England, ohne zu wissen, daß die englischen Musiker bereits von Gastspielen großer deutscher Sängerinnen und Sänger gelernt hatten (Moore 1967, 100).

Die Aufführung von Liedern in deutscher Sprache stellte mit Sicherheit in der besonderen Situation eine Ausnahme dar, die mit dem Einsatz von Myra Hess für die mit ihr befreundete Sängerin Elena Gerhardt zusammenhing. In einer Galerie, aus der die Bilder ausgelagert wurden, um sie vor Beschädigungen zu bewahren, sang Elena Gerhardt Lieder aus dem 19. Jahrhundert in ihrer Originalgestalt, um diese vor nachträglichen "Beschädigungen" durch den Krieg zu schützen. Möglicherweise begriff das Publikum genau dieses unausgesprochene Anliegen. Engel Lund und Ferdinand Rauter relativierten durch ihre zahlreichen Auftritte mit "Many Songs from Many Lands" den Gebrauch der deutschen Sprache, wenn die Isländerin Engel Lund deutsche Volkslieder in den Reigen der Idiome anderer Länder einreihte. Im täglichen Leben vermieden es deutsche und österreichische Flüchtlinge hingegen, die deutsche Sprache auffällig zu verwenden. Die möglichst akzentfreie Beherrschung der englischen Sprache über den Alltagsgebrauch hinaus war den deutschen und österreichischen Musikern und Musikologen[507] ein besonderes Anliegen. Bei den Sängern war sie gerade deshalb von Bedeutung, um als Interpret für englisches Liedgut infrage zu kommen.

Das Ende des Krieges bedeutete nicht automatisch auch das Ende der Konzerte in der Nationalgalerie. Sie wurden bis in das Jahr 1946 hinein kontinuierlich weitergeführt. Aus Sicht der Verantwortlichen der Galerie behinderten die Konzerte jedoch den ungestörten und uneingeschränkten Zugang zu den bald wieder zugänglichen Bildern. Außerdem bedurften einige Räume dringend wichtiger Reparaturen. Kurzum: Die Nationalgalerie wollte ihre Tore für ihre Besucher öffnen und sich nicht von

---

506 Einen einzigen Auftritt hatten darüberhinaus Georg Knepler und Ernst Urbach; Emmy Heim, Susi Hock, Peter Gellhorn, Ada Vera Kluger, Alice Schaeffer, Peter Schidlof; Mátyás Seiber und Sela Trau.
507 Berthold Goldschmidt äußerte sich spontan über die Qualität der Beherrschung der englischen Sprache bei seinen Musikkollegen. So rühmt er das gute English von Peter Stadlen, der nach seiner Musikkarriere nach dem Ende des Krieges als Musikkritiker und an der B.B.C. arbeitete. Da Goldschmidt diesen Punkt bei sich selbst sehr wichtig nahm, achtete er darauf auch bei der Beurteilung von anderen in gleicher Situation.

Musikern und deren Publikum den Zutritt zu den zurückgekehrten Bildern versperren lassen.[508] Deshalb wurde das Ende der Konzerte im Einvernehmen mit den Musikern beschlossen. Das letzte Konzert in der National Gallery fand am 10. April 1946 vor 1.062 Besuchern statt. Das Griller-Quartett spielte Haydns *Quartett in Es-Dur* op. 33 No. 2 und das *Quartett in C-Dur* op. 59 Nr. 3 von Ludwig van Beethoven.

Dem Musicians' Benevolent Fund wurden letztmalig im Juni 1946 3,552.10s.8d. Pfund ausgehändigt.[509]

Ohne Zweifel stellen die Konzerte in der Nationalgalerie eine Ausnahme für die Integration von Musikern aus Deutschland und Österreich dar. Von insgesamt 1.698 Konzerten fanden 211 unter der Beteiligung deutscher und österreichischer Musiker und Sänger statt. Es handelte sich dabei um eine Ironie der Geschichte: Ausgerechnet deutsche und österreichische Musik bildete während des Krieges den Hauptanteil der Konzerte in der Nationalgalerie der Briten. Interpreten aus dem Land, gegen das man Krieg führte, waren bei ihren Aufführungen beteiligt.

Die Nationalgalerie am Trafalgar Square steht an einem geschichtsträchtigen Ort mitten im Londoner Zentrum. Myra Hess hatte gut kalkuliert, denn die Lunch-time Konzerte waren zu einem täglichen Ritual des Widerstands und Durchhaltens geworden, das noch fast ein Jahr nach Ende des Krieges weitergeführt wurde. Und wenn Maria Lidka sagte: "Die Engländer benahmen sich im Krieg fabelhaft!", meint sie nicht nur ihre Disziplin und Gelassenheit, mit unvorhergesehenen Ereignissen umzugehen,[510] sondern auch das Durchhaltevermögen über sechs Jahre hin, tägliche Konzerte zu veranstalten: Ob Bombendrohung, Luftschutzkeller, ob undichtes Dach und Heizungsausfall, ob V1 oder V2, Grippe oder Sommerhitze: nichts konnte die Briten davon abhalten, Kompositionen von Mozart, Beethoven, Brahms, Schubert oder Bach in den bestmöglichen Interpretationen für ein kleines Entgelt mitzuerleben. Myra Hess verzichtete deswegen in diesen Jahren ganz selbstverständlich auf den Ausbau ihrer Karriere als Pianistin, um durch ihren Einfluß etwa die "ruhige Gelassenheit" einer Bach-Arie auf fünfhundert Besucher und mehr auszustrahlen oder ihre ganz persönliche Art des Durchhaltens mit der Interpretation der *Appassionata* weiterzugeben.

---

508   Collection N.G.C., Correspondence, 61.
509   Collection N.G.C., IV. Brief vom 24.6.1946 an Thistleton.
510   Das konnte man bis vor kurzem in ähnlicher Form bei Bombendrohungen der RAF in London erleben: Kein Brite beschwert sich darüber, wenn das gesamte U-Bahnnetz der Stadt zum Erliegen kommt oder ganze Straßenzüge gesperrt werden, was Verzögerungen von bis zu vier oder mehr Stunden zur Folge haben kann. Manchmal passiert es, daß während einer Underground-Fahrt plötzlich die Linie geschlossen wird. Ohne einen Kommentar abzugeben, studieren die Briten die Übersichtskarte, um auf einem anderen Weg ihr Ziel zu erreichen.

Die Musik wurde eingesetzt, um immer wieder täglich mehreren hundert Menschen ein Gemeinschaftserlebnis zu verschaffen, das es ihnen ermöglichte, das Ende des Krieges unausgesprochen zu antizipieren. Das tägliche Ritual von Myra Hess, die Zahl der Besucher auf den Programmzettel zu schreiben und auch wichtige Ereignisse des Krieges stichwortartig festzuhalten, brachte Konzert und Krieg zusammen. Die Klammer, die beides verband, war die Dimension der Zeit. "Bad news", ohne mitunter diese selbst zu benennen, bedeuteten die unausgesprochene Verlängerung des Krieges, "good news" zielten freudig auf sein Ende hin. Ihre Bemerkungen waren immer genau mit dem Tag des Konzerts und dem vorangegangenen, unter dessen Schatten oder Hoffnung es stand, verbunden. Oft sind diese Notizen unleserlich geschrieben. Es genügte Myra Hess, daß sie und nicht die Nachwelt diese lesen konnte. Dame Myra Hess' Bezugssystem dabei hieß Kriegsende und Frieden. Unter diesem Gesichtspunkt zählte jeder einzelne Tag, der verging.

Die Musik ist eine Kunst in der Zeit. Musik bedeutet vergängliche Schönheit, deren Erlebnis dabei auch die Vergänglichkeit des Häßlichen einschließt. Möglicherweise lag darin auch der psychologische Effekt der Konzertserie begründet. Mit keiner anderen Kunstform hätte sich ein solches Erlebnis für ein gemeinsames Anliegen vermitteln lassen können. Eine Galerie mit abgehängten Bildern bildete dafür den Rahmen. An die Stelle der Beschauer waren nun die Zuhörer getreten. Bezeichnenderweise war die Musik an diesem Ort erst dann überflüssig geworden, als die Bilder wieder ihren Raum für sich beanspruchten. Solange aber die Bilder noch nicht hingen, dauerten diese Konzerte an. Erst mit den zurückgekehrten Kunstschätzen an ihren ursprünglichen Platz hatten die Konzerte ihre Funktion verloren.

10 Musiker in Flüchtlings- und Internierungslagern

10.1 Flüchtlingslager

1938, nach dem "Anschluß" Österreichs und den Novemberpogromen im Großdeutschen Reich entließ die SS einige von den in Konzentrationslagern gefangengehaltenen Juden unter der Bedingung, daß sie, bei Preisgabe ihres gesamten Vermögens, Deutschland endgültig verlassen würden. In Großbritannien bemühte sich das Jewish Refugee Committee darum, sie aus Deutschland herauszuholen. Oft geschah dies, um ihnen vorerst in Großbritannien einen vom Innenministerium gewährten Zwischenaufenthalt zu ermöglichen, bis sie in ein anderes Land weiteremigrieren konnten (DÖW 1992, 39-42).[511] Die schnellste Möglichkeit der Unterbringung war mit dem Kitchener Camp in Richborough gegeben, das sich zwölf Kilometer östlich von Canterbury zwischen der Küstenstadt Ramsgate und Sandwich in der Grafschaft Kent befand und nahe an der Straße von Dover an einem der östlichsten Punkte der britischen Insel gegenüber dem Kontinent gelegen war. Im Juni 1939 waren im Lager 1.700 deutsche und österreichische Flüchtlinge aufgenommen, zwei Monate später war es - gedacht für 2.500 - mit 3.000 Flüchtlingen überfüllt (DÖW 1992, 40f.). Das Lager war weitgehend selbstverwaltet, Sprachkurse sollten die "Transitflüchtlinge" auf ihre Zielländer vorbereiten helfen. Es bestanden eine Camp-Universität und eine Bibliothek mit englischer Literatur, Zeitschriften und Zeitungen. Die Insassen gaben eine eigene Monatszeitschrift, Camp Journal, heraus (DÖW 1992, 41). Die Flüchtlinge unterhielten durch verschiedenartige Aktivitäten Kontakte zur britischen Bevölkerung. Einmal erwähnt Herbert Freeden auch Musik: "The camp orchestra was perhaps the finest achievement in the field of recreation, and the first messenger to go on a goodwill mission to the neighbouring towns to Sandwich, Ramsgate and Margate" (DÖW 1992, 41).

Das ist die einzige bekannte Äußerung eines Zeitzeugen über ein Orchester in diesem Camp. Ein weiterer Beleg findet sich indessen in einer Kritik der Times (Anonym 1939f) über ein aus zwanzig Streichern bestehendes Kammerorchester, das sich im Kitchener Camp gebildet habe. Trotz ihrer Verpflichtungen für den National Service angesichts einer drohenden Invasion der Wehrmacht in Großbritannien,[512] nutzten die Flüchtlinge demnach ihre freie Zeit für Aufführungen und gaben ein

---

511 Herbert Freeden, In Transit. Reminiscences of Kitchener Camp, in Association of Jewish Refugees in Great Britain (Hrsg.) Disperson and Settlemet. The Story of the Jews from Central Europe, London 1955, S.18 ff.; zitiert bei: DÖW 1992, S. 39-42.
512 Demnach wurden bis zum "Stimmungsumschwung" 1940 die Flüchtlinge für den National Service herangezogen.

Konzert in der King's School in Canterbury. Max Jekel[513] und M. Pietroushka[514] waren die Solisten in Bachs *d-Moll Konzert für 2 Violinen und Streichorchester*, weiter spielten sie mit dem Orchester das *Rondo für Solovioline und Streicher* von Schubert, das *Lyrische Andante* von Max Reger und die *Serenade F-Dur* in vier Sätzen von dem österreichischen Komponisten Karl Goldmark (1830-1915), wofür sie eine gute Kritik erhielten. Zwischen der Schule und dem Camp gab es demnach einen Austausch. Die älteren Schüler stellten sich den Flüchtlingen für englische Konversation zur Verfügung. In der von der Schule organisierten Konzertreihe wurden für die nächsten Konzerte britische Musiker angekündigt. Offensichtlich wurde dazu interessiertes Publikum aus dem Camp eingeladen. Über im Camp entstandene Kompositionen oder andere musikalische Aktivitäten konnten bisher keine weiteren Informationen gewonnen werden.

Sofort nach Kriegsbeginn wurden im Kitchener Camp Tribunale eingerichtet, die die "enemy aliens" überprüften. Mit großer Wahrscheinlichkeit wurde das Kitchener Camp 1940 weiter als Internierungslager genutzt (DÖW 1992, 53). Der Kontakt zwischen Bevölkerung und Camp-Flüchtlingen auch auf musikalischem Gebiet steht für einen beschränkten Zeitraum 1938/39, in dem die Briten für die Lage der Flüchtlinge Verständnis aufbrachten, wie sich aus dem herangezogenen Times-Artikel schlußfolgern läßt.[515] Mit dem weiteren Verlauf des Vormarsches der Deutschen Wehrmacht und der Niederlage der britischen Armee 1940 in Dünkirchen schlug die Stimmung in der Bevölkerung, angeheizt durch die britische Presse, drastisch um.

10.2 Internierungslager

Am 16. Mai 1940 erging aus Angst vor einer 5. Kolonne der Befehl, einen großen Teil der nach Kriegsbeginn durch Ausländertribunale kategorisierten "enemy aliens"[516] in Internierungslager einzuweisen. Ein Teil von ihnen wurde nach Australien und Kanada verschifft. Im Juli 1940, als die Ausländerfeindlichkeit ihren Höhepunkt erreicht hatte, waren bereits 27.000 deutsche und österreichische Flüchtlinge interniert. Aus den Zeitschriften von Flüchtlingsorganisationen wie dem Freien Deutschen Kulturbund oder Austrian Centre geht hervor, daß diese in regelmäßigem

---

513 Der Name Max Jekel wurde hier zum ersten Mal erwähnt, später in Programmen des FDKB und in den National Gallery Concerts. Nach dem Krieg wird er nach Aussagen von Maria Lidka Violonist im Covent Garden Orchestra.
514 Der Name von M. Pietroushka ist in anderen Zusammenhängen nicht wieder erwähnt worden. Es könnte sich dabei um eine Österreicherin oder Tschechin gehandelt haben.
515 Für den hier besprochenen Zeitraum bis Ende 1939 liegt keine Mass-Observation über das Verhältnis von Briten und Flüchtlingen vor.
516 62.200 deutsche und 12.000 österreichische "feindliche Ausländer" wurden von 112 Ausländertribunalen überprüft. Etwa 55.000 davon waren Flüchtlinge, die anderen in Großbritannien "alteingesessene Ausländer" (DÖW 1992, S. 53; Fußnote 23).

Kontakt mit den Internierten standen und sie von außen moralisch und, je nach Möglichkeiten, auch materiell durch Spenden und Kleider- oder Büchersammlungen unterstützten.

Ganz abgesehen davon, daß eine Internierung eine Einschränkung der persönlichen Freiheit bedeutete, konnten sich die Internierten in den Lagern relativ frei bewegen. Um die Zeit sinnvoll zu nutzen, arbeiteten die Internierten in Werkstätten, (DÖW 1992, 60) gründeten Volkshochschulen und Lageruniversitäten. Intellektuelle hielten hier Vorträge über unterschiedliche Themen. Steiner betrachtet das auch unter positivem Blickwinkel: "Vor allem den jungen Leuten, die dort interniert waren, sind manche große Impulse gegeben worden" (Steiner 1988, 983). Das traf auch auf die Musiker zu. Die Anzahl der internierten Musiker läßt sich nicht mehr genau feststellen. Aus ganz unterschiedlichen Quellen konnten einige Namen zusammengetragen werden.

Für insgesamt etwa 14.000 Personen befanden sich Internierungslager auf der Isle of Man. Diese Insel befindet sich geographisch mitten in der Irischen See zwischen England und Irland, im Norden Englands etwa auf der Höhe der Grenze zu Schottland. In Douglas, der größten Stadt auf der Ostseite der Insel, wurden fünf verschiedene Lager für Männer errichtet (DÖW 1992, 60). Gewöhnlich war die Insel mit ihrem milden Klima Urlaubern vorbehalten, so daß die Lagerinsassen in Sommerhäusern, die man mittels Stacheldraht in Lager eingeteilt hatte, untergebracht wurden.

Von diesen 14.000 waren 4.000 Frauen, die mit ihren Kindern in das Rushen Camp in den "Ortschaften Port Erin und Port St. Mary an der Südwestspitze der Insel" eingewiesen worden waren (DÖW 1992, 60). Die Frauen unterstanden nach dieser Quelle "einer Oberin der britischen Rot-Kreuz-Schwestern", und sie wurden teilweise von Pensions- und Hotelbesitzern verpflegt. Sie konnten sich freier bewegen als die Männer und hatten Kontakt zur Zivilbevölkerung. Die Lagerleiterin verbot im Frauenlager Rushen "Vorträge bei mangelnder formal-akademischer Qualifikation", es waren jedoch Kindergärten und "Schulen für Jugendliche (Technical Schools und Youth Universities)" eingerichtet worden (DÖW 1992, 60). Die 1914 in Berlin geborene Erna Nelki schilderte als Insassin eines solchen Frauencamps die beengten und hygienisch katastrophalen Bedingungen, die besonders zu Beginn der Internierung dort vorherrschten. Hinzu kamen Spannungen durch die völlige Wahllosigkeit, mit der die Behörden die Internierten zusammengesperrt hatten. 85% der 4.000 Frauen waren "jüdische Emigranten, wenige nichtjüdische 'Politische', aber zwölf

Nazis".[517] Zu den Frauen gehörten auch etwa 150 Kinder, die z.T. unter den Erlebnissen der Pogrome in Deutschland litten und pädagogische Betreuung benötigten. Nachdem der erste Schock überwunden war und die Bedingungen sich verbessert hatten, organisierten die Frauen ebenso wie die Männer verschiedene Sprach- und Literaturkurse und Unterricht in verschiedenen Fächern. Auch Theater- und Musikgruppen gab es nach dem Bericht von Nelki. Zu Einzelheiten über eventuelle Aufführungen äußert sie sich jedoch nicht. Die Frauen waren trotz der psychischen Belastungen sehr einfallsreich, die Situation zu meistern und erfanden sogar ein "Lagergeld", mit dem sie sich gegenseitig bestimmte Dienstleistungen bezahlten (Nelki 1981, 120-126). Gitta Deutsch, die Tochter des Musikwissenschaftlers Otto Erich Deutsch, beschrieb Varieté-Abende und erinnerte sich an "zwei Berlinerinnen, die alles von der 'Dreigroschenoper' [bis] zum 'Lied von der Krummen Lanke' zum besten gaben" (DÖW 1992, 101). Auch die Sopranistin Ilse Wolf gehörte zu den Internierten. Bevor sie auf die Isle of Man kam, war sie - wie in der weiter oben zitierten Quelle (DÖW 1992, 60) für das Prozedere der internierten Frauen beschrieben wird - drei Wochen im Holloway Prison in London "untergebracht". Obwohl die neunzehnjährige Ilse Wolf für ein Jahr auf die Ilse of Man verbracht wurde, betrachtete sie diese Internierung Jahrzehnte später durchaus positiv:

> It was terrific. We had the freedom of the sea, were wonderful treated. I chased the singing teacher up and down the mountains until she agreed to give me lessons. I made her promises, said I'd look after her children, anything, and in the end the poor woman just agreed. We made lots of music (Lucas 1975, 4).

Damit ist ein zweiter Hinweis von einer angehenden Sängerin gegeben, daß auch in einem Frauenlager musiziert wurde. Es wird nicht deutlich, ob es sich bei der Gesangslehrerin um eine Internierte oder um eine Engländerin handelte.

Mehr ist hingegen über männliche Internierte bekannt. Trotz seiner internationalen Popularität wurde Egon Wellesz am 5. Juli 1940 in das Camp Hutchinson auf der Isle of Man eingewiesen (Revers 1988, 616).[518] In einem Brief an seine Frau Emmy vom 26. Juli 1940 beschreibt er die Situation im Lager, in dem er griechische Klassiker oder Shakespeare las (Revers 1988, 617; Anmerkung 16). An der von internierten Wissenschaftlern gegründeten Abenduniversität referierte Wellesz zu folgenden Themen, wie er u.a. in seinem Notizbuch 1939/40 festhielt:

---

517 Sympathisanten des Nationalsozialismus wurde sofort nach Kriegsbeginn in Kategorie A klassifiziert und interniert (DÖW 1992, S. 54). Offenbar handelte es sich hierbei um Frauen aus dieser Kategorie.
518 Peter Revers wertete einige bisher unveröffentlichte Quellen aus privatem Besitz wie Briefe an den Benediktinerpater Thomas Michels, Briefe aus dem Internierungslager sowie Notizbücher-Eintragungen aus den Exiljahren von Egon Wellesz aus (Revers 1988a, S. 616), auf die hier Bezug genommen wird.

7.August: 'Vortrag über Oper'; 8. September: 'Lecture on Vienna'; 19. September: 'Vortrag über Schönberg und mich'.[519] 4. Oktober: 'Vortrag über byzantinische Musik'; 5. Oktober: 'Vortrag bei der Jugendgruppe'; 10. Oktober: 'Vortrag über mittelalterliche Musik'. ... 11. Oktober: 'Konzert: Schöne Müllerin. Nervenzusammenbruch.'[520]

Leider geht aus den Notizen von Wellesz' nicht hervor, wer die Solisten bei der Aufführung des Schubertschen Liederzyklus gewesen waren. Das Angebot der Camp-Hochschule auf musikwissenschaftlichem Gebiet erhielt durch den Referenten Egon Wellesz eine besondere Note, da die Camp-Studenten zum Thema byzantinische Musik die neuesten Forschungsergebnisse aus erster Hand erfahren konnten.

Im Lager Hutchinson hatte Peter Herz das "Stacheldrahtkabarett" gegründet, bei dem Walter Landauer und Maryan Rawicz, zwei österreichische Unterhaltungsmusikpianisten, mitwirkten (DÖW 1992, 433).[521] Auch der österreichische Musikologe Otto Erich Deutsch war in einem nicht näher genannten Lager auf der Isle of Man interniert. Für die Zeit seiner Internierung erwähnt Michael Seyfert (Seyfert 1983, 174) die populäre *Ballade des deutschen Refugee* von Otto Erich Deutsch und bezeichnet ihn gemeinsam mit Richard Hutter und Norbert Elias als Autoren der Revue *What a Life*. Die Musik schrieb Hans Gál.

Zu Pfingsten 1940 war Hans Gál zuerst in das Lager Huyton bei Liverpool eingewiesen worden, wo seine *Huyton-Suite* für Flöte und 2 Geigen entstand. Erst nach seiner Ankunft auf der Isle of Man wurde sie dort uraufgeführt (Fend 1993, 177).[522] Am 3. September 1940 erfolgte die Premiere der Revue *What a Life* im Central Camp. Die Autoren erweiterten diese Fassung um einige Stücke und führten dann diese Neufassung unter der Leitung von Hans Gál am 26. September 1940 vor etwa 1.000 Zuschauern auf.[523] Bis zu seiner krankheitsbedingten frühzeitigen Entlassung gab Hans Gál Harmonielehre an der Lageruniversität und organisierte ein abwechslungsreiches Konzertleben auf der Isle of Man. Letztlich landete auch Peter Gellhorn auf der Isle of Man. Seit 1935 in London, arbeitete Peter Gellhorn an der Toynbee Hall, baute dort eine Musikabteilung auf und war als Korrepetitor von Sängern und als Kammermusiker auch außerhalb Londons tätig. Ende 1939 hatte Gellhorn einige Wohltätigkeitskonzerte im Südwesten Englands mit Aufführungen des *Orpheus* gegeben. Über den Vorgang der Internierung gab er folgenden Bericht:

---

519 Während dieses Vortrages erhielt Wellesz die Nachricht von der Ablehnung der "Application" wegen seiner Entlassung aus dem Lager, wie Peter Revers hinzufügte (ebenda).
520 Revers 1988a, Anmerkung 17, S. 619f. Wellesz hatte während der Aufführung offensichtlich einen Nervenzusammenbruch erlitten. Das zeigt deutlich, wie belastend sich die Situation trotz der relativen Freizügigkeit für die Lagerinsassen darstellte.
521 Aus: Interview mit Peter Herz über das Stacheldrahtkabarett im Internierungslager Hutchinson (Douglas, Isle of Man) 1940/41, 12.5.1983, zitiert bei: DÖW 1992, S. 433.
522 Nach dem Krieg erlebte das Stück noch einige Aufführungen (Seyfert 1983, S. 174f.).
523 Vgl. Fend 1993, S. 181f.

> Dann ging ich nach London, ich weiß nicht, warum ich wieder nach London kam, nach Toynbee Hall, wo ich offiziell auch noch registriert war und da wurde ich dann interniert. Ich ging zur Polizei, um mich zu melden; man mußte sich überall melden, wo man nicht registriert war. Der Polizist war sehr höflich und nahm alle Details auf und sagte: 'Sie werden morgen interniert werden, Herr Gellhorn.' Er behielt mich nicht da. Er traute mir also, wo sollte man schon hingehen... Und sagte, daß er mich morgen früh abholen würde, ich sollte mein Gepäck fertig und gefrühstückt haben. Dann kam er dann und trug noch meinen Koffer, die C.I.D. waren sehr höflich. Dann gingen wir erst in ein Zwischenlager in Campden Park und dann weiter nach Badey in Lancashire. Da waren wir, glaube ich, einen Monat. Das war furchtbar, das war eine alte Cotton-Fabrik, die sehr schmutzig war, Matratzen auf dem Flur, und es war feucht und kalt und ungesund. Und dann schließlich einen Monat später auf die Isle of Man. Das war wie ein Ferienaufenthalt. Da ist ein mildes Klima (Gesprächsprotokoll Gellhorn).

Gellhorn wurde in einer "Kolonie von Boarding Houses" gemeinsam mit etwa 1.100 Flüchtlingen auf der Halbinsel in Ramsey angesiedelt und blieb fünfeinhalb Monate dort. Über Armstrong Gibbs hatte Gellhorn auch ein Empfehlungsschreiben von Ralph Vaughan Williams erhalten, der sich darin für die Entlassung des englandfreundlichen Peter Gellhorns aussprach.[524] Gellhorn äußerte später, er habe in seinem Leben noch nie so viel Musik wie im Internierungslager gemacht: dirigiert, etwas komponiert, Unterricht gegeben, Vorlesungen gehalten. Mit dem Pianisten Paul Hamburger, den er dort kennenlernte, verbindet Gellhorn heute noch eine Freundschaft, beide arbeiten gemeinsam an der Sommerschule Gellhorns.[525] Nach dem Krieg trafen sich beide als Kollegen an der B.B.C. und in Glyndebourne wieder. Hans Heinrich Keller, nach dem Ende des Krieges Musikjournalist an der B.B.C. und als Musikologe Spezialist für Streichquartette, Ferdinand Rauter und der Vater des später in Großbritannien bekannten Pianisten Michael Roll, "Arzt und Hausvorstand mit einer sehr schönen Tenorstimme", gehörten zum Kreis der internierten Musiker, den Peter Gellhorn beschrieb (Gesprächsprotokoll Gellhorn).

Der damals 18jährige Siegmund Nissel kam über die Zwischenlager Huyton und Onchan auf die Isle of Man und resümierte 52 Jahre später: "Obwohl das der tiefste Punkt meines Lebens war, stelle ich jetzt fest, daß es der Wendepunkt war. Dort sind alle guten Dinge passiert, die meinem Leben eine andere Richtung gaben" (Gesprächsprotokoll Nissel). Nissel berichtete, daß es ein regelrechtes Musikhaus in dem selbstverwalteten Internierungslager auf der Isle of Man gegeben habe, in dem

---

[524] Peter Gellhorn äußerte sich im Interview dahingehend, daß die Engländer es sich nicht leisten konnten, Internierte frei zu lassen, da es doch Fälle von Nazi-Spionen mit dem Eintrag "J" (Jude) im Paß unter den Flüchtlingen gegeben hatte. Am Ende war es seiner Meinung nach eine "gute Sache", als Refugee interniert gewesen zu sein, da dann jeder wußte, "you are all right". "Ohne die Internierung konnten sie uns während des ganzen Krieges verdächtigen und uns nicht trauen." Er verwies in diesem Zusammenhang auf die nationalsozialistischen Spione in Holland und Belgien, die es sicher auch in England gegeben habe.

[525] Näheres dazu führte Gellhorn nicht aus.

sich die Musiker zusammenfanden, "um dort proben zu können, Konzerte vorzubereiten und Konzerte im Lager zu geben". Bei dieser Gelegenheit lernte Siegmund Nissel den Geiger Peter Schidlof kennen. Die beiden waren gleichaltrig und gehörten zu der jüngeren Generation von Internierten.[526] Aus dieser kollegialen Atmosphäre heraus wurden Nissel und Schidlof von verantwortungsbewußten Mitinternierten dem Geigenlehrer Max Rostal empfohlen, der sie nach dem Ende der Internierung kostenlos unterrichtete. Nissel weiter:

> Da im Lager waren all diese Leute, die die deutsche Kultur mitgebracht haben, Kammermusik geliebt haben. Und die haben festgestellt, es sind zwei Jungen da im Lager, die haben Talent. Und sie haben an Professor Max Rostal geschrieben, der nicht interniert wurde, obwohl er auch Ausländer war. Aber es war ein Zeitpunkt, wo die Lager alle voll waren, da wurde es abgeblasen, ein paar wurden nicht interniert.[527] Rostal sagte: 'Ja, wenn sie herauskommen, dann unterrichte ich sie' - ohne einen Groschen zu nehmen. Das ist auch tatsächlich passiert. Wir kamen heraus, er hat uns unterrichtet für Jahre [...] Im Lager ist es möglich geworden, daß man Kontakt bekommen hat zu dem richtigen Mann. Zu dem einzigen Lehrer hier in England. Zu einem großen Lehrer überhaupt in ganz Europa. Das sind natürlich die reinen Glücksfälle im Leben, die man ergreifen muß und wo man nur danken kann (Gesprächsprotokoll Nissel).

Norbert Brainin, gleichfalls interniert, gehörte ebenfalls zu diesem Schülerkreis, der noch vor der Gründung des weltberühmten Amadeus-Quartetts gemeinsam mit Siegmund Nissel klassische Streichquartettliteratur, oft wegen eines anständigen Abendessens in Häusern von bessergestellten Flüchtlingen, aufführte. Peter Schidlof wechselte auf Anraten Rostals zur Bratsche, so daß 1948 die Besetzung des Amadeus-Quartetts, das aus drei österreichischen Violinisten und dem englischen Cellisten Martin Lovett bestand, festgeschrieben war. Siegmund Nissel wußte vermutlich nicht, daß Ferdinand Rauter hinter den "verantwortungsbewußten Mitinternierten" stand. Dieser hatte sich während der ersten Sitzung des Musicians' Refugee Committee am 17. Januar 1941 für die Freilassung und weitere Förderung der begabten Musiker eingesetzt:

> Ich schilderte dort die Lage der internierten Musiker und schlug mehrere Namen vor, die besonders wichtig waren. Besonders drängte ich auf die Freilassung der jungen Musiker. Am 13. April begannen die Freilassungen mit Schidlof, Brainin, Hamburger u.a. Nun begann aber eine neue Schwierigkeit: den jungen Musikern die Möglichkeit zu geben, sich selbst zu erhalten und ihr Studium weiterzuführen. Am dringendsten schienen mir Schidlof und Brainin. So bat ich Max Rostal, einen der führenden Geiger und Lehrer, die beiden anzuhören. Am 29. April spielte ich ihm mit Brainin und am 16. Juli mit Schidlof vor. Rostal erklärte sich bereit, die beiden so

---

526 Siegmund Nissel berichtete dazu: Peter Schidlof kam mit einem Kindertransport nach London. Er hielt bei der Ankunft in London seinen Geigenkasten unter dem Arm, so daß ihn spontan eine englische Violinlehrerin bei sich aufnahm und ihn unterrichtete. Die Verbindung zwischen dieser Lehrerin und Schidlof hielt ein Leben lang an.
527 Berthold Goldschmidt, Ernst Hermann Meyer oder Georg Knepler bespielsweise sind nicht interniert worden.

lange frei zu unterrichten, bis ich eine finanzielle Sicherung erreichen könnte. Dies gelang mir am Anfang durch Spenden von Freunden, denen ich die Fälle schilderte (DÖW 1992, 450).[528] Die Rostal-Schülerin Susi Rosenbaum vermittelte die Verbindung zu dem Cellisten Martin Lovett. Imogen Holst, Tochter des Komponisten Gustav Holst und Direktorin der Dartington Summer School, war von einem dortigen Auftritt des neugegründeten Brainin-Quartetts begeistert und arrangierte später den ersten öffentlichen Auftritt des Quartetts in der Wigmore Hall und die fruchtbaren Beziehungen des Quartetts zu Britten und Pears (Stadlen 1990, 130).

Ferdinand Rauter war selbst von der Internierung betroffen und schildert seine Begegnung mit Peter Schidlof und Norbert Brainin, mit denen er bereits in einem Zwischenlager in Bury zusammengetroffen war. Als erwählter Lagerkommandant wußte Rauter die therapeutische Funktion der Musik zu nutzen, denn die Bedingungen in Bury waren für die Betroffenen denkbar schlecht: "Wirklich beruhigen konnte ich sie aber, als Professor Pollmann[529] und ich am Abend, als alle unter ihren Decken ruhten, Schubert- und Straußlieder zweistimmig sangen" (DÖW 1992, 449). Mit einer Erlaubnis als "eminent musician", die auch Nissel später die Entlassung brachte (Gesprächsprotokoll Nissel), verließ Rauter am 9. Dezember 1940 das Lager auf der Isle of Man (DÖW 1992, 450).

Trotz bereits sechsjährigem Aufenthalt in Großbritannien konnte auch Franz Reizenstein der Internierung nicht entgehen. Siegmund Nissel erinnerte sich: "Reizenstein - mit dem war ich zusammen. Wir haben dort Konzerte gegeben und - es war eine kuriose Situation - es gab natürlich kein Radio im Sammellager, nur einen Lautsprecher" (Gesprächsprotokoll Nissel).[530] Über etwaige Kompositionen Reizensteins aus dem Internierungslager ist nichts bekannt, außer daß er das Fehlen von Streichquartettliteratur überbrücken half, wie Ilse Wolf zu berichten wußte: "Franz Reizenstein had the most incredible memory and wrote out the string quartet parts for them" (Lucas 1975, 4). Leo Wurmser spielte während seiner Internierung Violoncello in Streichquartetten. Um welche es sich dabei handelte, ist nicht ersichtlich.[531] Neben dem Musicians' Refugee Committee setzte sich das "Home Office Committee for the Release of Interned Alien Musicians" ein, zu dessen Vorsitzendem Ralph Vaughan Williams ernannt wurde. Dabei verwandte sich Vaughan Wil-

---

528 "80. Aus: Bericht von Ferdinand Rauter über dessen Internierung sowie die Entwicklung der Austrian Musicians Group und Anglo-Austrian Music Society 1940-1973, o.D. (1973); DÖW 8462." (DÖW 1992, S. 449-452).
529 Vgl. Kapitel 5.3 und 5.4.
530 Siegmund Nissel verwies darauf, daß er beispielsweise Peter Gellhorn wegen der Größe des Lagers nicht dort getroffen habe. Auch Peter Gellhorn berichtete von einem anderen Personenkreis als Siegmund Nissel.
531 WAR; Leo Wurmser; Music Copist, File 1a: 1941-1944; internes Schreiben vom 14.1.1941 ACB/GB.

liams für den Komponisten und ehemaligen Dozenten der Hamburger Universität Robert Müller-Hartmann.[532] Nach der Freilassung von Robert Müller-Hartmann im Frühjahr 1941 verband beide eine Freundschaft und Zusammenarbeit, bis Müller-Hartmann 1950 starb (Vaughan Williams 1964, 237). Vaughan Williams widmete ihm 1947 die *Partita for double string orchestra*, bei deren Komposition ihm am Urteil von Müller-Hartmann gelegen war und beauftragte ihn 1949 mit der Übersetzung von *The Pilgrim's Progress* (Vaughan Williams 1964, 277, 283, 288).

Der Österreicher Peter Stadlen gehörte zu den wenigen Musikern, die 1940 in ein Internierungslager nach Australien verschifft worden waren. Da unter den Lagerbedingungen nicht mehr als vier Streichinstrumente und ein Harmonium vorhanden waren, fertigte Stadlen Arrangements eines sich zufällig aufgefundenen Klavierauszugs von Händels *Israel in Ägypten* und von einer Messe, die er irrtümlicherweise für eine von Mozart hielt, an. Nach eineinhalb Jahren kehrte Peter Stadlen zurück; auch für ihn hatte sich Vaughan Williams eingesetzt (Stadlen 1990, 129).

Für Felix Werder bzw. Bischofswerder erwies sich die mit der Internierung verbundene Ausschiffung nach Australien als bestimmend für seinen weiteren Lebensweg überhaupt. Nach einem Jahr als Internierter wurde er zur Armee eingezogen. Er kehrte nicht mehr nach Europa zurück und arbeitete als Musikkritiker, Redakteur und lebt heute als Komponist in Australien. Über seinen Aufenthalt und seine musikalische Betätigung im Camp ist nichts überliefert (Traber/Weingarten 1987, 353).

Nach Kanada wurde der Pianist Hans Neumark verschifft und gab in einem Lager in der Nähe Quibec City's Klavierabende (Berghaus 1989, 26).

Die Internierung von feindlichen Ausländern begann im Mai 1940. Wenige Wochen später wurde jedoch bereits in der Öffentlichkeit die Fragwürdigkeit der Maßnahme diskutiert, so daß im Oktober 1940 mit dem veröffentlichten "dritten Weißbuch" auch Künstler, Wissenschaftler und Studenten in die Kategorien der zu Entlassenden aufgenommen wurden. Bis August 1941 verließen knapp 18.000 Internierte die Lager. Ihre Rückführung zog sich z.T. bis in das Jahr 1943 weiter hin (DÖW 1992, 57f.). Der durchschnittliche Zeitraum der Internierung betrug für einen Betroffenen etwa ein bis eineinhalb Jahre.

Wie aus den oben angeführten Berichten einzelner deutlich wird, hatte die Musik unter diesen Bedingungen mehr die Funktion einer sinnvollen Freizeitbetätigung. Die offensichtlich spärlich vorhandenen Noten oder Musikinstrumente stammten bis auf "die schlechten Klaviere" auf der Isle of Man, wie Rauter berichtete, von den Internierten selbst. Die wenigen entstandenen Kompositionen waren gezielt für die vor-

---

532   Kurz nach seiner Entlassung schrieb Vaughan Williams an Müller-Hartmann: "May you again soon be free to work for the country of your adoption and for the cause we all have at heart" (zitiert bei Vaughan Williams 1964, S. 237).

handenen Instrumente konzipiert oder Teil einer Gemeinschaftsarbeit mit anderen Autoren wie etwa die genannte Revue. Hier finden sich Parallelen zu anderen Kompositionen oder Bearbeitungen, die unter anderen Lagerbedingungen entstanden sind.[533] Die Musiker im Musikerhaus probten nicht primär zum eigenen Vergnügen - sie versuchten mit Konzerten, die Situation im Lager für die Mitinternierten erträglicher zu gestalten. Einen Hinweis über das Vorhandensein eines "Orchesters", gebildet aus Berufsmusikern und Amateuren, gab Peter Gellhorn. Darunter ist mit großer Wahrscheinlichkeit nicht die klassische Besetzung eines Orchesters zu verstehen, sondern eher ein Zusammenschluß von Musikern, der über Kammermusikbesetzungen hinausging. So leitete Paul Lichtenstern im August 1940 während einer "Parade Show" im Internierungslager Huyton das "Huytoner Camp-Orchester", das unter dieser Bezeichnung eher ironisch gemeint ist und auf die vorhandenen Instrumente im Camp verweist (DÖW 1992, 432).

Neben den bereits genannten Flüchtlingen gehörten zu dem Kreis der Internierten Allan Gray (Josef Zmigrod), Walter Bergmann, Hans Freyhan, Gerhard Hadda, Kurt Jooss, Alfred E. Kalmus, Erich Katz, Ludwig Koch, Walter Landauer, Wolfgang Lesser, Hans May, Herbert Müller, Karl Rankl, Alfred Rosenzweig, Ernst Roth und Erwin Stein.[534]

Das Chorsingen drückt auf eine besondere Weise ein Gemeinschaftsgefühl aus, besonders unter den extremen Bedingungen des Eingesperrtseins. Hinweise über Lieder, die in Internierungslagern von Laienkomponisten geschrieben und von Chören unterschiedlicher Besetzungen gesungen wurden, geben ihre Veröffentlichungen in Exilzeitschriften. "Von einem Internierten" stammt etwa das 12taktige, in d-Moll stehende Lied *Leise rauscht das Meer* (Anonym 1940i), dessen vier Strophen die Situation im Lager beschreiben und die Ambivalenz zwischen Angst und Hoffnung in schlichten Worten zum Ausdruck bringen. Der gewählte Viervierteltakt im "mäßigen" Tempo erinnert an einen Trauermarsch. Kuba[535] und Gerhard Hadda sind Autoren des siebenstrophigen Liedes *Sing in den Wind* in c-Moll, das trotz flüssiger Achtelbewegungen und harmonisch in Moll verharrend, dennoch Optimismus vermitteln soll, wenn es in der letzten Strophe heißt:

Ach wird es stuermen.
Freude und Graun ruettelt am Drahtzaun,

---

533   Fanya Fenelon berichtet über die Einrichtung verschiedener Werke für die Besetzung des Mädchenorchesters in Auschwitz, deren angeordnete Aufführung den Orchestermitgliedern oft das Leben retteten (Fenelon 1976). Olivier Messians berühmtes *Quatour pour la fine du temps* in der ungewöhnlichen Besetzung mit Violine, Klarinette, Violoncello und Klavier wurde 1940 in einem Gefangenenlager in der Nähe von Görlitz geschrieben und aufgeführt.
534   Für die Quellenangaben vgl. Kapitel 16.
535   Kurt Barthel (1914-1967), Kommunist und Schriftsteller, von 1933-1946 im Exil; ab 1946 in der späteren DDR (Meyers 1980, Bd. II).

reisst an den Tuermen.
Fließt und verrinnt gestern und heute.
Wir sind voll Freude.[536]

In einem "Sonderbericht" beschrieb Fritz, ein junger Österreicher, das Onchan-Campfest mit Zirkusvorstellung und einem Programm, das hauptsächlich aus Musik und LieJern bestand:

> Wir brachten eine miesglückte (sic!) Gesangsvereinsprobe der Meistersinger von Onchan, die sehr lustig war. Unser auf fünf Mann zusammengeschrumpfter Chor liess sich wieder einmal hoeren. Als zum Abschluß ein Wiener Potpourri gespielt wurden (sic!) da sang alles so begeistert mit, dass es uns fast leid tat, abbrechen zu muessen (Fritz 1941).

Das Chorsingen diente demnach sowohl der Bewältigung der ungewohnten und bedrohlichen Situation als auch der Unterhaltung. Bekannte Lieder aus der Heimat fanden bei den Lagerinsassen große Resonanz.

---

536 Kuba-Hadda. "Sing in den Wind." Free German Youth, 1940, Bl.4. Sammlung Exil-Literatur DB Leipzig, ZB 54079.

11 Der Freie Deutsche Kulturbund

11.1 Quellenlage

Die Primärquellen für den Freien Deutschen Kulturbund (FDKB) befinden sich im ehemaligen Institut für die Geschichte der Arbeiterbewegung im Zentralen Parteiarchiv, heute Stiftung Archiv der Parteien und Massenorganisationen der DDR im Bundesarchiv, in Berlin.[537] England-Flüchtlinge übergaben nach ihrer Remigration die Dokumente des FDKB dem damaligen Parteiarchiv der SED. Sie gelangten also nicht in ein allgemeines Archiv für Zeitgeschichte. Das deutet darauf hin, daß der FDKB der Geschichte der KPD bzw. der neugegründeten SED subsumiert wurde. Als weitere Quellen dienten die Protokolle der Interviews mit Maria Lidka, Siegmund Nissel, Erika Storm und Peter Gellhorn, von mir aufgenommen von Dezember 1991 bis März 1992 in London. Ingeborg Wall Lade überließ mir das Protokoll eines Gespräches, in dem sie bereits einige Jahre zuvor über dieses Thema berichtet hatte. Äußerungen Berthold Goldschmidts, vorwiegend zu Mitwirkenden innerhalb des Freien Deutschen Kulturbunds, wurden berücksichtigt.

In der Sammlung der Akademie der Künste der ehemaligen DDR in Berlin waren mir Quellen wegen der Umstrukturierung und Personalsituation im Zusammenhang mit der Wiedervereinigung nicht zugänglich. Daraus ergab sich, daß Dokumente verschiedener Veranstaltungen, die von Leske und Reinisch 1987 (Leske/Reinisch 1987, 157-293) ausgewertet worden waren, nicht am Original überprüft werden konnten. Hinzu kommen verschiedene Publikationen über den FDKB von Historikern der ehemaligen DDR, darunter eine Dissertation (Adam 1983) und ein Zeitschriftenaufsatz von Ursula Adam (Adam 1985), sowie Veröffentlichungen von Historikern und Musikwissenschaftlern der Bundesrepublik Deutschland. Seit der Wiedervereinigung hat sich meines Wissens nur Stephan Stompor kurz über den Kulturbund geäußert (vgl. Stompor 1994, Bd. 1).

11.2 Gründung, Aufbau und Mitglieder

Mitglieder der KPD, die nach der Machtübernahme Hitlers aus Deutschland fliehen mußten, gründeten in verschiedenen Ländern Exilzentren oder Flüchtlingsorganisationen. Basis dafür war die Konzentration zahlreicher geflohener, deutscher Künstler. Das "wichtigste Zentrum der KPD-Emigration im Westen und eines der bedeu-

---

[537] Diese Quellen tragen die Signatur SAPMO ZPA: Stiftung Archiv der Parteien und Massenorganisationen der DDR im Bundesarchiv, Zentrales Parteiarchiv.

tendsten Zentren des deutschen Übersee-Exils überhaupt" (Pohle 1986, 113) entstand 1942 in Mexiko. Fritz Pohle arbeitete die Hintergründe für die Bildung eines kommunistischen Exilzentrums in Mexiko detailliert auf und beschrieb die Taktik stalintreuer Kommunisten um Einflußmöglichkeiten in Exilvereinigungen. Der FDKB Schwedens wurde erst relativ spät, im Januar 1944, in Stockholm gegründet. Nach der Wende des Krieges und mit dem Blick auf die Gestaltung eines neuen Deutschland ins Leben gerufen, betrachtete er sich, ähnlich wie der FDKB in Großbritannien, als "Vereinigung auf möglichst breiter Basis" (Hoffmann 1987, 377f.). In Großbritannien hieß diese Organisation The Free German League of Culture. Die Initiative dazu ging von deutschen Kommunisten im Londoner Exil aus, die kontinuierliche Verbindungen zur Führung der KPD im Pariser Exil unterhielten. Die KPD, Sprachrohr der Politik der Komintern, instruierte seit 1933 ihre in verschiedene europäische Länder geflohenen Mitglieder entsprechend den Anweisungen aus Moskau. Auch einige deutsche Kommunisten, unter ihnen Ernst Hermann Meyer, hatten sich 1933 nach London retten können. Doch erst Ende des Jahres 1934 entstand eine eigenständige Parteigruppe "mit etwa zehn bis fünfzehn Personen" (Meyer 1979, 139), die von der Parteizentrale akzeptiert wurde. Ernst Hermann Meyer berichtete, daß er in den Anfangsjahren über das ZK-Mitglied Paul Merker die Verbindung zur KPD-Führung[538] herstellte (Meyer 1979, 139). Diese Aufgabe übernahm später Jürgen Kuczynski, seit 1936 in London, der als politischer Sekretär für ungefähr zwölf deutschen Kommunisten in London verantwortlich zeichnete. Bei regelmäßigen Besuchen in Paris traf Kuczynski bis zum August 1939 etwa vierteljährlich mit Walter Ulbricht (Kuczynski 1983, 286) Franz Dahlem, Gerhart Eisler und Paul Merker[539] (Leske/Reinisch 1987, 187) zusammen, um Instruktionen aus Moskau entgegenzunehmen. Die Tätigkeit der relativ kleinen kommunistischen Gruppe in London bestand darin, "Emigranten zu gewinnen und zu sammeln", sich im "dialektischen und historischen Materialismus" weiterzubilden sowie die britische Öffentlichkeit über die Zustände in Nazi-Deutschland aufzuklären. Aus diesem Grund gab diese Gruppe mit geringen Mitteln eine Zeitschrift heraus, die erst Germany to-day und später Inside Nazi Germany hieß (Meyer 1979, 139). Die Anzahl der KPD-Mitglieder in Großbritannien vergrößerte sich bis zum Juli 1939 auf etwa vierhundert, da sich noch zahlreiche Kommunisten aus der Tschechoslowakei und Spanien nach England retten konnten (Leske/Reinisch 1987, 193). Mit der wöchentlich von der Parteizentrale herausgegebenen Deutsche(n) Volks-Zeitung besaß

---

538 Offizieller Sitz der KPD-Parteiführung nach Machtergreifung Hitlers 1933 war zunächst Prag. Nach der Brüsseler Parteikonferenz im Okober 1935 arbeitete die Leitung des Politbüros in Prag, von Herbst 1936 an in Paris (Röder 1968, S. 47).
539 Paul Merker, ZK-Mitglied seit 1927, war in dieser Zeit verantwortlich für die KPD-Genossen in Großbritannien.

die KPD zudem ein Instrument, auch die Mitglieder in Großbritannien mit ihrer Strategie und Taktik vertraut zu machen (Leske/Reinisch 1987, 187). Das war nicht ohne Bedeutung, denn das Ansehen der Kommunisten hatte weltweit durch den 1939 abgeschlossenen Nichtangriffspakt zwischen Hitler und Stalin gelitten. Als Partei, die den Sieg der kommunistischen Weltrevolution auf ihre Fahnen geschrieben hatte, war die KPD auch für den Klassenkampf im "kapitalistischen Ausland" gerüstet. Die bewährten Organisationsstrukturen des Parteiapparates wurden weiter aufrechterhalten. Im August 1939 wählten Delegierte auf einer Parteidelegiertenkonferenz Kurt Hager zum politischen Leiter der deutschen Kommunisten in London (Leske/Reinisch 1987, 194). Parallel zum Aufbau einer KPD im britischen Exil erfolgte die Gründung des FDKB. Über den Zeitpunkt der Gründung gibt es zwei Versionen: Offiziell wurde der Gründungstag mit dem 1. März 1939 (Kuczynski 1982, 300) angegeben. Bereits im Dezember des Vorjahres habe es jedoch schon eine interne Gründungsversammlung gegeben, wie der Schriftsteller und Präsident Hans Flesch im ersten Mitteilungsblatt des FDKB schrieb (Kuczynski 1982, 301). Über die Aufgabenstellung des FDKB bestimmte seine Verfassung folgendes:

Der Freie Deutsche Kulturbund ist eine deutsche, anti-nationalsozialistische, antifaschistische, überparteiliche Flüchtlingsorganisation, die sich folgende Aufgaben stellt: 1. Die freie, deutsche Kultur zu erhalten und fortzubilden; 2. das gegenseitige Verständnis zwischen den Flüchtlingen und dem englischen Volk zu vertiefen; 3. die Solidarität der Flüchtlinge mit allen demokratischen, freiheitlichen und fortschrittlichen Bewegungen zu betonen und zu festigen; 4. die sozialen und geselligen Interessen der Flüchtlinge wahrzunehmen; 5. die Beziehungen zu befreundeten Organisationen und Persönlichkeiten zu pflegen und auszubauen.[540]

Johann Fladung, zuerst Sekretär und von 1940 bis 1946 Vorsitzender des FDKB, berichtete 1980 über das Wirken des Kulturbundes. Aus diesem Bericht ergeben sich deutliche Zweifel an dem Begriff "überparteilich", wenn es darin heißt: "Der Kern des FDKB bestand aus Kommunisten (etwa 20, die den Kulturbund beherrschten)." Fladung beschreibt diejenigen unter 40.000 deutschen Flüchtlingen, die Verbindung zum FDKB aufnahmen, folgendermaßen: "Die meisten Mitglieder (etwa 80%) waren Juden, die sich noch sehr stark als Deutsche fühlten und nach Deutschland zurückwollten. Einige von ihnen sympathisierten mit der KPD."[541]

Als der FDKB gegründet wurde, hatte der II. Weltkrieg noch nicht begonnen. Der Aspekt, daß die meisten Mitglieder des FDKB zu diesem Zeitpunkt nach Deutschland zurückwollten, war ein besonders wichtiger Aspekt für die KPD. Sie bereitete sich von Anfang ihres Exils auf eine Rückkehr nach Deutschland vor und suchte darin unter den deutschen Flüchtlingen Verbündete. Das Programm des Kulturbun-

---

540 Aus der Verfassung des FDKB; SAPMO ZPA V 239/1, Bl.1.
541 SAPMO ZPA EA 1972/1, Bl.2.

des bestand nach Fladung darin, "die deutsche humanistische Kulturtradition zu pflegen, aber auch das Negative dieser Tradition, an das die Faschisten anknüpfen konnten, herauszuarbeiten und daraus Lehren zu ziehen" (ebenda). Die Gründer des FDKB wollten ganz bewußt eine "deutsche humanistische" Kultur im Exil weiterpflegen, damit sich die Flüchtlinge auch weiter "als Deutsche fühlen" konnten. Hinter der Zielstellung, "auch das Negative dieser Tradition" aufzudecken, verbirgt sich der Widerspruch, daß es doch gerade in dem "Kulturland" Deutschland zur Machtübernahme der Faschisten kommen konnte. Bereits zum Zeitpunkt der Gründung des FDKB hatten die Nationalsozialisten die gesamte "deutsche humanistische Kulturtradition" für ihre Zwecke verfälscht oder instrumentalisiert.

Der FDKB war in seiner Organisationsstruktur an den Apparat und die Verfahrensweise der KPD angelehnt: Dazu gehörten eine jährliche Mitgliederversammlung, ein Präsidium, bestehend aus Präsidenten und Ehrenpräsidenten, ein zehnköpfiger Vorstand, Exekutive, Kommissionen und Sektionen. Zu Präsidenten wurden bei der Gründung Berthold Viertel, Stefan Zweig, Alfred Kerr und Oskar Kokoschka gewählt. Als Ehrenpräsidenten erklärten sich die im US-amerikanischen Exil lebenden Albert Einstein, Lion Feuchtwanger und Thomas Mann bereit. Außerdem konnten dafür der nach Frankreich bzw. in die USA geflohene Heinrich Mann und die in die Sowjetunion geflüchteten Friedrich Wolf und Johannes R. Becher gewonnen werden. Die Verbindung zum Asylland Mexiko stellten die Ehrenpräsidenten Anna Seghers und Ludwig Renn her.[542] Die Gründer des FDKB in London konnten eine Reihe von englischen "Patrons" heranziehen, die sein Wirken in Großbritannien unterstützten und sich als anerkannte Persönlichkeiten für die deutschen Flüchtlinge in der britischen Öffentlichkeit engagierten. Aus der Reihe der zweiundzwanzig Patrons seien die prominentesten genannt: Der Schriftsteller John Boynton Priestley, der langjährige Times-Herausgeber und Journalist Wickham Steed sowie die Schauspielerinnen Beatrix Lehmann und Dame Sibyl Thorndike. Zwei bekannte englische Musiker hatten sich ebenfalls als Patrons bereiterklärt: Alan Bush, mit dem Ernst Hermann Meyer bereits zusammenarbeitete, und Ralph Vaughan Williams. Gerhard Oertel,[543] Kommunist und ehemaliger England-Flüchtling, beurteilte die Rolle der Förderer für die Arbeit des Bundes ganz pragmatisch:

> Eine wichtige Rolle spielten dabei die Patrone, ohne die in England keine Ausländerorganisation ins Leben gerufen und geführt werden kann. Bei den Patronen handelt es sich um Persön-

---

542 Leske/Reinisch 1987, S. 216 bzw. Adam 1983, S. 71: Die Bezeichnungen Ehrenpräsidenten bzw. Präsident werden hier unterschiedlich gehandhabt.
543 Wie aus seinem Lebensbericht ersichtlich, remigrierte Gerhard Oertel nach Kriegsende in die spätere DDR und war in den fünfziger Jahren als Parteisekretär an der Deutschen Staatsoper, später als Botschafter für die DDR im Ausland, tätig (SAPMO ZPA EA 2079/1.).

lichkeiten, Organisationen oder Institutionen, die unseren Organisationen den legalen Anstrich gaben und gegenüber den Behörden die Verantwortung für unsere Organisation übernahmen. Darüber hinaus unterstützten sie uns in der Öffentlichkeit und übten eine beratende Funktion aus, wobei sie unsere Selbständigkeit achteten. Dieser oder jener mußte auch manchmal in seine Tasche greifen, wenn unseren Organisationen das Geld ausgegangen war. Die Bedeutung der Patrone wird auch dadurch unterstrichen, daß sie im gedruckten Briefkopf unserer Organisation aufgeführt waren.[544]

Der Bund stand auch englischen Mitgliedern offen. In fünf Sektionen fanden sich Flüchtlinge mit ihren spezifischen kulturellen und künstlerischen Ambitionen und Professionen zusammen: Schriftsteller, Bildende Künstler, Schauspieler, Musiker und Wissenschaftler. Eine Statistik für den Zeitraum bis zum 15. Mai 1940 sagt dazu folgendes aus: Von Januar bis Dezember 1939 traten dem Bund 737 Mitglieder bei. Von Januar bis Mai 1940 dann weitere 489 Mitglieder, so daß sich im Mai 1940 eine Gesamtanzahl von 1.226 Mitgliedern ergab. Die Mitglieder in den einzelnen Sektionen verteilten sich wie folgt: Bühne und Film: 81; Bildende Künste: 117; Musiker: 14; Schriftsteller: 169; Wissenschaftler: 5; Freunde des Kulturbundes: 840. Der Anteil der Frauen lag bei 516. Und von 102 Engländern, die sich als Mitglieder eingetragen hatten, waren 59 Frauen.[545]

40 Jahre später äußerte der einstige Vorsitzende des FDKB Johann Fladung, daß der Kulturbund insgesamt 3.000 Mitglieder gehabt habe; 2.500 davon seien deutsche Juden gewesen. Der Anteil der Kommunisten habe nach seiner Meinung bei höchstens 50 gelegen.[546] Diese Aussage wird durch keinen Archivbefund gestützt. Sie wird jedoch durch die mit 2.500 Exemplaren angegebene Auflagenhöhe des FDKB-Mitteilungsblattes in den Bereich des Möglichen gestellt.

Sehr viele Flüchtlinge lebten im Nordwesten Londons, in und um Hampstead, einem ehemaligen Dorf, das sehr schön gelegen, mit Parks und vielen Bäumen eine ganz besondere Atmosphäre ausstrahlt. Nach der Gründung des FDKB fanden Veranstaltungen in diesem Teil Londons vorerst mehr oder weniger verstreut in Wohnungen oder gemieteten Räumen statt. Mehr im Zentrum Londons gelegen, stellten die Quäker ihre Räume in der Euston Road für die Veranstaltung "Der erste Abend" zur Verfügung. Sein Programm mit eröffnender Ansprache, Lesung aus Werken von Kulturbundmitgliedern, dem Beitrag eines literarischen Klassikers und Musik stellte gleichzeitig einen charakteristischen Veranstaltungstypus für die kommenden Jahre

---

544 SAPMO ZPA EA 2079/1. Bl. 122f.
545 SAPMO ZPA V 239/1/2, Bl. 35.
546 Befragung Fladungs vom 17.9.1980. SAPMO ZPA EA 1972/1. Wenn auch quantitativ relativ wenige, so waren die Kommunisten die aktivsten Mitglieder, die in allen Gremien des FDKB einflußreiche Positionen innehatten und die kontinuierlich und engagiert arbeiteten.

dar.[547] Mit der Eröffnung eines eigenen Hauses in der 36, Upper Park Road in Hampstead, das die englische Staatskirche durch das Engagement von George Kennedy, Allen Bell, Bischof von Chichester und ebenfalls Patron, den Flüchtlingen übergab, eröffneten sich dem FDKB ganz neue Arbeits- und Wirkungsmöglichkeiten (Leske/Reinisch 1987, 217).[548] Ab 1940 standen den Mitgliedern im Klubhaus in Hampstead eine Bibliothek mit deutscher und englischer Literatur und ein Saal mit "Kleiner Bühne" (Adam 1983, 98) zur Verfügung. Siegmund Nissel erwähnte im Gespräch, wie wichtig die Wohnlage eines Musikers in London war, um überhaupt an den Konzerten im Nordwesten der Millionenstadt teilnehmen zu können. Er selbst wohnte weit entfernt davon im Süden Londons, so daß es ihm insbesondere während des Krieges, der für Ausländer gravierende Einschränkungen mit sich brachte, schwer möglich war, regelmäßig am kulturellen Angebot des Kulturbundes teilzunehmen. Nissel erinnert sich:

> Ich wußte, irgendwo in Hampstead gibt es viele Musiker. Aber da war man so abgeschnitten, das war unmöglich... Um 12.00 Uhr nachts mußte man wieder zu Hause sein, oder um 11.30 Uhr. Und es war immerhin ein großes Problem, von Hampstead, Belsize Park, wo sich das alles abgespielt hat, wieder in Strattham zurück zu sein. So daß ich eigentlich nie so richtig mit den anderen Musikern Kontakt hatte (Gesprächsprotokoll Nissel).

Es läßt sich vorstellen, daß er nicht der einzige Musiker war, auf den diese erschwerten Bedingungen zutrafen. Wie bei Leske/Reinisch 1987 dargestellt, hatten bereits zu Beginn des Jahres 1938 Ludwig Brav[549] und Ernst Hermann Meyer einen "Bund deutscher emigrierter Musiker" gegründet. Als "Sammelpunkt" für Musiker mit "antifaschistische(r) Haltung" (Leske/Reinisch 1987, 281) ins Leben gerufen, wurde der Bund als Musikersektion in den FDKB übernommen.[550] Wenngleich, wie in dieser Quelle erwähnt, "etliche" jüdische Musiker bei Übernahme in den Kulturbund "aus Angst vor politischen Aktivitäten" ausgetreten seien, so muß dieser erst-

---

547 Das Programm ist erhalten geblieben: "'On Liberty', Talk by Prof. Alfred Meusel; Alfred Kerr: From his own Works; Anna Reiner: From her Novel 'Manja'. Interval. Peter Ihle (Formerly: Volksbühne, Berlin): From the Speech by Thomas Mann, delivered at the German Day of Culture in New York, December 4th, 1938. Berthold Viertel: From his own Works; Richard Glass: *Sonata f-Moll* op. 57, *Appassionata*, by Beethoven (mit angegebenen Satzbezeichnungen); Fritz Valk (Formerly: Deutsches Theater, Prague): Dialogue Between King Phillip and Marquis Posa From 'Don Carlos' by Friedrich Schiller" (SAPMO ZPA V 239/1, Bl.13).
548 "Das Kulturbundhaus war von der englischen Kirche gemietet. Die Miete wurde jedoch nie gefordert oder bezahlt" (Befragung des Genossen Hans Fladung am 17.9.1980; SAPMO, ZPA, EA 1972/1, Bl.1).
549 Vgl. Meyer 1979, S. 147; Ludwig Brav war in den zwanziger Jahren sein Klavierlehrer in Berlin.
550 Wie bei Leske/Reinisch 1987, S. 721; Anmerkung 145 hierzu ausgeführt, war dieser Bund bei den Behörden registriert und besaß eigene Statuten. Ein Dokument darüber im Londoner Record Office oder in der Sammlung des Zentralen Partei-Archivs der SED in Berlir war nicht aufzufinden.

gegründete Bund einige Mitglieder mehr als die in der Statistik des Jahres 1940 ausgewiesenen vierzehn besessen haben.[551]
Der Zielsetzung des Kulturbundes, über die Gemeinschaft von deutschen Musikern und Musikerinnen hinaus auch in der Öffentlichkeit zu wirken, entsprach es durchaus, daß Musiker, die nicht unbedingt eingeschriebene Mitglieder waren, eine Auftrittsmöglichkeit erhielten. Die von der Sektion der Schauspieler initiierten Aufführungen insbesondere von Kabaretts benötigten meist Klavierbegleitungen. Veranstaltungen zu politischen und literarischen Themen wurden oft musikalisch umrahmt. Der Musik kam darin eine das jeweilige Anliegen unterstützende bzw. dramaturgische Rolle zu. Ernst Hermann Meyer leitete den gemischten, regelmäßig probenden Chor des FDKB, für den er auch Lieder komponierte und arrangierte (Meyer 1979, 153). 1942 wurde dem Kulturbund eine Freie Deutsche Hochschule angeschlossen, (Adam 1983, 70) die, unverkennbar nach dem Vorbild der marxistischen Arbeiterschule (MASCH) in Berlin aufgebaut und geprägt war.[552] Das Mitteilungsblatt unter dem Titel FDKB-Nachrichten erschien nach der Gründung 1939 bis zum März 1940; danach weiter unter dem Titel Freie Deutsche Kultur. Die monatliche Auflagenhöhe betrug bis zum Januar 1945 eine Anzahl von 2.500 Exemplaren. Zwischenzeitlich, vom Frühjahr 1942 bis zum Sommer 1943, ersetzten die Verantwortlichen das Mitteilungsblatt durch eine Schriftenreihe mit wechselnden Autoren und Titeln. Zu dem wieder erscheinenden Mitteilungsblatt Freie Deutsche Kultur gab es diese Schriftenreihe dann parallel (Maas 1976, 232ff.). Das aktuelle Programm für alle Termine des Bundes wie Sektionen, Tagungen und Konferenzen, Tanzabende oder andere Treffen, jeweils etwa für zwei Monate im voraus zusammengestellt, war in der Monatsausgabe enthalten. Diese Programme sind Grundlage für die Auswertung der angebotenen Veranstaltungen unter dem Aspekt der beteiligten Musiker sowie des Repertoires innerhalb der Räume in der Upper Park Road und außerhalb in gemieteten Sälen und Theatern in London. Um sich gegenseitig zu unterstützen, gaben mehrere Flüchtlingsorganisationen wie Austrian Centre, Young Czechoslovakia, Free German Youth, Young Austria, Working Refugee Women gemeinsam mit der Free German League of Culture eine unregelmäßig erscheinende Materialsammlung Kunst und Wissen heraus (Maas 1976, 351f.).

---

551 Ergänzend muß hier hinzugefügt werden, daß es den Flüchtlingen in Großbritannien grundsätzlich verboten war, sich politisch zu betätigen.
552 Die marxistische Arbeiterschule wurde 1926 in Berlin gegründet. In fast allen Stadtbezieken Berlins wurden abends Klassenräume angemietet, bis man 1929 ein eigens dafür bestimmtes Haus nutzen konnte. Nicht nur Grundlagen des Marxismus wurden etwa von Hermann Duncker gelehrt, sondern KPD-Mitgliedern und Parteilosen wurde zudem ein breites Programm in Naturwissenschaften, Kunst, Literatur, Musik, Theater und Film angeboten. Auch Nichtkommunisten konnten als Vortragende gewonnen werden (Lange 1987, S. 849-852).

11.3 Politische Hintergründe

Im Juni 1933 rief der Antifaschistische Arbeiterkongreß in Paris zur Politik der Einheitsfront auf. Vom 28. November bis 12. Dezember 1933 tagte das XIII. Plenum des Exekutivkomitees der Kommunistischen Internationale in Moskau (Vespignani 1977, 148) und verabschiedete diese Politik als Taktik zur Bekämpfung des Faschismus von außen. Das brachte den kommunistischen Parteien außerhalb Nazi-Deutschlands Sympathien bei zahlreichen Intellektuellen ein. Sie unterstützten die Anti-Nazi-Bewegung der Kommunisten großzügig. Für die Kommunistische Internationale ergab sich damit ein willkommener Effekt: Sie konnte auf breiter Basis Ansehen zu gewinnen und gleichzeitig die eigenen parteipolitischen Ziele - die Vergrößerung des Apparates und Machtpotentials in demokratischen Ländern - weiter verfolgen. Besonders in Frankreich hatte diese Taktik Erfolg (Abosch 1983). Eingehend beschreibt Abosch (Abosch 1983, 27ff.) das erfolgreiche Instrumentalisieren von französischen Schriftstellern für die Ziele des Kommunismus. Die deutschen Kommunisten, die sich als Teil des internationalen Kommunismus begriffen, kamen mit der Exilsituation besser zurecht als andere politisch Verfolgte und entwickelten beachtliche Aktivitäten (Maas 1990, Bd. 4, 266). Der seit 1933 im französischen Exil lebende Willi Münzenberg rief ein Hilfskomitee für die Opfer des deutschen Faschismus in Paris ins Leben und veröffentlichte ein "Braunbuch" zum Reichstagsbrand. Durch den in London inszenierten Gegenprozeß zum Leipziger Reichstagsbrandprozeß gegen Georgi Dimitroff erzielte Münzenberg einen sensationellen Erfolg, der mit der Freisprechung Dimitroffs in Deutschland endete (Abosch 1983, 31f.). Bekannte Namen bereicherten die Wirkung von Münzenbergs publizistischen Unternehmungen, wobei möglichst keine Namen von Kommunisten auf die entsprechenden Aushängeschilder geschrieben wurden (Abosch 1983, 31). Willi Münzenberg trennte sich später von der KPD. Er gründete die Exilzeitschrift Zukunft, die exemplarisch für einen eigenen Weg gilt, eine Volksfront ohne KPD zu etablieren bzw. neu aufzulegen (Walter 1978, 145).

Auch in Großbritannien konnte die Politik der Kommunisten Erfolge verbuchen. Sie fand in der jüdischen Bevölkerung Zuspruch wegen ihrer propagierten antifaschistischen Haltung. Und bei Intellektuellen fand sie zudem wegen ihrer Position zum Spanienkrieg Anerkennung (Spiegel 1986, 30). Interessant ist außerdem, daß die Communist Party of Great Britain (C.P.G.B.) einen Kurs beschritt, der sich zunächst hinter die Politik Churchills stellte. Nach dem Nichtangriffspakt zwischen Hitler und Stalin von 1939 änderten die britischen Kommunisten (nicht ohne parteiinterne Auseinandersetzungen) ihre Haltung und riefen zum Kampf gegen Churchill und Chamberlain auf (Spiegel 1986, 25). Der Beginn des II. Weltkrieges änderte nichts an der Auffassung der Kommunisten. Am 6. November 1939 verkündete Georgi Dimitroff die Position der Komintern, daß der "imperialistische Krieg" von den herrschenden Klassen Großbritanniens, Frankreichs und Deutschlands geführt werde und von Großbritannien und Frankreich "provoziert" sei. Die daraus resultierende Stoßrichtung für die internationale Arbeiterklasse lief nach alten Mustern wiederum gegen die Sozialdemokratie[553] und für eine Beendigung des Krieges (Spiegel 1986, 35f.). Das stellte nach der Geschichtsauffassung des Stalinismus auch eine logische Schlußfolgerung dar. Die angeordnete Strategie wandten unmittelbar auch die Kommunisten im britischen Exil an. Nach dem Bericht des Zeitzeugen Helmut Oertel praktizierten nach Beginn des Krieges britische und deutsche Kommunisten gemeinsam die von der C.P.G.B. herausgegebene Devise "Arbeite langsam!". Oertel war nach seiner Entlassung aus dem Internierungslager Llangollen dort im Dezember 1940 in der Forstarbeit eingesetzt, "denn die Forstwirtschaft war von kriegswichtiger Bedeutung. Holz wurde dringend gebraucht für den Bergbau, für die Eisenbahn und nicht zuletzt für die Armee. Der Import von Holz war durch die Kriegslage beträchtlich gesunken". Noch im November 1940 hatte sich Oertel in London mit "der zentralen Parteileitung" über die Lage in der Forstwirtschaft abgesprochen, um dort eine Parteigruppe aufbauen zu helfen.[554] Oertel erläuterte die Hintergründe für diese Taktik der deutschen Kommunisten:

> Der von den Westmächten geführte seltsame Krieg [...] veranlaßte uns, keine Anstrengungen zu unternehmen, um die Holzproduktion zu steigern. Wo es ging, wurde langsamer gearbeitet, wobei vermieden werden mußte, daß es den Anschein von Sabotage bekam (ebenda).

Oertel war beauftragt, diese Linie mit österreichischen und tschechischen Kommunisten abzustimmen und deutsche Emigranten dahingend zu beeinflussen.[555] Während Hitler seinen Blitzkrieg in Europa führte, die ersten Bomben auf London gefallen waren und Churchill seinen Landsleuten keine Illusionen über die kommenden Jahre machte, ließen sich die Kommunisten nicht von ihrer Interpretation der internationalen Ereignisse abbringen. Erst nach dem Überfall der Deutschen Wehrmacht auf die Sowjetunion im Jahr 1941 trat eine Kursänderung in der kommunistischen Parteilinie ein, und der Krieg wurde zu einem "gerechten Krieg" erklärt. Die britische Regierung schloß im gleichen Jahr einen Beistandspakt mit der Sowjetunion ab

---

553 Stalin schrieb am 20. September 1924 im "Bolschwik", was zumindest bis 1935 auch Grundlage der Politik der KPD war: "Die Sozialdemokratie ist objektiv der gemäßigte Flügel des Faschismus. [...] Diese Organisationen schließen einander nicht aus, sondern ergänzen einander. Das sind keine Antipoden, sondern Zwillingsbrüder. Der Faschismus ist der nicht ausgestattete politische Block dieser beiden grundlegenden Organisationen, der unter den Verhältnissen der Nachkriegskrise des Imperialismus [...] entstanden ist. Die Bourgeoisie kann sich ohne das Vorhandensein eines solchen Blocks nicht an der Macht behaupten" (zitiert bei Spiegel 1983, S. 33f.).
554 SAPMO ZPA EA 2079/1, Bl. 148f.
555 SAPMO ZPA EA 2079/1, Bl. 149f.

(Spiegel 1986, 35f.). Die KP Großbritanniens gab die Direktive heraus, die "Arbeite langsam"-Bewegung aufzugeben, der sich die deutschen Kommunisten anschlossen.[556]
Der Überfall auf die Sowjetunion ließ die Sympathien der britischen Bevölkerung für die Kommunisten anwachsen. Im September 1942 verzeichnete die C.P.G.B. mit 56.000 den maximalen Höhepunkt in der Zahl ihrer Mitglieder überhaupt (Spiegel 1986, 37). In dieser historischen Extremsituation, in der die Bevölkerung zum einen deutschen Bombardements ausgesetzt und zum anderen in den Streitkräften oder der Kriegsindustrie tätig war, trafen die kulturellen und politischen Aktionen des FDKB auch auf die Resonanz von Engländern.

Vor dem Hintergrund der widersprüchlichen Politik der Kommunistischen Internationale verwundert es nicht, daß sich die von Kommunisten initiierten Flüchtlingsorganisationen scheinbar demokratisch (Röder 1968, 48) darstellten, kritische Fragestellungen jedoch beiseite gedrängt wurden. Das Exilzentrum in Mexiko ist ein Beispiel dafür, wie trotz der Bindung an die Komintern ein eigenständiger Weg durch Paul Merker versucht wurde. Merker hatte damit in der "Partei neuen Typus" gegen das Prinzip des demokratischen Zentralismus verstoßen. Nach seiner Remigration wurde Merker noch einige Jahre später in der ehemaligen DDR u.a. auch dafür zu einer Zuchthausstrafe verurteilt (Kießling 1992, 32f.).

11.4 Die Taktik der KPD im britischen Exil

Als der FDKB in England gegründet wurde, hatte sich neben dem Hitlerschen Terrorsystem in Deutschland auch Stalins Terrorsystem in der Sowjetunion bereits etabliert. Mit der Verabschiedung des 2. Fünfjahrplanes am 16. November 1933 begannen in der Sowjetunion die "Parteisäuberungen" (Respignani 1977, 148) und Verhaftungen, von denen unter deutschen Kommunisten auch Musiker, die vor den Nazis in die Sowjetunion geflohen waren, nicht verschont blieben.[557] In Großbritannien hatten aus diesem Grund in den Jahren 1936 bis 1938 zahlreiche Mitglieder die C.P.G.B. verlassen. Das tat ihrem zahlenmäßigen Anwachsen andererseits aber keinen Abbruch (Spiegel 1986, 33). Die Kommunisten innerhalb des FDKB standen treu zur stalinistischen Ausrichtung der Komintern. Geschickt nutzten sie die Flüchtlingsorganisation, um ihren Einfluß dort geltend zu machen und - je näher das Ende

---

556 SAPMO ZPA EA 2079/1, Bl. 162f.
557 Vgl. dazu John 1993, der in diesem Aufsatz das bisher kaum beachtete Schicksal der in die Sowjetunion geflüchteten Musiker darstellt.

des Krieges rückte - sich als die wirklichen Vertreter eines neuen Deutschland darzustellen.

Die Führung der deutschen Sozialdemokraten befand sich zusammen mit etwa 160 SPD-Mitgliedern ebenfalls im Londoner Exil. Im Unterschied zur KPD war sie nicht Sprachrohr übergeordneter Interessen, sondern versuchte, unter den Bedingungen des Exils ihre Identität zu wahren und mit der Labour Party und dem Außenministerium zusammenzuarbeiten. Letzteres gelang der Partei in dieser insgesamt sehr problematischen Phase jedoch nur teilweise (Glees 1983, 63). Ein Exilzentrum, ähnlich einem FDKB, wurde von der SPD nicht ins Leben gerufen. In London standen sich KPD und SPD weiter unversöhnlich gegenüber. Von der KPD als ehemalige "Hauptfeinde" nach der von Sinowjew 1924 entwickelten "Sozialfaschismusthese" (Spiegel 1986, 33) bekämpft, hatte die SPD bereits dem 1935 propagierten Volksfront-Zusammenschluß mit den Kommunisten mißtraut und ihn konsequent abgelehnt.[558] Das Hauptziel - die Zerschlagung des deutschen Faschismus von außen - das Dimitroff auf dem Kominternkongreß 1935 "mit Hilfe des trojanischen Pferdes" (nach Abosch 1983, 29) zu erreichen suchte, war jedoch spätestens seit Beginn des II. Weltkrieges Illusion geworden. Hitler hatte erfolgreich jede ernstzunehmende Opposition innerhalb Deutschlands brutal zerschlagen. Die von der KPD propagierte Einheitsfront- bzw. Volksfrontpolitik bewirkten somit nichts weiter "als Mückenstiche gegen einen Elefanten", wie Abosch dazu drastisch bemerkt (Abosch 1983,29).

Auf dem VII. Weltkongreß der Kommunistischen Internationale 1935 hatte Dimitroff eine Neuorientierung in der theoretischen Faschismusdebatte angekündigt. Es hatte sich gezeigt, daß die falsche theoretische Konzeption und die zwangsläufige Unterschätzung Hitlers fatale Folgen in der Taktik der deutschen Kommunisten nach sich gezogen hatte. Stalin löste 1943 die Komintern auf und unterstützte das Nationalkomitee Freies Deutschland, das als "Schirmorganisation" für die Anti-Hitler-Bewegung "Freies Deutschland" und spätere deutsche Regierung unter Beteiligung der Kommunisten fungieren sollte (Glees 1983,70). Die Kommunisten boten 1943 der SPD an, gemeinsam die Bewegung Freies Deutschland in Großbritannien zu gründen. Das lehnte die SPD-Führung strikt ab. Sie konnte jedoch nicht verhindern, daß einige ihrer Mitglieder mit den Kommunisten zusammenarbeiteten. Die SPD-Führung stürzte im Londoner Exil in eine Krise über ihre eigene Rolle für den Neuaufbau in Deutschland (Glees 1983, 69f.). Die Kommunisten hatten damit weniger Schwierigkeiten und organisierten innerhalb des FDKB verschiedene Tagungen "Zur Rettung und Wiedergeburt der Deutschen Kultur". Schwerpunkte dabei waren Vor-

---

558 Röder beschreibt eingehend in "Die deutschen sozialistischen Exilgruppen in Großbritannien" (Röder 1968) die Situation verschiedener Auslandsgruppen der deutschen Arbeiterbewegung, die im Exil zersplittert blieb.

stellungen über einen deutschen Neuanfang und Wiederaufbau. Der FDKB stellte sich in der britischen Öffentlichkeit als diejenige Organisation dar, welche im Exil die wahren Werte einer "antifaschistischen und demokratischen deutschen Kultur" weiter gepflegt habe.

11.5 Wertungen zur Rolle des FDKB

Der vorausgehende Exkurs beschreibt im Groben die kommunistische Taktik gegenüber dem deutschen Faschismus und ihre spezifische Anwendung in Großbritannien, wie sie von Historikern der Bundesrepublik Deutschland beurteilt wurde. Während Röder in der Darstellung "Die deutschen sozialistischen Exilgruppen in Großbritannien" einerseits die politischen Interessen der Kommunisten innerhalb des FDKB analysiert und ihm andererseits durchaus eine beträchtliche Wirksamkeit durch seine vielfältigen Veranstaltungen und zahlreichen wissenschaftlichen, politischen und literarischen Publikationen zugesteht (Röder 1968, 86f.), werden bei der historischen Einordnung des FDKB in der Geschichtsschreibung der ehemaligen DDR die üblichen Phrasen herangezogen. Ihm wird vor allem bescheinigt, auf der richtigen Seite im Klassenkampf bzw. der Auseinandersetzung zwischen Imperialismus und Kommunismus gestanden zu haben. Ursula Adam (Adam 1983, VI) verwahrt sich im Vorwort ihrer Dissertation polemisch gegen die o.g. Darstellung Röders, die den FDKB entgegen ihrer Interpretation eben nicht antikommunistisch abwertet. Und Johann Fladung[559] bestätigte als langjähriger Vorsitzender in seinem Bekenntnis zu den kommunistischen Ambitionen des FDKB genau die sogenannten "Unterstellungen" von Röder. Adam ignorierte gezielt beispielsweise diese und andere Quellen wie das SPD-Archiv in Bonn. Sie kompilierte nur marxistisch-gefärbte Quellen, ohne nur ein einziges "inneres" Problem bei der Darstellung des Kulturbundes zu diskutieren. Um ihrem Gegenstand möglichst durchweg affirmativ zu begegnen, vermied sie es geflissentlich, etwa ehemalige Mitglieder des Kulturbundes, die nach Kriegsende in England blieben, zu befragen. Insgesamt verbirgt sich hinter Adams Dissertation (Adam 1983) über den FDKB die Absicht, diesen im einzelnen mit der Strategie und Taktik der Komintern in Einklang zu bringen. 1985 schrieb sie in den Weimarer Beiträgen: "Die Parteinahme für die Sowjetunion blieb ein Kennzeichen des Freien Deutschen Kulturbundes während der gesamten Zeit seiner Existenz" (Adam 1985, 748). Der Begriff "Parteinahme für die Sowjetunion", den Adam verwendet, gehörte zum Grundvokabular der kommunistischen Ideologie. Ihn 35 Jahre später in der ehemaligen DDR als Kennzeichen des Kulturbundes so pauschal zu benutzen, hatte einen wichtigen Nebeneffekt: Damit wurde im Nachhinein diese Institution als eine

---

559 Vgl. SAPMO ZPA EA 1972/1 Bl. 2; Befragung des Genossen Fladung am 17.9.1980.

der historischen Wurzeln für den Realsozialismus in der ehemaligen DDR ausgewiesen. Schließlich war die DDR nach ökonomischem und ideologischem Vorbild der Sowjetunion aufgebaut. In diesen Terminus ist ebenfalls die Position des FDKB zum Überfall der Hitler-Armee auf die Sowjetunion eingeschlossen. Hier bedarf es der Ergänzung, daß nicht nur der FDKB, - so der Tenor der Dissertation von Adam 1983 - sondern bis zu einem bestimmten Zeitpunkt ebenso die britische Regierung und ganz besonders die britische Bevölkerung der Sowjetunion mitfühlend und solidarisch gegenüberstanden.

Röder beschreibt politische Kontroversen innerhalb der Führung des FDKB und hebt hervor, daß die "zu konsequente liberal-demokratische Tarnung und das Übergewicht des kulturellen Programms die Parteizentrale (veranlaßten), mit Nachdruck von ihren Vertrauensleuten eine stärkere Betonung des 'proletarischen Elements' zu fordern" (Röder 1968, 87). Der Einfluß bürgerlicher Intellektueller in die Arbeit des FDKB mußte demnach im Rahmen gehalten werden. Weiter benennt Röder ein weiteres Problem, das sich aus dem Führungsanspruch sowjetischer Positionen für einen Teil der Exilkommunisten in London ergab.

> Die Übernahme der sowjetischen 'Ehrenburg-Linie' 1943/44, die sich weitgehend mit den Thesen des Vansittartismus[560] deckte und der bisherigen Deutschlandpolitik des FDKB entgegengesetzt war, lieferte Zündstoff für weitere Unstimmigkeiten in der Leitung und unter den Mitgliedern des Kulturbundes (ebenda).[561]

Ehrenburg hatte als Kommissar der Roten Armee mit grenzenlosem Haß die sowjetischen Soldaten dazu aufgefordert, jeden deutschen Soldaten umzubringen. Genau das stand aber der Front-Propaganda des Nationalkomitee Freies Deutschland, das deutsche Wehrmachtssoldaten zum Überlaufen aufforderte, vollkommen entgegen (Boelcke 1977, 268f.). 1943 trafen die Thesen von Vansittart über das deutsche Volk zudem auf die Zustimmung vieler Briten (Glees 1983, 73). Die Favorisierung der "Ehrenburg-Linie" bedeutete damit das Gegenteil der Politik des FDKB, die auf die Existenz eines "anderen Deutschland" verwies. Röder gibt damit Hinweise auf interne Auseinandersetzungen, die dem in den offiziellen Publikationen der ehemaligen DDR gegebenen Bild widersprechen.

---

560 Sir Robert Vansittart, außenpolitischer Berater der Regierung, hatte bereits 1940 in einem Brief geschrieben: "80% der deutschen Rasse sind der moralische und politische Abschaum der Welt. Ihnen ist mit Verträgen und Zugeständnissen nicht beizukommen. Es gilt sie zu fangen und ihr Rückgrat zu brechen... sie sind eine Rasse starrköpfiger Aggressoren und wir sollten alles daran setzen, Deutschland aufzuteilen" (zitiert bei Glees 1983, S. 6f.).
561 Röder stützt sich dabei auf einen im Parteiarchiv der SPD vorliegenden Bericht von Rudolf Möller-Dostali, geboren 1895. Als Mitarbeiter bei der Komintern 1929-1932 in Moskau, brach er 1934 mit der KPD und war 1935-1939 u.a. als Herausgeber der "Christlichen Freiheitsbriefe" in Prag tätig. 1939 wurde er mit dem Czech Refugee Trust Fund nach London evakuiert und trat hier der SPD bei (Röder 1968, S. 82).

Nach Stalingrad wurde im FDKB die wichtige Frage, wie Deutschland nach dem Ende des Krieges gestaltet werden sollte, behandelt. Johann Fladung äußerte sich in diesem Zusammenhang über eine dazu geführte interne Diskussion:

Der Schriftsteller Hans Flesch (Vorstands- und Gründungsmitglied J.R.H.) und andere waren der Meinung, sie als linke Bürgerliche müßten im neuen Deutschland den Ton angeben und versuchten, diese Linie bereits in der Emigration durchzusetzen. (Erstrebten eine Veränderung der Zusammensetzung des Vorstandes des FDKB zugunsten der bürgerlichen Kräfte und zuungunsten der Kommunisten.) Daraufhin kam es zu offiziellen Differenzen im Vorstand des Kulturbundes, da sich Fladung u.a. gegen diese Linie aussprachen. Die Folge war, daß Flesch, Rehfisch, Frieda Wolff u.a. aus dem Kulturbund austraten, da es ihnen nicht gelang, die Mehrheit des Vorstandes zu besetzen und damit ihre Absicht durchzusetzen. In diesem Zusammenhang ist auch die Spaltung der Schriftstellersektion des FDKB und die Gründung des Clubs 1943 zu sehen. [562]

Der Sprachgebrauch verdeutlicht, daß es hier eindeutig um den Erhalt von Machtpositionen ging, die die kommunistischen Funktionäre nicht gewillt waren, aufzugeben. Die gegensätzlichen Argumente der sogenannten "linken Bürgerlichen" wurden dabei nicht angeführt. Ihnen unterstellte Fladung a priori, die kommunistische Führung beiseite drängen zu wollen. Trotzdem diskutierten nach der Gründung des Club 43[563] seine Mitglieder weiter gemeinsam mit der Schriftstellersektion des FDKB, wie aus Anzeigen in vorliegenden Programmen ersichtlich wird. Offensichtlich war den Schriftstellern beider Flüchtlingsvereinigungen, auch nach diesen persönlichen Konsequenzen weiter daran gelegen, im Gespräch zu bleiben. Andererseits ließ sich diese Diskussionsrunde von Intellektuellen unterschiedlicher politischer Anschauungen nach außen hin einer demokratischen Streitkultur zuordnen, was der Politik der Kommunisten, sich als überparteilich demokratisch darzustellen, nur entgegenkommen konnte.

Die von Adam dargestellte Politik des Kulturbundes mit seinem solidarisch-kulturellen Programm nach Hitlers Überfall auf die Sowjetunion stellte dabei nur eine Seite der Medaille dar. Auf der anderen Seite stand die Unterordnung unter die Bestrebungen der stalinistischen Komintern seit Bestehen des FDKB, die sämtliche Kritik,

---

562 SAPMO ZPA EA 1972/1, Bl. 5 und Ergänzung.
563 Den "Club 43" gründeten 1943 Schriftsteller, die sich gegen die stalinistische KPD-Politik des Kulturbundes abgrenzten, um im kleinen Kreis literarische Probleme zu diskutieren. Das Konzept wurde nicht eingehalten, da es für Probleme verschiedener Geisteswissenschaften unumgänglich war, auch politische Berührungspunkte zuzulassen. Der Club hatte bis 1945 etwa 100 Mitglieder und führte 50 Veranstaltungen im Jahr durch. Nach dem Krieg bestand er weiter. Von Hans J. Rehfisch geleitet, gehörten zu seinen Gründern u.a. Monty Jacobs, Grete Fischer, Hans Flesch, Alfred Unger und Wilhelm Unger (Röder 1968, S. 88). Die erste gemeinsame Sitzung mit der Schriftstellersektion des FDKB fand laut Protokoll im Mai 1943 statt (SAPMO ZPA V 239/1/3); Zur Entstehung des "Club 43" vgl. Unger 1989.

selbst am Hitler-Stalin-Pakt von 1939, aussparte und weitgehend einen eigenständigen Weg der deutschen Flüchtlingsorganisation verhinderte.

11.6 Musik in Veranstaltungen des FDKB[564]

Die Musik wurde in vielen Veranstaltungen als additiver Faktor eingesetzt. Daneben wurden zahlreiche Konzerte ohne tagespolitischen Aufhänger, geprägt von den Spezialisierungen und Vorlieben der geflüchteten Musiker, veranstaltet. In sechs Veranstaltungskategorien kam Musik zum tragen:

a) Bei organisatorisch-politischen Zusammenkünften: Eher selten im Kalenderjahr und je nach der politischen Situation wurden Mitgliederversammlungen, Tagungen, Generalversammlungen und Delegiertenkonferenzen einberufen. Um die Zahl der Besucher und damit die Öffentlichkeitswirksamkeit zu erhöhen, mietete der FDKB auch größere Versammlungs- oder Konzertsäle. Hierfür ein Beispiel: Am 31. Januar 1943 "We accuse - 10 Years of Nazi Fascism", Gedenkveranstaltung im Stoll Theatre, London, Kingsway. Mitwirkende: Eleanor Rathbone, M.P.; Sprecher: Gordon Schaffer; Ernst Hermann Meyer, Horst Brasch; "Mass Choir of the London Cooperative Society" des FDKB und der FDJ sowie die "Players Group". Musikalische Leitung: Arnold Goldsbrough; Begleiter: Gladys Ritchie und Andre Asriel.[565] Während der Tagung "Zur Rettung und Wiedergeburt der deutschen Kultur", veranstaltet am 15./16. Januar 1944 in der Caxton Hall in Westminster, saßen Ernst Hermann Meyer, Max Rostal, Ludwig Brav und Alfred E. Kalmus im Präsidium. Walter Bergmann leitete die musikalische Darbietung zur Eröffnung.[566]

b) Bei Programmen und Veranstaltungen aller Sektionen innerhalb des Klubhauses in Hampstead: Alle Sektionen boten regelmäßig Programme im Klubhaus an, so daß dort an allen Wochentagen neben der Bibliothek, dem Café und Tanzabenden mit eigener Kapelle ein abwechslungsreiches kulturelles Leben herrschte. Das Haus stand befreundeten Flüchtlingsorganisationen offen, wie etwa am 18. Februar 1942 für den British-Czech Friendship Club[567] oder am 12. August 1942 für eine Zusammenkunft der Mitglieder des Austrian Centre.[568] Hier fanden Ausstellungen, Jubiläums- und Gedenkveranstaltungen, Rezitationsabende, Vorträge über ästhetische Probleme, Kabarettvorstellungen, Revuen, Feste - alle erdenklichen Varianten oder Mischfor-

---

564 Die Programme, die ich im Zentralen Parteiarchiv im Sommer 1991 in Berlin einsehen konnte, sind für die 7 Jahre des Bestehens des FDKB nicht vollständig. Weitere Programme liegen möglicherweise in der Akademie der Künste der Künste Berlin, die mir nicht zugänglich waren. Trotzdem ließen sich Tendenzen anhand des vorhandenen Materials feststellen.
565 SAPMO ZPA V 239/1/13; Bl. 301.
566 SAPMO ZPA V 239/1/5; Bl. 7,8.
567 SAPMO ZPA V 239/1/12; Bl. 26.
568 SAPMO ZPA V 239/1/12; Bl. 3

men von politischen, bildenden und unterhaltenden Zusammenkünften statt. Dazu einige Beispiele:

    6. Februar1943: *Mr. Gulliver goes to School*. Eine Revue im Kulturbund, die als Repertoire-Stück zahlreiche Aufführungen erlebte.

    23. Februar1943: "25 Jahre Rote Armee." Hans Kahle referiert, der Chor des FDKB singt Lieder der Roten Armee.[569]

    3. November 1944: Rezitationsabend von Else Johannsen-Wagner mit Lyrik und Prosa aus drei Jahrhunderten. Irma Pulvermann spielt Klaviermusik von Beethoven, Brahms und Schubert.

    5. November 1944: Annemarie Hase: Chansons aus 20 Jahren. Am Flügel: Egon L. Stein.

    7. November 1944: Russland, Literarisch-musikalischer Abend anläßlich der Gründung der UdSSR mit Felix Albin (Kurt Hager) und Hans H. Block am Piano mit Mussorgsky, *Bilder einer Ausstellung*, und dem Chor des FDKB mit vier russischen Liedern unter E.H. Meyer.

    26. November 1944: 4. Literarische Matinee. Toni Sachs spielt Beethoven, Sonata *Pathétique*, c-Moll op. 13 und ein *Phantasie-Impromptu* von Chopin.[570]

    13. Dezember 1944: Club Evening: Erna Lorenz rezitiert deutsche Gedichte und singt deutsche Chansons. Am Piano: Paul Lichtenstern.[571]

c) Bei Konzerten außerhalb des Kulturbundes: Diese Form gab es, mit etwa drei bis fünf Mal im Jahr, eher selten. Im Februar 1942 bot der Kulturbund ein "Great International Concert of Music banned by the Fascism" in der Wigmore Hall an.[572] Im Januar und Mai 1943 spielten Max Rostal und sein Kammerorchester mit dem Solisten Norbert Brainin jeweils ein Bach- und Mozart-Programm in derselben Konzerthalle.[573] Eher die Ausnahme blieb das Konzert vom 19. April 1944 in der Adolf Tuck Hall am Woburn Place: ausschließlich von Ernst Hermann Meyer wurden Kammermusik, Lieder und Chorwerke von Solisten und Chören dargeboten.[574] Am 8. Mai 1944 fand dazu im Klubhaus eine Auswertung innerhalb eines "Abends der Sektionen" mit dem anwesenden Komponisten statt.[575]
Deutsche Flüchtlinge und englische Solisten führten gemeinsam Kirchen-Kantaten und Sonaten von Bach, Schütz und Reger im Juli, August und September 1944 in der Holy Trinity Church auf. Es sangen die Chöre des Kulturbunds und der FDJ, dirigiert

---

569   SAPMO ZPA V 239/1/12; Bl. 41.
570   SAPMO ZPA V 239/1/12; Bl. 41.
571   SAPMO ZPA V 239/1/1/; Bl. 62.
572   SAPMO ZPA NL 140/8; Bl. 148
573   SAPMO ZPA 239/1/13.
574   SAPMO ZPA V 239/1/12; Bl. 182.
575   SAPMO ZPA V 239/1/12; Bl. 85.

von Ernst Hermann Meyer und Andre Asriel.[576] Aus einer Kritik dazu in der Freien Tribüne vom November 1944 ist ersichtlich, daß mit dem letztgenannten Konzert für den Red Cross and St. John Fund gesammelt wurde (V.K. 1944, 10.). Diese Form der Kontaktnahme mit der Londoner Bevölkerung nutzten die Veranstalter, um den britischen Widerstand gegen Nazi-Deutschland zu unterstützen. Der Kritik nach fanden diese Konzerte großen Zuspruch (ebenda).

d) Bei Kammer- und Chormusik im Klubhaus des FDKB: Hier wurde das Angebot ganz eindeutig von der Spezialisierung der Musiker und Sänger beiderlei Geschlechts bestimmt:

14. November 1942: Sonaten-Abend mit Norbert Brainin und Paul Hamburger mit Werken von Beethoven, Brahms und Mozart.

21. November 1942: Schubert-Lieder mit Johanna Metzger, Sopran, und Paul Lichtenstern am Klavier.

12. Juni 1943: Arien und Ensembles aus *Carmen, Der Troubadour* und *Madame Butterfly*; Fritz Berend begleitete dabei Hilda Alexander (Alt), Hilde Zweig (Sopran) und Wilhelm Bruckner (Tenor).[577]

27. Juni 1943: Der Jugendchor stellte sein neues Repertoire internationaler Freiheits- und Volkslieder unter Leitung von Andre Asriel und Peter Ury vor.[578]

Im internen Rahmen des Klubhauses begingen die Mitglieder Gedenktage in der Musikgeschichte. Zum 100. Todestag von Joseph Lanner stand am 18. Dezember 1943 "Der Wiener Walzer" mit Gesang und Klavier im Mittelpunkt. Als Gast des Austrian Centre hatte sich Paul Knepler, Librettist aus Wien, als sachkundiger Gesprächspartner zur Verfügung gestellt.[579] Das von tschechischen Flüchtlingen ins Leben gerufene Dumky-Trio trat am 30. Oktober 1943 anläßlich des 25jährigen Gedenkens an die Gründung der CSR mit einem Dvořák-Programm gemeinsam mit Fritz Berend und Paul Blumenfeld auf.[580] Das Austrian Centre verbreitete österreichisches Flair "Mit der Latern durch Wiener Gasserln" am 25. August 1943 mit dem Schauspieler Fritz Schrecker, der von Georg Knepler begleitet wurde.[581] Die Liste ließe sich beliebig fortsetzen.

e) Bei Konzerten mit neuen Werken von Flüchtlingen bzw. bei Konzerten mit zeitgenössischer Musik im Klubhaus: Einen ersten Hinweis gibt das Kulturbund-Pro-

---

576 SAPMO ZPA 239/1/12, Bl. 5 und SAPMO ZPA V 239/1/13; Bl. 2.
577 SAPMO ZPA V 239/1/12.
578 SAPMO ZPA V 239/1/12, Bl. 48.
579 SAPMO ZPA V 239/1/12, Bl. 60.
580 SAPMO ZPA V 239/1/12, Bl. 57.
581 SAPMO ZPA V 239/1/12, Bl. 52. Fritz Schrecker und Georg Knepler arbeiteten gemeinsam in der B.B.C.-Sendung nach Österreich "Der Alois mit dem grünen Hut".

gramm für den 13. April 1940. An diesem Tag sind Sela Trau und Mosco Carner mit der Uraufführung einer *Sonate* für Violoncello und Klavier von Egon Wellesz angekündigt.[582] Ein Jahr später standen Werke von Andre Asriel, Ludwig Brav, Erich Katz und Robert Müller-Hartmann auf dem Plan.[583] Das Jahr 1942 weist vier so bezeichnete "Modern Chamber Music" Konzerte aus, wobei es sich bei den aufgeführten Komponisten vorwiegend um Ludwig Brav, Mátyás Seiber und Berthold Goldschmidt bzw. auch Andre Asriel handelt. Diese scheinen nach den Dokumenten der Stamm der jungen Komponisten gewesen zu sein, die von 1941 an selten und höchstens vier Mal im Jahr ihre Werke gegenseitig vorstellten und diskutierten.[584] 1943 konnte nur ein Konzert mit Werken von Berthold Goldschmidt, Franz Reizenstein und Mátyás Seiber ermittelt werden (Margret Elliot, Oboe; Sela Trau, Violoncello; Berthold Goldschmidt und Franz Reizenstein, Klavier).[585] Auch für 1944 ließ sich nur ein einziges Konzert belegen.

f) Bei der Diskussion über Probleme der Musikwissenschaft: Richard Wagner stellte dabei so etwas wie einen neuralgischen Punkt dar. Im Februar 1944 wurde intern die Frage "Ist Richard Wagner ein Vorläufer Hitlers?" diskutiert.[586] Und im Februar 1945, im Hinblick auf den Stellenwert Wagners im zukünftigen Deutschland, ging man das Problem erneut an. Unter dem Thema "Richard Wagner - Nutzen oder Nachteil für die deutsche Kultur" stritten gemeinsam über das Für und Wider mit dem Club 43 Fritz Berend, Alfred Rosenzweig, Georg Knepler, Grete Fischer, Ernst Hermann Meyer und der englische Komponist Alan Bush.[587] Die unterschiedlichen Standpunkte der genannten Diskussionen tauchen in Rezensionen in der Zeitschrift des Kulturbundes nicht auf, so daß die inhaltlichen Auseinandersetzungen hier nicht nachvollzogen werden können.

Der Standpunkt von Alfred Rosenzweig läßt sich jedoch an anderer Stelle ablesen. Anläßlich des 60. Todestages von Wagner beschrieb er die "skrupellose Adaptierung des Wagnerschen Werkes für nationalistische Propaganda", wie sie in Österreich praktiziert wurde und würdigte gegenteilige Bestrebungen der Wiener Oper. Dort hatte man durch eine lebendige Auseinandersetzung mit dem Werk Wagners versucht, die "Monopolstellung Bayreuths" in Bezug auf die musealen Interpretationen von Wagners Opern zu attackieren (Rosenzweig 1943).

---

582 Im MGG-Werkverzeichnis von Egon Wellesz existiert keine *Sonate* für Violoncello und Klavier (MGG 1968, Bd. 14), ebensowenig im Wellesz-Werkverzeichnis von Endler. Es existiert eine *Sonate* für Violoncello solo aus dem Jahr 1920, UE (vgl. Wellesz 1981, S. 276.).
583 SAPMO ZPA NL 140/8, Bl. 84.
584 Bei einem Gespräch mit Berthold Goldschmidt vor der Aufführung seines *Streichtrios* (1991) in Kiel am 8.10.1992 bestätigte er das.
585 SAPMO ZPA V 239/1/12, Bl. 42.
586 SAPMO ZPA V 239/1/12, Bl. 181.
587 Weiter dazu das Kapitel über Ernst Hermann Meyer.

Ernst Hermann Meyer engagierte sich am stärksten für musikwissenschaftliche Belange im FDKB. Im Februar 1942 kündigte er einen Abend über "Englische Musik des Frühkapitalismus" an. Er schrieb auch Einführungen für Konzerte im größeren Rahmen. So etwa für ein Mozart-Konzert am 2. Mai 1943, das Max Rostal mit seinem Kammerorchester in der Wigmore Hall bestritt. Eine Vortragsreihe von sechs Abenden widmete Meyer von Ende Oktober bis Ende November 1944 dem Thema "Einflüsse von Freiheitsideen und Freiheitsbewegungen auf die deutsche Musik".[588] Ein letzter Diskussionsabend "Deutsche Musik - österreichische Musik" fand dann im Juni 1945 statt. Fritz Berend und Georg Knepler hatten dazu ihre Statements vorbereitet.[589] Ergebnisse über eine Diskussion liegen nicht vor.

11.7 Das Repertoire

Zu etwa 90 Prozent bestand das Repertoire der musikalischen Darbietungen im FDKB aus der Musik des Barock, der Klassik und der Romantik: Bach, Mozart, Beethoven, Brahms und Schubert stehen dafür. Aufführungen von tschechischer und französischer Musik gab es im Kulturbund auch, jedoch nicht in solch einer quantitativen Gewichtung. So trat am 30. Oktober 1943 anläßlich des 25jährigen Jubiläums der Gründung der CSR das Dumky-Trio, mit Paul Blumenfeld und Fritz Berend als Ensemblemitglieder, mit einem Dvořák-Programm[590] im Klubhaus des Kulturbundes auf. Oder während einer literarisch-musikalischen Gedenkstunde "Einiges Frankreich" am Vorabend des 18. Juli 1943, sang der "Greenford Co-op Choir" unter Gladys Ritchie französische Lieder.[591]

Einen deutlichen Akzent hingegen setzte man seit Bestehen des Kulturbundes mit russischer und sowjetischer Musik. Als Flüchtlingsorganisation eigentlich zur politischen Zurückhaltung verpflichtet, fiel insbesondere dem Chor des FDKB die Rolle zu, das weltanschauliche Glaubensbekenntnis zu Stalin und dem sowjetischen Kommunismus publik zu machen. Nach dem britisch-sowjetischen Militärpakt vom 12. Juli 1941 (Respignani 1977, 160) entstand in Großbritannien eine Solidargemeinschaft, die sich auch künstlerisch-kulturell bemerkbar machte und beispielsweise von Exilrussen, die ihr Land nach 1917 verlassen hatten, unterstützt wurde (Gesprächsprotokoll Knepler). Der FDKB hatte sich seit seinem Bestehen zum besonderen Anwalt der Sowjetunion und der kommunistischen Ideologie gemacht. Der

---

588 SAPMO ZPA V 239/1/12, Bl.8, 10, 11.
589 SAPMO ZPA V 239/1/12, Bl. 90.
590 SAPMO ZPA V 239/1/12, Bl. 57. Die Exilregierung der CSR hatte sich nach London retten können. Die englische Regierung richtete den "Czech Trust Fund" zur Unterstützung der tschechischen Flüchtlinge ein. Die Sängerin Inge Wall Lade arbeitete eine Zeitlang bei diesem Fund (Gesprächsprotokoll Wall Lade).
591 SAPMO ZPA V 239/1/13, Bl. 90.

Krieg gegen die Sowjetunion und die damit einhergehende Sympathie der Briten für die bedrohten und leidenden Menschen stellte die Programme des FDKB nun in einen allgemeinen Zusammenhang, mit dem sich das Londoner Publikum solidarisch erklärte. Vom 14. bis 25. Dezember 1941[592] veranstaltete der FDKB eine "Help Russia" Aktion und ließ am 19. April 1942 im "Arts Theatre" mit einem Tolstoi- und Tschaikowsky-Programm eine literarisch-musikalische Matinee folgen. Berthold Goldschmidt begleitete dabei die Sängerin Alice Schaeffer am Klavier.[593] Sechs Monate später, im Oktober 1942, wurde im Klubhaus ein großes Konzert mit sowjetischer Musik organisiert. Interessant ist dabei, daß für die Präsentation von Schostakowitsch, Chatschaturjan und Skrjabin englische Musiker verantwortlich zeichneten: Geraldine Peppin, Piano, und Joyce Gorrell, Violoncello bzw. der Chor der "Workers Music Association" unter Aubrey Bowmann.[594] Etwa von diesem Zeitpunkt an sind englische Musiker kontinuierlich als Kollegen deutscher Exilmusiker im Klubhaus des FDKB anzutreffen. Dabei engagierten sich die Musiker des Gastlandes auch für die Aufführung von zeitgenössischen Kompositionen deutscher Exilkomponisten. Am 20. Juni 1943, bei einem Konzert im kleinen Rahmen mit zeitgenössischer Musik von Berthold Goldschmidt, Franz Reizenstein und Mátyás Seiber, bei dem Sela Trau als Cellistin neben den Pianisten Goldschmidt und Reizenstein auftrat, spielte Margaret Eliot Oboe.[595]

Genauso wie sich englische Musiker bei Aufführungen des FDKB beteiligten, waren einige deutsche und österreichische Musiker an der B.B.C.[596] in "Refugee Ensembles" gemeinsam mit geflüchteten Musikern anderer Länder oder bei den "National Gallery Concerts" anerkannt. Verantwortliche des FDKB öffneten sich in ihrem Angebot auch der Kultur des Gastlandes und ließen dabei auch Engländer zu Wort kommen. Am 3. Oktober 1944 referierte H.G. Sear über "Cultural Problems in England To-day and To-morrow: Music in England".[597]

Das Commmittee for the Promotion of New Music ermöglichte am 22. September 1944 im FDKB einen Abend mit jungen englischen Komponisten. Bei Aufführungen der Kompositionen von William Alwyn, Malcolm Arnold, Ben Frenkel, und Robin Orr wirkten Max Rostal, das Streichquartett von Max Salpeter sowie die Flötisten John Francis, Wrayburn Ademy und George Alexandra (Fagott) mit.[598] Aus einer kurzen Rezension geht hervor, daß sich zahlreiche Engländer für dieses Konzert in-

---

592 SAPMO ZPA V 239/1/12, Bl. 1,2.
593 SAPMO ZPA V 239/1/13, Bl. 269, 270.
594 SAPMO ZPA V 239/1/13, Bl. 238.
595 SAPMO ZPA V 239/1/12, Bl. 47.
596 Wie kompliziert sich die Situation dort darstellte, wird in Kaitel 6 abgehandelt.
597 SAPMO ZPA V 239/1/12, Bl. 8.
598 SAPMO ZPA V 239/1/12, Bl. 7.

teressierten, bei dem Ernst Hermann Meyer Erläuterungen zu den Kompositionen gab (H.S-n 1944).

Das London Bel Canto Ensemble gastierte am 17. November 1944 im Kulturbund mit Vokalmusik von Mozart und Rossini. Insgesamt hatten sich dabei einundzwanzig deutsche und britische Mitwirkende unter der Leitung von Jani Strasser zusammengefunden.[599] Diese Besetzung ging aus dem Glyndebourne Ensemble hervor, das während des Krieges gezwungen war, seine Opernaufführungen zu unterbrechen.

Das Angebot des FDKB verdeutlicht, daß sich die Musiker unter den Flüchtlingen gegenseitig mit Auftrittsmöglichkeiten auch im Sinne einer Repertoire-Erweiterung unterstützten.

Der Chor des Kulturbundes hatte deutsche und internationale Volkslieder, englische Chormusik, antifaschistische und sowjetische Kampflieder einstudiert, um diese bei verschiedenen Anlässen im Rahmen des FDKB und darüber hinaus vorzutragen. Der Chor sang auch sozusagen "vor Ort" während deutscher Luftangriffe in U-Bahn-Stationen, die der Londoner Bevölkerung als Luftschutz dienten. Dafür wählte man bewußt deutsche Volkslieder aus, um den Engländern unter dem Hagel deutscher Bomben zu zeigen, daß dieses Deutschland noch über andere Werte verfügte, die den Nationalsozialismus überdauern würden.[600] Leider existiert kein Belege darüber, wie die Londoner darauf reagierten und ob die Botschaft, die mit den Darbietungen verknüpft war, angesichts des deutschen Bombenhagels von den Londonern verstanden wurde.

Der FDKB bestand nach dem Ende des Krieges weiter. Ein Beispiel für die allmähliche Kollegialität zwischen deutschen und englischen Musikern im Rahmen einer am britischen Musikleben interessierten Zuhörerschaft des FDKB bildete das Programm vom 17. Oktober 1945. Das "Zorian String Quartet" spielte Benjamin Brittens *1.* und Michael Tippetts *2. Streichquartett*. Die Einführung dazu gab Walter Bergmann,[601] der vorwiegend mit Barock-Programmen an die Öffentlichkeit getreten war. Offensichtlich hatte er sich zudem mit neuer britischer Musik befaßt.

Beim Überblick über das Repertoire der angebotenen Konzertprogramme liegt die Schlußfolgerung nahe, daß die Veranstalter sich auf die Vorlieben und Bedürfnisse des Publikums einstellten und somit den Anteil an zeitgenössischer Musik relativ gering hielten. Hinzu kam, daß mit Aufführungen der Werke von Bach, Mozart,

---

599 SAPMO ZPA V 239/1/12, Bl. 10.
600 Meyer (1979, S. 152) und Wall Lade (Gesprächsprotokoll) berichten darüber ohne das genaue Jahr anzugeben. Fladung beschreibt U-Bahn-Auftritte der Sing- und Spielgruppe der FDJ in den Jahren 1940 und 1941 (Fladung 1986, S. 267f.).
601 SAPMO ZPA V 239/1/12, Bl. 124.

Beethoven und Brahms Traditionen deutscher Musikkultur gepflegt wurden, die auch die Engländer zu schätzen wußten.

Mit dieser Auswahl an deutscher Musikpflege konnten sich die Flüchtlinge offenbar identifizieren. Wie oben dargestellt, war es ein wichtiges Anliegen des FDKB, daß sich seine Mitglieder auch weiter als Deutsche fühlten. Das ständige Insistieren auf deutsche Werte fand jedoch nicht nur Befürworter unter den Mitgliedern des FDKB. Wenn auch im Zusammenhang mit dem Nationalkomitee Freies Deutschland vorgebracht, äußerte sich Ruth Oppenheimer in einem Leserbrief kritisch über diese Politik (Oppenheimer 1943). Die Kompositionen von Schönberg, Berg und Webern spielten im FDKB offenbar kaum eine Rolle. Auf keinem (vorliegenden) Programmzettel ließ sich eine Aufführung von diesen Komponisten nachweisen. Die Besinnung auf deutsche kulturelle Werte war eindeutig auf Tradition ausgerichtet. Wie aus Biographien von mitwirkenden Musikern und Sängern ersichtlich ist, verfügten einige von ihnen über eine fundierte Ausbildung in Deutschland, die ihnen mit Sicherheit auch einen Zugang zu neuen Werken ermöglicht hatte.

Kompositionen junger Komponisten fanden zwar ihr kleines Podium mit eigenen Konzerten in der Upper Park Road, wurden aber nicht für die öffentliche Präsentation des FDKB herangezogen, außer wenn sie, wie Ernst Hermann Meyer und Andre Asriel, auch Chormusik für das Tagesgeschäft arrangierten und komponierten. Der einzige Komponist, der wenigstens zwei mit Hilfe des FDKB organisierte Konzerte ausschließlich mit eigenen Werken veranstaltete, war Ernst Hermann Meyer. Meyer engagierte sich als Musiker, Chorleiter, Musikwissenschaftler und Organisator nachhaltig für den FDKB und hatte von daher die besten Voraussetzungen, Aufführungen eigener Werke realisieren zu können. Andererseits äußerte Berthold Goldschmidt an keiner Stelle seiner zahlreich gegebenen Interviews sein Bedauern darüber, nicht deutlicher vom FDKB als Komponist gefördert worden zu sein.

11.8 Die Auflösung des Kulturbundes

Im Laufe des Jahres 1943 nahm allmählich die Dichte der Termine im FDKB ab: von neun Musik-Veranstaltungen im Juli 1943 reduzierte sich bis zum Jahr 1945 das Angebot auf durchschnittlich zwei im Monat.

Das Hauptinteresse der Verantwortlichen galt in diesem Zeitraum bereits der Zukunft in der Heimat. Die "Landesdelegiertenkonferenz" vom 27./28. Januar 1945 beschäftigte sich gezielt mit dem kulturellen Neuaufbau in Deutschland.[602] Auf einer weiteren außerordentlichen Landesdelegiertenkonferenz vom 27./28. Oktober 1945 wurde dann konkret über verschiedene Bereiche des kulturellen Neuaufbaus in der

---

602 SAPMO ZPA V 239/1/12, Bl. 66.

Sowjetischen Besatzungszone berichtet. Dabei sah man zunächst noch eine "Förderung des kulturellen Lebens in Deutschland durch britische Organisationen in Zusammenarbeit mit dem FDKB" vor.[603] Während dieser Konferenz beschlossen die Delegierten, einen Treuhänderausschuß für die Auflösung des FDKB in Großbritannien einzusetzen, wenn durch Weiterwanderung und Remigration seiner Mitglieder dessen Funktion in Großbritannien überflüssig werden sollte.[604] Die Konferenzteilnehmer sandten an den 1945 von Johannes R. Becher gegründeten "Kulturbund zur demokratischen Erneuerung Deutschlands" in Berlin eine Sympathieerklärung.[605] Johannes R. Becher, im Juni 1945 aus Moskau nach Berlin zurückgekehrt (Berger/Rupp 1968), war innerhalb des Partei-Apparates für den kulturellen Neuaufbau im Nachkriegsdeutschland eingesetzt (Meyers 1979, Bd. 1). Der FDKB ordnete sich dieser Linie, die in Moskau ausgearbeitet worden war, unter.

Es waren nun wieder bürokratische Prozeduren nötig, um in die frühere Heimat zurückkehren zu können. Die britischen Behörden hatten nach der Kapitulation Nazi-Deutschlands insbesondere politischen Flüchtlingen die Ausreise nach Deutschland vorerst verweigert bzw. über deren Rückreiseanträge noch nicht entschieden, wie die Freie Tribüne berichtete (Anonym 1945). Gegen eine Rückkehr in die Sowjetische Besatzungszone konnten die britischen Behörden hingegen weniger einwenden. Deshalb engagierte sich der FDKB nun für seine rückkehrwilligen Mitglieder bei den britischen Behörden in London und den sowjetischen Besatzungsbehörden. Letztere erklärten sich gemäß eines internen Kulturbund-Schriftstückes[606] bereit, "antifaschistischen Flüchtlingen" eine Einreiseerlaubnis in die sowjetische Besatzungszone zu gewähren. Die Genehmigung dazu erteilte demnach die sowjetische Konsularbehörde in London dem Rückwanderungsbüro deutscher Flüchtlinge in London. Da die britische Kontrollkommission geschlossene Rücktransporte von mindestens fünfzig Personen bevorzugte, stellten Verantwortliche des FDKB die gewünschte Personenanzahl für die Rückkehr nach Deutschland zusammen. Eine "Liste der beim Rueckwanderungsbuero fuer deutsche Fluechtlinge in Gr. Britannien registrierten Personen"[607] umfaßt 450 Namen. Die Genannten gingen (mit großer Wahrscheinlichkeit, Dokumente darüber sind jedoch nicht vorhanden) nach Deutschland zurück, mitunter ohne selbst überhaupt dort ein genaues Ziel angeben zu können. Unter ihnen befinden sich sieben Musiker, die nach Berlin bzw. in die sowjetische Besatzungszone zurückkehren wollten. Wie viele Mitglieder des Kulturbundes insgesamt remigrieren

---

603 SAPMO ZPA V 239/1/2, Bl. 8.
604 SAPMO ZPA V 239/1/2, Bl. 10.
605 SAPMO ZPA V 239/1/2, Bl. 10.
606 "Remigration antifaschistischer Flüchtlinge aus Großbritannien" vom 20.3.1946; SAPMO ZPA NL 140/11, Bl.8.
607 SAPMO ZPA NL 140/11, Bl. 13-34.

wollten, läßt sich nicht feststellen, da es auch möglich war, unabhängig vom FDKB in die britische Besatzungszone Berlins zu reisen und dort die Einreisepapiere zu erhalten. Und Maria Lidka berichtete auch über einen Besuch im amerikanischen Sektor Berlins nach Kriegsende, wofür sie in London eine Genehmigung erhalten hatte. Die oben genannte Rückwanderungsliste des FDKB belegt als einziges Dokument das Exil von dem Musiker, Schauspieler und Buchhändler Erwin Jacoby,[608] von der Opernsängerin Edith Maerker[609] und von der Musiklehrerin Margarete Tille[610] in Großbritannien. Ob sie nach ihrer Rückkehr wieder in ihren eigentlichen Berufen arbeiteten, kann durch Quellen nicht belegt werden. Spuren von ihnen auf Programmzetteln des FDKB oder Hinweise durch Zeugnisse anderer Flüchtlinge sind nicht vorhanden. Demnach schlossen sich auch Exil-Musiker und Musikerinnen aus Deutschland dem FDKB an, ohne etwaige Auftrittsmöglichkeiten dort in Anspruch zu nehmen.

Die Auflösung des Kulturbundes erstreckte sich laut Beschluß des Treuhänder-Ausschusses vom 1. Februar bis 1. Mai 1946. In diesem Zeitraum ging das Programm weiter.[611] Noch im Juli 1946 wurde das Veranstaltungsprogramm unter seiner eigentlichen Bezeichnung FDKB vervielfältigt. Bei den Zurückbleibenden bestand offenbar den Wunsch, die Idee des FDKB, wenn auch in anderer Form und unter anderer Bezeichnung, weiter am Leben zu erhalten. So nannte er sich übergangsweise im Januar/Februar 1946 "Verband demokratischer Deutscher"[612] oder Ende Mai 1946 auch "Bund zur Förderung der deutschen Kultur".[613] Am 19. Juni 1946 wurde dann der "Heinrich-Heine Bund" als "Vereinigung zur Förderung der deutschen Kultur" gegründet, der für die "Bleibenden" gedacht war und den "Zurückkehrenden" ein "Bindeglied" sein sollte.[614] Die Sängerin Alice Schaeffer gehörte als einzige Musikerin der Leitung des neuen Bundes an.

Diejenigen, die sich stark für den FDKB engagiert hatten, gingen zum größten Teil in die Sowjetische Besatzungszone, um dort am Aufbau einer demokratischen Kultur und Musikkultur mitzuwirken. 90% der zumeist jüdischen Flüchtlinge blieben in Großbritannien.[615] Auch ein großer Teil der Musiker, die mit dem FDKB verbunden waren, betrachtete nun das Exilland eher als Heimatersatz und lehnte eine Rückkehr

---

608 E. Jacoby geht mit Frau und Kleinkind nach Berlin-Lichtenberg zurück.
609 E. Maerker gibt für ihre Rückkehr eine Adresse in Berlin an, war aber vorher in Leipzig tätig.
610 M. Tille geht gemeinsam mit ihrem Mann nach Berlin "oder eine Stadt in Sachsen"; sie gibt "keine Unterkunft" in Deutschland an (SAPMO NL 1940/11, Bl. 32).
611 SAPMO ZPA V 239/1/3, Bl. 3.
612 SAPMO ZPA V 239/1/12, Bl. 143.
613 SAPMO ZPA V 239/1/4, Bl. 50.
614 SAPMO ZPA V 239/1/12, Bl. 191.
615 Diese Zahl wird in verschiedenen Aufsätzen immer wieder verwendet. Genaue Belege konnten darüber nicht ermittelt werden.

nach Deutschland ab. Flüchtlinge, die zum Zeitpunkt ihrer Ankunft in England Kinder bei sich hatten oder inzwischen Kinder bekommen hatten, blieben, weil sie ihre englisch assimilierten Kinder vor erneuter Entwurzelung bewahren wollten.[616] Eine wichtige Rolle spielte weiterhin, daß ein Großteil der vertriebenen deutschen Juden Verwandte und Freunde in Deutschland zurücklassen mußte, die Hitlers Vernichtungsaktionen nicht mehr entkommen konnten.[617] Auf eine ernstzunehmende Opposition in Deutschland, die das Hitler-Regime von innen heraus beseitigen würde, hatten die Flüchtlinge in Großbritannien vergeblich gehofft. Der Hitler-Faschismus wurde ausschließlich durch die Anti-Hitler-Koalition beseitigt, in der die britische Nation und Churchill eine Schlüsselfunktion besaßen. Damit hatten sich die meisten der Flüchtlinge nicht nur voll identifiziert, sie waren selbst als Angehörige der Streitkräfte,[618] als Beschäftigte der Kriegsindustrie oder als zivile Arbeiter daran beteiligt. Hilde Spiel beschrieb mit psychologischem Feingefühl, in welch widersprüchliche Situation die England-Flüchtlinge gerieten: Sie wünschten sich den Krieg in ihrem Heimatland, um dahin wieder zurückkehren zu können. Gleichzeitig kam damit die "Vorahnung einer Entfremdung von der Heimat" (Spiel 1975, xxxiv). Die Entfremdung von der Heimat wurde durch ein weiteres Ereignis, das ganz Großbritannien erschütterte, verstärkt. Britische Truppen hatten das Konzentrationslager Bergen Belsen befreit. In Filmen, Fotos und Augenzeugenberichten kam das bis dahin nicht vorstellbare Ausmaß der Vernichtungsmaschinerie der SS ans Tageslicht.[619] All das hatte ohne nennenswerten Widerspruch der deutschen Bevölkerung stattgefunden. Wie Meinungsumfragen bestätigen, wirkten sich die deutschen Bombenangriffe auf Großbritannien nicht so negativ auf das Ansehen des deutschen Volkes in Großbritannien aus wie gerade die Veröffentlichung dieser Dokumente. Es liegt im Bereich des Möglichen, daß diese Konfrontation mit den Verbrechen gegen die Menschlichkeit den Rückkehrwunsch von Flüchtlingen in sein Gegenteil verkehrte. In der britischen Bevölkerung wirkte dieser Schock nachhaltig. Erst im Sommer 1947 begann hier eine langsame Differenzierung des Bildes über die Deutschen.[620]

---

616 Vgl. dazu Hilde Spiel, die am Ende ihres Beitrages anhand einer Familiengeschichte beschreibt, wie sich die Rückkehr von Flüchtlingen auf die im englischen Exil geborenen Kinder auswirkte, die nun wiederum entwurzelt waren und sich in Deutschland nicht heimisch fühlten (Spiel 1978, S. xxxvi).
617 Die Sängerin Erika Storm, deren Mutter und Bruder in Holland von der SS überrascht und in ein Vernichtungslager deportiert wurden, besuchte nie wieder ihre Geburtsstadt Hamburg, in der sie einst glückliche Tage verlebte. 22 Mitglieder der Familie Berthold Goldschmidts wurden ermordet. Peter Ury gelangte 1945 als Dolmetscher auf Seiten der Alliierten in seine Heimatstadt Ulm, aus der seine Mutter deportiert und später ermordet worden war (Ury 1945).
618 Dazu gehört aus der Gruppe der Musiker Wolfgang Lesser (Stompor 1994, Bd. 1, S. 316).
619 Im Imperial War Museum in London sind diese Dokumente Bestandteil einer ständigen Ausstellung über den II. Weltkrieg.
620 FR 2565 "Attitudes to the German People", 23.2.1948, S. 6-8.

11.9 Die Bedeutung des Freien Deutschen Kulturbundes für vertriebene Musiker

Von den 82 vertriebenen Musikern und Musikerinnen, über die sich ein Nachweis im Freien Deutschen Kulturbund in London ermitteln ließ, sind relativ wenige genau bekannt, die nach Ende des Krieges in die sowjetische Besatzungszone und spätere DDR remigrierten.[621] Was mit den Flüchtlingen weiter geschah, die auf Rücktransportliste des FDKB eingetragen waren, läßt sich nicht mehr nachvollziehen.[622] So bleibt offen, ob sie in der SBZ und späteren DDR blieben oder in die westlichen Besatzungszonen weiterzogen. Diejenigen Musiker, die sich als Kommunisten ganz bewußt für die sowjetische Besatzungszone entschieden hatten, konnten sich dort wie andere zurückgekehrte Intellektuelle in verschiedenen Bereichen gut etablieren.

Berthold Goldschmidt wies im Gespräch mit der Autorin darauf hin, daß die Verantwortlichen des Kulturbundes ungeheuer engagiert gewesen seien und daß er selbst die wenigen kommunistischen "Fanatiker" dabei nicht sonderlich ernst genommen habe. Maria Lidka schätzte den Kulturbund mehr als Begegnungsstätte von Flüchtlingen und wertete das musikalische Niveau der Veranstaltungen eher im Durchschnitt als mittelmäßig. Siegmund Nissel sprach mit Achtung von den Kommunisten, die als einzige wenigstens Aktivitäten zeigten.

Es gibt unter den deutschen Musikern im Londoner Exil kaum einen, der nicht irgendwann einmal auf einem Programmzettel des Kulturbundes zu finden ist. Das bedeutet, daß der Bund im Hinblick auf das "alltägliche Exil" eine Rolle für diese Musiker, Sänger, Komponisten und einige Musikwissenschaftler beiderlei Geschlechts spielte. Musiker nutzten die ihnen durch den Kulturbund gebotene Möglichkeit des gemeinsamen Musizierens, um das erreichte Niveau im Beherrschen des Instruments weiter zu pflegen und in diesem Rahmen unter Beweis stellen zu können.[623]

Das weitgehende Berufsverbot für Musiker in Großbritannien konnte im Kulturbund - alle Musiker waren mehr oder weniger davon betroffen - gemeinsam kompensiert werden. Die Musikveranstaltungen innerhalb des FDKB haben auf jeden Fall dazu verholfen, Beziehungen der Musiker untereinander zu schaffen und zu festigen, die

---

621 Annemarie Hase (ab 1961 Übersiedlung nach Westberlin), Inge Lammel, Wolfgang Lesser, Ernst Hermann Meyer, Ingeborg Wall Lade.
622 Kurt Schröder, über den sich kein Nachweis im FDKB finden ließ, remigrierte 1946 nach Frankfurt am Main (Riemann 1961 und 1975). Ernst Schoen (gestorben 1960), remigrierte 1952 nach Westberlin und arbeitete in Ostberlin. Bis zu seinem Tod pendelte er zwischen Ost- und Westdeutschland hin und her und wurde in beiden Teilen nicht heimisch. Seine Frau kehrte nach seinem Tod nach England zurück (Schiller-Lerg 1994).
623 Die Honorarfrage wurde in den Gesprächen mit vertriebenen Musikern nicht berührt. Jedoch erwähnte auch keiner der Befragten spontan den FDKB als eine Möglichkeit, sich als Musiker dadurch über Wasser halten zu können.

auch über die Zeit der Kriegsjahre hinaus von Nutzen waren. Die relativ wenigen Konzerte, die der Freie Deutsche Kulturbund in größeren Zusammenhängen wie etwa in der Wigmore Hall organisierte, waren wichtige Beiträge für die Präsenz deutscher Musiker in der britischen Öffentlichkeit. Wenn es auch den Kulturbund nach 1946 nicht mehr gab, so kommt ihm im Hinblick auf seine psycho-soziale Funktion für die Musiker während seines Bestehens und danach Bedeutung zu. Die SBZ-Remigranten bekamen hier die Grundlage, auf der sie ihren weiteren Lebensweg gestalteten. Ingeborg Wall Lade sang später in der DDR Sopranpartien bei Aufführungen von Kompositionen Ernst Hermann Meyers (Meyer 1979, 183 und 276). Die einmal geknüpften Beziehungen zu diesem Komponisten blieben für sie noch Jahrzehnte weiter produktiv.

Da es sich bei dem FDKB um eine Institution handelte, die von Deutschen ins Leben gerufen wurde, konnte er für die Musiker, die sich für ein Verbleiben in Großbritannien entschieden, nicht mehr als positiv begleitend wirken. Die wirklichen Auseinandersetzungen um eine Integration dieser Musiker ins englische Musikleben fanden in anderen Bereichen, außerhalb des Kulturbundes, statt.

11.10 Zur Rezeption des FDKB

Am Freien Deutschen Kulturbund scheiden sich die Geister. In Darstellungen aus der ehemaligen DDR wird dem FDKB eine Schlüsselposition zugewiesen (Adam 1983; Leske/Reinisch 1987). Bei Leske/Reinisch wird der FDKB auf achtzig Seiten in acht Kapiteln behandelt und durch einen ausführlichen Anmerkungsteil ergänzt, der detailliert einzelne Programme von Kabaretts und Konzertfolgen auflistet.[624] Für den Leser in der ehemaligen DDR, dem keine anderen Publikationen über das Exil in Großbritannien zugänglich waren, ergab sich somit ein verzerrtes Bild: Das Exil von Vertriebenen aus Deutschland in Großbritannien wird mit dem FDKB gleichgesetzt, der konsequent die von der KPD initiierte antifaschistische Volksfrontpolitik vertrat. Versuche von Musikern, sich während ihres Exils in das englische Musikleben zu integrieren, werden nur kurz am Rande erwähnt und als "Ausnahmen" (Leske/Reinisch 1987, 281) abgetan. Selbst das "Musicians' Refugee Committee", das, wie bereits ausgeführt, sich beharrlich für Arbeitserlaubnisse vertriebener Musiker aus Deutschland und Österreich einsetzte, wird - als "ein für das britische Home Office und für das Arbeitsministerium arbeitendes Emigrantenkomitee" (Leske/Reinisch 1987, 281) abqualifiziert. Das Gegenteil entspricht jedoch den Tatsachen. In dem verkrampften Bemühen, den FDKB als historischen Baustein für den späteren So-

---

[624] Über den Kulturbund hinaus wird das Exil in Großbritannien durch Personalartikel zu Fritz Busch und Carl Ebert in Glyndebourne (Reinisch 1987a), Kurt Jooss (Reinisch 1987b) und Ernst Hermann Meyer (Hansen 1987) weiter beschrieben.

zialismus in der ehemaligen DDR heranzuziehen, wurde seine Bedeutung für seine Mitglieder im Nachhinein deutlich übertrieben. So heißt es dazu: "In den einzelnen Sektionen entwickelten sich viele künstlerisch weiter und fanden zu einem besseren Verständnis der Kulturpolitik der KPD, die modifiziert in der Zielstellung des FDKB fixiert war" (Leske/Reinisch 1987, 293). Diese Wertung hält einer Überprüfung nicht stand. In der Sektion der Musiker und Komponisten kann von künstlerischer Weiterentwicklung nur bedingt die Rede sein. Ohnehin kann sich ein Musiker oder Komponist nur mit großen Einschränkungen in einer Enklave unter Kriegsbedingungen weiterentwickeln. Dazu gehörten für einen Musiker sowohl der gesunde Wettstreit mit anderen Musikern als auch die Begegnung mit Komponisten. Als Komponist konnte man sich im FDKB, außer bei der Komposition von Chören, ebenfalls relativ wenig weiterentwickeln. Ganz abgesehen davon, daß es sich dabei nur um Kammermusik hätte handeln können, bot der FDKB zu wenig Möglichkeiten und verkörperte schon gar nicht ein Podium, das unter dem Gesichtspunkt attraktiver Konzerte im Mittelpunkt öffentlicher Kritik stand. Es war Krieg, das tägliche Leben war für Briten und Flüchtlinge stark eingeschränkt. Vor diesem Hintergrund muß seine Wirkung innerhalb einer Metropole relativiert werden, auch wenn gelegentlich Konzerte außerhalb des Klubhauses stattfanden. Über eine Aktivierung "zum gemeinsamen Handeln im Sinne der Volksfrontpolitik der KPD", wie Leske und Reinisch (1987, 293) die Funktion des FDKB resümieren, äußerte sich keiner der von mir befragten Exilmusiker in London.

Ernst Hermann Meyer beantwortete Fragen zum Exil in Großbritannien aus seiner ganz persönlichen Sicht und beschrieb insbesondere den FDKB und sein damit verbundenes Wirken sehr ausführlich (Meyer 1979, 135-182). Die Sängerin Ingeborg Wall Lade[625] maß bei meiner Befragung über ihre Exiljahre in Großbritannien dem Kulturbund eine große Bedeutung für ihre Biographie zu. Durch das Beispiel engagierter Mitglieder des FDKB, die sich wie E.H. Meyer oder Johann Fladung tatkräftig für die Belange der Flüchtlinge einsetzten, wurde sie selbst Kommunistin. Sie hat wie alle anderen in der ehemaligen DDR als überzeugte Kommunisten lebenden ehemaligen Flüchtlinge mit dieser Flüchtlingsorganisation viel mehr verbunden als nur eine Möglichkeit, sich in ihrem Beruf als Sängerin zu betätigen. Den Kommunisten unter den Musikern bot sich hier eine Möglichkeit, ihren sogenannten Klassenauftrag zu erfüllen. In einer Gemeinschaft von Gleichgesinnten war für diese Gruppe auch das Musizieren in den ideologischen Kontext eingebettet.

---

625 Nach ihrer Remigration in die DDR sang sie bei zahlreichen Aufführungen Lieder E.H. Meyers (Meyer 1979, S. 147). Die Abschrift eines Interviews befindet sich im Besitz der Autorin.

Abb. 9: Aufruf des "Freien Deutschen Kulturbundes" aus dem Jahr 1945.

Der FDKB diente in der späteren DDR als Modell für den Aufbau des "Kulturbundes zur demokratischen Erneuerung Deutschlands".[626] Auch die späteren Künstlerverbände wiesen eine nahezu identische Organisationsstruktur wie der FDKB mit Präsidium, Sekretariat, Bezirksleitungen, Kommissionen und Sektionen auf. Der Komponistenverband der späteren DDR wurde, zunächst innerhalb des Kulturbundes angesiedelt, am 6. April 1953 in Berlin gegründet. Zu den Gründungsmitgliedern gehörten die aus London in die SBZ und spätere DDR übergesiedelten Musiker bzw. Musikwissenschaftler Ernst Hermann Meyer, Georg Knepler und Andre Asriel (Brockhaus/Niemann 1979, 73f.). Auf Delegiertenkonferenzen wurden die von der SED vorgegebenen Aufgaben für die Musikkultur beim "Aufbau des Sozialismus" formuliert und die dafür bestimmten und personell vorher festgelegten Leitungsgremien neu gewählt. Nach außen schienen diese Organisationsformen demokratisch, an den wichtigen Schaltstellen saßen jedoch Funktionäre, die für die Einhaltung der vorgezeichneten Politik sorgten. Gerhard Oertel, als Kommunist bereits in der "Arbeite langsam!"-Bewegung im britischen Exil aktiv gewesen, äußerte sich in einem Interview anhand eines Beispiels zum taktischen Vorgehen der SED, um in Organisationen Fuß zu fassen:

> Schott (der Gewerkschaftsvorsitzende der Deutschen Staatsoper, J.R.H.) hatte sich immer gegen die Durchführung von Delegiertenkonferenzen zu den Gewerkschaftswahlen gewehrt, er war immer für große Versammlungen. Er wußte auch, warum. Die gewählten Delegierten aus den einzelnen Sparten bestimmten den Inhalt der Delegiertenkonferenz und dadurch gelang es uns, die gesamte Ostbürogruppe auszuschalten, mit Schott an der Spitze. Das erstemal wurde eine BGL[627] gewählt, in der gute Genossen und sympathisierende Kollegen die Mehrheit hatten. [...] Schott stand kurz vor der Rente und so wanderte er dann ins Archiv. So gelang es mir, dadurch den Parteiauftrag,[628] die Agentengruppe (!) in der BGL innerhalb von zwei Jahren zu liquidieren.[629]

Vergeblich sucht man andererseits in westdeutschen Darstellungen zum musikalischen Exil eine breite Auseinandersetzung mit dem FDKB in Großbritannien. Das hatte mit Sicherheit auch seinen Grund in den Schwierigkeiten, die Musikologen aus der Bundesrepublik bei der Sichtung der Quellen des FDKB im Zentralen Parteiarchiv der SED im Wege standen.[630] Lediglich Traber gab einen kurzen Hinweis über die Musiker im FDKB (Traber 1986, 252). Auf dem Gebiet der Exilforschung gab es

---

626   Johannes R. Becher präsidierte bei der im August 1945 einberufenen Gründungskonferenz (Brockhaus/Niemann 1979, S. 6).
627   Abkürzung für Betriebsgewerkschaftsleitung.
628   Hier fehlt das Verb "zu erfüllen".
629   SAPMO ZPA EA 2079/1, Bl. 210f.
630   Ob überhaupt das Zentrale Parteiarchiv im ehemaligen Institut für die Geschichte der Arbeiterbewegung in Ostberlin, in dem die meisten der Dokumente über den Kulturbund liegen, für Westdeutsche/Westberliner vor dem Fall der Mauer offen stand, wurde von Mitarbeitern dieses Archivs widersprüchlich und nicht eindeutig beantwortet.

zwischen den beiden deutschen Staaten keine Zusammenarbeit. Eine Exilforschung auf dem Gebiet der Musikwissenschaft existierte in der ehemaligen DDR, abgesehen vom Hanns-Eisler-Archiv, nicht. Die Beschreibung des FDKB (Leske/Reinisch 1987) ordnet sich einer dogmatisch verzerrten Geschichtsbetrachtung unter.[631] Eine sachlichen Argumenten gegenüber offene Diskussion, bei der die Kontrahenten sich gegenseitig befruchten, war zwischen beiden deutschen Staaten nicht möglich. Nach der Wiedervereinigung beschrieb Stephan Stompor in der 1994 erschienenen Publikation "Künstler im Exil ..." auch im Zusammenhang mit dem Exil von Künstlern in Großbritannien den FDKB. Er zählt relativ umfangreich die wichtigsten Inszenierungen und Veranstaltungen auf und benennt außerdem einige Musiker.[632] Eher am Rande und gekoppelt an Meyers Londoner Jahre erwähnt auch Erik Levi den FDKB (Levi 1994, 205).

11.11 Die Bedeutung des FDKB für Exilmusiker

Bei meinen Interviews mit in Großbritannien verbliebenen Exil-Musikern stellte ich fest, daß sie sich erst nach gezielter Nachfrage an den Kulturbund und dessen Musikveranstaltungen erinnerten, so Berthold Goldschmidt, Maria Lidka, Erika Storm,[633] Siegmund Nissel,[634] Peter Gellhorn[635] und Paul Hamburger.[636] Das deutet darauf hin, daß Musiker und Musikerinnen, die nicht nach Deutschland zurückkehrten und sich eine neue Karriere in Großbritannien aufbauen wollten, den FDKB dafür nicht als Katalysator ansahen. Die entscheidenden Faktoren für eine Integration in das Musikleben in Großbritannien kamen bei den genannten Musikern und Musikerinnen aus anderen Richtungen. Da die Befragten nicht zur Gruppe der

---

631 "Exil in Großbritannien" ist Teil eines Projektes, das in sieben Bänden, nach Ländern geordnet, "Kunst und Literatur im antifaschistischen Exil 1933-1945" behandelt. Verantwortlich dafür zeichneten Gremien der Akademie der Wissenschaften der DDR/Zentralinstitut für Literaturgeschichte und der Akademie der Künste der DDR. Das Land Großbritannien wird in Band 5 der Reihe, der außerdem die Tschechoslowakei, Skandinavien und Palästina beinhaltet, behandelt. Hans Albert Walter rezensierte diese siebenbändige Reihe in "Sammlung 5" 1982, S. 92-108 und setzt sich dabei mit der darin praktizierten Behandlung von wissenschaftlichen Quellen auseinander.
632 Stompor 1994, Bd. 1, S. 320-330.
633 Der Name von Erika Storm ist in Programmen des Kulturbundes vertreten, aber eigentlich mehr mit der Aufführung von Grosz-, Krenek-, Schönberg-und Mahler-Liedern verbunden, wobei sie eng mit dem Pianisten und Musikwissenschaftler Mosco Carner zusammenarbeitete. Ernst Krenek probte mit ihr während seiner "Odyssee" zwischen Europa und den USA zur Vorbereitung eines IGNM Konzertes am 19.4.1938 in London. Erika Storm sang dabei das *Reisebuch aus den österreichischen Alpen* und die *Fidellieder* (Zenck 1982, S. 108).
634 Siegmund Nissel trat wenige Male im Kulturbund auf.
635 Maria Lidka charakterisierte Peter Gellhorn als den "besten Musiker Englands". Er trat als Pianist im Kulturbund auf.
636 Paul Hamburger trat wenige Male als Pianist im FDKB auf. Ihn befragte ich telefonisch.

Kommunisten in diesem Bund gehörten und sich nicht für seine politischen Ziele interessierten, bewerteten sie ihn schlicht als eine von mehreren Möglichkeiten des Musizierens. Demgegenüber maßen ihm die in die DDR remigrierten Musiker und Musikerinnen eine immense Bedeutung für ihre Biographie zu.

12 Das Austrian Centre in London

12.1 Quellenlage

Erna Wipplinger beschreibt im Rahmen ihrer Dissertation[637] ausführlich das "Laterndl", die österreichische Kleinkunstbühne des Austrian Centre, und publizierte 1985 einen weiteren Aufsatz zu diesem Thema.[638] Als Sekretär des Austrian Centre veröffentlichte Georg Knepler zum fünfjährigen Bestehen des Austrian Centre einen Aufsatz, in dem er u.a. den Anteil der Musik innerhalb des kulturellen Angebotes eingehend würdigt (Knepler 1944). Dieser Aufsatz wurde für nachfolgendes Kapitel ausgewertet. Weiter wurde die "Sammlung Exil-Literatur 1933-1945" in der Deutschen Bibliothek Leipzig, in der ein Teil von Broschüren und Exilzeitschriften des Austrian Centre vorliegt, herangezogen. Mit großer Wahrscheinlichkeit wurde auch dieser Bestand von ehemaligen Flüchtlingen, die als Österreicher in die SBZ bzw. spätere DDR übersiedelten, beigebracht. Folgende Zeitschriften wurden dabei berücksichtigt (diese Zeitschriften sind oft nicht vollständig; das betrifft sowohl Jahrgänge als auch einzelne Exemplare):[639]

Council of Austrians in Great Britain. Annual Report of the Austrian Centre, London;
Austrian News. Monthly of the Free Austrian Movement. London;
Kulturblätter des Free Austrian Movement;
Camp;
Free Austria;
Zeitspiegel;
Freie Deutsche Jugend;
Junges Österreich;
Freie Tribüne.

Benutzt wurde ferner der 1992 erschienene Dokumentationsband "Österreicher im Exil: Großbritannien 1938-1945" (DÖW 1992), mit dem eine breite Quellensammlung zum Exil von Österreichern in Großbritannien vorliegt. Darin sind Aspekte der Flüchtlingspolitik der Briten, Exilorganisationen, Publizistik, Musik und die Internierung eingeschlossen. Als weitere Quellen dienten die Protokolle der in London geführten Gespräche mit Milein Cosman, der Witwe von Hans Heinrich Keller, und Siegmund Nissel. Des weiteren lag mir das Protokoll eines Gespräches, das Georg

---

637 Österreichisches Exiltheater in Großbritannien (1938-1945), Geisteswiss. Diss., Wien 1984.
638 "Von Adam zu Adolf. Die politisch-satirischen Kleinkunstprogramme der österreichischen Exilbühne 'Laterndl'"; in: iwk. Mitteilungen des Instituts für Wissenschaft und Kunst, Nr. 1, 1985.
639 Vgl. Maas, Handbuch der deutschen Exilpresse 1933-1945, Bd. 1 u. 2; mit Standortbestimmung in den jeweiligen Sammlungen und Bibliotheken (Maas 1976 und 1978).

Knepler mit der Projektgruppe "Musik und Nationalsozialismus" am musikwissenschaftlichen Institut der Universität Hamburg im Dezember 1992 in Hamburg führte, vor. Hinzu kommen einige Publikationen, die das Exil einzelner österreichischer Musiker beschreiben. Der Zeitspiegel wurde als besonders ergiebige Sekundärquelle herangezogen. In Konzertankündigungen, gelegentlichen Kritiken oder kurzen Aufsätzen zu musikalischen Themen wird ein Bild über die musikalischen Aktivitäten des Austrian Centre vermittelt. Im Gegensatz zum FDKB sind in der Sammlung Exil-Literatur in der Deutschen Bücherei in Leipzig keine einzelnen Konzertprogramme überliefert. Mitgliederlisten liegen ebenfalls nicht vor, so daß sich die Namen von Musikern nur indirekt ermitteln ließen. Aus den Quellen wird auch nicht ersichtlich, ob es Sektionen der einzelnen künstlerischen Sparten ähnlich denen des Kulturbundes gegeben hat. Da auch Österreicher als Teilnehmer bei der Diskussion zu musikalischen Fragestellungen im FDKB auf dem Programm stehen, liegt die Vermutung nahe, daß es solch eine durchorganisierte Form im Austrian Centre nicht gab.

Eine Auswertung der musikalischen Veranstaltungen des Austrian Centre wird hier nur summarisch und unter Berücksichtigung anderer Musikervereinigungen der Österreicher vorgenommen. Im Gegensatz zum FDKB sind die Dokumente des Austrian Centre, von denen die wichtigsten mit der oben erwähnten Publikation (DÖW 1992) vorliegen, in Wien öffentlich zugänglich.

12.2 Gründung und Zusammensetzung

Einige wenige Österreicher kamen bereits 1934 nach England, die meisten flüchteten jedoch erst nach dem 13. März 1938, dem Tag des "Anschlusses" von Österreich ans Deutsche Reich. Zahlreiche Berichte schildern die Grausamkeit, mit der österreichische Nazis gegen Kommunisten, Sozialisten und Konservative vorgingen, um das Land von Gegnern des neuen Großdeutschland zu "reinigen". Nun wurden die Rassengesetze der Nationalsozialisten auf einem Territorium wirksam, das insbesondere in Wien auf eine große Tradition jüdischen Lebens zurückblicken konnte. Tausende Juden aus den Gebieten des ehemaligen Galizien hatten sich nach den Pogromen während des I. Weltkrieges unter Einsatz ihres Lebens nach Wien gerettet, in der Hoffnung, hier ein neues Leben beginnen zu können. Mit dem Beitrag dieser vertriebenen Juden hatte sich Wien in den zwanziger Jahren zu einem geistigen und kulturellen Zentrum in Europa entwickelt, das nun einem Aderlaß ausgesetzt wurde, von dem sich die Stadt nie wieder erholen sollte.[640] Der vorhandene Antisemitismus

---

640 Manes Sperber beschrieb diese Situation in den beiden ersten Büchern seiner Memoiren "All das Vergangene" (Sperber 1983). Er selbst kam wie viele seiner Leidensgefährten aus einem typischen Schtetl mit der so charakteristischen jiddischen Tradition.

in Österreich hatte durch den von der Mehrzahl der Österreicher umjubelten "Anschluß" schlagartig brutale Ausmaße angenommen. Großbritannien bedeutete für die österreichischen Juden eine der wenigen Möglichkeiten, wenigstens das nackte Leben retten zu können.[641]
Nach England geflohene Österreicher gründeten im September 1938 einen "Council of Austrians in Great Britain" (C.A.G.B.), der, überparteilich angelegt, sich für ihre Interessen bei der britischen Regierung verwandte. Gemeinsam mit dem Austrian Centre gelangen ihm dann noch vor Kriegsausbruch verschiedene Rettungsaktionen wie die Vermittlung von Österreichern zur Ein- und Weiterreise und die Vermittlung von Haushaltshilfen (Council of Austrians o.J., 23)[642]. Weitere Einrichtungen setzten sich in Zusammenarbeit mit Selbsthilfeorganisationen in Wien für die Rettung von Österreichern nach Großbritannien ein: "The Society of Friends German Emergency Committee", der "Council for German Jewry" (ab 1940 "Central Council for Jewish Refugees"), das "International Christian Committee for German Refugees, das "Church of England Committee for 'Non-Aryan' Christians", das "Catholic Committe for German Refugees" (DÖW 1992, 9) und das "Movement for the Care of Children from Germany" (DÖW 1992, 11). Gemeinsam mit der "Austrian Self Aid", die unmittelbar nach dem "Anschluß" von Kommunisten (DÖW 1992, 165) gegründet worden war, beschäftigte sich Anfang 1939 der "Council of Austrians in Great Britain" mit der möglichen Gründung eines österreichischen Zentrums (Council of Austrians o.J., 9). Mit der Einführung des "Baldwin-Fund" im Jahr 1938[643] war die "Österreichische Selbsthilfe" finanziell ins Abseits gedrängt worden, so daß man nach einer besseren Möglichkeit suchte, die gleichzeitig auch selbstverwaltet funktionieren sollte. Georg Knepler als Sekretär des Austrian Centre berichtete über seine Entstehung:

> Das Austrian Centre wurde gegründet, um den Menschen das Leben zu erleichtern. Ich weiß gar nicht, wo wir das Geld hernahmen. Das wurde einfach gefunden. Es gab in England viele Menschen, die helfen wollten. Wir konnten zwei kleine Häuser mieten und haben dort eingerichtet ein Restaurant, ein Café, ein Theater und Vortragsräume. Es war nicht luxuriös [...] aber es war ganz gemütlich und viele Leute haben dort wirklich Halt und Kontakt mit anderen Men-

---

641 Der selbst durch einen Kindertransport gerettete Siegmund Nissel berichtete (Radax-Ziegler 1988, 19f. und Gesprächsprotokoll Nissel), wie er seinen Vater, der, wie durch ein Wunder aus dem KZ Dachau freigelassen, noch im letzten Moment auf die britischen Inseln hinüberholen konnte, nachdem er einen Londoner Bürgen für ihn fand. Mehr als zwanzig österreichische Juden rettete allein der englische Schwager des bekannten B.B.C.-Musikautors Hans Heinrich Keller durch seine Bürgschaft und finanzielle Hilfe vor der Vernichtung (Gesprächsprotokoll Milein Cosman).
642 187 Kinder konnten damit noch aus Österreich herausgeholt und 40 österreichische KZ-Insassen auf diese Weise nach Großbritannien gerettet werden (ebenda).
643 Vgl. Kapitel 3.5 und 3.6.

schen gefunden. Es hat die Emigration für viele erträglich gemacht (Gesprächsprotokoll Knepler).

Knepler unterstrich in einem Gespräch mit der Autorin,[644] was das "Österreichische Zentrum" für die Identität der österreichischen Flüchtlinge in London bedeutete: Damit distanzierten sie sich auch nach außen von dem "Anschluß" Österreichs an Nazi-Deutschland, dessen Opfer sie selbst geworden waren.

Die Initiative für das Austrian Centre ging von den österreichischen Kommunisten aus, deren Ziel es war, ein breites, sogenanntes antifaschistisches Bündnis zur Unabhängigkeit Österreichs zu schaffen. Im Frühjahr 1939 hatte der Londoner Bezirk Paddington den Österreichern in 124, Westbourne Terrace, London W.2, ein leerstehendes, beschädigtes Gebäude zur Verfügung gestellt (Council of Austrians o.J., 9f.). Am 16. Mai 1939 fand hier die Eröffnung des Austrian Centre durch Lord Hailey gemeinsam mit Österreichern und mehr als über 150 englischen Freunden statt. Lord Bishop of Chichester und Captain V. Cazalet, M.P., erklärten sich bereit, als Patrons mitzuwirken. Es gab sowohl Kontakte zu Eleanor Rathbone, parlamentarischer Staatssekretär und Mitarbeiterin im Komitee für Flüchtlingsprobleme, die bereits als Patron des FDKB wirkte, als auch zum Bloomsbury Haus, das verschiedene Flüchtlingsorganisationen beherbergte (Council of Austrians o.J., 21).

Ähnlich wie im Gebäude des Freien Deutschen Kulturbunds in Hampstead war bereits im März 1939 unter genannter Adresse in London Paddington eine Bibliothek mit deutschen und englischen Büchern eröffnet worden. Im Juli 1939 wurde sie in Haus Nr. 126 mit einem eigens dafür hergerichteten Lesesaal untergebracht. 75 Flüchtlinge konnten dort gleichzeitig die wichtigsten englischsprachigen und auch deutsche (Schweizer) Zeitungen lesen. Englischunterricht mit Debattierklub über Probleme des Gastlandes, Bildungsabende, Vorlesungen aus verschiedenen Wissenschaften und Literaturveranstaltungen mit österreichischen Autoren standen ebenso auf dem Plan wie Musikabende. Das Austrian Centre gab wöchentlich eine eigene Zeitung, den Zeitspiegel, heraus. Beginnend mit einer Auflage um 50, war die Auflagenhöhe bei Nummer 8 schon um das Zehnfache angestiegen (ebenda).

Über die politischen Interessen des Austrian Centre existieren verschiedene Interpretationen. Wie der Zeitzeuge Herbert Steiner (Steiner 1988, 982) ausführte, könnte man das Austrian Centre oder das spätere Free Austrian Movement - obwohl die Kommunistische Partei Österreichs und ihr Kommunistischer Jugendverband im Untergrund weiter organisiert waren - nicht als kommunistische Organisationen bezeichnen, da die englische Regierung sämtliche politischen Aktivitäten untersagt hatte. Auch die Frage einer Exilregierung hätte seiner Meinung nach bei den Österreichern nicht zur Debatte gestanden, "weil den Österreichern klar war, daß dies

---

644 Das Gespräch fand im Sommer 1991 in Berlin statt.

nicht sinnvoll gewesen wäre" (ebenda). In der jüngsten Publikation zum österreichischen Exil wird demgegenüber ein entgegensetzter Standpunkt vertreten (DÖW 1992, 164-174).[645] Vergleichbar den deutschen Kommunisten unterhielt danach seit 1938 die KPÖ im britischen Exil eine eigene Parteigruppe und ein in Parteizellen "straff organisiertes Parteileben" (DÖW 1992, 165). Wie bei den einzelnen Gruppen des deutschen politischen Exils, blieben auch bei den geflohenen Österreichern Auseinandersetzungen zwischen Kommunisten und Sozialdemokraten nicht aus: Seit 1939/40 existierte neben anderen politischen Vereinigungen ein "Londoner Büro der österreichischen Sozialisten", die in Österreich seit 1934 bzw. 1938 verboten waren (Steiner 1988, 982). Ähnlich wie für den FDKB beschrieben, mußte sich auch das Austrian Centre mit Angriffen auseinandersetzen. So verwahrte sich 1943 der Vorstand des Austrian Centre in einer Erklärung gegen den Kommunismusvorwurf, der in der Druckschrift einer nichtgenannten österreichischen Organisation erhoben worden war. Der Vorstand des Centre betonte ausdrücklich den politischen Pluralismus des Austrian Centre und die "vollste Eintracht" zwischen Angehörigen verschiedener politischer Richtungen und sozialer Schichten (Vorstand des Austrian Centre 1943). Bei dieser Gelegenheit hob der Vorstand die wichtigsten Ziele des Austrian Centre noch einmal hervor:

- Organisation der Oesterreicher im Kampf gegen Hitler;
- Foerderung der Freundschaft zwischen dem englischen Volk und den Oesterreichern;
- Pflege des kulturellen und gesellschaftlichen Lebens der Oesterreicher;
- Hilfe, Unterstützung und Beratung für Oesterreicher;
- als Mitgliedsorganisation des Free Austrian Movement vertritt das Austrian Centre das Programm dieser politischen Vertretung Oesterreichs (ebenda).

Demnach gab es eine bewußte Hinwendung zu klassisch-humanistischen Traditionslinien, wie sie im Programm des FDKB enthalten war, nicht. Mit der bewußten Pflege des kulturellen und gesellschaftlichen Lebens, so wie es vor dem "Anschluß" in Österreich praktiziert worden war, grenzten sich die Exil-Österreicher gegenüber Nazi-Deutschland ab. Hinzu kommt ein anderer Gesichtspunkt, der für die Österreicher im britischen Exil eine große Rolle spielte, und der sie ganz besonders bewegte, ihre österreichische Eigenständigkeit deutlich herauszustellen: Die britischen Behörden behandelten Deutsche und Österreicher im eigenen Land nach den gleichen Kriterien, denn Deutsche und Österreicher gehörten gemeinsam zum "Großdeutschen Reich". Daran änderte sich auch nichts, als die britische Regierung im Jahr 1943 mit der "Moskauer Deklaration"[646] einen selbständigen österreichischen Staat

---

645 Das Kapitel "Die Kommunisten und ihre Volksfrontorganisationen".
646 Es handelte sich dabei um Verhandlungen von Cordell Hull und Anthony Eden vom 30.11.1943 in Moskau, die nach der erfolgten Kapitulation Nazi-Deutschlands eine Wie-

nach Ende des Krieges befürwortet hatte. Ihr Status als Deutsche blieb. Auf eine Anfrage über die Aufhebung der unrechtmäßigen Gleichsetzung von Deutschen und Österreichern räumte "Unter-Staatssekretär für Inneres Mr. Peake" Ende 1943 ein, daß bei einem Kriegseinsatz von Österreichern auf Seiten der Alliierten Möglichkeiten zur Lockerung von Beschränkungen als "feindliche" Ausländer vorgenommen werden könnten. Da sich als "Deutsche" bezeichnete Österreicher "gedemütigt fühlten", würde Peake außerdem die "Frage der polizeilichen Registrierung von Österreichern" neu überdenken (Anonym 1943c). Wie Verkauf-Verlon berichtet, konnte er sich danach in alliierten Kriegsgefangenenlagern Afrikas für eine erfolgreiche Trennung von österreichischen und reichsdeutschen Gefangenen einsetzen (Verkauf-Verlon 1977, 226). Das zeigt, daß die Bestrebungen der Österreicher um ihre Eigenständigkeit nicht ganz unberücksichtigt geblieben waren. Nach Kriegsende bildete dann die Moskauer Deklaration die Grundlage für die provisorische österreichische Regierung und für den Staatsvertrag Österreichs im Jahr 1955.

Im ersten Jahr fanden dreiundzwanzig Musikveranstaltungen mit Pianisten, Sängern, Quartetten und Chor statt. 2.770 Besucher wurden dabei für diese Konzerte insgesamt registriert (Council of Austrians o.J., 12f.). Um dem Besucheransturm gerecht zu werden, wurde im Parterre von 124, Westbourne Terrace ein Durchbruch zum Nebenhaus geschaffen.

Besondere Fürsorge, auch gewerkschaftlicher Art, galt den als Hausangestellten beschäftigten Österreichern, die sich an Klubnachmittagen mit musikalischer Umrahmung im Austrian Centre trafen. Die Hausangestellten gründeten auch selbst einen Chor. Besonders intensiv kümmerten sich die Verantwortlichen des Centre um österreichische Jugendliche, die teilweise ohne ihre Eltern, wie etwa Schidlof und Nissel, nach London gerettet wurden. Am 11. März 1939 wurde bereits eine 25 bis 30 junge Leute umfassende Jugendgruppe des "unpolitische(n), antifaschistische(n) und österreichnationale(n)" (DÖW 1992, 168) "Young Austria" des Austrian Centre gegründet (Council of Austrians o.J., 25). Unter dem Namen "Young Austria in Great Britain" vereinigte sich mit dieser wenige Monate später eine zweite Londoner Gruppe in Golders Green. Weitere in Manchester, Liverpool, Glasgow und Oxford kamen später hinzu. Schon während einer Landeskonferenz 1940 verabschiedeten Vertreter von nunmehr 14 Gruppen ein Programm und wählten eine zentrale Landesleitung. "Young Austria" verfügte über ein Zentralkomitee und ein gewähltes Sekretariat (DÖW 1992, 167f. und 26). Drei Jahre später gehörten dem Jugendverband bereits 1.300 Mitglieder an (DÖW 1992, 168). Österreichische Jugendgruppen hat-

---

dereinrichtung der Republik Österreich beschließen und sie als "befreites Land" ansehen (Stein 1987, S. 1152).

ten sich insgesamt in zehn Städten, bis hin nach Cornwall und auch im Kitchener Camp, gebildet.

Ähnlich wie die Freie Deutsche Bewegung wurde nach dem Überfall der Deutschen Wehrmacht auf die Sowjetunion ein Free Austrian Movement (F.A.M.), angeregt von österreichischen Kommunisten, ins Leben gerufen. Im April 1942 begingen das dreijährige Bestehen des Austrian Centre 1.200 Österreicher mit einer Veranstaltung in der Porchester Hall, die auch musikalisch umrahmt wurde (Anonym 1942d).[647] Während dieser Veranstaltung distanzierte sich der Präsident des Austrian Centre, Franz C. West,[648] vom "sogenannten Büro der österreichischen Sozialisten", das einen Beitritt in das neugegründete Free Austrian Movement abgelehnt hatte. Das stieß nach dem Bericht des Zeitspiegel auf eine "einmütige Empörung" des Auditoriums. Ein Indiz dafür, daß hier öffentlich Parteipolitik betrieben wurde. Nachdem sich eine Niederlage der Wehrmacht mit den Ereignissen von Stalingrad Ende 1942 abzeichnete, konzentrierte sich das F.A.M. auf das künftige Nachkriegs-Österreich. 1943 gehörten dem F.A.M. 27 österreichische Flüchtlingsorganisationen mit 7.000 Österreichern an, um den Kampf der Alliierten gegen Hitler-Deutschland in einer sogenannten "nationalen Einheitsfront" zu unterstützen. Das F.A.M. beanspruchte für sich, und ganz besonders nach den Moskauer Beschlüssen von 1943, die Vertretung der Widerstandsbewegung "Österreichische Freiheitsfront" in Großbritannien. Dafür hatten (nach dem gleichen Schema wie die deutschen Kommunisten) auch die österreichischen Kommunisten behauptet, in Österreich habe eine Konferenz stattgefunden, in der sich unterschiedliche politische Gruppen aus ganz Österreich im Widerstand zusammengefunden hätten. Diese sollten nun von außen unterstützt werden. Die österreichischen Sozialisten bezweifelten hingegen diesen Stellvertretungsanspruch für einen vermeintlichen Widerstand in Österreich, zumal diese Behauptung durch keinerlei Zeugnisse gestützt wurde und sahen darin nur ein taktisches Manöver (DÖW 1992, 326f.). Der Versuch des F.A.M., ein Österreichisches Nationalkomitee als Exilregierung ins Leben zu rufen, wie das Flugblatt in der Beilage des Zeitspiegel vom 13. November 1943 und eine "Großveranstaltung" am 10. November 1943 dokumentieren,[649] scheiterte an den österreichischen Sozialisten in Groß-

---

647 Der Zeitspiegel erwähnt im Bericht darüber die Sänger Claire Born, Ernst Possony und Renate Mislap-Kapper; das Programm findet dabei keine Beachtung.
648 Franz C. Weintraub leitete im Auftrag der KPÖ 1939 die "Austrian Self Aid" und versuchte, Österreichern Visa für Großbritannien zu beschaffen. Er nahm den Namen Franz C. West an, um in der Korrespondenz nach Österreich seine Eltern nicht zu gefährden.
649 "155. Aus: Flugblatt mit einem Manifest des FAM an die Österreicher in Großbritannien zur Bildung eines österreichischen Nationalkomitees, o.D. (November 1943)"; DÖW Bibliothek 3001; zitiert in DÖW 1992, 323f. "156. Aus: 'Zeitspiegel'-Artikel über eine Großveranstaltung von Österreichern am 10. November 1943 zur Unterstützung eines österreichischen Nationalkomitees, 20.11.1943"; DÖW Bibliothek 3001; zitiert ebenda, S. 324f.

britannien (DÖW 1992, 172 f.).[650] Dieser kurze Exkurs war nötig, da an dem umfangreichen kulturellen Programm des "Austrian Centre" die politische Orientierung seiner Initiatoren durchaus ablesbar war. In entsprechenden politischen Großveranstaltungen kam auch die Musik zum Einsatz.

Anders als im FDKB hatte jedoch die Vermittlung des österreichischen Lebensgefühls mit der "Pflege des kulturellen und gesellschaftlichen Lebens", in der auch die Musik eingeschlossen war, einen wichtigen Stellenwert. Im Gegensatz zu den deutschen fühlten sich die österreichischen Flüchtlinge ungebrochen "als Österreicher". Sie tanzten im Austrian Centre ihre österreichischen Tänze und aßen und tranken dort gemeinsam nach bewährten österreichischen Rezepten. Zu einem "Lustigen Wiener Abend" wurde ganz selbstverständlich "Erstklassige Wiener Küche" serviert, oder die Zweigstelle Swiss Cottage eröffnete während der Sommermonate ganz bewußt ein "Wiener Gartenrestaurant", wie aus Anzeigen im Zeitspiegel[651] hervorgeht. Ein "Berliner Gartenrestaurant" oder "Beste Berliner Küche" hätte es jedoch im FDKB nicht geben können. Dort wurden die Mahlzeiten, auch wenn vielleicht deren Rezepte aus der Heimat stammten, schlicht mit "continental" bezeichnet. Wie ein roter Faden ziehen sich die Darstellungen "des Österreichischen", d.h. auch die Pflege der Musik ganz unterschiedlicher österreichischer Komponisten oder Diskussionen um das "Österreichische", durch das kulturelle Angebot des Austrian Centre. Darin lag ein wichtiger Unterschied zum FDKB.

Am 21. Juni 1939 begann der Wiener Theater Club "Das Laterndl" mit seinen Vorstellungen. Die dort dargebotenen österreichischen Sketche und Parodien, bis zu siebzig Mal wiederholt, wurden auch in der Londoner Presse beachtet (Council of Austrians o.J., 29). Dieses Laterndl war eine typisch österreichische Kleinkunstbühne, in der die österreichischen Flüchtlinge ein Stück Wien nach London holten. Georg Knepler erinnert sich: "Für das Theater hatten wir einige vorzügliche Schauspieler. Der Musiker war gar nicht so schlecht, das war ich. Wir nannten das Theaterchen 'Das Laternd' und haben dort Kabarettaufführungen gemacht" (Gesprächsprotokoll Knepler). Wie es einem Kabarett entsprach, reagierten die Autoren in ihren Stücken auf die politischen Gegebenheiten. Georg Knepler hebt weiter hervor: "Aber 'Das Laterndl' war natürlich hochbrisant, hochaktuell. Natürlich haben wir in kabarettistischer Form dort gewirkt. Wir hatten eine ganze Reihe von Autoren, die ge-

---

650 Vgl. "Aus: Anweisungen von Aussenminister Anthony Eden an den britischen Botschafter Viscount Halifax (Washington) betreffend die britische Haltung gegenüber österreichischen Exilorganisationen und die Zukunft Österreichs anläßlich der Gründung des FAM, 12.3.1942"; PRO FO 371/30942; DÖW E 21.458; zitiert bei DÖW 1992, S. 176ff. einschließlich deutscher Zusammenfassung: Demnach wurde das F.A.M. nicht als Repräsentant der Österreicher in Großbritannien anerkannt. Die britische Regierung bekannte sich ausschließlich zu einer Befreiung Österreichs vom Nationalsozialismus.
651 Zeitspiegel No. 21 vom 23.5.1942, S.9.

schrieben haben" (Gesprächsprotokoll Knepler). Von den räumlichen Einschränkungen ließen sich die Veranstalter nicht abschrecken, wie die Aufführung der *Dreigroschenoper* im Laterndl zeigte. Käthe und Georg Knepler spielten auf zwei Flügeln die Musik dazu. Aus Platzgründen wurde von einem Flügel kurzerhand das Hinterbein abgeschraubt und der Flügel auf den anderen gestellt.[652] Das Austrian Centre in London knüpfte Kontakte zu österreichischen Zentren in anderen britischen Städten. So gab es musikalische Aktivitäten von Österreichern auch in Edinburgh. Hier hatte Hans Gál ein kleines Orchester und ein Madrigal-Quintett gegründet. Ohne einzelne Namen zu nennen, wird eine erfolgreiche Konzerttätigkeit der Österreicher auch in Bristol hervorgehoben (Council of Austrians o.J., 30).

Einer Programmübersicht des Zeitspiegel vom Januar 1942 ist zu entnehmen, daß das Austrian Centre nun drei Veranstaltungsadressen in London anzeigt: Die bereits genannte Adresse in der Westbourne Terrace, wird mit "Club Paddington" bezeichnet, der "Mittwochklub" für die Hausangestellten findet in derselben Straße Nr. 132, statt und der "Club Swiss Cottage", ist in der 69, Eton Avenue, London N.W.3 angesiedelt. Hier tritt auch das Laterndl auf. 1942 kommt ein neuer Standort in London hinzu, unter dem Programme angekündigt werden: "Club Finsbury Park", 143 Seven Sisters, London N.4 (Anonym 1942g). Damit wird auch deutlich, in welchem Stadtteil Londons die Mehrzahl der österreichischen Flüchtlinge gelebt haben: Im Westen, im Nordwesten und im Norden. Fünf Jahre nach seiner Gründung verzeichnete das Austrian Centre 3.500 Mitglieder. Es erzielte einen Jahresumsatz von 46.000 Pfund. Siebzig Österreicher stellten das Personal in Restaurants, Büros, bei den "Austrian Needle Women", dem Zeitspiegel,[653] den "Free Austrian Books" und dem "Council of Austrians". Letztgenannte Körperschaft setzte sich weiter für die Belange der Österreicher in Großbritannien, aber auch in anderen Ländern, ein (Knepler 1944, 9).

Das wichtigste Anliegen bestand nach Knepler für das Austrian Centre darin, als Österreicher in Großbritannien einen Beitrag gegen Hitlers Rassen- und Eroberungspolitik zu leisten und als Teil des internationalen F.A.M. eine österreichische Einheitsfront zu unterstützen. Die Zeitung des Austrian Centre, "Zeitspiegel", die die österreichischen Flüchtlinge miteinander verband, sie politisch, kulturell und im sozialen Bereich informierte, erschien 1944 in fünf Kontinenten und 40 Ländern in einer Auflagenhöhe von 3.000 (Knepler 1944, 13). Das Austrian Centre erreichte durch seine zahlreichen Veranstaltungen und mit Hilfe seiner verschiedenen Publi-

---

652 Brief Kneplers vom 8.2.1994 an die Autorin.
653 Jenö Kostmann war nach seiner Internierung bis zur Rückkehr 1945 Chefredakteur des Zeitspiegel zusammen mit Eva Priester, Hilde Mareiner und den Mitarbeitern Joseph Kalmar und Theodor Kramer. Der Musikkritiker Hermann Ulrich, der auch bei den "Kulturblättern" mitwirkte, gehörte ebenfalls zur Redaktion (Kostmann 1988, S. 840).

kationen eine beachtliche Außenwirksamkeit, die offensichtlich derjenigen des FDKB deutlich überlegen war. Es war zudem ein wichtiger Anlaufpunkt für österreichische Flüchtlinge im britischen Exil. Auch wenn diese sich nicht unbedingt alle für die politischen Hintergründe interessierten, so konnten sie hier ein breites österreichisches Angebot wahrnehmen.

12.3 Die Konzerte des Austrian Centre

Georg Knepler beschrieb anläßlich des 5jährigen Bestehens die Aktivitäten des Austrian Centre und würdigte dabei insbesondere den wichtigen Anteil, den die Musik bei der Pflege des kulturellen und sozialen Lebens von Österreichern in Großbritannien eingenommen hatte. Knepler weist darauf hin, daß die Österreicher im Exil begonnen hätten, ihre eigenen Traditionen in einem neuen Licht zu sehen. Schon bei der Eröffnung des Austrian Centre wurde der Musik ein besondere Stellenwert eingeräumt. Viele berühmte Musiker verschiedener Nationalitäten traten dann entweder in den Räumen des Zentrums auf oder wurden von diesem für Auftritte in andere Konzerthallen vermittelt (Knepler 1944, 6).

Gerade die Musik bedeutete für die vertriebenen Österreicher eine besondere Möglichkeit, um auf ihre Identität zu verweisen und sich von der Einvernahme ihres Heimatlandes durch die Nationalsozialisten deutlich abzugrenzen. Wie Knepler feststellte, führten die Engländer mit ihren Sinfonieorchestern und Kammerensembles selbst klassische österreichische Kompositionen auf - so hatte das Austrian Centre mit seinen hervorragenden Musikern die Möglichkeit, die Briten zudem mit neuer österreichischer Musik bekanntzumachen (ebenda). In diesem Sinne war das zum Gedenken an den 30. Todestag von Gustav Mahler in der Wigmore Hall gegebene Konzert ein Ereignis, das Knepler besonders hervorhob. Das Programm sah folgendermaßen aus:

- Klavierduo Franz Osborn und Berthold Goldschmidt: *Menuett* aus der *3.* und *Finale* aus der *4. Symphonie* (Die Fassung für zwei Klaviere stammte von Hans Gál.).

- Sabine Kalter und Paul Lichtenstern: Die *Orchesterlieder* in der Klavier-Fassung von Mahler. *Lieder eines fahrenden Gesellen* und *Urlicht* aus der *2. Symphonie*.

- Ernst Urbach und Georg Knepler: *Des Antonius von Padua Fischpredigt* aus *Des Knaben Wunderhorn*.

- Irene Eisinger und Klavier[654]: *Wir genießen die Himmlischen Freuden*[655]; *Finale* aus der *4. Symphonie*, Klavierfassung (Anzeige 1941a).

---

[654] An dieser Stelle fehlt im Programm der Name des bzw. der Interpreten. Es handelte sich mit großer Wahrscheinlichkeit um Franz Osborn und Berthold Goldschmidt.

Der B.B.C.-Mitarbeiter B. Douglas hatte dieses Konzert im Frühjahr 1941 besucht und regte spontan einen Kollegen an, bei B.B.C.-Programmen auf Irene Eisinger zurückzugreifen und Mahler in das Programm einzubeziehen: "As regards the singing, Irene Eisinger was in her best form, and sang the last Movement of the Fourth Symphony with skilful charme and genuine feeling. [...] and surely she would be eligible for a speciality programme of this kind."[656] Demgegenüber zeigte sich Douglas weniger beeindruckt von Sabine Kalters Interpretation der *Lieder eines fahrenden Gesellen*, "but she sang Urlicht with a consistently beautiful mezza voce, which was very satisfying, and would broadcast very well indeed". Für 15-20 Sendeminuten mit Liedern von Mahler schlug Douglas vor, in jedem Fall einen Klavierbegleiter des Konzerts zu engagieren und begründete es folgendermaßen: "This is a specialist's work, and requires an understanding and long acquaintance which cannot be expected of our own accompanists, good as they are."

Für einen Kenner der britischen Pianisten, wie man es bei einem B.B.C.-Mitarbeiter annehmen kann, machte er damit den Mahler-Interpreten ein großes Kompliment. Douglas führt weiter aus:

> Franz Osborn, of course, would be ideal; his performance with Berthold Goldschmidt reached a high level of artistry. (Incidentally, Hans Gal's two-piano arrangements were very satisfactory, and might be worth considering for use in a talk on Mahler by - for example - Mosco Carner.)

Dieses Konzert gab demzufolge für B. Douglas den Anstoß, über die Einbeziehung der Kompositionen von Mahler, dessen Gedenktag an der B.B.C. ignoriert worden war, nachzudenken, oder wie er sich ausdrückte, "may I make a special plea for a discreet, but quite frequent, representation of his music in programmes." Daran ist die Wirkung des Konzerts auf britische Musikfachleute deutlich abzulesen. Auch Knepler unterstrich, daß die Mahler-Rezeption in Großbritannien durch das Austrian Centre befördert wurde. Sie nahm ihren weiteren Verlauf durch den "Austrian Musical Circle", der allein seit Januar 1943 bis zum Mai 1944 über 50 Konzerte der Österreicher in Londoner Veranstaltungsorten arrangiert hatte (Knepler 1944, 6). Bei diesen Konzerten traten - wie auch bei dem oben genannten - oft deutsche und österreichische Musiker gemeinsam auf. Im FDKB waren selbstverständlich auch österreichische Musiker und Sänger bzw. Musikologen beiderlei Geschlechts anzutreffen. Und, wie bereits von Knepler bemerkt, stand das Austrian Centre Flüchtlingen unterschiedlicher Nationen zum gemeinsamen Musizieren offen. Eine Kammerkonzertreihe unter der Bezeichnung "Donnerstag Abend Konzerte" ist für den Mai, Juni und Juli des Jahres 1941 belegt, in der Werke des Barock und der Wiener Klassik domi-

---

655 Irrtümlich steht hier in der Anzeige "Wir genießen den Himmlischen Frieden".
656 WAR, Irene Eisinger; Artists, File I: 1934-1962; Schreiben von B. Douglas an D.M. vom 19.5.1941.

nierten. Am 19. Juni 1941 spielte der Geiger Norbert Brainin zusammen mit der polnischen Pianistin Adela Kotowska Bach, Mozart und Beethoven (Anzeige 1941b). Für den 5. Juli 1941 werden als Gäste des FDKB Trude Huttenbach, Otto Huttenbach, Johanna Metzger-Lichtenstern und Paul Lichtenstern[657] mit einem Bach-Händel- und Telemann-Programm angekündigt (Anzeige 1941c). Ein Liederabend mit Marianne Mislap-Kapper und Paul Lichtenstern war ohne ein näher bezeichnetes Programm für das "Donnerstag Abend Konzert" am 12. Juni 1941 vorgesehen (ebenda). Am 29. Mai 1941 war Hans Gál als Interpret mit eigenen sowie Werken von Bach, Beethoven und Schubert nach London eingeladen worden (Anzeige 1941d). Einen Querschnitt durch Offenbach-Operetten bot einen Monat später Georg Knepler mit Marianne Mislap-Kapper, Ernst Urbach und Martin Miller an (Anzeige 1941b). Schwerpunkte dabei waren *Pariser Leben* und *Ritter Blaubart*. Angeregt hatte dieses Programm mit großer Wahrscheinlichkeit Georg Knepler, der als Student in Wien Karl Kraus am Flügel begleitete, wenn Kraus seine Zeitstrophen zu Offenbach-Melodien sang. Georg Knepler, der vielseitig als Begleiter, Komponist, Regisseur und Ideenlieferant im Austrian Centre wirkte, hatte die Funktion eines Sekretärs inne und "war verantwortlich für alle Veranstaltungen, nicht nur für die musik-kulturellen".[658] Im September 1941 kündigte der Zeitspiegel ein Konzert mit Schubert-Liedern und -Klaviermusik sowie Strauss-Arien an. Die Gesangssolisten waren "Fräulein Schwarz" und Ernst Urbach, die von Paul Hamburger begleitet wurden (Anzeige 1941e). Im September sang Ernst Urbach *Die Winterreise* von Schubert. Den Klavierpart hatte Willy Salomon übernommen (Anzeige 1941f). Der "Austrian Circel for Arts and Science" bot eine aufgelockerte Form mit "Konzert und Tee" für Februar 1942 an (Anzeige 1942b). Unter den Mitwirkenden befanden sich Hilde Weinzweig, Norbert Brainin und Fritz Berend, deren Namen bei zahlreichen Auftrittsmöglichkeiten in den Kriegsjahren anzutreffen waren. Die "Spielgruppe" des Austrian Centre führte unter der musikalischen Leitung von Georg Knepler am 28. September 1941 die Revue *Return-Ticket London-Vienna*, Regie von Kokka Motz, auf, die weitere Vorstellungen erlebte (Anzeige 1941f). Eine Szene dieser Revue wurde in einer Nummer der "Österreichischen Kulturblätter"[659] abgedruckt, wie einer Kulturnotiz des Zeitspiegels (Anonym 1942j) zu entnehmen ist.

Das Programm "Europa im Spiegel seiner Musik" mit Dvořák-Kompositionen bestritten der tschechische Bariton Otakar Kraus und Georg Knepler zusammen mit je

---

657 Sein Name ist in der Quelle falsch mit "Lichtenstein" angegeben.
658 Brief Kneplers vom 8.2.1994 an die Autorin.
659 Die "Kulturblätter" des Free Austrian Movement erschienen ab 1942 in unregelmäßiger Folge. Bis 1944 unter diesem Titel, von 1944-1946 unter Kulturelle Schriftenreihe des Free Austrian Movement (Kaiser 1988, S. 1053). Für eine detaillierte Aufstellung von Autoren und behandelten Themen vgl. H.E. Goldschmidt, Die kulturelle Schriftenreihe des "Free Austrian Movement" London 1942/1946 (Goldschmidt 1992).

einer tschechischen und britischen Musikerin (Anzeige 1941g). Ernst Hermann Meyer leitete ein Chorkonzert mit dreißig Sängern und dem englischen Bariton Martin Lawrence und führte Volkslieder aller Nationen auf (Anzeige 1941h). Jani Strasser, Sänger und als Korrepetitor in Glyndebourne nun arbeitslos, gestaltete einen Liederabend im November 1941 (Anzeige 1941i). Es waren immer wieder dieselben Sänger und Musiker in vielfältigen Kombinationen, die an den Konzerten des Austrian Centre beteiligt waren. Insgesamt wurden dabei im Rahmen dieser Arbeit als professionelle Musiker, Musikerinnen, Sänger und Sängerinnen 32 Österreicher gezählt.[660] Die Zahl mag, entsprechend der Größe des Centre mit seinen vier Zweigstellen, relativ niedrig erscheinen. Man muß zu dieser Anzahl der österreichischen Musiker jedoch auch diejenigen aus der Tschechoslowakei, Deutschland und anderen Ländern hinzurechnen, die zur Vielfalt der Aufführungen beitrugen. Als "unzählig" wird außerdem die Anzahl der Amateurmusiker, die bei vielen Konzerten im Austrian Centre mitwirkten, angegeben. Dazu gehört der bekannte Chor des Young Austria mit seinem Dirigenten Erwin Weiss. Als Richtgröße wird für das Jahr 1943 eine Anzahl von 50 Konzerten innerhalb der verschiedenen Klubhäuser genannt (DÖW 1992, 371). Insgesamt waren es dann zu seinem fünfjährigen Bestehen einige Hunderte (Knepler 1944, 6).

Zwischen dem Austrian Centre und anderen Flüchtlingsorganisationen bestand zudem ein musikalisches gegenseitiges Geben und Nehmen oder gemeinsames Miteinander. Gleich zwölf Nationen der "antifaschistischen Front" traten gemeinsam bei dem Konzert "Musik der Alliierten" im Februar 1942 in der Wigmore Hall auf, das vom Freien Deutschen Kulturbund "zugunsten seines Antinazi-Kampffonds und des Britischen Roten Kreuzes für die Opfer von Singapur" initiiert war. Alfred Rosenzweig besprach im Zeitspiegel das Konzert, bei dem auch österreichische Solisten mitwirkten, und bezeichnete es mehr als eine "bunte Akademie" denn als "richtiges Konzert". In dieser Form hatte es jedoch im Interesse der Veranstalter ein großes Publikum erreicht. Rosenzweig würdigte die "gemeinschaftsbildende und kämpferische Rolle der Musik", wie sie deutlich in Ernst Hermann Meyers Chorlied *Frau Krämer* zum tragen gekommen sei (A.R. 1942).

Der Zeitspiegel informierte über kulturelle Aktivitäten anderer Flüchtlingsorganisationen wie über den FDKB, den "Czechoslovak-British Friendship Club", den "Verband Oesterreichischer Sozialisten in England" oder die "International Brigade Commemoration - Jarama".

---

660   Erna Wipplinger zählt in sechs Jahren des Laterndl 73 Schauspieler (DÖW 1992, S. 368 verweist auf Wipplinger 1984, S. 269f.).

Eine "Kulturkonferenz" der Österreicher am 29. und 30. August 1942[661] sollte österreichisches Kulturgut bewußt machen. Aus verschiedenen Bereichen wurden dazu Referenten angezeigt. Für das Gebiet der Musik waren Georg Knepler und Hans Ferdinand Redlich avisiert (Anonym 1942h). In der Besprechung wurde jedoch kurz ein Vortrag Otto Erich Deutschs erwähnt, der einen Überblick über die Entwicklungslinien und Einflüsse der klassischen Wiener Schule gab (J.K. 1942). Der Rezensent Alfred Rosenzweig[662] bemängelte das dargebotene Programm des dieser Konferenz vorausgegangenen Kammermusikabends in der Wigmore Hall.[663] Er vermißte wie schon bei dem Konzert "Musik der Alliierten" die Aufführung der von den Nationalsozialisten als "entartet" verbotenen Musik und führte dazu aus:

> So ansprechend auch die Leistungen dieses ad hoc zusammengestellten Kammerensembles waren, so kann man dieses Konzert gewiß nicht als repräsentativ für die österreichische Kammermusikkultur in der Emigration bezeichnen. Denn die Weltbedeutung der österreichischen Kammermusikkultur beruhte in den Jahrzehnten zwischen den beiden Weltkriegen nicht so sehr auf einer häuslichen Musikpflege (wie in der Blütezeit des Bürgertums im 19. Jahrhundert), als vielmehr auf den Spitzenleistungen einiger Eliteensembles in den Konzertsälen, die die klassische Wiener Kammermusiktradition fortzuführen und zugleich als Vorkämpfer und Interpreten für die zeitgenössische Komposition zu wirken hatten. Von diesem Gesichtspunkt aus betrachtet, hat das anläßlich der Kulturkonferenz veranstaltete Konzert jene bedeutendsten und vom Hitlerfaschismus einfach nicht annektierbaren Elemente der österreichischen Kammermusikkultur nicht repräsentiert. Voraussetzung hierfür wäre vor allem die Bildung eines wirklich repräsentativen österreichischen Kammermusikensembles (A.R. 1942).

Rosenzweig bestand auf der Aufführung zeitgenössischer österreichischer Musik, die seiner Meinung nach erst recht bei einer Kulturkonferenz hätte vertreten sein müssen. Dabei machte Rosenzweig auf das Fehlen eines Kammermusik-Ensembles aufmerksam, das neue, und als entartet verbotene, österreichische Musik am besten im Exil hätte repräsentieren können. Auf diese deutliche Kritik hin gab es keine Reaktion. Offensichtlich fühlten sich Musiker davon nicht angesprochen. In die Nähe der Vorstellungen Rosenzweigs müßte hingegen das Konzert, das Hans Gál am 19. März 1943 in Edinburgh im Rahmen der FDKB-Ausstellung "Ten Years of Hitler Fascism" betreute, gerückt sein. Hans Gál hatte Kompositionen im "Recital of Music Banned in Germany" ausgewählt, "die entweder aus Rasse- oder anderen Neandertal-Gründen im dritten Reich verbannt und verboten wurden..." Den Aufführungen attestierte der Kritiker (oder die Kritikerin) ein hohes künstlerisches Niveau (Gross

---

661   Das Protokoll dieser Konferenz ist ebenso wie das einer zweiten, die am 21./22. Oktober 1944 stattfand, offensichtlich verschollen (Kaiser 1988, S. 1053).
662   Rosenzweig ist Autor einiger Artikel im Zeitspiegel.
663   Ein *Klaviertrio* von Joseph Haydn, *Klavierquartett in Es-Dur* von Mozart, Schubertlieder, Schuberts *Forellenquintett*. Ausführende: der Prager Bassist Julius Guttmann begleitet von Georg Knepler sowie Dea Gombrich, Violine; Mary Panter, Viola; Pamela Hind, Cello; Else Cross, Klavier (Zeitspiegel, 5.9.1942, S. 7).

1943). Solch eine Programmabfolge wäre in Deutschland oder Österreich undenkbar gewesen: Mendelssohns *Variations serieuses*, Mahlers *Lieder eines fahrenden Gesellen*, je eine *Sonate* für Viola und Klavier von Hans Gál und Paul Hindemith sowie Lieder nach Heine von Franz Schubert und Robert Schumann. Die britische Sängerin Mona Benson, Frieda Peters (Viola) und Hans Gál (Klavier) bestritten das Programm.

Daß sich die österreichischen Musiker 1942/43 zunehmend mehr aus ihrem Nischendasein herausgebaben und gemeinsam mit britischen Musikern und englischer Musik an die Öffentlichkeit gingen, verdeutlicht Renate Mislap-Kapper in einem "Anglo Austrian Song Recital" im April 1943 in der "Queen Mary Hall". Begleitet von Norman Frank sang sie Schubert, Mozart, Purcell, Haydn, Wolf, Mahler, Josephine Rohodes, R. Sacheverell Coks und Mary Lucas (Anzeige 1943a).

Die österreichische Musikervereinigung des Free Austrian Movement widmete sich im Mai 1943 selten aufgeführten Schubert-Werken in der Wigmore Hall. Die junge österreichische Pianistin Edith Vogel spielte die *Klaviersonate a-Moll* und gemeinsam mit Sela Trau die *Arpeggione-Sonate* für Klavier und Violoncello, die nach Meinung des Rezensenten K. "nur ein einziges Mal zu Lebzeiten des Komponisten aufgeführt (wurde)" (K. 1943). Maggie Teyte sang dabei Schubert-Lieder.[664] In der gleichen Kritik kündigt K. ein Konzert dieser Musikervereinigung für den 16. Juni 1943 mit "moderner österreichischer Musik von Mahler bis zu den hier lebenden Egon Wellesz und Hans Gál" an. Anders als im FDKB bemühten sich die Veranstalter des Austrian Centre, mitunter Werke vertriebener österreichischer Komponisten auch an größeren Konzertorten aufzuführen, wie sich an diesem Beispiel ablesen läßt. K. hob in der genannten Quelle außerdem Aufführungen zeitgenössischer österreichischer Kompositionen auf Londoner Konzertpodien hervor: Demzufolge hatte Walter Goehr Weberns *Fünf Sätze für Streichquartett* dirigiert und bei den Boosey & Hawkes-Konzerten wurde Schönbergs *Verklärte Nacht* berücksichtigt.

Den "Musical Circle Swiss Cottage" riefen Paul Knepler und Ernst Possony zu Beginn des Jahres 1943 ins Leben. Er bot monatlich zwei Konzerte mit österreichischer Musik an. Hans Gáls *Variationen über ein Heurigenlied* nach einer alten Wiener Volksmelodie von Johann Schrammerl für Violine, Violoncello und Klavier (Miss Marton, Paul Blumenfeld und Paul Hamburger) erlebten hier eine begeisterte Aufnahme. Der Circle Swiss Cottage kündigt in der o.g. Quelle einen Abend mit Kammermusikwerken von Gál für den 21. Juni 1943 an, bei dem der Komponist selbst

---

664 Maggie Teyte wird von Gerald Moore als eine Sängerin beschrieben, die besonders durch ihre Interpretationen von französischem Liedgut in Großbritannien berühmt war. Sie hatte in Frankreich studiert, auch mit Debussy gearbeitet. Der Komponist zog sie als "Melisande" allen französischen Sängerinnen vor (Moore 1967, S. 119ff.).

zugegen sein würde. Im November 1943 veröffentlichte die Freie Tribüne[665] eine kurze Notiz darüber, daß Gáls *Konzert* für Klavier und Streichinstrumente von der Britin Kathleen Long gemeinsam mit dem Boyd Neel Orchestra in der Wigmore Hall uraufgeführt worden war (Anonym 1943d). Obwohl Hans Gál nicht in London lebte, konnte er im Gegensatz zu anderen wenig oder kaum beachteten österreichischen Komponisten während der Kriegsjahre in London einige Aufführungen seiner Werke verbuchen.

Es scheint, als wäre der Einfallsreichtum der Organisatoren des Austrian Centre unerschöpflich gewesen, wenn es darum ging, österreichisches Idiom im Exil am Leben zu erhalten. Den einhundertjährigen Todestag von Josef Lanner, der die zyklischen Walzerform begründete (Riemann 1989, Bd. 3), beging der Musical Circle Swiss Cottage mit "genußreichen Stunden" während eines Vortrages von Paul Knepler, ergänzt durch Beiträge der Sängerinnen Alice Hübsch, Margarete Philipsky und des Schauspielers Fritz Schrecker. Am Klavier begleitete sie Raoul Bachner (F.C.U. 1943).

Auch als Nichtösterreicher hatte Mischa Spoliansky, ehemals begehrter Kabarettmusiker im Berlin der zwanziger Jahre, mit der Musik zu der einaktigen Oper *Rufen sie Herrn Plim!*[666] offensichtlich Erfolg. Herr Plim war ein moderner Barbier von Sevilla, im Warenhausmilieu angesiedelt. Unter der Regie von Fritz Schrecker wurde die Oper mit bewährten Protagonisten im Laterndl aufgeführt. Die musikalische Leitung am Klavier lag bei Berthold Goldschmidt, der auch die Einstudierung vorgenommen hatte (J.K. 1943).

Von 1944 an ist der Zeitspiegel in der Sammlung Exil-Literatur der DB Leipzig nur noch sporadisch überliefert. Daher kann hier nur eine mehr zufällige Auswahl der musikalischen Aktivitäten wiedergegeben werden. In dem Kapitel "Musikvereinigungen der Österreicher" innerhalb dieser Arbeit wird dargestellt, wie sich die österreichischen Musiker weiter in das englische Musikleben integrierten, wie sie selbst musikalische Akzente zu setzen verstanden, die nach dem Krieg weitergeführt und ausgebaut wurden.

Der Zeitspiegel machte seine Leser mit Aufführungen zeitgenössischer österreichischer Musik in Großbritannien bekannt. Gerhard Scheit wertete unter diesem Gesichtspunkt die Exilzeitschrift aus und bezog sich dabei auf einen Artikel vom 9. Juni 1945, welcher der britischen Erstaufführung von Schönbergs *Ode an Napoleon Bonaparte* "mit Emphase und Sachkenntnis gewidmet" ist (Scheit 1984, 44). Schön-

---

665 Es handelt sich hierbei um die Fortsetzung der "Freien Deutschen Jugend" ab Jg. 5, 1943, mit mehrmals wechselnden Untertiteln; die Zeitschrift erscheint bis einschließlich 1945 jahrgangsweise vierzehntägig oder monatlich (vgl. Maas 1990, S. 238-242).
666 Oper in 1 Akt von Kurt Robitschek und Marcellus Schiffer. Im "Lexikon der Juden in der Musik" (Stengel/Gerigk 1940, S. 368) stand sie auf dem Index.

berg hatte das Stück 1942 komponiert. Durch das Ende des Krieges war es möglich geworden, das Werk in Großbritannien in der Fassung für Sprecher, Streichorchester und Klavier (op. 41B), aufzuführen. Das Ereignis fand am 28. Mai 1945 im Londoner Cambridge Theatre unter Leitung von Karl Rankl im Rahmen eines Boosey & Hawkes Konzerts statt. Nahezu sämtliche Ausführende waren Engländer.[667] Auch der Musikkritiker McNaught würdigte in der Musical Times das Werk und den Enthusiasmus der Interpreten (McN. 1945).

Gerhard Scheit wies unter der Überschrift "Zwei Arten, das Verhältnis von Musik und Politik zu beschreiben" auf die Essays und musikhistorischen Aufsätze von österreichischen Musikologen im Zeitspiegel in den Jahren 1943 bis 1945 hin, die sich mit der Eigenständigkeit der österreichischen Tradition und dem "Verhältnis von Musik und sozialem Fortschritt" (Scheit 1988, 44) beschäftigen. Er erwähnt Alfred Rosenzweigs Aufsatz "Der Kampf um Richard Wagner"[668] in dem Rosenzweig auf den lebendigen Umgang der österreichischen Wagner-Rezeption im Gegensatz zu dem musealen Wagner-Kult in Bayreuth verweist. Der Abdruck wichtiger Auszüge eines Aufsatzes von Egon Wellesz[669] beschäftigte sich mit dem "Wiederaufbau des Musiklebens in Österreich". Wellesz plädiert darin dafür, an die abgebrochene Tradition der Arbeiterkonzerte in Wien anzuknüpfen, die "eine "Grundlage der musikalischen Erziehung in Österreich bilden könnten, durch die eine neue Generation österreichischer Komponisten ein Publikum finden". Mit der besseren Entfaltung "schöpferischer Kräfte" bedeutender Persönlichkeiten an Universitäten und Konservatorien könne man zudem das Musikleben "lebendig" gestalten (Scheit 1988, 44). Wie desillusionierend sich die Nachkriegssituation im Gegensatz zu Wellesz' Visionen darstellte, zeigt der von Scheit veröffentlichte Brief Alfred Rosenzweigs an Ernst Krenek vom 1. April 1948,[670] in dem sein Autor über die Situation des Musiklebens in Wien berichtete. Danach wäre dieses noch 1948 weiter von ehemaligen Nazis beherrscht, die Dirigenten wie Klemperer und Scherchen bewußt ausgrenzten.

12.4 Das Repertoire

Betrachtet man das Repertoire in den Konzerten des Austrian Centre, so stehen Haydn, Mozart, Beethoven, Schubert und Brahms im Vordergrund, weniger Schumann oder Mendelssohn. Die Aufführungen von Kompositionen Bachs, Händels und

---

667 Streicher des London Philharmonic Orchestra, Sprecher: Guthbert Kelly; Klavier: Else Cross.
668 Zeitspiegel Nr. 8 vom 6.3.1943.
669 Zeitspiegel Nr. 44, vom 4.1.1944.
670 Veröffentlicht bei Zenck 1980, S. 282.

Telemanns überließ man vorwiegend den Musikern des FDKB, die man dazu in das Austrian Centre einlud (Anzeige 1941c).[671] Es gab also keine vollkommen strikte Trennung zwischen österreichischen und deutschen Musikern und zwischen beiden Flüchtlings-organisationen. Es muß daneben jedoch betont werden, daß sich die Österreicher mit ihrem Anliegen, das Österreichische herauszustellen, auch ganz klar gegenüber dem FDKB abgrenzten. Das Profil des Austrian Centre unterschied sich von dem des FDKB, auch wenn man, oberflächlich betrachtet, eine gemeinsame Sprache sprach. Der Komponist Mozart genoß im Austrian Centre eine besondere Wertschätzung. Hervorzuheben ist, neben zahlreichen Kammerkonzerten mit Werken dieses Komponisten, eine konzertante Aufführung der *Zauberflöte* im November 1942, die man trotz widriger Aufführungsbedingungen einstudiert hatte. Georg Knepler spielte dabei Klavier an einem Flügel, dessen linkes Vorderbein durch eine Sodawasser-Kiste ersetzt war. Es wurden außer den Chorstücken und dem Dialog "alle Arien und die meisten Ensembles" aufgeführt. "Bei der Stelle der Geharnischten spielte ich zusammen mit Violetta Hollitscher vierhändig", beschreibt Georg Knepler diese Aufführungsvariante, bei der österreichische und deutsche Sänger zusammen agierten (A.R.1942).[672] Charakteristisch für das Musikangebot im Austrian Centre waren nicht nur Aufführungen von Werken der Wiener Klassik bis hin zu Mahler sondern eben auch Aufführungen von Kompositionen vertriebener österreichischer Komponisten wie Krenek, Wellesz, Grosz und Gál.

Im Laterndl führte man zu einem großen Teil österreichische Schwanks und "Kleinkunstprogramme" auf (DÖW 1992, 367), kombinierte Lieder mit Sketchen, die einen besonderen Teil der österreichischen Kulturlandschaft ausmachen und das "Unterfutter" der österreichischen Musikkultur darstellen. Das Laterndl steuerte außerdem Werke von Lanner oder Johann Nestroy, wie dessen Posse mit Gesang *Der Talismann* im Januar 1942 bei (Anzeige 1942c).[673] Die kabarettistische Form bot den Österreichern eine besondere Möglichkeit, mit der Situation des Exils und des nationalsozialistischen Österreich umzugehen. Im Gegensatz zu gewöhnlichen Kabarettaufführungen lag hinter diesen Aufführungen und trotz der Lachsalven, die sie bei ihren Zuschauern hervorriefen, eine ungewöhnliche "Bitterkeit", die von der Tragik der aktuellen Situation bestimmt wurde. Georg Knepler bezeichnete vor diesem Hintergrund in einem Interview "über das Verhältnis von Humor und Ernst im

---

671 Werke von Bach, Händel und Telemann mit Trude Huttenbach, Johanna Metzger-Lichtenstern, Otto Huttenbach und Paul Lichtenstern angezeigt für den 5.7.1941 im Austrian Centre.
672 Brief Georg Kneplers vom 8.2.1944 an die Autorin. Im Zeitspiegel schreibt Alfred Rosenzweig außerdem von einer Einführung, die Knepler vom Klavier aus gegeben hat. Es sangen Hilde Goldsand, Alice Schaeffer, Hilda Alexander, Ernst Possony, Wilhelm Bruckner und Rudolf Offenbach (A.R. 1942).
673 Regie: Martin Miller; Musik: Käthe und Georg Knepler.

Programm des Laterndl", letzteres "mehr als satirisch-tragische Anstalt" (DÖW 1992, 430). Bis Mitte 1942 blieb das Laterndl kabarettistisch orientiert. In der Internierung hatte es weiterbestanden und danach, im Jahr 1941, war ein Neubeginn erfolgt. Das Wissen um die "faschistischen Greueltaten", der zunehmende Mangel an Kabarett-Autoren, die unter anderem von der B.B.C. engagiert wurden, und das politische Streben des F.A.M. um eine Demonstration kultureller Eigenständigkeit führten zu einer Schwerpunktverlagerung hin zu Theateraufführungen.[674] Knepler zählt 23 Stücke und Revuen, die bis Mitte 1942 im Laterndl zur Aufführung gelangten (Knepler 1944, 6).

12.5 Publikationen über Musik

Wie die österreichischen Flüchtlinge den Verlust der Heimat, die nun Teil des Großdeutschen Reiches geworden war, verarbeiteten, zeigte sich noch an anderer Stelle: In den "Kulturblättern der F.A.M.: Österreichisches Pantheon" sahen die Autoren ihre Gegenstände unter einem deutlich österreichischen Blickwinkel. Hans Gál überschrieb seinen Aufsatz (Gál 1944) zum 47. Todestag von Johannes Brahms am 3. April 1944 mit dem bezeichnenden Titel "Brahms, der Wahlösterreicher" und geht darin der Vorliebe des "ernste(n), schweigsame(n), zum Grübeln geneigte(n) Norddeutschen" für Wien und die Österreicher nach, die er mit humorvollen Zitaten von Zeitgenossen koloriert. Auch Beethoven bleibt in diesem Zusammenhang nicht unerwähnt. Außerdem informierte Gál die Leser über die Dummheit der Nationalsozialisten, die mit der Vermutung einer jüdischen Herkunft von Brahms ihre eigenen Rassengesetze ad absurdum führten (Gál 1944, 7f.).

Hermann Ulrich beschrieb in dem Aufsatz "Die Zauberflöte, Geschichte, Symbolik und Deutung" die Entstehungsgeschichte des Textbuches der *Zauberflöte* und untersucht die Symbolik, die auf das Freimaurertum Mozarts verweist. Weiter ordnet Ulrich die einzelnen Figuren dem entsprechenden Operntypus, den sie repräsentieren, zu. Von besonderer Bedeutung ist jedoch für den Autor der Bezug auf das "Österreichische" im Textbuch Schikaneders:

> Was uns aber das Buch mehr als seine fuer den Hoerer kaum wichtigen allegorischen Beziehungen teuer macht, ist sein österreichischer Charakter. [...] Wir wissen, dass Schikaneder den Papageno im breitesten Wiener Dialekt spielte; [...]. Aber auch in der Sprache der uebrigen Gestalten klingt fuer das geuebte Ohr deutlich der Tonfall der oesterreichischen Rede durch; der gelegentlich sogar an die Oberflaeche tritt, wie an der Stelle im II. Akt, wo Pamina sagt 'Sie mag den Weg mit Rosen streu'n, weil Rosen stets bei Dirnen SEIN'. Der melodische (!) Tonfall dieser oft geschmaehten und doch so reizvoll und naiven Sprache ist der des Wiener Dialektes, wie ihn Dichter und Musiker sprachen und Mozart mehr als einem seiner kleineren

---

[674] Vgl. DÖW 1992, S. 368.

Vokalwerke zugrundegelegt hat.[675] Und die Musik paßt sich genau in ihren volksliedhaften Teilen diesem Tonfall an, wurzelt tief im oesterreichischen Volkslied, wenn sie die Liebe des idealen und die irdischen Freuden und Leiden des profanen Paares schildert. Pamina und Papageno repraesentieren sie nicht die beiden Seiten des oesterreichischen Menschen, seine kuenstlerische Begeisterung und sein genussfrohes und sinnenfreudiges Naturell? War nicht Mozarts Schicksal typisch oesterreichisch? 'Wer war er denn?', sagt Lert, 'Ein Musikant aus Oesterreich, der Liebe in reinen Toenen lehrte. Starb er ueberhaupt? Leidet er nicht irgendwo und ueberall in bitteren Pruefungen durch diese grausame Welt voll Wasser und Feuer? Armer Tamino, armer Papageno. Armes Oesterreich!' (Ulrich 1944, 17).

Unbestritten ist die Verwurzelung der Musik Mozarts mit verschiedenen Quellen der österreichischen Volksmusik ebenso wie die Anlehnung an den österreichischen Dialekt und die Satzmelodik der Österreicher, wie sie besonders deutlich in den Rezitativen eingefangen ist. Die Emphase, mit der Ulrich jedoch das Österreichische, gerichtet an die Adresse von Österreichern, hervorhebt, war der Reflex auf die Verzerrungen des Mozart-Bildes durch die Nazis. Die Personen der *Zauberflöte* und Mozart selbst dienten ihm zur Wahrung der österreichischen Identität im Exil. Ulrich stellte sich als Flüchtling vor, wie sich eine vergleichbare Situation auf Mozart ausgewirkt hätte und kommt zu dem Ergebnis: "Haette Mozart die in jenen Jahren intensiv geplante Uebersiedlung nach England verwirklichen können, so waeren wir zweifellos um eines der herrlichsten und der oesterreichischesten Werke aller Zeiten aermer" (Ulrich 1944, 18). Natürlich ist diese Schlußfolgerung Ulrichs eine Spekulation. Dahinter verbarg sich jedoch deutlich die Befindlichkeit des Autors und seiner Leser. Sie lebten als Österreicher, was Mozart nach Ulrich über einen so langen Zeitraum glücklicherweise erspart geblieben wäre, in England. Für eine wirkliche Kreativität ist demnach der Nährboden der österreichischen Heimat unbedingte Voraussetzung. In der Fremde hätte man als Österreicher keine solchen großen Werke schaffen können.

Mit dem absehbaren Ende des Krieges und dem Gedanken an die Rückkehr, die mit Vorstellungen über das Musikleben nach dem Krieg in Österreich einhergingen, änderte sich diese deutliche Betonung des Österreichischen in der Musik. Egon Wellesz setzte dazu in seinem Vortrag "Zum Wiederaufbau des Musiklebens in Österreich" im November 1944 eine Zäsur. "Die österreichische Musik - das war ihre Kraft - war niemals national eingestellt." Er belegt das an den Einflüssen anderer Nationen, die deutlich ablesbar in Werken Haydns, Beethovens, Schuberts und Mahlers vorhanden sind und betont nun wiederum ganz besonders diese Seite, wenn er sagt: "Es war dieses einzigartige Aufnehmen, Einverleiben, Umgestalten und Wiedergeben, welches die Größe der österreichischen Musik ausmachte" (DÖW

---

675 Etwa wie das *Das Bandel*. *'Liebes Mandel, wo ist's Bandel?'* Scherzhaftes Terzett für Sopran, Tenor und Baß, Begleitung: 2 Violinen, Viola und Baß, KV 441.

1992, 465). In einem befreiten Österreich wird das Insistieren auf dem originär Österreichischen als kollektiver Kampf gegen Nazi-Deutschland hinfällig. Dann kommt es für die befreite österreichische Nation auf ein neues Zusammenleben mit anderen Staaten an. Und auf die Rolle der Musik bezogen, drückte es Wellesz so aus: "In diesem Wiederaufnehmen einer nur kurze Zeit unterbrochenen, völkerverbindenen Mission sehe ich die Zukunft der österreichischen Musik" (ebenda).

12.6 Musikervereinigungen der Österreicher

12.6.1 "Musicians' Group of the Austrian Circle"

Im Juli 1939 erschien in der Times ein Hinweis über den im Rahmen der "London-Salzburg Society" veranstalteten ersten Auftritt einer neugegründeten "Musicians Group of the Austrian Circle" in der Duke's Hall in London. Der 130. Todestag von Joseph Haydn bildete den Anlaß des Konzertes. Zu den Mitwirkenden gehörten Mitglieder des berühmten Rosé Quartetts[676] aus Wien in der Besetzung mit Arnold Rosé, Alma Rosé,[677] Karl Doktor und Friedrich Buxbaum sowie Paul Weingarten am Piano und der Bariton Mark Raphael (Anonym 1939g). Arnold Rosé und Friedrich Buxbaum waren nach ihrer Entlassung am 1. Juli 1938 die beiden einzigen Musiker der Wiener Philharmoniker, die nach England geflohen waren. Sie galten hier als Repräsentanten des berühmten Orchesters und des Rosé-Quartetts.[678]

Welchem "Austrian Circle" die genannte Musikgruppe angehörte, wurde nicht näher beschrieben. Es könnte sich dabei um einen eigenständigen Kreis von Österreichern gehandelt haben, der bereits vor der Gründung des Austrian Centre bestand und sich ihm möglicherweise später anschloß. Eine so bezeichnete Musikervereinigung kam in späteren Rezensionen nicht weiter vor. Es lag während dieser komplizierten sozia-

---

[676] Maria Lidka erinnerte sich sehr gut an die beeindruckenden Londoner Auftritte Arnold Rosé's mit wechselnden Quartettbesetzungen und beschrieb, daß die Interpretationen auf Grund seines fortgeschrittenen Alters beeinträchtigt waren (Gesprächsprotokoll Lidka). Der Zeitspiegel kündigte im März 1942 eine andere Besetzung an: Arnold Rosé, Ernest Tomlinson, Max Jekel und Paul Blumenfeld (Anonym 1942i). Im Juli 1942 änderte sie sich erneut: "... die Mittelstimmen waren nun Engländer, nur der Cellist blieb weiterhin Friedrich Buxbaum" (Stadlen 1990, S.129).
[677] Wenn diese Angabe stimmt, muß es sich um einen ihrer letzten Auftritte in Freiheit gehandelt haben. Alma Rosé, Nichte von Gustav Mahler aus Wien, fiel in Holland den Nazis in die Hände und leitete im KZ Auschwitz-Birkenau bis zu ihrem mysteriösen Tod (wahrscheinlich Vergiftung) das legendäre Mädchenorchester von Auschwitz (Fenelon 1981, S.33 u. S.233ff.; Licht 1993, S.250).
[678] Nach dem "Anschluß" wurden 16 Musiker des Orchesters entlassen bzw. pensioniert; 5 wurden im KZ ermordet, ein Musiker starb im Zusammenhang mit der "Delogierung" aus seiner Wohnung; 6 Musiker retteten sich in die USA, einer nach Südamerika; nur eines der jüdischen Mitglieder starb eines natürlichen Todes in Wien (vgl. Hellsberg 1992, S. 504f.).

len und politischen Situation durchaus im Bereich des Möglichen, daß Flüchtlings-Ensembles nur kurzzeitig Bestand hatten.

12.6.2 "Austrian Musicians' Group"

Anläßlich des einhundertjährigen Bestehens des Wiener Philharmonischen Orchesters am 28. Mai 1942 würdigten das Free Austrian Movement, der österreichische P.E.N. und die Austrian Musicians' Group in einem gemeinsam Konzert in der Wigmore Hall die große österreichische Musiktradition. John Christie hielt die Festrede. Kompositionen von Mozart, Hugo Wolf und Antonín Dvořák bildeten den musikalischen Teil, den das Rosé-Quartett und Ferdinand Rauter gemeinsam bestritten (Anzeige 1942d). Peter Stadlen bezeichnete dieses "Londoner Mittags-Konzert" als "interessante Herausforderung der österreichischen Nazi-Realität" (Stadlen 1990, 129).

Der Österreicher Ferdinand Rauter, Begleiter und Volkslied-Arrangeur der isländischen Sängerin Engel Lund, im Austrian Centre wie im FDKB gleichermaßen aktiv, begründete 1941 die Austrian Musicians' Group (Stadlen 1990, 129). Diese Gruppe will die

> österreichische Musik bewahren, um sie nach der Befreiung in die Heimaterde zurückzupflanzen. Sie setzt sich für die Standesinteressen ihrer Mitglieder und die Verbesserung ihrer Lage gemeinsam mit dem Refugee Musicians Committee und den Behörden ein und fördert das Einvernehmen mit den englischen Musikern.[679]

Myra Hess, Adrian Boult und Ralph Vaughan Williams hatten hier die Funktion von "Patrons" inne (DÖW 1992, 451).[680] Als Vorsitzende engagierten sich neben Rauter zudem Georg Knepler und Alfred Rosenzweig (DÖW 1992, 370).[681] In der Kritik eines Konzertes der Austrian Musicians' Group (A.M.G.) wird diese unter dem Patronat der "Anglo-Austrian Music Society" angesiedelt (gek. 1943). Peter Stadlen bemerkte hingegen, daß sich "allmählich" die Anglo-Austrian Music Society aus der Gruppe der Austrian Musicians' Group entwickelte und diese noch heute existiert (Stadlen 1990, 130). Daneben findet sich noch eine dritte, ausführlich beschriebene Variante:

---

679 Zitiert nach Zeitspiegel No.1 vom 2.1.1943, S. 7 bei DÖW 1992, S. 370.
680 80. Aus: Bericht von Ferdinand Rauter über dessen Internierung sowie die Entwicklung der Austrian Musicians' Group und Anglo-Austrian Music Society 1940-1973, o.D (1973); DÖW 1992, S. 449-452.
681 In der angegebenen Quelle wird Alfred Rosenzweig als Sänger bezeichnet. Im Austrian Centre trat er nie als Sänger auf, sondern wirkte als Musikologe.

THE FREE AUSTRIAN MOVEMENT
IN GREAT BRITAIN

WIGMORE HALL WIGMORE STREET, W.1

THURSDAY, MARCH 9th, 1944, at 6 p.m.

CONCERT

Programme

W. A. MOZART (1756-1791)

SERENATA NOTTURNA in D—KV. 239 1776)
Marcia (Maestoso)—Menuetto—Trio—Rondo—(Allegretto)

HORN CONCERTO in E flat—KV. 417 (1783)
Allegro—Maestoso—Andante—Rondo

INTERVAL

VIOLIN CONCERTO in D—KV. 271a (1777)
Allegro Maestoso—Andante—Allegro (Rondo)

A MUSICAL JOKE, D Major—KV. ~~222~~ 522 (1787)
Allegro—Menuetto (Maestoso)—Adagio—Cantabile—Presto

The ROSTAL Chamber Orchestra
Soloists. MAX ROSTAL (Violin)
DENNIS BRAIN (Horn)

TICKETS—Reserved: 21/-, 12/6, 7/6, 5/- 3/6
Unreserved: 2/6

In accordance with the requirements of the London County Council:—
1.—The public may leave at the end of the performance by all exit doors, and such doors must at that time be open.
2.—All gangways, corridors, staircases and external passageways intended for exit shall be kept entirely free from obstruction, whether permanent or temporary.
3.—Persons shall not be permitted to stand or sit in any of the gangways intersecting the seating, or to sit in any of the other gangways. If standing be permitted in the gangways at the sides and rear of the seating, it shall be limited to the numbers indicated in the notices exhibited in those positions.

Abb. 10: Programm eines Konzerts der "Free Austrian Movement in Great Britain" vom März 1944.

Um den politischen Einfluß des FAM zu umgehen, die Gruppe jedoch finanziell abzusichern, wurde im Dezember 1942 eine Gesellschaft der Freunde der Austrian Musicians' Group gegründet, die im März 1943 in die Anglo-Austrian Music Society überging und nach Kriegsende mehr als 500 Mitglieder verzeichnete (DÖW 1992, 370).

Rauter ergänzt dazu, daß mit der Umbenennung in die Anglo-Austrian Music Society die Frage der Arbeitserlaubnisse durch das Home Office besser gelöst werden konnte (DÖW 1992, 451). Wie der Name schon sagt, bedeutete diese Gesellschaft einen Zusammenschluß von österreichischen und englischen Musikern, der während der Kriegsjahre begründet wurde. Der Zusammenschluß bewährte sich bis in die Gegenwart hinein, obgleich er unter ganz besonderen Bedingungen ins Leben gerufen wurde. "Nach den Statuten der 'Anglo-Austrians' war es ihr Motto, die glorreiche Tradition der österreichischen Musik im gegenwärtigen Chaos der Welt lebendig zu erhalten" (Stadlen 1990, 130). Die "Anglo-Austrians" präsentierten am 16. Juni 1943 in der Londoner Wigmore Hall "Austrian Music Banned by the Nazis": Der Fleet Street Choir unter T.B. Lawrence sang Chorwerke von Egon Wellesz und Hans Gál. Maria Lidka,[682] Violine, R. Savage Temple, Klarinette und Peter Stadlen spielten Bergs *Adagio* für Violine, Klarinette und Klavier. Erika Storm und Mosco Carner traten mit Grosz-, Krenek- und Mahler-Liedern auf. Stadlen spielte Schönbergs *Klavierstücke* op. 23. Österreicher, Deutsche und Engländer gemeinsam führten am 19. Januar 1944 in der Wigmore Hall Beethovens *Septett* op. 20 und Schuberts *Oktett* op. 166 auf. Den Rahmen dafür besorgten gleichfalls die "Anglo-Austrians".[683] Bis zum Ende des Krieges zeichnete diese Musikervereinigung für 39 Konzerte in London verantwortlich, bei denen neben österreichischen Exilmusikern auch Benjamin Britten, Peter Pears und Myra Hess mitwirkten (DÖW 1992, 370f.). Peter Stadlen beschrieb die Musikervereinigungen der Österreicher als lebendigen, kollektiven Umgang mit der Exilsituation (Stadlen 1990). Ein besonderer Effekt dabei war die zunehmende Assimilierung von österreichischen Exilmusikern in die aufnehmende Gesellschaft.

---

682 Peter Stadlen berichtete als Mitwirkender bei diesem Konzert von der Mitwirkung Dea Gombrichs anstatt, wie im Programmzettel vermerkt, Maria Lidkas. Dea Gombrich hatte bereits, wie Stadlen erläutert, in Wien 1935 den Solopart der ursprünglichen Fassung (des Kammerkonzertes) in der Anwesenheit von Berg und Stadlen gespielt (Stadlen 1990, S. 130).

683 Die mitwirkende Maria Lidka bewahrte dieses Programm in ihrer persönlichen Sammlung auf.

13 Die Programmzettelsammlung des Ernst Henschel

Ernst Henschel lebte nach seinem Studium von Jura und Musikgeschichte an den Universitäten in Berlin und München als praktizierender Anwalt in Berlin. 1938 ging er nach London ins Exil.[684] Ernst Henschel war Mitglied der Bachgesellschaft und der Internationalen Gesellschaft für Neue Musik.[685] Als Vierzehnjähriger hatte Henschel 1882 damit begonnen, Konzertprogrammzettel zu sammeln. Bis zu seiner Flucht enthält seine Sammlung Programme vieler Saisons des Berliner Philharmonischen Orchesters, von Kammermusik, Orgelkonzerten in Kirchen, Gastspielen ausländischer Orchester in Berlin, von Auftritten studentischer Ensembles und von Konzerten von Sängern und Instrumentalisten. Henschel besuchte in Berlin die Konzerte mit den Dirigenten Arthur Nikisch, Wilhelm Furtwängler, Bruno Walter, Felix Weingartner, Richard Strauss, Otto Klemperer, Ferruccio Busoni oder mit Solisten wie Edwin Fischer und Artur Schnabel. In Programmheften dieser Konzerte sind Programmeinführungen bekannter Musikologen oder Musikkritiker enthalten. Gleichwohl finden sich in seiner Sammlung Belege über Konzerte in kleineren Konzertorten, Lehrinstituten oder Kirchen. Henschels Interesse für neue Musik ließ ihn kontinuierlich in die europäischen Städte reisen, in denen Musikfeste der Internationalen Gesellschaft für Neue Musik stattfanden (King 1968/69, 91).

Die Programmzettelsammlung weist für 1938 noch einige Programme in verschiedenen deutschen Städten aus. Nach der Flucht setzte Ernst Henschel seine Sammeltätigkeit sogleich fort. Der erste Nachweis eines Londoner Konzertes stammt vom 3. Oktober 1938 als Sammelprogrammheft über fünf Mozart-Kammerkonzerte in der Dukes Hall. Seit Oktober 1938 bis wahrscheinlich zu seinem Tode (höchstwahrscheinlich 1969) arbeitete Henschel kontinuierlich im Lesesaal der British Library in London (King 1968/69, 92). Musikwissenschaftliche Publikationen konnten von ihm jedoch nicht nachgewiesen werden.

Besonders während der Kriegsjahre wurde in London die Form von Programmsammlungen gewählt. Dabei wurden auf einem Zettel gleich mehrere Programme aufgezählt. Ernst Henschel verzeichnete handschriftlich auf den Programmzetteln die von ihm beobachteten Veränderungen in der Besetzung oder des Repertoires.[686] Quantitativ ergibt sich folgende Aufstellung:

---

684 Eine Postkarte mit Programm belegt seinen Wohnsitz mit Old Orchard, Harefield.
685 1963 wurde er nach King 1968/69 zum Ehrenmitglied ernannt. Ein Dokument darüber existiert im IGNM-Archiv des IMD nicht. Überliefert ist nur die Korrespondenz mit Heinrich Strobel 1965-1969.
686 Es findet sich jedoch kein systematischer Eintrag, an welchen Konzerten er persönlich teilgenommen hat.

ISCM

international society for contemporary music

38th world music festival

copenhagen

28th may – 3rd june 1964

Assistant secretary:
Birgit Giedekier.

International Society for Contemporary Music:

President	Dr. h. c. Heinrich Strobel
Vice-president	Claude Rostand
Council Members	Earl of Harewood
	Witold Lutoslawski
	Dr. Egon Seefehlner
Secretary-General	Pierre Stoll
Treasurer	Giulio Rotoli
Auditors	Giuliano Mostrogiovanni
	Luigi Colacicchi
Representative to UNESCO Secretariat	Henri Martelli
	7 Place de la République
	Strasbourg (Bas-Rhin)

First President:
Edward Dent †

Honorary Members:
Béla Bartók †
Sten Broman
Ferruccio Busoni †
Alfredo Casella †
Edward Clark †
Luigi Dallapiccola
Manuel de Falla †
Alois Haba
Ernst Henschel
Paul Hindemith †
Arthur Honegger †
Zoltán Kodály
Charles Koechlin †
Gian Francesco Malipiero
Darius Milhaud
Goffredo Petrassi
Willem Pijper †
Viteslav Novak †
Maurice Ravel †
Hilding Rosenberg
Albert Roussel †
Roger Sessions
Jean Sibelius †
Arnold Schoenberg †
Karol Szymanowski †
Ralph Vaughan Williams †

Abb. 11: In dem Kopenhagener Programmheft von 1964 der ISCM wird Ernst Henschel neben anderen Honoratioren als Ehrenmitglied aufgeführt.

Für 1938/39:	84 Konzerte	für 1940:	6 Konzerte,
für 1941:	3 Konzerte,	für 1942:	15 Konzerte,
für 1943:	60 Konzerte,	für 1944:	128 Konzerte,
für 1945:	220 Konzerte.		

Es liegen keine Kriterien für das Zusammentragen der Konzertprogramme vor. Bei den vorhandenen Konzertbelegen finden sich wenige Nachweise über Auftritte von deutschen und österreichischen Musikern und Sängern. Der Anteil von aufgeführten Kompositionen deutscher und österreichischer Komponisten ist verschwindend gering.[687]

Da die Sammlung ohne eine Systematik geführt ist, sind schwer Schlußfolgerungen im Hinblick auf das Londoner Musikleben während des Krieges zu treffen. Es ist auch nicht klar, ob Ernst Henschel möglicherweise in den Jahren 1940 bis 1942, in denen er relativ wenig Programme beibrachte, gar nicht in London lebte. Eines ist sicher: Henschel besuchte wie in Berlin auch in London Konzerte mit zeitgenössischer Musik und war auch an den Konzerten der Nationalgalerie interessiert. Programme von Flüchtlingsorganisationen sucht man hingegen in Henschels Sammlung vergeblich. Ab 1945 gab es deutlich weniger zusammenfassende Konzertprogramme, mit denen die Veranstalter Kosten gespart hatten. Oft liegt nun ein vollständiges Programm für ein einzelnes Konzert - teilweise mit abgedruckten Texten bei Vokalmusik bzw. einer kurzen Programmeinführung - vor. Das wiederum deutet darauf hin, daß sich das Konzertleben in London langsam zu normalisieren begann.

Es ist nicht ersichtlich, ob Ernst Henschel diese Sammlung für eine spätere Auswertung nutzen wollte. Auffällig ist, daß keiner der von mir befragten Zeitzeugen sich an Ernst Henschel erinnern konnte, obwohl er beispielsweise Kammermusikkonzerte mit Maria Lidka wahrgenommen hat. Weitere Nachforschungen über ihn blieben in London ohne Erfolg. Bisher ist dieser Sammlung in keiner deutschsprachigen Publikation Aufmerksamkeit geschenkt worden. Möglicherweise kann sie für die Auswertung des Konzertlebens in Deutschland und London unter spezifischen Gesichtspunkten nützlich sein. Immerhin enthält die Programmzettelsammlung bis 1966 insgesamt über 3.000 Programme.

---

687 Im Rahmen dieser Arbeit konnten diese wenigen Aufführungen herangezogen werden.

14 Die Internationale Gesellschaft für Neue Musik

14.1 Problemstellung und Quellenlage

Vor dem Hintergrund, daß eine Internationale Gesellschaft für Neue Musik (IGNM) existierte, stellt sich die Frage nach ihrer Politik gegenüber vertriebenen Komponisten und Musikern. Als wichtigste Quelle wurde dafür die von Haefeli vorgelegte, ausführliche Geschichte der IGNM herangezogen (Haefeli 1982).

14.2 Zur Geschichte und Haltung der IGNM gegenüber vertriebenen Musikern

Die IGNM[688] verstand sich als Dachorganisation nationaler Komponistenvereinigungen, um Aufführungen neuer Werke und deren Durchsetzung im Konzertalltag zu unterstützen. Sie wurde 1922 von Österreichern gegründet. An erster Stelle steht hier Rudolf Reti, Komponist, Musikschriftsteller und Verlagsangestellter der Universal Edition (UE), die diese Gesellschaft unterstützte (Haefeli 1982, 38). Mitbegründer waren außerdem die bekannten Wiener Musikkritiker Hugo Reitler und Heinrich von Kralik, ferner Heinrich Damisch, auch Mentor und spiritus rector der Salzburger Festspiele, der Schriftleiter der Musikzeitschrift Anbruch Paul Stefan und der Musikwissenschaftler Egon Wellesz (Haefeli 1982, 44). Richard Strauss übernahm die Ehrenpräsidentschaft der Gesellschaft neben Emil Hertzka, geschäftsführender Direktor der UE Wien, und Hugo Heller, einem Wiener Konzertagenten und Buchhändler, der sich für die neue Musik einsetzte.

Man hatte sich vorgenommen, auf einem jährlichen Musikfest internationale Tendenzen der neuen Musik zu präsentieren. Das erste Musikfest, das 50 Kammermusikstücke von 46 Komponisten aus 15 Ländern zur Aufführung brachte, fand im August 1922 statt (Haefeli 1982, 47). Weberns *Fünf Sätze für Streichquartett* op. 5, gespielt vom Hindemith-Streichquartett, lösten während dieses Festes einen Skandal aus. Über zwanzig Komponisten waren zugegen. Die britische Delegation, der auch Ethel Smyth und Arthur Bliss angehörten, wurde von Edward Dent und Edwin Evans geleitet. London wurde als Zentralstelle der neuen Gesellschaft gewählt und die britische Sektion mit der Verantwortung ihrer Einrichtung betraut. Auf einen Vorschlag

---

688 Die Bezeichnung der Gesellschaft war nicht einheitlich; im Englischen "International Society of Contemporary Music" (ISCM), deutsch: "Internationale Gesellschaft für Neue Musik" (IGNM).

Rudolf Retis hin wurde Edward Dent zum Präsidenten der Gesellschaft gewählt.[689] In sechs Punkten faßt Haefeli das während dieses Musikfestes beschlossene Statut zusammen. Die Internationale Gesellschaft förderte gemäß Punkt 1 "zeitgenössische(r) Musik aller ästhetischen Richtungen und Tendenzen - ohne Rücksicht auf Staatsangehörigkeit, Rasse, Religion oder politische Absicht ihrer Mitglieder" (Haefeli 1982, 53). Nationale Sektionen waren beauftragt, die zeitgenössische Musik ihrer Länder zu fördern und sich gegenseitig zu unterstützen. In einem internationalen Komitee, das jährlich bei den Musikfesten der Gesellschaft zusammentrat, war jeweils ein Vertreter aus einem Land stimmberechtigt. Diese Präsentationen sollten die Essenz der musikalischen Produktion vermitteln (Haefeli 1982, 53).

Das 1931 vom Publikum stark frequentierte IX. Musikfest in Oxford/London wurde von der Musikkritik als besonders gelungen bezeichnet. Die Gäste würdigten das Niveau des B.B.C.-Orchesters unter der Leitung des für neue Musik eintretenden Adrian Boult und Hermann Scherchen als Gastdirigent (Haefeli 1982, 170). Im Rückblick und im Vergleich mit anderen Festen kommt Haefeli allerdings zu dem Ergebnis, daß bei diesem Fest die Umsetzung der Konzeption, "unbekannte Komponisten vorzustellen" gescheitert war. Nennenswerte Ausnahmen waren die von Scherchen dirigierten *Zwei Orchesteretüden* (Ritmica funebre - Ritmica scherzosa) von Wladimir Vogel, die - obwohl bereits 1927 in Deutschland aufgeführt - letztlich durch das Londoner Musikfest eine größere Resonanz fanden (Haefeli 1982, 170f.). Haefeli hebt die Aufnahmebereitschaft des disziplinierten englischen Publikums hervor, das sich insbesondere Weberns Werken gegenüber sehr aufgeschlossen verhielt. Webern hatte sich in Großbritannien bereits durch Gastdirigate an der B.B.C. bekannt gemacht (Haefeli 1982, 172f.).

Am 22. September 1933 wurde das Reichskulturkammergesetz erlassen, und am 15. Oktober 1933 gründete Goebbels die Reichskulturkammer. Die deutsche Sektion der IGNM hatte sich selbst aufzulösen, denn die nationalsozialistischen Kulturverwalter bekämpften die IGNM "als aggressive Vorhut der den Endsieg über Deutschland anstrebenden Ententemächte" (Haefeli 1982, 211). Gleichzeitig gründeten deutsche Musiker eine Gegen-IGNM, den "Ständigen Rat für internationale Zusammenarbeit der Komponisten", bei der nun ebenfalls Richard Strauss als Ehrenpräsident fungierte. Auch hier wurden jährlich Musikfeste unter Bezeichnungen wie "Internationale Wochen" oder auch "Internationale Feste der zeitgenössischen Musik" (Haefeli 1982, 214) mit internationaler Beteiligung durchgeführt.[690] Strauss war nach

---

689 Haefeli zitiert hier aus einem Artikel Rudolf Retis über die Entstehung der IGNM in: ÖMZ 1957, S. 45; Haefeli 1982, S. 45.
690 Nach der Gründung des Ständigen Rates stellte die IGNM ihre Mitglieder nicht vor die Entscheidung, entweder bei dem einen oder anderen Fest aufgeführt zu werden. Die Hintergründe dazu erläutert Haefeli (Haefeli 1982, S. 197f.).

Haefeli nicht der einzige Komponist, der eine Doppelmitgliedschaft innehatte. Auch Jean Sibelius, Casella, Malipiero, Pijper und Roussel waren in beiden Gesellschaften vertreten (Haefeli 1982, 215). Zu den Gründungsmitgliedern des "Ständigen Rates" gehörten aus dem Ausland "erklärte Freunde des Deutschen Reiches", wie Prieberg ergänzt. Von britischer Seite benennt Prieberg dafür Maurice Besley (Prieberg 1989, 209). Max Butting, selbst ehemaliges Mitglied in der IGNM und während des Dritten Reiches im Land verblieben, beschrieb die Hintergründe, die ihm und anderen Kollegen in der IGNM keine Wahl gegen die verordnete Kulturpolitik ließen und sie veranlaßten, der Auflösung der deutschen Sektion letztendlich zuzustimmen. Die "Fachschaft der Komponisten" innerhalb der Reichsmusikkammer hätte jedoch seiner Meinung nach durchaus einen neuen Aufnahmeantrag für die IGNM stellen können, auch wenn dann nur "genehme" neue Werke zugelassen worden wären. Das Hauptargument, das auf Seiten der Reichsmusikkammer-Funktionäre (wie etwa Hugo Rasch) grundsätzlich jedoch gegen die IGNM sprach, bestand in dem Prinzip der Gleichberechtigung aller in ihr vertretenen Sektionen. Innerhalb des neugegründeten Ständigen Rates beanspruchte Deutschland hingegen die Position der "gesinnungsmäßig führende(n) Gruppe" für sich. Das Ergebnis dieser Politik war, daß deutsche Komponisten auf IGNM-Festen nicht mehr vertreten waren und auf Festivals der "Gegen-IGNM" vorwiegend Kompositionen von Richard Strauss und bereits bekannte bzw. dem Konzept der Nazi-Ästhetik angepaßte Beiträge ausgewählt wurden. Nichtdeutsche Komponisten konnten dagegen die Möglichkeiten zweier internationaler Feste nutzen (Butting 1955, 207f.).

Eine sehr moderate Stellungnahme gegenüber der Politik des Ständigen Rates war 1935 auf dem Musikfest in Prag in Form einer Resolution zustandegekommen, die "allgemein Freiheit für Künstler und Kunst forderte", aber nicht diejenigen beim Namen nannte, welche die Kunst beschnitten und einengten. "IGNM-Verantwortliche" versuchten, die Politik aus der IGNM herauszuhalten, beugten sich aber doch dem politischem Druck, den die Nationalsozialisten noch im Ausland auszuüben imstande waren. So war für das italienische Fest in Florenz 1934 zunächst die Aufführung des *Heckelphontrio* von Hindemith geplant - statt dessen wurde eine *Suite* von Rudolph Holzmann geboten. Deutsche Musik im Programm der IGNM, an der die Nazis hätten eventuell Anstoß nehmen können, war in Florenz vom Konzertplan verschwunden. Haefeli zählt weitere Beispiele für Versäumnisse der IGNM auch über das Ende des Krieges hinaus auf, politische Position zu beziehen (Haefeli 1982, 213f.).

Auf die Haltung gegenüber Flüchtlingen kommt Haefeli in seiner Geschichte der IGNM nur ein einziges Mal zu sprechen: Der Komponist Wladimir Vogel 1936 stellte während der Generalversammlung auf dem XIV. Musikfest in Barcelona einen Antrag, in dem er forderte, "eine spezielle Sektion der emigrierten IGNM-Mitglieder, der keiner Sektion angehörigen 'Unabhängigen' zu gründen und damit diesen (bislang rechtlosen) eine Vertretung bei den Delegiertenversammlungen zu ermöglichen". Der Antrag wurde abgelehnt wegen politischer Rücksichtnahme ausgerechnet gegenüber den Ländern, welche diese Musiker ins Exil getrieben hatten. Ein Dokument über diesen Antrag existiert nicht (Haefeli, 1982, 255).

Das Londoner Fest 1938 stellte einen der letzten Höhepunkte vor dem Beginn des Krieges dar. Es gehörte zu den wenigen Festen, die "über ihr Messeähnliches hinaus" (Danuser 1984, 123) dank der Uraufführung von Webern Kantate *Das Augenlicht* op. 26 unter Hermann Scherchen Bedeutung hatten. Peter Stadlen weist auf dieses Ereignis besonders hin, da es sich dabei um Exilmusik eines nicht emigrierten Komponisten handelte. Trotz völliger Isolierung wegen seiner künstlerischen Kompromißlosigkeit war Weberns Haltung gegenüber den braunen Machthabern schwankend (Stadlen 1990, 125).

Mátyás Seiber, seit 1935 im Londoner Exil, konnte als einer der wenigen Flüchtlinge die Aufführung eines seiner Werke bei einem IGNM-Fest für sich verbuchen. Für das Fest 1940/41 in New York war sein *2. Streichquartett*[691] ausgewählt worden. Neben dem von Benjamin Britten selbst dirigierten *Les Illuminations* für Tenor und Streichorchester (Peter Pears und das Orchester der CBS) stellte das Streichquartett einen Beitrag aus Großbritannien dar. Seibers Quartett stand im Zusammenhang eines Kammermusikkonzertes mit Werken von Paul Dessau, Anton Webern und von dem KZ-Insassen Viktor Ullmann. Karol Rathaus, der von 1934 bis 1938 in London Asyl gefunden hatte, gehörte ebenso wie der in den USA lebende Ernst Krenek zur Jury des Festes (Haefeli 1982, 498f.). Bis zum Ende des Krieges fand 1942 noch ein Musikfest in San Francisco statt, das Haefeli als "angesichts des Zweiten Weltkriegs doch recht überflüssige Veranstaltung" bezeichnet, nicht zuletzt wegen der mangelnden Berücksichtigung der aus Europa in die USA immigrierten Komponisten (Haefeli 1982, 261).

Betrachtet man die IGNM-Feste seit der Machtübernahme der Nationalsozialisten in Deutschland bis zum Ende des Krieges, wird eines deutlich: Die Vertreter dieser internationalen Gesellschaft verkannten die Tragödie der vertriebenen Musiker. Sie waren im Rahmen der Gesellschaft kein Diskussionsgegenstand. Die Flüchtlinge konnten somit nicht mit einer Lobby in dieser Gesellschaft rechnen. Dies scheint um so unverständlicher, als mit dem Vormarsch der Wehrmacht und der nachfolgenden SS-Statthalter in Europa die Zerstörung auch nationaler IGNM-Sektionen einherging. Instrumente, Noten- und Quellenmaterial wurden vernichtet bzw. gestohlen.

---

691 Dieses Streichquartett spielt eine Rolle bei den Bemühungen Seibers, seine Werke an der B.B.C. aufführen zu können; vgl.dazu Kapitel 6.3.8 und 6.4.3.

Deutschlands Sektion war als erste gefallen. Es folgten Österreich, die Tschechoslowakei, Polen, Holland und Norwegen. Die spanische Sektion bestand nur noch auf dem Papier. Franzosen, Belgier und Dänen arbeiteten im Untergrund weiter (Haefeli 1982, 211f.). Ernst Hermann Meyer hatte 1938, während des Congress on the Problems of Contemporary Music, abgehalten im Rahmen des IGNM-Festes in London,[692] noch einen Vorstoß unternommen. In seinem Referat analysierte Meyer musikwissenschaftliche Forschungsgegenstände und Ergebnisse der vorangegangenen Dekade und zeigte auf, daß die Nazi-Diktatur auch hier ihre Auswirkungen zeitigte.[693] Als eine der letzten Sektionen der IGNM in Europa hatte die britische Bestand, die unter Kriegsbedingungen in den Centres of Contemporary Music in London und Manchester Konzerte organisierte, an denen deutsche und österreichische Musiker beteiligt waren.

---

692 Music and Life - 1938; Congress on the Problems of Contemporary Music; Programme; B.L.
693 Das Original des Referates befindet sich im Archiv der Akademie Künste Berlin; vgl. das Kapitel über Ernst Hermann Meyer.

15 Drei Londoner Musikerbiographien

15.1 Berthold Goldschmidt

15.1.1   Quellenlage

Seit 1983 und dem Artikel "A Biographical Sketch" von David Matthews (Matthews 1983a) liegen Beschreibungen des Lebensweges von Berthold Goldschmidt vor. Als wichtigste Quelle für das folgende Kapitel wurde die von Peter Petersen und der Arbeitsgruppe Exilmusik 1994 herausgegebene Publikation "Berthold Goldschmidt: Komponist und Dirigent. Ein Musikerleben zwischen Hamburg, Berlin und London" (Goldschmidt 1994) herangezogen. Darin sind unter systematischen Gesichtspunkten Goldschmidts Äußerungen über ihn selbst, über Personen, Ereignisse und ästhetische Probleme zusammengestellt. Goldschmidt hat diese Publikation autorisiert. Als weitere Quellen wurden die Programmzettelsammlungen von Maria Lidka, Erika Storm, Ernst Henschel, der Konzerte in der Nationalgalerie und des FDKB herangezogen. Weiterhin flossen einige Informationen über Goldschmidt ein, die sich in der Sammlung von Ernst Hermann Meyer in der Akademie der Künste zu Berlin fanden. Die Dokumente der Sammlung Goldschmidt in der Akademie der Künste in Berlin wurden ausgewertet. Äußerungen von Zeitzeugen wie Georg Knepler, Maria Lidka und Erika Storm wurden berücksichtigt. Seit 1988 stehe ich mit Berthold Goldschmidt regelmäßig in Kontakt und habe die wichtigsten Aufführungen seiner Werke begleitet. Er übergab mir Kopien einiger Dokumente und stellte sich meinen Fragen zur Verfügung.

15.1.2   Problemstellung

Bei Beginn dieser Arbeit war an eine Goldschmidt-Renaissance, wie sie seit dem Jahr 1992 und der Decca-Produktion der Oper *Der gewaltige Hahnrei* beobachtet werden kann, nicht zu denken. Der Komponist Berthold Goldschmidt und seine Werke stehen - verstärkt durch die CD-Produktionen und die Inszenierungen seiner Opern in Berlin und Magdeburg - im Mittelpunkt von Konzerten und unterschiedlichen Medien. Dieses Interesse geht inzwischen über die Ländergrenzen von Deutschland und Großbritannien hinaus. Die folgende exemplarische London-Biographie Berthold Goldschmidts war von Angang an geplant. Durch die sich veränderte Quellenlage[694] wird im folgenden Kapitel vorwiegend die Londoner Biographie Goldschmidts bis zum Ende des Krieges dargestellt. Weiter soll jedoch der Lebensweg Goldschmidts bis in die Gegenwart berücksichtigt werden, um damit der Frage nachzugehen, warum Goldschmidt in Großbritannien und Deutschland bis zu seiner Wiederentdeckung nahezu unbeachtet geblieben war.

15.1.3 Berthold Goldschmidt in London

Im Oktober 1935 fuhr der zweiunddreißigjährige Berthold Goldschmidt mit dem Schiff nach Harwich, um nach England zu gelangen. Goldschmidt zählte in Deutschland, ablesbar an der Auszeichnung mit dem Mendelssohn-Preis 1925, zu einem hoffnungsvollen jungen Komponisten und Dirigenten, der sich mit großem Enthusiasmus der Musik verschrieben hatte. Schon als Kind in Hamburg galt seine Liebe Gustav Mahler und er bewunderte Ferruccio Busoni. Goldschmidt hatte als Schreker-Schüler das Komponier-Handwerk gelernt und wurde als junger Kapellmeister von Erich Kleiber an der Lindenoper gefördert. Der Regisseur Carl Ebert hatte Goldschmidt zu seinem musikalischen Berater gemacht, so daß Goldschmidt Ende der zwanziger Jahre in Darmstadt und in Berlin Theatererfahrungen als Kapellmeister und Bühnenkomponist sammeln konnte. 1932 hatte Goldschmidt in Mannheim einen ersten Durchbruch mit der Oper *Der gewaltige Hahnrei* erzielen können, die nach wenigen Aufführungen abgesetzt wurde. Nach der Machtübernahme der Nationalsozialisten wurde Goldschmidt zunehmend klar, daß er Nazi-Deutschland verlassen mußte und bereitete sein Exil in England vor. 1935 verließ Goldschmidt seine Heimat und fuhr mit dem Schiff nach Harwich. Bei der Einreise legte er dem Immigration Officer gedruckte Exemplare eines Klavierauszuges seiner Oper, op. 14,[695] seiner *Klaviersonate* op. 10[696] und seines *Streichquartetts Nr. 1* op. 8 vor. Der britische Beamte akzeptierte die Erklärung Goldschmidts, als Komponist auf diese Weise Geld verdienen zu können und gewährte ihm einen Aufenthalt für drei Monate. Auf Anraten eines Flüchtlingskomitees schickte Goldschmidt seinen Paß an das Innenministerium, das diesen vorerst jeweils um drei Monate verlängerte (Goldschmidt 1994, 57f.). In Hampstead fand Goldschmidt eine Zweizimmerwohnung, in der er heute noch lebt. Elisabeth Karen Bothe, die Goldschmidt in Berlin kennengelernt hatte, kam im Februar 1936 nach. Im gleichen Monat heirateten sie in London.[697]

---

694 Vgl. dazu Goldschmidt 1994.
695 Universal Edition: Wien, Leipzig, 1931.
696 Universal Edition: Wien, Leipzig, 1927.
697 Vgl. Stammbuch der Familie Adolf Michael Goldschmidt, Eintragung Seite 8, der Termin war der 20.2.1936.

Während seine Frau als ausgebildete Sängerin 1938 und 1939 als Choristin in Glyndebourne und (nach dem Krieg) in Edinburgh als Hexe in *Macbeth* engagiert werden konnte, zerschlugen sich, räumlich so nah, sämtliche Hoffnungen für Goldschmidt auf eine Anstellung in Glyndebourne. Carl Ebert, mit dem Goldschmidt in Darmstadt und Berlin zusammengearbeitet hatte, schrieb ihm in einem Brief vom 26. April 1936 aus Lugano, daß es ihm leider nicht möglich sei, ihn für Opernaufführungen zu vermitteln (Traber/Weingarten 1987, 68). Im vorhinein hatte Goldschmidt mit Ebert bereits Mozartopern zur Inszenierung vorbereitet. Ebert war nicht der einzige, auf den Goldschmidt im Hinblick auf eine Anstellung in Glyndebourne gebaut hatte. In Berlin war Goldschmidt mit Rudolf Bing freundschaftlich verbunden gewesen.[698] Als Generalmanager in Glyndebourne hätte ihm Bing eigentlich - so Goldschmidts Erwartungen - behilflich sein können. Das konnte er offensichtlich nicht. John Christie war an der finanziellen Effektivität seines Opernunternehmens interessiert (Busch 1970, 150) und hielt die Anzahl der Beschäftigten, die er zudem vor dem Innenministerium zu rechtfertigen hatte, in Grenzen.[699] Christies Ehefrau, die Sängerin Audrey Mildmay, hatte aus Wien ihren Gesangslehrer Jani Strasser nach Glyndebourne geholt. Fritz Busch brachte wegen der italienischen Aufführungen seinen Assistenten Alberto Erede und Carl Ebert Hans Oppenheim mit in das Team ein (Goldschmidt 1994, 63). Damit waren mindestens drei Dirigenten bzw. Kapellmeister vorhanden.[700] Die Position des Korrepetitors, Chordirektors bzw. eines Fachmannes, der für die Einstudierungen verantwortlich war, hatte Jani Strasser seitdem bis 1972 kontinuierlich inne.[701] Ebert und Busch arbeiteten problemlos zusammen, so daß die Position eines musikalischen Beraters an der Seite von Ebert für Goldschmidt überflüssig geworden war. Wie aus der B.B.C.-Akte Goldschmidts hervorgeht, setzte sich Bing später in London für ihn ein, erreichte aber durch seine Empfehlungen nichts.

Um seinen Lebensunterhalt finanzieren zu können, gab Berthold Goldschmidt Privatunterricht in Harmonielehre und Kontrapunkt oder korrepetierte mit englischen Sängern und Sängerinnen deutsches Lied- und Opernrepertoire. Auf Anraten eines

---

698 Bing erwähnt das in seinen Memoiren (Bing 1973) nicht. Berthold Goldschmidt berichtete mir darüber in London.
699 Im Rahmen dieser Arbeit konnte nur ein Emigrant als Mitglied des Orchesters ermittelt werden. Es handelt sich dabei um Adolf Rebner, der 1938 als Geiger im Glyndebourne Ensemble mitwirkte (Stompor 1994, Bd. 1, S. 293).
700 Stompor benennt außerdem als Repetitor in Glyndebourne Edward Rebner aus Frankfurt a.M. (Stompor 1994, Bd. 1, S. 308).
701 Erede dirigierte Vorstellungen 1938, 1939 und später 1950; Oppenheim bereits 1935, 1936, später 1946 und 1949. Programmzettelsammlung Storm; Archiv Glyndebourne, Programmheft o.J., S. 97f.

befreundeten Arztes aus Deutschland, der selbst als Cellist[702] viel Hausmusik machte, komponierte Berthold Goldschmidt sein 2. *Streichquartett*.[703] Die Aufführung im privaten Rahmen bestritten hervorragende Musiker: Die 1. Violine spielte Henry Temianka, ein polnischer Geiger, der nach Kalifornien ging. An der 2. Violine saß David Wise, "Leader" der zweiten Geigen im London Philharmonic Orchestra. An der Bratsche, William Primrose, einer der besten Bratscher jener Jahre überhaupt. Den Cellopart hatte der aus Rußland stammende Nikolai Graudan übernommen, der ebenfalls in die USA weiterwanderte (Goldschmidt 1994, 59f.). Hans Oppenheim, unter den Zuhörern der Quartett-Aufführung, empfahl daraufhin dem Tänzer und Choreographen Kurt Jooss, der mit seiner Ballett-Truppe in Dartington Hall bei Leonard Elmhirst und seiner Frau großzügige Aufnahme gefunden hatte, den Komponisten Berthold Goldschmidt. Jooss, der mit seinem politisch brisanten Ballett *Der grüne Tisch* mit der Musik von Fritz Cohen berühmt geworden war, suchte in Goldschmidt einen Komponisten für die Fortsetzung dieses Balletts, das ursprünglich *Aufstieg und Fall der Diktatur* heißen sollte. Goldschmidt war von der Idee begeistert und sagte sofort zu. Da Jooss mit zwei Pianisten, Fritz Cohen und dem Österreicher Fritz Waldmann, arbeitete, war Goldschmidt die Besetzung vorgegeben. Jooss kam zu Goldschmidt nach London, besprach mit ihm das Ballett und schickte ihm in Abständen einzelne Szenen, in denen er den Rhythmus vorgegeben hatte, zu. Goldschmidt komponierte seine Musik nach diesem Gerüst. Bei der Uraufführung des Balletts, das bald nach dem "Anschluß" Österreichs fertig geworden war, nahm Jooss jedoch dem Stück mit deutlichen Bezügen zu Goebbels und Nazi-Deutschland den zeitkritischen Biß und die Ausdruckskraft, indem er es in der Renaissance mit der entsprechenden stilistischen Ausstattung ansiedelte. Berthold Goldschmidt erklärt diese Selbstbeschneidung mit der Angst vor einem drohenden Krieg (Goldschmidt 1994, 67).

Das Stück nannte Jooss nun *Chronica*. Der geplante Titel entfiel. Bei Ausbruch des Krieges ging ein Teil der Ballett-Truppe von Jooss u.a. auch mit diesem Stück, das nicht den Erfolg von *Der grüne Tisch* erzielen konnte, auf Tournee in die USA und nach Südamerika. Immerhin nützten die Tantiemen dem Komponisten als Beitrag zu seinem Lebensunterhalt. Später arbeitete Goldschmidt *Chronica* zu einer *Orchestersuite* um.[704] Mit diesem Auftragsstück, das sofort in die Öffentlichkeit gelangte,

---

702 Es handelt sich dabei um Dr. Edward May, der auch bei den Konzerten in der Nationalgalerie mitspielte.
703 Im selben Jahr komponierte Goldschmidt außerdem *Ciaccona Sinfonica*. Eine Aufführung kam erst 1987 im Rahmen der Berliner Festspiele zum Programmschwerpunkt "Musik aus dem Exil" zustande (vgl. Traber/Weingarten 1987).
704 In dem Werkverzeichnis von Michael Struck ist *Chronica* nicht als Stück für zwei Klaviere sondern für Orchester mit den Daten 1932, 1938, 1958, 1985/86 aufgelistet (Struck 1992,

endete für Berthold Goldschmidt die Phase in seiner künstlerischen Laufbahn, in der sich nahezu organisch sowohl für den Komponisten als auch Dirigenten berufliche Chancen ergeben hatten.
Der Beginn des Krieges machte weitere mögliche Angebote anderer Auftraggeber zunichte. Wenigstens in einer Hinsicht hatte Goldschmidt Glück: Von der Internierung 1940 blieb er dank des Engagements seines englischen Freundes Ralph Nunn-May, der sich für ihn persönlich einsetzte, verschont (Goldschmidt 1994, 68f.).
Die Frage Alfred Etzolds "Warum London und nicht Hollywood?" (Goldschmidt 1994, 27) beantwortete Goldschmidt mit einem wichtigen Aspekt seiner Biographie. Er sei nach London gegangen, "da man ja ziemlich anglophil[705] in Hamburg (war)", und er einen sehr guten Englischunterricht in Hamburg genossen hatte. Weiter begründete er die Wahl Londons mit seinen Hoffnungen auf Glyndebourne und der konzertanten Aufführung der Oper *Wozzeck*, bei der Adrian Boult das B.B.C. Symphony Orchestra dirigierte, und die ihn sehr beeindruckt habe. Diese Aufführung hatte am 14. März 1934, in deutscher Sprache, in der Londoner Queen's Hall stattgefunden (Loewenberg 1955 I, 1386). Hinter dieser Äußerung verbarg sich die Hoffnung Goldschmidts, daß er bei einem solchen Klima der zeitgenössischen Musik gegenüber, möglicherweise auch als Komponist Möglichkeiten eingeräumt bekommen könnte. Mit Kriegsbeginn 1939 waren jedoch alle weiteren Chancen für den Komponisten und Dirigenten Berthold Goldschmidt vernichtet, seinen Beruf und künstlerischen Ambitionen weiter ausführen zu können. So nimmt es nicht wunder, daß das Werkverzeichnis Strucks für die Zeit nach 1936 nur drei Werke für den Konzertsaal bis zum Ende des Krieges verzeichnet: *Greek Suite* für Orchester (1940/41), *Time* (Percy Bysshe Shelley) für Gesang und Klavier (1943)[706] und *Sinfonietta* für Orchester (1945/46), von der zwei Sätze erhalten geblieben sind (Struck 1992). Unmittelbare Aufführungen erlebten diese Werke nicht.
Aufträge für "Incidental Music" führte Goldschmidt bis 1949[707] als fester und freier Mitarbeiter in der deutschen Abteilung der B.B.C. für die Abteilung Feature und Drama aus. Die Besetzungen waren höchst unterschiedlich und schlossen auch eine

---

o.S.). Goldschmidt hat sich von der Fassung für zwei Klaviere distanziert (Goldschmidt 1994, S. 67f.).
705 Die geographische Nähe zu England und die Weltoffenheit von Hamburger und englischen Kaufleuten war die Basis dieser besonderen Beziehung der Hamburger zu den Engländern. Insbesondere nach dem großen Brand von 1842 halfen englische Ingenieure und Architekten beim Wiederaufbau der Stadt Hamburg. Bei den "educated inhabitants of Hamburg" (Petersen 1993) konnte das gesellschaftliche Leben (bis etwa 1870) nicht englisch genug sein, was sich auch in der Bevorzugung der englischen Sprache ausdrückte. Diese besondere Beziehung endete mit dem Beginn des I. Weltkrieges. Anne Petersen legte darüber für den Zeitraum 1814-1914 eine Dissertation vor (Petersen 1993, S. 187).
706 Dieses Lied integrierte Goldschmidt später in die Oper *Beatrice Cenci* (Goldschmidt 1994, S. 71).
707 Fest angestellt war Goldschmidt dort bis 1947.

(hier nachgewiesene) Orchesterbesetzung ein. Bei den Aufnahmen dirigierte Goldschmidt oft die entsprechenden Ensembles. Ob er bei der von ihm komponierten zwanzigminütigen Orchestermusik zu Strindbergs *Dream Play* mit einem Orgelsolo am Schluß im Jahre 1948 die Aufnahme leitete, ist aus den Akten nicht ersichtlich. Ein Theaterstück muß hier erwähnt werden: 1948 plante die B.B.C., eine englische Version von Wolfgang Borcherts pazifistischem Drama *Draußen vor der Tür* zu senden. Auf der Suche nach einem geeigneten Komponisten empfahl der Mitarbeiter S.C. Hood einem Kollegen der Drama-Abteilung Berthold Goldschmidt:

> Mr. Goldschmidt has been used on numerous occasions by the German Service to supply incidental and background music for plays. His last assignment was to write background music for Shelley's 'Cenci' which he did with - in my opinion - outstanding success. I can heartily recommend Mr. Goldschmidt and his work.[708]

Aus der Vielzahl nicht genannter Kompositionen für die B.B.C. ließ Goldschmidt gerade dieses Stück mit dem Titel *Noble little soldier's wife* für Bariton und Xylophon in seine offizielle Werkliste aufnehmen. Aus den B.B.C.-Akten Goldschmidts wird noch etwas anderes deutlich: Goldschmidt war ein sehr zuverlässiger Mitarbeiter, der nicht nur jede an ihn gerichtete Anfrage immer sofort beantwortete, sondern auch jedes zugesagte Stück in kurzer Zeit lieferte. So forderten 1949 etwa seine Auftraggeber zu *Gullivers Reisen* eine "symbolic music representing the nobility of a horse, scored for bassoon and double bass".[709]

Im Gegensatz zu Seiber und einigen anderen deutschen oder österreichischen Komponisten wurden Goldschmidts Kompositionen für den Konzertsaal während des Krieges nicht vom European Service der B.B.C. gesendet. Nach der Absage der B.B.C. vom Juli 1942 bemühte sich Goldschmidt bis nach Ende des Krieges nicht weiter um Rundfunkaufführungen.

Neben seiner Tätigkeit an der B.B.C lassen sich einige Spuren Goldschmidts in den Kriegsjahren in London nachweisen. Das, was bei ihm selbst nicht zustandekam, vermittelte Goldschmidt anderen Musikern. Mit der Sängerin Erika Storm hatte Goldschmidt bereits in Berlin korrepetiert, damit sie Lieder von Krenek und Schönberg in ihr Repertoire aufnehmen konnte. Nun gelangte sie 1936 durch Goldschmidts Vermittlung über Rudolf Bing nach Glyndebourne als erste Dame in der *Zauberflöte* (Gesprächsprotokoll Storm). Obwohl Goldschmidt in Gesprächen es selbst nicht erwähnt, findet sich sein Name, wenn auch selten und nur bei besonderen Ereignissen, auf Programmen des FDKB und des Austrian Centre. Als Pianist spielte er 1941 während eines Vormittagskonzertes im FDKB Bachs *Wohltemperiertes Klavier*, das

---

708 WAR, Copyright I, Goldschmidt, 1941-1953. Schreiben vom 28.10.1948.
709 WAR; Copyright, Goldschmidt, File I: 1941-1953; Schreiben vom 26.1.1949 von Miss Alexander an Berthold Goldschmidt.

er schon in Hamburg intensiv studiert hatte, und von dem er als Komponist bereits früh lernte.[710] Er begleitete 1942 Alice Schaeffer und Werner Simon bei einer literarisch-musikalischen Matinee mit russischer Musik und Poesie im Arts Theatre in London.[711] Zu Rußland hatte Goldschmidt eine besondere Beziehung. Neben Ernst Hermann Meyer und Charlotte Eisler gehörte er zu den wenigen Flüchtlingen in Großbritannien, die mit der russischen Musikkultur bereits persönliche Erfahrungen gemacht hatten.

Im Rahmen der Sektion der Komponisten ist sein Name bei Veranstaltungen im internen Rahmen des FDKB-Klubhauses 1942, 1943 und 1946 vertreten. Zu seinen Kompo-nistenkollegen zählen dabei mit unterschiedlicher Präsenz Andre Asriel, Robert Müller-Hartmann, Gerhard Hadda, Peter Ury, Ludwig Brav, Mátyás Seiber und Franz Reizenstein. Welche Kammermusik im einzelnen dabei zur Aufführung gelangte, geht aus den im Mitteilungsblatt der Free German League of Culture angekündigten Programmen nicht hervor. Zu diesem Kreis hatte Goldschmidt demnach mehr oder weniger regel-mäßig Kontakt, obwohl sich daraus für ihn keine Möglichkeiten, im britischen Musik-leben Fuß zu fassen, ergaben. (Daneben hatte Goldschmidt zivile Kriegsarbeit in London abzuleisten.) Georg Knepler berichtete über eine gemeinsame Arbeit mit Goldschmidt:

Als der Krieg (gegen die Sowjetunion, J.R.H.) begann, besann sich eine Gruppe russischer Exilanten, die seit der Revolution von 1917 oder später aus Rußland ausgewandert waren und in England lebten, ihres Patriotismus. Ich lernte eine ganze Reihe von russischen Musikern kennen, die auf Seiten der Sowjetunion standen in dem Krieg. Sie entdeckten ihren russischen Patriotismus und waren gegen Hitler und auf Seiten der Roten Armee. Ein sehr reicher Kaufmann mit Namen Jay Pommeroy[712] beschloß, als Beitrag eines in England lebenden Russen zur Verteidigung der Sowjetunion eine russische Oper auf die Bühne zu bringen. Er hatte Geld genug, um das riesige Cambridge Theatre im West-End zu mieten und engagierte eine Reihe von vorzüglichen russischen Sängern und Sängerinnen. Einige davon, besonders die Frau Lobotskaja[713] war wirklich eine Sängerin von großem Format. Er beschloß, Mussorgskis *Jahrmarkt von Sorotschinzy* auf die Bühne zu bringen. Es ist ein herrliches Stück, eine heitere Oper, es ist ganz große Weltmusik. Er engagierte ein Orchester und den Dirigenten Fistoulari.[714] [...] Die-

---

710   Freie Deutsche Kultur, April 1941, 7. SAPMO ZPA NL 140/8 Bl. 87. In Hamburg hatte sich Goldschmidt intensiv mit der Busoni-Ausgabe dieses Zyklus beschäftigt.
711   19. April 1942, SAPMO ZPA V 239/1/13, Bl. 269.
712   Jay Pommeroy organisierte außerdem zumindest zwei Festivals mit russischer Musik. Am 3. Juni 1944, während des 2. Festivals, das fünf Konzerte umfaßte, spielte das London Symphony Orchestra unter Heathcote Statham in der Royal Albert Hall ein Konzert mit Werken russischer Komponisten, bei dem auch der Geiger Max Rostal als Solist mitwirkte (Programmzettel-sammlung Henschel).
713   Diese Sängerin ist in den verschiedenen Ausgaben bei Kutsch/Riemens nicht erfaßt.
714   Anatole Fistoulari, geboren 1907 in Kiew, gestorben 1995 in London; studierte bei seinem Vater Grigori Fistoulari, bei Anton Rubinstein und Rimskij-Korsakow. Über Frankreich, Deutschland, Monte Carlo kam er nach London und dirigierte 1940-43 das London Sym-

ser Fistoulari suchte Korrepetitoren für diese Aufführung. Die Korrepetitoren, die er fand, waren Berthold Goldschmidt und ich. Wir zwei haben diese Oper einstudiert (Gesprächsprotokoll Knepler).

David Matthews ergänzt, daß Goldschmidt auch die Aufführungen dieser Oper leitete und daß es sich dabei um das erste Dirigat Goldschmidts seit seinem Londoner Exil handelte (Matthews 1983a, 5).

Möglicherweise ergab sich aus dieser gemeinsamen Arbeit von Knepler und Goldschmidt ein Auftrag, den ihm Knepler als Kultursekretär des Austrian Centre vermittelte, und der in gewissem Maße an Goldschmidts zurückliegende Tätigkeit in Berlin und Darmstadt anknüpfte. Goldschmidt übernahm bei der Inszenierung der einaktigen Oper *Rufen Sie Herrn Plim*[715] und dem Zeitstück *Häuptling Abendwind* von Nestroy und Offenbach, von Rudolf Spitz mit neuen Zeitstrophen versehen, die musikalische Einstudierung und Leitung. Aufführungsort war das Laterndl der Österreicher, in dem im Herbst 1943 vier Mal in der Woche Vorstellungen dieser Stücke stattfanden (Anzeige 1943b).

Beide Projekte sind ebenso auf die Initiative von Flüchtlingen zurückzuführen wie ein Konzert, das die Brücke schlägt zwischen Goldschmidts Mitwirkung bei Mahler-Aufführungen in Deutschland[716] und seiner intensiven Beschäftigung mit Mahler nach dem Krieg. Gemeint ist das "Gustav Mahler Gedächtniskonzert", das im Mai 1941 in der Wigmore Hall gemeinsam von deutschen und österreichischen Musikern gegeben wurde. Mit Franz Osborn spielte Goldschmidt *Menuett* aus der *3.* und *Finale* aus der *4. Symphonie* in der Fassung für zwei Klaviere von Hans Gál. Mit Sabine Kalter, die in Hamburg Erfolge gefeiert hatte, repräsentierte Goldschmidt dabei Mahlers Hamburger Jahre als einer der wenigen Flüchtlinge, die Mahler überhaupt außerhalb Nazi-Deutschlands aufführten. Am 26. April 1945 wurde Goldschmidt vom London Philharmonic Arts Club engagiert, um die Sängerin Lucie Manén[717] bei der *Arie der Zerbinetta* aus Richard Strauss' *Ariadne auf Naxos* zu begleiten. Der aufmerksame Konzertgänger Ernst Henschel, der das Programm aufbewahrte, besuchte mit großer Wahrscheinlichkeit dieses Konzert. Dieses Engagement von Goldschmidt deutet darauf hin, daß er sich als Korrepetitor und Begleiter, auch über die Emigrantenkreise hinaus, in London Ansehen erworben hatte.

Zum Musicians' Refugee Committee hatte Berthold Goldschmidt keinen Kontakt. Er schaffte es, auch ohne dessen finanzielle Hilfe für den Lebensunterhalt seiner Frau

---

phony Orchestra, 1943-46 als Hauptdirigent das London Philharmonic Orchestra, ab 1946 das von ihm gegründete London International Orchestra (Seeger 1978).
715 Text: Kurt Robitschek und Marcellus Schiffer, Musik: Mischa Spoliansky.
716 Am 20. und 27. Januar 1923 wirkte Goldschmidt als Pianist bei der Aufführung der *8. Symphonie* von Gustav Mahler mit dem Berliner Philharmonischen Orchester im Großen Schauspielhaus in Berlin mit (Muck 1982 III, S. 204).
717 Es handelt sich dabei um die Berliner Sängerin Lucie Mankiewitz.

und seiner Mutter, die er kurz vor Beginn des Krieges noch aus Deutschland hinüberretten konnte, aufzukommen. Seine Schwester war 1935 im 27. Lebensjahr in Hamburg gestorben: Der Vater Michael Goldschmidt wurde als letztes Mitglied der Familie 1937 auf dem jüdischen Friedhof in Hamburg-Ohlsdorf begraben. Damit endete die traditionelle Firma Goldschmidt in Hamburg.

Aus den Programmzettelsammlungen von Henschel und Ernst Hermann Meyer ist ersichtlich, daß es einige wenige Aufführungen von Werken Goldschmidts während der Kriegsjahre in London gab. Im Rahmen der Konzerte des Committee for the Promotion of New Music führte Goldschmidt am 6. Dezember 1943 im Trinity College gemeinsam mit Enid Simon das *Duo for Harp & Piano* auf. Rudolf Bing, bis zum Beginn des Krieges künstlerischer Direktor in Glyndebourne, hatte wenige Tage zuvor Arthur Bliss von der B.B.C.[718] auf dieses Konzert aufmerksam gemacht.[719] Eine Reaktion der B.B.C. darauf liegt nicht vor. Und Franz Osborn, der Goldschmidts *Klaviersonate* bereits 1929 beim Festival der Internationalen Gesellschaft für Neue Musik in Genf aufgeführt hatte,[720] spielte diese am 24. Oktober 1944 in der Fyvie Hall in London. Wenn es auch bis 1953 keine Aufführung des *2. Streichquartetts* (1936) gegeben hat, wie Lewis Foreman (Foreman 1991, 24) schreibt, besuchte möglicherweise Ernst Hermann Meyer, in dessen Besitz der Programmzettel war,[721] am 9. April 1946 die Aufführung von zwei Sätzen dieses Quartetts, die das Committee for the Promotion of New Music initiiert hatte. Demnach war das Blech Quartet, nach der privaten Aufführung in der Wohnung von Goldschmidt im Jahr 1936, das erste Ensemble, das sich daraus den Sätzen *Scherzo* und *Folia* widmete.[722] Zwischen den beiden Interpretationen liegt als einschneidende Zäsur das Ende des Krieges für einen Neubeginn des britischen Musiklebens. Möglicherweise wurde während des 64. "Studio Recital", in dem außerdem *Streichquartette* von W.B. Wordsworth (Nr.1) und Herbert Murril erklangen, über diese beiden Sätze diskutiert. Hubert Clifford ist als Gesprächsleiter ausgewiesen.[723] Das Quartett wurde nicht zum Druck oder zur Schallplattenaufnahme vorgeschlagen, wofür sich das Komitee bei entsprechender Befürwortung einsetzen wollte. Bei den Konzerten der National Gallery trat Berthold Goldschmidt nicht auf. Seine Kompositionen gelangten dort nicht zur Aufführung.

---

718 Der britische Komponist Arthur Bliss (1891-1975) war von 1942-44 Leiter der Musikabteilung an der B.B.C. (Riemann 1989, Bd. 1).
719 WAR, Composer; Goldschmidt, Berthold; File 1: 1934-1962; Brief Bings an Bliss vom 1.12.1943.
720 Goldschmidt 1994, S. 41.
721 Meyer, Akademie der Künste, 808.
722 Harry Blech und Felix Kok, Violinen; Keith Cummings, Viola; Douglas Cameron, Violoncello.
723 Die hier genannten Programme des Committee for the Promotion of New Music: Ernst Hermann Meyer-Archiv, Akademie der Künste Berlin, 808.

15.1.4 Neuanfang nach dem Krieg

Im Kapitel über die Beteiligung von Flüchtlingen an der B.B.C. wurde der Beitrag Goldschmidts als musikalischer Leiter der deutschsprachigen Abteilung bereits beschrieben. Bis 1942 hatte sich Goldschmidt um die Aufführung seiner eigenen Werke am britischen Sender bemüht. Aber selbst interne Empfehlungen oder die Befürwortung von Rudolf Bing führten nicht zur Aufnahme eines Stückes von Goldschmidt in den Sendeplan der B.B.C. Das Ende des Krieges brachte hier keine Änderung. Auch die Fürsprache von Walter Goehr, der 1947 eine Aufführung der *Ouvertüre "Komödie der Irrungen"* für das III. Programm der B.B.C. anregte, trug vorerst keine Früchte.[724] Erst im März 1949 sendete die B.B.C. das Stück im III. Programm.[725] Wenn man den Akten trauen darf, so bedeutet dies, daß ein Orchesterwerk des seit 1947 britischen Staatsbürgers Goldschmidt im britischen Rundfunk erst vierzehn Jahre nach seiner Ankunft in London gesendet wurde.

Goldschmidt mußte weitere Wege beschreiten, um sich als Komponist in Großbritannien zu behaupten. 1949 ergab sich eine Möglichkeit für ihn, denn anläßlich des 1951 zum ersten Mal veranstalteten Festival of Britain wurde ein Opernwettbewerb ausgeschrieben. Goldschmidt beteiligte sich daran und komponierte zwischen dem 2. April 1949 und 24. April 1950 die dreiaktige Oper *Beatrice Cenci*. Das Libretto stammte von Martin Esslin nach Percy Bysshe Shelleys Drama *The Cenci*. In seinen unveröffentlichten Erinnerungen,[726] die anläßlich einer Ausstellung zum zwanzigjährigen Jubiläum des Festival of Britain von Goldschmidt erbeten wurden, beschrieb Goldschmidt genau die Auflagen, die er für den Opernwettbewerb zu erfüllen hatte: Den Bewerbern wurden eigens dafür gedruckte Bogen zur Verfügung gestellt. Obgleich der Wettbewerb anonym war, hatte Goldschmidt dafür Fragen zu seiner Biographie zu beantworten und zu einem ersten Termin die kurze Geschichte der Oper, einen Überblick über die dramatische Handlung, die musikalische Behandlung bzw. eine Szene des Librettos vorzulegen. Bezeichnenderweise hatte Goldschmidt beim Einreichen seiner jeweiligen Arbeitsergebnisse das Pseudonym "Squirrel" - Eichhörnchen - gewählt, "as a faint indication of my non-endemic origin" (ebenda).[727]

---

724 WAR, Composer, Goldschmidt, Berthold; File 1: 1934-1962. Schreiben Goldschmidts an Humphrey Searle vom 27.2.1947 (teilweise unleserlich).
725 WAR, Composer, Goldschmidt, Berthold; File 1: 1934-1962; Schreiben Goldschmidts an Leonard Isaacs vom 25.7.1950.
726 Berthold Goldschmidt stellte mir freundlicherweise eine Kopie zur Verfügung.
727 Eichhörnchen sind besonders fleißige Tiere und scheinbar unermüdlich, wenn es darum geht, ihre Nüsse zu vergraben, die oft ganz unerwartet irgendwo als neue Nußbäume sprießen. Goldschmidt als besonderer Tierliebhaber hat dieses Pseudonym mit Bedacht gewählt!

Mitte September 1949 hatte Goldschmidt bereits zwei Drittel des Particells fertiggestellt. Auf Anfrage reichte er die beiden ersten Akte und Teile des dritten sowie Bemerkungen zur vorgesehenen Orchestration ein. Bereits im Dezember 1949 hatte die Jury eine Klavierfassung der Oper von "Squirrel" in den Händen. Während Goldschmidt mit der Ausarbeitung der Orchesterpartitur fast fertig war, erhielt er am 23. Mai 1950 vom Arts Council einen Brief, in dem ihm angekündigt wurde, daß - obwohl die Auswahl noch nicht abgeschlossen wäre - seine Oper bereits für das Festival of Britain nominiert sei. Weitere Nominierungen erhielten der Australier Arthur Benjamin mit *A Tale of Two Citys*, "der britische Marxist" (Lebrecht 1987) Alan Bush für *Wat Tyler* und Karl Rankl mit seiner Partitur *Deirdre of the Sorrows*, ebenfalls wie Goldschmidt ein Flüchtling. Wie seine erfolgreichen Mitbewerber erhielt Goldschmidt für die Opernpartitur 300 Pfund. Im Gegenzug hatte sich der Arts Council das Recht gesichert, für die kommenden zwei Jahre die erste Produktion festzulegen. Wenn auch der Council keine Garantie für eine Produktion während des Festival of Britain 1951 oder während der genannten Periode übernehmen könne, so wolle man aber sein Bestes tun, um eine Produktion zu ermöglichen, wie es in dem genannten Schreiben hieß (ebenda).

Im Dezember 1950 stellte Goldschmidt im Opera Circle in London[728] als Kommentator und Pianist Ausschnitte der *Beatrice Cenci* mit Gesangssolisten vor. Dabei wirkte auch die Hamburger Sopranistin Erika Storm in den Partien der Beatrice und des Bernardo mit. Wenn auch die Aufführung ohne Chor wesentlich eingeschränkt wäre, und demzufolge das von Goldschmidt in einer Chorszene zitierte "Dies Irae"-Thema nicht erklang, war der Kritiker A.J. Goldschmidts Werk durchaus gewogen, wenn er schreibt: "Otherwise the music follows personal idiom, which is harmonically 'advanced' while preserving a clear, impressive, and singable vocal line" (A.J. 1951, 36f.).

Eine Inszenierung oder konzertante Aufführung der prämierten Opern kam weder während des Festival of Britain 1951 noch während der vom Arts Council benannten, zweijährigen Periode zustande. Wie sich aus dem gesteckten zeitlichen Rahmen ablesen läßt, wurde der Opernwettbewerb 1949 ausgeschrieben, um so eine Inszenierung der ausgewählten Opern für das Jahr 1951 vorbereiten zu können. Deshalb hatte Goldschmidt alle Anstrengungen unternommen, um das Werk zum festgesetzten Zeitpunkt beendet zu haben. In seinem o.g. Bericht stellte Goldschmidt nach zwanzig Jahren abschließend fest: "To my great satisfaction, the Arts Council and the Festival of Britain as such has stimulated me to a special effort, and by having written this work I have contributed to the reservoir of British operas" (ebenda).

---

728   Bush hatte *Wat Tyler* eine Woche früher hier vorgestellt (A.J. 1951, S. 36).

Das Festival of Britain war ein besonderes Ereignis, so daß die B.B.C. 1950, nach der Nominierung der vier Preisträger, beschloß, diese so entstandenen neuen Opern publik zu machen. Karl Rankl und Arthur Benjamin[729] lehnten das Angebot des britischen Rundfunks ab, ihre Opern, die für die Bühne komponiert waren, im Rundfunk zu senden, bevor eine Inszenierung stattgefunden hatte.[730] Alan Bush und Berthold Goldschmidt stimmten demgegenüber einer Sendung unabhängig von einer Inszenierung zu. Lange Zeit passierte auf diesen Vorschlag hin nun auch an der B.B.C. nichts. Es vergingen zweieinhalb Jahre, bis im April 1953 für die Dauer einer halben Stunde Ausschnitte aus *Beatrice Cenci* mit dem Komponisten als Dirigent des London Philharmonic Orchestra und britischen Gesangssolisten im III. Programm (zwei Mal) gesendet wurden. Eine Aufführung von Ausschnitten aus der Bush-Oper kam nicht zustande.[731] William R. Anderson äußerte sich knapp und ziemlich abwertend in der Musical Times über die gesendeten Ausschnitte der *Beatrice Cenci*. Die Musik, von der er gleichzeitig feststellte, daß sie schwer zu beschreiben sei, charakterisierte er folgendermaßen: "Some simple bits of melody stood out amid stiff recitative and twisty portions of harmony in this rather weak, nondescript example of contemporary music" (Anderson 1953, 264). Mit großer Wahrscheinlichkeit war diese halbe Stunde an Ausschnitten eine solche Beschneidung der Oper, daß sich ein überzeugender Eindruck schwer vermitteln ließ. Goldschmidt hatte zu diesem Zeitpunkt gerade sein 50. Lebensjahr vollendet. Nach diesem gescheiterten Projekt wandte sich Goldschmidt endgültig Kompositionen für den Konzertsaal zu und bemühte sich, Aufträge als Dirigent zu erhalten. Eine Ausgangsposition dafür hatte er sich 1947 geschaffen, als er Chordirektor in Glyndebourne wurde. Bei einem Gastspiel des Glyndebourne Ensembles während der Eröffnung des Edinburgh Festival 1947 sprang Goldschmidt ein, nachdem Georg Szell wegen der von ihm bemängelten Qualität des Scottish Orchestra[732] sein Dirigat niedergelegt hatte, und dirigierte alle Aufführungen von Verdis *Macbeth*. Aufgrund guter Kritiken hoffte Goldschmidt auf eine weitere Zusammenarbeit, die jedoch wiederum nicht erfolgte (Goldschmidt 1994, 64f.). Zweimal hatte die B.B.C. die von ihm geleitete *Macbeth*-Aufführung ge-

---

729   Das Melodram *A Tale of Two Cities* von Arthur Benjamin (Libretto C. Cliffe nach Ch. Dickens) wurde 1953 wirkungslos in London aufgeführt (MGG 1962, Bd. 10, Stichwort Oper, S. 68).
730   WAR, Artists; Berthold Goldschmidt, File I: 1942-1959. Internes Schreiben vom 27.11.1950.
731   Die Uraufführung von *Wat Tyler* fand in einer deutschen Bearbeitung im November 1953 in Leipzig statt; die britische Erstaufführung in London 1974 (Seeger 1978). Es ist anzunehmen, daß sich Ernst Hermann Meyer, der mit Bush in London in der Workers' Music Association zusammengearbeitet hatte, in der DDR dafür einsetzte.
732   Das "Scottish Orchestra" (Glasgow) wurde 1890 gegründet. Von 1950 bis 1991 bezeichnet als "Scottish National Orchestra" und danach "Royal Scottish Orchestra" (Pâris 1992).

sendet, ohne ihm jedoch ein Angebot für weitere Dirigate zu offerieren. Selbst der Einsatz von Adrian Boult, der den Programmredakteuren Dirigiervorschläge, die Goldschmidt ihm zuvor unterbreitet hatte, weiterreichte, führte zu keinem Ergebnis.[733]

Im Januar 1952 brachte ein Gastspiel in Amsterdam, wo Goldschmidt an der Oper *Cavalleria Rusticana* und *Pagliaggi* geleitet hatte, positive Kritiken für den Dirigenten.[734] Im selben Jahr dirigierte er im III. Programm zum ersten Mal das B.B.C. Scottish Orchestra. Auf dem Programm dieses Konzertes standen *Three Preludes on Oedipus Rex* von Pizzetti und *Partita* von Howard Ferguson. Damit waren fünf Jahre nach der oben genannten *Macbeth*-Aufführung vergangen, bis Goldschmidt daran mit weiteren Dirigaten anknüpfen konnte. 1954 leitete Goldschmidt mit demselben Orchester die Uraufführung seines *Violinkonzertes* (1952 komponiert und 1955 noch einmal überarbeitet) mit Erich Gruenberg als Solisten. Dafür aber hatte es eines besonderen Einsatzes von Goldschmidt bedurft. Nachdem mehrere seiner Werke, wie im Jahr 1949 *Chronica* oder 1952 das *2. Streichquartett*,[735] vom Partitur-Ausschuß abgelehnt waren, begann Goldschmidt, sich gegen dieses Auswahlverfahren zur Wehr zu setzen. Er bestand darauf, dem Ausschuß das *Violinkonzert* in einer Klavierfassung gemeinsam mit Erich Gruenberg vorzustellen. Danach wurde es 1954 von der B.B.C. akzeptiert.

Die B.B.C. stand seitdem seinen neuen Kompositionen weniger ablehnend gegenüber. Es folgten 1954 Sendungen seines *Cellokonzertes*[736] mit dem Cellisten William Pleeth und seines *Klarinettenkonzertes* 1955[737] mit Gervase de Peyer als Solist.[738] Die Aufführungsmöglichkeit für das *Violinkonzert* 1954 hatte dabei für weitere Kompositionen Goldschmidts die entscheidende Zäsur gesetzt. Andererseits wurde nun der Dirigent Goldschmidt, und das Jahr 1955 stellt hier den Wendepunkt dar, für Orchestereinspielungen von Haydn bis zu Uraufführungen zeitgenössischer britischer Komponisten herangezogen. In den kommenden Jahren dirigierte Goldschmidt für das III. Programm oder den Home Service das Royal Philharmonic Or-

---

733 WAR, Artists, Berthold Goldschmidt. File I: 1942-1959; Brief Goldschmidts an Boult vom 22.11.1947; internes Schreiben Boults vom 4.12.1947.
734 Alle Kritiken erschienen am 19.1.1952 in De Tijd, Het Vrije Volk, Algemeen Handelsblad und Het Parool. WAR, Artists; Berthold Golschmidt, File 1: 1942-1959.
735 Am 19.7.1953 erschien im Observer eine Kritik von Eric Blom (Blom 1953) über eine Londoner Aufführung des Quartetts.
736 komponiert 1953; im Februar 1958 dirigierte William Steinberg das Pittsburgh Symphony Orchestra mit der Cellistin Zara Nelsova als erste amerikanische Aufführung des Konzertes.
737 komponiert 1954.
738 Gervase de Peyer, geboren 1926; Gründungsmitglied des Melos-Ensembles, führte neue Werke zeitgenössischer britischer Komponisten auf, von 1955 bis 1971 hatte er die Position des 1. Klarinettisten am London Symphony Orchestra inne (Pâris 1992).

chestra[739] neben allen anderen großen Londoner Orchestern einschließlich das B.B.C. Symphony Orchestra. Ein regelmäßige Zusammenarbeit verband Goldschmidt von 1954/55 an mit dem Goldsbrough Orchestra und dem B.B.C. Scottish Orchestra, wie aus einer Aufstellung "Composer-Conductor"[740] hervorgeht. Dabei muß die Aufnahme der Oper *Saul und David* von Carl Nielsen mit dem B.B.C. Scottish Orchestra als erste Aufführung außerhalb Dänemarks besonders herausgehoben werden (Matthews 1983a, 5). Radiostationen in Europa und Kanada sendeten Goldschmidts Werke, wobei die *Ouvertüre "Komödie der Irrungen"* op. 6 besondere Bevorzugung, ähnlich wie vor 1933, genoß. Nach der o.g. Aufstellung übernahm Goldschmidt 1957 in England sein erstes Mahler-Dirigat, zumindest an der B.B.C.: Er spielte mit dem London Symphony Orchestra die *Fünf Lieder aus des Knaben Wunderhorn* mit den Solisten Thomas Hemsley und Ilse Wolf ein. Die aus dem Rheinland stammende Ilse Wolf, die relativ jung nach Großbritannien ins Exil ging, war inzwischen zu einer anerkannten britischen Sängerin herangereift. Wie Maria Lidka berichtete, gehörte sie zu den wenigen Sängerinnen und Sängern aus dem Kreis der Flüchtlinge, die sich nach Kriegsende erfolgreich in Großbritannien durchsetzten (Gesprächsprotokoll Lidka).

Das Schwergewicht des Komponisten-Dirigenten hatte sich Ende der fünfziger Jahre zunehmend zugunsten des Dirigenten Goldschmidt verlagert. Ganz abgesehen davon, daß sich die UE Wien an Goldschmidts Werken nicht mehr interessiert zeigte, schenkte seit Goldschmidts Flucht nach London auch kein britischer Verlag seinen neuentstandenen Kompositionen Beachtung. Das bedeutete, daß - ablesbar an den Akten der B.B.C. - Goldschmidt sich selbst um Aufführungen seiner Kompositionen bemühen mußte. Struck konstatierte in Bezug auf Goldschmidts vorläufig letztes Werk, den 1958 entstandenen *Mediterranean Songs*, 6 Lieder für Gesang und Orchester[741] nach Gedichten von Lord Byron bis Lawrence Durrell: "Das Fehlen jeglichen Interesses an seiner Musik in Deutschland und ihre begrenzte Resonanz in England veranlassen ihn, sich auf das Dirigieren zu konzentrieren" (Struck 1993, 5). Immerhin führte das London Symphony Orchestra den Liederzyklus 1960 mit Richard Lewis und später Gerald English auf.[742] Wenn auch die oben beschriebenen Aufführungen seiner Solokonzerte für unterschiedliche Instrumente seit Mitte der fünfziger Jahre im III. Programm gesendet wurden, war Goldschmidt an weiteren Aufführungen, auch an dezidierter Stelle im britischen Musikleben, gelegen. Dies um so mehr,

---

739 Das Royal Philharmonic Orchestra wurde 1946 von Thomas Beecham gegründet, der bis 1961 Chefdirigent des Klangkörpers war (Pâris 1992).
740 WAR, Artists, Berthold Goldschmidt, File 1: 1942-1959.
741 Uraufgeführt in New York mit Patricia Neway und dem Mannes College Orchestra unter Carl Bamberger (Matthews 1984, S. 14).
742 WAR, Composer, Bertold Goldschmidt, File I: 1934-62; Schreiben vom 20. Januar 1961; Matthews 1983a, S. 6.

als für ihn eine Rückkehr nach Deutschland überhaupt nicht zur Debatte stand. Aus beiden Teilen Deutschlands wurde nach Kriegsende weder dem Dirigenten noch dem Komponisten je ein ernstzunehmendes Angebot unterbreitet.

Seit ihrer Gründung im Jahr 1895 durch den Dirigenten Henry Wood bis heute spielen die Promenadenkonzerte, oder kurz "Proms", eine herausragende Rolle im englischen Musikleben. Bis zu ihrer Zerstörung durch deutsche Bomben im Jahr 1941 fanden diese Konzerte alljährlich in der 3.000 Plätze umfassenden Queen's Hall in London statt. Viele englische Komponisten hatten an dieser Stelle Uraufführungen ihrer Werke erlebt oder diese selbst dirigiert. Durch Henry Woods Engagement kamen hier, umrahmt von traditioneller Orchestermusik (jeder Freitag war z.B. ein Beethoven-Abend!), zudem Aufführungen von Werken zeitgenössischer Komponisten des Kontinents zustande (Borner 1950, 17ff.). 1944, anläßlich des 75. Geburtstages von Sir Henry Wood, betonte der Flüchtling Erwin Stein als gebürtiger Österreicher und Schönberg-Schüler gerade diesen Gesichtspunkt:

> The name of Henry Wood has been a Symbol of English musical life to us continental musicians. As far back as my memory serves me, we heard of him as the man who kept open the musical channels between London and other centres and was most eager to perform any foreign work which was considered new or outstanding. I remember Arnold Schoenberg speaking in terms of highest praise of the Queen's Hall Orchestra[743] and its conductor when he came back from a visit to London in the autumn of 1912. He had been invited by Henry Wood to conduct his own 'Five Orchestral Pieces' at the Proms and was profoundly impressed by the performances. [...] When I came to this country twenty-five years later, I saw his virile and beneficial powers still at work (Stein 1944b, 29f.).

Seit 1927 standen die Proms "unter der Aegide der B.B.C.", die die Konzerte organisierte und seitdem aus der Queen's Hall bzw. nach deren Zerstörung aus der Royal Albert Hall überträgt. In acht Wochen wurden etwa 1949, in der 55. Saison der Proms, 49 Sinfoniekonzerte hintereinander (außer an Sonntagen) mit durchschnittlich 5.000 Besuchern pro Konzert gegeben (Borner 1950, 18f.). Goldschmidt war noch nicht die besondere Auszeichnung zuteil geworden, innerhalb der Promenadenkonzerte mit ihrer einmaligen Atmosphäre aufgeführt zu werden. Er hatte sich kontinuierlich ab 1954 bei der B.B.C.[744] um Aufführungen bei den Proms, auch als Dirigent der eigenen Werke, beworben. Bis 1961 erhielt Goldschmidt, nach der vorliegenden Akte "Composer Berthold Goldschmidt", daraufhin ebenso kontinuierliche Vertröstungen und Absagen, obwohl die B.B.C., wie oben dargestellt, seinen Werken

---

743 Richtig muß es heißen New Queen's Hall Orchestra. Das Queen's Hall Orchestra gab es unter dieser Bezeichnung bis 1904. Nachdem Henry Wood das dort herrschende "deputy system" kritisiert hatte, verließen einige Musiker das Orchester und gründeten das London Symphony Orchestra. Das New Queen's Hall Orchestra, reorganisiert, hatte dann eine verbesserte Qualität (Elkin 1944, S. 39).
744 WAR, Schreiben an Leonard Isaacs vom 27.2.1954.

offener gegenüberstand. Hier stand jedoch der Komponist Goldschmidt vor einer - wie es schien - unüberwindlichen Barriere, die sich aber für den Dirigenten Goldschmidt als weniger hoch erweisen sollte.
1959 erfüllte sich der heimliche Wunsch Goldschmidts aus Hamburger Jahren:[745] Die B.B.C. bat ihn, zur Eröffnung des Mahler-Jahres 1960 eine seiner Sinfonien zu dirigieren. Goldschmidt wählte die *3.* aus, deren Aufnahme bereits 1959 mit dem Philharmonia Orchestra stattfand (Goldschmidt 1994, 75), und "die erste komplette englische Wiedergabe" (Struck 1993, 5) des Werkes war. Nach dem aufmerksamen Hören der Interpretation von Goldschmidt schrieb Egon Wellesz, der gemeinsam mit Schönberg und Webern alle Proben von Mahler zur Aufführung dieser *3. Symphonie* am 14. Dezember 1904 besucht hatte, an William Glock[746] von der B.B.C. Wellesz verglich Goldschmidts Auffassung mit Mahlers Uraufführung: "and the present performance came very near that famous one, and later performances by Walter and Mengelberg". Lediglich eine kurze Passage im 6. Satz "more marked stringeds ... (pp. 218-220 /20/)" habe er im Vergleich anders in Erinnerung, denn "Mahler certainly took the passage with utmost intensity."[747]
Während dieser Aufnahmen berichtete der seit 1947 an der B.B.C. tätige britische Musikforscher Deryck Cooke[748] Goldschmidt über sein Projekt, eine Aufführungsversion der *10. Symphonie* von Gustav Mahler anhand der 1924 veröffentlichten Skizzen von Richard Specht herzustellen. Cooke hatte bereits einige Jahre vorher "die Verbindungsworte" für die Sendung der "Bruchstücke" (Goldschmidt 1994, 75) aus *Beatrice Cenci* geschrieben und schätzte die Auffassung Goldschmidts in seiner Interpretation der o.g. *Lieder aus des Knaben Wunderhorn* aus dem Jahr 1957. Da Goldschmidt sich sofort für die Auseinandersetzung Cooke's mit der *Zehnten* interessierte und sich zudem seit langem mit der Veröffentlichung von Specht beschäftigt

---

745 Während der Gedenkfeier zu Mahlers zehnjährigem Todestag dirigierte José Eibenschütz in der Hamburger Musikhalle die *3. Symphonie* Mahlers und der anwesende 18jährige Goldschmidt träumte davon, einmal in seinem Leben gerade diese Sinfonie dirigieren zu können (Goldschmidt 1994, S. 74).
746 William Glock, geboren 1908, wird in der Reihenfolge als "English music administrator, pianist, educationist und critic" bezeichnet. Er gründete das Periodikum "The Score" mit besonderem Augenmerk auf die zeitgenössische Musik und war als Vorsitzender der ICA Music Section 1954-1958 verantwortlich für die Organisation von Serien zeitgenössischer Musik in London. Von 1959-1973 war Glock "Controller of Music" an der B.B.C. und brachte durch seine Politik das Musikleben auf einen neuen Standard. Glock belebte das Musikleben durch seine Förderung von vergesssenen und gegenwärtigen Komponisten bzw. und präsentierte alte und neue Musik insbesondere im III. Programm zu ihrer gegenseitigen Erhellung, was sich auch auf die Gestaltung der Promenadenkonzerte auswirkte (NGDM 1980, Bd. 7).
747 AdK Sammlung Goldschmidt, Brief vom 17.1.1960.
748 Deryck Cooke (1919-1976) studierte in Cambridge und publizierte 1959 "The Language of Musik", London 1959 sowie "Mahler 1860-1911", London 1960 (Riemann 1989, Bd. 1).

hatte, kam es zu einer Zusammenarbeit zwischen beiden. Die B.B.C. unterstützte dieses Vorhaben.
Cooke machte Skizzen der neu entzifferten Abschnitte der Sinfonie. Goldschmidt spielte diese am Klavier und beriet Cooke bei der Instrumentation, da er als Komponist Erfahrungen auf diesem Gebiet besaß. Gemeinsam besprachen und verbesserten sie dann die Orchesterskizzen, die Cooke zu 95% entzifferte. In fünfjähriger, akribischer Kleinarbeit rekonstruierten sie die gesamte Sinfonie (Goldschmidt 1994, 75f.). Eine erste unvollständige Version dirigierte Goldschmidt in einer Studioaufzeichnung (Matthews 1983a, 5). Am 13. August 1964 führte Goldschmidt während der Proms die rekon-struierte Fassung der *10. Symphonie* mit dem London Symphony Orchestra in der Royal Albert Hall auf (Goldschmidt 1994, 77).[749] Es schlossen sich Aufführungen mit deutschen Sinfonieorchestern in Berlin, München und Darmstadt an (Struck 1993, 5). Durch diese Fassung der *10. Symphonie* von Gustav Mahler und sich daran anschließenden Dirigate,[750] nicht nur dieser Symphonie, hatte sich Goldschmidt als Mahler-Spezialist etabliert. Dies war ihm jedoch nicht lange vergönnt. 1968, mit fünfundsechzig Jahren an der Altersgrenze angelangt, beendete Goldschmidt seine Laufbahn als Dirigent, oder wie David Matthews 1983 feststellte: "He had not conducted since 1968" (Matthews 1983a, 6).
In den sechziger Jahren bekam Goldschmidts Leben eine unerwartete Wendung. Seine Frau erkrankte an Leukämie. Goldschmidt pflegte sie aufopferungsvoll bis zu ihrem Tod 1979. Das Komponieren hatte Goldschmidt aufgegeben.
Die Geschichte des Komponisten Berthold Goldschmidt sollte dennoch nicht zu Ende sein: Gervase de Peyer, Solist des *Klarinettenkonzertes* von Goldschmidt in den fünfziger Jahren, wandte sich 1982 an den Komponisten. Er bat ihn um die Komposition eines *Klarinettenquartetts*, da das Amadeus-Quartett wegen der Krankheit des 2. Geigers Siegmund Nissel ein Stück benötigte, um seinen Verpflichtungen weiter nachkommen zu können. In wenigen Wochen 1982/83 schrieb Goldschmidt sein *Klarinettenquartett*, das aber nun wiederum nicht vom Amadeus-Quartett aufgeführt wurde, da die Musiker des Quartetts zu wenig Erfahrung in der Interpretation moderner Musik besaßen, wie Goldschmidt sich im Gespräch mit Bleisteiner erinnerte (Goldschmidt 1994, 80). In dem einsätzigen Quartett zitiert Goldschmidt ein

---

749 Diese Fassung war nicht unumstritten. Erwin Ratz publizierte dazu den Standpunkt der Gustav-Mahler-Gesellschaft, die in der Kritischen Gesamtausgabe der Werke Mahlers lediglich die Originalfassung des ersten Satzes der *10. Symphonie* veröffentlichte. Ratz kommt zu dem Schluß, daß es unmöglich sei, aus den Skizzen, die allein Mahler verständlich waren, eine Sinfonie zu erstellen (Ratz 1964). Vgl. dazu auch den Briefwechsel zu dieser Thematik in der Adk Berlin, Sammlung Goldschmidt.
750 Aufführungen der *10. Symphonie* in der Bundesrepublik Deutschland: Oktober 1964, Berliner Festspiele, Radio-Sinfonie-Orchester Berlin; Mai 1965, Orchester des Landestheaters Darmstadt; Dezember 1965, Symphonie-Orchester des Bayerischen Rundfunks München (Goldschmidt 1994, S. 77; AdK Sammlung Goldschmidt 1.72; 113).

Thema aus der preisgekrönten und verschollenen *Passacaglia*[751](Goldschmidt 1994, 80).
Goldschmidts 80. Geburtstag nahmen die britischen Musikwissenschaftler David und Colin Matthews zum Anlaß, um erstmals auf den weder in Großbritannien noch in Deutschland beachteten Komponisten mit einer Aufsatzfolge in Tempo[752] aufmerksam zu machen. Dabei stellte David Matthews einleitend zur Beschreibung der öffentlichen Resonanz gegenüber dem Komponisten fest: "It would be pleasant to record that his birthday was being celebrated with widespread performances of his music, but sadly this is not the case. None of the works he has written in this country has yet been published [...]" (Matthews 1983a, 2). Offensichtlich im gleichen Jahr begann die Zusammenarbeit Goldschmidts mit dem Londoner Verlag Boosey & Hawkes (Struck 1993, 5). In dieses Jahr fällt Goldschmidts erster Besuch der USA. Wirkliches Interesse an seinen Kompositionen erfuhr Goldschmidt von 1984 an außerhalb Großbritanniens. Während der Mürztaler Werkstatt in Österreich erlebte Goldschmidt die Uraufführungen zweier Werke, die noch in Deutschland entstanden waren, *Letzte Kapitel* (1930/31) und *Marche Militaire*, Fassung für Militärkapelle aus dem Jahr 1932 bzw. 1938 (Struck 1993, 5). Ein Jahr später werden an derselben Stelle zwei Kompositionen von 1985 zur Uraufführung gebracht: *Belsatzar* nach dem Gedicht von Heinrich Heine für vierstimmigen gemischten Chor a cappella und *Intrada* für Bläser, die Goldschmidt 1986 für Orchester instrumentierte. 1985 veranstaltete das Pasadena Conservatory of Music in Kalifornien ein Konzert, das ausschließlich den Werken des inzwischen zweiundachtzigjährigen Komponisten vorbehalten war. 1985/86 erarbeitete Goldschmidt eine Orchesterfassung von *Chronica*, nachdem er sich in verschiedenen Abständen (1938 und 1958) immer wieder mit der ursprünglichen Fassung der Ballettmusik für zwei Klaviere von 1936 beschäftigt hatte.
In der Bundesrepublik Deutschlands hatte seit Mitte der achtziger Jahre in musikwissenschaftlichen Publikationen allmählich eine Besinnung auf vertriebene Komponisten, Musiker und Musikologen (beiderlei Geschlechts) begonnen. Ein deutliches Zeichen für die Aufführung der Musik vertriebener Komponisten setzten 1987 die 37. Berliner Festwochen mit dem Programmschwerpunkt *Musik aus dem Exil*. Dabei wurden insbesondere Werke von Komponisten aufgeführt, die entscheidende Jahre ihres Lebens in Berlin verbracht, zur Vielfalt des Musiklebens in den zwanzi-

---

751 Für seine *Passacaglia* op. 4 für Orchester erhielt Goldschmidt 1925 den Mendelssohn-Staatspreis. Kleiber führte das (heute verschollene) Stück am 26. Februar 1926 als Uraufführung während eines Doppelkonzertes der Staatskapelle in der Lindenoper auf, was als deutliche Anerkennung für den jungen Kompositionsstudenten gewertet werden darf (Goldschmidt 1994, S. 41 und Archiv der Staatsoper).
752 David Matthews: Tempo 1983, Nr. 144, S.2-6; Nr. 145, S. 20-25 und Colin Matthews: Tempo 1984, Nr. 148, S. 12-16.

ger und dreißiger Jahren auf ganz unterschiedliche Art und Weise beigetragen und das so oft beschriebene Flair der Stadt mitgeprägt hatten. Der Name Goldschmidt stand auf dem Programm der Festwochen neben Weill, Hindemith, Schönberg, Toch, Joseph Tal, Zemlinsky, Dessau und Eisler stellvertretend für die vielen ungenannten Flüchtlinge, die gerade mit dieser europäischen Kulturmetropole verbunden waren. Nun folgte an dieser Stelle in Deutschland das erste Gesprächskonzert mit Goldschmidt und die deutsche Erstaufführung seines *2. Streichquartetts* aus dem Jahr 1936 mit dem Auryn-Quartett. Auf den Vorschlag des Dirigenten Simon Rattle hin, führte dieser mit dem City of Birmingham Symphony Orchestra die *Ciaccona Sinfonica* auf (Traber/Weingarten 1987, 374; Koelb 1989, 80). Das Konzert war ein Erfolg. Von nun an war man plötzlich in der deutschen Musikszene auf Goldschmidt aufmerksam geworden. In London setzte sich parallel dazu David Drew vom Verlag Boosy & Hawkes für die so lange unbeachtete Oper *Beatrice Cenci* ein, deren konzertante Aufführung 1988, geleitet von der kubanischen Dirigentin Odaline de la Martinez, in der Queen Elizabeth Hall stattfand

Die positive Aufnahme der Oper veranlaßte die B.B.C., eine Dokumentation "The lost Composer" über Goldschmidt zu produzieren. Aus Deutschland erhielt Goldschmidt von nun an kontinuierlich Einladungen, um insbesondere bei Gesprächskonzerten Aufführungen seiner Werke beizuwohnen. Die Projektgruppe Musik und Nationalsozialismus[753] am Musikwissenschaftlichen Institut der Hamburger Universität veranstaltete im November 1988 im Rahmen der Ausstellung "Zündende Lieder - Verbrannte Musik: Folgen des Nationalsozialismus für Hamburger Musiker und Musikerinnen" Konzerte mit Werken vertriebener Komponisten und Komponistinnen. In diesem Rahmen und als Geste an seine Heimatstadt gedacht, leitete Goldschmidt seine *Ciaccona Sinfonica* mit dem Hamburger Jugendorchester während eines Konzertes im Studio des Norddeutschen Rundfunks.

Zuletzt hatte Goldschmidt 1983 das *Klarinettenquartett* komponiert. Das Resultat eines Kompositionsauftrages, der 1988 während einer Einladung Goldschmidts zur Eröffnung des Jüdischen Museums in Rendsburg vom Land Schleswig-Holstein an ihn herangetragen wurde, war schließlich das *3. Streichquartett* (Goldschmidt 1994, 83). Ganz bewußt rückt Goldschmidt dabei in der Wahl und Verarbeitung seiner Themen Erlebnisse seiner deutschen Lebensgeschichte ins Zentrum. 1989 wurde das Quartett in Rendsburg uraufgeführt. Weitere Kompositionen, das *Streichtrio "Retrospektrum"*[754] und *Fantasy for Oboe, Cello and Harp*[755] sowie ein *Capriccio*

---

753 Heute: Arbeitsgruppe Exilmusik.
754 Goldschmidt widmete das Stück seinen Eltern und verwendete als thematische Bausteine die Anagrame seiner Eltern ADFG (E) SCHD.
755 Auftragswerk des Jüdischen Museums in Rendsburg, Uraufführung im November 1992 daselbst.

für Violine solo folgten. Der Bitte der Mitglieder des Mandelring-Qartetts um ein neues Quartett entsprach Goldschmidt mit einem *4. Streichquartett*, das von ihnen 1993 uraufgeführt wurde.
Zwei CDs mit Kammermusik und seinem Chorstück *Letzte Kapitel* wurden 1990 in Deutschland bzw. 1991 in Deutschland und London aufgenommen, denen die Kritiker rundweg positiv begegneten. 1992 produzierte die Plattenfirma DECCA Goldschmidts Oper *Der gewaltige Hahnrei* in der Reihe "Entartete Musik" mit "Musikwerke(n) von Komponisten, die aufgrund der politischen Ereignisse der dreißiger und vierziger Jahre verboten oder verfolgt wurden".[756] Im September 1994 inszenierte Harry Kupfer an der Komischen Oper Berlin die Oper *Der gewaltige Hahnrei*. Parallel dazu entschloß sich das Magdeburger Theater für dieselbe Spielzeit, *Beatrice Cenci* als Uraufführung herauszubringen. Es scheint, als würden das wiedervereinigte Deutschland und Großbritannien, in denen Goldschmidts Kompositionen Jahrzehnte ignoriert wurden, (wobei die ehemaligen beiden deutschen Staaten in ihrer Ignoranz konsequenter waren), nun für eine lebendige Auseinandersetzung der Werke Goldschmidts in den Wettbewerb treten. Zum ersten Mal überhaupt wurde 1993 eine Komposition Goldschmidts auf dem von Benjamin Britten begründeten Festival in Aldeburgh, "the holy of holies in the contemporary British music scene", wie McCrum es bezeichnete, (McCrum 1993) aufgeführt. Von britischen Zeitschriften wurde das Werk jedoch vollständig ignoriert, wie Goldschmidt dazu ergänzte.
Die Vollendung seines neunzigsten Lebensjahr im Januar 1993 beging Goldschmidt mit einem Jubiläumskonzert in Hamburg - in London wurde Goldschmidt im September 1993 mit einem Gesprächskonzert mit eigener Kammermusik im Purcell Room des South Bank Centre geehrt.[757] B.B.C. III sendete von Mai bis September 1993 mehrere Werke Goldschmidts einschließlich der Berliner Aufnahme von *Der gewaltige Hahnrei* und einem Gespräch über Goldschmidts Vorkriegskarriere in Deutschland. Während der Proms 1993 - mehr als dreißig Jahre waren seit Goldschmidts Bemühungen um die Aufführung eines eigenen Werkes an dieser Stelle vergangen - dirigierte Simon Rattle die Londoner Erstaufführung der *Ciaccona Sinfonica* mit seinem City of Birmingham Symphony Orchestra, die von den Kritikern auch mit Respekt und Wertschätzung bedacht wurde. Dabei heißt es: "[...], the work has a sharp individual profile, not least in the touches of mordant wit that constantly slice through the contrapuntal texture" (Millington 1993).[758]

---

756 Couvert der CD *Das Wunder der Heliane* von Erich Wolfgang Korngold, DECCA 1993.
757 Unterstützt von der Deutschen Botschaft und zwei deutschen Banken.
758 Vgl. außerdem die Kritiken vom 9. September 1993 in The Guardian und The Independent, die mir hier vorlagen.

Wenige Wochen zuvor wurde Goldschmidt vom deutschen Botschafter das Bundesverdienstkreuz 1. Klasse in London überreicht. Spät waren sich Deutsche und Briten in der Anerkennung um diesen Komponisten einig geworden. Als "Survivor of a lost age", wie Robert McCrum ihn im Guardian 1993 (McCrum 1993) benannt hatte, steht Goldschmidt für all die Komponisten, denen ein solche Beachtung nicht mehr hatte zuteil werden können, weil sie nicht sein begnadetes Alter erreichten. Goldschmidt findet im Rückblick auf nahezu ein Jahrhundert dazu folgende Worte: "Everyone else is dead. Walter Goehr is dead. I am the only survivor of that time. I miss my friends. But I also miss my enemies." [759]
Als ich mit Berthold Goldschmidt im Frühsommer 1988, wenige Wochen nach der konzertanten Aufführung der *Beatrice Cenci* in London, Kontakt aufnahm, war an eine Goldschmidt-Renaissance weder in den beiden deutschen Staaten noch in Großbritannien zu denken. Das Engagement ganz unterschiedlicher Personen, Einladungen von Konzertveranstaltern von Kiel bis nach Traunstein, München und Berlin, der Kompositionsauftrag des Kultusministeriums in Kiel, die Bemühungen von Boosey & Hawkes oder DECCA, Dirigenten und Regisseuren ergaben ein differenziertes Netzwerk, das durch verschiedene Impulse in ganz unterschiedlichen Zusammenhängen die Person und das Werk Goldschmidts in das Bewußtsein von Publikum und Musikkritikern rückte. Die Basis für diese Verknüpfungen bildeten die Aufführungen der Kompositionen Goldschmidts durch engagierte Musiker und die besondere Form des Gesprächskonzertes. Gerade hier beeindruckte der Zeitzeuge Goldschmidt durch sein detailliertes Wissen über die politische und Musikgeschichte des 20. Jahrhundert, gepaart mit Charme und Witz seiner Darstellungsweise.
Diese späte Besinnung auf einen Komponisten, der nach Großbritannien ins Exil ging, ist neu. Bisher wurden vorwiegend diejenigen Komponisten, die in die USA geflohen waren, ins Blickfeld gehoben. Goldschmidt hat auf das Exilland Großbritannien dabei überhaupt aufmerksam gemacht. Ein wichtiger Faktor für diese plötzliche Aufmerksamkeit ist, daß Goldschmidt ein solches begnadetes Alter erreichte, weiter komponiert und als Gesprächspartner, der nahezu ein Jahrhundert an Musikgeschichte miterlebte, offen und agil auftritt. Zudem setzt Goldschmidt Interviewpartner und Publikum in Erstaunen, weil er keine Bitterkeit gegenüber Deutschland empfindet. Ganz abgesehen von der Vernichtung seines Lebensentwurfs, erfuhr Goldschmidt nach dem Ende des Krieges, daß zweiundzwanzig Mitglieder seines großen Familienverbandes in Auschwitz oder Bergen Belsen ermordet worden waren. Der Rest seiner Familie lebt heute in der ganzen Welt verstreut.

---

759 Goldschmidt wiederholte diesen Gedanken verschiedentlich. Klaus Umbach zitierte diesen in etwas abgewandelter Form auf Deutsch (Umbach 1993, S. 208).

Die "Wiederentdeckung" Goldschmidts in Deutschland 1987 öffnete ihm noch längst nicht alle Türen des deutschen Musikbetriebes. Immerhin dauerte es nach der ersten Goldschmidt-Wiederaufführung 1987 in Berlin noch fünf Jahre bis zu einer konzertanten Aufführung seiner ersten, und sechs bis zur Inszenierung seiner beiden Opern. Dabei handelte es um einen Prozeß. Die Biographie Goldschmidts in Deutschland bis zur Machtübernahme der Nationalsozialisten zeigt genau, wie Befürwortung, mitunter glückliche Zufälle, Freundschaften oder kollegiale Zusammenarbeit den Weg eines jungen Komponisten-Dirigenten prägen. Sie zeigt auch, welchen Stellenwert Sinfoniekonzerte in der Öffentlichkeit einnahmen, wenn wie in Hamburg 1929 allein fünf Musikkritiker[760] relativ ausführlich die Aufführung von Goldschmidts *Partita* op. 5 besprachen. Diese auch kritische Resonanz bedeutete für Goldschmidt und seine Kollegen, daß sie durch ihre Aufführungen im Gespräch waren. Daß unter den Kritikern nationalsozialistisches Gedankengut rezipiert wurde, zeigt eine in diese Richtung hin tendierende Kritik, die die kommende Politik der Reichsmusikkammer erahnen läßt (H.F. 1929). Goldschmidts Lehrer Schreker setzte sich für ihn ein, Kleiber begleitete Goldschmidts Weg fürsorglich, gab ihm Chancen, sich mit Partituren intensiv auseinanderzusetzen und setzte in Goldschmidt als Pianist und Dirigent Vertrauen. Schließlich machte sich Kleiber selbst zum Anwalt eines seiner Stücke. Als relativ junger Mann hatte Goldschmidt dank seiner beiden Mentoren Schreker und Kleiber einen Vertrag mit der UE Wien in der Tasche, die ihn zur Komposition einer Oper animierte. In Darmstadt und Berlin unterhielt Goldschmidt gute Beziehungen zu Carl Ebert, einem der wichtigsten Theatermänner dieser Jahre, der Goldschmidt offensichtlich schätzte. Nun könnte man spekulieren, wenn es in Deutschland die Nationalsozialisten mit allen weiteren Konsequenzen nicht gegeben hätte, in welcher Form Goldschmidts Lebensweg in Deutschland verlaufen wäre. *Der gewaltige Hahnrei* wäre in Berlin in der Spielzeit 1933/34 aufgeführt worden. Weitere Opern von ihm hätten in Deutschland auf den Spielplänen zahlreicher Bühnen gestanden. Als Dirigent wäre er möglicherweise nach einigen Jahren zum Generalmusikdirektor einer deutschen Stadt ernannt worden. Außerdem hätte Goldschmidt als Lehrer an einer deutschen Musikhochschule sein handwerkliches Können als Komponist einer neuen Generation vermittelt. Alles Weitere ist bekannt.

Nun stellt sich die Frage, warum Goldschmidt nach seiner Flucht nach Großbritannien als Komponist nicht die Resonanz gefunden hat, die er sich bei seiner Entscheidung für dieses Land eigentlich erhoffte? Er selbst weist immer wieder auf Glyndebourne und seine geplatzten Hoffnungen auf eine Anstellung hin. Die erste Opernsai-

---

760 In Hamburg waren dazu erschienen: M.Br.-Sch. 1929, S.Sch. 1929; Gsl 1929, o 1929, H.F. 1929.

son in Glyndebourne hatte 1934 stattgefunden. Als Goldschmidt 1935 kam, war der Posten, den er sich dort vorstellte, besetzt. Glyndebourne hätte mit Sicherheit eine Startposition für eine spätere Karriere in Großbritannien bedeuten können. Dies um so mehr, als seit der Gründung des Edinburgh Festival durch Rudolf Bing im Jahr 1947 auch das Glyndebourne-Ensemble dort gastierte und weltweit Beachtung fand. Goldschmidt hatte nur zu dieser Bühne persönliche Kontakte, zu anderen nicht. Aber derer gab es in England nicht viele.

Selbst für britische Opernkomponisten gab es - verglichen mit Deutschland - viel geringere Aufführungsmöglichkeiten. Es hing sicherlich auch damit zusammen, wenn drei frühe Opern des englischen Komponisten Frederick Delius[761] nicht in England sondern in Deutschland, wenngleich erfolglos, uraufgeführt wurden. Der Grund liegt in der ganz unterschiedlichen gesellschaftlichen und musikgeschichtlichen Entwicklung beider Länder. In Deutschland verfügte fast jede Stadt, in der ein Adliger, Herzog und Kurfürst, Hof hielt, oder auch von Bürgern selbst ins Leben gerufen, wie es zeitweise in Hamburg und Leipzig bereits im 18. Jahrhundert der Fall war, über ein Theater oder Opernhaus. Konservatorien, von denen es rein von der Anzahl her viel mehr als in Großbritannien gab, speisten u.a. dafür seit dem 19. Jahrhundert das Reservoire an Musikern und Sängern.[762]

Ganz anders hingegen gestaltete sich die Entwicklung in England. Ernst Hermann Meyer beschrieb in seiner Publikation "Die Kammermusik Alt-Englands" die Entwicklung der englischen Gesellschaft und dabei auch die Institutionen, die sich fördernd oder hemmend auf die Entfaltung der englischen Musik auswirkten. Eine ökonomisch sich hemmend auswirkende Kleinstaaterei wie in Deutschland gab es in England nicht. Abhängigkeitsverhältnisse zwischen Musikern und ihren adligen Herren, wie sie in Deutschland und Österreichs zu Zeiten Johann Sebastian Bachs oder Mozarts üblich waren, ließen sich in dieser ausgeprägten Form in England nicht ausmachen. Das englische Königshaus beschäftigte nach dem Vorbild Ludwig XIV. durchaus Musiker, aber ständige Orchester gab es bei den englischen Adligen, die auch selbst Kammermusik ausübten, nur in geringem Maße. Wie Händels Beispiel als freier Unternehmer, unterstützt von Königshaus und Adligen, zeigt, wurden bereits im 18. Jahrhundert (bevorzugt italienische) Opern von freien bürgerlichen Unternehmern für ein zahlungskräftiges Publikum aufgeführt (Mahling 1992, 266). Das bereits erwähnte "deputy system" des Orchesters an der Queen's Hall verdeutlicht zudem, wie unabhängig und selbstbewußt die Orchestermusiker gegen Ende des 19.

---

761 Frederick Delius (1862-1934) studierte von 1886 bis 1888 am Leipziger Konservatorium. Es handelt sich dabei um *Koanga*, 1904 in Elberfeld; *Romeo und Julia auf dem Dorfe*, 1907 in Berlin und *Fennimore und Gerda*, 1919 in Frankfurt uraufgeführt (Riemann 1989, Bd. 1; MGG 1962, Bd. 10, S. 68).
762 Seeger 1966, Stichwort Konservatorium.

Jahrhunderts in England waren. Wenn sich einem Musiker ein anderer Auftrag während einer Orchesterprobe bot, schickte er Ersatz, so daß bei ständig wechselnder Orchesterzusammensetzung die Qualität einer Aufführung litt. In Deutschland wäre das, z.B. bei einem Orchester wie den Berliner Philharmonikern, undenkbar gewesen. London war vor allem die Stadt, in der sich über Jahrhunderte hin und eigentlich (trotz Bestrebungen anderer britischer Städte) bis heute, das kulturelle und musikalische Leben konzentrierte. Auch hinter dem Begriff der "Seasons" verbirgt sich etwas typisch Englisches: Immer dann, wenn die königlichen Repräsentanten in London weilten, wurden auch Opern an King's Theatre, Drury Lane und Covent Garden Theatre aufgeführt. In der Provinz hingegen, in Kathedral- und Universitätsstädten, gestalteten Organisten und Chorleiter ein ganz anders geartetes Musikleben.[763]

Mit Glyndebourne knüpfte John Christie in gewisser Weise an die deutsche Tradition, jedoch in Form einer "Season" und in bescheidenem, keinesfalls prunkvollem Rahmen, an, nachdem er auf seinem Landsitz in Sussex bereits Kammerkonzerte pflegte. 1933 ließ Christie sein Landhaus um eine Opernbühne erweitern. Lichtanlage und die Bühnenmechanik ließ er dabei aus Deutschland einbauen, weil die Deutschen bezeichnenderweise die besten Erfahrungen auf diesem Gebiet besaßen (Christie 1933, 196).

Als Berthold Goldschmidt nach London kam, gab es nur wenige Spielstätten, an denen Opern aufgeführt wurden: Die Saisonoper Covent Garden, The Old Vic und das Sadler's Wells Theater. Andere Londoner Theater nahmen manchmal auch Opern[764] in ihr Programm. Auf Privatinitiative entstandene Opera Companies tourten - mit einer relativ eingeschränkten Besetzung - durch das Land (Christie 1933, 195). Im Gegensatz dazu lieferte ein Erfolgsstück das krasse Gegenbeispiel auf dem Kontinent: Über 120 Theater in Deutschland hatten bis 1930 über viertausend Vorstellungen der *Dreigroschenoper*, deren Premiere am 31. August 1928 in Berlin stattgefunden hatte, gegeben (Spoto 1990, 103 und 109).

Während des Krieges war das Musikleben insbesondere in London wegen befürchteter Bombenangriffe eingeschränkt. An Covent Garden gab es in diesen Jahren keine Opernvorstellungen. Nach dem Krieg wurde aus Covent Garden eine Repertoire-Oper mit großem Nachholbedarf, um internationales Opernrepertoire und nationale Opern das ganze Jahr hindurch aufzuführen. Goldschmidt hatte hier keine Lobby. Bei der Operntradition in Großbritannien hatte er als Opernkomponist die denkbar schlechtesten Chancen, aufgeführt zu werden. Das Gleiche traf auch auf Hans Gál zu. Von dem Österreicher Gál waren bis 1930 vier Opern in Deutschland uraufge-

---

763 Vgl. MGG 1954, Bd. 3, Stichwort England, S. 1390.
764 Oder auch Operetten, wie die eigens für Fritzi Massary von Noel Coward geschriebene *Operetta* am His Majesty's Theatre zeigt (Schneidereit 1970).

führt worden. Seine erfolgreichste, *Die heilige Ente* (Düsseldorf 1923), wurde noch 1932 im Mainzer Stadttheater gegeben und einige Male wiederholt (Fend 1993, 183). Nach seiner Flucht nach Großbritannien komponierte Gál keine Opern mehr. Und über eine britische Aufführung einer Gál-Oper ist nichts bekannt. Auch von der Oper, die Karl Rankl zum Festival of Britain erfolgreich eingereicht hatte, war überhaupt keine Rede mehr, oder wie Lebrecht schrieb "Rankl's effort disappeared" (Lebrecht 1987). Als Chefdirigent an Covent Garden von 1946 bis 1951[765] hatte selbst Rankl keine Möglichkeit, seine Oper auf einem Spielplan durchzusetzen. Bessere Möglichkeiten hingegen hatte Egon Wellesz, dessen letzte Oper *Incognita* in Oxford, an der Wirkungsstätte des Musikforschers und Komponisten, aufgeführt wurde.[766]

Goldschmidt betonte in verschiedenen Gesprächen das Engagement der B.B.C., die sich in einer konzertanten Aufführung für *Wozzeck* engagiert hatte.[767] Bei kaum vorhandenen Operninstitutionen blieben diese Realisierungen an der Queen's Hall in London jedoch mehr der Versuch des britischen Rundfunks, Entwicklungen vom Kontinent in England vorzustellen, als sich in lebendiger Form auch szenisch mit ihnen auseinanderzusetzen.[768]

Goldschmidt, seit 1935 in London, hatte keine Wahl, als weiter auf neue Möglichkeiten zu hoffen. Eine Weiterwanderung in die USA hatte er nicht vorbereitet und war froh, in London relativ sicher zu sein.[769] Um so mehr nutzte Goldschmidt den Opernwettbewerb des Festival of Britain und beschäftigte sich motiviert und nahezu ausschließlich 1949/50 mit der Komposition seiner zweiten Oper. Aber warum wurden sämtliche der preisgekrönten Opernpartituren nicht auf einer britischen Bühne realisiert?

Der britische Journalist Norman Lebrecht befragte Jahre später John Denison, ehemaliger Musikdirektor des Arts Council, nach den Gründen dafür. Denison erläuterte dazu, daß die Einflußmöglichkeiten des Arts Council zu gering gewesen wären, um

---

765   Röder/Strauss 1983, Bd. II, Teil 2, S. 940.
766   Ralph Vaughan Williams besuchte diese Vorstellung (Vaughan Williams 1964, S. 313; Riemann 1989, Bd. 4).
767   Einige konzertante Opernaufführungen in der Queen's Hall: Brecht/Weills *Dreigroschenoper*, englische Version C.D. Freeman, am 8.2.1935; Schostakowitsch, *Lady Macbeth of Mtsensk District*, Übersetzung M.D. Calvocoressi, am 18.3.1935; Hindemiths *Cardillac*, englische Version F.H. White, am 18.12.1936 und als letzte vor Kriegsbeginn 1939: *Mathis der Maler*, englische Übersetzung D.M. Craig, am 15.3.1939 (Loewenberg 1955, S. 1403, S. 1424f., S. 1391, S. 1438).
768   Ohne nähere Quellenangabe weist Stompor darauf hin, daß Covent Garden eine Inszenierung des *Wozzeck* plante, und man sich deshalb um bereits vorhandene Bühnenbilder und Kostüme in Deutschland bemühte. Diese waren jedoch bereits vernichtet worden, da die Oper auf dem Index stand (Stompor 1994 Bd. 1, S. 280.)
769   Auch private Gründe dürften für den Verbleib Goldschmidts in London eine Rolle gespielt haben, denn seit 1939 versorgte er außerdem seine Mutter, die 1953 als britische Staatsbürgerin in Brighton-Hove, Sussex, starb (Goldschmidt 1994, S. 120).

Covent Garden oder Sadler's Wells zu den entsprechenden Uraufführungen zu bewegen (Lebrecht 1987). Bei der Betrachtung der Situation von 1951 ergeben sich jedoch weitere Überlegungen: Eine Ausschreibung für Opernkompositionen fand im Nachkriegs-England zum ersten Mal statt. Wenn den Preisträgern eine Inszenierung bzw. ein Engagement für ihre Partituren zugesichert wurde, dann sicher nicht, ohne vorherige Absprachen mit entsprechenden Verantwortlichen getroffen zu haben.
Norman Lebrecht legte "sozusagen die Finger auf die Wunde" und fragt, warum der Arts Council nie die wahren Gründe für den Boykott gegen diese Opern, um den es sich ja, wenn auch stillschweigend, gehandelt hatte, darlegte. Lebrecht kommt als Brite zu folgendem Schluß: "The authorities were certainly dismaged at finding that three foreigners and a communist had been picked to crown the Festival of Britain, but xenophobia was not the reason according to John Denison" (Lebrecht 1987). Denison hatte noch weiter eingeräumt, daß "there was a little, totally unexpressed reluctance about Alan Bush" (Lebrecht 1987). / herum betrachtet, hatten die Briten nicht erwartet, daß ausgerechnet drei Ausländer[770] und ein "britischer Kommunist" die Gewinner des anonymen Wettbewerbs waren. Das Festival of Britain aber sollte in erster Linie originär Britisches in den Vordergrund rücken. Somit war das Interesse an diesen Opern auf Seiten derjenigen, die sie realisieren sollten, gering. Für diese Interpretation spricht auch, daß während des Festivals außerdem zwei britische Opern inszeniert wurden. Benjamin Britten hatte für das Festival bereits einen Auftrag für *Billy Budd* erhalten, die an Covent Garden inszeniert wurde,[771] und zu der das Publikum strömte (McCrum 1993). Außerdem kam ein bewährter englischer Opernerfolg aus dem Jahr 1843 auf diese Bühne, nämlich *The Bohemian Girl* von Michael William Balfe (Lebrecht 1987, Seeger 1978).
Nach dem Krieg, und das zeigen weiter die Bemühungen des Komponisten und Dirigenten Goldschmidts bei der B.B.C., den Proms oder beim Festival of Edinburgh, besannen sich die Briten primär auf ihre eigene Tradition, förderten ihre eigenen Komponisten und Dirigenten und begannen, mittels eines "Kunstamt(es)" (Herzfeld 1965, 339) musikalische Institutionen zu unterstützen. An der B.B.C. hatte eine Öffnung zur musikalischen Avantgarde stattgefunden, die, wie Goldschmidt betont, durch William Glock bestimmt wurde. Hier lag Goldschmidt außerhalb der akzeptierten ästhetischen Normen. Es liegt kein Schriftstück von William Glock in der B.B.C.-Akte Goldschmidts vor, aber an den Schwierigkeiten, die Goldschmidt gerade in den Jahren der B.B.C.-Tätigkeit von Glock dort zu überwinden hatte, läßt sich dieses indirekt erkennen.

---

770 Das hieß auch, daß Goldschmidt nicht als Brite betrachtet wurde, obwohl er zu diesem Zeitpunkt bereits einen britischen Paß besaß.
771 NGDM 1980, Bd. 3, S. 294.

Die Wurzeln für die geringe Zuneigung gegenüber deutschen oder fremden Komponisten im eigenen Land liegen tiefer und erklären sich aus der besonderen Situation für Großbritannien während des II. Weltkrieges. Über die Situation nach dem Krieg und seine mangelnde Resonanz in Deutschland hat sich Goldschmidt oft selbst geäußert. Ganz nüchtern stellte er fest, daß die Deutschen mit sich selbst beschäftigt waren, und er für eine zweite Karriere in Deutschland zu alt war. Seine Lehrer und Förderer waren, entweder wie Schreker tot[772] oder wie Kleiber, selbst vertrieben. Die meisten der einstigen Kommilitonen bei Schreker waren, etwa wie Jascha Horenstein in den USA, selbst vom Exil betroffen. Das ehemalige Beziehungsgefüge mit Lehrern, Kommilitonen, Regisseuren, Dirigenten, Musikern und Musikkritikern war zerstört.

Noch einschneidender für die Werke Goldschmidts wirkte sich der Wechsel der ästhetischen Prämissen nach dem Krieg in der Bundesrepublik Deutschland aus, die, wie Schubert konstatiert, auch durch das Fehlen "wirklich überragender Lehrer" verursacht war. Auf der Suche "nach einem eigenen Weg" sei die Nachkriegsgeneration von Komponisten "zu ästhetischen und kompositionstechnischen Positionen (gelangt), von denen aus die Musikentwicklung seit den zwanziger Jahren heftig bekämpft wurde" (Schubert 1987, 88). Das Werk Goldschmidts fiel unter dieses Verdikt, das nun - vom Standpunkt der Avantgarde - veraltet war. In der DDR galt es auf der anderen Seite, unter der Maßgabe der Methode des sozialistischen Realismus eigene, neue Werke zu befördern, die dem "Aufbau des Sozialismus" und "einem neuen Menschenbild" dienlich sein sollten. Solcherart funktionierenden Komponisten wurden großzügig unterstützt. Nur wenige Werke aus dem sogenannten kapitalistischen Ausland wurden - auch wegen mangelnder Devisen - aufgeführt und nach dem ideologisch und kulturpolitisch vorgegebenen Konzept ausgewählt.[773] Allmählich, seit den siebziger Jahren, stellten sich dieser verordneten Einseitigkeit wenige Komponisten, engagierte Dramaturgen, Dirigenten und Regisseure entgegen und unternahmen Versuche, sich dagegen zu behaupten.[774] Die Gruppe der Exilkomponisten war mit Paul Dessau, Hanns Eisler und Ernst Hermann Meyer weitestgehend abgedeckt. Alle anderen - soweit sie nicht den Weg zur Arbeiterklasse gefunden hatten oder im Sinne der DDR-Ideologie verwertbar waren - paßten weitgehend nicht ins Konzept des verordneten Antifaschismus, mit dem die Ideologen in

---

[772] Schreker war bereits 1934 in Berlin gestorben (Riemann 1989, Bd. 4).
[773] Von dem kommunistischen Ideen nicht abgeneigten Werner Henzes Oper stand die Oper *Der junge Lord* in den sechziger Jahren in der Komischen Oper in Berlin auf dem Spielpan.
[774] Anfang der 70er Jahre inszenierte Harry Kupfer Schönbergs Oper *Moses und Aron* an der Dresdner Staatsoper. An der Komischen Oper in Berlin wurden sowohl in einer Kammermusikreihe auch Werke aus dem "kapitalistischen Ausland" einbezogen als auch die Sinfoniekonzerte durch einige internationale Werke angereichert, um nur zwei Beispiele für diese Bestrebungen zu nennen.

der DDR eine differenzierte und selbstkritische Auseinandersetzung der Bevölkerung mit dem Nationalsozialismus erfolgreich verdrängten.[775] Sogar als der ehemalige England-Flüchtling Ernst Hermann Meyer als Präsident des Verbandes der Komponisten und Musikwissenschaftler der DDR an einer entscheidenden musikpolitischen Schaltstelle saß, änderte sich an dieser Politik nichts. Im Gegenteil, Meyer gehörte zu denjenigen Kulturpolitikern, die sich besonders in den 50er und 60er Jahren scharf gegen junge Komponisten stellten, die sich mit avantgardistischen Kompositionsweisen auseinandersetzten. Vor diesem Hintergrund wäre bis in die siebziger Jahre hinein Goldschmidts Tonsprache wiederum zu modern gewesen und paßte nicht in die ästhetische Norm in der DDR. Da Goldschmidt kein erklärter Kommunist war, war man an ihm nicht interessiert.

Betrachtet man nun wiederum Goldschmidts deutsche Biographie, so ist er in Nazi-Deutschland als Jude und "entarteter Komponist" zur Flucht getrieben worden. Später fiel er in beiden deutschen Nachkriegsstaaten aus unterschiedlichen Gründen unter eine jeweils anders geartete Zensur. Insofern stellt die Produktion und konzertante Aufführung des *Gewaltigen Hahnrei* im November 1992 eine besonderes Ereignis dar. Durch die Änderung ästhetischer Prämissen, die sich allmählich in den siebziger und achtziger Jahren vollzogen haben, verbreitete sich der Blickwinkel auf die Musikgeschichte des 20. Jahrhunderts. Der Fall der Mauer begünstigte zudem im Osten Deutschlands das Interesse an einer breiten und differenzierten Rezeption verschiedener musikalischer Entwicklungslinien. Die an der Aufführung des *Gewaltigen Hahnrei* beteiligten Musiker und Sänger, Musikerinnen und Sängerinnen aus den ehemaligen beiden deutschen Staaten hatten mit großer Wahrscheinlichkeit während ihrer Ausbildung an deutschen Musikhochschulen aus ganz verschiedenen Gründen kaum etwas von Goldschmidt und seiner Musik erfahren. 62 Jahre überhaupt bzw. 49 Jahre nach Kriegsende mußten vergehen, bis die Zeit wirklich reif für die Wiederaufführung einer unter den Nationalsozialisten verbotenen Oper war. Die Wiedervereinigung Deutschlands hat ihren Teil dazu beigetragen.

---

775 Das Gegenbeispiel für einen Exilkomponisten, der 1955 nach Österreich zurückkehrte: Richard Mohaupts (1904-1957) Oper *Die Wirtin von Pinsk*, wurde im Februar 1938 von Böhm in Dresden uraufgeführt und nach der vierten Aufführung verboten. Mohaupt hatte eine jüdische Frau und ging nach New York ins Exil. Später erlebten o.g. und weitere Opern sowie zwei Ballette Mohaupts in Dresden, Berlin und Leipzig eine Renaissance in der DDR. Laux charakterisiert im Programmheft bei der DDR-Erstaufführung des *Grünen Kakadu* als "bezeichnend für ihn, daß er wiederum einen politischen Stoff, eine Klassenauseinandersetzung aufgriff" (Laux 1977, S. 246f.).

15.2 Ernst Hermann Meyer

15.2.1 Quellenlage:

Ernst Hermann Meyer berichtete im Gespräch mit Dietrich Brennecke und Mathias Hansen (Meyer 1979) ausführlich über seinen Lebensweg, seine politische Position und über seine Entwicklung als Komponist. Darin gibt er Auskunft über die Jahre des Londoner Exils. Weiter legte Meyer eine knappe Autobiographie vor und äußerte sich während einer Rundfunksendung über frühe Werke, in die er autobiographische Details einbezog.[776] Das folgende Kapitel beschäftigt sich insbesondere mit Meyers Londoner Jahren, und dazu wurden die entsprechenden Quellen ausgewertet. Die Programmzettelsammlung des Freien Deutschen Kulturbundes im ehemaligen Zentralen Parteiarchiv in Berlin ergänzten das Material für die Arbeit des Dirigenten, Musikologen und Kulturbundfunktionärs während des Londoner Exils. Eine auf meine Bitte hin aus Meyers bisher unarchiviertem Exil-Nachlaß in der Akademie der Künste der ehemaligen DDR zusammengetragene Materialsammlung, die Programmzettel, Zeitschriftenartikel, handschriftliche Manuskripte für öffentliche Reden im Kulturbund oder musikwissenschaftliche Aufsätze enthielt, bietet Rückschlüsse über den Musikhistoriker und Musikpolitiker Meyer. Briefe, die eigentlich zum Archivbestand gehören, waren mir dabei nicht zugänglich.

15.2.2 Ernst Hermann Meyers Flucht nach London

Der am 8. Dezember 1905 in Berlin geborene Musikwissenschaftler und Komponist Ernst Hermann Meyer hatte sich als Student in Berlin und Heidelberg für die Lehren von Marx und Engels begeistert. So war es nur folgerichtig, daß er sich 1930 entschloß, seine Fähigkeiten ganz dem politischen Tagesgeschäft zu widmen.[777] Nach der Machtübernahme der Nationalsozialisten im Januar 1933 verlor Ernst Hermann Meyer als Kommunist und Jude seine Arbeit im "Arbeiterchor Osten" (Meyer 1979, 127). Nachdem Meyer danach eine Zeitlang für die Kommunisten im Untergrund gearbeitet hatte, fuhr Meyer, da er in Berlin ziemlich bekannt war, mit dem Fahrrad nach Heidelberg. Währenddessen spielte er gelegentlich in Wirtshäusern Klavier und erlebte aus nächster Nähe, auch in kleinen Dörfern, in welch rasantem Tempo die nationalsozialistische Gleichschaltung des gesellschaftlichen Lebens vonstatten ging. In Heidelberg kam es zu einer letzten Begegnung mit Heinrich Besseler. Meyer hatte bei Besseler studiert und von ihm den Anstoß erhalten, sich mit der mehrstimmigen

---

776 Vgl. Selbstzeugnisse, in: Niemann/Schneider 1973, S. 43-72.
777 Vgl. für Meyers Biographie bis 1933 die o.g. Literatur.

Instrumentalmusik des 17. Jahrhunderts auseinanderzusetzten. Ergebnis dieser Beschäftigung war 1930 seine Promotion über "Die mehrstimmige Spielmusik des 17. Jahrhunderts in Nord- und Mitteleuropa". Da Ernst Hermann Meyer als Musikwissenschaftler auch Kontakte zu Berufskollegen in anderen europäischen Ländern geknüpft hatte, wurde er 1933 zu einer Tagung der Internationalen Gesellschaft für Musikwissenschaft in Cambridge eingeladen. Seine Parteigenossen der KPD in Berlin rieten dem jungen Musikologen, diese Möglichkeit für eine Flucht aus Nazi-Deutschland zu nutzen. Über Saarbrücken und nach einem Zwischenaufenthalt in Paris wandte sich Meyer nach Großbritannien, nicht ahnend, daß er für 15 Jahre seine Heimat nicht wiedersehen würde.[778]

15.2.3 Meyer als Musikwissenschaftler

Während des Kongresses in Cambridge Ende Juli bis Anfang August 1933[779] lernte Meyer Edward Dent, Henry C. Colles, Arnold Dolmetsch[780] kennen und traf dort die ihm bereits bekannten Alfred Einstein und Egon Wellesz wieder. Als Herausgeber der Zeitschrift Music & Letters vermittelte ihm A.H. Fox-Strangways einige Artikel (Meyer 1979, 135). Es handelt sich dabei um zwei Aufsätze:
1. "Has Handel written Works for two Flûtes without Bass?" (Meyer 1935). Meyer untersuchte dabei unter Berücksichtigung stilkritischer Gesichtspunkte die Möglichkeit, ob "Six Sonatas a Deux Flûtes Traversieres Sans Basse. Par Mr. Handel. A Paris Chez Me Bovin,...Mr. Le Clerc." (Meyer 1935, 293) Händel zugeschrieben werden können und kommt zu dem Ergebnis, daß es sich bei den sechs Sonaten um Kompositionen von Johann Christian Schultze und nicht Händel handelt.
2. "The 'In Nomine' and the Birth of Polyphonic Instrumental Stile in England" (Meyer 1936). Der zweite Aufsatz bekräftigte 1936 die weitere wissenschaftliche Auseinandersetzung Meyers, nämlich die Beschäftigung mit mehrstimmiger Instrumentalmusik Englands. Alfred Einstein würdigte in einer Rezension 1935 Meyers inzwischen erschienene Dissertation "Die mehrstimmige Spielmusik des 17. Jahrhunderts in Nord- und Mitteleuropa" und bescheinigt Meyer, hier einen außergewöhnliches Beitrag erarbeitet zu haben (Einstein 1935). Insbesondere hob er Meyers Ergebnisse über die englische Kammermusik hervor und verweist am Schluß auf die

---

778 Seine Schwester kam 1936, sein jüngster Bruder 1938 oder 1939 nach London. Meyers mittlerer Bruder, ein Architekt, kehrte aus Großbritannien wieder nach Deutschland zurück, weil seine Aufenthaltsgenehmigung nicht verlängert wurde. Er und die Eltern Meyers wurden später in ein Vernichtungslager deportiert und ermordet (Meyer 1979, S. 135f.).
779 Meyers Ausweis zu diesem Kongress befindet sich in seinem Nachlaß, AK 1103; außerdem noch ein Student's Ticket der Extra-Mural Studies for Foreign Students 1933. Demnach hat Meyer dort wahrscheinlich vom 20. Juli bis 16. August 1933 an der Universität in Cambridge Vorlesungen besucht; AK 1105.
780 Vgl. dazu Ernst Hermann Meyer, Kapitel 6.3.5.

Situation in Nazi-Deutschland, wo dieses Buch gedruckt wurde: "It cannot, by the by, appear in Germany where the unfortunate bookseller has to ask the author what his nationality is" (Einstein 1935, 348).

Im Monthly Musical Record erschien im Juni 1935 außerdem eine ausführliche Besprechung von Meyers Dissertation, in welcher der Autor (D.C.B. 1935) anregte, nun eine Edition früher englischer Kammermusik anzugehen. Diese Arbeit Meyers wurde in Großbritannien mit Interesse aufgenommen, da sie die eigenständige Entwicklung der englischen Kammermusik im 17. Jahrhundert beschreibt. In der musikwissenschaftlichen Fachpresse wurde auf Meyers Publikationen hingewiesen (S.G. 1937).[781] Noch in der Septemberausgabe der Zeitschrift für Musikwissenschaft, Leipzig, erschien ein Aufsatz von Meyer über Gerhard Diessener, wie in Großbritannien nachzulesen war (Goddard 1935). Trotz schwieriger Lebensumstände war es Meyer dank seiner Forschungsergebnisse gelungen, in der britischen Fachpresse Resonanz zu erhalten, die ihn nur ermutigen konnte, auf dem Gebiet der mehrstimmigen alt-englischen Kammermusik weiterzuarbeiten. Er widmete sich fortan in der British Library dem Studium von Manuskripten und Autographen. Mit seinen eigenen Worten: "Ich sammelte systematisch die alten Fantasias (fancies) und Tänze, hauptsächlich in alten Archiven und in Bibliotheken in London (British Museum), Oxford, Cambridge, Durham und anderen Städten" (Meyer 1979, 169).

Daneben nahm er gezielt die Angebote des Londoner Konzertlebens wahr. Meyer besuchte Konzerte des "Casa d'Arte Music Circle". Einige überlieferte Programmzettel aus dem Jahr 1934 weisen auf Aufführungen von englischer Musik des 17. Jahrhunderts von Thomas Morley, John Dowland und John Attey oder spanischer Musik des 15./16. und 18. Jahrhunderts hin. Sämtliche Ausführende waren Engländer. Es muß sich bei diesem Zirkel um einen erlesenen Kreis von Kammermusikfreunden gehandelt haben. Präsidentin des "Circle" war die Viscountess Snowden und zu seinen Patrons gehörten neben dem belgischen und spanischen Botschafter auch Alfred Einstein.[782]

Ende der dreißiger Jahre wurde Meyer als Referent an das Bedford College, London und 1944 an das King's College nach Cambridge eingeladen (Meyer 1979, 137, 346). Die B.B.C. hatte ihn bereits 1935 mit Sendungen über dieses spezielle Gebiet der englischen Musikgeschichte beauftragt. Das war aber nicht die einzige Seite seiner wissenschaftlichen Tätigkeit. Während des Congress on the Problems of Contemporary Music hielt Meyer am 28. Mai 1938 in der Londoner Queen Mary Hall

---

781 Music & Letters XVIII, 1937, Nr. 4, S. 441. E.H.Meyer: Vorherrschaft der Instrumental-Musik im Niederländischen Barok, erschienen in: Tydschrifz der Vereeniging voor Muziekgeschiedenis, Amsterdam 1937.
782 Ernst-Hermann-Meyer-Archiv, Nr. 806.

ein "Memorandum" über "Contemporary Musical Research".[783] Er gab dabei einen Überblick über den Stand der musikwissenschaftlichen Forschung und ihrer einzelnen Schulen der vergangenen zehn Jahre in England, den USA[784], in der UdSSR, in Deutschland, Italien, den Skandinavischen Ländern, Österreich, Holland, Belgien, in der CSR und Ungarn. Meyers plädierte für eine intensivere Zusammenarbeit der Musikologen und für mehr Übersetzungen der Hauptergebnisse internationaler Forschung, für mehr internationale Kongresse, Diskussionen von praktischen Erfahrungen und befürwortete einen international abgestimmten Themenplan für zukünftige Forschungen. Gleichzeitig warnte er davor, das Schwergewicht musikwissenschaftlicher Forschung ausschließlich in die Vergangenheit zu verlagern oder in Mystizismus zu verfallen,[785] so wie verschiedene junge Komponisten sich in ihren Werken in Geist und Stil an vergangene Zeitalter anlehnten, um politischem Druck auszuweichen. Damit spielte er offensichtlich auf die neoklassizistischen Strömungen an, denen er sich als Komponist nicht angeschlossen hatte. Meyers soziologischer Ansatz spiegelt sich in seinen Bemerkungen wieder, wie man historische Musikforschungen angehen sollte, nämlich "to discover the relationship between the art of a time and its main social problems". Bei der Betrachtung der "sozialen Funktion von Musik" würden sich Schlußfolgerungen darauf ergeben, wofür welche Musik von einem bestimmten Komponisten für eine ganz bestimmte Öffentlichkeit in einer besonderen geschichtlichen und kulturellen Situation komponiert wurde. Mit diesem Wissen könne man wiederum Erkenntnisse über eine spezifische Musik gewinnen und die gegenwärtige "cultural crisis" überwinden helfen. Ohne das Wort Nazi-Deutschland direkt auszusprechen, klagte Meyer am Ende seines Referats die Restriktionen gegen die Musikologen, deren Forschungsgegenstände als "Luxus" herabgewürdigt seien, an. Im Vergleich hätten sie noch mehr als praktische Musiker unter der ökonomischen und politischen Krise zu leiden. Musikologen führten andere Berufe aus, könnten ihren eigentlichen Forschungen nicht mehr nachgehen oder lebten als Emigranten unter schwierigen Lebensbedingungen. Unter diesem Gesichtspunkt hätte sich die Musikforschung nicht, wie eigentlich erwartet, entwickeln können. Dafür wären jedoch nicht die Musikologen verantwortlich zu machen.[786]

Während wie bereits dargestellt, die IGNM sich den vertriebenen Komponisten gegenüber indifferent verhielt, nutzte Meyer das Auditorium dieses internationalen Kongresses und setzte ein Zeichen für die vertriebenen Musikologen und diejenigen,

---

783 Music and Life - 1938; Congress on the Problems of Contemporary Music; Programme.
784 Zwei Ausgaben (No. 1, Juni 1936 und No. 2, Juni 1937) des "Bulletin of the American Musicological Society", das neuerschienene Arbeiten auswertet, fanden sich im Londoner Nachlaß. Meyer könnte diese für sein Statement verwendet haben; ohne Archivsignatur.
785 Als Beispiel nannte er dafür Arnold Scherings Buch über Beethoven, Beethoven in neuer Deutung, 1934.
786 AK 375, 8.

die in Deutschland an ihrer Forschung gehindert wurden. Er zeigte auf, daß bis in die musikwissenschaftliche Forschung hinein die Repressionen der Nationalsozialisten ihre Wirkung gezeitigt hatten. Es nützte offensichtlich wenig, in den Medien wurde das Thema nicht aufgegriffen. Der wenige Monate danach beginnende Krieg veränderte schlagartig die Situation. Meyer, der als Musikwissenschaftler in Großbritannien Anerkennung gefunden hatte, trat erst wieder 1945 mit ergänzenden Aufsätzen zu eigenen Rundfunksendungen im Listener an die Öffentlichkeit. Obwohl sich Meyer während des Krieges andere Schwerpunkte für seine Arbeit setzte, gab er seine musikhistorischen Forschungen nicht auf. Er nutzte die Möglichkeiten, die dem Musikhistoriker mit den Sammlungen der British Library und anderswo in Großbritannien zur Verfügung standen. 1946 erschien bei Lawrence & Wishart in London sein Buch "The English Chamber Music. The History from the Middle Ages to Purcell". Knepler[787] bemerkt dazu: "Er hatte es wahrhaftig 'nebenbei' geschrieben, oder umgekehrt, wenn man will, er hatte neben der Abfassung eines seiner Hauptwerke unter schwierigsten Umständen ungezählte andere Arbeiten zu verrichten verstanden" (Knepler 1973, 12).

15.2.4 Meyer als Komponist und Agitator

In den Anfangsjahren des Exils verdiente sich E.H. Meyer den Lebensunterhalt durch Gelegenheitsarbeiten als Schwimmlehrer, Klavierstimmer, Klavierträger, als Deutschlehrer, Theorielehrer oder machte Schreibmaschinenarbeiten, bis er bei verschiedenen Filmfirmen Arbeit fand. Durch die Bemühungen Walter Goehrs hatten er, Georg Knepler und Ernst Schoen einen Job als Stimmenkopisten bei einer "drittklassigen Schlagerfirma" erhalten, was sich gerade für den jungen Komponisten als "am unangenehmsten" erwies (Meyer 1979, 136). Außerdem betätigte sich Meyer engagiert in der Parteigruppe der KPD und blieb vor allen Dingen seiner Überzeugung als Kommunist und Antifaschist treu. Bald nach seiner Ankunft in London übernahm er die Leitung eines englischen Laienchores, der "Battersee and Clapham Cooperative Singers", den er zehn Jahre leitete.[788] Die Suche nach den Stilmitteln, die das, was er ausdrücken wollte, am überzeugendsten transportierten, ging im Exil weiter. 1934 begegneten sich Ernst Hermann Meyer und sein Kompositionslehrer Hanns Eisler in London wieder. Um den durch

---

787 1931 organisierte sich die "Kampfgemeinschaft der Arbeitersänger" mit Schwerpunkten in Berlin und im Rheinland, die insbesondere proletarisches Liedgut aufführte. In diesem Rahmen lernte Meyer Georg Knepler kennen, der als Hilfsdirigent des Arbeiterchores Groß-Berlin die *Maßnahme* von Brecht/Eisler mit einstudieren half, die Aufführung dirigierte Karl Rankl (Meyer 1979, S. 110).
788 Über seine Erlebnisse mit diesem Chor schrieb Meyer 1944 einen Aufsatz "Die Sänger von Battersea", 6 Seiten, (deutsch). AK I/13.

die Machtübernahme der Nazis abgebrochenen Dialog anhand neuer Kompositionen fortzuführen, fuhr Meyer 1935 mittels eines Emigrantenpasses und mit den Partituren von zwei Kammermusiken, an denen er arbeitete, nach Svendborg in Dänemark, wo er Eisler wiedertraf. *Thema, Variationen, Chaconne und Fughetta* für Klavier[789] und das *Trio für Flöte, Oboe und Harfe* in drei Sätzen[790] begutachtete Eisler noch, bevor er über die Tschechoslowakei in die USA ging (Meyer 1979, 138). Nach London zurückgekehrt, schrieb Meyer (auch unter dem Pseudonym Peter Baker) weiter für seine Battersea-Singers. Er komponierte vorwiegend sozialkritische Chormusik, a cappella oder mit Klavierbegleitung. Von 1937 an wurde Ernst Hermann Meyer mit der Komposition von Filmmusiken beauftragt und zunehmend als Techniker, d.h. als Schnitt- und Tonmeister, beim Film angestellt (Meyer 1979, 137 und 167). Es war bei der Herstellung des britischen Dokumentarfilms in den dreißiger Jahren üblich, daß Komponisten, unter ihnen auch Benjamin Britten und Alan Rawsthorne, während der "äußerst fruchtbaren Periode im Dokumentarfilmschaffen" herangezogen wurden (Thiel 1981, 359). Auch als Regisseur arbeitete Meyer, zumindest bei dem Kurzfilm "Dustbin Parade", für den er auch die Musik schrieb.[791] In Ermangelung einer Partitur transkribierte Meyer während des Krieges die Musik von Dunajewski für die englische Synchronisation zweier Sowjetfilme (Meyer 1979, 165). Bis einschließlich 1948 weist seine Werkliste 34 Filmmusiken aus, bei denen es sich vorwiegend um Industrie-, Werbe- und Dokumentarfilme handelte. Des öfteren wurde Musik dabei auch nur zur Untermalung von Vor- und Abspann benötigt.[792] Auffällig ist das gewählte Instrumentarium in Meyers Filmmusiken: In kleinen Ensembles verwendete er vorwiegend Bläser. Orchesterbesetzungen bildeten eher die Ausnahme.[793] Das war durch die Möglichkeiten der Aufnahmetechnik begründet, für die sich Bläser besser als Streicher eigneten (Thiel 1981, 148). Thiel bezeichnet unter den Filmmusiken Meyers die "neoklassizistische Musik für Alberto Cavalcantis Dokumentarfilm 'Roadways' (1937)" als "seine stilistisch avancierteste". Weiter hebt Thiel die alleinige Verwendung von Schlaginstrumenten in "A few Ounces a Day", einem Film über Schrottverwertung aus dem Jahr 1937, hervor (Thiel 1981, 362). Das Interesse, das Meyer als Komponist 1930 in Berlin für die Möglichkeiten des Tonfilms gezeigt hatte, zahlte sich im Exil aus. Meyer konnte sowohl das, was er

---

789 Werk-Nr. 107, komponiert Winter 1934/Frühjahr 1935 (Heiß 1973, S. 322).
790 Werk-Nr. 109, komponiert August, September 1935; Neufassung des II. Satzes Silvester 1965/Neujahr 1966 (Heiß 1973, S. 322).
791 Zeitspiegel, 3.10.1942, S. 7.
792 Vgl. Werk-Nr. 119 "Lubricating Oil", Dezember 1937 (Heiß 1973, S. 323).
793 Vgl. Werk-Nr. 124, "The Londoners" 1938 oder Nr. 126, "Guns or Butter", 1939 (Heiß 1973, S. 324).

über Filmmusik bei Hindemith (Meyer 1979, 63f.)[794]als auch jenes, was er bei Butting über Radiomusik in Berlin an der Rundfunkversuchsstelle (Meyer 1979, 63f.) gelernt hatte, für konkrete Aufgaben anwenden und durch eigene Erfahrungen erweitern und weiterentwickeln. Immerhin war die Geschichte des Tonfilms noch ziemlich jung.

Ein wichtiges Ereignis in London bedeutete für Ernst Hermann Meyer die Gründung des FDKB, dem er selbst als Mitglied Nr. 237, am 4. März 1939 beitrat.[795] Während Ernst Hermann Meyer bis dahin insbesondere als Chorleiter der Battersea Singers an die Öffentlichkeit gehen konnte, eröffneten sich ihm mit dem FDKB neue Möglichkeiten der Wirksamkeit. Meyer war eine Zeitlang erster Vorsitzender der Parteigruppe[796] und Generalsekretär der Sektion Musik (Meyer 1979, 147). Er verfügte damit über gute Voraussetzungen, seine politischen bzw. ästhetischen Vorstellungen direkt in die Arbeit des Kulturbundes einbringen zu können. Im FDKB sah es der Kommunist Ernst Hermann Meyer als eine wichtige Aufgabe, auf die Gefahren und Grausamkeiten des deutschen Faschismus hinzuweisen. In seinem Nachlaß befinden sich sieben Hefte von Germany To-Day[797]für den Zeitraum von April bis September 1938. Diese Hefte enthalten Berichte über das, was auf verschiedenen Gebieten innerhalb und außerhalb Deutschlands (und Österreichs) passierte. Beispielsweise in der Septemberausgabe 1938, S. 9/10: "Buchenwald from Within"; "'Protective' Custody - A Sentence of Death" ein Bericht über die Grausamkeiten und Erschießungen in Buchenwald und die politischen Gefangenen wie beispielsweise ehemalige Reichstagsabgeordnete. Ausdrücklich wird darauf hingewiesen, daß Manchester Guardian und News Chronicle in dieser Zeit ebenfalls über die Behandlung von Juden in "Concentration Camps" berichteten.[798]

In ein Internierungslager wurde Ernst Hermann Meyer nicht eingewiesen. Er selbst äußerte sich nicht darüber, aus welchem Grund er davor bewahrt wurde, so daß er kontinuierlich im Kulturbund arbeitete. Entsprechend der Agitprop-Taktik, wie er sie

---

794 Meyer lernte bei Hindemith "Grundsätze der Instrumentation" und "die Beherrschung der Möglichkeiten der Instrumente in der Komposition für den Film" kennen (Meyer 1979, S. 64).
795 Ernst-Hermann-Meyer-Archiv, Nr. 1107.
796 Er selbst äußert sich nicht über den genauen Zeitpunkt (Meyer 1979, S.147). Im Manchester Guardian vom 1.2.1943 wird "Dr. Ernst Meyer" als "chairman of the Free German League of Culture" bezeichnet (Free German League of Culture, April 1943; SAPMO ZPA V 239/1/12).
797 Published and edited by The German Information Bureau of the Relief Committee for Victims of Fascism. Lichtfield Street, London W.C.2. AK ohne Archivnummer.
798 Bis heute ist nicht ganz geklärt, warum die Weltöffentlichkeit nicht spätestens 1942, seit Churchill über Massenmorde in Konzentrationslagern Kenntnis hatte, über diese Verbrechen informiert wurde und warum z.B. die B.B.C. während des Krieges nicht darüber berichtete. In der Frankfurter Allgemeinen Zeitung vom 27.11., 7. und 14.12.1993 wurde diese letztlich ungelöste Frage in einer Meldung und zwei Leserbriefen behandelt.

bereits in Berlin praktiziert hatte, gründete und leitete Ernst Hermann Meyer den Chor des FDKB, für den er außerdem komponierte. In regelmäßigen Abständen stellte Meyer ein neues Repertoire vor.[799] Dabei bevorzugte er solche Textautoren wie John Heartfield[800], Jura Soyfer[801], Honor Arundel[802], die auch die englische Nachdichtung des neben Eisler im Mai 1942 von Meyer vertonten Brecht-Gedichts *Und was bekam des Soldaten Weib* verfaßte (Heiß 1973, 327). Eine Sammlung Meyers beinhaltet weitere Gedichte von Max Zimmering, Heinz Karpeles (in englisch und deutsch), Johannes R. Becher, Rolf Anders und H.S. Bodwin sowie von anonymen Autoren, die er möglicherweise zur Vertonung vorgesehen hatte. Anregungen für die Programme seiner Chöre holte er sich höchstwahrscheinlich auch aus Veröffentlichungen der Worker's Music Association, wie an Katalogen mit politischen Liedern von Eisler, Bush, Dunajewski u.a. abzulesen ist.[803]

Der Chor des FDKB sang nicht nur antifaschistische Kampflieder. Zumindest aus einem überlieferten Programm ist ersichtlich, daß die deutschen Flüchtlinge im November 1944 in der Holy Trinity Church in London im Rahmen eines Kirchenkantaten- und Sonaten-Konzertes bei der Aufführung von zwei Reger-Kantaten[804] beteiligt waren. Damit wurde der "Red Cross and St. John Fund" unterstützt.[805] Zu der Revue im FDKB *My Goodness, my Alibi* (1943) steuerte Meyer Zwischenspiele und einige Songs bei (Heiß 1973, 328). Bei der englischen, gekürzten Erstaufführung von Bechers *Die Schlacht um Moskau* im September 1943 hatte Meyer die Arrangements der Chöre (Worte: Franz Hartl, Musik: Georg Knepler) übernommen.[806] Meyers Vielseitigkeit konnte kaum besser zum tragen kommen als in dieser besonderen Situation einer Flüchtlingsorganisation, in der nicht nur Ideen gebraucht wurden, sondern vor allem Menschen, die diese schnell und unkompliziert in die Tat umzusetzen vermochten. Zu einem Mozart-Konzert am 2. Mai 1943 in der Wigmore Hall mit Max Rostal und dem Rostal Chamber Orchestra schrieb Meyer die Pro-

---

799 The New Repertory of the Choir of the F.G.L.C., Director: Dr. E.H. Meyer. 24.7.1943 (SAPMO ZPA V 239/1/12).
800 Werk-Nr. 128 Flüchtlingslied *Nicht Mond schien und nicht Sterne* für Solo gemischten Chor und Klavier, komponiert Juni 1939; englische Fassung und überarbeitet Februar 1940 (Heiß 1973, S. 324).
801 Wanderlied der Zeit *Der Weg ist weit und fern die Rast*, für Gesang und Klavier; komponiert Januar 1940 (Heiß 1973, S. 324).
802 Der Text des Liedes für 1-3 stimmigen Chor und Klavier *Frau Kraemer (Radio Moscow to the German Women)*, komponiert im September 1941, stammt neben anderen von ihr. Die deutsche Nachdichtung besorgte Max Zimmering (Heiß 1973, S. 325).
803 Ernst-Hermann-Meyer-Archiv Nr. 779 und Nr. 1120.
804 *O Haupt voll Blut und Wunden*, Kantate für Soli, Chor, Violine, Viola, Streicher und Orgel; *Auferstanden, Auferstanden* für Soli, Chor, Streicher und Orgel.
805 SAPMO ZPA V 239/1/13, Bl. 33f.
806 SAPMO ZPA V 239/1/13, Bl. 264.

grammeinführung für das Publikum.[807] Als Filmkomponist und Techniker stellte sich Meyer 1943 gemeinsam mit dem Schauspieler Fritz Gottfurcht im Literaten Café des FDKB für Auskünfte: "Hinter den Kulissen des Films" zur Verfügung.[808] Meyer beteiligte sich bei interdisziplinären Gesprächsrunden zu verschiedenen Themen wie "Kunst und Propaganda" und diskutierte zusammen mit Grete Fischer, René Graetz, Fritz Gottfurcht und Alfred Meusel.[809] Auf einer Veranstaltung "Jews fight Hitler", die im September 1942 in Birmingham stattfand, wurde "Dr. Ernst Meyer, B.B.C. London" als Redner angekündigt.[810] Eine Rede, auf die er selbst hinweist (Meyer, 1979, 159), ist die Ansprache während einer Gedenkveranstaltung des FDKB am 31. Januar 1943 in London anläßlich von zehn Jahren Faschismus in Deutschland unter dem Motto "We accuse!"[811]Die wichtigsten Positionen Meyers sollen hier kurz referiert werden: Nachdem Meyer die Barbarei der Faschisten innerhalb Deutschlands und in den besetzten Ländern angeklagt hatte, konstatierte er, daß es keine demokratischen Kräfte innerhalb Deutschlands gäbe und das ganze deutsche Volk vom Nazi-Gift verseucht sei. Trotzdem hoffte er auf ein baldiges Ende des Krieges. Er begründete seine Hoffnung sowohl mit potentiellen Kräften innerhalb Deutschlands, die sich gegen die Nazis richten werden als auch mit überlebenden deutschen Regimentern an der Ostfront, die sich dem deutschen Oberbefehl widersetzten.[812] Meyer sprach außerdem von einer "Geheimen Nationalen Friedenskonferenz" in Westdeutschland, auf der das baldige Ende des Krieges und der Nazi-Herrschaft angekündigt wurde.[813] Welche potentiellen Kräfte innerhalb Deutschlands bzw. welche Konferenz Meyer hier meinte, ist nicht nachzuvollziehen. Nach Deutschland adressiert, machte der Referent die Deutschen für ihre Beteiligung an der Nazi-Diktatur verantwortlich und betonte ausdrücklich deren eigene Verantwortung für den Krieg, die nicht mehr ausschließlich mit der Verführung durch die Nazi-Ideologie begründet werden konnte. Er warnte die Deutschen, daß ein weiteres Tolerieren des Nazi-Regimes ihnen selbst den Unter-

---

807 SAPMO ZPA V 239/1/13, Bl. 281, 258.
808 SAPMO ZPA V 239/1/13.
809 "Das Literatencafé am Mittwoch", 20. Oktober 1943; SAPMO, ZPA V 239/1/12 Bl. 56
810 SAPMO ZPA V 239/1/13/ Bl. 324.
811 Genau an diesem Tag hatte General-Oberst Paulus an der Ostfront kapituliert. Damit war die eigentlich Wende des Krieges eingeläutet, denn die Rote Armee besiegte hier durch eine kluge Taktik zum ersten Mal die bis dahin siegreiche Wehrmacht, was eine ungeheuere Wirkung auf die Kampfmoral der sowjetischen Soldaten hatte (Vespignani 1977, S. 164).
812 AK ohne Signatur, Manuskript vom 31.1.1943, S. 3f.
813 "We learn with pride and renewed hope that a Secret National Peace Conference has just been held in Western Germany, amidst Gestapo terror. At this conference it was decided to demand the immediate end of the war and the recall of soldiers from the front, the destruction of the Hitler government and the establishment of a democratic rule in Germany" (Manuskript vom 31.1.1943, S. 4).

gang bringen würde.[814] Die Aufgabe der deutschen Flüchtlinge in Großbritannien sah Meyer darin, die Alliierten im Kampf zu unterstützen und alle Anti-Nazi-Kräfte im Exil zu vereinigen, um auf diese Weise gegen Hitler zu kämpfen.[815]
Die Botschaft Meyers wurde in Teil II dieser Gedenkveranstaltung mit einem Chorpro-gramm internationaler Arbeiterlieder, gesungen von den "Massed Choirs of the London Co-operative Society, the Free German League of Culture and the Free German Youth", unterstrichen. *Spring Rising* von E.H. Meyer nach Worten von Honor Arundel gehörte auch dazu. Die musikalische Leitung lag in den Händen von Arnold Goldsbrough.[816]
Eineinhalb Jahre waren seit dem Überfall der Wehrmacht auf die Sowjetunion vergangen. Für Meyer als überzeugten Kommunisten war es aus ideologischen Gründen besonders schmerzlich, ohnmächtig mit anzusehen, wie die Wehrmacht dieses Land bestialisch zerstörte, ohne daß die deutschen Soldaten, die ja nach marxistischer Auffassung zum größten Teil auch dem Proletariat angehörten, sich davon distanzierten. Nachdem mit diesem Ereignis die Kommunisten den Krieg der Alliierten, zu denen nun auch die Sowjetunion gehörte, als "gerecht" bezeichneten, engagierte sich der FDKB, einschließlich Meyer, noch deutlicher als zuvor in der Öffentlichkeit für die Sowjetunion. Die Basis für Meyers persönliches Engagement war 1931 bei seiner Reise in die Sowjetunion gelegt worden.[817] Während eines Konzertes am 6. November 1943 in der Conway Hall anläßlich des 50. Todestages von Tschaikowsky und anläßlich des Nationalfeiertages der Sowjetunion hielt Meyer am 7. November eine Rede, um alle Anti-Nazis aus Deutschland zu Spenden für ein Krankenhaus in Stalingrad aufzurufen. 3.000 Pfund sollten dabei für zwei vollständige Krankenstationen zusammenkommen. Wie aus dem Programmzettel ersichtlich, hatte der britische Botschafter Joseph E. Davies nach einem Besuch des völlig zerstörten Stalingrad die englischsprechende Welt um Hilfe für das leidende sowjetische Volk gebeten, dem sich nun Meyers Appell, organisiert vom FDKB, anschloß.[818]
Im Jahr 1943 lebte Meyer bereits zehn Jahre im Londoner Exil. Neben seiner vielfältigen Arbeit innerhalb des Kulturbundes und neben seinen wissenschaftlichen Forschungen interessierte er sich intensiv für das englische Musikleben. Er gehörte zu dem Kreis, dem das Committee for the Promotion of New Music die Programme der

---

814 AK ohne Signatur, Manuskript vom 31.1.1943, S. 3.
815 AK ohne Signatur, Manuskript vom 31.1.1943, S. 4f.
816 SAPMO ZPA V 239/1/13, Bl. 301.
817 Gemeinsam mit Wladimir Vogel fuhr Meyer 1931 zur Chor-Olympiade nach Charkow. Er lernte dabei die Chortradition verschiedener Nationalitäten kennen und knüpfte Kontakte zu sowjetischen Musikern und Musikwissenschaftlern. Nach seiner Rückkehr setzte sich Meyer für eine mehrsprachige Ausgabe mit proletarischen Liedern ein, die deutschen Agitprop-Gruppen und Chören als Reservoir für die Einbeziehung sowjetischer Musik in ihr Repertoire diente (Meyer 1979, S. 115).
818 SAPMO ZPA V 239/1/13, Bl. 273.

14tägigen "Studio Recitals", die an verschiedenen Konzertorten stattfanden, zuschickte. Bei welchen dieser Konzerte Meyer anwesend war, ist nicht mehr nachzuvollziehen. Daß er diese Programme sammelte und mit nach Deutschland nahm, spricht für den Stellenwert, den Meyer ihnen einräumte.[819] Im Rahmen dieses Komitees gelangten im Juni 1946[820] *Thema mit 14 Variationen, Chaconne und Fuge* für Klavier und das *Klarinetten-Quintett* (Meyer 1979, 165) zur Aufführung. Damit war er nicht der einzige Exil-Musiker, dessen Werke in diesem Rahmen in die Öffentlichkeit kamen. Meyer verfügte durch seine besondere Position innerhalb des FDKB über Möglichkeiten, die ihm selbst als Komponisten für die Wirksamkeit seiner Werke zugute kamen. Außerdem hatte er sich durch seine langjährige Tätigkeit als Chorleiter englischer Gewerkschaftschöre und durch seine Freundschaft zu Alan Bush und Arnold Goldsbrough einen britischen Background geschaffen, der es ihm erlaubte, den Schritt in die Londoner Konzert-Öffentlichkeit zu wagen: So veranstaltete der FDKB im April 1944 in der Adolf Tuck Hall ein Porträtkonzert mit Werken von Meyer.

Im Februar 1946 stand wieder ein Konzert mit "alten und neuen Werken" Meyers, diesmal in den Räumen des Kulturbundes auf dem Programm.[821] Deutsche, österreichische und britische Musiker wirkten mit. Arnold Goldsbrough dirigierte einen britischen "Massed Choir" und hielt die Festrede. Alan Bush spielte Klavier und schrieb über das Werk Meyers im Programmheft. Meyer dirigierte den FDKB-Chor. Das Programm bedeutete Momentaufnahme und Resümee zugleich. Die Plattform war Meyers politische Botschaft. Alle Genres, die er als Komponist bediente, kamen zu Wort: Kammermusik und besonders Vokalmusik in der Gestalt von Chören und Liedern. In einer *Suite for two Trumpets, two Pianos, Percussion* hatte Meyer vorwiegend Stücke eigener Filmkompositionen für die Konzertaufführung bearbeitet. Die Bezeichnungen *Introduktion 1937* bis *Finale 1944* zeigen, daß Meyer selbst hier auf seine Biographie verweist.[822] Einzig *Drei Lieder* mit unterschiedlicher Begleitung nach Worten von Conrad Ferdinand Meyer stammten aus der Vor-Londoner Zeit.[823] Alle anderen Werke waren in London entstanden. Die o.g. Suite und das *Klarinetten-Quintett* gelangten bei diesem Anlaß zur Uraufführung. Meyer hatte beide Stücke auch "während der Wartepausen beim Feuerabwehrdienst" 1944 kom-

---

819 Die Sammlung ist unvollständig. Das erste Programm stammt vom 16.8.1943, das letzte vom 4.11.1947.
820 Ernst-Hermann-Meyer-Archiv, Nr. 808, die Gesprächsleitung der Diskussion hatte der B.B.C.-Mitarbeiter Leonard Isaacs. Möglicherweise haben die späteren Diskussionskonzerte mit Arbeitern in Betrieben der DDR hier eine Anregung erhalten.
821 SAPMO ZPA V 239/1/13, Bl. 250.
822 Den vorletzten Satz und *Finale* komponierte Meyer 1955 neu.
823 *Eppich*, 1924 für Sopran und Piano; *Erntegewitter*, 1927 für Sopran, Violine, Cello und Piano; *Die Felswand*, 1933 für Sopran, Violine, Viola und Cello.

poniert. Im *Klarinetten-Quintett* bildet die Melodie des bekannten deutschen Volksliedes *Die Gedanken sind frei* das Thema des dritten und Variationssatzes und "das Ganze ist auf die damalige Gegenwart, unsere Aufgaben, Hoffnungen und Reflexionen, bezogen." (Meyer 1979, 185). Unter einem ähnlichen Motto "Aber der Geist lässt sich nicht verbrennen" hatte der FDKB bereits im Mai 1942 verbannte und verbrannte Texte und Musik mit Schauspielern und dem hauseigenen Chor vorgestellt.[824] Meyers Volksliedzitat in seinem *Klarinetten-Quintett* zielt über den Widerstand gegen die Nazis hinaus: es soll 1944 auf den Neubeginn in Deutschland hinweisen.

Die Intention Meyers, durch Kunst Menschen zu verändern, durchzieht alle Gattungen und Genres, die er als Komponist bediente. Es lag zu diesem Zeitpunkt weniger in seiner Absicht, "absolute Musik" zu schreiben. Gleichsam als Pendant dazu untersuchte er als Musikhistoriker "Den Einfluss von Freiheitsideen und Freiheitsbewegungen auf die deutsche Musik", wie sich aus dem Vorlesungsverzeichnis der Freien Deutschen Hochschule in London entnehmen läßt.[825] Dazu referierte Meyer an vier Abenden, von Oktober bis Dezember 1944. Parallel dazu studierte Meyer das Programm "Volks- und Freiheitslieder vieler Nationen" mit dem Chor des FDKB ein.[826]

Nachdem die Niederlage der Wehrmacht nur noch eine Frage der Zeit sein konnte und das Nationalkomitee Freies Deutschland in der Sowjetunion gegründet worden war, das von den Verantwortlichen des FDKB als Vertretung eines zukünftigen Deutschland favorisiert wurde, begann man ganz ernsthaft innerhalb des FDKB über die Gestaltung eines Nachkriegs-Deutschlands zu diskutieren. Meyer engagierte sich dabei zu Fragen der Musik und der Neuordnung des Musiklebens. Im Februar 1945 stand in einem Streitgespräch zwischen Grete Fischer vom Club 43 und Ernst Hermann Meyer, FDKB, "Richard Wagner, Segen oder Unheil für die deutsche Kultur"[827] auf der Tagesordnung. Der Beitrag von Grete Fischer liegt nicht vor, Meyers Statement hingegen ist erhalten geblieben:

Auf der Suche nach den Ursachen, die zur Verbreitung der faschistischen Ideologie in Deutschland geführt haben, untersuchte Meyer "Wagners Wirken". Er stellte die Grundlagen seiner Philosophie dar und beschrieb die Rolle der Wagnerschen Musik, die durch ihren Stellenwert im Gesamtkunstwerk "teutonisch-rassistische und aggressiv-imperialistische Gedankengänge" beförderte. Die Frage danach, ob

---

[824] SAPMO ZPA V 239/1/12, Bl. 29.
[825] Ernst-Hermann-Meyer-Archiv, Nr. 1116.
[826] FDKB-Nachrichten, November 1944; SAPMO ZPA V 239/1/12, Bl. 13.
[827] So lautet die erste Fassung des Vortrages von Meyer, den er dann in "Richard Wagner, Nutzen oder Nachteil für die deutsche Kultur?" abänderte, wie sich einer Notiz der Zeitschrift des FDKB März vom 1945, S.10, ablesen läßt. Stiftung Archiv der Künste, Berlin, Ernst-Hermann-Meyer-Archiv, Nr. 122 und Exil-Sammlung DB Leipzig.

"Wagners Werk geeignet (sei), beim Aufbau eines demokratischen Deutschland herangezogen zu werden oder nicht?" beantwortete Meyer vorerst mit "nein". Später, nach einigen Jahren und der möglichen Überwindung der faschistischen Ideologie sollte darüber in Nachkriegs-Deutschland neu entschieden werden.
Die Vorstellungen über das künftige Deutschland nahmen, je näher das Ende des Krieges rückte, um so konkretere Formen an: Im Mai 1945, während einer "Arbeitskonferenz über Erziehungsfragen im Nachkriegs-Deutschland" referierte Meyer über die "Music in a future Germany". Im Zusammenhang mit dem besonderen Stellenwert, den die Musik innerhalb der nationalsozialistischen Ideologie eingenommen hatte, benannte Meyer einige Charakteristika des deutschen Musikbetriebes. Dazu gehörten:
1. Militärmärsche und sogenannte patriotische Lieder, die bereits aus dem 19. Jahrhundert stammten, mit aggressivem und chauvinistischen Charakter (*Als die Römer frech geworden* u.a.), die in Schullehrbüchern bereits in der Weimarer Republik vorhanden waren oder zum Repertoire von schlagenden Studentenverbindungen in Deutschland gehörten.
2. Imperialistische Tendenzen auch in der "Kunst-Musik" - wie bei Richard Wagner.
3. Neue Lieder mit aggressiven rassistischen und chauvinistischen Charakteren in Schulen: Eine neue Generation ist von Liedern wie *Gen Ostland wollen wir reiten* oder *Wir fahren gegen Engelland* infiltriert worden.
4. Die Verbreitung chauvinistischer und Herrenmenschen-Theorien über deutsche Musik, die Einverleibung österreichischer und tschechischer Musik in die deutsche Musikgeschichte.
5. Tausende Männerchöre, die als Ausdruck reaktionärer Sentimentalität zusammen mit wertloser, sentimentaler Unterhaltungsmusik 95% der Unterhaltungsmusik bei den Nazis bildeten.
6. Kitsch, pessimistischer Mystizismus, und die Hinwendung zu alter Musik, die den Zustand einer gleichgeschalteten Musikkultur in Nazi-Deutschland kennzeichnete.[828]
Aufgrund dieser Charakterisierung forderte Meyer für den Aufbau eines neuen Musiklebens, all das zu eliminieren, worauf sich der Nationalsozialismus berufen konnte, und demgegenüber alle progressiven Elemente zu befördern. Damit sollten die Grundlagen für einen neuen Humanismus in der Musik gelegt werden. Meyers positive Erfahrungen mit dem englischen Musikleben sind unschwer an folgender Forderung abzulesen:

---

828 Manuskript in englisch. Ernst-Hermann-Meyer-Archiv ohne Nr.

(3) to popularise non-German music to a much higher degree than has been done at any time in German musical life. This should be done by way of organising by listening to foreign musical broadcasts, by gramophone records, by publications and popular song books, also by tuition in schools and conservatoirs (as soon as such institutes are opened).[829]

In gleicher Weise stellte er sich ein neues Liederbuch mit sorgfältig nach den o.a. Kriterien ausgewählten 25 deutschen und 35 ausländischen Liedern vor.

Das neue Deutschland war für Meyer nicht ohne eine zentrale Musikverwaltung, als Dachorganisation der Musiker vorzustellen, denkbar. Diese zentrale Musikverwaltung sollte - entsprechend der Analyse des Musiklebens am Ende der Nazi-Zeit - für einen Neuaufbau des deutschen Musiklebens Sorge tragen. Meyer betrachtete dabei einen zentralen Musikrat nicht unabhängig von örtlichen musikalischen Aktivitäten, die es außerdem zu fördern galt: "Before establishing a new central 'musical council', which would regulate and co-ordinate already existing musical activities, local activities - often in the very smallest of ways - should be developed." Die Rettung deutscher Kultur und Kunst, die sich der Kulturbund in Großbritannien auf seine Fahnen geschrieben hatte, hieß für Meyer auf dem Gebiet der Musik die Pflege und Bewahrung großer deutscher Komponisten "von Schütz bis Beethoven und von Bach bis Brahms, von Schumann bis Hanns Eisler" (Meyer 1979, 163). Im Kapitel über das Repertoire des FDKB wurde die Bevorzugung "großer deutscher Komponisten" bei Aufführungen des FDKB bereits dargestellt. Austrian Centre und FDKB wollten aus jeweils unterschiedlichen Motivationen heraus ihre jeweiligen Musikkulturen betont wissen und diskutierten auch "Deutsche Musik - österreichische Musik". Ein Bericht darüber lag nicht vor.

In den letzten Jahren des Krieges beschäftigte sich Meyer mit Überlegungen, die er dann von 1948 bis 1951, nach seiner Rückkehr nach Deutschland, in dem Buch "Musik im Zeitgeschehen" niederschrieb. Damit wollte er seinen Beitrag für "das demokratische, später sozialistische Aufbauwerk" leisten (Meyer 1979, 203f.). Meyer begründete darin die grundsätzlich verschiedene soziale Funktion der Musik im Kapitalismus bzw. im Sozialismus und stellte die sich daraus ergebenden Konsequenzen für die Komposition neuer Werke im Sozialismus dar. Meyer lehnte sich in seinen Ausführungen an die ihm bekannte "Formalimus"-Debatte in der Sowjetunion an, die von Schdanow im Januar 1948 ausgelöst wurde und in deren Ergebnis von Komponisten die deutliche Hinwendung zum sozialistischen Realismus[830] gefordert wurde (Meyer 1952, 194f.). Meyers Publikation ist ein Dokument für die Zeit des

---

829 Ernst-Hermann-Meyer-Archiv ohne Nr.
830 Im Zusammenhang mit der Methode des sozialistischen Realismus zitiert Meyer aus einer Rede Schdanows, die er 1934 vor sowjetischen Schriftstellern gehalten hat (Meyer 1952, S. 202). Ob Meyer diese Rede bereits in England kannte, ließ sich aus dem Archivbefund nicht erkennen.

kalten Krieges und des Stalinismus, in der sich die Parteiführungen in den Ländern des Einflußgebietes der Sowjetunion auch auf künstlerischer Ebene von den kapitalistischen Ländern abgrenzten und von ihren Künstlern ein deutliches Glaubensbekenntnis zum Sozialismus verlangten. Meyer lieferte auf der Linie der sowjetischen Vordenker die theoretische Grundlage für Kulturpolitiker und Komponisten in der DDR. Dem stalinistischen Ritual enstprechend berief sich Ernst Hermann Meyer auf Stalins "epochemachende(r) Schrift" (Meyer 1952, 8) "Der Marxismus und die Fragen der Sprachwissenschaft", um Stalin auch in seinem Buch den gebührenden Platz einzuräumen. Von den Komponisten wurde die Hinwendung zu den Massen mittels einer volkstümlichen, leicht verständlichen Tonsprache, in der auch klassische Formen wie etwa Oratorium oder Kantate wiederbelebt werden sollten, gefordert. Die Kategorie der Volkstümlichkeit wurde zu einem wichtigen Kriterium der künstlerischen Methode des sozialistischen Realismus festgeschrieben. Meyer plädierte für eine neue Blüte zeitgenössischer Musik in ganz Deutschland, da durch die Aufhebung der "entfremdeten Arbeit" auch eine Aufhebung der Isolation des Komponisten von seinem Publikum möglich geworden sei (Meyer 1952, 194f.).

Wiederum typisch für den Komponisten und Musikologen Meyer ist folgendes: Während er das Buch schrieb, komponierte er in dem von ihm postulierten Sinne das *Mansfelder Oratorium* nach einem Text von Stephan Hermlin. Darin werden die Bergarbeiter des Kalibergbaus in Mansfeld als Helden der 750-jährigen Geschichte des Kaliwerkes dargestellt. Damit entsprach Meyer den Forderungen der kommunistischen Ideologie, in favorisierten vokalsinfonischen Werken das propagierte Geschichtsbild einzubringen. Meyer verwendete die große zyklische Form, angelehnt an Oratorien der deutschen Musikgeschichte. In verschiedenen Formen des Rezitativs wird die Geschichte des Kalibergwerks erzählt, umrahmt von Chören und Arien, Ariosi bzw. Kopplungen aus beiden, die stilistisch der jeweils dargestellten historischen Epoche entsprechen. So wird beispielsweise der protestantische Choral für die Zeit der Bauernkriege eingesetzt oder es werden Intonationen und Zitate von Arbeiterliedern verwendet, um die Märzkämpfe in den 20er Jahren des 20. Jahrhundert darzustellen.

Die Uraufführung des Oratoriums fand 1950 in Mansfeld vor den Kumpeln des Kaliwerkes statt. In der Musikgeschichte der DDR wird die Aufführung dieses Werkes als das "größte Ereignis in der frühen Entwicklung unserer sozialistischen Vokalmusik" hervorgehoben (Brockhaus/Niemann 1979, 97f.).[831] Hier liegt ein bis in die DDR-Zeit hineinreichendes Beispiel für das Verschmelzen von theoretischer, mu-

---

831 In den Jahren nach der Gründung der DDR wurden zahlreiche Oratorien und Kantaten komponiert. Ottmar Gersters Kantate *Eisenhüttenkombinat Ost*, in der er 1951 den Aufbau eines Werkes in Schwedt beschreibt, erlangte eine ähnliche Popularität wie Meyers *Mansfelder Oratorium*.

sikpolitischer Arbeit und kompositorischem Denken bei Ernst Hermann Meyer vor, das sich bis in die Jahre des Exils zurückverfolgen läßt.

Aus dem Nachlaß des Exils wird deutlich, daß Meyer plante, "A short history of music"[832] zu schreiben, die in zehn Kapiteln von den Anfängen der Musik bis zur Gegenwart konzipiert war. Dazu hatte er bereits zahlreiche Literaturstudien betrieben, wie eine dreiseitige handgeschriebene Liste, ohne Jahr, ausweist. Ein Jahr nach dem Ende des Krieges - eine Rückkehr wurde den Exil-Kommunisten von den britischen Behörden vor 1946 nicht genehmigt - erkrankte Ernst Hermann Meyer schwer und wurde bis 1948 zur Genesung in die Schweiz verschickt (Niemann/Schneider 1973, 44). Hier und teilweise noch in London entstand, von Arnold Goldsbrough angeregt, das - wie Meyer sagte - wichtigste Werk der Emigrationsjahre, die *Sinfonie für Streicher*. Nach klassischem Vorbild legte Meyer diesem Stück die "per aspera ad astra" - Dramaturgie zugrunde, die seiner damaligen Lebenssituation entsprochen haben mag. Nach Fertigstellung der Partitur kehrte Meyer nach 15jährigem Exil nach Berlin zurück. Das fiel ihm nicht leicht, zumal seine beiden Geschwister ebenso wie seine aus erster Ehe stammende Tochter Eva inzwischen britische Staatsbürger geworden waren und in London blieben. Während der Londoner Jahre hatte Meyer sich von seiner ersten Frau getrennt und eine Engländerin geheiratet, die gemeinsam mit ihm in die spätere DDR übersiedelte.

Meyers Sichtweise auf die britische Gesellschaft war eine ganz spezifische, wenn er sagte: "Ich hasse den englischen Monopolkapitalismus, aber ich liebe die englische Kultur und mag die englischen Menschen, den 'Durchschnittsengländer', [...]" (Meyer 1979, 190). Trotzdem die Nationalsozialisten seine Eltern und seinen Bruder ermordet hatten, (Niemann/Schneider 1973, 44), entschied sich Meyer dennoch für eine Rückkehr nach Deutschland. Als Kommunist stellte Meyer seine privaten Interessen zurück: "Aber wir wurden erwartet. Unsere Genossen brauchten uns sehr" (Meyer 1979, 189). Damit ging für den 43jährigen Ernst Hermann Meyer eine Etappe in seinem Leben zuende, die sowohl für die kommenden Jahre in der DDR eine wichtige Plattform darstellte als auch die vorangegangenen Studien- und politischen Lehrjahre bekräftigte.

Georg Knepler ordnet die Exilzeit Meyers seiner zweiten Entwicklungsepoche, die zwischen den Jugendwerken bis in die späten zwanziger Jahre und seiner Rückkehr nach Deutschland liegt, zu. Anläßlich des 60. Geburtstages von Meyer konstatiert Knepler zwei Entwicklungslinien, die nebeneinander, aber nicht unabhängig voneinander verlaufen würden: Eine Linie kennzeichnet danach die Entwicklung, die etwa bei der *Violinsonate* 1929 beginnt und über die Kammermusik des Exils und einigen

---

832 vorläufiger Titel.

Filmmusiken bis hin zum 2. *Streichquartett* 1958/59 und seinen Solokonzerten[833] verläuft. Die andere Entwicklungslinie steht stellvertretend für die Agitprop-Lieder bis hin zu den Chansons und Massenliedern des reifen Komponisten in der DDR (Knepler 1973, 12).

An der Einschätzung Kneplers ist deutlich abzulesen, daß das Exil Meyers keinen Bruch in seiner Entwicklung als Komponist oder Musikwissenschaftler erkennen läßt. Alles, was Meyer in Berlin und in Heidelberg begonnen hatte, führte er in London weiter. Meyer fand hier nach marxistischem Sprachgebrauch unter "besonderen Bedingungen des Klassenkampfes" die Bestätigung für seine Weltanschauung, die Grundlage und Nährboden aller Tätigkeiten wurde. Es entwickelte sich eine Wechselwirkung zwischen seiner politischen Überzeugung und dem, was er in verschiedenen Bereichen tat. In Berlin hatte er Chöre geleitet und sich als Agitator betätigt. In London ebenfalls. Mit seiner Tätigkeit im FDKB erfüllte er exakt die Kriterien für einen Agitator, wenn man die Bedeutung des Wortes, wie sie in dem in der ehemaligen DDR erschienen Fremdwörterbuch definiert wird, unterlegt: "Politischer Aufklärer, Persönlichkeit, die durch Wort, Schrift, Bild und andere Mittel politische Massenaufklärung betreibt" (Fremdwörterbuch 1975). In diesem Sinne war es Agitation, wenn die Chöre der britischen Gewerkschaft oder des FDKB bei öffentlichen Veranstaltungen die Aussage von politischen Reden untermauerten. Mit der Gründung des FDKB hatte diese Arbeit Vorrang vor allen anderen. Durch Meyers Organisationstalent, seine Fähigkeiten als Chorleiter, Musikkritiker, Redakteur und Redner fand die KPD in ihm einen idealen Mitarbeiter, der sich zudem in Großbritannien als Musikwissenschaftler bereits eine gewisse Wertschätzung erarbeitet hatte. Die Arbeit als Musikwissenschaftler gab Meyer dennoch nicht auf. Er arbeitete kontinuierlich an den Quellen in britischen Bibliotheken, um mit dem Ende des Krieges sein Buch über englische Kammermusik vorzulegen. Damit hatte er sich - ohne es zu wissen - als zukünftiger Hochschullehrer für Musiksoziologie ausgewiesen. Wie Hans Ferdinand Redlich, Flüchtling und inzwischen selbst Lehrer an britischen Universitäten, 1965 feststellte, bewirkte dieses Buch bei den Briten einen Wandel in der Wertschätzung ihrer eigenen Musikgeschichte (Redlich 1973, 22). Die darin von Meyer analysierten Werke, etwa die *Fantasiae* für Streicher von William Byrd oder Orlando Gibbons, wurden umfassend ediert und in kritischen Ausgaben in Großbritannien herausgegeben. So berücksichtigte man in den Bänden "Musica Britannica. A national collection of music" (London, Stainer and Bell, 1951-), deren Herausgabe 1950 begann, solche Komponisten, die Meyer bei der Darstellung alt-englischer Kammermusik angeführt hatte (ebenda).

---

833 1961 Konzertante Sinfonie für Klavier und Orchester, 1962 Poem für Viola und Orchester, 1963/64 Violinkonzert, 1968 Konzert für Harfe und Kammerorchester.

Der Gegenstand beschäftigte Ernst Hermann weiter. Für die "Oxford History of Music" Bde. IV und VI legte er zwei Studien über die mehrstimmige Instrumentalmusik in Europa von 1540 bis 1750 vor (Bense 1973, 379). In der Enzyklopädie "Die Musik in Geschichte und Gegenwart" ist Meyer Autor von Artikeln, die sich mit der in seiner Dissertation abgehandelten Epoche beschäftigen.[834] Die skizzenhaften Überlegungen über einen Leitfaden zur Musikgeschichte konnte er erst knapp vierzig Jahre später in der Publikation "Geschichte der Musik, Musik der Urgesellschaft und in den frühen Klassengesellschaften" in die Tat umsetzen. Meyer fungierte dabei als Herausgeber des 1. Bandes eines als "Welt-Musikgeschichte" geplanten Vorhabens unter Berücksichtigung der Erkenntnisse des Marxismus-Leninismus (Meyer 1977, 7f.).

In Großbritannien schrieb Meyer auftragsgebunden Filmmusiken oder für die B.B.C.,[835] die das entsprechende Ensemble für die Aufführung stellte. Einen britischen Verlag hatte Meyer nicht. Lediglich Chöre wurden innerhalb der Worker's Music Association verbreitet. Ob Meyer sich um einen britischen Verlag bemühte, ist nicht bekannt. Einige Werke, die er während des Exils komponierte, wurden später in der DDR verlegt. Einige Lieder dieser Jahre wurden in Liedsammlungen aufgenommen.[836]

Komponist und Agitator lassen sich nicht trennen und sind eng mit der kommunistischen Weltanschauung Meyers verbunden. Das gleiche gilt für den Musikwissenschaftler, in dessen Betrachtungen über Musik weltanschauliche Positionen einflossen. Deutlich kommt dies bei der ästhetischen Wertung von Kompositionen, die unter kapitalistischen Bedingungen entstanden sind - im Gegensatz zu den unter sozialistischen Bedingungen - zum Ausdruck. Selbst zwanzig Jahre nach Kriegsende ist Meyer weiter in dem Aufsatz "Deutsche Musik" (Seeger I, 1966) in seinen ideologischen Rastern festgelegt. Das überrascht, wenn man in seiner Publikation "Die Kammermusik Alt-Englands" feststellen muß, wie differenziert er widersprüchliche Entwicklungen in der Musikgeschichte aufzeigt und anhand von Partitur-Analysen herausarbeitet. So gelangt Meyer über den Komponisten Schönberg zu folgender Wertung:

---

834 Vgl. Bense 1973, S. 376-379.
835 Die B.B.C. übertrug eine Sondersendung anläßlich der Veranstaltung "We accuse" am 31.1.1943, zu der Ernst Hermann Meyer die Musik komponierte (3 Trp., Schlagzeug u.a. Instrumente); Meyer komponierte außerdem 1943 eine Musik für Orchester für die Sendung der B.B.C. "Pass the Ammunition" (Heiß 1973, S. 327).
836 Vgl. Heiß 1973.

A. Schönberg [...] beschwor in Deutschland und Österreich den 'Expressionismus' herauf als extrem übersteigerten Subjektivismus. Diese 'Ausdruckskunst', deren Wesen der gequälte 'Aufschrei' ist, ohne jeden Versuch, Auswege zu geben [..] und unter Ablehnung [...] alles Vertrauten, Menschlichen, dem Volke Verständlichen, bei Auflösung jeder tonalen Beziehung ist eine scheinbar aggressive, aber gleichzeitig zutiefst passive 'Opfer'-Ideologie (Seeger I, 1966, 214).

Ernst Hermann Meyer gesteht Schönbergs "Auftreten" jedoch durchaus "gestalterische Überlegenheit" und "kompromißlose Aufrichtigkeit" zu: "[...] seine Musik brachte mit beispielloser Wahrheitstreue wirklich die Mentalität des geängsteten, ausweglosen, zu hyster. Ausbrüchen getriebenen bürgerl. Künstlers in der Periode des 'verfallenden und verfaulenden Kapitalismus' (Lenin) zum Ausdruck" (ebenda).

Vier Jahre nach der Rückkehr aus dem Exil legte Meyer "Musik im Zeitgeschehen vor" - eine Publikation, in der er den Anspruch erhob, "im Licht des wissenschaftlichen Kommunismus" das "Phänomen 'Musik' umfassend zu beschreiben. In dieser Publikation flossen die Erkenntnisse des Marxisten, Historikers, Komponisten und Kommunisten zusammen. Der zum Atheisten erzogene Ernst Hermann Meyer hatte sich aus einem konsequenten Nazi-Gegner zu einem gläubigen Stalinisten und Kommunisten entwickelt. Die subjektiven Erfahrungen des britischen Exils bestärkten Meyer darin, seine kommenden Jahre im Nachkriegs-Deutschland diesen Idealen weiter unterzuordnen. Das tat Meyer an Schlüsselpositionen konsequent bis zum Ende seines Lebens. In der DDR gehörte Meyer, dank seiner politischen Einflußmöglichkeit, der vorherrschenden Zensur und Selbstzensur, zu einem der meistaufgeführten Komponisten. Er starb, von der SED hochgeehrt, am 8. Oktober 1988 in Berlin/DDR. Den folgenreichen Zusammenbruch des realen Sozialismus, für den Meyer sein Leben lang als Musikwissenschaftler, Komponist und Politiker gearbeitet hatte, erlebte Meyer nicht mehr.

15.3 Maria Lidka

15.3.1 Quellenlage

Für die vorliegende Biographie nutzte ich zwei Interviews, die ich mit Maria Lidka im März 1992 in London und im Juni 1993 in München führen konnte. Weiterhin stellte sie mir ihre private Programmzettelsammlung von Konzerten, bei denen sie mitwirkte, zur Verfügung. Daraus ergaben sich 120 Programme für den hier behandelten Zeitraum, die eine Auswahl der Vielzahl der Konzerte darstellen, an denen sie mitgewirkt hat.[837] Darüber hinaus floß die Auswertung von Programmen und Exilzeitschriften des FDKB und des Austrian Centre sowie die Programmzettelsammlung von Konzerten der National Gallery mit ein.

15.3.2 Biographie

Marianne Liedke wurde als jüngste der drei Töchter des Rechtsanwalts Ernst Liedke und seiner Frau Emmy Liedke in Berlin geboren und erlebte hier eine glückliche und behütete Kindheit im Berliner Westen. Der Vater arbeitete am Berliner Kammergericht. Nach seiner Demissionierung als Jude nach dem "Gesetz zur Wiedereinführung des Berufsbeamtentums" vom 7. April 1933 (Vespignani 1977, 146) erlitt er einen Herzanfall und starb im Alter von 57 Jahren. Bis dahin hatte die Familie, eingebettet in einen großen Freundeskreis, die zahlreichen kulturellen und künstlerischen Angebote Berlins mit großem Interesse wahrgenommen und war nach verschiedenen Richtungen hin offen. Diese musische Atmosphäre wirkte sich auf die Berufswünsche der Schwestern aus: Die älteste wurde Photographin, die mittlere Schauspielerin und Tänzerin, und Marianne Liedke erlernte das Geigespielen. Die Eltern förderten ihre Liebe zur Musik durch Konzertbesuche, so daß Marianne schon als Kind von Konzerterlebnissen unter Wilhelm Furtwängler, Bruno Walter und Otto Klemperer sowie mit den Geigern Fritz Kreisler, Bronislaw Hubermann, Jascha Heifetz und Carl Flesch oder von dem Pianisten Artur Schnabel tief beeindruckt war. Zufällig lebte im Haus ihrer Eltern in Berlin ein Baron, der Hauskonzerte gab. Die hier auftretenden Künstler verkehrten auch in der Familie des Rechtsanwalts und interessierten sich für die so unterschiedlich begabten Töchter. Während eines solchen Konzertes spielte die 15jährige Marianne dem Cellisten Gregor Piatigorsky[838] vor, wobei seine Frau Lydia sie begleitete. Piatigorsky empfahl ihrem Vater daraufhin, sie zur Geigerin ausbilden zu lassen. Um dieser die bestmögliche Förderung angedeihen zu lassen, erhielt Marianne Unterricht bei Josef Wolfsthal.[839] Durch dessen plötzlichen Tod dauerte dieser Unterricht höchstens ein dreiviertel Jahr. So kam Marianne Liedke etwa neun Monate später als Privatschülerin zu Max Rostal, der mit fünfundzwanzig Jahren die Nachfolge von Wolfsthal an der Musikhochschule Berlin angetreten hatte. Rostals Lehrer war der bekannte Violinpädagoge Carl

---

837 Maria Lidka hat etwa 350 Programme von wichtigen Konzerten in ihrer Karriere für ihre Söhne aufbewahrt.
838 Gregor Piatigorsky (1903-1976), gebürtiger Russe, war von 1924 bis 1929 1. Cellist der Berliner Philharmoniker und von 1926 an Lehrer am Berliner Klindworth-Scharwenka-Konservatorium und überragender Kammermusiker. Er emigrierte in die USA (Pâris 1992).
839 Josef Wolfsthal (1899-1931), bekannter Violinist in Deutschland und seit 1926 Lehrer an der Hochschule für Musik in Berlin. Er war Schüler von Carl Flesch (Hartnack 1977, S. 124).

Flesch. Rostal beabsichtigte, sie als Privatlehrer ein Jahr lang auf das Studium an der Berliner Musikhochschule vorzubereiten. Aber auch dieser Unterricht währte - zumindest in Berlin - nicht lange. Allmählich wurde man in Berlin auf die junge Geigerin aufmerksam: Marianne Liedke trat noch 1933 im Deutschlandsender in Berlin auf. Hans Mersmann, Professor an der Technischen Hochschule in Berlin und Schriftleiter von Melos,[840] engagierte Sie für seine Vorträge.

Nach der Machtübernahme der Nazis entschied sich Rostal, Deutschland zu verlassen. Eigentlich hatten er und auch seine Schüler bereits alles für eine Emigration nach Paris vorbereitet, als seine Schülerin Nannie Jamieson ihn davon überzeugen konnte, doch besser nach Großbritannien zu gehen - was dann auch geschah. Nannie Jamieson war Schottin und stammte aus einer einflußreichen Familie, die sich für Rostals Übersiedlung auf die britischen Inseln einsetzte. Gemeinsam mit ihrem Lehrer Rostal emigrierten 1934 aus Berlin Marianne Liedke, Marianne Imberg[841] und Lilo Kantorowicz[842] sowie einige Schüler aus dem Ausland, die eigens um bei Rostal zu studieren, nach Berlin gekommen waren, nach London. Aufgrund dieser Schüler gab das Innenministerium Rostal eine Arbeitserlaubnis zum Unterrichten. Für ein Jahr lang konnte Marianne Liedkes Mutter aus Berlin noch den Unterricht bei Rostal bezahlen, dann unterrichtete er sie umsonst. Rostal, der eine große Villa im Berliner Westen aufgeben mußte, lebte in London ganz bescheiden in einer kleinen Zweizimmerwohnung, unterrichtete und hatte für jeden Auftritt die Genehmigung des Innenministeriums einzuholen. Seine Studenten und Studentinnen hatten wenig zu essen und wohnten unter spartanischen Bedingungen wie viele andere Flüchtlinge in möblierten Zimmern. Marianne Liedke lebte zusammen mit Lilo Kantorowicz und der Cellistin Eva M. Heinitz im selben Boarding House, unterrichtete englische Kinder in Deutsch und gab bereits ihre ersten Geigenstunden. Ihr Geld gaben die Studentinnen für Konzerte aus und redeten nächtelang über Musik, kurz: sie waren "musikbesessen". Zusammen mit Peter Gellhorn und Eva M. Heinitz[843] spielte Marianne Liedke sehr bald im Trio.[844] Von den schwierigen Lebensbedingungen ließen sich Marianne Liedke und ihre Kommilitonen nicht sonderlich beein-

---

840 Hans Mersmann (1891-1971), nach dem Krieg Leiter der Musikhochschule in Köln, wurde 1933 als Hochschullehrer wegen seines Einsatzes für die neue Musik entlassen. Über seine Biographie während der NS-Zeit gibt das Riemann-Lexikon 1989, Bd. 3 keine Auskunft.
841 Marianne Imberg hat den Beruf einer Geigerin nie ausgeübt und heiratete früh.
842 Lilo Kantorowicz studierte bei Rostal 1934 bis 1935. Mit Jascha Herzog, den sie 1935 in erster Ehe heiratete, ging sie 1935 nach Belgrad (Brief Lilo Kantorowicz-Glicks vom 24.2.1994 an die Autorin).
843 Eva M. Heinitz ging, nachdem sie ihre Karriere in den USA bei einem Konzert 1939 vorbereitete, 1940 nach New York, weil sie in London nur für die Viola da gamba eine Arbeitserlaubnis zum Unterrichten und für Konzerte erhielt. Davon konnte sie jedoch nicht existieren (Brief von Eva M. Heinitz an die Autorin vom 14.2.1994).
844 Von diesem Trio existieren keine Programme.

drucken, war es doch ihr wichtigstes Anliegen, weiter bei Rostal zu studieren und damit gleichzeitig den Nazis in Deutschland entkommen zu sein. Auch Carl Flesch unterrichtete in einem Studio in der Finchley Road in London eine Klasse von Schülerinnen und Schülern, die aus der ganzen Welt angereist waren. Lilo Kantorowicz, nun nicht mehr oder weniger freiwillig wie 1934/35 als Rostal-Schülerin in London, war mit Jascha Herzog aus Belgrad über Holland 1939 nach Großbritannien geflohen und studierte bis zu ihrer Auswanderung in die USA im Jahr 1940 bei Flesch.[845] Die bekannte polnische Geigerin Ida Haendel oder der Brite Frederick Grinke gehörten nach Aussagen von Maria Lidka ebenfalls dem Schülerkreis um Flesch an. Von beiden Violinisten ging eine Ausstrahlung aus, welche Berta Volmer, die langjährige Mitarbeiterin Rostals, damit begründete, daß Flesch wie sein Schüler Rostal zu jenen Meistern gehören, die es heute kaum noch gibt, "wo der Lehrer nicht nur lehrt, sondern auch aus eigener Erfahrung seiner solistischen Laufbahn seinen Schülern vorgeigt und so nicht nur theoretisches, sondern auch praktisches Vorbild darstellt" (Volmer 1992, 17).

Bis 1938 fuhr Marianne Liedke regelmäßig zu Besuchen nach Deutschland. Bei der Einreise wies sie sich als deutsche Studentin aus und bei der Rückreise bei den britischen Behörden als deutscher Flüchtling. In Deutschland besuchte sie ihre Mutter in Berlin und auch Theatervorstellungen in Bremen, bei denen ihre Schwester bis zu ihrer Entlassung noch spielte.[846] Die Wiedereinreise nach Großbritannien gestaltete sich jedoch nicht immer einfach. Einmal war sie gezwungen, drei Stunden auf dem Schiff zu verbringen, bis man sie ins Land ließ. Nachdem sie daraufhin als Studentin von Max Rostal beim Innenministerium interveniert hatte, bekam sie wieder eine Aufenthaltserlaubnis. 1936 nahm Marianne Liedke einen befreundeten Engländer nach Berlin mit, der - wie viele Engländer - sich die Diskriminierung der Juden in Nazi-Deutschland nicht vorstellen konnte. Sie zeigte ihm die alltägliche Realität wie z.B. das Badeverbot für Juden in der Badeanstalt Wannsee. Ihr deutscher Paß lief 1939 ab, so daß damit die Besuche in Deutschland unmöglich geworden waren.

Aus dem Jahr 1936 ist ein Programmzettel überliefert von dem Konzert, das Marianne Liedke gemeinsam mit Peter Gellhorn (Piano) und der Sopranistin Miette Muthesius[847] im Student Movement House mit einem gemischten Programm von englischer, deutscher, spanischer und französischer Musik bestritten. Peter Gellhorn war einer der ersten Kammermusikpartner ihrer Karriere, was Programmzettel von 1937

---

845 Brief Lilo Kantorowicz-Glicks vom 24.2.1994 an die Autorin.
846 Das Angebot vom Trudi Schoop-Ballett, mit ihrer Balletttruppe in die USA zu gehen, nahm diese Schwester nicht an und floh während des Krieges mit ihrem Ehemann, einem desertierten Wehrmachtsoffizier, nach Holland.
847 Miette Muthesius sang auch im FDKB. Sie war Engländerin und war mit einem deutschen Architekten verheiratet. Maria Lidka hat eine Zeitlang bei ihr gewohnt (Programmzettel des FDKB, Gesprächsprotokoll Lidka).

weiter verdeutlichen. Andere Kammermusikerfahrungen machte sie so ganz nebenbei, auch aus der Not heraus. Von gutsituierten Londonern, die selbst musizierten, nahm sie als Studentin Einladungen an, um mit ihnen für ein "gutes Abendbrot" Kammermusikabende zu gestalten. So etwa von der Londonerin Fanny Bendit, die selbst Violine spielte und als Amateurmusikerin später Verbindungen zum Freien Deutschen Kulturbund aufrechterhielt.[848] Es gab aber auch deutsche Flüchtlinge, die in London ihre Kammermusiktradition weiterführten, wie der Arzt Dr. Edward May, der die begabten Studenten von Max Rostal oft ein ganzes Wochenende zu sich einlud, um als Cellist mit ihnen Streichquartette zu spielen.[849] Edward May, mit dem Maria Lidka, Siegmund Nissel, Paul Hamburger und Norbert Brainin auch in öffentlichen Konzerten gemeinsam auftrat, war der Bruder ihres späteren Ehemannes, den sie lange nach dem Krieg heiratete.

Während sich Marianne Liedke ohne Arbeitserlaubnis mehr schlecht als recht finanziell durchschlug, lernte sie den musikinteressierten New Yorker Bildhauer Jacob Epstein[850] kennen. Einmal wöchentlich wanderte sie mit ihrer Geige von Hampstead nach Kensington in sein Haus (das sich zufällig genau gegenüber der Villa von Ribbentrop befand) und spielte dem Bildhauer alle Stücke vor, die sie gerade studierte. Sie war nicht nur von der Persönlichkeit und Arbeit des in Großbritannien berühmten (und später geadelten) Bildhauers angetan, sondern lernte in diesem Haus, in dem die ostjüdische Tradition wie in New York gepflegt wurde, die herzliche und anheimelnde Atmosphäre kennen, wie sie ursprünglich bei den Familien in einem polnischen Schtetl vorgeherrscht haben mag. In Sorge um das weitere Fortkommen der jungen Frau bemühte sich Jacob Epstein um eine Arbeitserlaubnis für sie, indem er zehn bekannte Engländer, u.a. Sir Alexander Walker von der alteingesessenen Whisky-Firma, zur Unterschrift unter einen Brief an das Innenministerium gewinnen konnte. Sie bestätigten, daß Marianne Liedke in ihren Häusern auf Parties musizieren sollte.

Damit ging sie zum German Emergency Committee im Woburn House und bat um Unterstützung. Diese konnten ihr die Hilfsorganisationen im Woburn House, die bevorzugt jüdische Flüchtlinge unterstützten, kaum gewähren, da sie besonders seit 1938 völlig überlaufen waren, und Marianne Liedke selbst "halbjüdisch" war. Man gab ihr den Rat, sich mit diesem Gesuch an die Quäker zu wenden, die für die sogenannten "Nichtjuden" arbeiteten. Mit Hilfe des Einsatzes von Mrs. Ormerod, einer engagierten Quäkerin, gewährte ihr das Innenministerium bereits nach 14 Tagen auf

---

848 lt. Programmzettel des FDKB.
849 Das berichtete Siegmund Nissel, Gesprächsprotokoll.
850 Jacob Epstein, geboren 1880 in New York, starb 1959 in London.

diesen Antrag hin eine unbefristete Arbeitserlaubnis, die einschloß, daß sie permanent ohne irgendwelche Einschränkungen in Großbritannien bleiben konnte. Möglicherweise hatte ihr väterlicher Gönner mit seinem Vorschlag, daß sie nur auf Parties im privaten Kreise spielen sollte, richtig kalkuliert; schließlich nahm sie damit auch keinem professionellen Musiker eine besondere Arbeitsmöglichkeit weg. Marianne Liedke hielt damit eine Legitimation in den Händen, welche in dieser Form und bis zu diesem Zeitpunkt selbst Max Rostal, Peter Gellhorn und Berthold Goldschmidt nicht erlangt hatten. Sie studierte weiter bei Rostal, knüpfte aber auch zunehmend zu britischen Musikern Kontakte; im Januar 1939 stand sie bereits mit Gerald Moore in einem "Violin Recital" auf der Bühne der Wigmore Hall.

Nun kam ihr ein weiterer Zufall zu Hilfe. Aus dem Kreis der tschechischen Musiker, die sich nach London gerettet hatten, korrepetierte Walter Süsskind während ihrer Stunden bei Rostal und machte ihr 1940 das Angebot, den Violinpart in einem Trio zu übernehmen. Mit Walter Süsskind als Pianist, Karel Horitz, dem ehemaligen ersten Cellisten der Prager Philharmoniker, und der Studentin aus Berlin wurde so das Czech Trio geboren. Die Anregung dazu hatte Jan Masaryk, Außenminister der tschechischen Regierung, die in London Asyl gefunden hatte, gegeben. Da es das Anliegen dieser Regierung war, auch die tschechische Musik im Exil weiter am Leben zu erhalten, bezahlten sie die Musiker. Bereits im Dezember 1940 verpflichtete die B.B.C. das Trio für ein Konzert mit Werken von Dvořák und Suk.[851] Die bekannte Londoner Agentur Ibbs & Tillett vermittelte das Trio im ganzen Land. Von nun an hieß Marianne Liedke auf Plakaten des Czech Trio Maria Lidka.[852] Auch außerhalb des Czech Trio trat sie unter ihrem tschechischen Künstlernamen auf. Sie gebrauchte diesen Namen auch in zahlreichen Konzerten des European Service der B.B.C., was gleichzeitig auch einen gewissen Schutz für ihre Familie in Deutschland bedeutete.[853] Die Besucher der National Gallery Concerts konnten die junge Geigerin gleich in drei verschiedenen Ensembles erleben.

Das Czech Trio sollte sich als Sprungbrett zu weiteren Engagements für die junge Geigerin erweisen. Es bedeutete für sie nicht nur einen plötzlichen finanziellen Aufschwung, sondern vor allem neue Verbindungen zu Publikum, Musikvereinigungen und anderen Musikern, die - von der Qualität des Trios angeregt - Maria Lidka für andere Aufgaben zu gewinnen suchten. Die Resonanz der Kritiker war positiv. Sie

---

[851] Schreiben vom 7.12.1940 an Maria Lidka. Eine B.B.C.-Akte über Maria Lidka existiert bis 1945/46 nicht.
[852] Die Ankündigung unter Marianne Liedke als Solistin mit dem "Modern Symphony Orchestra" und Arthur Dennington für Beethovens *D-Dur Violinkonzert* im November 1942, wie ein Programmzettel ausweist, ist eine Ausnahme.
[853] Brief Maria Lidkas vom 28.1.1994 an die Autorin.

tourte mit dem Trio, das sich auch für unterschiedliche Hilfsorganisationen zur Verfügung stellte, durchs ganze Land bis hinauf nach Glasgow und Cardiff.[854]
Während sie auf der einen Seite mit anderen geflüchteten Musikern aus Deutschland und Österreich beständige Ensembles bildete oder auch nach Unterbrechungen immer wieder mit ihnen musizierte, wie etwa mit Peter Gellhorn bzw. Franz Reizenstein oder Max Rostal als Partnern, trat sie zunehmend auch außerhalb Londons mit britischen Musikern in den unterschiedlichsten Besetzungen auf. Dabei war sie mitunter die einzige Deutsche, wobei sie in der Öffentlichkeit als Tschechin galt. Wie sie selbst berichtet, hatte sie das Glück, als zweite Geigerin mit Arnold Rosé und Friedrich Buxbaum Streichquartette "nur zum Vergnügen" spielen zu können.[855]
Im Zentrum des Freien Deutschen Kulturbundes engagierte sie sich weniger,[856] dagegen aber bei größeren Konzerten, welche die Austrian Musicians' Group in der Wigmore Hall in London veranstaltete, z.B. bei dem immer wieder hervorgehobenen Konzert "Austrian Music Banned by the Nazis".[857] Eine wichtige Erfahrung für die junge Geigerin bedeutete 1943 das Angebot von Walter Goehr, seinem neugegründeten Kammerensemble als Konzertmeisterin vorzustehen. Das Ensemble probte in demselben Studio, das Flesch vor Jahren für seine Violinklasse gemietet hatte. Ein Schwerpunkt dieses Ensembles lag in der Aufführung zeitgenössischer britischer Musik und in der Zusammenarbeit mit jungen Komponisten wie Benjamin Britten oder Michael Tippett, bei denen Goehr auch die besten britischen Musiker wie etwa den Hornisten Dennis Brain und Leon Goossens verpflichten konnte.
Mit Leon Goossens zusammen trat sie als Solistin in dem Bach zugeschriebenen *Konzert für Oboe und Violine* (BWV Anh. 22) auf. Gemeinsam mit Franz Reizenstein und Benjamin Britten stand Maria Lidka von 1944 an bei den Boosey & Hawkes Konzerten mit zeitgenössischer Musik auf dem Konzertpodium und war Konzertmeisterin des Morley College Orchestra und String Ensemble unter Michael Tippett, das durch seine ungewöhnlichen Programmzusammenstellungen während des Krieges von sich reden machte. Dabei kam es auch zur Zusammenarbeit mit Mátyás Seiber. So geschah es zwangsläufig, daß Maria Lidka auch zu den Konzerten des Committee for the Promotion of New Music regelmäßig hinzugezogen wurde.
Im London String Trio, 1944 gegründet, spielte sie lange Jahre gemeinsam mit Watson Forbes, Viola, und Vivian Joseph, Violoncello, vorwiegend klassische, hin-

---

854 Programmzettel ohne Jahr sowie Zeitungskritiken ohne Jahr (Programmzettelsammlung Maria Lidka).
855 Der Bratscher wurde von ihr nicht genannt.
856 Ein Bach-Programm vom 10. September 1941 verweist auf sie (Zeitspiegel, 7.9.1941).
857 Zeitgenössische österreichische Kammermusik von Berg, Schönberg, Wellesz und Gál (Zeitspiegel, 26.6.1943, 7). Nach dem erhaltenen Progammzettel spielte sie dabei mit R. Savage Temple und Peter Stadlen das *Adagio für Violine, Klarinette und Klavier* von Alban Berg.

gegen weniger zeitgenössische britische Musik, da kaum neue Stücke für diese Besetzung vorhanden waren. Durch die verschiedenen Ensembles, in denen sie seit 1943 parallel wirkte, konnte sie ihre Repertoire-Kenntnis erweitern. Im Czech Trio führte sie vorwiegend Trios von Dvořák, Suk und Smetana, aber auch von Beethoven und Mozart auf. Im Barockensemble von Karl Haas konzentrierte sie sich auf bekannte und unbekannte Barockmusik und komplettierte ihre Erfahrungen in Quartetten, Quintetten, Oktetten oder Nonetten der Wiener Klassik. Dies geschah gemeinsam in Ensembles mit ihren Kommilitonen wie Norbert Brainin, Peter Schidlof, Siegmund Nissel und oder mit britischen Musikern. Zu ihren Duo- bzw. Triopartner gehörten bereits sehr früh Pianisten wie Peter Gellhorn, Peter Stadlen, Franz Reizenstein,[858]Gerald Moore oder der B.B.C.-Mitarbeiter Leonard Isaacs. Von besonderem Bestand dabei war ihre Zusammenarbeit mit Franz Reizenstein. Durch ihre Flexibilität im Umgang mit den verschiedensten musikalischen Stilrichtungen als Solistin und in Kammerensembles ließ sie sich nicht auf eine ständige Besetzung eingrenzen. Bis zum Ende des Krieges hatte sich die Musikerin Maria Lidka in das Londoner Konzertleben und darüber hinaus integriert.

Direkt nach dem Ende des Krieges wurde Maria Lidka naturalisiert. 1946 flog Maria Lidka mit einem britischen Bomber und der Zwischenstation Hamburg in das zerbombte Berlin, um ihre Familie wiederzufinden. Dabei mußte sie erfahren, daß der Bruder ihres Vaters, der sich nicht hatte entschließen können, Deutschland zu verlassen, im KZ ermordet worden war. Ihre Schwester, die Schauspielerin, war in Amsterdam gemeinsam mit Mann und Baby von zwei Holländerinnen versteckt worden und kehrte nach Deutschland zurück. Die Mutter hatte mit der ältesten Tochter, die inzwischen Photographin geworden war, die Nazi-Zeit in Berlin mit Courage überstanden. Maria Lidka hatte bei dieser Reise nach Deutschland ihre Geige mitgenommen und spielte in Berlin vor amerikanischen Soldaten. Als Marianne Liedke hatte sie Deutschland verlassen. Als Maria Lidka und britische Staatsbürgerin besuchte sie zum ersten Mal ihr Geburtsland. Sie war nun in London, nicht nur künstlerisch, beheimatet. Maria Lidka hat, mit ihren eigenen Worten, "nie erwogen, nach Deutschland zurückzukehren".[859] Nach dem Krieg unternahm sie als Solistin einige Konzertreisen nach Deutschland, Holland, nach Frankreich (Paris) und in die Schweiz (Zürich, Basel) und baute ihre Karriere in Großbritannien weiter aus. Mit der Einführung des III. Programms bei der B.B.C. hatte sie neben ihren Aufträgen im Konzertleben eine weitere Gelegenheit, regelmäßig mit Einspielungen an die Öffentlichkeit zu treten. Sie ist sowohl als Kammermusikerin als auch als Solistin in Großbritannien bekannt geworden, in Deutschland weniger.

---

858 Gemeinsam mit ihm auch bei den National Gallery Concerts.
859 Brief vom 28.1.194 von Maria Lidka an die Autorin.

Ein großer internationaler Durchbruch gelang ihr nicht. Es mag daran gelegen haben, daß sie sich nicht fest an ein Ensemble gebunden hat, wie das andererseits bei den Mitgliedern des Amadeus-Quartetts, die sämtlich von Rostal ausgebildet worden waren, zum Erfolg führte. Jahre nach dem Ende des Krieges, als sie plötzlich verwitwet die Erziehung ihrer beiden damals vier- und fünfjährigen Söhne allein übernehmen mußte, unterrichtete sie als Professorin am Royal College of Music in London, war aber weiterhin als Musikerin tätig. Ihr Sohn Marius May, dem sie als Cellist die beste Ausbildung in Frankreich und der Schweiz ermöglichte, gab bereits mit 14 Jahren sein erstes öffentliches Konzert in der Wigmore Hall in London, später konzertierte er auch in der Festival Hall. Maria Lidkas Ehemann, einer der ehemaligen leitenden Direktoren der Firma Reifenberg in Köln, starb mit 57 Jahren in London an einem Herzanfall. Er hatte 1938 als Unternehmer auf dem Treforest Trading Estate, Pontyperidd bei Cardiff, einer Region mit besonders hoher Arbeitslosigkeit, eine Fabrik übernommen und gehörte damit zu der Gruppe von Flüchtlingen, die von der britischen Regierung unterstützt wurde, um mit deren Engagement neue Industriezweige aufzubauen.[860]

Maria Lidka sagt von sich selbst, daß sie mit ihrer Emigration nach London Glück hatte, da man es als Musikerin grundsätzlich nicht so schwer wie etwa ein Komponist gehabt hätte, sich in einem neuen Land zu behaupten. Pluspunkte waren für sie außerdem, daß die Verbindung zu ihrem Lehrer Max Rostal auch im Exil weiterbestand und sie psychologisch im Kreis ihrer Kommilitonen eine Art Ersatzfamilie aufbauen konnte, so daß sie auch auf keine Flüchtlingsorganisation angewiesen war. Durch ihre Besuche in Deutschland konnte sie wenigstens noch für vier Jahre lang ihre familiären Bindungen aufrechterhalten.

Sie wollte mit allen Mitteln eine sehr gute Geigerin werden und nahm deshalb alle Schwierigkeiten in kauf. Mit Max Rostal als Lehrer, der sich zunehmend in Großbritannien einen Namen machte, hatte sie die Gewißheit, daß sie ihr Ziel auch erreichen konnte, was ihr wiederum neue Energie verlieh. Ein großer Vorteil anderen Musikern gegenüber war in diesem Zusammenhang ihr Alter, ihre frühe Ankunft in Großbritannien und die weniger harte psychologische Belastung durch das Schockerlebnis der abrupten Trennung von Deutschland, wie sie sich besonders bei den 1938 oder 1939 angekommenen Flüchtlingen vollzogen hatte. Mit diesen gemeinsam trug sie während des Krieges die Belastungen der deutschen Bombenangriffe auf London und die quälende Ungewißheit über das Schicksal ihrer Familie, verstärkt durch die Bombenangriffe der Alliierten auf Berlin.

---

860 Zwischen April 1935 und Juli 1938 wurden 185 Fabriken hauptsächlich von Flüchtlingen aufgebaut. Eine andere Angabe spricht für den Februar 1939 bereits von 300 Betrieben (Loebl 1983, S. 208). Loebl widmete dieser Seite des Exils in Großbritannien einen detaillierten Aufsatz.

In Deutschland hatte sie aufgrund ihrer Jugend noch keine Karriere beginnen können. Diese war an Max Rostal gekoppelt. Insofern stellt ihre Situation eine Ausnahme dar - mußten doch diejenigen unter den geflohenen Musikern, die bereits in Deutschland anerkannt waren, erst einmal mit dem Abbruch ihrer Lebensplanung als Musiker fertig werden. Sie hatten nicht mehr die Unbeschwertheit einer Zwanzigjährigen - wie Maria Lidka - vorzuweisen. Während andere Musiker und Musikerinnen gezwungen waren, sich gänzlich neu zu orientieren, begann sie in London ihre eigentliche Karriere. Bei den ersten Gehversuchen auf dem Konzertpodium standen ihr deutsche und österreichische Musiker zur Seite, die zum großen Teil auch zu den "Frühankömmlingen" zählten. Durch den Umstand, daß sie nach vier Jahren eine uneingeschränkte Arbeitserlaubnis erhielt und damit zu den wenigen zählte, die George Dyson auf seiner Rede in Leeds mit "work-a-day practitioners of various kinds" benannte, hatte sie auch weniger Probleme als andere - wie etwa Siegmund Nissel - regelmäßig öffentlich aufzutreten.

Deshalb blieb es ihr auch erspart, Kriegsarbeit zu leisten wie viele andere, z.B. Ilse Wolf als Luftschutzwartin und in einer Fabrik, Franz Reizenstein als Billettverkäufer bei der Underground oder Siegmund Nissel als Arbeiter in einer Eisengießerei, Paul Hamburger, Norbert Brainin oder Peter Schidlof. Selbstverständlich mußte sie als Ausländerin auch auf Konzertreisen sämtliche Auflagen wie die Polizeistunde und das Vermeiden von "protected areas" befolgen. In ein Internierungslager wurde sie nicht eingewiesen. Ob als deutsche Geigerin mit tschechischem Namen in einem von der tschechischen Exilregierung protegierten Ensemble[861] oder als Geigerin, von der das Publikum wußte, daß sie aus Deutschland kam, hat sie keine Ablehnungen des britischen Publikums feststellen können. "Das Publikum war überhaupt nie feindlich während dieses Krieges, auch nicht, wenn sie wußten, daß man aus Deutschland kam, im Gegenteil - es war wie überhaupt alle Menschen so hilfsbereit und interessiert an diesem Schicksal der Emigranten."[862] Der Kontakt zu Walter Goehr, der bereits seit 1933 eng mit britischen Musikern zusammenarbeitete, eröffnete ihr einen neuen Bereich im britischen Musikleben, aus dem sich wiederum neue Möglichkeiten für die junge Musikerin erschlossen haben. Ihre Programmzettelsammlung weist deutlich aus, daß sich nicht nur sie - sondern ebenso andere Flüchtlinge - verstärkt ab 1943 für junge britische Komponisten einsetzten. Das ist ein Indiz dafür, daß sich deutsche Musiker, Dirigenten und Komponisten, wie beispielsweise Mátyás Seiber auch zunehmend mit der britischen Musik identifizierten und die Besinnung der Bri-

---

861 Maria Lidka betont, daß besonders den tschechischen Musikern gegenüber die Konzertbesucher deutliche Sympathien zeigten. Wie aus der Umfrage "III. Attitudes to Foreigners" vom 26.4.1943, hervorgeht, genossen danach die Tschechen unter den Foreigners große Sympathien (M-O FR 1668).
862 Schreiben vom 28.1.1994 von Maria Lidka an die Autorin.

ten auf ihre eigenen kompositorischen Werte und Tradition unterstützten. Maria Lidka ergriff die Möglichkeiten, die ihr Briten oder geflüchtete Schicksalsgenossen boten und erspielte sich kontinuierlich neue Auftrittsmöglichkeiten. Dadurch erweiterte sie ihr Repertoire und ihre Spielfertigkeiten, so daß sie sich die Basis schuf, um sich nach Kriegsende weiter zu behaupten. So spielte sie als "Leader" des Ensembles von Walter Goehr etwa die Uraufführung der *Serenade* für Tenor, Horn und Streichorchester op. 31 (1943) von Benjamin Britten. Die Solisten waren Peter Pears und Dennis Brain. Nun zahlte es sich für sie aus, daß sie sich unter schwierigen Bedingungen in das britische Musikleben ganz eingebracht hatte. Sie war nicht interessiert daran, Orchestermusikerin zu werden und verfolgte ihr Ziel weiter, als Kammermusikerin und Solistin mit den besten Partnern und Orchestern aufzutreten. Sie spielte Erstaufführungen von Hindemith, Schönberg und Michael Tippett. Gemeinsam mit John Glickman war sie Solistin bei der Erstaufführung von Tippetts *Fantasia Concertante on a theme of Corelli* for string orchestra, die der Komponist 1953 in London dirigierte (Goodall 1973, 715). Maria Lidka gastierte als Solistin bei allen großen Orchestern Großbritanniens, trat bei den Promenadenkonzerten und bei den Festivals in Edinburgh und York auf und nahm zahlreiche Schallplatten auf. Komponisten wie Peter R. Fricker, Elisabeth Lutyens, John Joubert, Francis Routh und Franz Reizenstein widmeten ihr neue Kompositionen.[863] Wie aus einer anderen Quelle hervorgeht, spielte sie 1969 unter Harry Blech die Solovioline der Uraufführung des *Dialogue for violin and orchestra* von Francis Routh mit den London Mozart Players (Goodall 1973, 745).

Ihre Biographie zeigt deutlich, welche positiven Auswirkungen es für den weiteren Lebensweg einer Musikerin oder eines Musikers hat, wenn in der Emigration ein Lehrer-Schüler-Verhältnis weiter bestehen kann und eine persönliche Förderung nicht abgebrochen wird. Sie verweist von einem ganz anderen Blickwinkel auf diejenigen Musikstudenten und Musikstudentinnen, die in Deutschland oder Österreich ihren Instrumentallehrer zurücklassen mußten und während des Krieges in Großbritannien aus Geldmangel, Mangel an Kontakten, wegen ihrer Internierung und Kriegsarbeit keine weitere Ausbildung erhalten konnten.

Da, wie das Kapitel um die Arbeitserlaubnisse von ausländischen Musikern zeigt, es nahezu bis Kriegsende unmöglich war, in einem Orchester angestellt zu werden, lag eine der wenigen Möglichkeiten auf dem Gebiet der Kammermusik. Maria Lidka nutzte die ihr gebotenen Chancen, die mitunter an glückliche Zufälle, wie das frühe Erwirken einer Arbeitserlaubnis, gekoppelt waren. Mit Fleiß und Energie hatte sie ihre spätere Position im britischen Musikleben bereits 1943 begründet.

---

863 Programmheft ohne Datum, kurze Charakterisierung Maria Lidkas.

Aus der Sicht des britischen Geigernachwuchses bedeutet die Aufnahme von Max Rostal und seiner Schüler in Großbritannien einen besonderen Glücksfall. Auf die Frage, was er bei seiner Ankunft in London auf dem Gebiet des Violinspiels vorgefunden habe, äußerte sich Rostal selbst:

> Es war - sagen wir - recht gut, mit einzelnen hervorragenden Leuten wie Lionel Tertis, der große Bratschist, oder Albert Sammons, ein englischer Geiger. Aber im großen und ganzen war das nicht auf sehr hohem Niveau, und ich bin glücklich sagen zu können, daß in meiner 25jährigen Tätigkeit in London sehr viel entstanden ist. Die meisten englischen Geiger kamen durch mich zu ihren Leistungen und zu ihren Positionen[...] (Rostal und Lang 1990, 45).

Die Königin ehrte Rostal dafür mit dem Titel "Commander of the British Empire" (ebenda). Inzwischen waren oder sind die einstigen "musikbesessenen" Studenten von Rostal selbst als Violinpädagogen tätig. Als Lehrerin des Royal College of Music bezog sich Maria Lidka wie ihre Kommilitonen des Amadeus-Quartetts auf die Methode von Flesch-Rostal, die sie Max Rostal bereits in Berlin gelehrt hatte. Auch während der gemeinsamen Jahre ihres Exils in London hatten Flesch und sein ehemaliger Assistent an der Berliner Musikhochschule ihre pädagogischen Erfahrungen ausgetauscht. Rostal brachte als der "pädagogisch begabteste" unter den Flesch-Studenten "methodische Neuerungen" (Volmer 1992, 12) in die Schule Fleschs ein, nach denen er wiederum seine Schüler unterrichtete. Diese Neuerungen bezogen sich auf den grundsätzlich weniger autoritären Umgang des Lehrers mit seinen Schülern, weiter auf eine bewußte Erziehung ihrer künstlerischen Selbständigkeit und zur Selbstkritik sowie auf technische Verfeinerungen am Instrument. Diese liegen im Bereich der Lagenwechseltechnik, der Armsteuerung und des gleichzeitigen Aufsetzens der Finger beim Saitenwechsel. Um die Ausdrucksmöglichkeiten des Vibratos bei verschiedenen Stilrichtungen oder innerhalb eines Stückes zu erweitern, entwickelte Rostal das "variable Vibrato", das zudem eine größere Intensität des Tones zur Folge hat. Im Gebrauch des Bogens und des rechten Armes verfeinerte Rostal Fleschs Konzept von der "Wichtigkeit der richtigen Kontaktstelle des Bogens an der Geige" (Volmer 1992, 13).

An dem von Flesch entwickelten didaktischen Aufbau des Geigenstudiums in den Stufen "Technik", "Anwendung der Technik im Etüdenmaterial" und "Interpretation" knüpfte Rostal mit seiner Forderung nach größerer Genauigkeit bei der "Anwendung der Technik" und in der "hundertprozentige(n) Erfüllung der vorgesehenen Dynamik" an, um eine größere Werktreue zu erzielen. Ein besonderes Verdienst über seine eigenen Schüler hinaus erwarb sich Rostal mit Neuausgaben in der Violinliteratur. Sein Lehrer Flesch hatte in den von ihm besorgten Editionen noch seine eigenen Auffassungen zur Interpretation mit den Anweisungen des Komponisten vermischt. Rostal hingegen bemühte sich, eine von ihm bearbeitete Ausgabe mit einem

vorliegenden Urtext zu kombinieren. Bei komplizierten editorischen Fragestellungen diskutierte er verschiedene Versionen von Urtext bzw. Erstausgabe und deren vorhandenen Auslegungen. Rostals Bestreben galt auch hier, für eine größere Werktreue Sorge zu tragen (Volmer 1992, 15f.).[864]
Wie eine kurze Rezension 1939 zeigt, begann Rostal diese Tätigkeit bereits in London mit der Übertragung zweier Klavierkadenzen für Beethovens *Violinkonzert* op. 61. Edmund Rubbra empfiehlt diese Ausgabe gerade wegen des "authentischen Beethoven" (E.R. 1939a). Durch diesen spezifischem Umgang mit dem Instrument und der Violinliteratur wurde Maria Lidka in Berlin und London geprägt. Aufbauend auf der Violinschule, die Carl Flesch von 1908 bis 1926 in Berlin und dann bis 1934 in Baden Baden (Riemann 1989, Bd. 2) lehrte, gehört Maria Lidka über seinen Schüler Max Rostal zu denen, die diese Violinschule in Großbritannien weiterführten.

---

[864] Als Nachfolger Rostals bezeichnet Berta Volmer, 25 Jahre lang Assistentin von Rostal an der Musikhochschule Köln, Igor Ozim. In der Tradition Rostals ediert Ozim Ausgaben zeitgenössischer Violinwerke (Volmer 1992, S. 12 und 17).

16 Kurzbiographien von 298 Musikern

Für die Kurzbiographien wurden unterschiedliche Quellen herangezogen: Röder/Strauss 1983, einschlägige Musiklexika, Monographien, Autobiographien, Biographien, Exilzeitschriften, britische Zeitungen und Periodika, Gesprächsprotokolle, Akten der B.B.C., Programmzettel und Briefe. (In einem einzigen Fall wurde mir die Erlaubnis verweigert, einen betroffenen Musiker in die Liste der Biographien aufzunehmen bzw. ihn überhaupt in die Betrachtung einzubeziehen.)
Für die Ermittlung von Lebensdaten bzw. um die Frage zu klären, ob es sich bei einem Interpreten, Sänger oder Komponisten überhaupt um einen Flüchtling handelte oder nicht, erwiesen sich mitunter das berüchtigte "Lexikon der Juden in der Musik" (Stengel/Gerigk 1940, 1941 bzw. 1943) und "Judentum und Musik mit dem ABC jüdischer und nichtarischer Musikbeflissener" (Brückner-Rock 1938) als einzig verfügbare Quellen.
In zahlreichen Fällen konnten die Daten nur lückenhaft ermittelt werden. Trotzdem werden diese Namen mit angeführt in der Hoffnung, daß sich später weitere Quellen auftun werden.

Aber, Adolf; geboren am 28.1.1893 in Apolda. Ausbildung: Musikwissenschaft an der Berliner Universität, Promotion bei Kretzschmar 1919, seit 1913 von ihm Assistent. Von 1919 an Musikkritiker bei den Leipziger Neuesten Nachrichten, der größten deutschen Tageszeitung außerhalb Berlins. Befürworter der Opernerneuerung mit *Jonny spielt auf* 1927 und *Aufstieg und Fall der Stadt Mahagonny* 1930 in Leipzig. Unterstützte Scherchens neue Konzertprogramme; Berichterstatter internationaler Ereignisse wie der Londoner "Seasons" an Covent Garden, der Queen's und Albert Hall. Exil Großbritannien: 1933 London. Musikwissenschaftlicher Mitarbeiter bei Novello & Co., ab 1936 im Direktorium. Setzte sich als Verleger für deutsche Musik ein. Bereicherung der Kataloge von Novello um Werke der Komponisten Samuel Scheidt, Johann Gottfried Schicht und Johann Kuhnau und volkstümliche Gesänge von Franz Schubert und Robert Schumann, Experte für deutsche Musik bei britischen Interpreten. Gestorben am 21.5.1960 in London. Quellen: Röder/Strauss 1983, Bd. II, Tl. 1, S. 3f.; MGG 1973, Bd. 15; Stengel/Gerigk 1940, S.15; NGDM 1980, Bd. 1.

Ackermann, Lotte, geb. Bial; geboren 1904 in Breslau. Studierte Klavier an der Hochschule für Musik und sang als Sopranistin im Philharmonischen Chor in Berlin. Exil Großbritannien: 1937 London. Tätigkeit in Großbritannien: keine Musik professionell mehr ausgeübt, mit anderen Flüchtlingen Herstellung und Verkauf von Schokolade. Tätigkeit nach 1945/45: Herstellung von "Ackermann's Schokolade de lûxe" und in zwei Geschäften, Swiss Cottage und Kensington, verkauft. Hoflieferanten der Königin; Geschäft heute im Besitz einer Schweizer Firma. Gestorben 1980 in London. Quellen: Tochter Frau Rosen, Berthold Goldschmidt und Gesprächsprotokoll Storm.

Adler, Oskar; wahrscheinlich 1875 geboren. Daten nicht ermittelt. Erhielt eine Genehmigung zum Unterrichten im November 1941. P.R.O. Brief vom 14. Juli 1943 von E. V. Crookenden, Ministry of Labour, an Frank Eames von der I.S.M.

Adler, Paula; lebte in Ambleside/Westmoreland und stellte 1943 einen Antrag für eine Genehmigung zum Unterrichten. Quellen: P.R.O.; Brief vom 14. Juli 1943 von E. V. Crookenden, Ministry of Labour, an Frank Eames von der I.S.M.

Adorno, Theodor Wiesengrund; geboren am 11.9.1903 in Frankfurt a M. Ausbildung: Studium der Philosophie bei Hans Cornelius, Musikwissenschaft bei Moritz Bauer an der Universität Frankfurt a. M. Komposition bei Bernhard Sekles und Alban Berg sowie Klavier bei Eduard Steuermann in Wien. Tätigkeit in Deutschland: 1924 Promotion über Edmund Husserl, 1928-1931 Redaktion der Musikzeitschrift Anbruch in Wien, 1931 Habilitation. Exil Großbritannien: 1934 Oxford; Vorbereitung der Tätigkeit in den USA, kehrte einige Male besuchsweise nach Deutschland zurück. Pläne, in Großbritannien Fuß zu fassen, scheiterten. Weiteremigration: 1938 USA, New York: Leiter des Princeton Radio Research Project. 1941 Übersiedlung nach Kalifornien; beriet Thomas Mann in musikalischen Fragen bei der Arbeit am Buch "Doktor Faustus" und schrieb 1944 zusammen mit Hanns Eisler das Buch "Komposition für den Film". Remigration: 1949 Frankfurt a.M. Tätigkeit nach 1945/46: 1956 Ordinarius für Philosophie an der Universität Frankfurt a.M. Gestorben am 6.8.1969 in Visp (Wallis). Quellen: Röder/Strauss 1983, Bd. II, Tl.1, S. 13f.; Rogge 1974 und alle einschlägigen Musiklexika.

Alexander, Hilda bzw. Hilde; geboren 1917 wahrscheinlich in Berlin wie ihre Geschwister. Ausbildung: Lehrerin. Tätigkeit in Deutschland: nicht ermittelt. Exil Großbritannien: Zeitpunkt nicht ermittelt. Tätigkeit in Großbritannien: Sängerin, Mezzo-Sopran und Alt, im FDKB und Austrian Centre in London; Juli 1943 Marzellina in *Die Hochzeit des Figaro* in der konzertanten Aufführung des Musical Circle, Austrian Centre, Leitung und am Flügel Fritz Berend. B.B.C.: Sang 1943 in der "European Transmission" die *Kindertotenlieder* von Gustav Mahler. Gestorben 1945 in Oxford. Quellen: FDKB, London - Programmzettel; Gesprächsprotokoll Lidka: Maria Lidka hat mit ihr Konzerte gemacht und bezeichnet sie als Amateurin. Ihr Ehemann war nach Maria Lidka Rechtsanwalt ohne Arbeit, der zur B.B.C. ging und in der deutschen Abteilung arbeitete. Quellen: DÖW 1992, 459; Röder/Strauss 1983, Bd.II, Tl. 1, S.17f., Stichwort Alexander, Paul Julius. Mit großer Wahrscheinlichkeit ist sie die Schwester des Historikers Paul Julius Alexander (1910-1977); WAR, Georg Knepler, Artists, File 1: 1936-1962.

Allers, Franz; geboren am 6.8.1905 in Karlsbad. Ausbildung: Prager Konservatorium und 1923-1926 Hochschule für Musik Berlin, Violine bei Gustav Havemann, Klavier bei Burgstaller, Komposition bei Schrattenholz. 1924-1926 Violinist der Berliner Philharmoniker, danach bei Julius Prüwer Dirigierstudium. Tätigkeit Deutschland: Von 1927 bis zur Entlassung 1933 1. Dirigent unter Hoesslin der Vereinigten Städtischen Theater in Wuppertal; 1933 Rückkehr in die CSR, Karlsbad und Oper Aussig sowie Gastdirigent verschiedener Orchester in der CSR. Exil Großbritannien: Juni 1938, London. Tätigkeit in Großbritannien: Durch Vermittlung Antal Doratis Gastspielreise nach Australien mit russischem Ballett, dann Monte Carlo. Weiteremigration: Oktober 1938, USA. New York, Broadway-Dirigent. In längeren Arbeitsaufenthalten ab 1962 in Europa führte er als Experte für Villa-Lobos südamerikanische Musik und auch Standardrepertoire auf. Um sein Repertoire zu erweitern, Dirigent in Wien sowie 3 Jahre Direktor des Gärtnerplatztheaters in München. Später Dirigent am Broadway und in Europa. Quellen: Röder/Strauss 1983, Bd. II, Tl. 1, S.19. Institut f. Zeitgeschichte München. 2 Zeitungsartikel: a) Music o.J. und b) ohne Titel und Jahr; Aufbau 12/1975; sowie verschiedene Lexika.

Amberg, Marie-Luise verh. Herrmann; geboren 1920 in Düsseldorf. Ausbildung: Rheinische Musikschule, Konservatorium in Köln. Tätigkeit in Deutschland: Violinistin. Exil Großbritannien: 1939 London. Tätigkeit in Großbritannien: FDKB, Violine, Beleg für eine Aufführung. Tätigkeit nach 1945/46: spielte in Orchestern in London; auch in Streichquartetten. Lebt in London. Quellen: Gesprächsprotokoll Lidka, Programmzettel des FDKB, Röder/Strauss 1983, Bd.II., Tl. 1, S. 24. Schwester des Chemikers Karl Helmut Amberg, heute Kanada.

Asriel, Andre; geboren am 22.2.1922 in Wien. Ausbildung: bis 1938 AMdK in Wien. Exil Großbritannien: 1938 London. Tätigkeit in Großbritannien: Klavierstudium bei Franz Osborn, Komposition bei Ernst Hermann Meyer, Mitarbeit im FDKB. Remigration: 1946 Berlin, SBZ; 1947-1949 Studium bei R. Schwarz-Schilling und H. Wunsch (Komposition); Klavier bei Rössler; 1950/51 Meisterschüler von Hanns Eisler an der Akademie der Künste Ost-Berlin; ab 1950 Dozent an der Hochschule für Musik Berlin, DDR. 1956 Kompositionsstudium bei Luigi Dallapiccola in Florenz. Professor ab 1968 an der Musikhochschule "Hanns Eisler" in Berlin, DDR. Quellen: Programmzettel des FDKB, Seeger 1966, Bd. 1; vgl. Leske/Reinisch 1987, vgl. Brockhaus/Niemann 1979; Röder/Strauss 1983, Bd. II., Tl. 1, S. 38; SAPMO NL 140/11, Bl. 13, Emigration antifaschistischer Flüchtlinge aus Großbritannien.

Bach, David Josef; geboren am 13.8.1874 in Wien. War seit frühester Jugend mit Arnold Schönberg befreundet. Ausbildung nicht ermittelt. Tätigkeit in Österreich: Musikschriftsteller, Musikkritiker und Kulturfunktionär; gründete 1906 die Wiener Arbeiter-Sinfoniekonzerte. Exil Großbritannien: 1938. Weiteres nicht ermittelt. Gestorben 1947 in London. Quellen: Anonym 1988, S. 202; Stengel/Gerigk 1943, S. 21; Scherchen 1984, S. 54 und 142.

Bachner, Raoul; weitere Daten nicht ermittelt. Tätigkeit in Großbritannien: Begleiter in einem Konzert des Musical Circle Swiss Cottage, Austrian Centre. Quellen: Zeitspiegel, (31.7.1943), S.10; "Konzert zum 100. Todestag von Josef Lanner"; wird auch als Prof. bezeichnet.

Bardi, Benno (früher Poswiansky); geboren am 16.4.1890 in Königsberg. Studium ab 1907 an den Universitäten in Berlin, Königsberg und London. Musikgeschichte bei Hermann Kretzschmar, Hermann Abert, Johannes Wolf, Max Friedländer, Curt Sachs, Musik bei Carl Stumpf und Oskar Fleischer; Philosophie bei Riehl, Erdmann, Dessoir; Dr.phil. Parallel dazu erstes Engagement als Korrepetitor unter E.N. v. Rezniček am Schauspielhaus Potsdam und Brandenburg; 1916-1917 Korrepetitor Berliner Staatsoper, Dirigent in Zittau und München, Theater Saarbrücken; 1918-1933 Dirigent an der Staatsoper Berlin unter Richard Strauss; daneben Korrespondent für Zeitungen und Zeitschriften, Herausgeber der Berliner Konzertzeitung. Komponierte Bühnenmusiken für Max Reinhardts Inszenierungen. Exil: 1933 nach Kairo, danach USA, später nach London. Hielt Vorlesungen am London City Council, City Literature Institutes. Wiederherausgabe Friedrich v. Flotows *Fatme*, Berlin 1925; *Bimala*, komische Oper, Magdeburg 1927; *Der tolle Kapellmeister*, komische Oper; Berlin 1929, Königsberg und Schwerin 1931; *Hatasut*, 1932. Eigene Werke: *Dramatic Legend on the Song of Songs*, Chorwerke incl. *Hymn to Love*; Hymn to Life, Madrigal. *Egyptian Suite* (for small orch.); Orchesterwerke: *Sentimental Dialogue, Passacaglia*; Drei Sinfoniettas; Orchestrationen von Werken J.-M. Leclairs, Scarlattis und Mendelssohns. Quellen: Stengel/Gerigk 1940, S. 23 und S. 40f.; Institut für Zeitgeschichte München; Enciclopedia dello spettacolo. Bd. 1; Aggiornamento 1955-65; Appendice di Aggiornamento: Cinema, S. 1498; Traber/Weingarten 1987, S. 213, Stompor, Bd. 1, S. 731.

Bauer, Ruth, Daten nicht ermittelt. Tätigkeit in Großbritannien: Pianistin in Konzerten des Austrian Centre; begleitete den Bassisten Julius Guttmann während eines Konzertes in der Conway Hall im Juni 1943, trat auch als Solistin auf. Quellen: Zeitspiegel, (29.5.1943), Zeitspiegel, (12.6.1943).

Behrens, Kurt Max; geboren am 27.12.1907 in Altona. Tätigkeit in Deutschland: Kapellmeister, Pianist, Orchestermusiker (Fagottist) in Hamburg. Exil Großbritannien: Zeitpunkt nicht ermittelt. Tätigkeit in Großbritannien: Pianist in einem Kammerkonzert in London. Weiteres nicht ermittelt. Quellen: Programm des FDKB, Stengel/Gerigk 1940, S. 26.

Berend, Fritz; geboren am 10.3.1889 in Hannover. Ausbildung: Jura-Studium in München, danach Philosophie, Musikgeschichte bei Kroyer, Lipps, Sandberger und Wölfflin; 1913 Dr.phil. Musikstudium Akademie der Tonkunst München bei Klose, Mottl und Schmid-Lindner. Tätigkeit in Deutschland: Dirigent 1914 in Freiburg, Baden; 1920 Kaiserslautern, 1915-1918 Kriegsdienst; 1926-1933 1. Kapellmeister, Intendant in Osnabrück, Hannover; 1932/33 Intendant des Theaters in Münster; 1933 Dirigent am Jüdischen Künstlertheater in Berlin. Exil Großbritannien: 1939, zuvor 1937 nach Italien, Florenz. Tätigkeit in Großbritannien: Operndirigent, Musikinstrukteur an der Universität London. Arbeitete bei der Carl Rosa und London Opera Company; Organisator und Chordirigent der jüdischen Gemeinde; organisierte Operneinstudierungen, Mitarbeit im FDKB. Leitete im Juli 1943 eine konzertante

Aufführung von Mozarts *Die Hochzeit des Figaro* des Musical Circle, Austrian Centre; Leiter der Ensemble-Klasse von Elena Gerhardt. Tätigkeit nach 1945/46: 1953-1954 Musikdirektor der Walsh National Opera Company in Cardiff, Wales. Gestorben am 29.12.1955 in London. Quellen: Röder/Strauss 1983, Bd. II, Tl. 1, S.82; DÖW 1992, S. 459; Meyer 1979, S. 147; Leske/Reinisch 1987, S. 287 und Anmerkung 159, S. 723; Stengel/Gerigk 1943, S. 30; Gerhardt 1953, S. 131f.; Programmzettelsammlungen Lidka und NGC; E.H. Meyer spricht mit großer Achtung von ihm. Lidka bezeichnet ihn als "typischen Refugee", der in Deutschland auf Grund seines Fleißes eine solide Karriere gemacht hätte.

Bergmann, Walter; geboren am 24.9.1902 in Altona. Ausbildung: Jura und Musikstudium in Leipzig, Halle, Freiburg i. Br.; 1926 Dr. jur. parallel ab 1922 Besuch des Königlichen Konservatoriums in Leipzig, Studium von Klavier und Flöte. Tätigkeit in Deutschland: 1926-38 Anwalt in Halle bei jüdischer Firma, gleichzeitig Schatzmeister des Händel-Vereins. Als "Halbjude" Heiratserlaubnis abgelehnt, 1938 verhaftet und inhaftiert. Exil Großbritannien: März 1939 London. Tätigkeit in Großbritannien: Assistent bei den Quäkern; Mitarbeit im FDKB, Internierung Juni 1940 bis Januar 1941 auf der Isle of Man; 1942-1954 Assistent von Michael Tippett am Morley College in London, ab 1943 leitete er dort Blockflötenklassen; 1944/45 als Schlosser Kriegsarbeit. Tätigkeit nach 1945/46: 1942-1967 bei Schott & Co. Musikverlag vom Packer bis zur herausgeberischen Mitwirkung; 1942-1980 Lehrer von Abendklassen. Gestorben nach 1983. Quellen: Meyer 1979, S. 147. Lt. Meyer "Theoretiker". Mitglied der Incorporated Society of Musicians ab 1950. Hat mehr als 250 Kompositionen, Arrangements und Notenausgaben vorgelegt; zahlreiche Artikel über Musik des 17. und 18. Jhdts., basso continuo und Musik für Flöten. Röder/Strauss 1983; Bd. II, Tl. 1, S. 91.

Bing, Rudolf; geboren am 9.1.1902 in Wien. Ausbildung: Konzertmanagement bei Konzertagentur Hugo Heller in Wien. Tätigkeit in Deutschland: 20er Jahre in Berlin, 1928-30 Assistent von Carl Ebert am Staatstheater Darmstadt und Städtische Oper Berlin 1930-33. Exil Großbritannien: 1934, zuvor 1933 Rückkehr nach Österreich. Tätigkeit in Großbritannien: 1936-49 Generaldirektor von Glyndebourne, Begründer des Edinburgh-Festivals, hier künstlerischer Direktor von 1947-49. Weiteremigration: 1949 USA, Chefmanager der Metropolitan-Opera New York 1950-1972; Gastprofessur Brooklyn College, Gastdozent Universität New York. Lebt in New York. Quellen: Bing 1973; alle einschlägigen Nachschlagewerke; Röder/Strauss 1983 Bd. II, Tl. 1, S. 110f.

Block, Hans H.; Daten nicht ermittelt. Tätigkeit in Großbritannien: Pianist in Kammerkonzerten im FDKB London; wird öfter erwähnt. In erster Ehe verheiratet mit der nach New York ausgewanderten Marianne Imberg. Weiteremigration: Israel. Quellen: Programmzettel des FDKB; Gesprächsprotokoll Lidka.

Blumenfeld, Paul; geboren am 12.4.1901 in Berlin. Ausbildung: Als Cellist in den zwanziger Jahren in Berlin. Tätigkeit in Deutschland: Cellist im Rundfunkorchester in Berlin und in einem Streichquartett. Mitwirkung bei einem Kammerkonzert im Jüdischen Kulturbund in Berlin im März 1938. Exil Großbritannien: Juni 1939. Tätigkeit in Großbritannien: Spielte zu Beginn Unterhaltungsmusik in Seebädern, Cellist bei Kammerkonzerten im FDKB, wird öfter erwähnt. Gemeinsames Musizieren mit Lidka und Brainin. Tätigkeit nach 1945/46: Cellist im Sadler's Wells Orchestra und anderen Ensembles. Lebt hochbetagt in London. Quellen: Programme des FDKB; Stengel/Gerigk 1940, S. 36; Akademie der Künste 1992, S. 416; Gesprächsprotokoll Lidka; Brief des Sohnes Dennis Blumenfeld vom 7.10.1995 an die Autorin.

Born, Claire; geboren 1898 in Wien. Ausbildung als Sängerin in Wien. Tätigkeit in Österreich: 1922-1929 Sopranistin im lyrisch-dramatischen Fach an der Wiener Staatsoper: Gräfin in *Figaros Hochzeit*; Pamina, Partien in Strauss- und Wagner-Opern; 1924 Bayreuther Festspiele als Eva in den *Meistersingern*; 1925/26 Salzburger Festspiele: Gräfin in *Figaros Hochzeit*, Donna Elvira und Ariadne; 1929-1933 Dresdner Staatsoper, zahlreiche Partien. Exil Großbritannien: 1933 London. Tätigkeit in Großbritannien: vorwiegend Lehrerin. Sängerin im Austrian Centre, Musical Circle Swiss Cottage. 21.6.1943: Mitwirkung bei einem Kompositionsabend Hans Gál; ein Liederabend. Remigration: nach 1945 nach Wien. Quellen: Zeitspiegel, (29.5.1943), S. 8; Brief Georg Kneplers an die Autorin vom 8.2.1994. Kutsch/Riemens 1987, Bd. 1.

Bornstein, Heinrich; geboren am 10.10.1905 in Frankfurt a.M. Tätigkeit in Deutschland: Sänger (Baß), bis 1935 in Frankfurt a.M. Exil Großbritannien: Zeitpunkt nicht ermittelt. Mitwirkung bei der konzertanten Aufführung der *Zauberflöte* am 2.12.1939 im FDKB, Leitung: Willy Salomon. Quellen: Stengel/Gerigk 1940, S. 38; Freise/Martini 1990, Anhang S. 11; Stompor 1994, Bd.1, S. 328.

Bothe, Elisabeth Karen verheiratete Goldschmidt; geboren am 2.3.1910 in Oldenburg. Vater: Oberlandesrichter Arnold Bothe in Oldenburg; Halbbruder SS-Standartenführer. Ausbildung: Gesangsstudium u.a. bei der Sängerin Olga Eisner in Berlin. Zusammentreffen mit Berthold Goldschmidt 1934 in Berlin, Heirat 1936. Exil Großbritannien: 1936. Tätigkeit in Großbritannien: Choristin in Glyndebourne 1938, 1939; während des Krieges beschäftigt bei der amerikanischen Truppenbetreuung und als Firewatcher in London. Tätigkeit nach 1945/46: Hexe in *Macbeth* bei den Festspielen in Edinburgh, danach Abbruch der Karriere als Sängerin und Beschäftigung mit der Malerei; Mitarbeiterin am Victoria & Albert Museum in London. Gestorben am 13.3.1979 in London. Quellen: Berthold Goldschmidt. In der Liste der "Artists" o.J., die von 1934 bis einschließlich 1958 die Mitwirkenden in Glyndebourne benennt, nicht aufgeführt.

Botstiber, Hugo; geboren am 21.4.1975 in Wien. Ausbildung: Musikstudium am Wiener Konservatorium bei Robert Fuchs, später privat bei Alexander von Zemlinsky; Universität Wien bei Guido Adler, Promotion über Johann Pachelbel. Tätigkeit in Österreich: von 1896 Bibliothekar und Kanzleidirektor in der Gesellschaft der Musikfreunde; daneben ab 1900 Sekretär des neugegründeten Wiener Konzertvereins; 1913-1938 Generalsekretär der Wiener Konzerthausgesellschaft. Während seiner Wiener Jahre zahlreiche Editionen von Pachelbels Werken, Klavierwerken von Wiener Meistern und Walzern von Johann Strauß für die "Denkmäler der Tonkunst in Österreich", Publikationen. Exil Großbritannien: 1938. Tätigkeit in Großbritannien: nicht ermittelt. Gestorben am 15.1.1941 oder 1942 in Shrewsbury, Großbritannien. Quellen: Röder/Strauss 1983, Bd. II, Tl. 1, S. 137; Stengel/Gerigk 1940, S. 38; Heller 1988.

Brainin, Norbert; geboren am 12.3.1923 in Wien. Ausbildung: sechs Monate Violinstudium bei Carl Flesch und in London vier Jahre bei Max Rostal. Exil Großbritannien: 1938 oder 1939. Tätigkeit in Großbritannien: 1940 Internierung auf der Isle of Man; arbeitete als ungelernter Arbeiter; zahlreiche Auftritte mit Exilmusikern in London; 1944 UA des *Klarinettenquintetts* von Ernst Hermann Meyer in London. Tätigkeit nach 1945/46: gründete das Brainin-, später Amadeus-Quartett, 1948 erstes öffentliches Konzert in der Wigmore Hall. B.B.C.-Einspielungen für das III. Programm und Konzertreisen in Großbritannien. 1950 ging das Quartett, unterstützt vom British Council, als erste englische Künstlergruppe auf Tournee nach Deutschland und Spanien. Internationale Karriere mit dem Amadeus-Quartett. Hochschullehrer in London und in Köln. Quellen: Meyer 1979, 147; Riemann 1989 Bd.1; Röder/Strauss 1983, Bd.II, Tl. 1, S. 139.

Brav, Ludwig; geboren am 2.2.1896 in Berlin. Ausbildung: als Komponist (Tonfilm) und Musikschriftsteller, Dr. phil. Tätigkeit in Deutschland: Lehrer von Ernst Hermann Meyer in Berlin (Klavier), Komponist und Musikologe. Exil Großbritannien: Zeitpunkt nicht ermittelt. Tätigkeit in Großbritannien: Mitarbeit im FDKB in London. Möglicherweise Filmmusik-Komponist (Berthold Goldschmidt), Weiteres nicht ermittelt. Quellen: Meyer 1979, S. 147, Stengel/Gerigk 1940, S. 40.

Breuer, Robert; geboren in Österreich. Tätigkeit: Kulturberichterstatter für deutschsprachige Zeitungen in Brünn, Preßburg und Zagreb. Exil Großbritannien: September 1938. Tätigkeit in Großbritannien: In Birmingham Büroarbeiter, nebenbei Journalist; bereitete Kontakte mit Schweizer Zeitungen vor, die er dann später aus den USA belieferte. Weiteremigration: März 1940, USA. Berichtete über europäisches Kulturleben in den USA; er trat wie viele Österreicher für das Schaffen Anton Bruckners, Gustav Mahlers und der 2. Wiener Schule ein. Quellen: Breuer 1988.

Bruckner, Wilhelm; geboren in Österreich; Ausbildung: mit großer Wahrscheinlichkeit als Sänger. Tätigkeit in Österreich: nicht ermittelt. Exil Großbritannien: Zeitpunkt nicht ermittelt. Tätigkeit in Großbritannien: Tenor in Kammerkonzerten des FDKB und im Laterndl. Partie in der Aufführung von Spolianskys *Rufen Sie Herrn Plim*, Oktober 1943; Mitwirkender in der konzertanten Aufführung der *Zauberflöte* im Austrian Centre 1942. Tätigkeit nach 1945/46: nicht ermittelt. Nach Berthold Goldschmidt war er mit Berthold Viertel verwandt. Erika Storm konnte sich an ihn erinnern, er sei während seines Londoner Exils nicht mehr jung gewesen. Georg Knepler erinnerte sich an ihn als "vorzüglichen Tenor". Quellen: Programmzettel des FDKB; Zeitspiegel, (23.11.1942), S.7; J.K. 1943; Brief Georg Kneplers an die Autorin vom 8.2.1994.

Bum, Margarethe; geboren 18.1.1882 in Wien. Ausbildung: Gesangsschülerin von Messchaert. Tätigkeit in Österreich: weltbekannte Sängerin, bevor sie Gesangslehrerin wurde. Wellesz bescheinigt ihr in unten angegebener Quelle, daß sie eine angesehene Lehrerin war. Exil Großbritannien: Ankunft am 7.5.1939. Tätigkeit in Großbritannien: Wohnort Bierstall, Leices. Sie bemühte sich als freiberufliche Lehrerin um eine Erlaubnis zum Unterrichten. Tätigkeit nach 1945/46: nicht ermittelt. Quellen: P.R.O. Liste des Musician's Refugee Committee vom 6. Mai 1943 an das Home Office, Cooper.

Busch, Adolf; geboren am 8.8.1891 in Siegen/Westfalen. Ausbildung: Violinschüler von Willi Heß, Bram Eldering und Fritz Steinbach am Kölner Konservatorium; studierte auch Komposition in Bonn. Tätigkeit in Deutschland und Österreich: 1912 Konzertmeister des Konzertvereins in Wien, 1918 Lehrer an der Hochschule für Musik, Berlin; gründete 1919 das Busch-Quartett. Ab 1926 lebte er in Basel, hier war ab 1929 Menuhin sein Schüler. 1933 sagte er alle Konzerte in Deutschland ab, um sich als Nichtjude nicht im Sinne der Rassegesetze mißbrauchen zu lassen; danach viele Auftritte in London mit seinem Quartett und auch als Solist; dirigierte die Busch-Chamber-Players 1938 mit Mozart-Programm in London. Weiteremigration: 1940 USA. Leitete die wiedergegründeten Busch-Chamber-Players. 1950 Mitbegründer der Marlboro Music School in Vermont. Busch war berühmt für seine Beethoven- und Brahms-Interpretationen und erreichte die höchste Meisterschaft in der Interpretation der Werke von Joh. Seb. Bach. Bedeutend als Spieler und Lehrer für Kammermusik; sein Partner am Klavier war Rudolf Serkin bzw. auch als Geiger sein Bruder Hermann. Adolf Busch komponierte etwa 70 Werke incl. Violinliteratur. Gestorben am 9.6.1952 in Guilford, Vermont, USA. Quellen: alle einschlägigen Musiklexika, Röder/Strauss 1983, Bd. II, Tl.1, S. 172f.; Bing 1973, S. 16: die Wiener Konzertagentur Hugo Heller betreute um 1921 herum Adolf Busch; Meyer 1979, S. 144 beschreibt Auftritte im FDKB.

Busch, Ernst; geboren am 22.1.1900 in Kiel. Ausbildung: Maschinenschlosser, Seilmacher, politisch aktiv in SPD, USPD und Gewerkschaften. Ausbildung: 1919-21 nebenberuflich privater Schauspiel- und Gesangsunterricht. Tätigkeit in Deutschland: Arbeiter, Arbeitsloser, politisch aktiv; von 1921 an Schauspieler an verschiedenen Bühnen, auch Berlin; 1927/28 bei Erwin Piscator, UA von Erwin Piscators *Hoppla, wir leben*; Sänger in der Arbeiterbewegung in Berlin: 1930-1932 Mitglied des Ensembles der Volksbühne, zahlreiche UA. Exil: 1933 Niederlande, 1933-1935 Auftritte als Sänger in Städten in den Niederlanden, Belgien, Österreich, Schweiz,

Frankreich und Großbritannien. Tätigkeit in Großbritannien: Schallplattenaufnahmen. Weiteremigration: 1935-1937 UdSSR; 1937/38 Spanien; 1938-1940 Belgien; 1940 Internierung in Frankreich bis 1943 in KZs; Flucht wird mit Auslieferung an die Gestapo geahndet, die ihn nach Deutschland verbringt. 1943 verurteilt, inhaftiert, durch Bomben verwundet und befreit. Tätigkeit nach 1945/46: freiberuflich als Schauspieler und Sänger in der DDR. Gestorben am 8.6.1980 in Berlin, DDR. Quellen: Röder/Strauss 1983, Bd. II, Tl. 1, S.173f.

Busch, Fritz; geboren am 13.3.1890 in Siegen/Westfalen. Ausbildung: Dirigent, Schüler von Fritz Steinbach am Kölner Konservatorium. Tätigkeit in Deutschland: 1912 städtischer Musikdirektor in Aachen, 1918 1. Kapellmeister in Stuttgart, 1922-1934 Operndirektor in Dresden. Als Protestemigrant Exil Großbritannien: 1934-39. Tätigkeit in Großbritannien: als Flüchtling mit Vertrag in Buenos Aires leitete er jährlich die Glyndebourne-Aufführungen von 1934-1939. Dirigat des London Symphony Orchestra in der Queen's Hall in London 1938 mit Mozart, Beethoven und Brahms. Weiteremigration: 1940 Skandinavien, Südamerika, New York. Internationale Dirigentenkarriere, Besuch Deutschlands 1951 mit Dirigaten in Köln und Hamburg, 1950/51 auch Glyndebourne-Festspiele. Gestorben am 14.9.1951 in London. Quellen: alle einschlägigen Musiklexika; Bing 1973, S. 35-37; Meyer 1979, S. 144 bescheinigt Buschs Mitwirkung im FDKB; Röder/Strauss 1983, Bd. II, Tl. 1, S. 174; Besprechungen der Glyndebourne-Inszenierungen in britischen Periodika und Zeitungen; Programmzettelsammlung Henschel.

Busch, Hans Peter; geboren am 4.4.1914 in Aachen (Sohn von Fritz Busch). Ausbildung: Universität Genua und Reinhardt-Seminar Wien. Tätigkeit in Deutschland: 1938/39 Bühnendirektor Stadttheater Berlin. 1933-1936 Teatro Colon, Buenos Aires; Arbeitsaufenthalte 1934-1939 in Großbritannien: Regieassistent in Glyndebourne. Weiter in Rio de Janeiro, Verona, Salzburg und Basel. 1939-1941 Brüssel, Stockholm, New York. Tätigkeit nach 1945/46: verschiedene Inszenierungen in Europa und Lehrer an der Juilliard School of Music, New York. Quellen: Röder/Strauss 1983, Bd. II, Tl. 1, S.174.

Buxbaum, Friedrich; geboren am 23.9.1869 Wien. Ausbildung: Instrumentalstudium an der AMdK in Wien, Tätigkeit danach: 1. Cellist des Symphony Orchestra Glasgow mit Auftritten als Solist in London. 1893-1900 Cellist im Fitzner-Quartett, 1900-1938 1. Cellist der Wiener Philharmoniker; 1900-1921 Mitglied des Rosé-Quartetts, ab 1921 eigenes Quartett und Lehrer an der AMdK. Komponierte *Violinkonzert* in a-Moll (Wien 1938). Exil Großbritannien: 1938. Tätigkeit in Großbritannien: als Mitglied des Rosé-Quartetts von 1939-1944 Mitwirkung bei dessen Auftritten in der National Gallery London und bei weiteren Konzerten. Gestorben im September oder Oktober 1948 in Großbritannien. Quellen: Stengel/Gerigk 1943, S. 47; Konzertkritiken der Times; Anonym 1988; Röder/Strauss 1983, Bd. II, Tl. 1, S. 177; Programmzettel National Gallery Concerts.

Carner, Mosco; geboren 15.11.1904 in Wien. Ausbildung: Studium der Fächer Komposition, Theorie, Klavier, Violoncello und Klarinette am Neuen Wiener Konservatorium, Musikwissenschaft bei Guido Adler an der Universität Wien. 1928 Dissertation über die Sonatenform bei Schumann. Tätigkeit: 1929-1930 Operndirektor in Opacha und 1930-1933 in Danzig. Exil Großbritannien: Juli 1933 mit Touristenvisum; April 1940 britischer Staatsbürger. Tätigkeit in Großbritannien: Musikkorrespondent britischer und kontinentaler Zeitschriften: bis 1938 Neue Freie Presse, Wien; bis 1940 der Neuen Schweizerischen Musikzeitung; ab 1936 Autor für Werkeinführungen für die Radio Times (Programmzeitschrift der B.B.C.); Essays und Kritiken ab 1936 für The Monthly Musical Record; ab 1938 für The Listener und Music & Letters sowie The Musical Times. Erfolgreicher Dirigent britischer Orchester, Begleiter von Erika Storm. Ab Januar 1944 als Autor Mitarbeit an der B.B.C.: Sendungen über Mahler, Puccini, Vaughan Williams. Mitwirkung im Committee for the Promotion of New Music. Tätigkeit nach 1945/46: Dirigent, Autor in Time and Tide 1949-1962 und der Evening News 1957-1961, auch für The Times und Daily Telegraph. Seine Spezialthemen waren frühes 20. Jhdt. in Wien, Berg und Puccini. Gestorben am 3. 8. 1985 in London. Quellen: NGDM 1980, Bd. 3; Riemann 1989, Bd. 1; Röder/Strauss 1983, Bd.II, Tl. 1, S. 181; Stengel/Gerigk 1943, S. 50 unter "Cohen" aufgelistet; B.B.C.: WAR, Mosco Carner; Artists; File 2a: 1944-1946.

Cohen, Fritz (Frederic); geboren am 23.6.1904 in Bonn. Ausbildung: nicht ermittelt. Exil Großbritannien: 1933. Pianist und musikalischer Leiter bei der Ballettgruppe von Kurt Joos in Dartington Hall. Komponierte Musiken zu *The Mirror* (28.9.1935 Opernhaus in Manchester), *Johann Strauß - Tonight* (21.10.1935 Gaity Theatre London), *A Spring Tale* (8.2.1939 New Theatre Oxford) und *The Prodigal Son* (Oktober 1939 im Theatre in Bristol). Weiteremigration: 1941 USA. Gestorben am 9.3.1967 in New York. Quellen: Goldschmidt 1994, S.190; Stompor 1994, Bd. 1, S. 331.

Costa, Ernestine; Daten nicht ermittelt. Tätigkeit in Großbritannien: Sängerin in London; alles Weitere nicht ermittelt. Quellen: mehrmals erwähnt in Programmen des FDKB.

Danziger, Heinz Hermann; geboren am 16.11.1923 in Neustadt, Oberschlesien. Ausbildung: 1929-1938 Kantorenunterricht beim Vater, 1934-1938 Jüdisches Reformiertes Gymnasium in Breslau. April-Oktober 1938 Besuch der Hoffmann's Rabbiner Hochschule in Frankfurt a.M., Schulverweis und Auflage, Deutschland zu verlassen. 1938 Flucht nach Polen zur Familie des Vaters. Exil Großbritannien: 1939 mit Kindertransport und mit Hilfe des Jewish Refugee Fund. Tätigkeit in Großbritannien: 1940-1943 Kriegsarbeit in London, 1944-1947 British Army als Dolmetscher. Tätigkeit nach 1945/46: 1948/49 Teilnahme am Israelischen Unabhängigkeitskrieg, danach Rückkehr nach Großbritannien. 1949-1951 London School of Music, Sänger im Synagogalchor und Arbeiter; 1949-1954 Geschäftsführer in einer Spielzeugfabrik, 1951-1953 Studium bei Hermann Gruenbaum in London, 1953-

1955 bei Maestro Dino Borgioli in London, 1954-56 Geschäftsführer einer Anzeigenfirma, 1955/56 Studium bei Nina Davies-Renolds, Peter Gellhorn, Jani Strasser, Meyer-Fredman, John Matheson. 1955/56 Bariton in Glyndebourne und bei Opera Companies. 1966-1972 Kantor und Gründer der kulturellen Gesellschaft North London Progressive Synagogue. Ab 1972 Kantor an der genannten Synagoge. Namhafte Dirigenten und Regisseure wie Carl Ebert und Franco Zeffirelli engagierten ihn als Sänger; er gab zahlreiche Konzerte für jüdische Organisationen. Quellen: Röder/Strauss 1983, Bd. II, Tl. 1, S. 202 f.

Deutsch, Helma; sämtliche Daten nicht ermittelt. Tätigkeit in Großbritannien Pianistin im FDKB in London. Quellen: Programme des FDKB.

Deutsch, Otto Erich; geboren am 5.9.1883 in Wien. Ausbildung: Studierte Kunst- und Literaturgeschichte in Wien und Graz. Tätigkeit in Österreich: 1926-1935 Bibliothekar der Musiksammlung von Hoboken, 1930/31 Mitherausgeber der Zeitschrift Die Freyung, freischaffender Schriftsteller und Feuilletonist. Exil Großbritannien: Juni 1938, Cambridge. England war eigentlich nur als Zwischenstation gedacht. Deutsch hatte bereits den größten Teil seiner Schriften und Bibliothek in die USA geschickt. Tätigkeit in Großbritannien: Umfangreiche wissenschaftliche Studien, Tätigkeit an der Universitätsbibliothek. 1940 Internierung auf der Isle of Man. Erstellte die "endgültige Form der dokumentarischen Schubert-Biographie", die kurz nach dem Krieg in englischer Sprache erschien (Deutsch/Klein 1988, 172). Überarbeitung des Schubert-Werkeverzeichnisses, erarbeitete den "British Union Catalogue of Early Music", der 1957 erschien. Aufsätze über Themen der Wiener Klassik in Music & Letters und The Monthly Musical Record ab 1938. 1947 Britischer Staatsbürger. Remigration: 1952 Wien. Tätigkeit nach 1945/46: zahlreiche Veröffentlichungen, siehe Musiklexika. Gestorben am 23.11.1967 in Wien. Quellen: Röder/Strauss 1983, Bd. II, Tl. 1, S. 213f.; Riemann 1989 Bd.1; MGG 1954, Bd. 3; NGDM 1980, Bd.5; Deutsch/Klein 1988; Stengel/Gerigk 1943, S. 58.

Dieck, Ilsabe; Daten nicht ermittelt. Tätigkeit in Großbritannien: Sängerin in einem Kammerkonzert in London. Quellen: Programm des FDKB.

Doernberg, Martin; geboren 4.3.1920 in Eschwege. Nach Entlassung aus dem KZ Buchenwald Exil nach England: 1939. Tätigkeit bis 1945/46: Landarbeiter bis 1947; daneben Unterricht in Harmonielehre und Kontrapunkt. 1952-1954 Geigenlehrer in Bryanston; 1954-1960 Musiklehrer in Gordonstoun. Ab 1952 Besuch von Seminaren in der Sommerschule von Alan Rawsthorne, Elliot Carter, Roberto Gerhard und Stefan Wolpe (Einzelunterricht). (Doernberg, der aus einer liberalen jüdischen Familie stammte, ließ sich 1950 taufen.) Remigration: 1960 in die Bundesrepublik Deutschland; tätig als Schulmusiklehrer in Bieberstein. 1967 Prädikant der evangelisch-lutherischen Kirche, 1970 Pastor in Bantorf bei Hannover. Ab 1985 im Ruhestand, lebt heute in Bad Nenndorf. Einige Kammermusikwerke und eine dreistimmige *Messe a* *cappella*, veröffentlicht in Deutschland. Quellen: Schreiben Doernbergs vom 18.1.1995 an die Autorin.

Ebert, Carl; geboren am 20.2.1887 in Berlin. Schauspielschule am Deutschen Theater Berlin unter Max Reinhardt. Tätigkeit in Deutschland: Engagements in Frankfurt a.M. (1915-1922), Berlin (1922-1927), Intendant/Regisseur in Darmstadt ab 1927 und ab 1931an Städtischer Oper Berlin. Exil Großbritannien: 1934 als Arbeitsaufenthalt, laut Röder/Strauss 1983 war Ebert 1933 in die Schweiz ins Exil gegangen. Tätigkeit in Großbritannien: Begründete mit Rudolf Bing und Fritz Busch die Musikfestspiele in Glyndebourne (1934 bis 1939). Weiteremigration: 1936 Türkei, begründete die türkische Staatsschule für Oper und Drama. 1948 USA, 1948 amerikanischer Staatsbürger. Prof. und Leiter der Opernschule der University of Southern California, Los Angeles. Remigration: 1954. 1946-1959 in Glyndebourne und bei Gastspielen des Ensembles in Edinburgh. 1954-1961 Generalintendant der Städtischen Oper Westberlin. Gestorben am 14.5.1980 in Los Angeles, USA. Quellen: Riemann 1989, Bd. 2; Programmhefte Glyndebourne, Musikkritiken in der Musical Times und in der Times; Röder/Strauss 1983, Bd. II, Tl. 1, S. 233.

Ebert, Peter; geboren am 6.4.1918 in Frankfurt a.M (Sohn von Carl Ebert). Besuch der Salem Schule 1932-1934. Exil Großbritannien: 1934. Tätigkeit in Großbritannien: 1934-1936 Besuch der Gordonstoun School in Schottland; während des II. Weltkrieges Fabrik- und Landarbeiter. Seit 1946 britischer Staatsbürger. Tätigkeit nach 1945/46: 1946-1948 B.B.C.-Sprecher und Produzent. Opernproduzent in Glasgow und anderen britischen Städten, auch Glyndebourne. Remigration: 1954 Bundesrepublik Deutschland. Direktor der Opernklasse an der Staatlichen Hochschule für Musik und Theater in Hannover; pendelte zwischen Großbritannien, Deutschland und anderen europäischen Städten jeweils für Jahre hin und her. 1978 Direktor der Schottischen Oper Edinburgh. Quellen: Röder/Strauss 1983, Bd. II, Tl. 1, S. 233.

Ehlers, Alice geb. Pulay; geboren am 16.4.1887 in Wien. Ausbildung: Cembalistin bei Wanda Landowska, Musikgeschichte bei Curt Sachs und Johannes Wolf. Tätigkeit in Deutschland: bekannte Cembalistin; lt. Stengel/Gerigk 1940 Lehrerin bis 1933 an der Hochschule für Musik in Berlin. Exil Großbritannien: Zeitpunkt ungewiß (1933 lt. Mueller von Asow 1954, 237 und vor 1936 lt. Brückner-Rock 1938, 67). Tätigkeit in Großbritannien: Auftritte im FDKB London, spielte 1935 beim Worcester Fest. Weiteremigration: 1936 USA. Im selben Jahr Debüt an der Town Hall, New York; 1942 Prof. University of Southern California, Los Angeles; weckte das Interesse an Barockmusik für Cembalo in den USA. Tätigkeit nach 1945/46: nicht ermittelt. Quellen: Mueller von Asow 1954; Meyer 1979, S. 147; Stengel/Gerigk 1940, S. 58. Lt. Lidka hat sie in London nicht mehr viel gespielt. Lt. Röder/Strauss 1983, Bd. II, Tl. 1, S. 237 war sie während ihres Englandaufenthaltes noch nicht im Exil und lebte in verschiedenen europäischen Städten wie Berlin, Wien und London.

Ehrenberg, Henry (Heinz); geboren am 22.7.1912 in Schlochau, früher Westpreußen. Ausbildung: 1932-1933 Medizinstudium an der Berliner Universität. 1934-1936 Jüdisches Lehrerseminar Berlin, Gesang bei Gina Goetz-Levy, Kantorenausbildung; Abschluß als Grundschullehrer und Kantor. Tätigkeit in Deutschland: 1936-1938 Kantor an der Jüdischen Kultusgemeinde Frankfurt a.M.; November/Dezember 1938 Deportation in das KZ Buchenwald. Exil Großbritannien: 1939 mit Hilfe der Londoner Kantorenvereinigung. Tätigkeit in Großbritannien: 1939/40 Warten auf USA-Visum, unterstützt vom Woburn House und Verwandten aus Südafrika. Weiteremigration: 1940 USA. 1940-1942 Fabrikarbeiter mit Ehefrau in Bridgeport, Connecticut 1942-1975 Kantor Hebrew Tabernacle Organisation, New York. 1945 US-Bürger. Quellen: Freise/Martini 1990, Anhang, S. 16; Röder/Strauss 1983, Bd. II, Tl. 1, S. 238.

Ehrenzweig, Anton; Daten nicht ermittelt. Tätigkeit in Großbritannien: Baß in einem Konzert des FDKB zusammen mit britischen Musikern; Mitglied der von Jani Strasser geleiteten Ensemble Singers bei einem Auftritt in der Londoner Fyvie Hall, Oktober 1945. Quellen: Programm des FDKB, Programmzettelsammlung Henschel.

Einstein, Alfred; geboren am 30.12.1880 in München. Ausbildung: Jurastudium in München, danach Musikwissenschaft bei A. Sandberger. 1903 Dissertation "Zur deutschen Literatur der Viola da gamba im 16. und 17. Jahrhundert", gedruckt. Tätigkeit in Deutschland: 1918-1933 Schriftleiter der ZfMw, Kritiker in München und Berlin. Exil Großbritannien: 1933. Tätigkeit in Großbritannien: zahlreiche Essays, Besprechungen von Publikationen und Editionen in musikwissenschaftlichen Fachzeitschriften. Weiteremigration: 1935 nach Mezzomonte bei Florenz, Italien und 1938 USA. Neuausgabe des Köchel-Verzeichnisses 1937. Resonanz auf seine Veröffentlichungen bei der britischen Musikwissenschaft. 1945 US-Bürger. Bis 1950 Lehrtätigkeit an der Princeton University, Princeton, N.J., Yale University, School of Music, New Haven, Connecticut, Columbia University in the City of New York, Department of Music u.a. Gestorben am 13.2.1952 El Cerrito, California. Quellen: Einschlägige Musiklexika; Röder/Strauss 1983, Bd. II, Tl. 1, S. 248f.; Stengel/Gerigk 1943, S. 63; Publikationen Einsteins, in Großbritannien erschienen: A Short History of Music, Leipzig 1917-1918; 5. Ausgabe, London 1936. Gluck, London, 1936 (deutsche Ausgabe 1954).

Eisenheimer, Edith verheiratete Dannheisser; Künstlername Elmer; Daten nicht ermittelt. Tätigkeit in Deutschland: Sängerin, Koloratursopran; Soubrette. 1936 Mitwirkung bei der Revue *Vorhang auf* von Max Ehrlich und Willy Rosen im Jüdischen Kulturbund Berlin; Leonore in *Doktor und Apotheker* von Dittersdorf im November 1936 (mit Lilli Heinemann als Rosalie); Juli 1937 Komtesse Stasi in der *Czardasfürstin*. Exil Großbritannien: Zeitpunkt nicht ermittelt. Auftritt unter dem Pseudonym Edith Elmer im FDKB: Mitwirkung bei der konzertanten Aufführung der *Zauberflöte* am 2.12.1939, Leitung: Willy Salomon. Gestorben in London. Quellen:

Freise/Martini 1990; Anhang S.18; Akademie der Künste 1992, S.403 und 406; Stompor 1994, Bd. 1, S. 327-328.

Eisinger, Irene verheiratete Schoenwald; geboren am 8.12.1903 in Kosel, Schlesien. Ausbildung: Gesang (Sopran) bei Paula Mark-Neusser in Wien. Tätigkeit in Deutschland und Österreich: Kroll-Oper Berlin unter Klemperer; 1930/31 Staatsoper Wien, 1930-1933 Salzburger Festspiele als Mozart-Interpretin. 1932 Staatsoper Berlin, *Fledermaus* mit Richard Tauber unter Max Reinhardt in Paris. 1933 als Jüdin entlassen und Flucht nach Prag: 1933-1937 Deutsches Theater in Prag. Gastspiele in Brüssel, Amsterdam und Glyndebourne und an Covent Garden. Exil Großbritannien: 1938. Ihre Auftritte in England ab 1934: Glyndebourne 1934, 1935, 1937, 1938, 1939 Despina in *Così fan tutte*; 1935, 1937 Blondchen, *Entführung aus dem Serail*; 1935; 1937 Papagena, *Zauberflöte*; 1937, 1938, 1939 Susanna, *Figaros Hochzeit*; 1939 Barbarina *Figaros Hochzeit*; 1940 Polly, *Beggers Opera*; 1936 Gastspiel Covent Garden Opera: Gretel in *Hänsel und Gretel* und 1937 als Adele in *Die Fledermaus*; B.B.C.-Aufnahmen ab 1934; 1938/39 auch Television. 1936 Revue, Adelphi-Theater. Ab Juli 1941 Engagement bei B.B.C., Overseas- und "Forces"-Programme vorwiegend mit Mozart-Arien und Operettenmelodien; Aufnahme für "Austrians in the World", begleitet von Georg Knepler. Mozart-Programme bei den National Gallery Concerts. Gustav Mahler-Gedächtniskonzert im Mai 1941, Wigmore Hall: Sopransolo: *Wir genießen die himmlischen Freuden*, Finale aus Mahlers *4. Symphonie*; Einrichtung für zwei Klaviere von Hans Gál. Tätigkeit nach 1945/46: Glyndebourne 1949 als Despina. Insgesamt trat sie in 82 Vorstellungen in Glyndebourne auf. B.B.C.-Verpflichtungen bis 1959. Quellen: Kutsch/Riemens 1987, Bd. 1 und Kutsch/Riemens 1991; Bing 1973, S.46 und 63ff.; Stengel/Gerigk 1943, S. 65 (hier Geburtsort mit Kostel angegeben); Programmhefte Glyndebourne; Zeitspiegel, (9.5.1942), S. 7: Singt Hauptrolle in Schubert/Berté's *Dreimäderlhaus*; Zeitspiegel, (25.5.1941), S.4. B.B.C.: WAR, Irene Eisinger, Artists, File 1: 1934-1962 und Georg Knepler, Artists, File 1: 1936-1962. In Kritiken über Vorstellungen in Glyndebourne in der Musical Times ausdrücklich erwähnt.

Eisler, Charlotte geb. Demant; geboren am 2.1.1894 in Tarnopol, Ostgalizien. Ausbildung: Musikstudium in Czernowitz; ab 1914 in Wien: Gesang bei Andersen, Musiktheorie bei Anton Webern, Klavier bei Eduard Steuermann. Tätigkeit in Österreich: Konzerte in Wien mit klassischem Liedrepertoire und Vokalschaffen der Wiener Schule. 1. Frau Hanns Eislers 1920 bis 1934. Ab 1920 Mitglied der KPÖ und politische Arbeit als Kommunistin. 1926 Übersiedlung nach Berlin, 1927 wieder Wien, Geburt des Sohnes Georg Eisler 1928, der bei ihr blieb. 1936 Flucht in die UdSSR. Berufung an den Staatlichen Musikverlag (MUSGIS). Herausgabe des Vokalwerkes von Gustav Mahler. Korrigierte auf Wunsch Prokofjews seine im Verlag erscheinenden Lieder. Sängerin in Konzerten; Kontakt zu anderen Flüchtlingen in Moskau wie Herbert Mildner, Malter und Ernst Busch. Mit Beginn 1938 Nichtverlängerung der Aufenthaltsgenehmigung und Flucht nach Prag. Mitarbeit in einer Flüchtlingsvereinigung. Exil Großbritannien: März 1939 aus Prag mit Hilfe der Quäker. Tätigkeit in Großbritannien: ab August 1939 Sängerin in Manchester, gab Liederabende im ganzen Land u.a. Mitwirkung bei einem Konzert des FDKB in London. Kammermusikerin u.a. mit Friedrich Buxbaum; Gesangslehrerin und Leiterin eines Frauenchores. Remigration: 1946 Wien. Tätigkeit nach 1945/46: Konzerttätigkeit auch am Rundfunk. Von 1947 an bis zur Pensionierung Professorin für Gesang am Konservatorium der Stadt Wien. Gestorben am 21.8.1970 in Wien. Quellen: Eisler-Archiv Akademie der Künste zu Berlin; Brief Georg Eislers mit Biographie seiner Mutter; Röder/Strauss 1983 Band II, Tl. 1, S. 251, Stichwort Georg Eisler.

Eisler, Hanns; geboren am 6.7.1898 in Leipzig; Ausbildung: 1919-1923 Komposition bei Arnold Schönberg und Anton Webern. Tätigkeit in Deutschland: von 1924 an in Berlin. Exil Großbritannien: als Arbeitsaufenthalte. Tätigkeit in Großbritannien: August 1934, London, Vertrag über Film- und Bühnenmusik; bearbeitete Hörspielmusik, die mit Ernst Ottwalt Ende 1932 in Berlin konzipiert war. Komponierte, *Groß sind die Schätze der Welt* und *Die Ballade vom eigenen Frieden* (Premiere im flämischen Rundfunk 1939). Im Herbst/Winter entstanden *Die kalifornische Ballade* op. 47, *Saarlied* (B. Brecht) und im Dezember 1934 das *Einheitsfrontlied*. Filmmusik zu *Abdul the Damned*, Regie Karl Grune. Zu Beginn des Jahres 1935 Aufenthalt Eislers in Manchester, komponierte die Musik zu Ernst Tollers Stück *Feuer aus den Kesseln* (Aufführung 1935 in Manchester). Ab Mitte April 1936, längerer Aufenthalt in London: Musikbearbeitung für den Film *Il Pagliacci*, Regie Karl Grune, Hauptrolle Richard Tauber. Weiteremigration: 1937 Europa und Januar 1938 USA. Remigration 1948 Wien, 1950 Berlin, DDR. Tätigkeit nach 1945/46: Komponist und Hochschullehrer. Gestorben am 7.9.1962 in Berlin, DDR. Quellen: Röder/Strauss 1983, Band II, Tl. 1, S.251f. Aufenthalte in Großbritannien nicht erwähnt; Stengel/Gerigk 1943, S. 65f.; Meyer 1979, S. 137 bezeugt Eislers Englandaufenthalt 1934; Weiteres vgl. Schebera 1981.

Eulenburg, Kurt; geboren am 22.2.1879 in Leipzig. Ausbildung, Universitätsstudium, Abschluß Dr.phil. Tätigkeit in Deutschland: Verleger. Exil Großbritannien: 1939. Tätigkeit in Großbritannien: baute als Inhaber der Firma Eulenburg den Verlag seines Vaters Ernst Eulenburg in London wieder auf und verbesserte den Vertrieb von Miniaturpartituren. Gestorben am 10.4.1982. Quellen: Levi 1991, S.294; Stengel/Gerigk 1940, S.65; Krummel/Sadie 1990.

Fischer, Grete; Ps. Joseph Amiel, Margaret Fisher. Geboren am 6.2.1893 in Prag. Ausbildung: 1911-1914 Musikstudium Universität Prag. Tätigkeit in Deutschland: 1917-1934 Verlagstätigkeit bei Paul Cassirer, später am Ullstein-Verlag, Konzertkritiken für den Berliner Börsen-Courier (1922-1931) und B.Z. am Mittag (1931/32), Vossische Zeitung, Neue Badische Landeszeitung u.a. 1933 aus Positionen entfernt. Exil Großbritannien: 1934. Tätigkeit in Großbritannien: Mitarbeit an der B.B.C.; Mitarbeit an der Exilzeitschrift Die Zeitung. Mitbegründerin des "Club 43". Gesprächspartnerin bei Veranstaltungen des FDKB. Tätigkeit nach 1945/46: Speziell ausgebildete Lehrerin für hirngeschädigte Kinder, Veröffentlichungen von Kinderbüchern und Memoiren. Gestorben am 28.3.1977 in London. Quellen: Röder/Strauss 1983, Bd. II, Tl. 1, S. 299, Programme des FDKB.

Fischer, Rudolph; Daten nicht ermittelt. Mitwirkung als Pianist im FDKB bei den Aufführungen der politisch-satirischen Revue *My Goodness - My Alibi* vom 25.12.1943 bis Januar 1944. Quellen: Stompor 1994, Bd. 1, S. 324.

Flaetter, Hilda bzw. Flätter; Daten nicht ermittelt. Tätigkeit in Großbritannien: Pianistin bei Konzert des FDKB in London. Quellen: Programm des FDKB.

Flesch, Carl; geboren am 9.10.1873 in Wieselburg, Ungarn. Ausbildung: Violinstudium 1890-1894 bei Martin-Pierre-Joseph Marsick am Pariser Conservatoire; Debüt 1895 in Wien. Tätigkeit in Deutschland: 1908-1926 Berlin, danach Baden-Baden; 1928-1934 Lehrer an der Hochschule für Musik, Berlin. Exil Großbritannien: 1934 London. Tätigkeit in Großbritannien: Solist und Lehrer, bildete mit Hugo Becker und Artur Schnabel (später Carl Friedberg) ein Trio. Weiteremigration: 1939 Holland. 1940 Kurse für Violinpädagogik am Königlichen Konservatorium in Den Haag; über Ungarn 1943 Flucht in die Schweiz. Flesch gab Konzerte und unterrichtete eine Meisterklasse am neu gegründeten Konservatorium in Luzern. Gestorben am 15.11.1944 in Luzern/Schweiz. Quellen: Röder/Strauss 1983, Band II, Tl. 1, S. 305; B.B.C.: WAR, R 27/101 Music General, 1939-1943; Riemann 1989, Bd. 2; NGDM 1980, Bd. 6; Stengel/Gerigk 1943, S. 76. Publikationen: Die Kunst des Violinspiels, 2 Bde., Berlin 1923-1928; Das Skalensystem, Berlin 1926 - übersetzt in mehrere Sprachen; Das Klangproblem im Geigenspiel, Berlin 1931; Die Hohe Schule des Fingersatzes (1944), Hg. Kathinka Rebling, 1995.

Frank, Ernst oder Ernest, geboren in Kalkutta; ein Elternteil war britisch. Ausbildung: Sänger, Bariton. Tätigkeit in Deutschland: Spezialisiert in Liedinterpretation deutscher und italienischer Lieder; Opernsänger, Rundfunkaufnahmen. Abbruch der Karriere in Nazi-Deutschland. Exil Großbritannien: 1936. Frank erhielt die britische Staatsbürgerschaft bei seinem Exil nach Großbritannien. Tätigkeit in Großbritannien: Regieassistent bei Carl Ebert in Glyndebourne. Gastspiele mit der Carl Rosa Opera Company 1936 und 1937. Ab Februar 1937 Auftritte mit Schubert-Liedern und regelmäßige Aufnahmen für verschiedene Stationen der B.B.C. (auch englische Lieder); 1937 Monostatos, *Zauberflöte* in Glyndebourne; Schumann-Lieder in einem Konzert der National Gallery 1941. Ab Februar 1942 Soldat bei der British Army, hier ab Juni 1942 Rundfunkaufnahmen mit der Band der "Royal Airforce Music Company". Tätigkeit nach 1945/46: Als Sergeant mit dem Intelligent Service in Deutschland; sang, begleitet von einem Kammerorchester, für das "British Forces Network" in Hamburg. 1946 Mitwirkung bei Konzert des Committee for the Promotion of New Music in London. III. Programm der B.B.C.; 1947 Glyndebourne; Konzerte in London. Quellen: B.B.C.: WAR, Ernest Frank, Artists, File 1: 1936-1949; Programmzettelsammlung National Gallery Concerts, Erika Storm und Maria Lidka; Glyndebourne Programmheft.

Freudberg, Joanna (Johanna, Hansi), verheiratete Graudan; geboren am 18.5.1905 in Libau, Rußland. Ausbildung: Pianistin. Tätigkeit in Deutschland: Pianistin, wohnte in Berlin-Schöneberg. Mitwirkung als Kammermusikerin und Solistin im Jüdischen Kulturbund 1934 in Berlin. Exil Großbritannien: mit großer Wahrscheinlichkeit 1935 wie ihr Ehemann (angegeben ist jedoch 1938; keine Nachweise nach 1935 im Jüdischen Kulturbund). Weiteremigration: 1940 USA. Tätigkeit nach 1945/46: Begleiterin ihres Ehemannes Nikolai Graudan. Quellen: Röder/Strauss 1983, Bd. II, Tl. 1, S. 413, Stichwort Graudan; Brückner-Rock 1938, S. 103; Akademie der Künste 1992, S. 382f.

Freund, Irmgard geb. Freiin von Kleist, genannt Nina; geboren am 26.2.1902 in Riga, Lettland. Ausbildung: nicht ermittelt. Tätigkeit in Deutschland: Sängerin in Berlin bis 1933 und Flucht in die CSR. Exil Großbritannien: 1939 über Polen. Tätigkeit in Großbritannien: organisatorische Mitarbeit in der Sektion Musik des FDKB. 1945 Mitwirkung bei den "Ensemble Singers" unter der Leitung von Jani Strasser. Remigration: 1946 nach Berlin (SBZ) mit Ehemann, dem Schauspieler Erich Freund. Tätigkeit nach 1945/46: nicht ermittelt. Quellen: Programmzettelsammlung Ernst Henschel, Meyer 1979, S. 147. SAPMO NL 140/11, Bl. 8, Remigration antifaschistischer Flüchtlinge aus Großbritannien; Röder/Strauss 1983, Bd. II, Tl. 1, S. 332, Stichwort Freund, Erich.

Freyhan, Hans, geboren am 8.12.1909 in Berlin. Studium der Musikwissenschaft, Germanistik und Philosophie (Heidegger) in Freiburg und Berlin. Akademie für Schul- und Sakralmusik in Berlin. Ab 1933 Lehrer verschiedener jüdischer Schulen und Musikkritiker der C.V.-Zeitung und Jüdisch Liberalen Zeitung. Ende 1938 Flucht nach England, Brighton; Lehrer am Whittingehame College. Mai 1940: Internierung bis Januar 1941 auf der Isle of Man. Zwischenaufenthalt in London, ab 1942 Wohnsitz in Bedford. Lehrer an der Bedford Modern School; ab 1949-1953 Music Department des Huddersfield Technical College; Lehrer an der Bedford High School. 1975 Pensionär und Musikkritiker an der Bedfordshire Times, Kammermusiker, Mitarbeit an der AJR. Quellen: Stengel/Gerigk 1940, S. 76; Bedfordshire Times, 25.4.1980.

Freyhan, Kate geb. Levi; geboren am 27.1.1909 in einer orthodoxen jüdischen Familie in Altona. Ausbildung als Lehrerin für das höhere Lehramt an den Universitäten München, Freiburg, Paris (Sorbonne) und Hamburg. Abschluß mit 1. Staatsexamen und Dr.phil. in Berlin. Danach Ausbildung als Lehrerin für jüdische Religion bei Meier Spanier in Berlin. 1934-1938 Lehrerin an der Mädchenschule der jüdischen Gemeinde Auguststraße in Berlin, dabei Ausbildung von Musiklehrern. 1937 Heirat mit Hans Freyhan. Ende 1938 Geburt des Sohnes Peter. März 1939 Flucht nach England, Brighton. Nach Kriegsbeginn wg. "protected area" kurzzeitige Übersiedlung nach London. Danach Wohnsitz in Bedford, leitete ein Haus mit Flüchtlingskindern. 1940 Geburt des Sohnes Michael. Ab 1948 ass. chorus master der Musical Society Bedford. 9 Jahre Dirigentin der All Saints Mother's Union; Dirigentin des

Bedford Co-operative Children's Choir und Adult Choir. Begründete und leitete Blockflötenklassen an der Rural Music School. Ab 1949 sechzehn Jahre Deutschund Musiklehrerin in Bedford; ab 1950 Technical College in Bedford; ab 1972 Inspektorin für die Musiklehrer-Ausbildung in Bedfordshire. Lebte 1980 in Bedford. Peter Freyhan war 1980 Cellist des BBC Symphony Orchestra; Michael Freyhan freiberuflicher Cellist und Pianist. Quellen: Interview Leo Baeck Institut, New York; Bedfordshire Times, 25.4.1980.

Gál, Erna; Schwester von Hans Gál; geboren 1899 in Wien, Ausbildung: Universität und Pianistin. Tätigkeit in Österreich: nicht ermittelt. Exil Großbritannien: 1940. Tätigkeit in Großbritannien: nicht ermittelt. Quellen: Röder/Strauss 1983, Band II, Tl. 1, S. 354, Stichwort Gál, Hans; Fend 1993, S. 184.

Gál, Hans; geboren am 5.8.1890 in Brun am Gebirge, heute Wien. Ausbildung: Mandyczewsky-Schüler in Wien, 1913 Promotion über "Die Stileigentümlichkeiten des jungen Beethoven". Komponist von Opern, Orchester-, Chor- und Kammermusik. Tätigkeit in Deutschland und Österreich: 1918-1929 Lektor für Musiktheorie Universität Wien; 1929-1933 Direktor der Stadtischen Musikhochschule und Konservatorium Mainz; 1933 Hinauswurf und Rückkehr nach Wien, hier bis 1938 Dirigent. Exil Großbritannien: 1938. Tätigkeit in Großbritannien: Edinburgh, Beginn der Arbeit an der Reid-Musikbibliothek, Abbruch der Tätigkeit wegen Krankheit seines Befürworters Donald Tovey, kurze Übersiedlung nach London. 1940 Internierung und Komposition der *Huyton-Suite* im Lager Huyton. Weitere Internierung auf der Isle of Man, gab Gál Kurse an der Lageruniversität, komponierte und dirigierte die Revue *What a Life*. Nach Entlassung Rückkehr nach Edinburgh, arbeitete als Privatlehrer, Konzertpianist und Dirigent. Herausgeber der *Ouvertüre* zur Oper *Armida* von Haydn bei Augner Ltd. 1939; Gáls *Serenade* für Streichorchester erscheint 1943 bei Novello. Aufführungen seiner Werke und Bearbeitungen im Austrian Centre in London; wirkte als Autor bei den Kulturblättern und schrieb verschiedene Artikel in musikwissenschaftlichen Zeitschriften. Tätigkeit nach 1945/46: Feste Lehrstelle an der Universität Edinburgh, vermittelt durch Donald Tovey. Gestorben am 4.10.1987 in Edinburgh. Quellen: Röder/Strauss 1983, Bd. II, Tl. 1, S. 354; Fend 1993; Fox-Gál 1988; The Monthly Musical Record, Music & Letters; Kulturblätter des Free Austrian Movement 1944; Zeitspiegel 1943; B.B.C.: WAR, Artists, Hans Gál; File 1: 1938-1962; Hans Gál; Composer; File 1: 1940-1962.

Geiger, Isidor; geboren am 20.11.1886 in Jaroslav, Ungarn. Ausbildung: nicht ermittelt. Tätigkeit in Österreich: Salongeiger in Wien, Konzertmeister, Kammermusiker, Komponist. Exil Großbritannien: Zeitpunkt nicht ermittelt. Tätigkeit in Großbritannien: vertrat die österreichische Unterhaltungsmusik; keine Nachweise ermittelt. Quellen: DÖW 1992, S. 371; Stengel/Gerigk 1941, S. 387; Brückner-Rock 1938, S. 91.

Geiringer, Karl; geboren am 26.4.1899 in Wien. Ausbildung: Kompositionsstudium bei Hans Gál und Richard Stöhr, Musikwissenschaft bei Guido Adler. Universität Berlin, Musikgeschichte bei Hermann Kretzschmar und Geschichte der Musikinstrumente bei Curt Sachs; 1923 Promotion über "Flankenwirbelinstrumente in der Bildenden Kunst". Tätigkeit in Österreich: 1930-1938 Kustos an Archiv und Museum der Gesellschaft für Musikfreunde in Wien; bereits 1935 erschien Geiringers Brahms-Biographie auf deutsch, 1937 in englisch. Beachtung seiner Veröffentlichungen in britischen Zeitschriften; ab 1935 Zusammenarbeit mit der B.B.C., u.a. Sendungen über Haydn, Telemann, die Bach-Familie. Publiziert bei Boosey & Hawkes 1936. Exil Großbritannien: April 1938, London. Tätigkeit in Großbritannien: Studien an der British Library; Gastdozent am Royal College of Music; einige Artikel in The Listener (bis Januar 1940), u.a. über *Mathis der Maler* von Paul Hindemith sowie in The Musical Times. Weiteremigration: 1940 USA aus Angst vor Internierung als enemy alien. Tätigkeit: 1940-1941 Gastprof. Hamilton College, Clinton, New York, 1941-1961 Prof. und Ordinarius für Musikwissenschaft Boston University, College of Music, Massachusetts, 1962-1972 Prof. University of California, S. Barbara. Quellen: Röder/Strauss 1983, Bd. II, Tl. 1, S. 363; Riemann 1989, Bd. 2, NGDM 1980, Bd. 7; Seeger 1966; Geiringer 1988; B.B.C.: WAR, Music General, Karl Geiringer, 1932-1939; Stengel/Gerigk 1940, S. 82. Publikationen, u.a.: Musical Instruments. Their History in Western Culture, London 1943; Johannes Brahms - Leben und Schaffen eines deutschen Meisters, Wien 1935; Oxford 1937 und 1947.

Gellhorn, Peter (eigentl. Hans); geboren am 24.10.1912 in Breslau. Ausbildung: bereits vor dem Abitur Beginn des Musikstudiums, 1929-1934 Hochschule für Musik Berlin, Komposition bei Schrattenholz, Klavier bei R. Rössler bis 1932, 1932-1934 Dirigieren bei Julius Prüwer. 1931-1935 Universität Berlin: Kunstgeschichte, Philosophie, Musikgeschichte bei Arnold Schering und Friedrich Blume. Tätigkeit in Deutschland: ab 1930 Musik für Silhouettenfilme Lotte Reinigers. 1933 Arbeitsverbot, trotzdem Weiterarbeit als Musiker; 1935 Ausschluß aus Reichsmusikkammer. Exil Großbritannien: 1935, London. Tätigkeit in Großbritannien: mit Arbeitserlaubnis bis 1939 Lehrer an der Toynbee Hall (Abendklasseninstitut), Aufbau einer Musikabteilung, komponierte Bühnenmusiken. Internierung von 7/1940-1/1941 Isle of Man. 1941-1943 Korrepetitor der in England und Schottland tourenden Sadler's Wells Opera. 1943-1945 ziviler Kriegsdienst in einer Elektromotorenfabrik. Kammermusik von 1936 bis 1945, u.a. im Duo mit Maria Lidka. 1943 National Gallery Concert als Begleiter von Sängern der Sadler's Wells Opera. 1945-1946 Dirigent der Royal Carl Rosa Opera Company, hier Dirigat des *Fliegenden Holländer*, als erste Wagner-Inszenierung nach dem Krieg in Großbritannien. Tätigkeit nach 1945/46: Dirigent, anfangs an kleineren Bühnen, ab 1946-1953 an Covent Garden; von 1954-1961 Korrepetitor und Chordirektor in Glyndebourne; ab 1961 Chordirektor an der B.B.C. Bildete von 1973-1978 am Collegium des Londoner Opera Centre Berufssänger aus. Lebt heute als Pianist, Korrepetitor und Chorleiter (Barnes Choir) in London; Meisterklasse für Sänger und Begleiter in Hanslow. Komponist von

Kantaten, Liedern, Klavierwerken. Quellen: Stengel/Gerigk 1940, S. 82; Röder/Strauss 1983, Bd.II, Tl.1, S. 365; Programmzettelsammlung National Gallery Concerts; Gesprächsprotokolle Lidka und Gellhorn.

Gerhardt, Elena; geboren am 11.11.1883 in Leipzig; Ausbildung: Mezzo-Sopranistin bei Marie Hedmont, Königliches Konservatorium Leipzig. 1903 entdeckt von Arthur Nikisch. Tätigkeit in Deutschland: 1905/06 Leipziger Oper, danach Liedsängerin, 1907-1914 ständige Gastspiele in London. 1907 erste Schallplattenaufnahmen. 1912 erste Amerikatournee mit Nikisch als Begleiter, weitere Aufenthalte folgten. 1913/14 Karriere in Europa. Ab 1926 jährliche Konzertreisen in England; ab 1928 Zusammenarbeit mit Gerald Moore. 1929 fester Wohnsitz in Leipzig als Gesangslehrerin am Konservatorium, daneben Konzerte in Europa und wieder USA, 1930. 1932 Heirat mit Fritz Kohl, Direktor des Leipziger Rundfunks. Exil Großbritannien: Oktober 1934, London; nach Verhaftung und Freilassung ihres Mannes. Letztmaliger Deutschlandbesuch 1935. Tätigkeit in Großbritannien: 1934 Gesangslehrerin an der Guildhall School. Konzerte u.a. bei den National Gallery Concerts. März 1942 Aufführungen mit ihrer privaten Gesangsklasse von Pergolesis *Stabat mater* im Mercury Theatre London, Tournee ihres Opernstudios mit *Cosí fan tutte*. B.B.C. Overseas Transmission ab 1942. 1947 Ende der Karriere als eine der größten Sängerinnen des 20. Jahrhunderts; arbeitete weiter als anerkannte Lehrerin in London. Zu ihren Schülerinnen gehört die Mezzo-Sopranistin und Konzertsängerin, Esther Salaman, Ehefrau von Paul Hamburger. Auch Peter Pears nahm bei ihr in den dreißiger Jahren Gesangsunterricht. Gestorben am 11.1.1963 in London. Quellen: Röder/Strauss 1983 Bd. II, Tl. 1, S. 367; Mueller von Asow 1954; Kutsch/Riemens 1987, Bd. 1; Gerhardt 1953; NGDM 1980, Bd. 14, Stichwort Peter Pears; Zeitspiegel, (4.4.1942), S.9.

Gilbert, Jean (Max Winterfeld bis 1903); geboren am 11.2.1879 in Hamburg. Ausbildung: Universität Kiel, Sondershausen, in Weimar und Berlin. Tätigkeit in Deutschland: Dirigent in Bremerhaven, Hamburg, Berlin. Anerkennung als Operettenkomponist in der Provinz; 1910 sein erfolgreichstes Stück, *Die keusche Susanne*, aufgeführt in Magdeburg. In 20er Jahren führender Komponist der Berliner Operette. Exil Großbritannien: zwischen 1933 und 1939. Tätigkeit in Großbritannien: nicht ermittelt. Weiteremigration: 1939 Argentinien, Buenos Aires, Rundfunkkapellmeister. Gestorben am 20.12.1942 in Buenos Aires. Quellen: Röder/Strauss 1983, Bd. II, Tl. 1, S. 377; Riemann 1989, Bd. 2; Seeger 1966; Stengel/Gerigk 1940, S. 83 auf Pseudonyme verwiesen, S. 293 eine ganze Kolumne mit der Aufzählung seiner in Deutschland sehr populären Werke.

Glas, Richard; geboren am 14.8.1890 in Wien. Pianist, Musiklehrer für Klavier, letzter Ort (bei Stengel/Gerigk 1940) mit Kiel in Deutschland angegeben. Exil Großbritannien: Zeitpunkt nicht ermittelt. Tätigkeit in Großbritannien: spielte beim Gründungskonzert des FDKB in London 1939 Klavier. Weiteres nicht ermittelt. (Im

NDR-Schallarchiv liegt eine erste Aufnahme des Pianisten aus dem Jahr 1951 vor.) Quellen: Stengel/Gerigk, 1941, S. 84; Programm des FDKB.

Goehr, Alexander; (2. Flüchtlingsgeneration): geboren am 10.8.1932 in Berlin. Exil Großbritannien: 1937 als Kind Walter Goehrs nach London. Ausbildung: Royal Manchester College of Music, 1955/56 bei Messiaen am Pariser Conservatoire. Tätigkeit in Großbritannien: Komponist, Musikdozent, Musikassistent an der B.B.C. 1967-1970 Professuren in den USA. Seit 1971 Direktor der Musikabteilung der Universität Leeds; verbindet als Komponist postserielle Techniken mit Traditionen englischer Musik (Riemann 1989, Bd. 2). Quellen: Röder/Strauss 1983, Bd. II, Tl.1, S. 384f.; Traber /Weingarten 1987, S. 244; NGDM 1980, Bd. 7.

Goehr, Walter; geboren am 28.5.1903 in Berlin. Ausbildung: Studium an der Preussischen Akademie der Künste in Berlin, Schüler von Arnold Schönberg. Tätigkeit in Deutschland: Dirigent am Berliner Rundfunk. Exil Großbritannien: 1933 London. Tätigkeit in Großbritannien: 1933-1939 Dirigent und musikalischer Direktor der Schallplattenfirmen Columbia und His Master's Voice (nennt sich hier George Walter als Komponist und Dirigent von Unterhaltungsmusik). Ab 1942 Beginn seiner vielseitigen Karriere an der B.B.C. als Komponist, Dirigent, Arrangeur (auch Propagandasendungen) verschiedener Stationen; von 1943 bis zu seinem Tod Dirigent am Morley College. Nach 1945/46: Dirigent des B.B.C. Theatre Orchestra 1945-1948. Dirigierte die Erstaufführungen von Brittens *Serenade* mit den Solisten Dennis Brain und Peter Pears, Tippetts *A Child of our Time* 1944 und Seibers *Ulysses* 1949. Komponierte vorwiegend Unterhaltungsmusik, Radiomusiken, Kammermusiken, eine Radio-Oper. Gestorben am 4.12.1960 in Sheffield, Großbritannien. Quellen: Röder/Strauss 1983, Bd. II, Tl. 1, S. 385; NGDM 1980, Bd. 7; B.B.C.: WAR, Walter Goehr; Music Copyist; File 1: 1935-1939; File 2: 1940-1962; Walter Goehr, Conductor File 1: 1934-1941; File 2: 1943-1944; Walter Goehr, Composer; File 1: 1942-1960; Tippett 1944.

Goldsand, Hilde; Daten nicht ermittelt. Tätigkeit in Großbritannien: Sängerin. Mitwirkung im Laterndl: *Rufen Sie Herrn Plim*, Musik Mischa Spoliansky, und bei der konzertanten Aufführung der *Zauberflöte* im Austrian Centre. Quellen: Zeitspiegel, (23.10.1943), S.6; Zeitspiegel, (23.11.1942), S.7.

Goldschmidt, Berthold; geboren am 18.1.1903 in Hamburg. Ausbildung: Universität Hamburg, ein Semester Kunstgeschichte. 1922 Hochschule für Musik, Berlin: Dirigieren bei Julius Prüwer und Rudolf Krasselt, Komposition bei Franz Schreker. Tätigkeit in Deutschland: 1925-1927 Assistent bei Franz von Hoesslin. 1927 mit Carl Ebert als musikalischer Berater und Dirigent nach Darmstadt, 1931 Rückkehr nach Berlin, Städtisches Theater; hier Hinauswurf 1933. 1932 erfolgreiche UA und einige Vorstellungen seiner Oper *Der gewaltige Hahnrei* nach Crommelynck in Mannheim. Exil Großbritannien: 1935 London. Tätigkeit in Großbritannien: Privatunterricht in Kontrapunkt und Korrepetition. Komponierte sein *2. Streichquartett* und für das Jooss Ballett die Ballettmusik *Chronica* für zwei Klaviere. Einige Aufführungen seiner Kammermusikwerke im FDKB. Pianist, Begleiter (Lucie Manén) und Klavierduo mit Franz Osborn, u.a. bei der Aufführung des *Menuetts* aus der *3.* und dem *Finale* aus der *4. Symphonie* von Gustav Mahler (Fassung Hans Gál). Mitarbeit im Austrian Centre: 1943 musikalische Einstudierung und Leitung von *Rufen Sie Herrn Plim* (Musik von Mischa Spoliansky). Ab 1941 bis 1947 Mitarbeit und musikalischer Leiter der deutschsprachigen Abteilung an der B.B.C.; Arrangeur, Komponist für Radiomusiken. Tätigkeit nach 1945/46: 1947 Chordirektor in Glyndebourne und Dirigent des Glyndebourne-Ensembles während des Gastspiels in Edinburgh; einige Kompositionen. Allmählicher Beginn der Karriere als Dirigent in London; Mithilfe bei der Rekonstruktion der *10. Symphonie* von Gustav Mahler durch Deryck Cooke; 1964 Dirigat der UA der *10. Symphonie* in London. 1987 in London: erfolgreiche konzertante Aufführung der bereits 1951 fertiggestellten und im Rahmen des Festival of Britain preisgekrönten Oper *Beatrice Cenci*. Danach Komposition neuer Werke nach mehr als dreißigjährigem Schweigen als Komponist. Mit den 90er Jahren einsetzende Goldschmidt-Renaissance in Deutschland und Großbritannien; Produktion nahezu aller seiner Werke auf CD. 1994 Inszenierung seiner beiden Opern in Deutschland. Goldschmidt lebt heute in London. Quellen: Röder/Strauss 1983, Bd. II, Tl. 1, S. 393 (mit zahlreichen ungenauen Angaben); MGG 1956, Bd. 5; NGDM 1980, Bd. 7; Goldschmidt 1994; Akademie der Künste 1992; Progammzettelsammlung E.H. Meyer, Sammlung Goldschmidt Akademie der Künste Berlin; Stengel/Gerigk 1940, S. 88; Gesprächsprotokolle Georg Knepler, Erika Storm und Maria Lidka. B.B.C.: WAR, Copyright; Goldschmidt; File 1: 1941-1953; Composer; Berthold Goldschmidt; File 1; 1934-1962; Zeitspiegel, (30.10.1943), S.9; Zeitspiegel, (25.5.1941), S.4; Programmhefte, einschlägige Zeitungsartikel.

Goldstein, Friederike; geboren am 4.9.1875 in Wien. Ausbildung: Violinistin. Tätigkeit in Österreich: Mitglied des Wiener Frauen Sinfonie-Orchesters, 30 Jahre Violinlehrerin. Exil Großbritannien: 1938 oder 1939. Tätigkeit in Großbritannien: Bemühte sich um eine Arbeitserlaubnis als freiberufliche Violinlehrerin. Quellen: P.R.O., Liste vom 6.5.1943 des M.R.C. an das Home Office, Mr. Cooper.

Gombrich, Dea, verheiratete Lady Forsdyke (Tochter der Wiener Pianistin Leonie Hock und Schwester des Kunsthistorikers Sir Ernst Gombrich); geboren 1905 in Wien. Ausbildung: Violinstudium bei Adolf Busch. Tätigkeit in Österreich: Violinistin, Mitglied des Ensembles zu Alban Bergs 50. Geburtstag 1935 in Wien. Exil Großbritannien: 1936 über Palästina. Tätigkeit in Großbritannien: 1941 Musikerin an der B.B.C. Wirkte am 16.6.1943 als Violinistin bei der Aufführung "Von den Nazis verbannte österreichische Musik" mit, in der die Berg'sche Bearbeitung des zweiten Satzes seines *Kammerkonzerts* für Violine, Klarinette und Klavier gespielt wurde. Ebenso in der Revue *Immortal Austria* im März 1943 der Kingsway Hall in London. Tätigkeit nach 1945/46: lebt in London. Quellen: Stadlen 1990. Scherchen 1984, S. 52-54, nach dieser Quelle, S. 142, wird ihr Geburtsjahr mit 1901 angeben.

Röder/Strauss 1983, Bd. II, Tl. 1, S. 401; die Angabe bei Röder/Strauss 1983 über ihre Weiteremigration kann nicht stimmen, da ihre gesamte Familie 1938 nach London ging und es über sie einen Nachweis in London gibt. DÖW 1992, S. 444; B.B.C.: WAR, R 27/3/2; Music General; Alien Composers; File 2: 1941; internes Schreiben vom 22.12.1941.

Goodman, Alfred; geboren am 1.3.1920 in Berlin. Studium: 1937/38 Besuch des Stern'schen Konservatoriums in Berlin. Tätigkeit in Deutschland: 1938/39 Geiger und Schlagzeuger im Orchester des Jüdischen Kulturbunds. Exil Großbritannien: April 1939, London. Tätigkeit in Großbritannien: komponierte, arrangierte für die B.B.C. und komponierte im FDKB u.a. für die Revue *Going, Going-Gong!* unter dem Pseudonym Fred Manfeld. Weiteremigration: Januar 1940, USA. Tätigkeit nach 1945/46: Studium bei Julius Prüwer und seinem Vater Oskar Guttmann; Musikwissenschaft und Komposition in New York, Columbia University, Department of Music, u.a. bei Otto Luening, Henry Cowell. 1955 Editor bei der Plattenfirma Westminster Records, New York; 1957-1960 Komponist, Arrangeur für Dokumentarfilme bei Movietone New York; 1956/60 Dozent für Komposition, Kontrapunkt; Musikkritiker für Aufbau. Ab 1960 Europa, 1962 München; ab 1963 freier, seit 1971 fester Mitarbeiter des Bayerischen Rundfunks. 1970-1972 Promotion bei Carl Dahlhaus an der T.U. Berlin, seit 1976 Dozent in München für Tonsatz, Kontrapunkt und angewandte Musik, Wohnsitz ab 1996 in Berlin. Quellen: Traber/Weingarten 1987, S. 248f. und Werkliste, NGDM 1980, Bd. 7; Stengel/Gerigk 1940, S. 98 unter Guttmann, Alfred (Ps. Burner, Billy), mit falschem Geburtsjahr und als Komponist - Berlin aufgelistet. Röder/Strauss 1983, Bd. II, Tl. 1, S. 402; Leske/Reinisch 1987, S. 266 und 713; Brachtel u.a.1993.

Gradenwitz, Peter; geboren am 24.1.1910 in Berlin. Ausbildung: Studium an den Universitäten Freiburg und Berlin; Kompositionsstudium bei Julius Weismann und Josef Rufer; ab 1934 Deutsche Universität Prag, Spezialisierung in Musikwissenschaft, 1936 Dissertation über Stamitz. Tätigkeit in Deutschland: freiberuflicher Musikdozent, Kritiker, Rundfunkautor. Exil Großbritannien: 1934 London. Tätigkeit in Großbritannien: Teilnahme an Kursen über Klavier-Technologie und Instrumentenbau am Northern Polytechnic. Weiteremigration: 1936 Israel. Tätigkeit nach 1945/46: Publikationen, u.a. Die Musikgeschichte Israels (hebr., engl. dt.); 1966-1976 Dozent für Musikgeschichte an der Universität Tel-Aviv, spezialisiert für zeitgenössische Musik; Forschungen über Johann Stamitz; Mitbegründer der israelischen Sektion der IGNM. Autor der Neuen Zürcher Zeitung und der Frankfurter Allgemeine. Biographie über Leonard Bernstein 1984/94. Lebt in Israel. Quellen: Röder/Strauss 1983, Band II, Tl. 1, S. 408; NGDM 1980, Bd. 7; Stengel/Gerigk 1943, S. 100.

Graudan, Nikolai; geboren am 24.8.1896 in Libau, Rußland. Ausbildung: Universität und Konservatorium St. Petersburg, beendete sein Violoncello-Studium bei Abbiate mit höchster Auszeichnung. Danach, auf Anordnung des Direktors Glasunow sofort als Professor für Violoncello angestellt. Tätigkeit in Deutschland, 1. Exilland: Orchestermusiker in Düsseldorf, 1926-1935 1. Cellist der Berliner Philharmoniker. März 1934 Kammermusiker im Konzert für die Jüdische Winterhilfe im Jüdischen Kulturbund Berlin. Exil Großbritannien: 1935. Tätigkeit in Großbritannien: 1936 beteiligt an der internen UA des 2. *Streichquartetts* von Berthold Goldschmidt in London. Weiteremigration: 1938 USA. 1939-1944 1. Cellist Minneapolis Orchestra, 1944-1950 New York, Orchester der Metropolitan Opera. 1950 Los Angeles; Duo mit seiner Frau, Kammermusiker, Lehrer. Gestorben am 9.8.1964 während eines Besuches in Moskau. Quellen: Röder/Strauss 1983, Bd. II, Tl. 1, S. 413; Stengel/Gerigk 1940, S. 94; Akademie der Künste 1992, S. 383; Goldschmidt 1994, S. 60.

Gross, Eric, früher Erich; geboren am 16.9.1926 in Wien. Exil Großbritannien: 1938. Tätigkeit in Großbritannien: Hochschulstudium abgeschlossen als M.A., M.Litt., D.Mus. Univ. Aberdeen, Schottland. Dozent am Trinity College of Music in London; Musiker, Arrangeur und Dirigent von leichter Musik in Großbritannien und in Ceylon. Weiteremigration: 1958 Australien. Tätigkeit nach 1958: 1960-1974 Begleiter bei Radio Ceylon und B.B.C.; 1964-1969 Dirigent des Pro Musica Orchestra und Choirs der St. Andrews Cathedral Choral Society in Sydney; ab 1971 Universität Sydney. Quellen: Röder/Strauss 1983, Bd. II, Tl. 1, S. 419. Kompositionen und Publikationen: u.a. eine Oper, eine Pantomime, Instrumental- und Kammermusik, Chorwerke, angewandte Musik; Artikel für australische Musikzeitschriften.

Grosz, Wilhelm; geboren am 11.8.1894 in Wien. Ausbildung: 1910-1916 Studium Klavier und Komposition u.a. bei Franz Schreker an der AMdK in Wien; Musikwissenschaft an der Universität Wien bei Guido Adler; 1920 Promotion über "Die Fugenarbeit bei Mozarts Vokal- und Instrumentalwerken". Tätigkeit in Österreich und Deutschland: 1922-1928 Komponist und Klavierbegleiter in Wien; 1928-1933 Berlin: konzertierte, schrieb für Rundfunk, künstlerischer Leiter der Ultraphon-Grammophongesellschaft. 1933 Rückkehr nach Wien, Dirigent der Kammerspiele, erfuhr antisemitische Attacken. Exil Großbritannien: 1934 London. Tätigkeit in Großbritannien: komponierte erfolgreiche britische Schlager zusammen mit Jimmy Kennedy. Weiteremigration: 1938 USA. Gestorben am 10.12.1939 in New York. Quellen: Traber/Weingarten 1987, S. 251 einschließlich Werkliste; Willett 1983, S. 198f. "bemerkenswerte Karriere"; B.B.C.: WAR, Files, siehe Liste der "Ban" Composers 1940; Stengel/Gerigk 1940, S. 95; Röder/Strauss 1983, Bd. II, Tl. 1, S. 424; Aufführungen seiner Musik durch Erika Storm und Mosco Carner in London.

Grün, Bernard, heute Grun; geboren am 11.2.1901 in Stratsch, Mähren. Ausbildung: Studium Philosophie und Jura. AMdK in Wien bei Alban Berg, Felix Weingartner und Egon Wellesz. Tätigkeit: Musikdirektor an Theatern in Berlin, Wien und Prag. Exil Großbritannien: Zeitpunkt nicht ermittelt. Tätigkeit in Großbritannien: ab 1942 Zusammenarbeit mit Richard Tauber an der Operette *Old Chelsea*. Bearbeitete zahlreiche Operetten, incl. 1953 Millöckers *Die Dubarry*. Tätigkeit nach 1945/46: Komponierte Musik für mehr als 30 Stücke und Filme, Veröffentlichungen über Operettengeschichte, Musikeranekdoten u.a. Gestorben am 28.12.1972 in Berlin. Remigration nicht ermittelt. Quellen: Röder/Strauss 1983, Bd. II, Tl. 1, S. 429; Stengel/Gerigk 1943, S. 102.

Guttmann, Julius; geboren 1889 in Prag. Tätigkeit in Deutschland: Bassist, 1923-1933 Staatstheater Hamburg, Berlin. Exil Großbritannien: 1938 oder 1939; zuvor 1933-1938 Deutsches Theater Prag. 1939 Engagement an Covent Garden im *Ring*-Zyklus. Tätigkeit in Großbritannien: Lehrer von Peter Pears; Mitwirkender im FDKB *Bastian und Bastienne*, September 1940 und *La serva Padrona*, Februar 1941. 1943 Austrian Centre: Konzert des Young Austrian Choir in der Conway Hall als Solist; Eröffnungskonzert zur Kulturkonferenz 1942 mit Schubert-Liedern. Weiteremigration: USA, Zeitpunkt nicht ermittelt. Tätigkeit nach 1945/46: Gesangspädagoge in New York. Gestorben 1960 in New York. Quellen: Kutsch/Siemens 1987, Bd. 1; Walk 1988, S. 133; Programme des FDKB; Zeitspiegel, (29.5.1943), S.5; Zeitspiegel, (5.9.1942), S. 7; Leske/Reinisch 1987, S. 724, Anmerkung 162.

Guttmann, Oskar; geboren am 16.6.1885 in Brieg, Schlesien (Vater von Alfred Goodman). Ausbildung: 1904-1907 Jura-Studium Universitäten Freiburg/Br. und Berlin. 1906 Berlin, Musikstudium an der Universität und am Stern'schen Konservatorium. Tätigkeit in Deutschland: 1909/10 Theaterchordirektor in Tilsit, Königsberg, Mühlhausen, 1910 Promotion Dr. phil. Leipzig; 1910-1929 Musikkritiker und Lehrer in Breslau, Rundfunkmitarbeit, 1929-1933 Dirigent an der Synagoge Berlin, Oranienburger Straße; Dozent für zeitgenössische Musik; Mitarbeit am Deutschlandsender, Musikkritiker. Exil Großbritannien: 1939. Tätigkeit in Großbritannien: nicht ermittelt. Weiteremigration: 1940 USA, New York. 1940/41 Leiter des israelischen Astoria Centre; 1941-1943 Chorleiter an der Shearith Israel Spanish und Portuguese Synagogue. Komponist von Synagogalgesängen. Gestorben am 8.9.1943 in New York. Quellen: Röder/Strauss 1983, Bd. II, Tl. 1, S. 442; Stengel/Gerigk 1940, S. 98.

Haas, Frieda, geb. Rippel; geboren in Istanbul, Türkei, Weiteres nicht ermittelt. Ausbildung: Konservatorium in Wien, Klavierstudium. Tätigkeit in Österreich: nicht ermittelt. Mutter von drei Kindern, 1912 Geburt des Sohnes William Haas in Mährisch Ostrau, Österreich. Ehemann war Anwalt, Sozialdemokrat, Parlamentsmitglied und Mitglied im Kabinett verschiedener Regierungen in der CSR. Exil Großbritannien: 1939 über Polen. Tätigkeit in Großbritannien: nicht ermittelt; Remigration: Mit Ehemann 1945 zurück in die CSR, 1948 wiederum Rückkehr ins U.K. Tätigkeit nach 1945/46: möglicherweise Klavierlehrerin, wie in der Quelle angegeben. Gestorben 1962 in Cardiff. Quellen: Röder/Strauss 1983, Bd. II, Tl. 1, S. 445, Stichwort Haas, William.

Haas, Karl; geboren am 27.12.1900 in Karlsruhe. Ausbildung: Musikstudium an den Universitäten München und Heidelberg. Tätigkeit in Deutschland: Mitarbeiter am

Süddeutschen Rundfunk Stuttgart; sammelte alte Musikinstrumente, Sammlung von über 5.000 Mikrofilmen alter Musik. Exil Großbritannien: Juni 1939. Tätigkeit in Großbritannien: Ankunft mit verschiedenen Instrumenten, einschließlich zwei Viola d'amore und ein Basset Horn; machte Studien über die Viola d'amore und war bewandert auf dem Gebiet anderer ungebräuchlicher Instrumente. Sammelte weiter und edierte alte Manuskripte für Aufführungen mit Exilmusikern und britischen Musikern. Programmvorschläge auch für FDKB 1941; 1943 Gründung des London Baroque Ensemble, Auftritte in London und außerhalb, insbesondere bei den National Gallery Concerts und auch FDKB. Tätigkeit nach 1945/46: ab 1946 Programmvorschläge für National Radio; 1951 erste Aufnahmen seines Ensembles, zahlreiche britische Erstaufführungen unbekannter Musik des Barock, letztes Konzert 1966. Musikdirektor, Old Vic Theatre Bristol; Komponist von Schauspielmusiken. Gestorben am 7.7.1970 in London. Quellen: Röder/Strauss 1983, V.II, Tl. 1, S. 445; NGDM 1980, Bd. 8; Stengel/Gerigk 1940, S. 99; Willett 1983, S. 198; B.B.C.: WAR, R 27/116 Music General; Karl Haas; 1941-1949; Zeitspiegel, (22.12.1941), S.16; Programm FDKB vom 20.6.1944, Programmzettelsammlungen Lidka, Henschel und National Gallery Concerts.

Haas, Otto; geboren am 2.12.1874 (75?) in Frankfurt a.M. Ausbildung: Geschäftsschulen in Frankfurt a.M. und New York. Tätigkeit in Deutschland: 1903 Berlin, Übernahme der Antiquariatsbuchhandlung Leo Liepmannssohn. Spezialist für Autographe und Musikliteratur, Verfasser von wissenschaftlichen Katalogen und Leiter bei Versteigerungen von Sammlungen. Exil Großbritannien: 1936. Tätigkeit in Großbritannien: Wiederaufbau der Firma als Otto Haas Co. in London und Veröffentlichung zahlreicher Kataloge. Tätigkeit nach 1945/46: weitere Veröffentlichungen von Katalogen, Abwicklung der Paul Hirsch Musikbibliothek bei Übernahme in das British Museum, London. Haas' Londoner Firma wurde wiederum übernommen von Albi Rosenthal. Gestorben am 27.4.1955 in London als einer der anerkanntesten antiquarischen Buchhändler in der ersten Hälfte des 20. Jahrhunderts. Quellen: Röder/Strauss 1983, Bd. II, Tl. 1, S. 445; Rosenthal 1955; Mecklenburg 1955.

Hadda, Gerhard; Daten nicht ermittelt. Tätigkeit in Großbritannien: Sänger im FDKB, Freie Deutsche Jugend; Juli 1943 kleinere Rolle in *Die Hochzeit des Figaro* in der konzertanten Aufführung des Musical Circle, Austrian Centre, Leitung Fritz Berend. Mitwirkung bei einem Konzert mit Liedern von Peter Ury im Juli oder August 1945 im Rahmen der FDJ in London. Weiteremigration: USA. Tätigkeit nach 1945/46: nicht ermittelt. Quellen: Walk 1988, S. 136; Stichwort Hadda, Siegmund (sein Vater). Siegmund Hadda (1883-1978), wanderte über die Schweiz und England in die USA aus, Gerhard Hadda möglicherweise auch. DÖW 1992, S. 459; Stompor 1994, Bd. 1, S. 323 und 329; Zeitspiegel, (18.7.1942), S.7; Asriel 1945.

Haftl, Martha; wahrscheinlich in Österreich geboren. Weiteres nicht ermittelt. Tätigkeit in Großbritannien: Sopranistin, Solistin in einem Chorkonzert von Young Austria. Quellen: Zeitspiegel, (17.4.1943), S. 7.

Hamburg, Lily M., verheiratete Hamburger; geboren 1888 in Mainz. Musikausbildung. Tätigkeit in Deutschland: nicht ermittelt. Mutter von vier Kindern, Ehefrau von Richard Hamburger, Prof. für Pädiatrie. Exil Großbritannien: 1933. Weiteres nicht ermittelt. Sohn Michael Hamburger, Schriftsteller und Übersetzer, lebt in London. Quellen: Röder/Strauss 1983 Bd. II, Tl. 1, S. 456, Stichwort Hamburger, Michael.

Hamburger, Paul; geboren am 3.9.1920 in Wien. Ausbildung: 1935-1938 Staatsakademie Wien. Exil Großbritannien: 1939. Tätigkeit in Großbritannien: 1941-1943 Studium am Royal College of Music in London mit einem Stipendium des British Council. Internierung auf der Ilse of Man; Kriegsarbeit bis 1945; ab 1943 Pianist in London, Sonaten-Ensemble mit Suzanne Rozsa (Violine); Duo mit der Violinistin Maria Lidka; 1943 Begleiter von Hilda Alexander, Alt; Pianist in Konzerten des Austrian Centre. Tätigkeit nach 1945/46: 1948 Tournee durch Südafrika mit Ehefrau und Sängerin Esther Salaman als Begleiter. Klavierduo mit Helen Pyke, Einspielungen im III. Programm der B.B.C.; Musikologe, Autor für The Music Survey und The Music Review; Vorträge in der B.B.C. über klassische Musik, Mitarbeiter von Benjamin Britten 1952; Guildhall School of Music; Zusammenarbeit mit Gellhorn in einer Sommerakademie; lebt in London. Quellen: Willett 1983, S. 198; Zeitspiegel, (31.8.1941), S.9; Zeitspiegel, (29.5.1943); B.B.C.: WAR, Paul Hamburger; Artists, File 1: 1943-1951; Mueller von Asow 1954, S. 430; Programmzettelsammlung Lidka; Gesprächsprotokolle Lidka und Gellhorn.

Hase (auch Haase), Annemarie, früher Hirsch; geboren am 14.7.1900. Ausbildung: Studierte Schauspiel bei Max Reinhardt am Deutschen Theater Berlin. Tätigkeit in Deutschland: Schauspielerin und Sängerin an verschiedenen kleinen Theatern in Großstädten, dann in Varietés in Berlin, u.a. Künstler-Café von Friedrich Hollaender und in der "Katakombe" von Werner Finck. Erfand den komisch-grotesken Charaktertyp der "Bänkelsängerin". Exil Großbritannien: 1936. Tätigkeit in Großbritannien: FDKB. Sang hier auch Werke von E.H. Meyer. B.B.C.: Berliner Original "Frau Wernicke" in Propagandasendungen der Deutschen Abteilung gegen die Nazis als Symbolfigur der Anti-Nazi- und Antikriegspropaganda. 1936-1946 Mitglied der Theatergruppe "2O & 4 Black Sheep" des FDKB und Auftritte Kleine Bühne. Zeitweise Mitarbeit bei der Schokoladenherstellung von Frau Ackermann. Remigration: 1947 Berlin, SBZ. Tätigkeit nach 1945/46: Schauspielerin am Deutschen Theater in Berlin und am Brecht-Theater; ab 1961 in Westberlin an den großen Theatern. Gastspiele als Chansonsängerin in London. Gestorben am 22.2.1971 in Berlin-West. Quellen: Meyer 1979, S. 146 und 161; Leske/Reinisch 1987, Anmerkung 115, S. 715; verschiedene Theaterlexika; Röder/Strauss 1983, Bd. II, Tl. 1, S. 464; zahlreiche Programmzettel des FDKB; Gesprächsprotokoll Storm.

Heim, Emmy; geboren in Österreich. Weiteres nicht ermittelt. Tätigkeit in Österreich: Sängerin in Wien, gehörte zum Kreis der Interpreten von Arnold Schönbergs "Verein für musikalische Privataufführungen". Exil Großbritannien: Zeitpunkt nicht ermittelt. Tätigkeit in Großbritannien: Liedsängerin in den Konzerten der National

419

Gallery 1942, 1943. Mitwirkung im Rahmen österreichischer Konzerte der Anglo Austrian Music Society 1941, 1943 und 1944 in der Wigmore Hall in London. Revue *Immortal Austria* im März 1943 in der Kingsway Hall in London. B.B.C. Aufnahme für die Sendereihe "Austrians in the World", begleitet von Georg Knepler. Gesangslehrerin von Ilse Wolf in London. Weiteremigration: 1946 nach Kanada. Tätigkeit nach 1945/46: nicht ermittelt. Quellen: Stadlen 1990, 129; vgl. Wellesz 1981; Lucas 1975, 4; vgl. DÖW 1992; Zeitspiegel, (21.3.1942); Cambridge, Trinity College: Liederabend mit Liedern von Schubert und Hugo Wolf; Zeitspiegel, (8.5.1943), S.7; B.B.C.:WAR, Georg Knepler; Artists, File 1: 1936-1962.

Heim, Melitta; geboren am 7.1.1888 in Wien. Ausbildung: Gesangstudium, Sopranistin, bei Johannes Ress in Wien. Tätigkeit in Österreich und Deutschland: 1909 Bühnendebüt in Graz als Gilda in *Rigoletto*; 1911-1916 1. Koloratursopranistin am Opernhaus Frankfurt a.M., Gastspiele am Wiener Hoftheater; 1912 und 1914 als Königin der Nacht am Drury Lane Theatre in London. 1917-1922 Höhepunkt der Karriere an der Staatsoper in Wien, Schallplattenaufnahmen. 1922 Nervenleiden und Aufgabe der Bühnenlaufbahn, seltene Auftritte im Konzertsaal. Exil Großbritannien: 1938. Tätigkeit in Großbritannien: Mitwirkung bei Aufführung im FDKB. Wegen schwieriger finanzieller Situation zeitweilig als Putzfrau tätig. Gestorben 1950 in London. Quellen: Programm des FDKB; Kutsch/Riemens 1987, Bd. 1.

Heinemann, Lilly oder Lili; geboren am 21.6.1909 in Berlin. Ausbildung: Sängerin. Tätigkeit in Deutschland: Mitglied des Gesangsensembles "5 Belcantos" in Berlin; Sängerin im Jüdischen Kulturbund in Berlin: 1935 Olympia in *Hoffmanns Erzählungen*; Serpetta in *Die Gärtnerin aus Liebe*; Rosina in *Barbier von Sevilla* unter Joseph Rosenstock; Oktober 1936, Oskar in *Ein Maskenball* unter Kurt Singer. Zeitweilige Mitarbeit in Glyndebourne als Papagena in der *Zauberflöte* 1936 und danach wieder nach Berlin, zu Auftritten des Kulturbundes, zurückgekehrt. Exil: Argentinien, lt. Erika Storm. Weiteres nicht ermittelt. Quellen: Stengel/Gerigk 1940, S. 106; vgl. Akademie der Künste 1992, Anhang Programme; Programmzettel Glyndebourne 1936, Sammlung Storm; Stompor 1994, Bd.1, S. 299.

Heinitz, Eva M.; geboren am 2.2.1907 in Berlin. Ausbildung: 1922-1926 Studium von Violoncello und Viola da gamba bei Hugo Becker in Berlin. 1933-1935 bei Diran Alexanian und Wanda Lewandowska in Paris. Tätigkeit in Deutschland: Cellistin und Gambistin; Musikpädagogin für Gambe und Violoncello an der Hochschule für Musik Berlin; am 30.9.1933 als "Halbjüdin" entlassen. Lidka: "Sie spielte Gambe bei der berühmten Aufführung der *Johannes-Passion* unter Klemperer und spielte im Berliner Musikleben eine große Rolle." Exil Großbritannien: 1935, vorher seit 1933 in Paris. Tätigkeit in Großbritannien: Engagement bei der B.B.C., Erlaubnis als Lehrerin für Viola da gamba und für Konzerte auf diesem Instrument; keine Erlaubnis für das Cello. Duo mit der Cembalistin Alice Ehlers: Konzerte in Großbritannien und Holland. Konzert mit dem Terrianka Chamber Orchestra unter Hans Oppenheim; Konzert bei der Television Großbritannien. Mit Hilfe Artur Schnabels 1939 Auftritt in der Konzertreihe "New Friends of Music" in der Town Hall in New York. Rückkehr nach London. Weiteremigration: 1940 USA, New York. Musikerin des Chamber Orchestra innerhalb von "New Friends of Music" unter Fritz Striedry. In vier Konzertsaisons 2. Solocellistin des Pittsburgh Symphony Orchestra Pennsylvania unter Fritz Reiner. 1948 Professorin an der University of Washington, Seattle, für Cello und Viola da gamba. Cellistin im Streichquartett der Universität, Solistin mit diversen Orchestern und Soloabende; Kammermusikerin; Konzertreisen mit beiden Instrumenten in den USA und Südamerika, gründete ein Collegium musicum. Lebt in Seattle. Quellen: Röder/Strauss 1983, Bd. II, Tl. 1, S. 481; Gesprächsprotokoll Lidka; Fischer-Defoy 1988, S. 289; Stengel/Gerigk 1940, S. 106; Muck 1982 II, S. 75; Brief von Eva M. Heinitz vom 14.2.1994 an die Autorin.

Heinlein, Frederico; geboren am 25.1.1912 in Berlin. Ausbildung: 1929-1933 Musikstudium am Stern'schen Konservatorium Berlin bei W. Klatte und Paul Graener; daneben Studium der Musikwissenschaft bei Arnold Schering und Friedrich Blume an der Berliner Universität. Exil Großbritannien: Zeitpunkt nicht ermittelt. Fest steht: nach Frankreichaufenthalt und Studium bei Nadja Boulanger erfolgte Studium bei Thurston Dart in London, der selbst laut NGDM 1980, Bd. 5 1938/39 am Royal College of Music in London studierte. Weiteremigration: 1940 Chile. Tätigkeit nach 1945/46: ab 1957 Prof. of Music Arts and Scientifics an der Universität Chile; Musikkritiker, Komponist von Kammermusik, Chören und Liedern. Quellen: Röder/Strauss 1983, Bd. II, Tl. 1, S. 481.

Heller, Doris; Daten nicht ermittelt. Tätigkeit in Großbritannien: Sopran bei einer Aufführung in London. Quellen: FDKB Programm.

Heller, Ilse, verheiratet mit Sir Ernst Gombrich; geboren 1910 in Prag. Ausbildung: Klavierlehrerin. Exil Großbritannien: 1936. Tätigkeit in Großbritannien: nicht ermittelt. Mutter eines Sohnes, Richard, geboren 1937. Quellen: Röder/Strauss 1983, Bd. II, Tl. 1 S. 401, Stichwort Gombrich, Hans Josef Ernst.

Henschel, Ernst; geboren 1878 in Deutschland. Ausbildung: Studium von Jura und Musikgeschichte an den Universitäten in Berlin und München. Tätigkeit in Deutschland: praktizierender Anwalt in Berlin, begann 1892 mit Sammlung von Konzertprogrammen. Exil Großbritannien: 1938 London. Tätigkeit in Großbritannien: Sammlung von Programmzetteln. Mitglied der Bachgesellschaft und der Internationalen Gesellschaft für Neue Musik, ab 1963 als Ehrenmitglied. Tätigkeit nach 1945/46: Weiterhin Sammlung von Programmzetteln, konsequenter Konzertbesucher bis 1966, in drei Viertel eines Jahrhunderts etwa 3.000 Konzertprogramme gesammelt. Sammlung befindet sich in der British Library in London. Gestorben wahrscheinlich 1969. Quellen: King 1968/69; im IMD sind Briefe an Heinrich Strobel (1965-1969) überliefert. Demnach lebte Henschel bis zu seinem Tod in London.

Herschmann, Ella; geboren am 13.4.1890 in Österreich. Ausbildung: Violin-Lehrerin. Tätigkeit in Österreich: Lehrerin am Konservatorium in Wien, 1929-1934 Assistentin von Otakar Ševčik. Exil Großbritannien: Ankunft am 28.2.1939. Tätigkeit in Großbritannien: Sie bemühte sich um eine Genehmigung zum Unterrichten. Anschrift: Lakenham, Northam nr. Bideford/Devenshire. Quellen: P.R.O., M.R.C., Liste vom 6. Mai 1943 an Mr. Cooper, Home Office.

Hinrichsen, Max; geboren am 6.7.1901 in Leipzig. Ausbildung: Auf dem Gebiet des Verlagswesens 1919-1927 in der Schweiz, Frankreich und den USA. Tätigkeit in Deutschland: Mitinhaber und Geschäftsführer der Edition Peters Leipzig, Mitherausgeber des Peters Jahrbuches; Impresario von 1927-1936, 1928-1937 Administrator der Peters Musikbibliothek. Exil Großbritannien: 1937. Tätigkeit in Großbritannien: 1937-1965 Direktor der Hinrichsen Concert Direction und Artists Management; während des Krieges edierte er journalistische Publikationen des Londoner Regional Committee of Education der British Army; publizierte einen Hinrichsen's News-Letter. Seit 1947 britischer Staatsbürger. Tätigkeit nach 1945/46: Familienunternehmen wird in Frankfurt als C.F. Peters Musikverlag Frankfurt a.M. wieder aufgebaut, der mit seinem Londoner Unternehmen und der New Yorker Firma des Bruders Walter H. korrespondiert. Gestorben am 17.12.1965 in London. Quellen: Hill/Hinrichsen 1944, S. 294; Röder/Strauss 1983, Bd. II, Tl. 1, S. 511. Editionen: Hinrichsen's Year Books erschien 1944-1961. Hinrichsen's News Letter No.4; London 1938/39, 16 Seiten.

Hirsch, Artur; geboren am 2.6.1914 in Frankfurt a.M. Ausbildung: Studium von Klavier, Theorie und Harmonielehre am Dr. Hoch'schen Konservatorium in Frankfurt a.M., Klavier und Komposition bei Erich Itor Kahn. Tätigkeit in Deutschland: 1934-1935 Angestellter für Leder und Modeartikel-Export. Exil Großbritannien: 1935, keine Aussicht auf eine Anstellung. Weiteremigration: 1936 Bolivien; verhilft hier 1938/39 wahrscheinlich 60 Flüchtlingen, mit Visa nach Bolivien einzureisen. Lehrer an der Tarija Highschool für Englisch und Musik; 1938-1944 Lehrer für diese Fächer am Colegio San Calixto, La Paz, Colegio Bolivar, daneben 1939-1952 Programm- und Musikdirektor einer jesuitischen Rundfunkstation. 1943-1971 als Eigner und Angesteller von zwei Handelsfirmen tätig; 1953 Istanbul, 1954 Paris, 1960 Madrid, 1964 Köln. 1971 Abkehr vom Geschäft und in Frankreich Beschäftigung mit Bachs Kantatenschaffen. Ab 1976 zeitweilig angestellt in einer Metall- und Mineralfirma in der Schweiz, 1980 Wohnsitz in Frankreich. 1950 Remigration und deutsche Staatsbürgerschaft. Quellen: Röder/Strauss 1983, Bd. II, Tl. 1, S. 512. Während des Exils in Großbritannien keine Publikationen nachgewiesen. Diese beginnen erst 1973.

Hirsch, Betty; geboren 1873 in Hamburg. Wurde als Kind 1885 blind, bis 1897 erfolgten verschiedene Heilungsversuche, Kur- und Heimaufenthalte in Dänemark und Deutschland. Privatstudien in Klavier, Violine und Gesang. 1898-1902 Besuch des Stern'schen Konservatoriums in Berlin, Gesangsstudium bei dem Oratoriensänger A.

Schulze, Deklamation bei Emanuel Reicher, ab 1900 Privatschülerin bei Prof. Stolzenberg. 1903 erster Liederabend in Hamburg, weitere folgten. 1908/09 Aufenthalt in London und Hasting; Auftritte als Konzertsängerin; 1909 Rückkehr nach Berlin; 1913 Lehrerinnenexamen in Hamburg, unterrichtete Blinde und Sehende in Berlin. 1916-1934 Lehrerin für Kriegsblinde in Berlin, Aufbau von Blindenschulen in Deutschland. 1934 Emigration nach London. Remigration 1947 nach Berlin: Aufbau einer Blindenschule. Gestorben 1956 in Berlin. Quellen: Autobiographie, Leo Baeck Institute, New York.

Hirsch, Hugo; geboren am 12.3.1884 in Birnbaum bei Posen, Miedzychod, heute Polen. Ausbildung: Medizinstudium nach drei Monaten abgebrochen; Musikstudium in Stettin und Berlin bei Johann Doebber oder Dübber. Tätigkeit in Deutschland: Komponist, 1912 Aufführung von *Broadwaygirl* in Breslau, 1914 Berlin *Tangofiber*; 1920 Evergreen *Wer wird denn weinen,...* wurde 1929 Titelschlager beim Übergang zum Tonfilm. Die meisten seiner Kompositionen wurden zuerst in Berlin aufgeführt. Exil Großbritannien: 1933 (Seeger 1966, Bd. 1) und über Belgien nach Frankreich (Traber/Weingarten 1987); lt. Röder/Strauss 1983 kein Exil nach Großbritannien, nur Frankreich. Tätigkeit in Großbritannien: nicht ermittelt. Weiteremigration: Belgien, Frankreich. Remigration: 1950 auf Einladung des Senats nach Berlin-West. Gestorben am 16.8.1961 in Berlin-West. Quellen: Traber/Weingarten 1987, S. 264; Riemann 1989, Bd. 3; Seeger 1966, Bd. 1; Stengel/Gerigk 1941, S. 112; Röder/Strauss 1983, Bd. II, Tl. 1, S. 514f.

Hirsch, Paul Adolf; geboren am 24.2.1881 in Frankfurt a.M. Ausbildung: Lehrling, dann Miteigentümer des elterlichen Eisen-Großhandels in Frankreich und Großbritannien. Studierte Musik, Violine und Viola. Tätigkeit in Deutschland: Kaufmann; Musikbibliophile, begann ab 1896 zu sammeln. Seine Musikbibliothek galt nach 1928/29 als die umfangreichste private Musikbibliothek Europas. 1934 Mitbegründer des Kulturbundes Deutscher Juden, Frankfurt a.M.; publizierte Kataloge von Neu- und Faksimile-Ausgaben seltener Werke, besonders von Mozart sowie 1. und frühe Ausgaben von Komponisten der Klassik und Vorklassik. Exil Großbritannien: 1936 Cambridge. Tätigkeit in Großbritannien: 1936-1951 Cambridge; stellte seine mitgebrachte Musiksammlung der Universität zur Verfügung; 1936-1946 Verleger und Herausgeber; publizierte in Großbritannien von 1938-1947 sieben Aufsätze über Beethoven, Mozart und Händel. Besonders beachtet wurde 1945 die Herausgabe von: Mozart, The Ten Celebrated String Quartets. First Authentic Edition in Score, based on Autographs in the British Museum and on Early Prints. Edited by Alfred Einstein. Publications of the Paul Hirsch Music Library (Cambridge), Vol. 12 (Novello, London). Tätigkeit nach 1945/46: veröffentlichte zahlreiche Schriften und Aufsätze. 1946 ging seine Sammlung in den Besitz der British Library, genannt Hirsch-Library mit etwa 15.000 Manuskripten und Drucken, über. Gestorben am 25.11.1951 in Cambridge. Berthold Goldschmidt besuchte ihn 1927 in Frankfurt, Maria Lidka hat bei ihm mit Rostal Duette gespielt. Quellen: Freise/Martini 1990; Anhang, S. 32; NGDM 1980, Bd. 5; Stengel/Gerigk 1940, S. 113; Röder/Strauss

1983, Bd. II, Tl. 1, S. 515f.; Music & Letters; Oktober 1945, S. 241f. (Rezension der Mozart-Streichquartette von A. Hyatt King).Für die Bibliographie seiner Schriften und Editionen: vgl. Homeyer 1963, S. 40ff.; Deutsch 1952.

Hirsch, Rosy, Hirsch-Hahn oder Hahn; geboren am 3.6.1888 in Frankfurt a.M. Ausbildung: Sängerin. Tätigkeit in Deutschland: Sängerin (Alt) und Gesangslehrerin am Dr. Hoch'schen Konservatorium; am 31.8.1933 dort entlassen. Exil: Holland 1933, Großbritannien 1940. Tätigkeit in Großbritannien: nicht ermittelt. Quellen: Freise/Martini 1990, Anhang, S. 33; Stengel/Gerigk 1940, S. 113.

Hochdorf, Louise, verheiratete Tischler; geboren 1915 in Wien. Ausbildung: Konservatorium Wien, Dirigentin und Dr.phil. in Musikwissenschaft. Exil Großbritannien: Januar 1938 mit Ehemann Hans Tischler. Tätigkeit in Großbritannien: nicht ermittelt. Weiteremigration: November 1938, USA. Tätigkeit nach 1945/46: Private Klavierlehrerin. Gestorben 1957 in Sioux Falls, South Dakota, USA. Quellen: Röder/Strauss 1983, Bd. II, Tl. 2, S. 1166; Stichwort Tischler, Hans.

Hock, Leonie verheiratete Gombrich; geboren 1873 in Wien. Ausbildung: Pianistin. Exil Großbritannien: 1938. Tätigkeit in Großbritannien: nicht ermittelt. Mutter der Violinistin Dea Gombrich und von Ernst Hans Josef Gombrich, Kunsthistoriker, Museumsdirektor und Prof. der schönen Künste, später an verschiedenen britischen Universitäten. Leonie Hock starb 1968 in Oxford. Quellen: Röder/Strauss 1983, Bd. II, Tl. 1, S. 401, Stichwort Gombrich, Ernst Hans Josef.

Hock, Susi, verheiratete Lady Jeans; geboren in Österreich. Cembalo- und Orgel-Studium in Wien und Leipzig, u.a. bei Karl Straube. Tätigkeit in Österreich: Spezialistin für alte Orgelmusik und Aufführungspraxis. Exil Großbritannien: 1936. Tätigkeit in Großbritannien: Führte sieben Kammermusikwerke von Haydn im Rahmen der National Gallery Concerts auf. Heiratete den Physiker Lord Jeans. Weiteres nicht ermittelt. Quellen: Stadlen 1990, S.129; Stompor 1994, Bd.1, S. 316.

Hollander, Hans (auch Holländer); geboren am 6.10.1899 in Lundenburg (Österreich). Ausbildung: nicht ermittelt. Tätigkeit: bei Stengel/Gerigk 1940, S. 115 als letzte Wirkungsstätte Brünn sowie Musiklehrer für Theorie und Musikschriftsteller, Dr. phil., angegeben. Exil Großbritannien: 1939. Tätigkeit in Großbritannien sowie alles Weitere nicht ermittelt. Quellen: Stengel/Gerigk 1940, S. 115; Heller 1988.

Hollitscher, Heinz; Daten nicht ermittelt. Tätigkeit in Großbritannien: Graf Almaviva in der konzertanten Aufführung von *Figaros Hochzeit* durch den Musical Circle des Austrian Centre im Juli 1943. Leitung und am Flügel: Fritz Berend. Musikarrangements *Wir leben nach Noten* innerhalb des Laterndl-Kleinkunstprogramms *Here Is The News* von Rudolf Spitz. Quellen: Zeitspiegel, (7.7.1943); DÖW 1992, S. 438 und 459.

Horowitz, Joseph; geboren am 26.5.1926 in Wien (2. Flüchtlingsgeneration). Exil Großbritannien: 1938. Tätigkeit in Großbritannien: Studium in Oxford mit Abschlüssen als MA, BMus und am Royal College of Music in London bei Jacob und ein Jahr bei Nadja Boulanger in Paris. Gewann "Farrar Preis" des Royal College of Music in London, 1959 Commonwealth Medal for Composition. Vielseitiger Komponist. Tätigkeit nach 1945/46: in den 50er Jahren Anerkennungen für Ballette und Opern. Bei der Intimate Opera Company, die auch seine Opern aufführte, war Horowitz als Bearbeiter, Dirigent und Pianist tätig. Prägte eigenständige Art von Musikkarikaturen, darunter *Horrortorio* als sein bekanntestes Werk in Großbritannien. Er gehört zu den wenigen Flüchtlingen, deren Orchesterwerke nach dem Krieg in London mit Erfolg aufgeführt wurden. Quellen: NGDM 1980, Bd. 8; Anonym 1988b; vgl. Goodall 1973.

Hübsch, Alice; wahrscheinlich in Österreich geboren. Weiteres nicht ermittelt. Tätigkeit in Großbritannien: Sängerin im Musical Circle Swiss.Cottage, Mitwirkung bei der Gedenkfeier zum 100. Todestag von Josef Lanner. Quellen: Zeitspiegel, (31.7.1943), S.10.

Huttenbach, Beate oder Bertel, in London auch Bea Hutten; geboren 1896 in Worms. Ausbildung: nicht ermittelt. Exil Großbritannien: 1935. Tätigkeit in Großbritannien: Sang im Februar, März und August 1937 an der B.B.C. Sopranistin bei einem Konzert in London. Gestorben 1958 in London. Quellen: Programm des FDKB; Institut f. Zeitgeschichte München, Karteikarte. B.B.C.: WAR, Ban on Alien Composers 1940; Brief von Vaughan Williams an die B.B.C. vom 2.12.1940.

Huttenbach, Dorothy geb. Macuse; geboren 1886 in San Francisco, USA. Seit 1912 in Deutschland, verheiratet mit Otto Huttenbach, geb. 1875 in Frankfurt a.M. Tätigkeit in Deutschland: Musikerin und Konzertagentin. Exil Großbritannien: 1933. Tätigkeit in Großbritannien: nicht ermittelt. Weiteremigration: 1939 USA. Quellen: Maria Lidka konnte sich an sie als Konzertagentin erinnern. Röder/Strauss 1983, Bd. II, Tl. 1, S. 547, Stichwort Huttenbach, Robert A.

Huttenbach, Otto (Bruder von Beate H.); geboren 1900 in Worms. Ausbildung: Violoncello-Studium. Tätigkeit in Deutschland: Geschäftsführer des Familienunternehmens in Worms, Cellist im Kulturbund Frankfurt a.M. Exil Großbritannien: 1939, über Italien 1936. Tätigkeit in Großbritannien: arbeitete als Butler und als Musiker; Mitglied eines Streichquartetts. Februar 1941 Mitwirkung bei Aufführung *La Serva Padrona* im FDKB. Weiteremigration: 1947 USA. Cellist und Viola da gamba-Spieler, Lehrer an verschiedenen Schulen. Gestorben 1958 in Spokane, Washington. Quellen: Röder/Strauss 1983, Bd. II, Tl. 1, S. 547, Stichwort Huttenbach, Henry; Leske/Reinisch 1987, S. 724, Anmerkung 162; Programmzettelsammlungen Henschel und National Gallery Concerts.

Huttenbach, Trude geb. Moldenhauer (in Deutschland Hüttenbach lt. Stengel/Gerigk 1940); geboren am 27.10.1904 in Darmstadt. Ausbildung: Violinstudium Württembergische Hochschule, Stuttgart. Tätigkeit in Deutschland: Violinvirtuosin (Viola d'amore) mit zahlreichen deutschen Orchestern; Musiklehrerin, lt. Stengel/Gerigk, in Worms am Rhein. Exil Großbritannien: 1939, über Italien 1936. Tätigkeit in Großbritannien: Violine bei Konzerten in London, mehrmals erwähnt. Weiteremigration: 1947 USA mit Ehemann Otto und Sohn Henry Huttenbach. Quellen: Programm des FDKB; Stengel/Gerigk 1940, S. 117; Institut f. Zeitgeschichte, München; Karteikarte; hier Huttenbach und Geburtsdatum 1903 angegeben. Röder/Strauss 1983, Bd. II; Tl. 1, S. 547, Stichwort Huttenbach, Henry.

Imberg, Marianne; geboren am 26.12.1914 in Berlin; Ausbildung: Violine bei Max Rostal, Hochschule für Musik Berlin. Exil Großbritannien: 1934, zusammen mit ihrem Lehrer nach London. Tätigkeit in Großbritannien: Studentin von Rostal. Weiteremigration: USA, New York. Heiratete früh und übte das Violinspiel danach nicht beruflich aus. Weiteres nicht ermittelt. Quellen: Stengel/Gerigk, 1941, S. 118; Gesprächsprotokoll Lidka.

Isepp, Helene; geboren in Österreich. Weiteres nicht ermittelt. Ausbildung: Sängerin, Schülerin von Emmy Heim. Exil Großbritannien: Zeitpunkt nicht ermittelt. Tätigkeit in Großbritannien: Gesangslehrerin bzw. Mitarbeiterin von Ilse Wolf. Tätigkeit nach 1945/46: erfolgreiche Gesangslehrerin u.a. der britischen Mezzo-Sopranistin Janet Baker. Quellen: Lucas 1975, S. 4; Wellesz 1981, S. 208; Pâris 1992, Stichwort Baker, Janet.

Jacobsen, Joseph; geboren am 24.2.1897 in Hamburg, stammte aus einer weitverzweigten dänischen Familie. Ausbildung: Besuch der Talmud-Tora-Schule und des Heinrich Hertz Realgymnasiums in Hamburg. Studierte Englisch, Französisch, Hebräisch, Philosophie und Musikwissenschaft an den Universitäten München, Leipzig und Hamburg; als Pianist Besuch der Meisterklassen an der Akademie der Tonkunst zu München. Abschluß 1924 mit der Promotion zum Dr.phil.; Thema der Dissertation "Robert Browning und die Musik". Tätigkeit in Deutschland: Musiklehrer an der Talmud-Tora-Schule in Hamburg, baute dort einen Schulchor auf und leitete das Schülerorchester. 1935 gemeinsam mit dem Berliner Musiklehrer Erwin Jospe (unter Mitarbeit von Rav Zeew Walter Gotthold) Herausgabe des Schulmusikbuchs "Hawa naschira - Auf, laßt uns singen!" mit deutschen, hebräischen und jiddischen Liedern. Beide Herausgeber haben eigens dafür einige Kompositonen beigetragen. Exil Großbritannien: Ankunft am 15.3.1939. Tätigkeit in Großbritannien. nicht ermittelt. Gestorben am 15.1.1943 in England. Quellen: Wamser/Weinke 1991, S. 50ff.: Fotografie von ihm bei der Feier der Reifeprüfung 1932; Projektgruppe 1988, S. 43f.; Gotthold 1995.

Jacoby, Erwin; geboren am 9.8.1904 in Danzig. Ausbildung: nicht ermittelt. Tätigkeit in Deutschland: Musiker, Schauspieler und Buchhändler. Exil Großbritannien:

Zeitpunkt nicht ermittelt. Tätigkeit in Großbritannien: nicht ermittelt. Remigration: 1946 höchstwahrscheinlich mit Ehefrau Ilse Jacoby und der 1944 in England geborenen Tochter nach Berlin. Tätigkeit nach 1945/46: nicht ermittelt. Quellen: SAPMO NL 140/11, Bl. 13, Remigration antifaschistischer Flüchtlinge aus Großbritannien.

Jahoda, Fritz; geboren am 23.5.1909 in Wien. Ausbildung: 1928-1930 bzw. 1933/34 Musikwissenschaft an der Universität Wien, daneben Klavier bei Eduard Steuermann und Musiktheorie bei Josef Polnauer. Tätigkeit in Österreich und Deutschland: Dirigent eines Laienchores in der sozialistischen Jugendbewegung, führte in Wien unbekannte Werke auf. 1930-1933 zweiter Dirigent Staatsoper Düsseldorf, 1933 entlassen, anschließend Rückkehr nach Österreich. 1934-1938 Dirigent und Chordirektor am Stadttheater Graz. Exil Großbritannien: Mai 1938, mit Hilfe des Woburn House. Tätigkeit in Großbritannien: Begleiter und Dirigent bei zwei Aufführungen des London Philharmonic Orchestra. Weiteremigration: August 1939, USA. Assistenzprofessur am Converse College, Spartanburg, South Carolina; 1940-1946 Sarah Lawrence College, Bronxville, New York; 1946-1974 City College of Music, New York; Laufbahn des Hochschullehrers bis 1958. 1964-1969 Präsident der Musikabteilung und Dirigent des College Orchesters; Konzertpianist; Erstaufführungen in New York von Arnold Schönbergs *Kol Nidre* und Gustav Mahlers *Das klagende Lied* sowie anderer weniger bekannter Werke. Nach dem Krieg Gastdirigent in Wien. Quellen: Anonym 1988, S. 202; Heller 1988; Röder/Strauss 1983, Bd. II, Tl. 1, S. 563.

Janssen, Herbert; geboren am 22.9.1895 in Köln. Ausbildung: nach 1918 Jura-Studium in Berlin und daneben Gesangsstunden bei Oskar Daniel. Tätigkeit in Deutschland: 1922 Debüt als Bariton in Schrekers *Der Schatzgräber* an der Staatsoper Berlin; 1926-1939 Gastvorstellungen an Covent Garden, Bayreuth, Sänger an allen bedeutenden Opernhäusern Europas. Exil Großbritannien: 1937 über Österreich. Tätigkeit in Großbritannien: 1939 Gastspiel Covent Garden. Weiteremigration: 1939 USA. 1939 Philadelphia Opera Company, Debüt an der MET in New York und von 1939-1952 dort Ensemblemitglied. Ab 1940 als Gast regelmäßig an das Teatro Colon, Buenos Aires (Argentinien), verpflichtet. Wagnersänger, Liedsänger und Lehrer. U.S.-Bürger seit 1946. Gestorben am 3.6.1956 in New York. Quellen: Röder/Strauss 1983, Bd. II, Tl. 2, S. 565.

Jekel, Max; Daten nicht ermittelt. Exil Großbritannien: 1939 mit großer Wahrscheinlichkeit. Tätigkeit in Großbritannien: spielte Ende Oktober 1939 als Solist mit M. Pietroushka im Kitchener Camp das *Konzert für zwei Violinen und Orchester* von J.S. Bach. Dezember 1941 bis 1944 Mitglied im Rosé-Quartett, neben Arnold Rosé als zweiter Violinist bei den Auftritten in der National Gallery; Violinist im London Baroque Ensemble, ebenfalls National Gallery Concerts. Tätigkeit nach 1945/46: Jahrzehnte lang Violinist im Covent Garden Orchestra. Quellen: Programmzettelsammlungen der National Gallery Concerts und Henschel; Anonym 1939f; Gesprächsprotokoll Lidka.

Jooss, Kurt; geboren am 12.1.1901 in Wasseralfingen/Wrttbg. Ausbildung: Musikstudium und Tanz am Königlichen Konservatorium Stuttgart, Studium bei Rudolf von Laban, der ihn zum Tanz hin orientierte; 1926/27 klassischer Tanz in Wien und Paris. Tätigkeit in Deutschland: Solotänzer an der Laban-Tanzbühne in Hamburg und anderen Bühnen, Mitbegründer einer Neuen Tanzbühne; erste Choreographie im expressionistischen Stil. 1927 Mitbegründer und späterer Leiter der Tanzabteilung an der Folkwang-Hochschule Musik, Theater, Tanz in Essen. Erfolge durch seine radikal politischen Choreographien. Exil Großbritannien: 1933. 1934-1940 Aufnahme seiner Ballett-Truppe in Dartington Hall. Tätigkeit in Großbritannien: Direktor seiner Tanzschule. Inszenierung von *Chronica*, Nachfolgeballett von *Der Grüne Tisch*. Internierung 1940/41. 1942 inszenierte Jooss an Sadler's Wells in London *Die Zauberflöte* und *Die Hochzeit des Figaro*. 1942 Cambridge, Auftritt eines Teils des Jooss Balletts am dortigen Arts Theatre mit dem Ballett *Company at the Manor* nach Musik von Beethoven. Nach Kriegsende bis 1947 Tourneen mit Jooss-Ensemble in Europa, Südamerika und den USA. Weiteremigration: 1947 Chile, Arbeitsaufenthalt. Remigration: 1949 Essen. Choreograph im In- und Ausland. Gestorben am 22.5.1979 in Heilbronn. Quellen: Röder/Strauss 1983, Bd. II, Tl. 1, S. 575; Stompor 1994, Bd.1, S. 331f.

Joseph, Lilo; Daten nicht ermittelt. Ausbildung: Sopranistin, Studium bei Therese Schnabel-Behr. Exil Großbritannien: Zeitpunkt nicht ermittelt. Tätigkeit in Großbritannien: Sopran in einer Aufführung im Kulturbund. Auftritt als Mitglied der Ensemble Singers unter Leitung von Jani Strasser gemeinsam mit deutschen, österreichischen und britischen Sängern im Oktober 1945 in London. Weiteremigration: Israel. Tätigkeit nach 1945/46: Gesang nicht mehr beruflich ausgeübt. Weiteres nicht ermittelt. Quellen: Programm des FDKB, Programmzettelsammlung Henschel, Lidka Gesprächsprotokoll. (Möglicherweise ist sie mit Lotte Joseph, geboren am 2.8.1906 in Witten und Sängerin in Köln, identisch; Stengel/Gerigk 1943, S. 137.)

Kabos, Ilona verheiratete Kentner; geboren am 7.12.1893 in Budapest. Ausbildung: als Pianistin an der Liszt-Akademie Budapest bei Árpád, Szendy, Leo Weiner und Zoltán Kodály. Tätigkeit in Ungarn: 1916 Debüt in Budapest, Konzertreisen nach Holland, Deutschland und 1918 Österreich; ab 1924 zumeist Tourneen. Exil Großbritannien: 1935 höchstwahrscheinlich mit Ehemann Louis Kentner. Tätigkeit in Großbritannien: Pianistin, Duo mit Kentner und gemeinsame Aufnahmen an der B.B.C. ab 1939. National Gallery Concerts: zahlreiche Auftritte mit Kentner. Als Solistin und als Mitglied des Budapest Trio sowie bei den Boosey & Hawkes Konzerten für zeitgenössische Musik in London. Tätigkeit nach 1945/46: Erstaufführungen von Béla Bartók, Zoltán Kodály, Leo Weiner, Luigi Dallapiccola und Mátyás Seiber. Angesehene Klavierlehrerin in London, zu ihren Schülern gehörten Peter Frankl, John Ogdon und Joseph Kalichstein. Nach 1965 lehrte sie jährlich fünf Monate an der Juilliard School in New York und hatte Meisterklassen in den USA und Europa. Gestorben am 28.5.1973 in London. Quellen: NGDM 1980, Bd. 9; Willett 1983, S. 198; B.B.C.: WAR, Louis Kentner, File 2: 1939-1941. Programmzettelsammlungen National Gallery Concerts, Lidka und Henschel; Kritiken in der Musical Times ab 1943; Gesprächsprotokoll Lidka.

Kahn, Robert; geboren am 21.7.1865 in Mannheim. Ausbildung: 1882-1885 Musikstudium in Berlin, 1885/86 in München. Seit 1887 hatte Kahn Kontakt mit Brahms, nahm dessen Unterrichtsangebot aus Bescheidenheit nicht an. Tätigkeit in Deutschland: 1890-1893 Kapellmeister in Leipzig, 1894-1930 Hochschullehrer für Klavier, Komposition und Musiktheorie an der Hochschule für Musik Berlin bis zur Emeritierung. Seit 1916 Mitglied der Akademie der Künste, Ausschluß 1934. Lebte von 1931-1937 zurückgezogen in Mecklenburg. Exil Großbritannien: 1937. Tätigkeit in Großbritannien: nicht ermittelt. Gestorben am 29.5.1951 in Briddenden, Kent. Quellen: Traber/Weingarten 1987, S. 276 einschl. Werkliste; NGDM 1980, Bd. 9; Fischer-Defoy 1988, S. 155f. und 291; Stengel/Gerigk 1940, S. 128.

Kalmus, Alfred; geboren am 16.5.1889 in Wien. Ausbildung: An Universität Wien Jura, Musikwissenschaft bei Guido Adler. Mitarbeiter der Universal Edition Wien seit 1909 mit Unterbrechung von 1923-1925 als Leiter des Philharmonischen Verlages in Wien. Kontakte mit und Einsatz für Schönberg, Berg, Webern und Janácek. Exil Großbritannien: 1936. Tätigkeit in Großbritannien: Gründung des Musikverlages UE London 1936; 1938, nach dem "Anschluß" Entlassung als Mitarbeiter der UE durch nazifizierte Wiener Verlagsleitung. Ungeachtet dessen setzte Kalmus während des Krieges die UE London unter der Schirmherrschaft von Boosey & Hawkes fort. Internierung 1940. Gründer der Anglo Soviet Press. Tätigkeit nach 1945/46: seit 1949 arbeitete die UE London unabhängig, vom Juni 1951 an völlige Wiederherstellung der Firma. Alfred Kalmus fungierte als einer der drei Direktoren bis zu seinem Tod am 25.9.1972 in London. Kalmus hatte dabei in dem wichtigsten Verlag für zeitgenössische Musik großen Anteil bei der Rezeption der Zweiten Wiener Schule und der neuen Avantgarde in Großbritannien; setzte sich für britische Moderne ein. Er gilt als einer der erfolgreichsten Verleger in unserem Jahrhundert. Quellen: Willett 1983, S. 199; Stadlen 1990, S. 132; B.B.C.: WAR, Artists Wurmser; 27/110; Schreiben Lesley Boosey vom 4.11.1940 an Kenneth Wright; Music General: Karl Geiringer; 1933-1939, internes Schreiben vom 5.5.1938; Brückner-Rock 1938, S. 141; Krummel/Sadie 1990, S. 452-455; NGDM 1980, Bd.9.

Kalter, Sabine; geboren am 23.3.1889 in Jaroslaw, Ungarn. Ausbildung: Mezzo-Sopranistin, Musikakademie Wien. Tätigkeit in Österreich und Deutschland: 1911 Debüt an der Wiener Volksoper, 1914 Konzerte am Hamburger Stadttheater, 1915 Ensemblemitglied und bald "Star" in Hamburg. Exil Großbritannien: Ankunft am 6.1.1935. Tätigkeit in Großbritannien: Sängerin. Rückkehr nach Deutschland zu einigen Konzerten des Jüdischen Kulturbundes. Am 6.12.1937 Liederabend im Hamburger Coventgarten mit 2.000 Zuschauern. Bis 1939 an Covent Garden als Fricka, Ortrud, Brangäne - ab 1939 Konzertsaal und Unterricht. Tätigkeit nach 1945/46: 1951 noch einmal mit großem Erfolg Auftritt beim NWDR in Hamburg. Gestorben am 1.9.1957 in London. Quellen: Wulf 1993; Projektgruppe 1988, S. 116 und 136;

NGDM 1980, Bd. 9; Stengel/Gerigk 1940, S. 129. Schallplattenaufnahme als Brangäne in *Tristan und Isolde*.

Kantorowicz, Lilo (heute Kantorowicz-Glick), geboren 1915 in Posen, bis 1918 in Westpreußen. 1919 Flucht mit der Familie nach Berlin; hier Violinstudium bei Max Jacobsen am Stern'schen Konservatorium und bei Alfred Wittenberg. 1934 als Schülerin von Max Rostal Übersiedlung nach London. 1936 besuchsweise zu ihren Eltern nach Berlin und Heirat mit dem jugoslawischen Violinisten und Londoner Rostal-Schüler Jascha Herzog. Kurzzeitige Rückkehr nach London und 1937 Übersiedlung nach Belgrad; Auftritte als Solistin im Belgrader Rundfunk. Exil Großbritannien: 1938 nach der Besetzung der Tschechoslowakai nach London über Holland, wohin ihre Familie ausgewandert war. Tätigkeit in Großbritannien: 1939/40 Schülerin von Carl Flesch mit kurzem Aufenthalt in Belgien im Sommer 1939. Weiteremigration: Januar 1940 New York, USA. Studium bei Rafael Bronstein, Dorothy Delay, Sam Kissel; Kammermusikstudien bei William Kroll am Mannes College of Music in New York. Tätigkeit nach 1945/46: Solistin, Kammermusikerin, Orchestermusikerin. 1967-1983 Professorin für Violine und Bratsche in New York, Mannes College of Music; 1969-1971 und 1980 am Bennington College, Vermont; 1977-1983 Queens College, Charlotte, North Carolina. Gastdozentin am Shanghai Konservatorium in China 1985/86; 1986 Meisterklassen in Nanjing, China und 1990 Stanford University, Stanford, California. 35 Jahre Privatlehrerin in New York City, Long Island und Bennington, Vermont. 1963-1968 1.Violinistin der Boccherini-Players; Violinistin im Baltimore Symphony Orchestra, San Antonio Symphony Orchestra, New Orleans Symphony Orchestra, drei Spielzeiten beim Columbia Music Festival, South Carolina; Women's Orchestra, Montreal, Kanada; 1991 Benefizkonzert für Tschernobyl-Kinder in Berlin mit Martin Schneuing, Klavier. Solokonzerte in den USA und China. Sie lebt heute in New York, konzertiert, unterrichtet in New York und Bennington einen großen Schülerkreis. Quellen: Brief Lilo Kantorowicz-Glicks vom 24.2.1994 an die Autorin.

Kapper-Mislap, Marianne; geboren am 3.10.1900 in Wien. Ausbildung: nicht ermittelt. Tätigkeit: Konzertsängerin. Exil Großbritannien: Zeitpunkt nicht ermittelt. Tätigkeit in Großbritannien: Sängerin im Austrian Centre in London; Querschnitt durch Offenbach-Operetten, Juni 1941; Queen Mary Hall: Anglo Austrian Recital, sang deutsche und englische Lieder, u.a. Gustav Mahler, begleitet von Frank Norman, Klavier. Tätigkeit nach 1945/46: nicht ermittelt. Quellen: Stengel/Gerigk 1943, S. 141; Zeitspiegel, (3.4.1943), S. 7; Zeitspiegel, (15.6.1941), o.S.

Kaspl, Joseph; Daten, Ausbildung und Zeitpunkt des Exils in Großbritannien nicht ermittelt. Mitwirkung als Sänger bei der konzertanten Aufführung der *Zauberflöte* am 2.12.1939 im FDKB, Leitung: Willy Salomon. Quellen: Stompor 1994, Bd. 1, S. 328.

Kastner, Alfred; geboren am 10.3.1870 in Wien. Ausbildung: nicht ermittelt. Tätigkeit in Österreich und Deutschland: Harfen-Virtuose. Exil Großbritannien: Zeitpunkt nicht ermittelt. Nach Stengel/Gerigk 1941, S. 132 ist London angegeben.

Kastner, Rudolf; geboren am 2.5.1879 in Wien. Musikschriftsteller, langjähriger Musikberichterstatter der Berliner Morgenpost. Kastner schrieb 1926 eine Kritik über die Aufführung der *Passacaglia* op. 4 von Berthold Goldschmidt in der Berliner Morgenpost. Er ist erfaßt auf der "Sonderfahndungsliste G.B." des Sicherheitshauptamtes für den Fall der Invasion Großbritanniens vom Mai 1940. Keine Nachweise über eine Tätigkeit in Großbritannien ermittelt. Quellen: DÖW 1992, S. 78f.; Stengel/Gerigk 1941, S. 131.

Katz, Erich; geboren am 31.7.1900 in Posen. Ausbildung: 1918-1921 Universität Berlin Musikwissenschaft; 1921-1925 Komposition am Stern'schen Konservatorium in Berlin. Tätigkeit in Deutschland: 1922 Freiburg im Breisgau: Assistent von Wilibald Gurlitt; 1926 Promotion;1926-1933 Musikkritiker, Organist; 1928-1933 Vizepräsident des Freiburger Musiklehrerseminars, 1930 Herausgeber des Neuen Chorbuchs, 1933-1938 Organist an der Freiburger Synagoge. November 1938 inhaftiert. Exil Großbritannien: August 1939. Tätigkeit in Großbritannien: 1940 sechs Monate interniert. Lebte nach der Entlassung mit Hilfe der Unterstützung eines britischen Sponsors und organisierte Gesangsgruppen. Von 1941-1943 Lehrer an der Bunce Court School. Aufführung eines Kammermusikwerkes von Katz in London durch das Committee for Promotion of New Music. Weiteremigration: 1943 USA. Tätigkeit nach 1945/46: Komponist, 1946-1959 Leiter der American Recorder Society, 1945-1949 Dozent, Abteilungsleiter am New York College of Music, 1959-1973 Dozent S. Barbara College, California; seit 1950 US-Bürger. Gestorben am 30.7.1973 in S. Barbara. Quellen: Röder/Strauss 1983, Bd. II, Tl. 1, S. 600; Traber/Weingarten 1987, S. 277; NGDM 1980, Bd. 9; Stengel/Gerigk 1940, S. 131; Hill/Hinrichsen 1944, S. 182.

Kauder, Hugo; geboren am 9.6.1888 in Tobitschau, Mähren. Ausbildung: Violine und Musik; Studium an der Technischen Hochschule und an der Universität Wien. Tätigkeit in Österreich: lt. Stengel/Gerigk 1943: Komponist. 1910-1919 als Violinist und Bratscher Mitglied des Wiener Konzertvereins, 1919-1938 freiberuflicher Komponist und Lehrer; Musikschriftsteller, Mitarbeiter der Musikblätter des Anbruch. Exil Großbritannien: 1938 über Holland. Tätigkeit in Großbritannien: nicht ermittelt. Weiteremigration: 1940 USA, New York. Tätigkeit nach 1945/46: vorwiegend als Komponist für Kammermusik, Instrumentalwerke, Chöre. Gestorben am 2.7.1972 in Bussum, Niederlande. Quellen: Anonym 1988, S. 202; Röder/Strauss 1983, Bd. II, Tl. 1, S. 603; Stengel/Gerigk 1943, S. 142.

Keller, Hans Heinrich; geboren am 11.3.1919 in Wien. Ausbildung: Schulzeit in Wien, Violinstudium durch "Anschluß" abgebrochen und 1938 Inhaftierung. Exil Großbritannien: 1938, mit Hilfe seines britischen Schwagers. 1940 Internierung auf der Isle of Man. Ab 1943 Studium Violine und Viola an der Royal Academy of Music, London; daneben Musiker in verschiedenen Orchestern und Ensembles (auch Huttenbach- und Adler-Quartetten). Tätigkeit nach 1945/46: Musikkritiker, ab 1959 Redakteur bei der B.B.C. im III. Programm; internationale Kapazität auf dem Gebiet des Streichquartetts, publizierte zahlreiche Aufsätze und unzählige Musikkritiken. Keller ist als Musikologe durch seine Methode der "funktionalen Analyse" bekanntgeworden. Pflegte als Mitarbeiter der B.B.C. Kontakte zum NDR in Hamburg. Gestorben am 6.11.1985 in London. Quellen: Röder/Strauss 1983, Bd. II, Tl. 1, S. 610f.; NGDM 1980, Bd. 9; Riemann 1989, Bd. 2 und Erg.-Bd.; Willett 1983, S. 199; Gesprächsprotokolle Milein Cosman und Peter Gellhorn.

Kennedy, Valentine geb. Koch; geboren am 1913 in Frankfurt a.M. Ausbildung und Tätigkeit in Deutschland: nicht ermittelt. Exil Großbritannien: 1937. Tätigkeit nach 1945/46: Fagottistin im London Philharmonic Orchestra. 1971 Solistin der UA *Leviathan, for double-bassoon and orchestra*, op. 59 von Ruth Gipps in London. Quellen: Röder/Strauss 1983, Bd. II, Tl. 1, 636, Stichwort Koch, Ludwig Paul, demnach ist sie seine Tochter. Sie findet jedoch bei Koch: The Memories of a Bird Man, 1955, keine Erwähnung; Goodall 1973, S. 750.

Kentner, Louis; geboren am 19.7.1905 in Karwin, österreichisches Schlesien. Ausbildung: Klavierstudium bei Szekely und Leo Weiner, Komposition bei Hans Koeßler und Zoltán Kodály in Budapest. Als 15jähriger Debüt als Pianist in der Budapester Musikakademie; Europa- und USA-Tournee. 1922 Studium beendet, wurde bekannt als Chopin- und Lisztinterpret. 1933 erste Ungarische Aufführung des *2. Klavierkonzerts* von Béla Bartók. Exil Großbritannien: 1935 London. Tätigkeit in Großbritannien: Weiterführung seiner Pianistenkarriere, daneben komponierte er. Spielte Klavierwerke von Mozart, alle 48 Sonaten von Schubert und Beethoven; mit Ilona Kabos britische Erstaufführung des *Konzerts für zwei Klaviere und Orchester* von Béla Bartók. Solist des London Philharmonic Orchestra und London Symphony Orchestra; erste B.B.C.-Aufnahme 1931, dann ab 1936 regelmäßig vorwiegend Klavierwerke von Franz Liszt, Johannes Brahms u.a., auch mit Ilona Kabos. Präsenter Solist bei National Gallery Concerts, auch mit Duopartnerin Kabos. Auftritte im Rahmen der Boosey & Hawkes Konzerte mit zeitgenössischer britischer Musik und Kompositionen von Béla Bartók; Schallplattenaufnahmen. Wenige Auftritte im FDKB. Tätigkeit nach 1945/46: 1946 Europäische Erstaufführung des *3. Klavierkonzerts* von Bartók in London. Aufführungen von Werken britischer Zeitgenossen wie Alan Rawsthorne, Michael Tippett. William Walton komponierte seine *Violinsonate* für Kentner und Yehudi Menuhin. Als Kammermusiker bildete er ein Trio mit Yehudi Menuhin und Gaspar David Ramón Cassadó sowie ein Duo mit Menuhin. Kentner war ein geachteter Lehrer. Gestorben am 21.9.1987 in Großbritannien. Kompositionen Kentners: *Serenade* für Orchester, *Divertimento* für Kammerorchester, drei Sonatinen und Lieder. Quellen: Willett 1983, S. 198; Meyer 1979, S. 147; Riemann 1989 Bd.2; NGDM 1980, Bd.9; Dokumente der NGC, British Library. Programmzettelsammlungen National Gallery Concerts und Henschel; Kritiken in

The Musical Times, The Monthly Musical Record, London Philharmonic Post; B.B.C.: WAR, Louis Kentner, Artists, File 1: 1928-1938; File 2: 1939-1941; File 3: 1941-1943; File 4: 1944-1949.

Kerr, Alfred; geboren am 25.12.1867 in Breslau. Tätigkeit in Deutschland: Schriftsteller, Theater- und Musikkritiker, ab 1909 am Berliner Tageblatt. Exil Großbritannien: Januar 1936 London; über die Schweiz und Paris nach Flucht aus Deutschland 1933. Tätigkeit in Großbritannien: Lebte zurückgezogen in London, erhielt nur wenige Aufträge. Seine Frau ernährte die Familie. Gründungsmitglied des FDKB; 1939-1947 Präsident des deutschen P.E.N. in London. Schrieb Beiträge für Exilzeitschriften. Am 12.10.1948, während eines Besuches in Hamburg, gestorben. Quellen: Röder/Strauss 1983, Bd. II, Tl. 1, S. 614f.; Stengel/Gerigk 1940, S. 133; Alfred Kerr: Ich kam nach England, Bonn 1979; Wendler 1981.

Kipnis, Alexander; geboren am 1.2.1891 in Schitomir, Ukraine. Tätigkeit in Deutschland: Sänger (Baß) an der Staatsoper in Berlin, berühmt als Sarastro in der *Zauberflöte*. 1934 Sänger im Jüdischen Kulturbund Berlin als *Elias* im gleichnamigen Oratorium von Felix Mendelssohn-Bartholdy; Lieder- und Arienabende 1935 und 1937. 1933-1938 Auftritte an Wiener Staatsoper und in Salzburg als Sarastro. Er hatte bereits 1934 die amerikanische Staatsbürgerschaft und war nach Erfolgen an der MET ein berühmter Mann in den USA. Sarastro 1936 in Glyndebourne. Kipnis sang 1938 bei dem "Three Valleys Festival at Mountain Ash", Dirigenten Malcolm Sargent und Sir Henry Wood. Tätigkeit nach 1945/46: Sänger und Lehrer in den USA. Gestorben am 14.5.1978 in Westport, Connecticut, USA. Quellen: Röder/Strauss 1983 Band II, Tl. 1, S. 620; Stengel/Gerigk 1941, S. 135; Programmheft Glyndebourne; Musical Britain, June 1938, S. 9; vgl. Akademie der Künste 1992, Anhang.

Klüger, Ada Vera; Daten nicht ermittelt. Tätigkeit in Großbritannien: Pianistin bei Aufführung des FDKB in London. Quellen: Programm des FDKB.

Knepler, Georg; geboren am 21.12.1906 in Wien. Studium der Musikwissenschaft an der Universität Wien bei Guido Adler, Wilhelm Fischer, Robert Lach, Egon Wellesz und Rudolf von Ficker. 1931 Promotion "Die Form in den Instrumentalwerken Johannes Brahms'". Klavierstudium bei Eduard Steuermann; Komposition und Dirigieren bei Hans Gál. Tätigkeit in Österreich und Deutschland: Korrepetitor in Mannheim und Wiesbaden; Berlin: Leitung von Arbeiterchören; 1933 Rückkehr aus Berlin nach Wien. Exil Großbritannien: 1934 London. Tätigkeit in Großbritannien: Leitung der Opera Group gemeinsam mit Ernst Schoen und britischen Sängern und Sängerinnen; 1936/37 Aufnahmen von "Opernexzerpten mit verbindendem Text" (Knepler) bei der B.B.C., Knepler dirigierte dabei das B.B.C. Orchestra. Mitarbeit bei der Television (im Versuchsstadium und angesiedelt bei der Post), komponierte und arrangierte Knepler Musik für kleine Ensembles. B.B.C., Overseas European Transmission, German Section (vom April 1943 an eigenständige Abteilung für Sendungen von Österreichern nach Österreich): 1942-1946 Pianist bei der wöchentlich ausgestrahlten Sendung "Der Alois mit dem grünen Hut", Kultursekretär des Austrian Centre. Pianist, Korrepetitor auch außerhalb des Austrian Centre; Hausmusiker im "Laterndl", Autor von "5 Years of the Austrian Centre". Austrian Centre (1944); Auftritt mit dem Sänger Ernst Urbach im Rahmen der National Gallery Concerts 1943; Remigration: 1946 nach Wien mit Mitarbeiterin und Ehefrau Florence Wiles; hier 1946-1949 Kulturreferent der KPÖ; 1949 Übersiedlung nach Berlin, DDR: 1949-1959 Aufbau und Rektor der Hochschule für Musik "Hanns Eisler" Berlin; 1959-1969 Direktor des Musikwissenschaftlichen Instituts der Humboldt Universität zu Berlin (seit 1964 Ordinarius); ab 1959-1989 Chefredakteur der Vierteljahreszeitschrift "Beiträge zur Musikwissenschaft". Zahlreiche Publikationen, Herausgebertätigkeit. Quellen: NGDM 1980, Bd. 10; Riemann 1989, Bd. 2; MGG 1979, Bd. 16, Seeger 1966; Röder/Strauss 1983, Bd. II, Tl. 1, S. 633; vgl. Brockhaus/Niemann 1979; B.B.C.: WAR, Georg Knepler; Artists, File 1: 1936-1962; DÖW 1992; 334-337; Knepler 1991, 2; vgl. Zeitspiegel.

Knepler, Paul (Vater Georg Kneplers); geboren am 26.10.1879 in Wien. Tätigkeit in Österreich: Buchhändler und Verleger in Wien; Inhaber der traditionsreichen Wallishausserschen Buchhandlung; seit 1923 Autor von Operetten; er erfand die Musik dazu und schrieb sie einstimmig nieder, Berufsmusiker harmonisierten und orchestrierten sie. Libretti für *Paganini* und *Guiditta* von Franz Lehár sowie für Operetten von Emmerich Kálmán und Theo Mackeben, z.B. *Die Dubarry*. Exil Großbritannien: 1938. Tätigkeit in Großbritannien: Mitarbeit im Austrian Centre: z.B. Vortrag zum 100. Geburtstag von Josef Lanner im Juli 1943; verfaßte mehrere Texte für das "Laterndl", spielte auch kleine Rollen und machte die Verwaltung. Mitarbeit an der Kulturellen Schriftenreihe des Free Austrian Movement. Mitwirkung als Autor an der Sendung der B.B.C. "Der Alois mit dem grünen Hut" (s. Georg Knepler); 1942-1946 ca. 130 Sendungen. Remigration: 1955 mit Ehefrau nach Wien. Gestorben am 17.12.1967 in Wien. Sämtliche Operettentexte Paul Kneplers befinden sich in der Wiener Stadt- und Landesbibliothek. Quellen: Brief Georg Kneplers vom 8.2.1994 an die Autorin; Gesprächsprotokoll Georg Knepler, Zeitspiegel, (31.7.1943); vgl. DÖW 1992, u.a. S. 398; Stengel/Gerigk 1943, S. 150; B.B.C.: WAR, Georg Knepler, Artists, File 1: 1936-1962.

Knepler, Käthe geb. Förster (1. Ehefrau Georg Kneplers bis 1942); geboren am 20.12.1910 in Kiel. Folgte 1933 Georg Knepler nach Wien, ging mit ihm 1934 nach London. Tätigkeit in Großbritannien: Als Pianistin Mitwirkung im "Laterndl" des Austrian Centre, u.a. Klavier-Duo mit Georg Knepler, meist Schubert-Kompositionen; Aufführung der *Dreigroschenoper*: Musik mit Georg Knepler an zwei Klavieren. Gemeinsam mit Georg Knepler musikalische Leitung des Kleinkunstprogramms *Here Is The News*, Februar 1942. Tätigkeit nach 1945/46: Blieb in England, arbeitete als Musikerin in Kindergärten und bearbeitete Musikstücke für den Gebrauch in Kindergärten und Schulen. Gestorben ca. 1975 in London. Quellen: DÖW 1992, 437-440; Brief Georg Kneplers vom 8.2.1994 an die Autorin.

Koch, Ludwig Paul; geboren am 13.11.1881 in Frankfurt a.M. Ausbildung: 1890-1902 Studium Gesang, Violine. Tätigkeit in Deutschland: Sänger, Violinist; Teilnahme am I. Weltkrieg. Musikbibliophile, Tierstimmenforscher, angestellt für Ausstellungen und Öffentlichkeitsarbeit bei der Stadt Frankfurt: organisierte 1927 "Musik im Leben der Völker"; 1928-1935/36 Direktor der Kulturabteilung der Karl Linström AG. Die Gestapo verhaftete ihn 1936, zerstörte seine Plattensammlung. Exil Großbritannien: 1936 mit Hilfe der E.M.I. Tätigkeit in Großbritannien: ab 1941 freier bzw. fest angestellter Mitarbeiter an der B.B.C., bei der "Children's Hour", Sendungen über verschiedene Tierstimmenarten. Bis 1974 Tierstimmenforscher; Autor; Aufbau einer Sammlung von Aufnahmen über 200 verschiedener Vogelarten und etwa 100 anderer Tiere. Britischer Staatsbürger 1946 oder 1947. Gestorben am 4.5.1974 in London. Koch ist u.a. Co-Autor von: "Songs of Wild Birds", London 1936; More Songs of ..., London 1937; "Hunting by Ear", London 1938. Das erste "Sound Book: Gefiederte Meistersänger" erschien während des Krieges; Kochs Autobiographie "Memories of a Bird Man" 1955 in London. Quellen: Freise/Martini 1990; Anhang S. 40; B.B.C.: WAR, Contributors; Ludwig Koch; Childrens Hour; File 1: 1940-1962; Copyright; Ludwig Koch; 1938-1943; File 1A; Röder/Strauss 1983, Bd. II, Tl 1, S. 636..

Korn, Peter Jona (früher Peter Hans); geboren am 30.3.1922 in Berlin. Ausbildung: bereits während der Schulzeit Unterricht an der Berliner Musikhochschule. Exil Großbritannien: 1933. Tätigkeit in Großbritannien: Fortsetzung der Ausbildung, Musikstudien bei Edmund Rubbra. Weiteremigration: 1936 Palästina. Bis 1938 Unterricht bei Stefan Wolpe, Schulen in Jerusalem und Tel Aviv; 1941 USA, 1941/42 Studium bei Arnold Schönberg, Miklós Rózsa u. Ingolf Dahl. Filmkomponist. 1943 Eintritt in die US-Armee. Tätigkeit nach 1945/46: 1946/47 Studium bei Hanns Eisler und Ernst Toch. 1948-1956 Gründungsdirigent des New Orchestra of Los Angeles, California.1957-1961 Deutschland und 1960/61 Dozent am Trapp'schen Konservatorium der Musik in München; 1964/65 Gastdozent University of Southern California, Los Angeles. Remigration: 1965 nach Deutschland; hier freiberuflicher Komponist, Dirigent, Musikologe und Journalist; 1967-1987 Leitung des Richard Strauss Konservatoriums in München. Quellen: Röder/Strauss 1983, Bd. II, Tl. 1, S. 650; Traber/Weingarten 1987, S. 284. Riemann 1989, Bd. 2; ausführliches Werkverzeichnis in NGDM 1980, Bd. 10.

Kornreich, E.; Daten nicht ermittelt. Tätigkeit in Großbritannien: Pianist in einer Aufführung des FDKB. Quelle: Programm des FDKB.

Kosterlitz, Rolf; Daten nicht ermittelt. Tätigkeit in Großbritannien: spielte Violine in einer Aufführung des FDKB. Quellen: Programm des FDKB.

Kotowska, Adela; Daten nicht ermittelt. Tätigkeit in Großbritannien: Pianistin in London, Korrepetitorin der Violinklasse von Carl Flesch und Mitwirkung im FDKB, 1943; 1942 Begleiterin von Norbert Brainin bei Konzert in der Wigmore Hall.

Quellen: DÖW 1992, S. 454; Programm des FDKB, Gesprächsprotokoll Lidka; Berthold Goldschmidt bezeichnete sie als hervorragende Pianistin und glänzende Musikerin, die bei Hindemith studiert hätte.

Kowalski, Max; geboren am 10.8.1882 in Kowal, Polen oder Frankfurt a.M. Ausbildung: Jurastudium in Heidelberg und Marburg (1906 Promotion) sowie Kompositionsstudium bei Bernhard Sekles in Frankfurt a.M.; Gesangsstudium in Berlin. Tätigkeit in Deutschland: 1909-1938 Rechtsanwalt in Frankfurt und Komponist mit achtbarem Erfolg, 1934 Publikationsverbot, praktizierte als Anwalt für Juden weiter; 1938 Anwaltsverbot. 1938/39 KZ Buchenwald. Exil Großbritannien: 1939 London. Tätigkeit in Großbritannien: Klavierstimmer, Pianist, Sänger in der Synagoge, Gesangslehrer, Mitarbeit im FDKB, hier wenige Aufführungen seiner Kammermusik. Tätigkeit nach 1945/46: Sänger und Komponist, Meister des spätromantischen Liedes. Kowalskis *Pierrot lunaire* enstand fast gleichzeitig mit dem Schönbergs. Gestorben am 4.6.1956 in London. Quellen: Röder/Strauss 1983, Bd. II, Tl. 1, S. 654; Traber/Weingarten 1987, S. 288; Meyer 1979, S.147; Freise/Martini 1990; Anhang S. 41; NGDM 1980, Bd. 10; MGG 1958, Bd. 7; Stengel/Gerigk 1940, S. 143; letzte Wirkungsstätte wird mit Frankfurt a.M. angegeben; im Leo Baeck Institut in New York befindet sich die Max Kowalski Collection.

Kuthan, Gerti verheiratete Weis; geboren 1908 in Elberfeld. Ausbildung: nicht ermittelt. Tätigkeit in Deutschland: Sängerin. Exil Großbritannien: 1939 mit Hilfe des Jewish Refugee Committee, Ehemann war in Dachau inhaftiert. Tätigkeit in Großbritannien: Restaurant- und Druckereiarbeit; 1949 Geburt eines Sohnes. Weiteremigration: 1947 Schweiz wegen Tätigkeit des Ehemanns Dr. jur. Paul Weis beim Internationalen Flüchtlingskommissariat. Tätigkeit nach 1945/46: nicht ermittelt. Quellen: Röder/Strauss 1983, Bd.II, Tl. 1, S. 809; Stichwort Weis, Paul.

Laban, Rudolf von; geboren am 13.12.1879 in Preßburg, Ungarn. Ausbildung: 1900-1907 in Paris Studium von Tanz, Architektur, Theatermalerei, alternativen Tanzformen; eigene Tanzschriftversuche. Tätigkeit in Österreich, Deutschland und der Schweiz: In Wien, München und Zürich am Choreographischen Institut, rief außerdem Laienbewegungschöre ins Leben. 1930-1934 Choreograph an der Staatsoper Berlin, 1930/31 bei den Bayreuther Festspielen; zu seinen Schülern zählen Mary Wigman und Kurt Jooss. Exil Großbritannien: 1938. Tätigkeit in Großbritannien: Dartington Hall, Devon, gemeinsame Arbeit mit Jooss, der dort mit seiner Ballett-Truppe Aufnahme gefunden hatte. 1942 in Manchester, "Art of Movement Studio", später auch Choreograph von Opern. Beeinflußte die Entwicklung des freien Tanzes. Tätigkeit nach 1945/46: 1953 Addlestone bei London: Rudolf von Laban Trust. Gestorben am 28.6.1958 in Addlestone. Laban wird in vielen Memoiren erwähnt und ist eine bedeutende Persönlichkeit in der zeitgenössischen Kunst. Sein Beitrag für das Ballett ist die Entwicklung des Ausdruckstanzes; die Laban-Notation findet heute noch Anhänger. Quellen: Röder/Strauss 1983, Bd. II, Tl. 2, S. 681.

Zahlreiche Veröffentlichungen von ihm und über ihn, siehe NGDM 1980, Bd. 10; Riemann 1989, Bd. 3.

Lammel, Inge; geboren am 8.5.1924 in Berlin. Exil Großbritannien: 1939 London. Tätigkeit in Großbritannien: Mitarbeit im FDKB und Sängerin im Emigrantenchor, Leitung Ernst Hermann Meyer. Remigration: 1947 nach Berlin, SBZ. 1948-1953 Studium der Musikwissenschaft an der Humboldt Universität zu Berlin bei E.H. Meyer, Walter Vetter und Hans Heinz Dräger; seit 1954 systematische Sammlung und Erforschung des Arbeiterliedes und der Entwicklung der Arbeitersängerbewegung in Deutschland. Leitete das Arbeiterliedarchiv an der Akademie der Künste der DDR; Herausgebertätigkeit. Quellen: Verband Deutscher Komponisten und Musikwissenschaftler 1966, S. 119; Seeger 1966.

Landau, Anneliese; geboren am 5.3.1903 in Halle/S. als Österreicherin. Ausbildung: 1923-1929 Universitäten Halle, Berlin u.a. bei Arnold Schering; 1929 Berlin, Dr. phil.; Violinstudium am Landeskonservatorium in Leipzig. Tätigkeit in Deutschland: 1929-1933 Herausgebertätigkeit an der Zeitschrift für Musikwissenschaft, Vorträge über Musik; 1930-1933 Tätigkeit beim Rundfunk; schrieb Artikel für jüdische Zeitschriften; Musiklehrerin am Jüdischen Lehrhaus in Berlin und an der privaten jüdischen Musikschule Hollander; Vortragstätigkeit beim Jüdischen Kulturbund Berlin. 1936 deutsche Staatsbürgerschaft aberkannt, keine Arbeitserlaubnis. Exil Großbritannien: April 1939. Tätigkeit in Großbritannien: keine Arbeitserlaubnis, lebte mit der Unterstützung von Freunden. Weiteremigration: 1940 USA. Vorträge, Rundfunkarbeit, New York. 1944-1968 Musikdirektorin der Jewish Centres Association, Los Angeles und Gastprofessorin. Editorin der Neuausgabe des Lexikon des Judentums, lebt in Los Angeles. Quellen: Freise/Martini 1990; Anhang S.42; Stengel/Gerigk 1940, S.149; Röder/Strauss 1983, Bd. II, Tl. 2; S. 84f.

Landau, Siegfried; geboren am 4.9.1921 in Berlin. Ausbildung: Stern'sches und Klindworth-Scharwenka-Konservatorium in Berlin. Exil Großbritannien: 1939 London. Studium am Trinity College of Music. Weiteremigration: 1940 USA. Dirigierstudium bei Pierre Monteux. 1945 Gründer und Dirigent des Brooklyn Philharmonic Orchestra, New York; komponierte Musik mit jüdischem Sujet; Opern, Ballette, Orchesterwerke und Kammermusik. Quellen: Traber/Weingarten 1987, S. 292; Riemann, Erg. Bd., 1975.

Landauer, Walter; geboren am 4.9.1909 in Wien. Tätigkeit in Österreich: Pianist für Unterhaltungsmusik in Wien. Exil Großbritannien: Zeitpunkt nicht ermittelt. Tätigkeit in Großbritannien: Internierungslager Hutchinson, Isle of Man; Pianist im "Stacheldrahtkabarett" unter Peter Herz. Weiteres nicht ermittelt. Quellen: Interview mit Peter Herz über das "Stacheldrahtkabarett" im Internierungslager Hutchinson (Douglas, Isle of Man) 1940/41, 12.5.1983; in: DÖW 1992, S. 433; Stengel/Gerigk 1941, S. 149.

Lasker, Anita verheiratete Wallfisch; geboren 1927 in Breslau. Ausbildung: nicht ermittelt. Tätigkeit in Deutschland: interniert in den KZs Auschwitz und Bergen Belsen; als Cellistin Mitglied des Mädchenorchesters Auschwitz. Exil Großbritannien: 1946 über Belgien. Tätigkeit in Großbritannien: Studium an der Guildhall School of Music; 1949 Gründerin und Mitglied des English Chamber Orchestra, freiberufliche Cellistin. Britische Staatsbürgerin. Quellen: Röder/Strauss 1983, Bd. II, Tl. 2, S. 1205, Stichwort Wallfisch, Hans Peter; Gesprächsprotokoll Lidka.

Lehmann, Lotte; geboren am 27.2.1888 in Perleberg. Ausbildung: Sopranistin, Hochschule für Musik Berlin bei verschiedenen Lehrern. Tätigkeit in Deutschland und Österreich: 1919 Debüt an der Hamburger Oper; 1914-1939 Ensemblemitglied der Hof- bzw. Staatsoper Wien; seit 1922 Tourneen durch Europa und Amerika, 1934-1945 Vertrag an der MET, New York. 1928-1935 Salzburger Festspiele unter Arturo Toscanini. 1933 vertrieben aus Deutschland wg. ihrer Ablehnung von Goerings Angebot, ausschließlich in Deutschland zu singen. Exil Großbritannien: als Flüchtling 1933-1938 zeitweise bei Gastspielen in London. Kündigte nach dem "Anschluß" ihren Vertrag mit der Wiener Staatsoper. Tätigkeit in Großbritannien: Sopranistin an der Covent Garden Opera. Weiteremigration: 1938 USA. Liedsängerin, Lehrerin an der Music Academy of the West, S. Barbara, California. Gestorben am 26.8.1976 in S. Barbara. Quellen: Röder/Strauss 1983, Bd. II, Tl. 2, S. 703f.; Kutsch/Riemens 1987, Bd.I.; NGDM 1980, Bd. 10.

Lendvai, Erwin (früher Löwenfeld); geboren am 4.6.1882 in Budapest. Ausbildung: Studium in Budapest; 1905 als Stipendiat in Italien, auch bei Puccini. Tätigkeit in Deutschland: ab 1906 als Komponist in Berlin; 1913/14 Theorielehrer an einer Eurythmieschule in Hellerau bei Dresden; 1914-1920 Kompositionslehrer am Klindworth-Scharwenka Konservatorium in Berlin. 1920-1923 Komponist und Chorleiter in Weimar und Jena. Kritiker bei den Sozialistischen Monatsheften; 1923-1925 Hochschuldozent und Chorleiter in Hamburg; Lehrer für Theorie und Chorgesang an der Volksmusikschule; Leiter des Altonaer Lehrergesangvereins. 1925 Italienaufenthalt. 1926/27 Chordirigent in Koblenz; 1928-1930 in München und Erfurt. Anfang der dreißiger Jahre sang die Kampfgemeinschaft der Arbeitersänger seine Chorkompositionen in Berlin. Exil Großbritannien: 1938; zuvor 1933 Flucht ins Saarland, 1935 Schweiz. Tätigkeit in Großbritannien: Lehrer in Kenninghall bei Norwich; Spezialist für Chormusik, versuchte die von ihm betreuten Laienchöre auf eine künstlerische Stufe zu heben und beeinflußte dadurch eine neue Generation von Chorkomponisten. Gestorben am (lt. Röder/Strauss 1983, Bd. II., Tl. 2, S. 707, MGG Bd. 8) 31.3.1949 in Epsom, Surrey, Großbritannien. Werke: Oper *Elga* 1914/16 (1916 in Deutschland aufgeführt) sowie Orchesterwerke, Kammermusik, Chorwerke für gemischten Chor und für Männerchor. Quellen: Traber/Weingarten 1987, S. 707. Meyer 1979, S. 105f.; Stengel/Gerigk 1943, S. 166f.

Lenheim, Marie oder Ria; geboren am 31.7.1891 in Frankfurt a.M. Tätigkeit in Deutschland: Privatlehrerin für Blockflöte und Gehörbildung, Pianistin und Musikpädagogin am Konservatorium ihrer Geburtsstadt, entlassen am 31.8.1933. Exil Großbritannien: 1936. Tätigkeit in Großbritannien: keine Nachweise ermittelt. Quellen: Freise/Martini 1990; Anhang S. 43; Stengel/Gerigk 1940, S. 154.

Lenya, Lotte (auch Lenja); geboren am 18.10.1898 in Wien als Karoline Blamauer. Ausbildung: 1914-1920 Ballettunterricht Schule des Stadttheaters Zürich, Mitglied des Balletts des Haupttheaters. Tätigkeit in Deutschland: ab 1926 Soloauftritte bei UA und weiteren Aufführungen von Brecht/Weill-Stücken; Filmrollen bei Leopold Jessner. Heirat mit Kurt Weill. Exil Großbritannien: Besuchsweise als Flüchtling mit Wohnsitz in Paris. Tätigkeit in Großbritannien: 1933-1935 als Schauspielerin und Sängerin Mitwirkung bei Vorstellungen in *Die sieben Todsünden der Kleinbürger*. Weiteremigration: 1935 USA. Sie spielte bei Max Reinhardt, beschäftigt bei Radio-Sendungen des Aufbau: "We fight back". 1950, nach Weills Tod, Beginn einer zweiten Karriere an Bühne und Film. Konzerte mit Brecht/Weill-Werken. Tourneen in den 60er Jahren durch Deutschland. Gestorben am 27.11.1981 in New York. Quellen: Röder/Strauss 1983, Bd.II, Tl. 2, 708; Riemann Ergbd. 1975; NGDM 1980, Bd. 10; Spoto 1990; H. Marx (ed.): Weill-Lenya, New York 1976. Schallplatten; Erinnerungen: That was a Time, in: B. Brechts Dreigroschenbuch, Texte, Materialien, Dok., Suhrkamp Hausbuch, Frankfurt a.M. 1960.

Lesser, Wolfgang; geboren am 31.5.1923 in Breslau. Ausbildung: Metallbauerlehre, Besuch des Stern'schen Konservatoriums Berlin. Exil Großbritannien: 1939 mit Besuchsvisum. Tätigkeit in Großbritannien: Diener im Landhaus eines englischen Komponisten; Internierung auf der Isle of Man. Arbeiter in Rüstungsbetrieb und Kaffehausmusiker. Mitarbeit im FDKB in London, 1942 KPD-Mitglied. Als Kriegsfreiwilliger in Nordafrika, Italien und Österreich. Remigration: 1947 SBZ. Tätigkeit nach 1945/46: 1950-1954 Studium an der Hochschule für Musik in Berlin bei Günter Kochan, Wagner-Régeny und Hanns Eisler. Komponist und Pädagoge des Staatlichen Volkskunstensembles der DDR; ab 1960 freischaffend. Ab 1964 Funktionär, Sekretär beim Verband Deutscher Komponisten und Musikwissenschaftler in Berlin. Komponist von Liedern, Film- und Hörspielmusik. Quellen: Röder/Strauss 1983, Bd.I, S. 435; Seeger 1966; NGDM 1980, Bd. 10; Stompor 1994, Bd.1, S. 316.

Levie, Elsa; geboren am 5.5.1895 in Hamburg. Ausbildung: nicht ermittelt. Tätigkeit in Deutschland: 1915-1935 Lehrerin an der Hochschule für Musik in Hamburg. Exil Großbritannien: 1939, mit ihren drei Töchtern aus erster Ehe durch Kindertransport. Tätigkeit in Großbritannien: Krankenschwester. Remigration: 1951 Deutschland. 1958 Rückkehr nach Hendon/Middlesex. 1962 Heirat des Rabbiners Paul Holzer als seine zweite Ehefrau. Tätigkeit nach 1945/46: nicht ermittelt. Gestorben am 2.9.1975 in Großbritannien. Quellen: Stengel/Gerigk 1941, S. 156; Röder/Strauss 1983, Bd I, S. 313, Stichwort Holzer, Paul; Institut für Zeitgeschichte München, Karteikarte.

Lichtenstern, Paul; geboren am 19.2.1903 in Leobersdorf bei Wien. Ausbildung: nicht ermittelt. Tätigkeit: lt. Stengel/Gerigk 1941 Pianist und Begleiter mit letztem Wohnort Berlin. Exil Großbritannien: Zeitpunkt nicht ermittelt. Tätigkeit in Großbritannien: Begleiter von Sabine Kalter bzw. Margarete Philipsky im Februar 1940, Queen Mary Hall, London; Internierung im Lager Huyton 1940, Leitung des Huyton Camp Orchestra bei der Aufführung der Posse von Franz Arnold *Ausgerechnet Bahamas!*, Musik: Hans May. Begleiter von Sängern bei Konzerten des Austrian Centre 1941/42. Mitwirkender im FDKB, Revue auf der Kleinen Bühne, Mai 1942. Weiteres nicht ermittelt. Quellen: DÖW 1992, S. 432; Stengel/Gerigk, 1941, 160f.; Leske/Reinisch 1987, 257f.; Programmzettelsammlungen Henschel und FDKB; Zeitspiegel, (25.5.1941), S.4 und Zeitspiegel, (1.6.1941) o.S.

Lichtenthal, Herbert; geboren am 23.6.1891 in Berlin. Ausbildung: nicht ermittelt. Tätigkeit in Deutschland: lt. Stengel/Gerigk 1940 Kapellmeister, Komponist und Musikschriftsteller in Berlin. Exil Großbritannien: vor 1938. Tätigkeit in Großbritannien: Dirigent in einer Aufführung des FDKB in London. Weiteres nicht ermittelt. Quellen: Programm des FDKB; Stengel/Gerigk 1940, S. 161; Brückner-Rock 1938, S. 174.

Liedke bzw. Lidka und Lidka-May, Marianne bzw. Maria; geboren in Berlin. Ausbildung: 1933 Schülerin von Josef Wolfsthal und Max Rostal in Berlin. Exil Großbritannien: 1934 London. Tätigkeit in Großbritannien: Studentin bei Rostal; als Violinistin solistisch in verschiedenen Ensembles, insbesondere dem Czech Trio und London String Trio; hat mit Flüchtlingen und Engländern sowohl in Exilzentren als auch außerhalb davon musiziert; zahlreiche Auftritte während der National Gallery Concerts. Tätigkeit nach 1945/46: Aufnahmen für das III. Programm der B.B.C.; rege Kammermusiktätigkeit; Violinvirtuosin in Großbritannien; Gastspiele in Frankreich und in der Schweiz. In den siebziger Jahren Prof. für Violine am Royal College of Music in London. Lebt in London. Quellen: Programmzettelsammlungen Lidka, National Gallery Concerts, FDKB, Henschel; Gesprächsprotokoll Lidka.

Liepmann, Herr und Frau. Daten nicht ermittelt. Beide spielten Mozart-Sonaten anläßlich einer Mozart-Feier in einer Kirche in Oxford, veranstaltet vom "Refugee Club". Quellen: Zeitspiegel, (8.8.1942), S.7, Notiz. Bei Röder/Strauss 1983 keine Hinweise auf ein Ehepaar dieses Namens.

Loeser, Brigitte verheiratete Eisner; Daten nicht ermittelt. Tochter eines berühmten Chirurgen. Ausbildung und Tätigkeit in Deutschland: nicht ermittelt. Exil Großbritannien: Zeitpunkt nicht ermittelt. Tätigkeit in Großbritannien: Cellistin in einem Kammerkonzert in London. Tätigkeit nach 1945/46: Cellistin im Philharmonia Orchestra. Quellen: Programm FDKB und Gesprächsprotokoll Lidka.

Loewenbach, Jan; geboren 1880 in Rychnov. Musikkritiker und Jurist. Hinweis auf eine Publikation: Gluck und Böhmen, o.J. Loewenbach war Mitglied des Musicians'

Refugee Committee 1941 in London. Weiteres nicht ermittelt. Quellen: P.R.O. 213/871; Briefkopf eines M.R.C.-Schreibens vom 6. Mai 1943; Stengel/Gerigk 1940, S. 165.

Loewenberg, Alfred; geboren am 14.5.1902 in Berlin. Ausbildung: Universitäten Berlin und Jena, Dr. phil. in Jena 1925. Tätigkeit in Deutschland: Sammlung einer großen Bibliothek von weltweiten Opernsängern, Komponisten und Librettisten; Mitherausgeber des Philo-Lexikons (Berlin 1934) und Mitherausgeber der Propyläen-Kunstgeschichte. Exil Großbritannien: 1934. Tätigkeit in Großbritannien: Forscher an der British Library, stellte die "Annals of the Opera 1597-1940" mit den wichtigsten Aufführungsdaten von etwa 4.000 Opern und bibliographischen Kommentaren zusammen (Cambridge 1943; Genua 1955). 1940/41 Pionier Corps. Musikkritiker bei Musical Quarterly, Music & Letters, Music Review; Autor für Grove's Dictionary. Britischer Staatsbürger seit 1947. Gestorben am 29.12.1949 in London. Quellen: Röder/Strauss 1983, Bd.II, Tl. 2, S. 741f.; Hinrichsen Year Book 1944, S. 295, biographische Angaben; Stengel/Gerigk 1940, S. 165 als letzter Wirkungsort Berlin angegeben. Loewenberg 1943; Loewenberg 1944 und Loewenberg 1946.

Lopatnikoff, Nikolai; geboren am 16.3.1903 in Reval, heute Tallinn, Estland. Ausbildung: bis 1918 Studium in St. Petersburg bei Zithomirsky; 1918-1920 in Helsinki, Musikstudium bei Furuhjelm; 1921-1927 Bauingenieursstudium in Karlsruhe und privater Kompositionsunterricht bei Ernst Toch und Hermann Grabner. 1921 Aufführung seines *Klavierkonzertes* in Berlin; 1928 Aufführung der *2 Stücke für mechanisches Klavier* in Baden-Baden, Aaron Copland empfahl sie Sergej Koussevitzky, welcher die Orchestration des Werkes in Auftrag gab: 1929 als *Introduktion* und *Scherzo* fertiggestellt. Tätigkeit in Deutschland: 1929-1933 Pianist und Kompositionslehrer in Berlin. ISCM-Festival 1933: Aufführung seines *2. Klavierkonzertes*. Exil Großbritannien: 1933 London. *Sonatine* für Piano op. 7 innerhalb eines Boosey & Hawkes Konzerts, Juni 1938 in London aufgeführt. Tätigkeit in Großbritannien: nicht ermittelt. Aufführung seiner *Variationen* am 11.7.1945 durch den Pianisten Albert Ferber während der National Gallery Concerts. Weiteremigration: 1939 USA. Zusammenarbeit mit Sergej Koussevitzky; Lehrer am Hartt College und Westchester Conservatory bei New York. Amerikanischer Staatsbürger 1944. 1945-1969 Prof. für Komposition an der Carnegie-Mellon University Pittsburgh, Pennsylvania. Kompositionen angeregt von Igor Strawinsky, "ausgeprägte Linearität und die schwebende Tonalität seiner Werke" (Traber/Weingarten 1987, S. 298). Komponierte eine Oper, ein Ballett, Orchesterwerke, Kammermusik, Klavierwerke. Gestorben am 7.10.1976 in Pittsburgh, USA. Quellen: Traber/Weingarten 1987, S. 298f.; Riemann 1989, Bd.3; Seeger 1966; NGDM 1980, Bd. 11; Stengel/Gerigk 1940, S. 167; Programmzettel der National Gallery Concerts; The Musical Times, Juli 1938, S. 536f., London Concerts.

Maerker, Edith; geboren am 12.12.1896 in Magdeburg. Ausbildung: nicht ermittelt. Tätigkeit in Deutschland: Opernsängerin in Leipzig. Exil Großbritannien: Zeitpunkt nicht ermittelt. Tätigkeit in Großbritannien: nicht ermittelt. Remigration: 1946 wahrscheinlich nach Berlin. Tätigkeit nach 1945/46: nicht ermittelt. Quellen: SAPMO NL 140/11, Bl. 20, Remigration antifaschistischer Flüchtlinge aus Großbritannien.

Mankiewitz, Lucie (Pseudonym Manén, Lucie) geborene Mainzer; geboren am 4.12.1899 in Berlin. Sängerin in Berlin. Weiteres nicht ermittelt. Tätigkeit in Großbritannien: April 1945, *Arie der Zerbinetta* aus Richard Strauss' *Ariadne auf Naxos* im London Philharmonic Arts Club. Begleiter am Klavier: Berthold Goldschmidt. Weiteres nicht ermittelt Quellen: Stengel/Gerigk 1940, S. 173; Programmzettelsammlung Ernst Henschel.

Mann, Alfred; geboren am 28.4.1917 in Hamburg. Ausbildung: 1931 Mitglied der Kurt Thomas Kantorei; abgewiesen von der Universität Berlin; 1937 Dipl. der Musikstaatsakademie Berlin. Tätigkeit in Deutschland: Verbot der Lehrtätigkeit. Exil Großbritannien: über Italien und Schweiz 1937-1938, 1939 in Großbritannien als Durchgangsstation für die USA. Tätigkeit in Großbritannien: nicht nachgewiesen. Weiteremigration: 1939 über Kuba in die USA. 1943-1946 US-Army; danach Lehrer, Universitätsassistent 1947 Newark, später Musikprofessor; studierte Musikwissenschaft in New York, Columbia University, Department of Music, 1955 PhD. und außerdem bekannter Blockflöten-Virtuose. Quellen: Röder/Strauss 1983, Bd.II, Tl. 2, S. 768f.; Stengel/Gerigk 1943, S. 187.

Markowitz, Inge; Daten nicht ermittelt. Tätigkeit in Großbritannien: Sopran in Konzerten des FDKB in London, wird öfter erwähnt. Susanna im Juli 1943 in *Die Hochzeit des Figaro* in der konzertanten Aufführung des Musical Circle, Austrian Centre, Leitung und am Flügel Fritz Berend. Quellen: DÖW 1992, S. 459; Programme FDKB.

Massary, Fritzi geb. Friederike Massaryk; geboren am 21.3.1882 in Wien. Ausbildung: Privatunterricht als Sängerin, 1904 bis 1912 Studium. Tätigkeit in Deutschland und Österreich: 1899 Debüt auf Moskau-Gastspiel. Als Sängerin in Wien und ab 1900 in Berlin, Mitwirkung in Revuen; 1911 Erfolg mit Offenbachs *Die schöne Helena* am Metropol-Theater in Berlin; in den 20er Jahren *Die Fledermaus* und *Die lustige Witwe* unter Bruno Walter am Städtischen Theater in Berlin und 1926 in Salzburg. UA von Oscar Straus-Operetten und erfolgreiche Europatourneen. 1933 Rückkehr nach Österreich; mit Ehemann Max Pallenberg Tournee in den USA und Südamerika. Exil in Großbritannien: 1938. Tätigkeit in Großbritannien: Auftritt in Noel Coward's *Operetta* (Libretto und Musik, eigens für sie geschrieben) mit mäßigem Erfolg im His Majesty's Theatre, London. Weiteremigration: 1938 über die Schweiz in die USA. Tätigkeit nach 1945/46: Ende der Karriere. Gestorben am 31.1.1969 in Los Angeles. Quellen: Röder/Strauss 1983, Bd. Bd.II, Tl. 2 , S. 786; Stengel/Gerigk 1941, S. 177; Schneidereit 1970.

May, Hans (früher Johan bzw. Johann und Mayer); geboren am 11.7.1886 in Wien. Ausbildung: Studium an der Wiener Musikakademie. Tätigkeit in Österreich und Deutschland: Unterhaltungspianist in Wiener Varietés, Opern- und Operettenkapellmeister. Berlin zu Anfang der 20er Jahre: Komponist für Stummfilme, ab 1929 für Tonfilme, Schlagerfilme bis 1933, Revuen von Charell, Haller u.a. Exil Großbritannien: 1933. Tätigkeit in Großbritannien: Komponierte Tonfilmmusiken, z.B. *The Stars Look Down* (1939, Regie Carol Reed) und die Musik für *Carissima*, seine einzige erfolgreiche Operette. Tätigkeit nach 1945/46: gelegentliche Filmmusiken mit geringem Erfolg. Gestorben am 31.12.1958 in London lt. Traber/Weingarten 1987; bzw. lt. Riemann 1989, Bd. 3 am 1.1.1959. Quellen: Traber/Weingarten 1987, S. 299f.; Riemann 1989, Bd. 3; Stengel/Gerigk 1940, S. 178; Berghaus 1989, S. 140; Goodman 1990, S. 178.

Mayer-Lismann, Else (Tochter von Emma Mayer-Lismann); geboren am 17.4.1914 in Frankfurt a.M. Ausbildung: Dr. Hoch'sches Konservatorium Frankfurt a.M. Exil Großbritannien: 1938. Tätigkeit in Großbritannien: nicht ermittelt. Tätigkeit nach 1945/46: begann in den 50er Jahren mit Operneinführungen für die Aufführungen in Glyndebourne und Edinburgh; ab 1963 Dozentin am Royal College of Music in London und Hochschulkurse an der Universität London, später Mayer-Lismanns Opera-Workshop für junge Sänger. Gestorben am 6.2.1990 in London. Quellen: Freise/Martini 1990, Anhang S. 49; Im Programmheft des London Symphony Orchestra aus dem Jahr 1938 erwähnt unter "Guarantors and Subscribers" auf Seite 1 der Veröffentlichung, 33. Serie; The Times 12.2.1990; Daily Telegraph 15.2.1990; Glyndebourne 1990, S. 181; Cook, Ida: "We Fellowed Our Stars" (London, 1950) beschreibt die Flucht von Else Mayer-Lismann und ihren Eltern von Österreich nach London; Gesprächsprotokoll Lidka und Hinweis durch Berthold Goldschmidt.

Mayer-Lismann, Emma geb. Lismann; geboren am 16.3.1883 in Petersburg. Tätigkeit in Deutschland: Musikologin, Musikpädagogin (Klavier); in den 30er Jahren Dozentin bei den Salzburger Festspielen. Exil Großbritannien: 1938. Tätigkeit in Großbritannien: Gab Operneinführungen. Tätigkeit nach 1945/46: Operneinführungen zusammen mit ihrer Tochter Else Mayer-Lismann. Gestorben im Januar 1957 in London. Quellen: Im Programmheft des London Symphony Orchestra aus dem Jahr 1938 erwähnt unter "Guarantors and Subscribers" auf Seite 1 der Veröffentlichung, 33. Serie; Freise/Martini 1990; Anhang S. 49; Stengel/Gerigk 1940, S. 178; The Times 12.2.1990.

Metzger-Lichtenstern, Johanna; Daten nicht ermittelt. Sängerin in einem Bach-Händel-Telemann-Programm im Austrian Centre; November 1942 im FDKB: Liederabend mit Schubert-Liedern, am Piano: Paul Lichtenstern. Quellen: Zeitspiegel, (1.6.1941), S. 4; Programmzettel des FDKB.

Meyen-Jessen, Sabine; Daten nicht ermittelt. Sängerin aus Hamburg. Exil Großbritannien: 1939 London. Tätigkeit in Großbritannien: Gab Konzerte im Rahmen der

Association of Jewish Refugees in Großbritannien. Quellen: Stompor 1994, Bd.1, S. 317.

Meyer, Ernst Hermann; geboren am 8.12.1905 in Berlin. Ausbildung: Studium der Musikwissenschaft in Berlin und Heidelberg, 1930 Promotion; 1931-1933 Kompositionsstudium bei Max Butting, Paul Hindemith und Hanns Eisler. Tätigkeit in Deutschland: 1930-1932 Mitarbeiter der Roten Fahne, Berlin. Exil Großbritannien: 1933 London. Tätigkeit in Großbritannien: Kopist, Privatlehrer, Dirigent von Kammermusikaufführungen in London, Verfasser einzelner musikhistorischer Publikationen, Chorleiter, Referent bei der Gewerkschaftsbewegung, FDKB-Mitarbeit, Dirigent der Clapham and Battersea Co-operation Singers, Dirigent des Chores des FDKB; ab 1937 Kopist, Techniker und Komponist beim Film. 1934-1948 erarbeitete B.B.C.-Programme mit englischer Musik aus der Purcell-Zeit, komponierte Radio-Musiken für die Deutsche Abteilung der B.B.C.; Aufführungen seiner Lieder für Solo oder Chor und Kammermusiken im Rahmen des FDKB und des Committee for the Promotion of New Music in London; Dozent über englische Musik am Bedford und am King's College; Musikologe; Mitglied der International Society for Musical Research in Cambridge. Remigration: 1948 Berlin, SBZ. Tätigkeit nach 1945/46: Lehrer, Komponist, Funktionär. 1948-1970 Prof. für Musiksoziologie an der Humboldt-Universität zu Berlin, 1950 Mitglied der Akademie der Künste der DDR, 1951 Funktionär im Komponistenverband der DDR, Herausgeber der Zeitschrift Musik und Gesellschaft; ab 1971 Mitglied des ZK der SED. Gestorben am 8.10.1988 in Berlin, DDR. Quellen: Röder/Strauss 1983, Bd. I, S. 496; Traber/Weingarten 1987, S. 302; Meyer 1979; Riemann 1989, Bd. 3; NGDM 1980, Bd. 12; Seeger 1966; Stengel/Gerigk 1943, S. 199; The Monthly Musical Record, Juni 1935, S. 111: New Books: Meyer, E.H.: Die mehrstimmige Spielmusik des 17. Jahrhunderts in Nord- und Mitteleuropa. Kassel o.J.; B.B.C.: WAR, Ernst Hermann Meyer, Artists, File 1: 1931-1962; Programmzettelsammlungen Meyer und Henschel; Programme des FDKB.

Meyer, Kathi Gertrude, verheiratete Meyer-Baer; geboren am 27.7.1892 in Berlin. Ausbildung: Universität Berlin: ein Semester Mathematik, dann Musikwissenschaft bei Hermann Kretzschmar, Johannes Wolf und Hugo Riemann. Dr. phil. 1917 mit "Der chorische Gesang der Frauen". In diesem Rahmen Studienreisen nach Italien. Tätigkeit in Deutschland: München, seit 1919 in Berlin; 1922-1936 Direktorin der Musikbibliothek von Paul Hirsch in Frankfurt a.M.; Publikationen, u.a. Katalog für die Internationale Ausstellung "Musik im Leben der Völker", 1927 Frankfurt a.M., 1928 als Katalog der Paul Hirsch-Musikbibliothek Bd. I, erschienen. 1928 Direktorin der Staatlichen Bibliothekarsschule in Berlin. Exil Großbritannien: 1936, nach der Quelle Riemann 1989, Bd.3 (möglicherweise mit Paul Hirsch). Tätigkeit in Großbritannien: weitere Zusammenarbeit mit Paul Hirsch. Weiteremigration: 1939 USA. Lt. O.E. Deutsch lebte sie 1952 in New Rochelle, New York, USA. Wird als amerikanische Musikforscherin deutscher Herkunft bezeichnet. Weiteres nicht ermittelt. Quellen: Nach Röder/Strauss 1983, Bd. II, Tl. 2, S. 813f.; NGDM 1980, Bd.

12; Stengel/Gerigk 1940, S. 185.; Deutsch 1952; Riemann 1929 Bd. 2; Riemann 1989, Bd. 3.

Michlaski, Kurt; Daten nicht ermittelt. Tätigkeit in Großbritannien: Pianist bei Aufführung des FDKB in London. Quellen: Programm des FDKB.

Morgenstern, Milan; geboren wahrscheinlich in Österreich. Tätigkeit in Großbritannien: Anläßlich einer Mozart Feier des "Refugee Club" in Oxford in einer Kirche Vortrag über Mozart. Weiteres nicht ermittelt. Quellen: Zeitspiegel, (8.8.1942), S. 7, Notiz.

Müller, Herbert; geboren am 24.1.1905. Letzte Wirkungsstätte Berlin. Weiteres nicht ermittelt. Exil Großbritannien: Zeitpunkt nicht ermittelt. Interniert 1940 im Lager Huyton, dort im August 1940 beteiligt an einer "Parade Show" als Komponist von *Huytoner Fricassée* und Pianist. Quellen: Stengel/Gerigk 1940, S. 200; DÖW 1992, S. 432.

Müller-Hartmann, Robert; geboren am 11.10.1884 in Hamburg. Ausbildung: 1900-1904 Musikstudium in Berlin. Tätigkeit in Deutschland: Musiklehrer, ab 1914 Musikkritiker; 1914-1923 Theorielehrer in Hamburg; 1923-1933 Lehrbeauftragter an der Hamburger Universität, 1933 dortige Entlassung. Komponist; 1933-1937 im künstlerischen Beirat des Jüdischen Kulturbunds sowie Musiklehrer an der Jüdischen Mädchenschule in Hamburg. Exil Großbritannien: Ankunft am 7.5.1937, London. Tätigkeit in Großbritannien: Komponist. Müller-Hartmann verband seit 1941 eine Freundschaft mit Ralph Vaughan Williams, den er verehrte. Kontakte zum FDKB, Vorträge in deutscher Sprache an der B.B.C. (bis 1945/46 keine Akten bei der B.B.C. vorhanden). Orientierte sich als Komponist an der Klassik und Romantik. Tätigkeit nach 1945/46: Komponist, Arrangeur und Übersetzer (Vaughan Williams: *The Pilgrim's Progress*). Gestorben am 15.12.1950 in Dorking. Müller-Hartmanns Werke wurden aufgeführt von Fritz Busch, Karl Muck, Artur Schnabel, Richard Strauss u.a. Fürstner Ltd. veröffentlichte 1943 *Five Pieces* for Piano. Dazu erschienen zwei Kritiken (E.R. 1943a und E.L. 1943). Quellen: Röder/Strauss 1983, Bd.II, Tl. 2, S. 839; P.R.O., Liste des M.R.C. vom 6.5.1943 an Mr. Cooper, Home Office; Projektgruppe 1988, S. 131f.; Meyer 1979, S. 147; Traber/Weingarten 1987, S. 305; NGDM 1980, Bd. 12; Stengel/Gerigk 1940, S. 200; Vaughan Williams 1964, S. 237.

Neumark, Hans oder Newmark, John; geboren am 12.6.1904 in Bremen. Ausbildung: nicht ermittelt. Tätigkeit in Deutschland: Pianist und Begleiter. Exil Großbritannien: Zeitpunkt nicht ermittelt. Tätigkeit in Großbritannien: Pianist in einem Kammerkonzert in London, April 1940. Internierung in Canada 1940/41 nahe Quebec City, gab hier Klavierabende. Weiteres nicht ermittelt. Programmzettelsammlung Lidka; Stengel/Gerigk 1940, S. 204; Berghaus 1989, S. 226.

Nickel, Wilhelm; geboren am 24.12.1891 in Schwerte/Ruhr. Ausbildung: nicht ermittelt. Tätigkeit in Deutschland: Sänger in Berlin. Exil Großbritannien: Zeitpunkt nicht ermittelt. Tätigkeit in Großbritannien: Mitwirkender bei der Revue *My Goodness, My Alibi!* im FDKB, London 1944. Remigration: 1946 höchstwahrscheinlich nach Berlin zu seiner Familie. Quellen: Leske/Reinisch 1987, S. 275 und 717; SAPMO NL 140/11, Bl. 23; Remigration antifaschistischer Flüchtlinge aus Großbritannien.

Nissel, Siegmund; geboren am 3.1.1922 in München als Österreicher. Ausbildung: Geigenunterricht als Kind in München. 1933 nach Machtübernahme Rückkehr nach Wien. Exil Großbritannien: 1939 mit Kindertransport. Tätigkeit in Großbritannien: Hausangestellter; 1940 Internierung auf der Isle of Man; hier Zusammentreffen mit einem zweiten späteren Mitglied des Amadeus-Quartetts. Nach Entlassung Unterricht bei Max Rostal; Kriegsarbeit in Eisengießerei in London-Hackney; Kammermusiker in Londoner Familien. Auftritt mit London Baroque Ensemble um Fritz Berend mit Bach-Programm bei den National Gallery Concerts 1944; seltene Auftritte im FDKB; finanzielle Unterstützung durch das M.R.C. Tätigkeit nach 1945/46: 2. Geiger im Amadeus-Quartett, international anerkannter Streichquartett-Erzieher. Zahlreiche Einspielungen für die B.B.C., III. Programm und unzählige Schallplattenaufnahmen, zahlreiche Konzertreisen. Lebt heute in London. Quellen: Röder/Strauss 1983, Bd.II, Tl. 2, S. 865; Gesprächsprotokoll Nissel; Programmzettelssammlungen National Gallery Concerts und Lidka; Radax-Ziegler 1988, S. 9-24.

Oberländer, Anita; geboren am 7.1.1902 in Berlin als Tochter des Tenors Alfred Oberländer (1850-1906). Ausbildung: als Sängerin (Sopran) bei Lula Mayz-Gmeiner in Berlin. 1921-1932 Mitglied der Staatsoper Stuttgart. Vom Berliner Wohnsitz aus Auftritte in Deutschland, u.a. als Pamina, Agathe sowie Konzert) und 1938/39 an Covent Garden. Exil Großbritannien: Höchstwahrscheinlich 1939. Der einzige Beleg dafür ist ein B.B.C.-Bericht "Overseas Music Auditions" vom 24. November 1941, der eine Einschätzung von einem Vorsingen Anita Oberländers enthält. Im Gegensatz dazu war nach Kutsch/Riemens Egbd. II (1994) Oberländer vorwiegend in Berlin ansässig, kein Exil erwähnt. Quellen: WAR, Alice Schaeffer, Artist 1: 1931-1950.

Offenbach, Rudolf; Daten nicht ermittelt. Tätigkeit in Großbritannien: Sänger im Austrian Centre bei der Aufführung eines konzertanten Querschnitts durch Mozarts *Zauberflöte*; Leitung und Einführung Georg Knepler. Sänger in der Londoner Kleinkunstbühne "Blue Danube". Tätigkeit nach 1945/46: nicht ermittelt. Berthold Goldschmidt konnte sich an ihn erinnern und bezeichnete ihn als Operettensänger. Quellen: Zeitspiegel, (23.11.1942), S.7; DÖW 1992, S. 434; Gespräch mit Goldschmidt.

Oppenheim, Hans; geboren am 25.4.1892 in Berlin. Ausbildung: Studium an der Akademie der Tonkunst München. Tätigkeit in Deutschland: ab 1913 Korrepetitor und Dirigent in Darmstadt. Exil Großbritannien: 1933. Tätigkeit in Großbritannien: 1934 bis 1937 Dirigent in Glyndebourne; 1937-1945 Dirigent der Dartington Hall Music Group in Totnes, Devon. Tätigkeit nach 1945/46: Edinburgh, gründete gemeinsam mit Isobel Dunlop die "Saltire Music Group". Von 1953 regelmäßige Konzerte der "Saltire Singers" in Europa mit vorwiegend britischer Musik. 1959 bis 1965 Leiter der jährlich stattfindenden Deutsch-Britischen Musikwoche auf Schloß Elmau bei München. Teilnahme u.a. von Peter Pears, Benjamin Britten, Yehudi Menuhin und dem Amadeus-Quartett. Lehrer der englischen Altistin Norma Procter. Gestorben am 19.8.1965 in Edinburgh. Quellen: NGDM 1980, Bd. 13; Pâris 1992; Glyndebourne Programmheft o.J.; Stengel/Gerigk 1943, S. 225; Gesprächsprotokoll Storm.

Oppenheimer, Paul; geboren am 17.3.1866 in Hameln. Tätigkeit in Deutschland: Violinist und Musikpädagoge in Frankfurt a.M. Exil Großbritannien: Juli 1939, London. Tätigkeit in Großbritannien: nicht ermittelt. Gestorben am 23.3.1943. Quellen: Freise/Martini 1990, Anhang S. 55; Stengel/Gerigk 1940, S. 209.

Osborn, Franz; geboren am 11.7.1905 in Berlin. Ausbildung: 1914 Klavierunterricht bei Alice Ehlers; 1919-1922 Klavierstudium bei Leonid Kreutzer und Artur Schnabel; 1922-1926 Komposition bei Franz Schreker in Berlin, Dirigieren bei Fritz Busch in Stuttgart. Tätigkeit in Deutschland: 1920 Konzertdebüt mit eigenen Kompositionen, 1926 Mendelssohn-Preis, Konzertreisen, Schallplattenaufnahmen. Exil Großbritannien: 1933 London, britischer Staatsbürger bereits 1934 als besondere Ausnahme unter den Flüchtlingen. Tätigkeit in Großbritannien: Konzertierte in London und anderen britischen Städten mit britischen Orchestern und Dirigenten. Mit Max Rostal spielte er bei den National Gallery Concerts insbesondere Sonaten-Zyklen von Mozart und Beethoven, aber auch zeitgenössische Musik. Britische Erstaufführung von Prokofjews *5. Sonate* und Hindemiths *Klaviermusik* op. 37; Mitarbeit im FDKB und Austrian Centre als Pianist; Solist und Kammermusiker in Konzerten des Committee for the Promotion of New Music; B.B.C.-Zusammenarbeit ab 1934 als Solist und als Kammermusiker, insbesondere mit Rostal. Tätigkeit nach 1945/46: begrenzte später sein Repertoire auf das 18. Jh., trat als Komponist nicht mehr hervor. Zahlreiche Aufnahmen, solo und mit Max Rostal, für das III. Programm der B.B.C. Gestorben am 8.6.1955 in Basel/Schweiz. Quellen: Traber/Weingarten 1987, S. 307; NGDM 1980, Bd. 14; Seeger 1966; Meyer 1979, S. 147; Freise/Martini 1990; Anhang S. 55; B.B.C.: WAR, Franz Osborn; Artists; File 2a: 1944-1947; Brückner-Rock 1938, S. 212; Stengel/Gerigk 1943, S. 226; The Musical Times: Obituary; Juli 1955, S. 386; Programmzettelsammlungen National Gallery Concerts und Meyer, Zeitspiegel, (2.1.1943), S. 7; DÖW 1992, S. 467-468.

Osborn, Tamara geb. Amiredibi; geboren in Weißrußland. Weiteres nicht ermittelt. 1. Frau von Franz Osborn. Ausbildung: Hochschule für Musik in Berlin, Klavierstudium bei Leonid Kreutzer. Tätigkeit in Deutschland: nicht ermittelt. Exil Großbritannien: 1933 zusammen mit Osborn, später geschieden. Tätigkeit in Großbritannien:

Mitwirkende bei Programm des FDKB. Tätigkeit nach 1945/46: spezialisierte sich als Klavierlehrerin für Kinder, als Kammermusikerin arbeitete sie beispielsweise mit Maria Lidka. Gestorben wahrscheinlich 1989 in London. Quellen: Röder/Strauss 1983, Bd.II, Tl. 2, S. 897, Stichwort Osborn, Franz; Gesprächsprotokoll Lidka.

Ost-Hahn, Greta; Daten nicht ermittelt. Tätigkeit in Großbritannien: Mitwirkung als Cellistin bei einem Kammermusik- und Liederabend des "Bundes Freier Deutscher Musiker" am 27.11.1939. Auf dem Programm standen das *Trio* op. 11 von Beethoven, zehn Lieder von Max Kowalski und Lieder von Brahms. Weiteres nicht ermittelt. Quellen: Stompor 1994, Bd.1, S. 327.

Passer, Kurt; Daten nicht ermittelt. Tätigkeit in Großbritannien: Mitarbeit im FDKB: Komponist von *In den Sternen steht geschrieben*, Premiere am 30.1.1942. Pianist in der Revue *Was bringt die Zeitung?*, aufgeführt am 17.5.1940. Weiteres nicht ermittelt. Quellen: Leske/Reinisch 1987, Anmerkung S. 715 als Kurt Fasser bezeichnet; Stompor 1994, Bd.1, S. 322f.

Pauly, Rose (auch Pauly-Dreesen; eigentl. Pollack); geboren am 15.3.1894 in Eperjes, Österreich/Ungarn. Ausbildung: Studierte Gesang (Sopran) bei Rosa Papier-Paumgartner in Wien. Tätigkeit in Österreich und Deutschland: Sopranistin, 1918 Debüt an der Wiener Staatsoper als Desdemona, danach Sängerin an verschiedenen Opernhäusern in Deutschland, ab 1927-1931 Kroll-Oper und auch Staatsoper Berlin. 1929-1935 Staatsoper Wien; als Elektra 1934 und 1937 sowie als Färbersfrau 1935 Teilnahme an den Salzburger Festspielen. Gast an der Mailänder Scala und in Rom. 1938 Elektra an der MET in New York, USA. Exil Großbritannien: 1938 Auftritt an Covent Garden, Titelrollen in *Elektra* und *Fidelio*. 1938 Weiteremigration in die USA, San Francisco, California; 1939 Buenos Aires, Argentinien; danach Sowjetunion: Moskau, Leningrad, Odessa. Zuletzt arbeitete sie als Pädagogin in Israel. Gestorben am 14.12.1975 in Tel Aviv. Quellen: Seeger 1978, Stengel/Gerigk 1940, S. 211.

Peters, Frieda geborene Modheim; geboren am 4.4.1896 in Berlin. Tätigkeit in Deutschland: Bratscherin, Violinistin in Berlin-Wilmersdorf. Exil Großbritannien: Zeitpunkt nicht ermittelt. Tätigkeit in Großbritannien: Violinistin; "We accuse" - 10 Jahre Hitler-Faschismus, Veranstaltung in Edinburgh am 19.3.1943; Bratsche in der *Sonate* für Viola und Klavier von Hans Gál gemeinsam mit dem Komponisten. Weiteres nicht ermittelt. Quellen: Brückner-Rock 1938, S. 216; Stengel 1943, S. 229; Zeitspiegel, (3.4.1943), S. 7.

Philipsky, Margarete geborene Rosner, verheiratete Possony; geboren am 10.3.1900 in Wien; lebte zuletzt in Berlin (lt. Stengel/Gerigk 1941). Ausbildung: Koloratursängerin. Exil Großbritannien: April 1939, wahrscheinlich mit Ehemann Ernst Possony. Tätigkeit in Großbritannien: Sängerin, gemeinsam mit anderen Flüchtlingen in der Reihe "Tea Time Concerts by European Artists" in der Queen Mary Hall 1940 in

London; Gedenkkonzert zum 100. Todestag von Josef Lanner im Austrian Centre 1943. Weiteremigration: USA, zusammen mit Ernst Possony; Zeitpunkt nicht ermittelt. Tätigkeit nach 1945/46: nicht ermittelt. Quellen: Stengel/Gerigk 1941, S. 213; Stengel/Gerigk 1943, S. 230; Zeitspiegel, (31.7.1943), S. 10. Programmzettelsammlung Henschel; Mueller von Asow 1954, S. 982, Stichwort Possony, Ernst.

Piccaver, Alfred; geboren am 5.2.1883 in Lone Sutton, Lincolnshire. 1893 wanderte die Familie in die USA aus. Während eines Europa-Aufenthalts entdeckte Angelo Newman Piccavers Begabung als Sänger (Tenor). Piccaver studierte danach bei Frau Procházková-Neumannová in Prag und bei Rosario in Mailand. Karriere als Operntenor von 1907-1912 am Deutschen Theater Prag; 1912-1937 erster Tenor an der Wiener Staatsoper mit Gastspielen in Berlin, London, Paris und Salzburg. Drei Konzertreisen in die USA. Exil Großbritannien: 1938 London. Tätigkeit in Großbritannien: Konzertsänger und Gesangslehrer in London. Remigration: 1955 nach Wien. Gestorben am 23.9.1958 in Wien. Quellen: Röder/Strauss 1983, Bd.II, Tl. 2, S. 903; Stompor 1994, Bd.1, S. 319.

Pollmann, Stefan; geboren am 17.11.1880 in Wien. Ausbildung: Sänger. Tätigkeit in Österreich: 1918-1929 Lehrer an der Musikakademie Wien; 1929-1935 Seminar für die Ausbildung von Gesangslehrern in Wien; 1935-1938 Professor an der AMdK in Wien. Exil Großbritannien: Ankunft am 2.3.1939. Tätigkeit in Großbritannien: 1940 Internierung in Bury (Sammellager). Bemühte sich später um die Erlaubnis, als freiberuflicher Gesangslehrer zu arbeiten. Weiteres nicht ermittelt. Quellen: DÖW 1992, S. 449; Stengel/Gerigk 1941, S. 216; P.R.O., Liste des M.R.C. vom 6.5.1943 an das Home Office, Mr. Cooper.

Possony, Ernst; geboren am 12.4.1884 in Wien. Ausbildung: Gesangstudium an der Kunstakademie Wien und in München. Tätigkeit in Deutschland: Bariton an einigen führenden Opernhäusern in Deutschland, u.a. 1912-1924 in Leipzig; große Erfahrung in der Ausbildung von Opernsängern. 1918-1923 Lehrer am Königlichen Konservatorium in Leipzig. Exil Großbritannien: Ankunft am 8.4.1939. Wohnte in London, Cleve Road, N.W. 6. Tätigkeit in Großbritannien: Baß in Konzerten des Austrian Centre bis 1944, u.a. konzertante Aufführung der *Zauberflöte* 1942; Sänger im Ensemble von Fritz Berends Bach-Programmen bei den National Gallery Concerts 1943/44, auch andere Auftrittsorte in London. Partie des *Figaro* in der konzertanten Aufführung von *Die Hochzeit des Figaro* durch den Musical Circle des Austrian Centre, Leitung Fritz Berend; stellte sich bei der B.B.C. vor. Weiteremigration: USA. Tätigkeit nach 1945/46: 1947-1952 Lehrer in Boston, Massachusetts, am New England Conservatory of Music. Lebte 1954 in Boston, Massachusetts. Weiteres nicht ermittelt. Quellen: Brückner-Rock 1938, S. 221; P.R.O., Liste des M.R.C. vom 6.5.1943 an das Home Office, Mr. Cooper; Mueller von Asow 1954, S. 982; Zeitspiegel, (2.5.1942), S.7; Zeitspiegel, (23.11.1942), S.7; DÖW 1992, S. 459; B.B.C.: WAR, Alice Schaeffer; Artists 1: 1931-1950; Programmzettelsammlungen Lidka und National Gallery Concerts.

Pulvermann, Irma; geboren am 7.2.1895 in Kempen/Posen; Ausbildung: nicht ermittelt. Tätigkeit in Deutschland: Pianistin und Musiklehrerin in Düsseldorf. Exil Großbritannien: Zeitpunkt nicht ermittelt. Tätigkeit in Großbritannien: Pianistin im FDKB bei österreichischem Konzert 1941 im Bloomsbury House, London. Weiteres nicht ermittelt. Quellen: Stengel/Gerigk 1940, S. 220; DÖW 1992, S. 467; Programm des FDKB.

Rankl, Karl Franz; geboren am 1.10.1898 in Gaaden bei Wien. Ausbildung: 1918-1921 Komposition bei Arnold Schönberg und Anton Webern, Wien. Tätigkeit in Österreich und Deutschland: 1921 Opernkorrepetitor, 1922-1926 Chorleiter und Dirigent an der Volksoper Wien; 1925-1928 Dirigent, Operndirektor Stadttheater Liberec, CSR. Dirigent am Ostmark-Rundfunk Königsberg; 1928-1931 als Assistent von Erich Kleiber Dirigent an der Kroll-Oper Berlin; Arbeiterchorleiter; 1931-1933 Chefdirigent Wiesbaden; 1933-1937 Opernchef in Graz, 1937/38 Dirigent am Neuen Deutschen Theater Prag, u.a. leitete er die UA von Kreneks *Karl V.* Exil Großbritannien: 1939, mit Hilfe der B.B.C. Tätigkeit in Großbritannien: Lebte zurückgezogen in der Nähe von Oxford und komponierte; gegen Ende des Krieges Dirigent des Liverpool Philharmonic Orchestra, Tournee mit dem London Philharmonic Orchestra 1944; ab Januar 1944 regelmäßige Dirigate des B.B.C. Orchestra. Tätigkeit nach 1945/46: im Rahmen der Boosey & Hawkes Konzerte britische Erstaufführung der *Ode an Napoleon* von Arnold Schönberg sowie 1945 Londoner Erstaufführung von Igor Strawinsky's *Symphonie in C*. 1946-1951 Chefdirigent an Covent Garden; 1952-1957 Dirigent des Schottischen Nationalorchester in Glasgow und Edinburgh; 1958-1960 Sidney. Komposition von zwei Opern, Sinfonien, Streichquartett und Liedern. Gestorben am 6.9.1968 in St. Gilgen, bei Salzburg. Quellen: Röder/Strauss 1983, Bd.II, Tl. 2, S. 940; NGDM 1980, Bd. 15: B.B.C.: WAR, Karl Rankl, Artists, File 1: 1938-1954; Zeitspiegel, (10.1.1942), S.9; London Philharmonic Post, 6 (July 1944), S.5; The Musical Times, (June 1945), S.188; Programmzettelsammlung Henschel.

Rathaus, Karol; geboren am 16.9.1895 in Tarnopol, Galizien, Österreich, heute Polen. Ausbildung: 1913/14 Studium in Wien, Universität und Musikakademie, Schüler von Franz Schreker; 1914-1918 Kriegsdienst; 1919 Doppeldebüt als Interpret (Pianist) eigener Kompositionen; 1920-1922 Studium in Schrekers Meisterklasse in Berlin; 1922 Promotion in Wien. Tätigkeit in Deutschland: 1925-1932 Kompositionslehrer an der Hochschule für Musik Berlin. Ab 1931 Kompositionen für den Tonfilm; 1932-1934 Lehrauftrag in Paris. Exil Großbritannien: 1934-1938 London. Tätigkeit in Großbritannien: Kompositionslehrer und Komponist; Filmmusiken für *Broken Blossoms* 1936 (Regie Hans Brahm, Hauptrolle Dolly Haas) und *The Diktator* (Regie Victor Saville); komponierte *Le lion amourex* op. 42, aufgeführt vom "Ballets Russes" an Covent Garden 1937. Weiteremigration: 1938 USA, Hollywood. 1939 New York; 1940 Kompositionsprofessor am Queen's College, Flushing. Tätigkeit nach 1945/46: Lehrer und Komponist von Orchester-, Vokal-, Kammer- und Klaviermusik. Gestorben am 21.11.1954 in New York, USA. Quellen: Röder/Strauss 1983, Bd.II, Tl. 2, S. 942; NGDM 1980, Bd. 15; Traber/Weingarten

1987, S. 314f.; Fischer-Defoy 1988, S. 297; Stengel/Gerigk 1940, S. 221: besonders ausführlicher Artikel, wobei Rathaus als Komponist des Balletts *Der letzte Pierrot*, aufgeführt an der Berliner Staatsoper 1927, beschrieben und als Vertreter der atonalen Schule mit "krassesten Dissonanzwirkungen und primitiven Maschinenrhythmen" verunglimpft wird.

Rauter, Ferdinand; geboren in Österreich. Ausbildung: nicht ermittelt. Tätigkeit in Deutschland: Begleiter der isländischen Sängerin Engel Lund. Exil Großbritannien: 1938, aus politischen Gründen. Tätigkeit in Großbritannien: Zusammenarbeit mit Engel Lund als Begleiter und Arrangeur. Mit "Folk Songs of Many Lands" 29 Auftritte im Rahmen der National Gallery Concerts in London. Mitbegründer des Refugee Musician's Committee im Januar 1941. Mitarbeit im Austrian Centre, initiierte 1942 die Austrian Musicians Group; Mitwirkung bei Konzerten des Austrian Centre 1941-1945 als Pianist; Klavierduett mit Stadlen, Begleiter von Emmy Heim, Kammermusiker gemeinsam mit Peter Schidlof bzw. dem Rosé-Trio. Tätigkeit nach 1945/46: Musiktherapeut für Kinder in Schottland. Gestorben etwa Ende der achtziger Jahre in London. Arrangierte Hunderte von Volksliedern für Gesang und Klavier. Quellen: FDKB-Programme, Zeitspiegel, (8.5.1943), S.7; Zeitspiegel, (2.5.1942), S.7. Programmzettelsammlungen National Gallery Concerts und Henschel; Stadlen 1990, S. 129; vgl. DÖW 1992, S. 449-454, 466-470; Gespräch mit Berthold Goldschmidt, Herbst 1991.

Rawicz, Maryan; geboren in Österreich. Weiteres nicht ermittelt. Tätigkeit in Österreich: Pianist, Unterhaltungsmusiker in Wien. Exil Großbritannien: Zeitpunkt nicht ermittelt. Tätigkeit in Großbritannien: 1940/41 Internierung im Lager Hutchinson, hier Pianist im "Stacheldrahtkabarett" von Peter Herz. Weiteres nicht ermittelt. Quellen: Interview mit Peter Herz über das "Stacheldrahtkabarett" im Internierungslager Hutchinson (Douglas, Isle of Man) 1940/41, 12.5.1983; in: DÖW 1992, S. 371.

Rebner, Adolf; geboren am 21.11.1876 in Wien. Ausbildung: Violinstudium bei Grün in Wien bis 1891, danach Studium bei Martin-Pierre-Joseph Marsick in Paris. Tätigkeit in Deutschland: 1896 Übersiedlung nach Frankfurt a.M., Konzertmeister am Frankfurter Opernhaus. Ab 1904 Primarius im Rebner-Quartett, zahlreiche Konzertreisen; Mitglied des Museums-Quartetts und des Frankfurter Trios; Lehrer an Dr. Hoch's Konservatorium in Frankfurt a. M., dort entlassen am 31.8.1933. 1934 Flucht nach Wien. Exil Großbritannien: 1938. Tätigkeit in Großbritannien: Geiger im Glyndebourne-Ensemble. Weiteremigration: 1938 USA. Remigration: 1950 nach Europa, später in die Bundesrepublik Deutschland. Gestorben am 19.6.1967 in Baden-Baden. Quellen: Röder/Strauss 1983, Bd.II, Tl. 2, S. 944; Stompor 1994, Bd. 1, S. 293; Stengel/Gerigk 1940, S. 222; Freise/Martini 1990, Anhang S. 58.

Rebner, Wolfgang Eduard bzw. Edward; geboren am 20.12.1910 in Frankfurt a.M. (Sohn von Adolf Rebner). Ausbildung: nicht ermittelt. Tätigkeit in Deutschland:

Pianist, Dirigent, Komponist; Begleiter von Emanuel Feuermann. Exil Großbritannien: Zeitpunkt nicht ermittelt. Tätigkeit in Großbritannien: Repetitor in Glyndebourne. Weiteremigration: 1939 USA. Remigration: 1955 nach Europa. Ab 1962 Dozent am Richard Strauss-Konservatorium in München. Quellen: Röder/Strauss 1983, Bd.II, Tl. 2, S. 944, Stichwort Rebner, Adolf; Stompor 1994, Bd. 1, S. 293; Freise/Martini 1990, Anhang, S. 58; Stengel/Gerigk 1940, S. 222.

Redlich, Hans Ferdinand; geboren am 11.2.1903 in Wien. Ausbildung: ab 1921 Studium in Wien und München (1922-1924), Klavier bei Paul Weingarten, E. Friedberger; Komposition und Kontrapunkt bei Carl Orff und Hugo Kauder. 1929-1931 Universität Frankfurt a.M., 1931 Dissertation über Monteverdis Madrigalwerk. 1919 erste Veröffentlichung über Gustav Mahler. Tätigkeit in Deutschland: 1924-1929 Opernkapellmeister in Berlin und Mainz, 1929-1931 Frankfurt a.M., ab 1931 Komponist und Musikschriftsteller in Mannheim. 1937 Rückkehr nach Österreich. Exil Großbritannien: 1939. Tätigkeit in Großbritannien: ab 1940 Referent der Austrian Academy in Great Britain; 1941-1955 Leitung der von ihm gegründeten Choral and Orchestra Society in Letchworth (Hertfordshire), 1941-1945 Lehrer an der Rural Music School in Hitchin; 1941-1943 Vorlesungen bei der Workers' Educational Association, Eastern Division; 1942-1955 Vorlesungen an den Extra-Mural Departments der Universitäten Cambridge und Birmingham. Tätigkeit nach 1945/46: 1955-1962 Universität Edinburgh; 1962-1968 Ordinarius Universität Manchester mit den Schwerpunkten Monteverdi, Händel und österreichische Musik. Der Begriff "Zweite Wiener Schule" stammt von ihm. Ab 1946 beteiligt an der der New Oxford History of Music; ab 1949 Organisator der englischen Abteilung der MGG; Mitarbeit an 5. Aufl. des Grove Dictionary of Music. Gestorben am 27.11.1968 in Manchester. Quellen: Röder/Strauss 1983, Bd.II, Tl. 2, S. 946; NGDM 1980, Bd. 15; Traber/Weingarten 1987, S. 317; Riemann 1989, Bd. 4; MGG 1963, Bd. 11; Seeger 1966; Stengel/Gerigk 1943, S. 240; DÖW 1992, S. 361.

Reichmann, Grete; geboren am 7.4.1892 in Karlsruhe. Ausbildung: Universitätsabschluß als Dr.phil. in Berlin. Tätigkeit in Deutschland: Musiklehrerin und Musikologin, Leiterin des Seminars für Musiklehrer in Königsberg. Exil Großbritannien: Ankunft am 7.7.1939, London. Tätigkeit in Großbritannien: bewarb sich um die Erlaubnis, freiberuflich zu unterrichten. Quellen: Stengel/Gerigk 1941, S. 222; Brückner-Rock 1938, S. 226; P.R.O., Liste des M.R.C. vom 6.5.1943 an das Home Office, Mr. Cooper.

Reizenstein, Franz-Theodor; geboren am 7.6.1911 in Nürnberg. Ausbildung: 1930-1934 Hochschule für Musik Berlin, Klavier bei Leonid Kreutzer sowie Kompositionsschüler von Paul Hindemith. Exil Großbritannien: 1934 London. Tätigkeit in Großbritannien: 1934-1936 Kompositionsstudium bei Ralph Vaughan Williams am Royal College of Music. 1938-1940 Privatunterricht bei dem Pianisten Solomon. Reizenstein arbeitete bei den Kursen von Carl Flesch mit. 1940 Internierung für ein halbes Jahr Isle of Man; arrangierte Musik und organisierte Aufführungen. 1941-

1945 Bahnschaffner wegen Kriegsuntauglichkeit, daneben einige Auftritte bei Wartime Concerts einschließlich der Natinal Gallery Concerts. Er komponierte Kammermusikwerke; verschiedene Aufführungen in London. 1943 Solist seines *Klavierkonzertes* mit London Philharmonic Orchestra und London Symphony Orchestra. Aufnahmen als Pianist bei der B.B.C., vorwiegend Kammermusik. Boosey & Hawkes und Edition Alfred Lengnick & Co. London veröffentlichten von ihm während des Krieges wenige Kompositionen. Reizenstein komponierte bis Ende des Krieges Chorwerke, Radio-Oper, Kammermusik und Klavierwerke. Tätigkeit nach 1945/46: Pianist (Konzertsaal und III. Programm der B.B.C.), Lehrer, Komponist. 1958-1968 Klavierprofessur an der Royal Academy of Music, London; 1962-1968 Royal Manchester College of Music; 1966-1968 Gastprofessur Boston University, Massachusetts, USA. Gestorben am 15.10.1968 in London. Quellen: MGG 1963, Bd. 11; Traber/Weingarten 1987, S. 318f.; Flesch 1960, S. 197; NGDM 1980, Bd. 15; Röder/Strauss 1983, Bd.II, Tl. 2, S. 960; Meyer 1979, S. 147; Willett 1983, S. 198; Fischer-Defoy 1988, S. 298; Stengel/Gerigk 1940, S. 223; B.B.C.: WAR; Franz Reizenstein; Composer; File 1: 1940-1954 und Artists; File 2: 1943-1952.

Rosé, Alfred; geboren am 11.12.1902 in Wien (Sohn des Geigers Arnold Josef Rosé). Ausbildung: nicht ermittelt. Tätigkeit in Österreich: Kapellmeister, Komponist und Pianist in Wien. Exil Großbritannien: 1939 London. Tätigkeit in Großbritannien: nicht ermittelt. Gestorben 1975. Quellen: Stengel/Gerigk 1940, S. 226; Anonym 1988; Röder/Strauss 1983, Bd.II, Tl. 2, S. 979; Stichwort Rosé, Arnold Josef.

Rosé, Alma Maria (auch Mahler-Rosé); geboren am 3.11.1906 in Wien (Tochter von Arnold Josef Rosé). Ausbildung: Violinistin. Tätigkeit in Wien: Violinistin. Exil Großbritannien: Aufenthalt 1939. Tätigkeit in Großbritannien: 12.7.1939 Mitwirkung bei einem Konzert des ehemaligen Rosé-Quartetts in der Dukes Hall, Royal Academy of Music, London. Danach Rückkehr auf das europäische Festland, Aufenthalt in Holland nachgewiesen: Konzerttournee als Solistin mit Klavierbegleitung von Januar 1941 bis August 1942 in Privathäusern in Ballungsgebieten im Westen der Niederlande. Programm: Kammermusik von Beethoven und Brahms. Möglicherweise hier von der SS entdeckt und nach Nazi-Deutschland verschleppt. Dirigentin des Frauenorchesters im KZ Auschwitz-Birkenau; dort gestorben, höchstwahrscheinlich vergiftet. Quellen: Stengel/Gerigk 1941, S. 227; Röder/Strauss 1983, Bd.II, Tl. 2, S. 979; Stichwort Rosé, Arnold Josef; Licht 1993, S. 250; Fenelon 1981, S. 33 und 233ff.

Rosé, Arnold Josef; geboren am 24.10.1863 in Jassy, Bukovina, Österreich. Ausbildung: 1873-1877 Violinstudium AMdK in Wien bei Karl Heissler. Tätigkeit in Deutschland und Österreich: 1879 Debüt am Gewandhaus Leipzig; 1881-1938 Konzertmeister bei den Orchestern der Wiener Hofoper und der Wiener Staatsoper; 1888-1896 Geiger bei den Bayreuther Festspielen. 1882 Gründung des Rosé-Quartetts [P. Fircher, A. Ruzitska (später Morawetz), F. Buxbaum (Nachfolger J. Walther 1921)], diverse UA. 1902 Heirat mit Justine Mahler. 1909-1924 Prof. an der Wiener

Staatsakademie. Exil Großbritannien: 1938 London. Tätigkeit in Großbritannien: Weiterbestehen des Rosé-Quartetts in wechselnden Besetzungen, vorwiegend aber mit Friedrich Buxbaum (Violoncello), Max Jekel (Violine) und Ernst Tomlinson (Viola). 1939-1943 National Gallery Concerts; Konzert "100 Jahre Wiener Philharmoniker" am 28.5.1942 in der Wigmore Hall; 1943 Konzerte im Rahmen des Free Austrian Movement, Wigmore Hall und im Austrian Centre Swiss Cottage. Tätigkeit nach 1945/46: Gestorben am 25.8.1946 in London. Quellen: Röder/Strauss 1983, Bd.II, Tl. 2, S. 979; NGDM 1980, Bd. 16; Flesch 1960, S. 49ff.; Hartnack 1967, S. 124f.; J. Creighton: Discopaedia of the Violin, 1889-1971, Toronto 1974; A. Boult: Rosé and the Vienna Philharmonic, ML XXXII, 1951. Stengel/Gerigk 1940, S. 227; Zeitspiegel, (21.3.1942), S.9; Zeitspiegel, (2.5.1942), S.7; Zeitspiegel, (6.6.1942), S.7; Zeitspiegel, (8.5.1943), S.7; The Times 12.7.1939, "Week-End Concerts. A Haydn Unniversary."; The Musical Times, (May 1940), S. 229 "London Concerts. Chamber Concerts."; Programmzettelsammlung National Gallery Concerts.

Rosenbaum, Susi; Daten nicht ermittelt. Rostal-Schülerin. Tätigkeit in Großbritannien: Violinistin bei Chorkonzert des Young Austrian Choir. Weiteres nicht ermittelt. Quellen: Zeitspiegel, (17.4.1943), S.7.

Rosenthal, Albi (Albrecht); geboren am 5.10.1914 in München. Vater: Inhaber des Jacques Rosenthal Verlags München. Ausbildung: umfassende musikalische Ausbildung. Exil Großbritannien: Mai 1933. Tätigkeit in Großbritannien: Studium der Kunstgeschichte bei Rudolf Wittkower am Warburg Institute und privat Paläographie an der British Library, London. 1937 Gründung der Firma A. Rosenthal Ltd., spezialisiert in alter Musik; 1941-1954 Übersiedlung nach Oxford, musikwissenschaftliche Studien. Tätigkeit nach 1945/46: 1955 Übernahme von "Otto Haas antiquarian book and music firm", früher Leo Liepmannssohn. Verkäufe großer Musiksammlungen und Musikdenkmäler sowie Autographen von Monteverdi bis Webern. Quellen: Röder/Strauss 1983, Bd.II, Tl. 2, S. 989; MGG 1963, Bd. 11.

Rosenthal, Nora geb. Strauss; geboren am 2.9.1892 in London. (Ihr Vater Jacob Strauss war 1888 wegen des Antisemitismus Adolf Stöckers in Preußen von Frankfurt a. M. nach London emigriert.) 1893 Rückkehr der Familie nach Frankfurt a.M. Ausbildung: 1910-1913 Konservatorium Frankfurt; 1913 Examen als Klavierlehrerin, danach Klavierlehrerin und Heirat. 1921 und 1926 Geburt zweier Kinder. Nach den Novemberpogromen von 1938 Selbstmord ihres Ehemannes, dem jüdischen Gynäkologen Bernhard Rosenthal. 1939 Flucht über die Schweiz und Holland; 13.4.1939 Ankunft in London mit Kindern. Lebte bis 1978 in London Hampstedt. Quellen: Autobiographie (1978), Leo Baeck Institute, New York.

Rosenzweig, Alfred; geboren in Österreich. Weiteres nicht ermittelt. Tätigkeit in Österreich: Musikkritiker. Exil Großbritannien: Zeitpunkt nicht ermittelt. Tätigkeit in Großbritannien: 1940 Internierung im Lager Huyton und auf der Isle of Man. Mitarbeit im Austrian Centre als Autor kurzer Artikel im Zeitspiegel und als Referent.

Autor auch in Freie Deutsche Kultur. Tätigkeit nach 1945/46: nicht ermittelt. Quellen: Leske/Reinisch 1987, Anm. 154, S. 722; S.7. Fend 1993, S. 177; DÖW 1992, S. 358 und 370; Scheit 1984; Zeitspiegel, (6.3.1943) "Der Kampf um Richard Wagner"; Freie Deutsche Kultur, London, Mai 1941, o.S., "Gustav Mahler"; Zeitspiegel, (1.6.1941), S.8; "Rosenzweig spricht über Gustav Mahler". Zeitspiegel, (1.11.1941); o.S., "Der Grüsser der Musikstadt Wien: Zum Tode Wilhelm Kienzls."; Zeitspiegel, (28.11.1942), o.S., "Franz Schubert - zu seinem Todestag."

Rostal, Max; geboren am 7.8.1905 in Teschen, Österreich. Ausbildung: Schüler von Arnold Rosé, Wien, und Carl Flesch, Berlin. 1925 Mendelssohn-Preis. 1927 Konzertmeister des Philharmonischen Orchesters Oslo. 1928 Assistent von Flesch, ab 1931 Violinprofessur Hochschule für Musik, Berlin. Exil Großbritannien: 1934 London. Tätigkeit in Großbritannien: Als Kammermusiker in verschiedenen Ensembles, insbesondere mit Partner Franz Osborn, und Tätigkeit als Solist; begründete das Max Rostal Chamber Orchestra, in dem englische und Exil-Musiker gemeinsam spielten, u.a. Auftritt bei den Promenaden-Konzerten oder 1944 in der Londoner Town Hall, Auftritte im FDKB und im Austrian Centre. Lehrer der späteren Mitglieder des Amadeus-Quartetts sowie von etwa zehn Studenten, die ihm (wie Maria Lidka 1934 aus Berlin) nach London gefolgt waren. Bekannt durch die Auftritte mit Osborn bei den National Gallery Concerts, bei denen beide neben zeitgenössischen Werken sämtliche bedeutenden Sonaten der Wiener Klassik für Violine und Klavier aufführten; Herausgebertätigkeit; 1944-1958 Lehrer an der Guildhall School of Music, London; im Juni 1944 Solist des London Philharmonic Orchestra bei Jay Pommeroy's 2. Festival of Russian Music; Auftritte bei den Boosey & Hawkes Konzerten für zeitgenössische Musik. Kammermusikeinspielungen bei der B.B.C.; auch gemeinsam mit Louis Kentner und Sela Trau. Autor von Würdigungen seines Lehrers Carl Flesch, dessen Schule er lehrte. Tätigkeit nach 1945/46: Lehrkompositionen, Editionen und Transkriptionen. Englische Erstaufführungen von Bartóks *2. Violinkonzert* und Chatchaturjans *Violinkonzert*. Erstaufführungen der ihm gewidmeten Werke von Alan Bush, Benjamin Frankel, Franz Reizenstein, Bernhard Stevens, Mátyás Seiber. Ab 1954 Duo mit Colin Horsley. Ab 1954 internationale Meisterkurse in Bern für Violine und Bratsche und von 1957 an Meisterklasse für Violine an der Kölner Musikhochschule. Ab 1958 Wohnsitz in der Schweiz. Gestorben am 6.8.1991 in Bern. Quellen: Röder/Strauss 1983, Bd. II, Tl. 2, S. 995; Meyer 1979, S. 147; NGDM 1980, Bd. 16; Willett 1983, S. 198; Pâris 1992; Programmzettelsammlungen National Gallery Concerts, Lidka und Henschel; The Monthly Musical Record, Januar 1942, o.S., New Music. Violine and Orchestra (or Piano), Tartini: *Concerto in G Minor*. Edited by Max Rostal. Novello; Mosco Carner. "Broadcast Music: Unfamiliar Chamber Music." The Listener, (21.3.1940), S. 599; Gesprächsprotokolle Lidka und Nissel.

Roth, Ernst; geboren am 1.6.1896 in Prag. Ausbildung: Universität Prag, 1921 Dr. jur. Musikstudium Universität Wien, Musikwissenschaft bei Guido Adler. Tätigkeit in Österreich: 1922-1928 Geschäftsführer, Chefherausgeber des Philharmonischen Verlages; 1928-1938 Mitarbeiter der Universal Edition. Exil Großbritannien: 1938.

Tätigkeit in Großbritannien: 1938-1971 Mitarbeiter im Verlag Boosey & Hawkes; Internierung bis November 1940; erwarb 1942 die Rechte für die Richard Strauss-Opern für die nicht von der Wehrmacht okkupierten Länder vom deutschen Verlag Fürstner. Verlegte Werke von Komponisten, die ehemals bei der UE Wien gebunden waren, bei Boosey & Hawkes, z.B. Bartóks 2. *Violinkonzert* und *Divertimento*, 1942 *Mikrokosmos*. Tätigkeit nach 1945/46: Geschäftsführender Direktor und Verlagsleiter von Boosey & Hawkes Ltd. Gestorben am 17.7.1971 in Twickenham, Großbritannien. Quellen: Röder/Strauss 1983, Bd. II, Tl. 2, S. 995; NGDM 1980, Bd. 16; Anonym 1988; Stadlen 1990, S. 131; Obituary, The Musical Times, (September 1971), S. 895.

Rothschild, Frank; geboren am 16.7.1878 in Krautheim an der Jagst. Ausbildung: nicht ermittelt. Tätigkeit in Deutschland: Chorleiter, Organist, Komponist, Musikpädagoge. Exil Großbritannien: April 1939, London. Tätigkeit in Großbritannien: nicht ermittelt. Weiteremigration: USA. Tätigkeit nach 1945/46: Weiteres nicht ermittelt. Quellen: Stengel/Gerigk 1940, S. 232 auch als Studienrat in Frankfurt a.M. aufgeführt; Freise/Martini 1990; Anhang S. 62.

Rothschild, Siegmund; geboren 1884 in Waltersbrück bei Kassel. Tätigkeit in Deutschland: Pädagoge, genaue Spezialisierung nicht benannt; wird im Zusammenhang mit der Gründung eines jüdischen Orchesters und hebräischen Chores erwähnt. Exil Großbritannien: Januar 1939. Tätigkeit in Großbritannien: nicht ermittelt. Weiteremigration: USA. Tätigkeit nach 1945/46: nicht ermittelt. Gestorben 1952 in New York. Quellen: Freise/Martini 1990; Anhang S. 63.

Sachs, Toni; Daten nicht ermittelt. Tätigkeit in Großbritannien: Pianistin bei Konzerten des FDKB in London, wird öfter erwähnt. Tätigkeit nach 1945/46: nicht ermittelt. Quellen: FDKB Programme.

Salomon, Willy; geboren am 13.4.1891 in Frankfurt a.M. Tätigkeit in Deutschland: Komponist, Pianist, Musikpädagoge für Klavier, Komposition, Musikgeschichte, Musikästhetik. Unterrichtete die Jazzklasse am Dr. Hoch'schen Konservatorium in Frankfurt a.M., dort entlassen am 31.8.1933. Privatunterricht in Harmonielehre, Formenlehre, Stillehre, Kontrapunkt, Klavierbegleitung, Musikgeschichte, Klavier, Kammermusikspiel, Korrepetition. 1938 Deportation nach Buchenwald. Exil Großbritannien: 1939 London. Tätigkeit in Großbritannien: Leitung der konzertanten Aufführung der *Zauberflöte* im FDKB am 2.12.1939; September 1941, Begleiter von Ernst Urbach bei Schuberts *Winterreise* im Austrian Centre, London, Referent im Rahmen der Freien Deutschen Hochschule des FDKB am 17., 24., 31.5.1943 über Musikalische Stilfragen. Begleiter von Janet Howe (Mezzosopran) bei einem Boosey & Hawkes Konzert am 27.1.1945 in der Wigmore Hall, London, mit neuer englischer und amerikanischer Musik sowie Kompositionen von Béla Bartók. Tätigkeit nach 1945/46: nicht ermittelt. Gestorben am 3.9.1958 in London. Quellen: Freise/Martini 1990; Anhang S. 65; Stengel/Gerigk 1940, S. 237; Stompor 1994, Bd.1,

S. 328; Freie Tribüne (12.5.1943), S. 7; Zeitspiegel, (September 1941), S.10; Programmzettelsammlung Henschel.

Samek, Lilly; Daten nicht ermittelt. Tätigkeit in Großbritannien: Pianistin bei einer Aufführung in London. Quellen: Programm FDKB.

Sandberg, Mordechai; geboren 1897 in Rumänien. Ausbildung: Kompositionsstudium in Wien. Tätigkeit: 1922-1938 Jerusalem: gründete dort Institut für Neue Musik, 1929 Gesellschaft für Neue Musik. Tätigkeit in Großbritannien: Während des Congress on the Problems of Contemporary Music am 28./29.5.1938 in London Referat über das Micro Tonal System. Exil Großbritannien: 1938 oder 1939 London. Weiteremigration: 1940 USA, New York. Tätigkeit nach 1945/46: nicht ermittelt. Komponierte u.a. zwei Oratorien, Sinfonik, Kammermusik, Chormusik, vertonte die Psalter. Quellen: Riemann 1961; Stengel/Gerigk 1941, S. 238; Music and Life 1938; Congress on the Problems of Contemporaray Music 28./29.5.1938, Programme.

Sandberg-Kohlmey, Gerda; Daten nicht ermittelt. Tätigkeit in Deutschland: Mitarbeit in der Berliner Agitprop-Szene, schrieb Melodien zu politischen Liedern, tätig an der MASCH. Exil Großbritannien: Zeitpunkt nicht ermittelt. Tätigkeit in Großbritannien: Mitarbeiterin im FDKB. Tätigkeit nach 1945/46: nicht ermittelt. Quellen: Meyer 1979, S. 83 und 151.

Schaeffer, Alice bzw. Schäffer-Kuznitzky; geboren in Deutschland; Weiteres nicht ermittelt. Tätigkeit in Deutschland: Mezzosopranistin; Konzertsängerin, Berlin. Exil Großbritannien: 1935. Tätigkeit in Großbritannien: Gab Liederabende in London, z. B. Januar 1936, Wigmore Hall und März 1938, Grotrian Hall. Sang Lieder von Mahler und Dvořák. War spezialisiert auf Goethe-Vertonungen verschiedener Komponisten. Weiteres Repertoire mit Brahms und Schubert. Auftritte bei den National Gallery Concerts, Begleiter u.a. auch Gerald Moore. Mitwirkung bei Konzerten des FDKB und des Austrian Centre, etwa bei der konzertanten Aufführung der *Zauberflöte*, November 1942. Lehrerin von Erika Storm. 1937/38 einige Aufnahmen für den Home Service der B.B.C; 1941 und 1944 (Overseas European Transmission). Quellen: Programm des FDKB; Meyer 1979, S. 147; B.B.C.: WAR, Alice Schaeffer; Artists 1: 1931-1950. Programme der National Gallery Concerts, Zeitspiegel, (23.11.1942), S.7; Gespräch Goldschmidt Oktober 1991, Gesprächsprotokoll Storm.

Schauer, Richard; Daten nicht ermittelt. Tätigkeit in Deutschland: Verleger. Exil Großbritannien: 1939. Tätigkeit in Großbritannien: Brachte die gesamten Kataloge der Verlage von Anton Benjamin, Rahter und Simrock mit ein und machte die Öffentlichkeit besonders mit russischer Musik bekannt. Weiteres nicht ermittelt. Quellen: Levi 1992, S.293.

Scherchen, Hermann; geboren am 21.6.1891 in Berlin. Ausbildung: Autodidakt, Musikhochschule Berlin. Tätigkeit: 1907-1910 Bratscher im Blüthner-Orchester und bei den Berliner Philharmonikern; 1911 Debüt als Dirigent mit Schönbergs *Pierrot lunaire*; 1914 Dirigent des Sinfonieorchesters Riga; 1919 Gründung und Leitung der Neuen Musikgesellschaft (Berlin), Mitherausgeber der ersten drei Jahrgänge des Melos. 1922/23 Leitung der Frankfurter Museumskonzerte; 1922-1947 Dirigent der Abonnementskonzerte des Stadtorchesters Winterthur; 1928-1933 GMD des Ostfunks in Königsberg. Exil: 1933 Schweiz, Dirigate und verlegerische Tätigkeit in Belgien, Wien, Barcelona, Paris. Großbritannien: gelegentliche Aufenthalte. Bemühungen um Dirigate an der B.B.C. Tätigkeit nach 1945/46: Bahnbrechendes Wirken für die Neue Musik. Gestorben am 12.6.1966 in Florenz. Quellen: Röder/Strauss 1983, Bd. II, Tl. 2, S. 1028; Riemann 1989, Bd. 4; NGDM 1980, Bd. 16; Seeger 1966; Meyer spricht von seinen gelegentlichen Aufenthalten in England (Meyer 1979, S. 145).

Schidlof, Peter; geboren am 9.9.1922 in Wien. Ausbildung: Als Schüler erster Violinunterricht. Exil Großbritannien: Dezember 1938. Tätigkeit in Großbritannien: 1940 Internierung auf der Isle of Man; nach Freilassung Unterricht bei Max Rostal. 1941-1945 Kriegsarbeit, Lehre als Zahntechniker. Auftritt bei den National Gallery Concerts 1945 und Mitglied eines Oktetts gemeinsam mit Flüchtlingen und britischen Musikern ab 1944. Tätigkeit nach 1945/46: ab 1947 bis zu seinem Tod Bratscher des Amadeus-Quartetts, Platteneinspielungen sowie unzählige Aufnahmen für das neugegründete B.B.C. III; Lehrer für Kammermusik an der Kölner Musikhochschule. Gestorben am 16.8.1987 in Cumbria, Großbritannien. Mit seinem Tod löste sich das Amadeus-Quartett auf. Quellen: Röder/Strauss 1983, Bd. II, Tl. 2, S. 1031; Riemann 1989, Bd. 1, Stichwort Amadeus-Quartett; The Musical Times, (November 1987), S. 647; Programme der National Gallery Concerts, Programmzettelsammlung Lidka.

Schlesinger, Lotte; geboren am 19.5.1909 in Berlin. Ausbildung: Hochschule für Musik, Berlin; Komposition bei Franz Schreker, Walther Gmeindl, Paul Hindemith; Musikerziehung bei Georg Schünemann und Frieda Lobenstein; 1929 Privatmusiklehrerexamen. Tätigkeit in Deutschland: 1929 Mitarbeiterin von Frieda Lobenstein. Exil Großbritannien: 1933 über Prag und Wien. Tätigkeit in Großbritannien: nicht ermittelt. Weiteremigration: 1934 Paris, Barcelona, UdSSR (Charkow, Kiew, Moskau); 1938-1946 USA, Lennox, Massachusetts (Foxhollow School). Tätigkeit nach 1945/46: Black Mountain College, North Carolina; 1950-1957 Wilson School of Music, Yakima, Washington; 1962 Übersiedllung nach London. Gestorben am 14.5.1976 in London. Quellen: Traber/Weingarten 1987, S. 325f.; Fischer-Defoy 1988, S. 157; Stengel/Gerigk 1940; S. 243.

Schnabel-Behr, Therese; geboren am 14.9.1876 in Stuttgart. Ausbildung: als Altistin studierte sie bei Julius Stockhausen 1893-1895 in Frankfurt a.M. und an der Rheinischen Musikschule, dem Konservatorium der Stadt Köln, bei Rudolf Schulz-Dornburg; von 1897-1899 bei Etelka Gerster in Berlin. Tätigkeit in Deutschland: ab 1898 Karriere als Konzertsängerin; ihr Ehemann Artur Schnabel begleitete sie auf ihren Konzertreisen durch Deutschland und die USA, 1925-1933 Gesangslehrerin in Berlin. Exil Großbritannien: 1933. Tätigkeit in Großbritannien: nicht ermittelt. Weiteremigration: 1939 New York, USA. 1951 nach Tod ihres Ehemannes Artur Schnabel Übersiedlung nach Italien. Gestorben am 30.1.1959 in Lugano. Quellen: Röder/Strauss 1983, Band II, Tl. 2, S. 1041. Ihr Ehemann Artur Schnabel ging laut Röder/Strauss 1983 im Jahr 1933 ins Exil in die Schweiz und 1939 in die USA.

Schnapper, Edith; geboren am 31.10.1909 in Frankfurt a.M. Ausbildung: Universitäten Frankfurt, Bonn und Bern; 1937 Promotion in Musikgeschichte, Kunstgeschichte und Philosophie. Exil Großbritannien: 1938. Tätigkeit in Großbritannien: Musikwissenschaftliche Forschung bei Edward Dent, Universität Cambridge; Mitglied des Newnham College; daneben Bibliothekarin der Paul Hirsch Library; Mitarbeit bei Erarbeitung und Veröffentlichung des 4. Katalogbandes dieser Bibliothek. 1939-1945 ziviler Verteidigungsdienst. Tätigkeit nach 1945/46: Lehrerin an der Cambridgeshire High School für Mädchen; Mitglied des World Congress of Faiths; 1950 Nachfolgerin von O.E. Deutsch für die Herausgabe des British Union Catalogue of Early Music, dabei zeichnet sie für die 1957 herausgegebenen zwei Bände verantwortlich. Studien in vergleichender Religionswissenschaft. Quellen: Röder/ Strauss 1983, Bd. II, Tl. 2, S. 1041; MGG 1963, Bd. 11; NGDM 1980, Bd. 16.

Schoen, Ernst; geboren am 14.4.1894 in Berlin. Ausbildung: nicht ermittelt. Tätigkeit in Deutschland: Musiker, Dichter, Übersetzer in Berlin; Jugendfreund Walter Benjamins; Programmleiter vom Südwestdeutschen Rundfunk in Frankfurt. Exil Großbritannien: 1933. Tätigkeit in Großbritannien: Kopierte zu Beginn Stimmen für eine drittklassige Schlagerfirma in London. Schoen textete den *Freedom Song* von Eisler für den Film "Abdul Hamid" 1934. 1933/34 Öffentliche Diskussion zwischen Schoen und Francis Toye über "Opera in Europe Today". Direktor der aus etwa zwölf englischen Sängern bestehenden Opera Group gemeinsam mit Georg Knepler (Dirigent und Pianist). Zuerst konzertante Aufführungen von Szenen aus Janácek-, Strawinsky-, Hába-Opern; ab 31.1.1936 auch für die B.B.C. Bis zu Beginn des Krieges fünf bis sechs Aufführungen mit Orchesterbegleitung, darunter Purcells *Dido and Aeneas* und die Operette *The Ephesian Matron* von Charles Dibdin. Tätigkeit nach 1945/46: Bis 1952 Autor für das Jugendprogramm der Deutschen Stunde der B.B.C. Remigration: 1952 nach Berlin. Lebte in West-Berlin und arbeitete als Übersetzer beim Verlag Rütten & Loening und später als Mitarbeiter des Henschel-Verlages in Ost-Berlin. 1954-1957 Archivar am Deutschen Theater; Veröffentlichungen in Theater der Zeit. 1954 Auswahl und Übertragung der Briefe Alain-Fourniers beim Suhrkamp-Verlag. Gestorben im Dezember 1960 in Berlin. Quellen: Schebera 1981, S. 86; vgl. W. Benjamin, Ges. Schriften Bd. 4, Gespräch mit Ernst Schoen, Frankfurt a.M. 1972, S. 548-552; Freise/Martini 1990; Anhang S. 68; Meyer 1979, S. 136 und 146; Krenek 1992, S. 71; Schiller-Lerg 1994; Stengel/Gerigk 1943, S. 264. Aufsätze Schoens in London: The Listener, 258 (20.12.1933), S. 944; The Listener, 260 (3.1.1934), S. 21-22; The Listener, 264 (31.1.1934), S. 209; The Listener, 267 (21.2.1934), S. 334. Schoens Nachlaß befindet sich im Bundesarchiv in Koblenz.

Schröder, Kurt; geboren am 6.9.1888 in Hagenow/Mecklenburg. Studium Musikwissenschaft und Germanistik in Berlin und Rostock. Tätigkeit in Deutschland: Kapellmeister an verschiedenen deutschen Theatern wie Chemnitz, Königsberg, Coburg und Münster, zuletzt von 1923-1933 1. Kapellmeister am Opernhaus in Köln. Exil Großbritannien: 1933. Tätigkeit in Großbritannien: nicht ermittelt. Remigration: 1946. 1946-1953 musikalischer Leiter beim Hessischen Rundfunk in Frankfurt, danach freiberuflicher Dirigent. Gestorben am 5.1.1962 in Frankfurt a.M. Quellen: WAR, R 27/3/1. Riemann 1961, Riemann 1975.

Schumann, Elisabeth; geboren am 13.6.1888 in Merseburg. Sopranistin, Gesangstudium bei Natalia Hänisch, Marie Dierich in Berlin und bei Alma Schadow in Hamburg. Tätigkeit: 1909-1919 Hamburger Opernhaus, 1914/15 MET New York; 1919-1937 Staatsoper Wien als hochgeschätzte Mozart-Interpretin; 1922-1938 Mitglied des Festspielensembles in Salzburg. 1924-1931 Gast an Covent Garden, ihre berühmten Partien waren die Adele in *Die Fledermaus* und die Sophie im *Rosenkavalier*. Große Liedinterpretin. Verließ 1938 als Protestemigrantin Österreich. Exil Großbritannien: 1938, als Zwischenstation auf dem Weg in die USA. Dort Pädagogin am Curtis Institute of Music, Philadelphia, Pennsylvania. Gestorben am 23.4.1952 in New York. Quellen: Röder/Strauss 1983, Bd. II, Tl. 2, S. 1055; Kutsch/Riemens 1987, Bd. 2.

Schwarz, Alice; Daten nicht ermittelt. Tätigkeit in Großbritannien: Mitwirkung bei der konzertanten Aufführung der *Zauberflöte* am 2.12.1939 im FDKB; Leitung: Willy Salomon. Sängerin bei der *Good Will Party in Paddington*, Austrian Centre. Mitwirkung bei einem Konzert mit Liedern und Klaviermusik von Schubert und Strauss-Arien gemeinsam mit Ernst Urbach und Paul Hamburger. Quellen: Stompor 1994, Bd.1 S. 328; Zeitspiegel, (31.8.1941), S.9.

Schwarz, Paul; geboren am 30.6.1887 in Wien. Tätigkeit in Deutschland: Sänger (Tenor) an der Oper in Hamburg, dort 1933 entlassen. Danach Gastsolist in Teplitz-Schönau. Exil Großbritannien: Zeitpunkt nicht ermittelt. Tätigkeit in Großbritannien: Sänger in Glyndebourne. Weiteres nicht ermittelt. Quellen: vgl. Stompor 1994, Bd.1; Stengel/Gerigk 1943, S. 273.

Schwarz, Rudolf; geboren am 29.4.1905 in Wien. Ausbildung: Musikstudium in Wien; Schüler von Hans Gál. Tätigkeit in Österreich und Deutschland: Bratscher der Wiener Philharmoniker. 1923 Korrepetitor am Düsseldorfer Opernhaus; 1924 Debüt als Dirigent. 1927-1933 Kapellmeister in Karlsruhe unter Josef Krips. Mit Brief vom 30.8.1933 an die B.B.C. bewirbt sich Rudolf Schwarz um Dirigat. Kurt Singer (Jüdischer Kulturbund) bezeichnete ihn am 23.1.1937 in einem Schreiben an die B.B.C. "ohne Einschränkung als einen der begabtesten jüngeren Kapellmeister". 1936-1941 Musikalischer Leiter des Jüdischen Kulturbundes in Berlin. 1943-1945 im KZ Belsen. Exil Großbritannien: 1947. Tätigkeit in Großbritannien: bis 1951 Musikalischer Leiter der Bournemouth Cooperation, gründete das Bournemouth

Symphony Orchestra. 1952 britischer Staatsbürger; 1951-1957 Musikdirektor des City of Birmingham Symphony Orchestra und des B.B.C. Symphony Orchestra. Angestrebtes Dirigat an der B.B.C. kam erst in den 50er Jahren zustande. Schwarz förderte die Aufführungen der Kompositionen britischer Komponisten wie Arthur Bliss, Roberto Gerhard, Iain Hamilton, Edmund Rubbra und Michael Tippett. 1964 Vorsteher und ab 1967 künstlerischer Direktor der Northern Sinfonia Newcastle upon Tyne bis 1973. Quellen: NGDM 1980, Bd. 17; Stengel/Gerigk 1940, S. 253 als Kapellmeister in Berlin aufgelistet; Pâris 1992. B.B.C.: WAR, Rudolf Schwarz, Artists, File 1: 1933-1958.

Schwarz, Vera; geboren am 10.7.1889 in Zagreb, Kroatien/Ungarn. Ausbildung: Gesang (Sopran) und Klavier in Wien bei Philip Forsten. Tätigkeit in Deutschland: 1914 Hamburger Oper, 1917 Staatsoper Berlin; ab 1925 Partnerin von Richard Tauber in *Der Zarewitsch* und *Land des Lächelns*. 1929 Octavian im *Rosenkavalier* bei den Salzburger Festspielen, 1933 USA-Tournee. Exil Großbritannien: Arbeitsaufenthalte während ihrer verschiedenen europäischen Auftritte, bekannt als Carmen und Tosca. Tätigkeit in Großbritannien: 1938 Lady Macbeth in Glyndebourne. Weiteremigration: 1938 USA. Ab 1939 Gesangslehrerin in Hollywood. Remigration: 1948 Österreich. Tätigkeit nach 1945/46: Gab Gesangskurse am Mozarteum in Salzburg. Gestorben am 4.12.1964 in Wien. Quellen: Röder/Strauss 1983, Bd. II, Tl. 2, S. 1063; Stengel/Gerigk 1940, S. 253; Programm Glyndebourne.

Seiber, Mátyás; geboren am 4.5.1905 in Budapest. Ausbildung: Musikakademie Budapest, Kompositionsstudium bei Zoltán Kodály sowie Violoncello. Tätigkeit in Deutschland: 1928 Leiter der neugegründeten Jazzklasse am Dr. Hoch'schen Konservatorium Frankfurt a.M.; ab 1930 Studium der Zwölftontechnik, verband diese in seinen Kompositionen mit Jazzelementen, bezog auch elektronische Mittel ein. Exil Großbritannien: 1935 London. Tätigkeit in Großbritannien: Cellist in verschiedenen Kammermusikvereinigungen, auch im FDKB mit dem Ensemble Walter Bergmanns; Auftritte bei den National Gallery Concerts; Arrangeur insbesondere ungarischer Folklore u.a. Aufführungen seiner Werke im Contemporary Music Centre in London. Mit Walter Goehr Konzertversion der *Kunst der Fuge* von Bach, aufgeführt 1943. Mitbegründer des Committee for the Promotion of New Music. Beitrag über Swing während des Congress on the Problems of Contemporary Music 1938 in London. Musikberater beim Verlag Schott durch Vermittlung von Michael Tippett; Kompositionslehrer am Morley College. Setzte sich für die Verbreitung von Béla Bartóks Kompositionen in Großbritannien ein, z.B. als Vortragender über dessen *4. Streichquartett* bei den National Gallery Concerts, als Autor in Zeitschriften, Programmheften oder ab 1941 für die B.B.C., ebenso für Igor Strawinsky. Komponierte bis 1948 etwa 300 Radiomusiken für den britischen Rundfunk. Tätigkeit nach 1945/46: 1945 Gründung und Leitung des Kammerchores "Dorian Singers"; freischaffend als Komponist, Dirigent und Kompositionslehrer. Regelmäßige Sendungen über Probleme der zeitgenössischen Musik an der B.B.C. Lehrer einer neuen britischen Komponistengeneration. Gestorben am 25.9.1960 in Johannesburg, Südafrika. Ligeti widmete sein berühmtes Werk *Atmosphéres* für Orchester 1961 Mátyás Seiber, ebenso 1961 Kodály sein *Mediavita in morte sumus* für gemischten Chor. Quellen: Röder/Strauss 1983, Bd. II, Tl. 2, S. 1070; NGDM 1980, Bd. 17; Riemann 1989, Bd. 4; Programme der National Gallery Concerts, Programmzettelsammlungen Henschel, Lidka und FDKB; B.B.C.: WAR, Mátyás Seiber, File 1: Copyright 1943-1962 und Artists, File 1, 1941-1951; Hinrichsen's Musical Year Book 1944, S. 297, Kurzbiographie; Seiber 1944; Tippett 1944; Seiber: Béla Bartók, The Monthly Musical Record, (November 1945), S. 195-197.

Simon, Werner; geboren am 7.4.1906 in Magdeburg. Ausbildung: nicht ermittelt. Tätigkeit in Deutschland: Opernsänger in Berlin. Exil Großbritannien: Zeitpunkt nicht ermittelt. Tätigkeit in Großbritannien: Baß bei einem Konzert in London. Weiteres nicht ermittelt. Quellen: Programm des FDKB, Stengel/Gerigk 1940, S. 258.

Sondheimer, Robert; geboren am 6.2.1881 in Mainz. Ausbildung: Musikstudium am Mainzer und Kölner Konservatorium und in Berlin bei Engelbert Humperdinck und Friedrich Erich Koch; Musikwissenschaft an den Universitäten Bonn und Basel; Dr. phil. 1919, Basel. Tätigkeit in Deutschland: Leiter der Edition Bernoulli, Berlin, Kollektion von Musik des 18. Jahrhunderts; bis 1933 Dozent an der Volkshochschule Berlin und Musikkritiker. Exil Großbritannien: 1939, zuvor 1933-1939 Basel, Schweiz unter Mitnahme der Edition Bernoulli. Tätigkeit in Großbritannien: Fortsetzung der Edition Bernoulli, erweiterte die Sammlung von Musik des 18. Jahrhunderts in die sogenannte Sondheimer-Edition. Umfassende Sammlung von Publikationen der Kammer-, Vokal-, Orchester- und Tastenmusik von Bach, Boccherini, Haydn, Vivaldi und der Mannheimer Schule. Gestorben am 7.12.1956 in Hannover. Quellen: Röder/Strauss 1983, Bd. II, Tl. 2, S. 1095; MGG 1965, Bd. 12; NGDM 1980, Bd. 17; Stengel/Gerigk 1943, S. 280; Sondheimer: "On Performing Beethoven's Third and Fifth Symphonies", Music Review, (1941).

Sonnenberg, Jenny; Daten nicht ermittelt. Tätigkeit in Großbritannien: Altistin im Rahmen eines Kammermusik- und Liederabends des "Bundes Freier Deutscher Musiker" am 27.11.1939 in London. Quellen: Stompor 1994, Bd.1, S. 327.

Spiegl, Fritz; Daten nicht ermittelt (2. Flüchtlingsgeneration). Tätigkeit in Großbritannien: Flötist im Royal Liverpool Philharmonic Orchestra, Musikologe; Essays für Periodika, regelmäßige Programme für die B.B.C. Quellen: Willett 1983, S. 202; Berthold Goldschmidt, Herbst 1991.

Spinner, Leopold; geboren am 26.4.1906 in Lwow (Lemberg), Polen. Ab 1914 lebte die Familie in Wien. Ausbildung: 1926-1930 Studium in Wien bei Paul Pisk; 1935-1938 bei Anton Webern; Dr.phil., Universität Wien. 1934 Emil Hertzka-Preis für seine *Sinfonie*. Tätigkeit in Österreich: Aufführungen *Passacaglia* für Kammerorchester bei IGNM-Festivals 1932 Wien und 1934 Florenz, 1936 dafür "Henry le Boeuf Preis". Exil Großbritannien: 1939 London über Belgien. Tätigkeit in Großbritannien: Komponierte ohne Unterbrechung weiter an begonnen Projekten. Versuche, in die USA auszuwandern, scheiterten. September 1939, Umzug nach Bradford, Yorkshire, dort bis 1944. Ab Oktober 1941: Abendkurse an der Bellevue School of Music in Bradford; 1942-1946 Dreher in einer Lokomotivenfabrik. Als Komponist ist der Spätstil Weberns sein Ausgangspunkt, entwickelte Möglichkeiten der klassischen Zwölftontechnik. Aufführung seines *String Quartet* 1945 im Rahmen des Committee for the Promotion of New Music in London. Tätigkeit nach 1945/46: 1945 Umzug nach Leeds wegen des Berufes seiner Frau. Versuch, seine *Ouvertüre* von 1944 beim ISCM-Fest in London 1946 anzubringen, scheiterte. Komponierte ab 1947 kontinuierlich, vorwiegend zwölftönig weiter. 1947-1975 Tätigkeit bei Boosey & Hawkes in London: erst als Kopist, später Erarbeitung von Klavierauszügen, insbesondere für Igor Strawinsky. Else Gross führte als einzige Pianistin seine Werke, auch B.B.C. III, auf (wenige Aufführungen). Ab 1969 setzte sich Gottfried von Einem für Spinners Werke mit einigen Aufführungen in Wien ein. Gestorben am 12.8.1980 in London. Quellen: NGDM 1980, Bd. 17; D. J. Bach: Bericht über die Aufführung des Kammerkonzertes *Romanze* von Leopold Spinner im Rahmen einer Strauss-Ehrung in Wien 1934, in: The Musical Times, August 1934, Musical Notes from Abroad. Vienna., S. 749f.; David Drew: Twelve Questions for Leopold Spinner, in: Tempo, 99 (1972); Regina Busch: Leopold Spinner, in: ÖMZ 1982/10, S. 545-553; Busch 1987 und 1990.

Spoliansky, Mischa; geboren am 28.12.1898 in Bialystok, Polen. Vater war Opernsänger und Chorleiter; 1914 mußte Spoliansky als Russe und Waise Königsberg verlassen und ging nach Berlin. Arbeitete als Pianist in Cafés, 1918 Orchesterleiter eines russischen Emigrantenkabaretts. Ausbildung: Studium am Stern'schen Konservatorium; Klavier bei Joseph Schwarz; Komposition bei Klatte und Erwin Lendvai. Tätigkeit in Deutschland: 1919 Kabarett "Schall und Rauch", neben Friedrich Hollaender und Werner Richard Heymann einer der begehrtesten Kabarettmusiker im Berlin der 20er Jahre; Revue- und Operettenkomponist (Texte: Marcellus Schiffer), "Nestor der literarischen Revue" (Traber/Weingarten 1987, 332). 1932 störten Nazis seine Premieren. Exil Großbritannien: 1933 über Österreich. Tätigkeit in Großbritannien: 1938 Gründung der Selbsthilfe deutscher Ausgewanderter. 1941-1945 Komponist von vorwiegend Filmmusiken sowie Dirigent, Pianist und Sänger in der "German Section" der B.B.C. als Toni Galento. Komponierte *Birthday Cantata for 'Duce'*, gesendet zu Mussolinis Geburtstag 1941, oder *Hitler Oratorio* 1942. "Das Laterndl" führte im November 1943 *Rufen Sie Herrn Plim*, Oper in einem Akt von Kurt Robitschek und Marcellus Schiffer, Musik von Mischa Spoliansky, auf. Begleiter von Irene Eisinger bei einem Konzert Januar 1943 in der Wigmore Hall. Tätigkeit nach 1945/46: Filmmusiken, u.a.zu "The Dangerous Age" 1949, "The Whole Truth" 1958. Gestorben am 20.5.1985 in London. Quellen: Röder/Strauss 1983, Bd. II, Tl. 2, S. 1104; Traber/Weingarten 1987, S. 332; Riemann 1989, Bd. 4; Willett 1983, S. 198 bezeichnet ihn als erfolgreichsten Komponisten der leichten Muse, der sich in England niederließ; Stengel/Gerigk 1940, S. 262; Tempo, (March 1945), S. 10-11. Hubert Clifford: Music from the Film. Zeitspiegel, (30.10.1943), S.9; B.B.C.: WAR,

Mischa Spoliansky, Composer File 1: 1940-1962; Copyright; 1, 1940-1962; Artists; File 1: 1941-1962.

Stadlen, Peter; geboren am 14.7.1910 in Wien. Ausbildung: Wiener AMdK u. Hochschule für Musik Wien; Klavier bei Paul Weingarten; Komposition bei Joseph Marx u. Max Springer; Dirigieren bei Alexander Wunderer. Universität Wien, Philosophie. 1929-1933 Berlin, Hochschule für Musik, Klavier bei Leonid Kreutzer; Komposition bei Walther Gmeindl; Dirigieren bei Julius Prüwer. Tätigkeit in Deutschland: Karriere als Konzertpianist, Europatournee. 1927 Aufführung der *Variationen für Klavier* op. 27 von Anton Webern. Während der Biennale in Venedig dirigierte er Schönbergs *Suite* op. 29, die Aufführung endete mit einem Skandal. Exil Großbritannien: 1938. Tätigkeit in Großbritannien: Tournee durch Europa mit zeitgenössischer Musik (nach Röder/Strauss 1983). Internierung in Australien, Camp Hay 1940-1942; hier Arrangement zur Aufführung von *Israel in Egypt*. Nach Rückkehr Mitwirkung in verschiedenen Kammerensembles und Auftritte als Solist, auch beim FDKB und bei Konzerten der Austrian Musicians Group. Präsent in den National Gallery Concerts mit Klaviersonaten der Wiener Klassik und Arnold Schönbergs *Klavierstücken* op. 23. Leitete als Pianist im Dezember 1938 die britische Erstaufführung der *Suite* für sieben Instrumente op. 29 von Schönberg und spielte die Erstaufführung von Weberns *Variationen* op. 27 im Januar 1939 in London. Ab 1943 Aufnahmen in der B.B.C. mit moderner österreichischer Musik, Mozart, Beethoven und Schubert. B.B.C.-Autor von Sendungen über zeitgenössische Musik. Tätigkeit nach 1945/46: setzte sich für bedeutende Zwölftonkompositionen in Großbritannien, Deutschland und Österreich ein. Spielte zahlreiche UA. Leitete 1947-1951 eine Meisterklasse bei den Darmstädter Ferienkursen. 1952 österreichische Schönberg-Medaille. Mitte der 50er Jahre: Forschung, Kritik und Rundfunk. Ab 1959 Musikkritiker des Daily Telegraph; 1965-1969 Hochschullehrer; 1967/68 Gastprofessur am All Souls College, Oxford. Quellen: Röder/Strauss 1983, Bd. II, Tl. 2, S. 1105; NGDM 1980, Bd. 18; Seyfert 1983, S. 176; Stadlen 1988; Stadlen 1990; Programm des FDKB; Programme der NGC, Programmzettelsammlung Henschel und Lidka; Zeitspiegel, (26.6.1943), S.7; The Times 4.3.1938, Tempo, (January 1939), S.7; B.B.C.: WAR, Artists, Personal, Peter Stadlen, File 1: 1938-1945.

Stein, Egon L.; geboren in Österreich, Weiteres nicht ermittelt. Exil Großbritannien: Zeitpunkt nicht ermittelt. Tätigkeit in Großbritannien: Spielte Klavier im FDKB, schrieb das Lied *Mit Hitler geht der Tod* für den Chor des FDKB, war Stellvertreter von E.H. Meyer als Chorleiter. Tätigkeit nach 1945/46: nicht ermittelt. Quellen: Meyer 1979, S. 163; Programm des FDKB.

Stein, Erwin; geboren am 7.11.1885 in Wien. Ausbildung: Studium 1905-1910 bei Arnold Schönberg. 1905-1909 Studium der Musikwissenschaft Universität Wien. Tätigkeit in Österreich und Deutschland: Kapellmeister an verschiedenen Bühnen. 1920-1923 mit Berg und Webern Vortragsmeister des von Schönberg geleiteten "Vereins für musikalische Privataufführungen". 1921-1931 Tourneen mit dem Wiener "Pierrot lunaire Ensemble". 1924-1933 Schriftleiter bei Pult und Taktstock in Wien. Bis 1938 künstlerischer Berater der UE Wien. Exil Großbritannien: 1938 London. Tätigkeit in Großbritannien: Internierung bis November 1940 im Lager Huyton und auf der Isle of Man. Lektor und Verleger bei Boosey & Hawkes. Herausgabe von Gustav Mahlers *Das Lied von der Erde*, 1942, und des *Andante pastorale* der *2. Symphonie*, 1943. Mitarbeit im Austrian Centre, 1944 Vertreter dessen Exekutivkomitees. Organisierte während des Krieges Boosey & Hawkes Konzerte, dirigierte dabei selbst u.a. Schönbergs *Pierrot lunaire*. Tätigkeit nach 1945/46: Reorganisation der Covent Garden Opera, die Boosey & Hawkes nach dem Krieg gepachtet hatte. Ab 1947 Direktor der English Opera Group. Stein war befreundet mit Berg, Webern und Britten und schrieb wichtige Aufsätze über die Zwölftontechnik Arnold Schönbergs. Gestorben am 19.7.1958 in London. Quellen: Röder/Strauss 1983, Bd. II, Tl. 2, S. 1110; Riemann 1989, Bd. 4; NGDM 1980, Bd. 18 (Autor ist Mosco Carner); Willett 1983, S. 119 hält Einfluß von Stein sehr wichtig bezüglich der Änderung der Einstellung zur europäischen Avantgarde. Tochter Steins heiratete als Pianistin den Earl of Harewood, "der wiederum nach dem Krieg maßgeblich zur Wiederbelebung der Oper beitrug" (ebenda). Stengel/Gerigk 1940, S. 264. Aufsätze von Stein in Tempo, (July 1939), S. 6-7; Tempo, (February 1944), S. 5-6; Tempo, (September 1945), S. 2-6; A World Symposium. A Homage to Sir Henry Wood. "Sir Henry and Schönberg", London 1944, S. 29f.

Steinberg, Michael; geboren am 4.10.1928 in Breslau (2. Flüchtlingsgeneration). Exil Großbritannien: 1939 mit Kindertransport. Weiteremigration: 1943 USA. Tätigkeit nach 1945/46: ab 1945 Musikstudium, u.a. bei Alfred Einstein an der Princeton University, New Jersey. Musikkritiker, Autor, Professor an verschiedenen Universitäten; lebte 1983 in Brookline, Massachusetts. Quellen: Röder/Strauss 1983, Bd. II, Tl. 2, S. 1113.

Storm, Erika, geborene Samson verheiratete Graetz; geboren am 24.10.1911 in Hamburg. Ausbildung: 1927-1929 in Hamburg Privatunterricht als Sängerin, Sopran, bei Frau Reichwald, in London bei Rose Walter und Alice Schaeffer. 1929 Italienaufenthalt in Mailand. Tätigkeit in Deutschland: Oper- und Konzertsängerin im Jüdischen Kulturbund Berlin und Hamburg; 1934/35 Eleonora in Wolf-Ferraris *Die neugierigen Frauen* unter Joseph Rosenstock; 1937 Solistin bei der Aufführung *Israel in Ägypten* unter Kurt Singer in Berlin. Exil Großbritannien: 1935 London. Tätigkeit in Großbritannien: zu Beginn Unterhaltungssängerin in einem Seebad an der Westküste und freiberufliche Sängerin bei Hausmusikkonzerten in London. Liederabende zusammen mit Mosco Carner in Londoner Konzerthallen: Lieder von Brahms, Mahler, Wolf sowie zeitgenössische österreichische Musik. Mehrmalige Rückkehr nach Deutschland zu Konzerten des Jüdischen Kulturbundes und Zusammenarbeit mit Erich Itor Kahn. B.B.C.: Aufnahmen 1936, 1938; ab 1941 European Transmission mit Krenek-, Schönberg- und Wilhelm Grosz-Liedern. Zusammenarbeit mit Krenek 1938 im London Centre of Contemporary Music. Glyndebourne 1936: erste Dame in der *Zauberflöte*; Covent Garden 1938: Waltraute in *Die Wal-*

küre, dritte Maid in *Elektra*. Sang *Die hängenden Gärten* von Arnold Schönberg, eingespielt auf der Reihe "History of Music" von Columbia, herausgegeben von Walter Legge. Auftritte im FDKB und Austrian Centre. Tätigkeit nach 1945/46: B.B.C.-Aufnahmen bis 1949; danach Heirat und Geburt einer Tochter; Mitarbeit in Ackermann's Schokoladengeschäft. 1950 Partien von Beatrice und Bernardo in *Beatrice Cenci* von Berthold Goldschmidt in der Londoner Aufführung von Ausschnitten mit dem Komponisten am Klavier. Quellen: B.B.C.:WAR, Artists; Erika Storm, File 1: 1936-1962. Gesprächsprotokoll Storm; Programmzettelsammlung Storm einschließlich Kritiken aus Londoner Tageszeitungen, Glyndebourne-Programme, Stengel/Gerigk 1940, S. 268 unter Samson, Erika; Krenek 1992; Akademie der Künste 1992, S. 378 und 407.

Strasser, Jani; geboren am 6.11.1900 in Ungarn. Tätigkeit in Ungarn und Österreich: Gesangsprofessor; Gesangslehrer von Audrey Mildmay in Wien. Exil Großbritannien: 1934 als Gesangslehrer von Audrey Mildmay Engagement in Glyndebourne. Tätigkeit in Großbritannien: In Glyndebourne verantwortlich für die Einstudierung aller Opern bis zum Krieg. Während des Krieges Sänger, Liederabend im Austrian Centre 1941. Auftritte als Sänger auch gemeinam mit dem London Recorder Consort von Walter Bergmann 1943. Auftritte mit Solisten aus Glyndebourne im Rahmen der National Gallery Concerts 1941 und mit Karl Haas' Ensemble 1943. Arrangierte Lieder und Duette (Purcell, Hopkins, Haydn, Donizetti) mit Instrumentalbegleitung, aufgeführt mit deutschen, österreichischen und britischen Musikern und Sängern in der Wigmore Hall 1945. Dirigierte "The Ensemble Singers" (deutsche, östereichische und britische Solisten) 1945. Tätigkeit nach 1945/46: ab 1948 in Chefpositionen verantwortlich für die musikalische Einstudierung der Opern in Glyndebourne; auch sämtlicher Glyndebourne Gastspiele für das Edinburgh Festival 1947-1973. Ab 1972 in Glyndebourne beratender Spezialist für Gesang und Interpretation, Gesangslehrer. Gestorben am 27.9.1978 in Großbritannien. Quellen: Glyndebourne Programme Book o.J., Archive Glyndebourne; Programmzettelsammlungen Henschel, Lidka und National Gallery Concerts; Zeitspiegel, (15.11.1941), S.12; Freie Tribüne, (November 1944), S. 10.

Szell, Georg; geboren am 7.6.1897 in Budapest. Ausbildung: in Wien bei Eusebius Mandyczewsky und in Leipzig bei Max Reger. Tätigkeit in Deutschland: 1914 Debüt als Dirigent und Pianist. 1924-1929 1. Kapellmeister an der Berliner Staatsoper; ab 1927 Lehrer für Partiturspiel an der Hochschule für Musik Berlin; Dirigent des Rundfunkorchesters. 1929-1937 GMD am Deutschen Landestheater in Prag; Professur an der Deutschen Akademie für Musik und darstellende Kunst in Prag. Exil Großbritannien: 1937 Glasgow. Tätigkeit in Großbritannien: Dirigent des Scottish Symphony Orchestra in Glasgow und des Residentie Orkest in Den Haag. Weiteremigration: 1939 USA. 1939-1942 Opernworkshops an der New School for Social Research, New York; 1941/42 Gastdirigent des NBC Orchestra in New York; 1942-1946 Dirigent an der Metropolitan Opera; ab 1946 Leiter des Cleveland Orchestra, erzielte mit ihm Weltruf. Dirigierte bei den Salzburger Festspielen Erstaufführungen von Max Liebermanns *Penelope, Schule der Frauen* und Werner Egks *Irischer Legende*. Gestorben am 29.7.1970 in Cleveland. Quellen: Röder/Strauss 1983, Bd. II, Tl. 2, S. 1148; NGDM 1980, Bd. 18; Fischer-Defoy 1988, S. 302; Riemann 1989, Bd. 4; Stengel/Gerigk 1940, S. 271.

Tauber, Richard; geboren am 16.5.1891 in Linz. Ausbildung: Studium am Dr. Hoch'schen Konservatorium in Frankfurt a.M. Tätigkeit in Deutschland: Nach Debüt als Tamino 1913 in Chemnitz sofortiges Engagement mit Fünfjahresvertrag an die Dresdner Hofoper. Ab 1915 in Wien, Berlin und München mit Mozart- und später Lehár-Partien. Film- und Schallplattenaufnahmen in Wien und Berlin. 1933 Rückkehr nach Österreich, von hier aus verschiedene Filmaufnahmen in Großbritannien und regelmäßige Auftritte als Opernsänger in London. Exil Großbritannien: 1938 London. Tätigkeit in Großbritannien: Thomas Beecham holte Tauber nach Covent Garden, er sang hier Tamino, Belmonte sowie Hans in der *Verkauften Braut*. Relativ wenige Sendungen an der B.B.C. für Overseas, in Programmen für die Streitkräfte und im Home Service 1941-1944. Britischer Staatsbürger 1940. Tourneen mit *Land des Lächelns* und *Fledermaus*. Komponierte und produzierte mit Bernard Grün 1943 die Operette *Old Chelsea*. Während des II. Weltkrieges Verlagerung auf Konzerttätigkeit und auch Dirigate des London Philharmonic Orchestra in London, z.B. eigener *Sunshine Suite* in vier Sätzen 1940. Tourneen als Dirigent in Großbritannien 1944. Tätigkeit nach 1945/46: Sang 1947 an Covent Garden die Partie des Don Ottavio bei einem Besuch der Wiener Staatsoper. Gestorben am 8.1.1948 in London. Quellen: Röder/Strauss 1983, Bd. II, Tl. 2, S. 1155; Riemann 1989, Bd. 4; Seeger 1966, Bd. 2; NGDM 1980, Bd. 18; B.B.C.: WAR, Richard Tauber; Artists, File 1A; 1940-1944; Stengel/Gerigk 1940, S. 272. Rundfunksendung Jens Uwe Völmecke: Richard Tauber in England, 20.3.1988, WDR 4; W. McN. 1940; London Philharmonic Post, 4 (September 1940), S.1ff.; "Saved again"; London Philharmonic Post, 5 (May 1944), S.5 und 7; Programmzettelsammlung Henschel.

Tille, Margarete; geboren am 28.8.1894 in Prag. Ausbildung: nicht ermittelt. Tätigkeit in Deutschland: Musiklehrerin in Berlin. Exil Großbritannien: Zeitpunkt nicht ermittelt. Tätigkeit in Großbritannien: nicht ermittelt. Remigration: Sie wollte 1946 nach Berlin ("keine Unterkunft") oder in eine Stadt in Sachsen zurückgehen. Tätigkeit nach 1945/46: nicht ermittelt. Quellen: SAPMO NL 140/11, Bl. 32, Remigration antifaschistischer Flüchtlinge aus Grossbritannien.

Tinten, Georg; geboren am 22.5.1917 in Wien. Ausbildung: 1935 AMdK in Wien; 1937 Abschluß in Komposition bei Joseph Marx; 1938 Abschluß in Dirigieren bei Felix Weingartner. Tätigkeit in Österreich: Assistent und Dirigent an der Wiener Volksoper. Erste Aufführungen seiner Werke im Wiener Rundfunk und in öffentlichen Konzerten. Exil Großbritannien: 1938 über Jugoslawien. Tätigkeit in Großbritannien: Lebte mit Hilfe britischer Flüchtlingsorganisationen. Weiteremigration: 1940 Neuseeland. Klavierlehrer, Dirigent und Farmer. 1946-1954 Leiter der Auckland String Players und der Choral Society. Remigration: 1954 nach Großbritannien, blieb aber neuseeländischer Staatsbürger. Vorwiegend Tätigkeit als Dirigent: 1954/55 der National South Wales Opera, 1956-1964 der Elizabethan Trust Opera Company, 1965 Rückkehr nach Neuseeland und Dirigent der Oper Neuseeland. Rückkehr nach Großbritannien und 1967-1970 Dirigent an der Sadler's Wells Opera London und gleichzeitig an der B.B.C. Hielt sich zwischen Österreich, Neuseeland und Großbritannien auf bzw. leitete Tourneen diverser Orchester. Komponierte eine *Violinsonate*, trat jedoch vorwiegend nur als Dirigent hervor. Quellen: Röder/Strauss 1983, Bd. II, Tl. 2, S. 1165f.; NGDM 1980, Bd. 18; Anonym 1988b, S. 681.

Tischler, Hans; geboren am 18.1.1915 in Wien. Ausbildung: 1930-1933 Neues Wiener Konservatorium bei Paul Wittgenstein, Eduard Steuermann und Berta Jahn-Beer; Diplom 1933. Kompositionsstudium bei Franz Schmidt und Richard Stöhr an der AMdK in Wien; 1935 Dirigierabschluß, 1936 Diplom. 1933-1937 Universität Wien, Musikwissenschaft u.a. bei Egon Wellesz. Promotion über Gustav Mahler. Tätigkeit in Österreich: 1937-1938 Assistent im Geschäft seines Vaters. Exil Großbritannien: Januar 1938, mit Besuchsvisum. Tätigkeit in Großbritannien: Forschte für eine amerikanische Persönlichkeit im British Museum und besuchte in London eine "piano tuning school". Weiteremigration: November 1938, USA. 1939-1943 Klavierlehrer, Vorträge und Konzerte in Bridgeport, Connecticut. 1940-1942 Studium bei Leo Schrade, Yale University, School of Music, New Haven, Connecticut. 1942 PhD und Eintritt in die US-Army. 1944 US-Bürger. 1945-1947 Wesleyan College, Buckhannon, West Virginia, Prof. und Präsident der Musikabteilung. 1947-1965 Lehrer an weiteren amerikanischen Universitäten. Quellen: Röder/Strauss 1983, Bd. II, Tl. 2, S. 1166; Stengel/Gerigk 1943, S. 205.

Toch, Ernst; geboren am 7.12.1887 in Wien. Ausbildung: Studium von Medizin und Philosophie. 1909 Mozartpreis und einjähriges Stipendium am Dr. Hoch'schen Konservatorium, Frankfurt a.M., Klavierstudien bei Willy Rehberg. Tätigkeit in Deutschland: 1913 Kompositionslehrer der Städtischen Hochschule für Musik und Theater Mannheim. 1921 Promotion über "Beiträge zur Stilkunde der Melodie"; 1929-1933 Klavierlehrer und Kompositionslehrer in Berlin, sein Schüler war auch Nikolai Lopatnikoff. 1932 erster USA-Besuch, Teilnahme an musikwissenschaftlichem Kongreß. Exil Großbritannien: 1933, über Paris nach London. Tätigkeit in Großbritannien: Fertigstellung der Filmmusik-Partitur zu *Katharina die Große* und Komposition der Filmmusik für die englisch-deutsche Gemeinschaftsarbeit *Little Friend* (Regie Berthold Viertel). Weiteremigration: 1934 USA. New School for Social Research, New York. 1936 University of South California, Los Angeles; komponierte von 1933-1947 acht Werke, von 1938-1945 nur Filmmusiken. Tätigkeit nach 1945/46: Lehrer an verschiedenen Universitäten der USA, Peter Jona Korn gehört zu seinen Schülern. Gestorben am 1.10.1964 in Los Angeles. Quellen: Röder/Strauss 1983, Bd. II, Tl. 2, S. 1167; NGDM 1980, Bd. 19; MGG 1966, Bd. 13; ÖMZ 1964/12 Peter Jona Korn: Ernst Toch; Freise/Martini 1990, Anhang S. 77; Traber/Weingarten 1987, S. 342; Seeger 1966, Bd. 2; Stengel/Gerigk 1940, S. 274; Programmzettelsammlung Storm; B.B.C.: WAR, Ernst Toch, File 1: 1941-1962.

Trau, Sela bzw. Rostal-Trau bzw. Rostal, Theresia geborene Trau (verheiratet in erster Ehe mit Max Rostal); geboren am 15.4.1898 in Gorlice. Ausbildung: Violoncello-Studium an der Musikhochschule Berlin, Mendelssohn-Preis. Tätigkeit in Deutschland: Cellistin, auch in Rostals Quartett in Berlin, u.a. im November 1933 im Jüdischen Kulturbund in Berlin. Exil Großbritannien: 1934, wahrscheinlich zusammen mit Rostal. Tätigkeit in Großbritannien: Cellistin und Lehrerin; Trio mit Kentner und Rostal 1940; National Gallery Concert 1943; Mitwirkung bei Konzerten des Austrian Centre in der Wigmore Hall in London. Mitwirkung in der Revue *Immortal Austria* im März 1943 in der Kingsway Hall in London. Weiteremigration: Australien. Tätigkeit nach 1945/46: bis 1985 öffentliche Auftritte; lebte in Perth. Gestorben wahrscheinlich 1992. Quellen: Akademie der Künste 1992, S. 382; Meyer 1979, S. 147; DÖW 1992, S. 444; Stengel/Gerigk 1943, S. 250; Mosco Carner: Broadcast Music. Unfamiliar Chamber Music, The Listener, (21.3.1940), S. 599; Zeitspiegel, (11.4.1942), Grosses Solisten-Konzert; Zeitspiegel, (22.5.1943), S.7; Konzert der Free Austrian Movement; Programm des FDKB und der National Gallery Concerts; Gesprächsprotokoll Lidka.

Ulrich, Hermann; geboren am 15.8.1888 in Mödling bei Wien. Ausbildung: Jura in Wien, 1911 Promotion. Nach dem I. Weltkrieg nebenberufliches Musikstudium am Mozarteum in Salzburg. Tätigkeit in Österreich: Jurist beim Landesgericht in Salzburg und Musikkritiker. 1938 als Richter zwangspensioniert. Exil Großbritannien: Januar 1939. Tätigkeit in Großbritannien: 1940 Internierung im Lager Huyton und auf der Isle of Man. Autor und Mitarbeiter des Zeitspiegel. Mitbegründer und Sekretär des Musicians' Refugee Committee; Mitarbeit im Austrian Centre und Free Austrian Movement; 1942 Ehrenmitglied und Sekretär der Austrian Musicians Group. Ab Januar 1944 Herausgeber der Kulturblätter des Free Austrian Movement bzw. ab Mai 1944 Kulturelle Schriftenreihe des FAM. Remigration: 1946 Österreich. Tätigkeit nach 1945/46: 2. Präsident des Obersten Gerichtshofes und ab 1958 Präsident des Patentgerichtshofes in Wien. Quellen: Zeitspiegel, (11.9.1943), Hermann Ulrich: Gustav Mahler; vgl. DÖW 1992; Rathkolb 1988, S. 435 schreibt über Ulrichs Zwangspensionierung 1938, während Heller (Heller 1988) Ulrichs Exiljahr mit 1934 angibt; Röder/Strauss 1983, Bd. I, S. 774; Fend 1993, S. 177.

Unger, Heinz; geboren am 14.12.1895 in Berlin. Ausbildung: Universitäten Berlin, München und Greifswald. 1916-1919 studierte er bei Klatte, E. Mörike und Fritz Stiedry am Berliner Konservatorium. Tätigkeit in Deutschland: 1919-1933 Dirigent der Berliner Philharmoniker, als Leiter der Gesellschaft der Musikfreunde in Berlin. Gründer und Dirigent des Berliner Caecilien-Chores. Gastdirigent des Berliner Rundfunk- und Symphonieorchesters sowie anderer deutscher Orchester und im europäischen Ausland, u. a. der Wiener Symphoniker. Exil Großbritannien: 1933. Tätigkeit in Großbritannien: von hier aus Aufenthalt in Spanien, dirigierte in Barcelona, Madrid und Valencia. 1934-1936 Dirigent des Leningrader Radio-Orchesters. 1942-1945 Dirigent des Northern Philharmonic Orchestra Leeds, zahlreiche Konzerte mit weiteren britischen Orchestern wie dem B.B.C. Symphony Orchestra, dem

Hallé Orchestra und dem London Philharmonic Orchestra (1944 Konzerttournee durch verschiedene britische Städte) sowie den Orchestern von Liverpool und Birmingham. Weiteremigration: 1948 Kanada. Tätigkeit nach 1945/46: Dirigent in Großbritannien und Kanada, bekannt als Mahler-Dirigent. Gestorben am 25.2.1965 in Willowdale bei Toronto. Quellen: Röder/Strauss 1983, Bd. II, Tl. 2, S. 1184; Stengel/Gerigk 1943, S. 298; London Philharmonic Post, (July 1944), S.5.

Urbach, Ernst bzw. Ernest; Daten und Ausbildung nicht ermittelt. Tätigkeit in Großbritannien: Sänger (Bariton) von Liedern Schuberts, Mahlers, Mozarts und Hugo Wolfs bei den Konzerten in der National Gallery 1941 und 1943. Begleitet von Ferdinand Redlich sang Urbach im Austrian Centre, Letchworth, Opernarien im April 1942. Aufnahme an der B.B.C., begleitet von Georg Knepler in der Sendereihe "Austrians in the World". Tätigkeit nach 1945/46: nicht ermittelt. Quellen: Zeitspiegel, (18.4.1942), S. 9; Programme der National Gallery Concerts; Programmzettelsammlung Lidka; B.B.C.: WAR, Georg Knepler, Artists, File 1: 1936-1962.

Ury, Peter; geboren im November 1920 in Ulm. Sohn des jüdischen Arztes Dr. Sigmar Ury. Als Schüler Adolf Kerns spielte Peter Ury bereits als fünfzehnjähriger Gymnasiast Orgel in der Ulmer Synagoge, leitete den Chor und komponierte. Exil Großbritannien: März 1939, mit einem Jugendtransport. Tätigkeit in Großbritannien: Mitarbeit im FDKB, insbesondere in der FDJ. 1945 bei einer Aufführung von drei Kompositionen junger deutscher Musiker im Exil stammte die zweisätzige *Sonate* d-Moll (noch als Skizze) von Ury. Im August 1945 Liederabend im Haus der Londoner FDJ mit Liedern von Peter Ury, noch in Ulm bzw. in London komponiert. Tätigkeit nach 1945/46: 1945 als Dolmetscher mit den Alliierten nach Deutschland, dabei kurzer Aufenthalt in Ulm. Rückkehr nach London und nach musikalischer Ausbildung tätig als Komponist und Musikpublizist. Dabei wirkte Ury für die B.B.C., beim WDR und bei Radio DRS. Komponierte die Oper *Timothy* (Libretto: Peter Zadek nach einem Stoff von Theodor Storm), Werke für Orchester (Ballettmusik), Chöre und Kammermusik, insbesondere Vokalmusik. Ury greift dabei vorwiegend auf die jüdische Musiktradition zurück. Mit der Aufführung von Urys *Three Songs For Shoshanah* im Rahmen der 14. Niederstotzinger Musiktage 1995 erklang zum ersten Mal in der Bundesrepublik ein Werk von Peter Ury nach seiner Flucht nach England. Ury ist Autor des Artikels "Ulmer Begegnungen" in der Freien Tribüne vom 20.9.1945, 4f. Darin schildert er den Besuch in seiner Vaterstadt 1945. Gestorben: September 1979. Quellen: Freie Tribüne (April-Mai 1945), S.8; Asriel 1945; Meyer 1979, S. 161; Buhles 1995.

Vogel, Edith; geboren in Österreich. Weiteres nicht ermittelt. Exil Großbritannien: wahrscheinlich 1938. Tätigkeit in Großbritannien: Pianistin in London, Kammermusikerin, präsent bei Konzerten des Austrian Centre und im FDKB, ebenso in öffentlichen Konzerten gemeinsam mit Flüchtlingen und britischen Künstlern; insbesondere mit Klaviermusik von Brahms, Beethoven und Schubert. 1942 B.B.C. Overseas, Europäische Transmission, Begleitung des Cellisten Karel Horitz. Tätigkeit nach

1945/46: ab 1948 Einspielungen für das III. Programm der B.B.C., erster Auftritt bei Promenadenkonzert 1952 mit Beethovens *3. Klavierkonzert*; Professorin für Klavier an der Guildhall School of Music in London, zahlreiche Plattenaufnahmen und angesehene Klavierpädagogin. Gestorben wahrscheinlich im Februar 1992 in London. Quellen: Zeitspiegel 1940 bis 1943 in Kritiken erwähnt; B.B.C.: WAR, Edith Vogel, Artists, File 1: 1938-1956. Willett 1983, S. 198; Programme FDKB; Gesprächsprotokoll Lidka.

Wachsmann, Klaus; geboren am 8.3.1907 in Berlin. Ausbildung: 1926-1932 Universitäten Berlin und Fribourg (Schweiz). Promotion zum Dr. phil. Exil Großbritannien: 1936 London. Tätigkeit in Großbritannien: Studium von afrikanischen Sprachen an der Universität London. Arbeitsaufenthalt: 1938 Uganda. 1958 Rückkehr Großbritannien und 1963 USA. Tätigkeit nach 1945/46: 1958-1963 Forschungen auf dem Gebiet der Ethnologie am Wellcome Found, London. In den USA u.a. Chefherausgeber von Hornbostels Opera Omnia. Quellen: Riemann, Supplement Bd. 1972; Röder/Strauss 1983, Bd. II, Tl. 2, S. 1197f.; Stengel/Gerigk 1941, S. 279.

Waldmann, Friedrich; geboren am 17.4.1903 in Wien. Ausbildung: Universität Wien und privates Musikstudium. Tätigkeit in Deutschland: 1924-1933 Dirigent. 1933 Rückkehr nach Österreich. Exil Großbritannien: 1936. Tätigkeit in Großbritannien: Pianist und Dirigent; keine Nachweise ermittelt. Weiteremigration: 1939 Südamerika, Konzerttournee bis 1941, dann USA. 1941 US-Bürger. 1942-1944 Mannes College, New York. Tätigkeit nach 1945/46: 1944-1964 Lehrer an der Juilliard School of Music, Musikdirektor des Juilliard Opera Theatre New York. 1952 Gründer, Dirigent und Direktor des Musica Aeterna Orchestra, New York, mit bedeutenden Gastsolisten und Konzerten in der Carnegie Hall. Quellen: Röder/Strauss 1983, Bd. II, Tl. 2, S. 1203. Berthold Goldschmidt gibt den Österreicher Fritz Waldmann als einen der beiden Pianisten im Ballett von Kurt Jooss an.

Wall, Ingeborg verheiratete Wall Lade; geboren am 9.6.1913 in Tuchel, Westpreußen. Ausbildung: privater Gesangsunterricht in Berlin, am Pariser Konservatorium bei Oskar Daniel, Rundfunkaufnahmen in Luxemburg. Exil Großbritannien: 1937 London, 1938 Rückkehr nach Paris und 1939 wieder zurück nach London. Tätigkeit in Großbritannien: Mitarbeit im FDKB und beim Czech Trust Fund. Sängerin im Chor des FDKB und als Solistin, insbesondere bei Aufführungen der Lieder E.H. Meyers. B.B.C.: Sängerin in Schulfunksendungen. Tätigkeit nach 1945/46: Remigration SBZ und Ostberlin. Sängerin in Berlin, DDR. Organisatorin von Konzerten. Lebt in Berlin. Quellen: Meyer 1979, S.147; Fladung 1986, S. 272; Gesprächsprotokoll Frau Kuba; B.B.C.: WAR, Files E.H.Meyer.

Wallfisch, Hans Peter; geboren am 20.10.1924 in Breslau. Ausbildung: 1934-1938 Gymnasium Breslau; Exil: 1938 Palästina.1938-1946 Jerusalem Konservatorium, Student und Lehrer. 1946-1949 Paris, Studium bei Marguerite Long. Ab 1946 bekannter Pianist in Europa. Exil Großbritannien: 1951. Tätigkeit in Großbritannien:

als freischaffender Pianist Gastspiele in Europa, USA und Südamerika; ab 1974 Professur am Royal College of Music, London. Seit 1958 britischer Staatsbürger. Quellen: Röder/Strauss 1983, Bd. II, Tl. 2, S. 1205.

Walter, Arnold; geboren am 30.8.1902 in Hannsdorf, Mähren. Ausbildung: Jura in Prag, Abschluß mit Promotion. In Berlin Musikwissenschaft bei Hermann Abert, Curt Sachs und Johannes Wolf; Komposition bei Franz Schreker und Karl Weigl, einem Schüler Alexander von Zemlinskys. 1928-1930 Lehrer an der Volkshochschule Brünn, studierte nebenbei Medizin. Tätigkeit in Deutschland: 1930-1933 Musikkritiker des Vorwärts in Berlin, Beiträge für die Weltbühne und Melos. Exil Großbritannien: 1933 über Barcelona. Tätigkeit in Großbritannien: nicht ermittelt. Weiteremigration: 1937 Kanada. Tätigkeit nach 1945/46: 1946 Gründung der Opernschule Kanadas, wirkte als Komponist. 1948-1952 Lehrer an der Royal Conservatory Senior School und an der Musikfakultät der Universität Toronto; gab wichtige Impulse für kanadisches Musikleben. Gestorben am 6.10.1973 in Toronto. Quellen: Nach Röder/Strauss 1983, Bd. II, Tl. 2, S. 1205 ist kein Exil von Arnold Walter in Großbritannien vermerkt; Traber/Weingarten 1987, S. 348; Riemann 1989, Bd. 4; NGDM 1980, Bd. 20 wird England als kurze Periode erwähnt.

Walter, Rose verheiratete Zucker; geboren am 15.11.1890 in Berlin. Ausbildung: Gesangstudium in Berlin bei Clara Klatte und 1913-1916 in London bei Raimund v. Zur Mühlen. Tätigkeit in Deutschland: 1914-1933 Konzerttätigkeit mit Vokalwerken von Arnold Schönberg, Paul Hindemith und Igor Strawinsky. Mitglied des Berliner Vokalquartetts. 1933 1. Exil nach Österreich, Lehrerin am Salzburger Konservatorium. Exil Großbritannien: 1937, lebte Belsize Park in London-Hampstead. Tätigkeit in Großbritannien: Sängerin im FDKB in London; einige Aufnahmen an der B.B.C.; Lehrerin von Elisabeth Karen Bothe und Erika Storm. Weiteremigration: Ehemann Paul Zucker emigrierte 1937 in die USA direkt weiter, sie folgte 1939 oder 1940. Tätigkeit nach 1945/46: nicht ermittelt, lebte in New York. Gestorben am 24.10.1962 in den USA. Quellen: Röder/Strauss 1983, Bd. II, Tl. 2, S. 1284, Stichwort Zucker, Paul; Walk 1988; Meyer 1979, S. 147; Stengel/Gerigk 1940, S. 302 unter Rose Zucker aufgelistet; B.B.C.: WAR, Alice Schaeffer; Artists 1: 1931-1950; Berthold Goldschmidt hörte sie bereits in Berlin 1927.

Weill, Kurt; geboren am 2.3.1900 in Dessau. Ausbildung: Dessau, Privatunterricht. 1918 ein Semester Studium an der Hochschule für Musik Berlin bei Engelbert Humperdinck und Rudolf Krasselt und 1921-1924 bei Ferruccio Busoni. Tätigkeit in Deutschland: Ab 1925 Kompositionen im typischen Weill-Idiom, ab 1926 die ersten Opern mit verschiedenen Librettisten. 1927 Zusammenarbeit mit Brecht, 1928 *Dreigroschenoper*; 1931 verfilmt, 1933 Aufführung in New York. Exil Großbritannien: seit 1933 Wohnsitz in Paris, Arbeitsaufenthalte in London. Tätigkeit in Großbritannien: komponierte als Beitrag zum britischen Theater *A Kingdom for a Cow*, Musical nach dem Stück von Robert Vambery, aufgeführt in London 1935. Weiteremigration: 1935 USA. Kompositionen von Musicals, insbesondere für den Broadway, Assimilierung mit dem amerikanischen Idiom, dem er neue, aus verschiedenen Quellen der zeitgenössischen Musik gespeiste, Akzente beimischte. Gestorben am 3.4.1950 in New York. Quellen: Röder/Strauss 1983, Bd. II, Tl. 2, S. 1220; Stengel/Gerigk 1943, S. 308f.

Weinzweig, Hilde; Daten nicht ermittelt. Tätigkeit in Großbritannien: Sängerin bei einem Konzert des Austrian Circle for Arts and Science am 8.3.1942 in London. Weiteres nicht ermittelt. Quellen: Zeitspiegel, (28.2.1942), S.10.

Weiss, Erwin; geboren am 6.10.1912 in Wien. Ausbildung: 1928-1938 AMdK in Wien. Klavierstudium bei Alexander Manhart und W. Kerschbauer, Komposition und Dirigieren bei Max Springer, Joseph Marx und Felix Weingartner. Illegale Tätigkeit als Mitglied der SPÖ, organisierte Konzerte zu ihrer finanziellen Unterstützung. Tätigkeit in Österreich: Konzertierte als Pianist in Wien, Paris und London. Exil Großbritannien: 1939, über die Schweiz, zuvor achtmonatiger Parisaufenthalt als Klavierlehrer ab Juli 1938. Tätigkeit in Großbritannien: 1941-1945 Kriegsarbeit; daneben Chorleiter des "Young Austria Choir", für den er auch Chorwerke komponierte, z.B. *Wir bahnen den Weg* für Bariton und Chor, aufgeführt 1943. Mitarbeit im Austrian Centre und Austrian Labour Club. 1945 mit Hilfe der Stadt Wien zurückgekehrt. 1946-1950 Klavierlehrer, Direktor der Musiklehranstalten, organisierte 1955-1965 kulturell-musikalische Programme für Arbeiter und Angestellte. Quellen: Röder/Strauss 1983, Bd. II, Tl. 2, S. 1228; Zeitspiegel, (17.4.1943), S.7; Zeitspiegel, (12.6.1943), S.7; vgl. DÖW 1992.

Wellesz, Egon; geboren am 21.10.1885 in Wien. Ausbildung: Studium der Musikwissenschaft an der Universität Wien bei Guido Adler, Kontrapunkt bei Arnold Schönberg; 1908 Promotion; 1913 Habilitation. Tätigkeit in Österreich: 1929-1938 Professur an der Universität Wien; 1932 Gründung des Instituts für Byzantinische Musik an der Wiener Nationalbibliothek. Bereits vor dem Exil nach Großbritannien fanden Wellesz' Schriften und Forschungen in der britischen Musikwissenschaft Beachtung; Veröffentlichungen in der Times oder in britischen Fachzeitschriften insbesondere über Probleme der zeitgenössischen Musik. Exil Großbritannien: 1938. Tätigkeit in Großbritannien: Ab 1.1.1939 Dozent des Lincoln College, Oxford sowie des Music Department der University Oxford. 5.7.-13.10.1940 Internierung auf der Isle of Man. Danach Mitarbeit an der 4. Auflage des Groves Dictionary of Music. Ab 1943 wenige Aufführungen seiner Werke im Exil; widmete sich vorwiegend wissenschaftlicher Arbeit. Mitarbeit im Austrian Centre; dort Aufführung einiger seiner Werke. Sendungen für die B.B.C. 1941 über arabische Musik und 1943 als Komponist für "Austrians in the World". Tätigkeit nach 1945/46: 1. Komposition im Exil: *1. Sinfonie*, komponiert im Sommer 1945. Außerdem 1945 *The Leaden Echo and the Golden Echo* (Text: Gerald Manley Hopkins) für Sopran und vier Instrumente, aufgeführt 1945. Britischer Staatsbürger 1946; Weiterführung der Tätigkeit an der B.B.C.; Universität Oxford, außerordentlicher Professor für Byzantinische Musik bis 1956; 1954-1957 USA, Cambridge, Massachusetts, Harvard University, Department of Music. Bahnbrechend auf dem Gebiet der byzantinischen Neumenschrift des 13.-15. Jhdts. Herausgeber verschiedener Zeitschriften und musikwissenschaftlicher Standardwerke; einer der bedeutendsten Musikwissenschaftler jener Zeit. Gestorben am 9.11.1976 in Oxford. Quellen: Röder/Strauss 1983, Bd. II, Tl. 2, S. 1233; NGDM 1980, Bd. 20; Riemann 1989, Bd. 4; Seeger 1966, Bd. 2; Bing 1973; Stengel/Gerigk 1940, S. 290; vgl. DÖW 1992; Revers 1988a; Revers 1988b; B.B.C.: WAR, Talks; Egon Wellesz, File 1, 1941-1962; vgl. Zeitspiegel, Programmzettelsammlung Lidka.

Werder, Felix bzw. früher Bischofswerder (2. Flüchtlingsgeneration); geboren am 22.2.1922 in Berlin. Ausbildung: bei seinem Vater, Kantor Boas Bischofswerder, und Arno Nadel, einem Vertreter der jüdisch-klassischen Tradition und Anhänger Arnold Schönbergs, der führend im Jüdischen Kulturbund tätig war und 1943 in Auschwitz ermordet wurde. Exil Großbritannien: 1935. Tätigkeit in Großbritannien: Abschluß der Schulbildung an der Shoreditch Polytechnic in London. 1940 Internierung und Deportation nach Australien, hier Beginn seiner Laufbahn als Komponist. Einzug zur Armee. Bis 1977 Lehrer in Melbourne, Dozent beim Council of Adult Education; 1960 Musikkritiker, 1963 Redakteur für Musikkritik bei The Age. Auf Einladung zwei Jahre Dozent an der Universität Ulm. Aufführungen seiner Werke an der Oper in Sydney und durch Münchner Philharmoniker unter Fritz Rieger. Opern, Ballette, Vokalwerke, Orchesterwerke, Kammermusik. Quellen: NGDM 1980, Bd. 20; Riemann 1989, Bd. 4. Traber/Weingarten 1987, S. 353; Röder/Strauss 1983, Bd. II, Tl. 2; S. 1236.

Wertheim, Gertrud geborene Brilles; geboren am 12.3.1890 in Posen. Ausbildung: nicht ermittelt. Tätigkeit in Deutschland: Cembalistin, Pianistin und Musiklehrerin in Berlin. Exil Großbritannien: Zeitpunkt nicht ermittelt. Tätigkeit in Großbritannien: Mitarbeit im FDKB als Cembalistin. Weiteres nicht ermittelt. Quellen: Meyer 1979, S. 147; Stengel/Gerigk 1940, S. 201. Lidka: Sie war in Deutschland berühmter als in Großbritannien, in Großbritannien habe sie nicht gespielt.

Wieck, Mirjam verheiratete Schneider; geboren 1925 in Königsberg (2. Flüchtlingsgeneration). Exil Großbritannien: 1938. Ausbildung: Violinstudium am Royal College of Music, London. Weiteremigration: 1945 mit Ehemann in die USA, 1970 Rückkehr nach Deutschland, später wieder in die USA. Tätigkeit nach 1945/46: Violinistin im Hallé- und Belfast Orchestra sowie auch in Orchestern in Waukeshea, Milwaukee und des Stadttheaters Würzburg. Quellen: Röder/Strauss 1983, Bd. II, Tl. 2, S. 1042; Stichwort Schneider, Hans.

Willner, Arthur; geboren am 5.3.1881 in Turn bei Teplitz-Schönau, Nordböhmen, Österreich. Ausbildung: Studium in Leipzig und an der Akademie der Tonkunst München u.a. bei L. Thuille. Tätigkeit in Deutschland und Österreich: 1904-1924 Berlin, stellvertretender Direktor des Stern'schen Konservatoriums, lehrte Komposition, Kontrapunkt, Musikgeschichte und Ästhetik. 1924 Wien, Berater der UE und

Vorträge an AMdK. Exil Großbritannien: 1938 London. Tätigkeit in Großbritannien: lebte 1939-1945 in Herfordshire; bemühte sich um Aufführungen seiner Werke bei der B.B.C., was bis 1945 nicht gelang. Tätigkeit nach 1945/46: London, Anerkennung als Pianist und Kammermusiker. Der größte Teil seiner Kompositionen - 1942 hatte er 94 Werke komponiert - wurde nicht aufgeführt. Gestorben am 20.4.1959 in London. Quellen: Röder/Strauss 1983, Bd. II, Tl. 2, S. 1248; Traber/Weingarten 1987, S. 354; Riemann 1989, Bd. 4; MGG 1968, Bd. 14; Stengel/Gerigk 1940, S. 293; B.B.C.: WAR, Arthur Willner, Composer; File 1: 1933-1962.

Wolf, Ilse; geboren am 7.6.1921 in Düren/Rheinland. 1934 Entlassung aus der Schule und Vorbereitung des Exils an Berlitz-Schule. Erster Gesangsunterricht bei der Mutter. Exil Großbritannien: 1939. Tätigkeit in Großbritannien: neun Monate in Chichester; drei Wochen Holloway Prison (zeitweise Zentrum für feindliche Ausländer). 1940 Internierung auf der Isle of Man, hier Gesangsunterricht. 1941 Rückkehr nach London, arbeitete als Luftschutzwartin und in einer Fabrik. Sie lebte gemeinsam mit anderen in einem gemieteten Haus, in dem abends Konzerte für Publikum veranstaltet wurden. Auftritt im Rahmen des FDKB mit Liedern von Peter Ury. 1942 Studentin am Morley College, Sängerin in Michael Tippetts Chor und weiteren Vokalensembles. 1943-1946 Gesangsunterricht und Assistentin von Emmy Heim. Tätigkeit nach 1945/46: ab 1945 Konzerte in kleinerem Rahmen; ab 1946 bis 1958 Assistentin bei Helene Isepp; B.B.C.-Arbeit: 1. Rundfunksendung 1946. Zusammenarbeit mit dem Pianisten Martin Isepp als ihrem ständigen Begleiter. In den 50er und 60er Jahren Konzerte in ganz Großbritannien. Auftritte bei den Proms. 1950-1952 sang sie alle Mozart-Sopranpartien mit der Chelsea Opera Group unter Colin Davis. Die bevorzugten Komponisten ihrer Liederabende waren Bach, Mozart, Schubert, Schumann, Strauss und Mahler. In den 70er Jahren Lehrerin am Morley College; später an der Royal Academy of Music, London. Sie lebt in London. Quellen: Willett 1983, S.198; Freie Tribüne, (18.8.1945), o.S. (Autor: Andre Asriel); Lucas 1975; Brief Ilse Wolfs vom 16.2.1994 an die Autorin.

Wolff, Ernst; geboren am 1.3.1905 in Baden-Baden. Ausbildung: Musikstudium an Abendklassen in Frankfurt a.M.; Begleiter des Oratorien-Caecilienvereins. 1924-1926 Studium am Hoch'schen Konservatorium. Tätigkeit in Deutschland: 1925 Opern- und Konzertkorrepetitor; 1929-1931 Assistent von Paul Hindemith und Dirigat seiner Werke in Baden-Baden; Erstaufführung von Hindemiths *Lehrstück*. 1931 Kapellmeister an der Frankfurter Oper. Exil Großbritannien: 1933. Tätigkeit in Großbritannien: von hier aus Konzerttourneen durch Europa. 1935 Auftritt als Sänger am Mozarteum in Salzburg. Weill und Reinhardt engagierten ihn anschließend als Sänger und musikalischen Assistenten für die Produktion *The Eternal Road*, 1936 in New York. Weiteremigration: 1935 USA. Meisterklassen, Vorträge, Liederabende. 1939 Mitbegründer des Congregation Habonim, New York. 1948 Konzertreisen in Europa. 1966 Gründer und Direktor des Serate Musicali Breganzonesi, jährliches Musikfest in Breganzona, Lugano, Schweiz. Quellen: Röder/Strauss 1983, Bd. II, Tl. 2, S. 1260f. ; Stengel/Gerigk 1943, S. 319.

Wolff, Ernst Victor; geboren am 6.8.1889 in Berlin. Ausbildung: Klavier bei P. Scharwenka am Scharwenka-Konservatorium in Berlin. Musikwissenschaft bei Max Friedländer, Hermann Kretzschmar und Johannes Wolf an der Universität Berlin. Tätigkeit: 1911 USA-Aufenthalt als Asssistent von Max Friedländer zu Vorträgen an der Harvard University, Cambridge, Massachusetts und weiteren amerikanischen Colleges, Rückkehr nach Deutschland. 1914 Promotion zum Dr. phil. mit einer Arbeit über Schumanns verschiedene Liedfassungen. Karriere als Pianist und Cembalist bei Radiostationen und erster Cembalist bei Händelfestspielen in Halle. Exil Großbritannien: 1933 London. Weiteremigration: 1936 USA, New York. Musiklehrer und Solist; 1947-1960 Direktor der Klavierabteilung der Michigan State University, East Lansing. Quellen: Röder/Strauss 1983, Bd. II, Tl. 2, S. 1261.

Wolff, Max; geboren am 3.4.1885 in Frankfurt a.M. Tätigkeit in Deutschland: Komponist, Schriftsteller, Musikpädagoge, Komponist von Opern und Liedern. Geschäftsführer der "jüdischen Tonkünstler in Frankfurt", bis 1938 im Adreßbuch Frankfurts. Exil Großbritannien: nach 1938. Keine weiteren Nachweise ermittelt. Gestorben am 25.10.1954 in London. Quellen: Freise/Martini 1990; Anhang S. 82; Stengel/Gerigk 1940, S. 297; Brückner-Rock 1938, S. 299.

Wolkenstein, Lisa; Daten nicht ermittelt. Tätigkeit in Großbritannien: Mitwirkung bei der konzertanten Aufführung der *Zauberflöte* am 2.12.1939 im FDKB, Leitung: Willy Salomon. Quellen: Stompor 1994, Bd.1, S. 328.

Wurmser, Leo Russell; geboren am 8.10.1905 in Wien (Mutter: Schottin). Ausbildung: Schüler von Franz Schmidt in Wien. Tätigkeit in Deutschland und Österreich: Korrepetitor an Dresdner und Wiener Oper. Exil Großbritannien: 1938, davor bereits 1934 und 1935 an Covent Garden engagiert. Tätigkeit in Großbritannien: Arbeitserlaubnis, auf Reisen mit der Covent Garden English Opera Company; Gesangslehrer an der Metropolitan Academy of Music und an der Old Vic Dramatic School; Privatlehrer und Korrepetitor; 1938 engagiert an der Covent Garden Opera. Ab Mai 1938 Mitarbeit am "Censorship Department" der B.B.C. und ab 1942 Arrangeur für das Theatre Orchestra, beispielsweise auch von Kompositionen Walter Goehrs. September 1940 Internierung in Press Heath, nahe Whitchurch, und auf der Isle of Man; hier Cellist in Quartetten. Nach der Entlassung Mitwirkung bei Kammerkonzerten, auch gemeinsam mit Flüchtlingen. 1944 Erstaufführung seines *Klarinettenquintetts* am Morley College, London. Tätigkeit nach 1945/46: Dirigent des B.B.C. Orchestra in Birmingham und Korrepetitor. Gestorben etwa zu Beginn der siebziger Jahre. Quellen: Willett 1983, S. 198; Stengel/Gerigk 1943, S. 322; B.B.C.: WAR: Wurmser; Composer, 1942-1962; Brief an Vaughan Williams vom 11.9.1940; Briefe von Mrs. Wurmser Dawson an Sir Adrian Boult vom 15.9. 1940 und 22.10.1940; Programmzettelsammlung Lidka. Nach Lidka war Wurmser ein sehr guter Musiker, der fabelhaft Klavier spielte und sich in Großbritannien für seinen Lehrer Franz Schmidt einsetzte.

Zander, Hans; geboren 1888 in Berlin. Ausbildung: Hochschule für Musik, Berlin. Tätigkeit in Deutschland: 1913-1933 Dirigent der Städtischen Oper, Berlin Charlottenburg. 1919-1933 Assistent des Generalintendanten der Staatsoper Berlin. 1933-1938 Administrationsdirektor des Jüdischen Kulturbundes Berlin. Exil Großbritannien: 1939. Tätigkeit in Großbritannien: zeitweiliger Pianist bei der Ballettgruppe von Kurt Jooss. 1939-1945 Unterhaltungs-Konzerttourneeen für die Truppenbetreuung. Weiteremigration: Mai 1945 Melbourne, Australien. Tätigkeit nach 1945/46: ab 1947 Dirigent an der Nationaloper Sydney. Gestorben im Dezember 1951 in Sydney. Quellen: Röder/Strauss 1983, Bd. II, Tl. 2, S. 1274.

Ziegler, Benno; geboren am 8.1.1887 in München. Tätigkeit in Deutschland: Bariton, Musikpädagoge für Gesang und Atemtechnik, Mitglied der Karlsruher und Frankfurter Opernsensembles. 1934 "freiwillig" aus dem Dienst geschieden, Initiator des "Benno Ziegler Quartetts" und Mitarbeit im Jüdischen Kulturbund. Exil Großbritannien: Zeitpunkt sowie alles Weitere nicht ermittelt. Gestorben am 18.4.1963 in München. Quellen: Freise/Martini 1990; S. 84; Stengel/Gerigk 1940, S. 300; Brückner-Rock 1938, S. 302. Erika Storm kannte ihn vom Jüdischen Kulturbund in Frankfurt her; er habe dort mit ihr zusammen in der *Fledermaus* gesungen (Gesprächsprotokoll Storm).

Zmigrod, Josef; Pseudonym Allan Gray; geboren am 23.2.1902 in Tarnow, Polen. Ausbildung: Universitäten Berlin und Heidelberg, in den späten 20er Jahren Kompositionsstudium bei Arnold Schönberg an der Akademie der Künste Berlin. Tätigkeit in Deutschland: Seit Mitte der 20er Jahre Komponist von Bühnenmusiken bei Georg Kaiser am Schiller-Theater in Berlin, Musikdirektor bei Max Reinhardt. Kabarett-Komponist an der "Wilden Bühne" und "Rampe", vertonte Texte von Erich Kästner, Kurt Tucholsky, Joachim Ringelnatz, Marcellus Schiffer, die von berühmten Berliner Kabarettisten gesungen wurden. Schrieb Chansons für Werner Fincks Kabarett "Die Katakombe" und betätigte sich als Arrangeur von Radio-Stücken und Revuen. Ab 1931 begann seine Karriere als Filmkomponist bei der UFA, 1933 war er einer der besten jungen Song-Schreiber Deutschlands. Exil Großbritannien: 1933, über Frankreich. Tätigkeit in Großbritannien: Bühnenmusik für drei Shakespeare-Inszenierungen am Arts Theatre in London. Internierung 1940/41 auf der Isle of Man. Ab 1941 Zusammenarbeit mit dem FDKB, Mitarbeit an vier Revuen der Kleinen Bühne bis 1943. Danach Weiterführung der unterbrochenen Filmmusikkarriere in Großbritannien bei den Produzenten Michael Powell und Emeric Pressburger. Tätigkeit nach 1945/46: Filmkomponist von über 100 Partituren für britische, französische, deutsche und amerikanische Filme. Zmigrod arbeitete auch mit John Huston und Billy Wilder zusammen. Er lebte in Chesham Bois bei London. Gestorben am 10.9.1973 in Amersham, Großbritannien. Quellen: Berghaus 1989, S. 81-84; Stengel/Gerigk 1940, S. 302.

Zweig, Hildegard bzw. Hilda; Daten nicht ermittelt. Tätigkeit in Großbritannien: Sopranistin, insbesondere 1943-1945 im Kammerensemble von Fritz Berend mit Bach-

Programmen bei den National Gallery Concerts. Im Juli 1943 Gräfin in *Die Hochzeit des Figaro* in der konzertanten Aufführung des Musical Circle, Austrian Centre, Leitung und am Flügel Fritz Berend. Auftritte in verschiedenen Londoner Konzertsälen. Außerdem sang sie die Partie der Antonia in *Hoffmanns Erzählungen* am Strand Theatre in London. Die Leitung hatte der tschechische Flüchtling Walter Süsskind, einer der Solisten war Peter Pears. Lebensgefährtin von Fritz Berend. Weiteres nicht ermittelt. Quellen: DÖW 1992, S. 459; NGDM 1980, Bd. 14, Stichwort Pears, Peter; Programmzettelsammlungen Lidka und der National Gallery Concerts, Gesprächsprotokoll Erika Storm.

Zweig, Stefan; geboren am 28.11.1881 in Wien. Ausbildung: Studium 1900-1904 in Wien und Berlin deutscher und romanischer Sprachen sowie Jura. Tätigkeit: Schriftsteller und Übersetzer, 1901 publizierte er seine erste Gedichtsammlung. Theodor Herzl unterstützte Zweig in der Neuen Freien Presse in Wien und veröffentlichte seine Essays. Zweig unternahm ausgedehnte Bildungsreisen. Nach kurzer Tätigkeit im Kriegsarchiv in Wien siedelte Zweig aus Protest gegen den Krieg von 1917-1919 in die Schweiz über. 1928 Besuch der Sowjetunion. Seit 1932 Zusammenarbeit mit Richard Strauss beginnend mit dem Libretto für Strauss' Oper *Die schweigsame Frau*. In Dresden 1935 nach einigen Aufführungen abgesetzt. Exil Großbritannien: 1934. Weiteremigration: 1940 USA und 1941 Brasilien. Hier nahm er sich in Petrópolis gemeinsam mit seiner zweiten Ehefrau am 23.2.1942 das Leben. Bereits als Gymnasiast begann Zweig mit dem Sammeln von Autographen. Zu seiner Sammlung gehörten kostbare Autographen der Musikgeschichte (Partituren, Skizzen usw.), die sich heute zum Teil in der British Library in London befinden. Zweig schrieb einige Aufsätze über Dirigenten und Komponisten und übersetzte Werke von Charles Baudelaire und Paul Verlaine. Er ist selbst der meistübersetzte Exilschriftsteller. Quellen: Röder/Strauss 1983, Bd. II, Tl. 2, S. 1288; Riemann 1989, Bd. 4; Stengel/Gerigk 1943, S. 326.

17 Zusammenfassung

Großbritannien ließ nach 1933 mit seiner Politik der "halboffenen Tür" (Wasserstein 1983, 61) eine im Vergleich zu anderen Aufnahmeländern relativ große Anzahl von Flüchtlingen ins Land. Diesen wurden aber keine Arbeitserlaubnisse gewährt. Den Hintergrund für diese Politik bildete die Weltwirtschaftskrise, die auch in Großbritannien eine hohe Arbeitslosigkeit nach sich gezogen hatte. Zahlreiche britische Musiker waren davon betroffen. Dennoch vergaben das Innen- und das Arbeitsministerium in Ausnahmefällen Arbeitserlaubnisse an Flüchtlinge, wenn man sich davon einen ökonomischen Nutzen versprach, und ein Nachteil für Briten derselben Berufsgruppe nicht zu erwarten stand.

Zu diesem Kreis gehörten die Flüchtlinge in Glyndebourne, einige Sänger während der Saison an Covent Garden und einige Solisten wie Franz Osborn (1934 naturalisiert) und WalterGoehr sowie nach 1938 das Rosé-Quartett. Gäste, die wie das Busch-Quartett oder Artur Schnabel selbst bereits als Flüchtlinge in einem anderen Land Asyl gefunden hatten, erhielten Auftrittsmöglichkeiten auf den britischen Inseln. Besonders die Gruppe der Verleger unter den Flüchtlingen konnte sich - vom Arbeitsverbot weitgehend ausgenommen - erfolgreich in ihrem Beruf betätigen. Und Lehrer erhielten bald nach Kriegsbeginn in der Erwachsenenbildung eine Chance. Auch einige Dirigenten bekamen eine Arbeitserlaubnis.

Es muß angenommen werden, daß sich die Mehrzahl derjenigen, die weiterwanderten, an einer beruflichen Perspektive in Großbritannien durchaus interessiert gezeigt hatte. Der verbreiteten Ansicht, daß sie wegen besserer Möglichkeiten von vornherein die USA als Exilland bevorzugten, muß widersprochen werden. Viele gingen erst nach Jahren vergeblichen Wartens, weil sich ihnen auf den britischen Inseln keine beruflichen Chancen boten. Einige Flüchtlinge verließen sogar erst nach Kriegsende Großbritannien, um in einem weiteren Land noch einmal ganz neu zu beginnen.

Die berufliche Situation für vertriebene Musiker in Großbritannien war zwischen 1933 und dem Beginn des II. Weltkrieges belastet, da Musikbeziehungen zwischen Nazi-Deutschland und Großbritannien weiterbestanden und sogar mit zunehmender Intensität gepflegt wurden. Hoch dotierte Sänger, Sängerinnen, Musiker und Musikerinnen aus Nazi-Deutschland bekamen in Großbritannien Engagements, während die aus ihren Positionen entfernten, vorwiegend jüdischen Musiker aus dem Deutschen Reich mit einem grundsätzlichen Arbeitsverbot belegt waren. Unter diesem Gesichtspunkt wirkte sich der II. Weltkrieg für die nach Großbritannien geflohenen Musiker besonders gravierend aus. Abgesehen von der Bedrohung durch deutsche Bomben oder der Internierung als "feindliche Ausländer", waren für die meisten von ihnen damit weitere sechs Jahre der beruflichen Karriere verloren.

Auf besondere Schwierigkeiten stießen in Großbritannien jene Exil-Komponisten, die nicht für den Film arbeiteten. Die Aufführungsmöglichkeiten für Orchestermusik oder Opern waren, zumal die Anzahl der Orchester im Vergleich zum Kontinent gering war, denkbar schlecht. Mit Kriegsbeginn waren die Chancen, Werke aufgeführt zu bekommen, nahezu aussichtslos. Dabei spielt folgender Hintergrund eine Rolle: Deutschland und auch Österreich galten in Großbritannien als die "klassischen Musikländer". Umgekehrt gab es jedoch in Zentraleuropa kaum Interesse am britischen Musikleben. Auch als sich gegen Ende der zwanziger Jahre die Orchesterkultur der Briten deutlich verbesserte, nahmen Konzertagenten vom Kontinent das nicht zur Kenntnis. Das britische Publikum hatte die beiden herausragenden Orchester des Kontinents, die Berliner und die Wiener Philharmoniker, bei ihren zahlreichen Tourneen im eigenen Land mit Ovationen bedacht. Dem steht in den Jahren zwischen 1933 und 1939 nur jeweils ein englisches Gastspiel in Deutschland und Österreich gegenüber. Auch im Konzertalltag der Metropolen klassischer Musik spielten bis zu Beginn des II. Weltkrieges englische Kompositionen nur eine marginale Rolle.

Nach ihrer Ankunft waren die Komponisten unter den Flüchtlingen nun erstmals auf britische Ensembles und Orchester angewiesen und trafen dort zunächst auf Zurückhaltung. Erst allmählich und vorwiegend im Bereich der Kammermusik wurden ihnen Aufführungschancen eingeräumt. Exilierte deutsche und österreichische Musiker auf den britischen Inseln bildeten nach Kriegsbeginn ein besonderes Segment der Gesamtheit von geflüchteten Musikern. Die aus den von der Wehrmacht okkupierten Ländern stammenden Musiker wurden, zumal sie durch ihre jeweiligen Exilregierungen oder durch Sponsoren finanziell abgesichert waren, von ihren britischen Kollegen weniger als Konkurrenten empfunden.

Für die aus Deutschland und Österreich Exilierten hatte die einflußreiche Musikervertretung in Großbritannien, die I.S.M., bereits 1938 und mit Rückhalt in der britischen Regierung zudem ein Arbeitsverbot erwirkt, das erst mit dem absehbaren Ende des Krieges aufgehoben wurde. Nur wenige Musiker unter den Flüchtlingen erhielten folglich in Großbritannien eine echte Chance zum beruflichen Aufstieg. Das glückte nur denen, die als Studenten kamen und ihre Ausbildung in Großbritannien fortsetzten. Orchestermusikern aus Deutschland und Österreich war es im Prinzip in Großbritannien unmöglich, in ihrem Beruf zu arbeiten. Die wenigen, die nach 1945 auf den britischen Inseln Karriere machen konnten, waren deshalb meist Kammermusiker. Das Amadeus-Quartett verdankt seine Entstehung Max Rostal, der als Violinlehrer einige seiner Studenten aus Berlin mitbrachte und sich außerdem einiger begabter österreichischer Violinstudenten annahm. Eine solche Chance war z.B. Eva M. Heinitz nicht vergönnt. Sie bekam keine Genehmigung, um ihre Violoncello-Schüler aus Berlin zu unterrichten. Dessen ungeachtet gaben viele weniger bekannte

Emigranten britischen Sängern, Instrumentalisten und Komponisten ohne Erlaubnis Unterricht.

Dem britischen Musikleben erwuchs in den Kriegsjahren eine erstrangige Rolle für die Hebung der allgemeinen Moral im Widerstand gegen das Hitler-Regime. Ganz selbstverständlich wurden bei der Programmgestaltung britische Komponisten in den Vordergrund gestellt. Das 1943 gegründete "Committee for the Promotion of New Music" stiftete ein neues Verhältnis zwischen britischen Komponisten und ihrem Publikum. Denn bis Kriegsbeginn hatte die zeitgenössische britische Musik im Bewußtsein des Publikums nur eine untergeordnete Rolle gespielt. Die entscheidenden Impulse der musikalischen Avantgarde waren vom Kontinent gekommen. Die Werke von Komponisten wie Benjamin Britten und Michael Tippett, in den letzten Jahren des Krieges entstanden und bald darauf aufgeführt, werteten dann das "Land ohne Musik" auch international auf.

Die allerorten zur moralischen Aufrüstung propagierte Besinnung auf die eigenen Kräfte fand besonders auf dem Gebiet der Musik eine nachhaltige Resonanz. Denn die britische Musikkultur hatte sich bei Kriegsende entscheidend verändert. Prestige und Selbstbewußtsein der britischen Musiker und Komponisten waren enorm gestiegen. Daran hatten die exilierten Musiker einen kaum zu überschätzenden Anteil. Denn sie waren es, die gleichsam als Botschafter der kontinentalen Metropolenkultur und gleichwohl um ihre eigene Integration bemüht, sich der britischen Musiktradition zugewandt und sie damit aufgewertet hatten. Zum anderen war aber die kontinentale Musiktradition durch ihre Verstrickung mit dem Nationalsozialismus, durch Vichy-Kollaboration und Faschismus diskreditiert worden. Die britischen Musiker, die selbst Opfer für den Krieg bringen mußten, kehrten nach Kriegsende mit einem gestiegenen Selbstwertgefühl an ihre Positionen zurück.

Trotz ihres Engagements für das britische Musikleben waren Vorbehalte gegen deutsche und österreichische Komponisten - wie die Aufführungsstatistiken, insbesondere an der B.B.C., zeigen - noch Jahre nach Kriegsende nicht abgebaut. Darin unterschied sich die Befindlichkeit gegenüber deutschen oder österreichischen Einwanderern in den Vereinigten Staaten von Großbritannien. Im Selbstbild sahen sich die naturalisierten Immigranten eher als Briten, mit denen sie sich schließlich gemeinsam gegen die Nazis identifiziert hatten. Im Fremdbild des Aufnahmelandes waren die Emigranten mit britischem Paß jedoch keine Briten. Dafür gibt es mehrere Gründe. Zum einen fügte der deutsche Luftkrieg, der sich ganz bewußt auch gegen die englische Zivilbevölkerung richtete, mit der Zerstörung der Queen's Hall dem Londoner Musikleben eine Wunde bei, die bis heute nicht verheilt scheint. An diesem Ort hatte der jährliche Auftritt der Berliner Philharmoniker unter Wilhelm Furtwängler nach dem I. Weltkrieg so etwas wie eine Annäherung zwischen den wenige Jahre zuvor noch verfeindeten Nationen bewirkt. Ausgerechnet diese traditionsträchtige Konzerthalle war von den Nazis zerstört worden. Möglicherweise spielten auch diese Verletzungen eine Rolle dabei, wenn sich die Briten mit Aufführungen der Kompositionen von Exil-Komponisten noch Jahre nach Ende des Krieges zurückhielten. Daß diese Flüchtlinge selbst Opfer der Nazis waren, wurde dabei leicht vergessen. Schließlich waren auch die Briten selbst Opfer der Nazis geworden. Dies erklärt die Diskrepanz der Wahrnehmung zwischen Emigranten und der sie aufnehmenden Gesellschaft.

Auch in den britischen Medien waren die Verhältnisse kompliziert. Das zeigt sich am Verhältnis zwischen der B.B.C. und den vertriebenen Musikern zwischen 1933 und 1946. Einerseits unterstützten B.B.C.-Mitarbeiter verfolgte Musiker, Sänger, Dirigenten und Musikologen, indem sie ihnen durch Engagements künstlerisch und finanziell unter die Arme griffen. Auf der anderen Seite diente die B.B.C. während des Krieges als bedeutendes nationales Medium für das In- und Ausland. Kriegswirtschaftlich bedingte Sparmaßnahmen trafen so natürlich auch exilierte Komponisten und Musiker. Dies geschah jedoch nicht ohne Kritik in den eigenen Reihen. Durch die deutschsprachigen Propagandasendungen ergaben sich andererseits für die Flüchtlinge neue Betätigungsfelder.

Als Instrumental- und Gesangslehrer wurden die besten von ihnen relativ spät an britischen Colleges verpflichtet. Dessen ungeachtet unterrichteten sie privat. Für die wenigen Musikologen, die durch die Fürsprache britischer Kollegen bereits vor dem Krieg an Universitäten berufen wurden, ergab sich ein Neuanfang, der sich für die britische Musikwissenschaft weiter bezahlt machte. Daneben bereicherten seit 1933 Musikologen aus Deutschland und Österreich musikwissenschaftliche Periodika und Standardwerke durch einzelne Beiträge. Mit Rundfunksendungen oder Aufsätzen im Listener unterstützten Musikologen das Verständnis von Musik für die große Hörerschaft der B.B.C.

Wenn heute britische Orchester oder Sänger im Ausland Erfolge feiern, oder die B.B.C. für ihre anspruchsvollen Programme auf dem Gebiet der Musik gerühmt wird, dann haben mit Sicherheit auch die vertriebenen Dirigenten, Musiker, Sänger, Instrumental- und Gesangslehrer sowie Musikologen ihren Anteil daran. Sie haben in den Jahren ihres Exils und trotz schwieriger Umstände die rasante Weiterentwicklung der britischen Musikkultur seit dem Ende des II. Weltkrieges mitgetragen und neue Maßstäbe gesetzt. Erst 1983 fand die erste Rückbesinnung durch den Briten John Willett statt. Je größer der zeitliche Abstand zum Krieg wurde, um so differenzierter würdigten Briten den Anteil dieser etwa 400 Flüchtlinge am erfolgreichen Neuaufbau ihres Musiklebens. In Deutschland und Österreich war diese Gruppe unter den Flüchtlingen jahrzehntelang vergessen worden.

Anhang

1. Abkürzungen

A.A.C.	Academic Assistence Council
AdK	Akademie der Künste
Agitprop	Agitation und Propaganda
AJR	Association of Jewish Refugees
AMdK	Akademie für Musik und darstellende Kunst, Wien
APA	Außenpolitisches Parteiamt
B.B.C.	British Broadcasting Corporation
BGL	Betriebsgewerkschaftsleitung
B.L.	British Library, London
B.Mus.	Bachelor of Music
BUF	British Union of Fascists
C.A.G.B.	Council of Austrians in Great Britain
CBS	Columbia Broadcasting System
C.E.M.A.	Council for the Encouragement of Music and Arts
C.I.D.	Committee of Imperial Defense
CPGB	Communist Party of Great Britain
C.V.	Centralverein der deutschen Staatsbürger jüdischen Glaubens
DB	Deutsche Bücherei, Leipzig
DDR	Deutsche Demokratische Republik
Dipl.	Diplom
D.Mus.	Doctor of Music
DRS	Deutsche und Rätoromanische Schweiz
E.M.I	Electrical Musical Industries
E.N.S.A.	Entertainments National Service Association
FAM	Free Austrian Movement
FDKB	Freier Deutscher Kulturbund
GMD	Generalmusikdirektor
HfM	Hochschule für Musik
IGNM	Internationale Gesellschaft für Neue Musik
IMD	Internationales Musikinstitut Darmstadt
ISCM	International Society of Contemporary Music
I.S.M.	Incorporated Society of Musicians
JKB	Jüdischer Kulturbund
Komintern	Kommunistische Internationale
KPD	Kommunistische Partei Deutschlands
KPÖ	Kommunistische Partei Österreichs
M.A.	Master of Arts
MASCH	Marxistische Arbeiterschule
M.Litt.	Master of Letters
M-O	Tom Harrison Mass-Observation Archive Brighton
M.P	Member of Parliament
M.R.C.	Musicians' Refugee Committee
NBC	National Broadcasting Company (USA)

NSDAP	Nationalsozialistische Deutsche Arbeiterpartei
P.E.N.	International Association of Poets, Playwrights, Editors, Essayists and Novelists
P.R.O.	Public Record Office, Kew
P.R.S.	Performing Right Society
PhD	Doctor of Philosophy
R.R.G.	Reichsrundfunk Gesellschaft
SAPMO	Stiftung Archiv der Parteien und Massenorganisationen der DDR im Bundesarchiv
SBZ	Sowjetische Besatzungszone
SPD	Sozialdemokratische Partei Deutschlands
UA	Uraufführung(en)
UE	Universal Edition
USPD	Unabhängige Sozialdemokratische Partei Deutschlands
VDMK	Verband deutscher Musikerzieher und konzertierender Künstler
WAR	Written Archives Centre, Reading-Caversham
WL	Wiener Library and Institute of Contemporary History, London
ZfMw	Zeitschrift für Musikwissenschaft
ZK	Zentralkomitee
ZPA	Zentrales Parteiarchiv

2. Benutzte Archive

GLYNDEBOURNE ARCHIVE LEWES
B.B.C. WRITTEN ARCHIVES CENTRE, READING-CAVERSHAM
PUBLIC RECORD OFFICE, KEW
TOM HARRISON MASS-OBSERVATION ARCHIVE, BRIGHTON
BRITISH MUSIC INFORMATION CENTRE, LONDON
INTERNATIONALES MUSIKINSTITUT DARMSTADT, INFORMATIONSZENTRUM FÜR ZEITGENÖSSISCHE MUSIK
THE LONDON PHILHARMONIC, ARCHIVE
THE ROYAL OPERA HOUSE COVENT GARDEN, ARCHIVE OFFICE
WIENER LIBRARY, LONDON
LEO BAECK INSTITUTE, NEW YORK
DEUTSCHE STAATSOPER BERLIN, ARCHIV
WIENER PHILHARMONIKER, ARCHIV
SÄCHSISCHE STAATSOPER DRESDEN, ARCHIV
STIFTUNG ARCHIV DER PARTEIEN UND MASSENORGANISATIONEN DER DDR IM BUNDESARCHIV, BERLIN
AKADEMIE DER KÜNSTE BERLIN, STIFTUNG ARCHIV: HANNS-EISLER-ARCHIV
AKADEMIE DER KÜNSTE BERLIN: SAMMLUNGEN ERNST HERMANN MEYER UND BERTHOLD GOLDSCHMIDT
DIE DEUTSCHE BIBLIOTHEK, DEUTSCHE BÜCHEREI LEIPZIG; SAMMLUNG EXIL-LITERATUR 1933-1945
SENAT DER FREIEN UND HANSESTADT HAMBURG, STAATSARCHIV
STADTARCHIV MANNHEIM
INSTITUT FÜR ZEITGESCHICHTE MÜNCHEN
STAATSARCHIV DER STADT OLDENBURG

3. Anonyme Quellen

Anonym 1933a
Anonym. "German Influence on English Music: Sir Thomas Beechams Tribute." *The Times* 2.5.1933.

Anonym 1933b
Anonym. "Music in Germany: Supervisor Committee Appointed." *The Times* 30.6.1933.

Anonym 1933c
Anonym. "Musical Conductor Banned." *The Times* 18.3.1933.

Anonym 1933d
Anonym. "Musicians Protest to Herr Hitler: Signos Toscanini and Wagner Festival." *The Times* 3.4.1933.

Anonym 1935a
Anonym. "Touring Orchestra." *The Musical Times*, (February 1935), S. 158.

Anonym 1935b
Anonym: "Our Musical Visitors. Where Protection is needed." *The Times* 12.1.1935.

Anonym 1935c
Anonym. "Handel and Bach: Extract from the Speech of the German Ambassador on opening an exhibition of autographs at Oxford." *Music & Letters*, (July 1935), S.226-229.

Anonym 1936a
Anonym. "Dresden Symphony Orchestra: Dr. Richard Strauss." *The Times* 9.11.1936.

Anonym 1936b
Anonym. "British Music in Berlin: Mr. Walton's Symphoy." *The Times* 10.11.1936.

Anonym 1936c
Anonym. "English Music at Wiesbaden."*The Musical Times*, (November 1936), S. 1040.

Anonym 1937a
Anonym. "Berlin Philharmonic Orchestra: Concert at Queen's Hall." *The Times* 3.5.1937.

Anonym 1937b
Anonym. "Opera at Covent Garden: The Coronation Season." *The Times* 23.1.1937.

Anonym 1938a
Anonym. "Berlin Philharmonic Orchestra: Beethoven, Bach and Brahms." *The Times* 22.1.1938.

Anonym 1938b
Anonym. "Polupar German Classics: Berlin Orchestra at Albert Hall." *The Times* 24.1.1938.

Anonym 1938c
Anonym. "Musical Notes from Abroad: Germany." *The Musical Times*, (May 1938), S. 386.

Anonym 1938d
Anonym. "International Music Festival. New Choral Works." *The Times* 30.5.1938.

Anonym 1938e
Anonym. "England wird aufrichtiger Freund Deutschlands." *Hamburger Tageblatt* 28.4.1938.

Anonym 1938f
Anonym. "Notes of the Day." *The Monthly Musical Record*, (June 1938), S. 129-130.

Anonym 1938g
Anonym. "Notes and Comments." *The British Musician and Musical News*, (August 1938), S. 169.

Anonym 1939a
Anonym. "Musical Notes from Abroad: Germany. Baden-Baden." *The Musical Times*, (February 1939), S. 147.

Anonym 1939b
Anonym. "Musician's Diary." *Tempo*, (January 1939), S. 9.

Anonym 1939c
Anonym. "A Musicians Diary." *Tempo*, (January 1939) S. 9
Anonym 1939d
Anonym. "London Concerts: Orchestral Concerts." *The Musical Times*, (November 1939), S. 775.
Anonym 1939e
Anonym. "A Stock-Taking. National Gallery Concerts." *The Times* 30.12.1939.
Anonym 1939f
Anonym. "Entertainments: Concert by Refugee Orchestra." *The Times* 2.11.1939.
Anonym 1939g
Anonym. "Week-End Concerts: A Haydn Anniversary." *The Times* 12.7.1939
Anonym 1939h
Anonym. "Successors to the 'Hymn of Hate': A Sailors Farewell." *The Times* 20.10.1939.
Anonym 1940a
Anonym. "Hitler Applauded." *Evening Standard* 5.7.1940.
Anonym 1940b
Anonym. "German Songs on the B.B.C.: Why?" *Evening News* 30.5.1940.
Anonym 1940c
Anonym. "Radio Ban on Songs in German." *Daily Express* 5.6.1940.
Anonym 1940d
Anonym. "Letters to the Editor: The B.B.C. and British Composers." *Author*, (Autumn 1940), S.9.
Anonym 1940e
Anonym. "Ban." *News Review* 7.11.1940.
Anonym 1940f
Anonym. "B.B.C. bans enemy music." *Sunday Chronicle & Sunday Referee* 24.11.1940.
Anonym 1940g
Anonym. "Notes of the Day." *The Monthly Musical Record*, (January 1940), S.1-3.
Anonym 1940h
Anonym. "London Concerts. National Gallery Lunch-hour Concerts." *The Musical Times*, (September 1940), S. 382.
Anonym 1940i
Anonym. "Leise rauscht das Meer." *Free German Youth*, 6 (1940), S. 6.
Anonym 1941a
Anonym. "Light on 'Trading with the Enemy'." *The Musical Times* (February 1941), S. 51-52.
Anonym 1941b
Anonym. "London Concerts. The National Gallery." *The Musical Times*, (September 1941), S. 349.
Anonym 1941c
Anonym. "Notes and News. Dame Myra Hess." *The Musical Times*, (July 1941), S. 275.
Anonym 1941d
Anonym. "Kulturnotizen." *Zeitspiegel*, (22.11.1941), S. 9.
Anonym 1941e
Anonym 1941. "Foreign Musicians: Art and Industry." *The Times* 3.10.1941.
Anonym 1942a
Anonym. "Soviet Music: Important British Contract." *The Musical Times*, (January 1942), S. 15.
Anonym 1942b
Anonym. "Alien Musicians: Performances without Payment." *The Times* 13.2.1942

Anonym 1942c
Anonym. "Kulturnotizen." *Zeitspiegel*, (21.2.1942), S.9.
Anonym 1942d
Anonym. "Drei Jahre Austrian Centre." *Zeitspiegel*, (11.4.1942), S. 3.
Anonym 1942e
Anonym. "Kulturnotizen." *Zeitspiegel*, (20.6.1942), S. 5.
Anonym 1942f
Anonym "New Developments." *London Philharmonic Post*, (January 1942), S.1-2.
Anonym 1942g
Anonym. "Diese Woche." *Zeitspiegel*, (23.5.1942), S.9.
Anonym 1942h
Anonym. "Oesterr. Kulturkonferenz." *Zeitspiegel*, (22.8.1942), S. 7.
Anonym 1942i
Anonym. "Rosé Quartett." *Zeitspiegel*, (21.3.1942), S. 9.
Anonym 1942j
Anonym. "Kulturnotizen." *Zeitspiegel*, (14.2.1942), S. 9.
Anonym 1943a
Anonym. "Englisch-österreichische Musikbeziehungen." *Zeitspiegel*, (2.1.1943), S. 7.
Anonym 1943b
Anonym. "Entertainments: National Gallery Music. A Thousand Concerts." *The Times* 23.7.1943.
Anonym 1943c
Anonym. "Wir berichten: Status der Österreicher in Großbritannien." *Zeitspiegel*, (4.12.1943), S. 4.
Anonym 1943d
Anonym. "Musik: Variationen über ein Heurigenlied." *Zeitspiegel*, (29.5.1943), S.7-8.
Anonym 1944
Anonym. "A Business Review." *Tempo*, (February 1944), S. 14.
Anonym 1945
Anonym. "Das Recht auf Heimkehr." *Freie Tribüne: German Antifascist Fortnightly*, (29. 9. 1945), S.6.
Anonym 1955
Anonym. "Obituary." *The Musical Times*, (July 1935), S. 386.
Anonym 1988a
Anonym. "Emigranten aus dem österreichischen Musikleben." ÖMZ 1988, S. 202-203.
Anonym 1988b
Anonym. "Emigranten aus dem österreichischen Musikleben: Ergänzungen zu Heft 4/1988, S. 202f." *ÖMZ* 1988, S. 680-681.
Anonym 1994
Anonym 1994. "Pressenotiz." *Hamburger Abendblatt* 10.5.1994.
Anzeige 1939
Anzeige. "Franz Reizenstein: Prologue, Variations and Finale for Violin and Orchestra." *Tempo*, (May 1939), S. 10.
Anzeige 1941a
Anzeige. " Gustav Mahler Gedächtniskonzert." *Zeitspiegel*, (25.5.1941), S. 4.
Anzeige 1941b
Anzeige. "Donnerstag abend Konzerte." *Zeitspiegel*, (15.6.1941), S.8
Anzeige 1941c
Anzeige. "Donnerstag abend Konzerte." *Zeitspiegel*, (1.6.1941), S. 4.

Anzeige 1941d
Anzeige. "Donnerstag abend Konzerte." *Zeitspiegel*, (25.5.1941), S. 8.
Anzeige 1941e
Anzeige. "Good Will Party in Paddington." *Zeitspiegel*, (31.8.1941), S. 9.
Anzeige 1941f
Anzeige. "Schubert: Die Winterreise." *Zeitspiegel*, September 1941, Datum unleserlich, S. 10.
Anzeige 1941g
Anzeige. "Europa im Spiegel seiner Musik." *Zeitspiegel*, (28.9.1941), S. 8.
Anzeige 1941h
Anzeige. "Lieder der Freiheit." *Zeitspiegel*, (19.10.1941), S. 11.
Anzeige 1941i
Anzeige. "Donnerstag Abend Konzert." *Zeitspiegel*, (1.6.1941), S. 4.
Anzeige 1942a
Anzeige. "Opernabend." *Zeitspiegel*, (10.1.1942), S. 9.
Anzeige 1942b
Anzeige. "Diese Woche: Austrian Centre. *Zeitspiegel*, (28.2.1942), S. 10.
Anzeige 1942c
Anzeige. "Laterndl." *Zeitspiegel*, (3.1.1942), S. 12.
Anzeige 1942d
Anzeige. "100 Jahre Wiener Philharmonisches Orchester." *Zeitspiegel*, (23.5.1942), S.9.
Anzeige 1943a
Anzeige. "Liederabend Mislap-Kapper." *Zeitspiegel*, (3.4.1943), S. 7.
Anzeige 1943b
Anzeige. "Neues Laterndl-Programm." *Zeitspiegel*, (9.10.1943), S. 8.

4. Oral History

Als weitere Quellen wurden Interviews mit den folgenden Personen verwendet:
Milein Cosman
Peter Gellhorn
Berthold Goldschmidt
Georg Knepler
Maria Lidka
Siegmund Nissel
Erika Storm
Ingeborg Wall Lade

5. Literaturverzeichnis

A.J. 1951
A.J. "Festival of Britain Operas." *The Musical Times*, (January 1951), S. 36-37.

A.R. 1942a
A[lfred] R[osenzweig]. "Musik der Alliierten." *Zeitspiegel*, (28.2.1942), S. 9.

A.R. 1942b
A[lfred] R[osenzweig]. "Kammermusikabend Wigmore Hall." *Zeitspiegel*, (5.9.1942), S.7.

Aber 1944
Aber, Adolf. "Music and Politics in the Third Reich." *The Musical Times*, (June 1944), S.179-180.

Abosch 1983
Abosch, Heinz. "Von der Volksfront zu den Moskauer Prozessen." *Exilforschung. Ein internationales Jahrbuch 1*. Hg.i.A. d. Ges. f. Exilforschung von Thomas Koebner, Wulf Köpke und Joachim Radkau. München: Text + Kritik, 1983, S. 27-44.

Adam 1983
Adam, Ursula. "Zur Geschichte des Freien Deutschen Kulturbundes in Großbritannien (Ende 1938 - Mai 1945)." [Masch.-schr.] Diss. Berlin, Akad. d. Wiss. d. DDR, 1983.

Adam 1985
Adam, Ursula. "Das Echo auf die Gründung des Kulturbundes zur demokratischen Erneuerung Deutschlands in Großbritannien und dessen geschichtliche Voraussetzungen." *Weimarer Beiträge* (5/1985), S. 743-754.

Akademie der Künste 1992
Geschlossene Vorstellung: Der jüdische Kulturbund in Deutschland 1933-1941. Hg. v.d. Akademie der Künste. Berlin: Edition Hentrich, 1992.

Albert 1992
Albert, Claudia. "Opernkomponisten im Exil." *Gesungene Welten: Aspekte der Oper*. Hg. Udo Bermbach und Wulf Konold. Berlin und Hamburg: Dietrich Reimer Verlag, 1992, S. 247-260.

Anderson 1953
Anderson, W.R. "Round about Radio." *The Musical Times*, (June 1953), S.264.

Asriel 1945
Asriel, Andre. "Liederabend - Peter Ury." *Freie Tribüne*, (18.8.1945), S. 7.

Augstein 1994
Augstein, Rudolf. "Bayreuth von hinten: Rudolf Augstein über die neuaufgelegten Erinnerungen der Wagner-Enkelin Friedelind." *Der Spiegel*, (25.7.1994), S. 156-158.

Austin u.a. 1940
Austin, Frederic u.a. "The B.B.C. and British Composers." *Author*, (Summer 1940), o.S.

B.F. 1939
B.F. "London Concerts. Orchestral Concerts. National Gallery Concerts." *The Musical Times*, (November 1939), S. 775.

Bach / Busoni 1948
Bach, Joh. Seb. Klavierwerke: Neue Ausgabe von Ferruccio, Egon Petri und Bruno Mugellini, Band II: Das wohltemperierte Klavier, Zweiter Teil. Mit Anmerkungen und Studien versehen von Ferruccio Busoni; Hefte I-IV. Leipzig und Wiesbaden: Breitkopf & Härtel, um 1948.

Bach / Busoni 1970
Bach, J.S. Klavierwerke: Busoni-Ausgabe I. Das wohltemperierte Klavier, Erster Teil. Bearbeitet und erläutert, mit daran anknüpfenden Beispielen und Anweisungen für das Studium der modernen Klavierspieltechnik von Ferruccio Busoni (BWV 846-869); Hefte I-IV. Wiesbaden: Breitkopf & Härtel, um 1970.

Back Bencher 1944
Back Bencher. "The I.S.M. Conference." *The Musical Times*, (February1944), S.61-62.
Baldwin 1938a
Baldwin, Lord. "The Refugees: Appeal by Lord Baldwin. Case for German Cooperation: New Fund Opened." *The Times* 9.12.1938.
Baldwin 1938b
Baldwin, Lord. "'A World's Good Cause.': An Appeal for Jews and Non-Aryan Christians, broadcast on December 8." *The Listener* (15.12.1938), S. 1283-1285.
Bartlett 1933
Bartlett, Vernon. "What I have seen in Nazi Germany." *The Listener*, (5.4.1933), S. 521-522.
Bartsch 1929
Bartsch, Konrad. "Alban Berg: 'Wozzeck'." *Nachrichten für Stadt und Land* (Oldenburg) 6.3.1929.
Becher 1958
Johannes R. Becher. *Walter Ulbricht. Ein deutscher Arbeitersohn.* Berlin: Dietz, 1958.
Bell 1938
Bell, Michael. "Music in Nazi Germany." *The Musical Times*, (February 1938), S. 99-101.
Bellermann 1862
Bellermann, Heinrich. *Der Kontrapunkt oder Anleitung zur Stimmführung in der musikalischen Composition.* Berlin: Verlag von Julius Springer, 1862.
Bense 1973
Bense, Liselotte. "Verzeichnis der hauptsächlichen Schriften, Vorträge und Reden Ernst Hermann Meyers, der mit ihm geführten Interviews und der von ihm besorgten Ausgaben." *Festschrift für Ernst Hermann Meyer zum sechzigsten Geburtstag.* Hg. von Georg Knepler. Leipzig: VEB Deutscher Verlag für Musik, 1973, S. 375-392.
Berger/Rupp 1968
Deutsches Literatur-Lexikon: Biographisch-bibliographisches Handbuch begründet von Wilhelm Kosch. 3. völlig neu bearb. Aufl., 1. Bd. Hg. v. Bruno Berger und Heinz Rupp. Bern und München: Francke Verlag, 1968.
Berghahn 1988
Berghahn, Marion. *Continental Britons: German-Jewish Refugees from Nazi Germany.* Oxford, Hamburg, New York: Berg Publishers, 1988.
Berghaus 1989
Berghaus, Günter, Hg. *Theatre and Film in Exile: German Artists in Britain, 1933-1945.* Oxford, New York, München: Oswald Wolff Books; Berg Publishers, 1989.
Bing 1973
Bing, Rudolf. *5000 Abende in der Oper.* Übs. Evelyn Linke. München: Kindler, 1973.
Blom 1953
Blom, Eric. "Music: Modern Chamber Works." *The Observer* 19.7.1953.
Blunck 1933
Blunck, Hans Friedrich. "Die Umbildung der preussischen Akademie der Künste." *The Listener*, (2.8.1933), S.183-184.
Boelcke 1977
Boelcke, Willi A. *Die Macht des Radios: Weltpolitik und Auslandsrundfunk 1924-1976.* Frankfurt/M., Berlin und Wien: Ullstein, 1977.

Böhm 1979
Böhm, Karl. *Ich erinnere mich ganz genau: Autobiographie.* Hg. Hans Weigel. München: Deutscher Taschenbuch Verlag, 1979.
Born 1975
Born, Max. *Mein Leben: Die Erinnerungen eines Nobelpreisträgers.* Übers. Helmut Degner u. M.v. Ilse Krewinkel und Werner Rau. München: Nymphenburger Verlagsanstalt, 1975.
Borner 1950
Borner, J. *Das englische Musikleben: Seine jüngste Entwicklung und seine Förderung durch die Mittel des Rundfunks.* Hg. B.B.C., London: British Broadcasting Corporation, 1950.
Boulez/Johnson 1992
"Ever Questing: Pierre Boulez talks about music making to Stephen Johnson." *Gramophone*, (September 1992), S. 36-37.
Boult 1940
Boult, Sir Adriandrian. "Letters to the Editor: The B.B.C. and British Composers." *Author*, (December 1940), o.S.
Boys 1937
Boys, Henry. "Hindemith's Place in Modern Music." *The Listener*, (1.12.1937), S. 1216.
Brachtel u.a. 1993
Brachtel, Karl Rober u.a. *Alfred Goodman.* Komponisten in Bayern. Dokumente musikalischen Schaffens im 20. Jahrhundert. Hg. im Auftrag des Landesverbandes Bayerischer Tonkünstler e.V. im VDMK von Alexander L. Suder, Bd. 28. Tutzing: Hans Schneider, 1993.
Breuer 1988
Breuer, Robert. "50 Jahre danach." ÖMZ, S.171.
Briggs 1985
Briggs, Asa. *The B.B.C.: The First Fifty Years.* Oxford und New York: Oxford University Press, 1985.
Brinitzer 1969
Brinitzer, Carl. *Hier spricht London: Von einem der dabei war.* Hamburg: Hoffmann und Campe, 1969.
Brockhaus/Niemann 1979
Musikgeschichte der Deutschen Demokratischen Republik 1945-1976. Hg. Heinz Alfred Brockhaus und Konrad Niemann. Sammelbände zur Musikgeschichte der Deutschen Demokratischen Republik, Band V. Hg. Heinz Alfred Brockhaus und Konrad Niemann. Berlin: Neue Musik, 1979.
Brückner-Rock 1938
Brückner-Rock. *Judentum und Musik mit dem ABC jüdischer und nichtarischer Musikbeflissener.* Begründet v. H[ans Brückner] und C[hrista] M[aria] Rock. 3. Aufl., bearb. u. erw. v. Hans Brückner. München: Hans Brückner-Verlag, 1938.
Buch 1983
Buch, Hans Christoph. "Franz Werfel - Die vierzig Tage des Musa Dagh." Franz Werfel. *Die vierzig Tage des Musa Dagh: Roman.* Lizensausgabe f.d. dt. Bücherbund. Stuttgart, München: Bibliothek des 20. Jhdts., 1983, S. 5-14.
Buhles 1995
Buhles, Günter. "Peter Ury: Ein Londoner Komponist aus Ulm." Programmheft der Niederstotzinger Musiktage 1995: "Verbotene und mißbrauchte Klänge: Zur Situation der Musik zwischen 1933-45".
Bullock 1991
Bullock, Alan. *Hitler und Stalin: Parallele Leben.* Aus d. Englischen v. Helmut Ettinger und Karl Heinz Siber. Berlin: Siedler, 1991.

Busch 1974
Busch, Fritz. *Aus dem Leben eines Musikers.* Berlin: Henschelverlag Kunst und Gesellschaft, 1974.
Busch 1985
Busch, Grete. *Fritz Busch: Dirigent.* Frankfurt a.M.: Fischer Taschenbuch, 1985.
Busch 1987
Busch, Regine. *Leopold Spinner.* Musik der Zeit: Dokumentation und Studien; 6 (Sonderband). Bonn: Boosey & Hawkes, 1987.
Busch 1990
Busch, Regine. "Einige grundsätzliche Überlegungen zur Emigrationsfrage am Beispiel Leopold Spinner." *Beiträge '90. Österreichische Musiker im Exil - Kolloqium 1988. Bd.8.* Beiträge der österreichischen Gesellschaft für Musik. Hg. österreichische Gesellschaft für Musik. Kassel, Basel, London: Bärenreiter, 1990, S. 143-145.
Butting 1955
Butting, Max. *Musikgeschichte die ich miterlebte.* Berlin: Henschelverlag, 1955.
Cannon 1988
Cannon, Gunda. *'Hier ist England'-'Live aus London': Das deutsche Programm der British Broadcasting Corporation 1938-1988.* London: B.B.C. External Services, 1988.
Carner 1938
Carner, Mosco. "Mahler and his 'Song of the Earth'". *The Listener*, (17.11.1938), S. 1088.
Carner 1940
Carner, Mosco. "Beethoven's Early Quartets." *The Listener*, (8.8.1940), S. 213.
Carner 1942
Carner, Mosco. "Bartók's String Quartets." *The Listener*, (23.4.1942), S. 541.
Carner 1942a
Carner, Mosco. "Elgar as Symphonist." *The Listener*, (30.7.1942), S. 157.
Carner 1942b
Carner, Mosco. "Reviews of Music. Bartók, Béla, String Quartet No. 6. Miniature Score. (Boosey & Hawkes, London)." *Music & Letters*, (July 1942), S. 262.
Carner 1942c
Carner, Mosco. "Schubert's Early Symphonies." *The Listener*, (5.11.1942), S. 605.
Carner 1945
Carner, Mosco. "The Committee for the Promotion of New Music." *The Musical Times*, (October 1945), S. 297-299.
Christie 1933
Christie, John. "The Glyndebourne Opera House." *The Monthly Musical Record*, (November 1933), S. 195-196.
Christie 1942
Christie, John. "Foreign Musicians: To the Editor of The Times." *The Times* 24.2.1942.
Clark 1939
Clark, Kenneth Sir. "Concerts in the National Gallery." *The Listener*, (2.11.1939), S. 884.
Council of Austrians o.J.
Council of Austrians. "How the Austrian Centre Came into Existence". 1. Annual Report, o.J.; DB Leipzig, Sammlung Exil-Literatur 1933-1945.
Cowden 1992
Opera Companies of the World. Hg. Robert H. Cowden. Connecticut: Greenwood Press, 1992.
CPM 1980-1987
The Catalogue of Printed Music in the British Library to 1980. 62 Bde. Hg. Robert Balchin u.a. London, München, New York und Paris: K.G. Saur, 1980-1987.

Crook 1946
Crook, Gladys. "New Audiences." *Hinrichsen's Musical Year Book 1945-46*. Edited by Ralph Hill and Max Hinrichsen. London: Hinrichsen Ltd., 1946, S.78-80.

Daily Telegraph Reporter 1940
Daily Telegraph Reporter. "Sir Thomas Beecham's Appeal for Funds: Only Orchestra Without Subsidy." *The Daily Telegraph* 15.1.1940.

Danuser 1984
Danuser, Hermann. *Die Musik des 20. Jahrhunderts*. Neues Handbuch der Musikwissenschaft. Hg. von Carl Dahlhaus. Bd. 7. Laaber: Laaber, 1984.

D.C.B. 1935
D.C.B. "Meyer, Ernst Hermann: 'Die mehrstimmige Spielmusik des 17. Jahrhunderts in Nord- und Mitteleuropa.' Bärenreiter-Verlag, Kassel." *The Monthly Musical Record*, (June 1935), S.111.

Deutsch 1952
Deutsch, Otto Erich. "Nachruf für Paul Hirsch." *Die Musikforschung* 1952, S.190-191.

Deutsch/Klein 1988
Deutsch, Gitta und Klein, Rudolf. "50 Jahre danach: Otto Erich Deutsch." *ÖMZ* 1988, S. 171-174.

DÖW 1992
Österreicher im Exil - Großbritannien 1938-1945: Eine Dokumentation. Hg. Dokumentationsarchiv des österreichischen Widerstands. Wien: Österreichischer Bundesverlag, 1992.

Doctor 1993
Doctor, Jenny. "The B.B.C. and the Ultra-modern Problem: A Documentary Study of the British Broadcasting Corporation's Dissemination of Second Viennese School Repertory 1922-36." 2 Bde. [Masch.-schr.] Diss. Evanston, Illinois, 1993.

Dümling 1994
Dümling, Albrecht. "Berhold Goldschmidt: Der gewaltige Hahnrei; Mediterranean Songs." *Begleitheft zur CD*. DECCA, Boosey & Hawkes, 1994.

Dyson 1942
Dyson, George Sir. "I.S.M. Presidential Address: Leeds, (January 3, 1942)." *The Musical Times*, (January 1942), S. 12-14.

Dyson 1942a
Dyson, George. "Foreign Musicians: A difficult Problem: To the Editor of The Times." *The Times* 28.2.1942.

Dyson 1943
Dyson, George. Musicians' Tasks: Call for Leadership; Sir George Dyson's I.S.M. Address." *The Musical Times*, (February 1943), S. 41-43.

Dyson 1944
Dyson, George. "Sir George Dyson's Address at the I.S.M. General Meeting." *The Musical Times*, (February 1944), S. 60-61.

E.B. 1940
E[ric] B[lom]. "The World of Music: The B.B.C's Plans." *Birmingham Post* 8.1.1940.

E.B. 1940a
E[ric] B[lom]. "The World of Music: Victory for the Humanities." *Birmingham Post* 20.5.1940.

E.B. 1943
E[ric] B[lom]. "Mahler, Gustav, The Song of the Earth (Das Lied von der Erde), a Symphony for Tenor, Contralto (or Baritone) and Orchestra. Words after Old Chinese Poems; English Translation by Stuart Wilson. Vocal Score by Erwin Stein. (Boosey & Hawkes, London)." *Music & Letters*, (January 1943), S. 63.

E.B. 1944
E[ric] B[lom]. "Hinrichsen's Year Book 1944: Music of Our Time. Edited by Ralph Hill and Max Hinrichsen." *Music & Letters*, (October 1944), S. 250.

E.B. 1944a
E[ric] B[lom]. "Mahler, Gustav, *Andante pastorale, from Symphony No. 2*. Arranged by Erwin Stein. (Boosey & Hawkes, New York)." *Music & Letters*, (October 1944), S. 253-254.

E.L. 1939
E[dward] L[ockspeiser]. "Joseph Haydn: Ouverture to the Opera 'Armida'." *The Monthly Musical Record*, (September 1939), S. 216.

E.L. 1943
E[dward] L[ockspeiser]. "Reviews of Music: Müller-Hartmann, Robert; Five Pieces for Piano." *Music & Letters*, (January 1943), S. 63.

E.R. 1939a
E[dmund] R[ubbra]. "Rostal, Max, Cadenzas to Beethovens's Violin Concerto, 0p. 61. (Boosey & Hawkes, London.) *Music & Letters*, (January 1939), S.100.

E.R. 1939b
E[dmund] R[ubbra]. "Joseph Haydn. Ouverture to the Opera 'Armida'." *The Monthly Musical Record*, (September1939), S. 216.

E.R. 1942
E[dmund] R[ubbra]. "New Music. Violine and Orchestra (or Piano). Tartini: Concerto in G minor. Edited by Max Rostal. Novello." *The Monthly Musical Record*, (January 1942), o.S.

E.R. 1943a
E[dmund] R[ubbra]. "New Music. Robert Müller-Hartmann: Five Pieces." *The Monthly Musical Record*, (January 1943), S. 15.

E.R. 1943b
E[dmund] R[ubbra]. "New Music. Hans Gál: Serenade for String Orchestra. Novello." *The Monthly Musical Record*, (May 1943), S. 89.

Einstein 1935
Einstein, Alfred. "Die mehrstimmige Spielmusik des 17. Jahrhunderts in Nord- und Mittel Europa. By E.H.Meyer. Kassel, Bärenreiter-Verlag. 1934." *Music & Letters*, 4 (1935), S. 347-348.

Einstein 1936
Einstein, Alfred. "Opera and the Stock Company." *The Monthly Musical Record*, (December 1936), S. 217-218.

Eisler 1983
Eisler, Hanns. *Musik und Politik: Schriften; Addenda*. Textkritische Ausgabe von Günter Mayer. Leipzig: VEB Deutscher Verlag für Musik, 1983.

Elkin 1944
Elkin, Robert. *Queen's Hall, 1893-1941: With a Foreword by Dr. Malcolm Sargent*. London, Melbourne, New York: Rider, 1944.

F.B. 1942
F[erruccio] B[onavia]. "London Concerts: Orchestral Concerts." *The Musical Times*, (February 1942), S. 61-62.

F.B. 1943
F[erruccio] B[onavia]. "London Concerts. Boosey & Hawkes Concerts." *The Musical Times*, (March 1943), S. 94.

F.B. 1944
F[erruccio] B[onavia]. "London Concerts: Orchestral Concerts." *The Musical Times*, (December 1944), S. 383.

F.C.U. 1943
F.C.U. "Kulturnotizen." *Zeitspiegel*, (31.7.1943), S. 10.
Fend 1993
Fend, Michael. "Hans Gál: 'Immer wieder anfangen zu müssen'." *Musik im Exil: Folgen des Nazismus für die internationale Musikkultur.* Hg. Hanns-Werner Heister, Claudia Maurer Zenck und Peter Petersen. Frankfurt a.M.: Fischer Taschenbuch Verlag, 1993, S. 171-186.
Fenelon 1981
Fenelon, Fania. *Das Mädchenorchester in Auschwitz.* Übs. Sigi Loritz. München: Deutscher Taschenbuch Verlag, 1981.
Fischer-Defoy 1988
Fischer-Defoy, Christine und Hochschule der Künste Berlin. *Kunst, Macht, Politik: Die Nazifierung der Kunst- und Musikhochschulen in Berlin.* Hg. v.d. Pressestelle d. Hochsch. d. Künste, Berlin, i. A. d. Präsidenten. Berlin: Elefantenpress, 1988.
Fladung 1986
Fladung, Hans. *Erfahrungen: Vom Kaiserreich zur Bundesrepublik.* Hrsg. u. eingeleitet von Josef Schleifstein. Frankfurt a.M.: Röderberg-Verlag, 1986.
Fleetwood 1934
Fleetwood, Nancy. "Musical Notes from Abroad: Germany." *The Musical Times*, (July 1934), S. 655-656.
Fleetwood 1935a
Fleetwood, Nancy. "Musical Notes from Abroad: Germany." *The Musical Times*, (April 1935), S. 362-363.
Fleetwood 1935b
Fleetwood, Nancy. "Musical Notes from Abroad: Germany." *The Musical Times*, (May 1935), S. 456-457.
Fleetwood 1936
Fleetwood, Nancy. "Musical Notes from Abroad. Germany." *The Musical Times*, (November 1936), S. 1039-1040.
Fleetwood 1937a
Fleedwood, Nancy. "Musical Notes from Abroad: Berlin." *The Musical Times*, (January 1937), S. 76-77.
Fleetwood 1937b
Fleetwood, Nancy. "Musical Notes from Abroad: Germany." *The Musical Times* (December 1937), S. 1073-1074.
Flesch 1960
Flesch, Carl. *Erinnerungen eines Geigers.* Freiburg, Zürich: Atlantis, 1960.
Flesch 1995
Flesch, Carl. *Die hohe Schule des Fingersatzes.* Hg. Kathinka Rebling. Frankfurt a.M. [u.a.]: Lang, 1995.
Foreman 1991
Foreman, . "Recognition at last: The composer Berthold Goldschmidt talks to Lewis Foreman." *Gramophone*, (October 1991), S. 24 und 116.
Fox-Gál 1988 Lewis
Fox-Gál, Eva. "50 Jahre danach. Hans Gál." *ÖMZ*, 1988, S. 174-176.
Frank 1971
Frank, Alan. "Ernst Roth." *The Musical Times*, (September 1971), S. 895.
Freise / Martini 1990
Freise, Judith und Martini, Joachim. *Jüdische Musikerinnen und Musiker in Frankfurt - 1933-1942: Musik als Form geistigen Widerstandes.* Eine Ausstellung von Judith Freise und Joachim

Martini in der Paulskirche zu Frankfurt am Main vom 7. bis zum 25. November 1990;
Austellungsbegleitheft. Frankfurt am Main: Otto Lambeck, 1990.
Fremdwörterbuch 1977
Großes Fremdwörterbuch. Leipzig: VEB Bibliographisches Institut, 1977.
Freymann 1942
Freymann, Richard. "The Eclipse of German Musical Hegemony." *Music & Letters,* (April 1942), S. 185-192.
Friebel 1965
Friebel, Karl. "Das englische Bildungswesen." *Handbücher der Auslandskunde: Englandkunde.* Hg. von Paul Hartig. 5. neubearb. Auflage. Frankfurt a.M., Berlin, Bonn: Moritz Diesterweg, 1965, S. 239-275.
Fritz 1941
Fritz. "Sonderbericht aus dem Onchan-Camp." *Junges Österreich,* (16.3.1941), S. 5-6.
Frühwald / Schieder 1981
Leben im Exil: Probleme der Integration deutscher Flüchtlinge im Ausland 1933-1945 in Verbindung mit Walter Hinck, Eberhard Lämmert und Hermann Weber. Hg. v. Wolfgang Frühwald und Wolfgang Schieder. Reihe Historische Perspektiven 18. Hg. Bernd Martin, Hans-Jürgen Puhle, Wolfgang Schieder, Gottfried Schramm und Heinrich August Winkler. Hamburg: Hoffmann und Campe, 1981.
Funke 1978
Hitler, Deutschland und die Mächte. Materialien zur Außenpolitik des Dritten Reiches. Hg. Manfred Funke, Durchges., um e. Reg. erw. Nachdr. d. erstmals 1976 erschienen Werkes. Düsseldorf: Droste, 1978.
Furtwängler 1956
Wilhelm Furtwängler. *Vermächtnis: Nachgelassene Schriften.* Wiesbaden: F.A. Brockhaus, 1956.
Furtwängler 1965
Furtwängler, Wilhelm. *Briefe.* Hg. Frank Thiess. Wiesbaden: F.A. Brockhaus, 1965.
G.A.H. 1934
G.A.H. "True Foundations of Music." *The Manchester Guardian* 27.2.1934.
G.F.D. 1938
G.F.D. "Music in Nazi Germany." *The Musical Times,* (April 1938), S. 286-287.
Gál 1944
Gál, Hans. "Brahms, der Wahl-Österreicher. (Zu seinem 47. Todestag am 3. April 1944.) *Kulturblätter des Free Austrian Movement: Österreichisches Pantheon,* (April 1944), S. 6-8.
Geiringer 1939
Geiringer, Karl. "Beethoven and Nazidom." *The Listener,* (7.12.1939), S. 1143.
Geiringer 1988
Geiringer, Karl. "50 Jahre danach." Österreichische Musikzeitschrift 1988, S. 178.
Geisel / Broder 1992
Geisel, Eike und Henryk M. Broder. *Premiere und Pogrom. Der Jüdische Kulturbund 1933-1941: Texte und Bilder.* Berlin: Wolf Jobst Siedler, 1992.
Geissmar 1985
Geissmar, Berta. *Musik im Schatten der Politik. Vorwort und Anmerkungen von Fred K. Prieberg.* 4. Aufl., Zürich: Atlantis-Musikbuch-Verlag AG, 1985.
gek. 1943
gek. "Die Modernsten." *Zeitspiegel,* (26.6.1943), S. 7.
Generalintendanz 1937
Sächsische Staatstheater - Oper, Schauspiel, Staatskapelle. Hg. v.d. Generalintendanz der Sächsischen Staatstheater. Dresden: 1937.

Gerhardt 1953
Gerhardt, Elena. *Recital*. London: Methuen & Co., 1953.
Glees 1983
Glees, Anthony. "Das deutsche politische Exil in London 1939-1945." *Exil in Großbritannien: Zur Emigration aus d. Nationalsozialistischen Deutschland*. Hg. Gerhard Hirschfeld. Stuttgart: Klett-Cotta, 1983, S. 62-79.
Glyndebourne o.J.
Programme Book. Glyndebourne: o.J.
Glyndebourne 1990
Programme Book. Glyndebourne: 1990
Glyndebourne 1992
Programme Book. Glyndebourne: 1992.
Goddard 1935
Goddard, Scott. "Reviews of Periodicals: Zeitschrift für Musikwissenschaft, Leipzig. 1934." *Music & Letters*, (March 1935), S. 166.
Goldschmidt 1977
Goldschmidt, Hans E. "Die Kulturelle Schriftenreihe des 'Free Austrian Movement London 1942/1946'." *Österreicher im Exil 1934 bis 1945: Protokoll des Internationalen Symposions zur Erforschung des österreichischen Exils 1934-1945: Abgehalten vom 3. bis 6. Juni 1975 in Wien*. Hg. Dokumentationsarchiv d. österreichischen Widerstands und Dokumentationsstelle für neue österreichische Literatur. Wien: Österreichischer Bundesverlag f. Unterricht, Wissenschaft und Kunst, 1977, S. 459-473.
Goodall 1973
Goodall, Alison. *First Performances of Orchestral Works in London, 1951-1971*. The Music Yearbook: A Survey and Directory with Statistics and Reference Articles for 1973-4. Edited by Arthur Jacobs. London: The Macmillan Press Ltd., 1973.
Goodman 1990
Goodman, Alfred. "Angewandte und funktionelle Musik im Exil." *Die Wiener Schule und das Hakenkreuz: Das Schicksal der Moderne im gesellschaftlichen Kontext des 20. Jahrhunderts*. Studien zur Wertungsforschung Bd. 22; Hg. Otto Kolleritsch. Wien und Graz: Universal Edition für Wertungsforschung a.d. Hochsch. f. Musik u. darst. Kunst in Graz, 1990, S. 165-178.
Gotthold 1995
Gotthold, Rav Zeew Walter. "Ein jüdisches Liederbuch aus Hamburg: Hawa Naschira - Auf, laßt uns singen!" *MaZe, Jüdisches Journal aus Hamburg*, Nr. 2/3. Hg. Verein Gedenk- und Bildungsstätte Israelitische Töchterschule, Verein ehemaliger Hamburger, Lübecker und Bremer in Israel, Gabriel Riesser-Stiftung. Hamburg: 1994/1995, S. 5-9.
Gross 1943
Gross, W. "Recital of Music Banned in Germany." *Zeitspiegel*, (3.4.1943), S. 7.
Gsl. 1929
Gsl. "Das neunte Symphoniekonzert." *Hamburger Anzeiger* 31.1.1929.
H.F. 1929
H[einz] F[uhrmann]. "Uraufführung bei Pabst." *Hamburgischer Correspondent* 31.1.1929.
H.S-n 1944
H.S-n. "Junge englische Komponisten im Kulturbund." *Freie Tribüne: Anti-Nazi Monthly*. (Oktober 1944), S.9.
Haefeli 1982
Haefeli, Anton. *Die Internationale Gesellschaft für Neue Musik (IGNM): Ihre Geschichte von 1922 bis zur Gegenwart*. Zürich: Atlantis Musikbuch-Verlag, 1982.

Haffner 1967
Haffner, Sebastian. *Winston Churchill in Selbstzeugnissen und Bilddokumenten.* Hamburg: Rowohlt, 1967.
Haffner 1970
Haffner, Sebastian. *Der Selbstmord des Deutschen Reiches.* Bern, München, Wien: Scherz, 1970.
Haffner 1978
Haffner, Sebastian. *Anmerkungen zu Hitler.* München: Kindler, 1978.
Hansen 1987
Hansen, Mathias. "Ernst Hermann Meyer." *Kunst und Literatur im antifaschistischen Exil 1933-1945. Bd. 5: Exil in der Tschechoslowakai, in Großbritannien, Skandinavien und Palästina.* Hg. Autorenkollektiv d. Akademie der Wissenschaften d. DDR/Zentralinstitut für Literaturgeschichte u.d. Akademie d. Künste d. DDR. Leipzig: Reclam jun. 1980, 1987, S. 313-324.
Harewood 1958
Harewood, 7th Earl of [Lascelles, George, Henry Hubert]. "Erwin Stein: 1885-1958." *Tempo*, (Autumn 1958), S. 35-36.
Hartnack 1977
Hartnack, Joachim W. *Grosse Geiger unserer Zeit.* Zürich, Freiburg i.Br.: Atlantis, Musikbuch-Verlag AG, 1977.
Heinitz 1940
Heinitz, Wilhelm. "Britannien und seine Musik." *Hansische Hochschul-Zeitung*, 1940 (Sonderheft Juni), S. 7-11.
Heiß 1973
Heiß, Betty. "Verzeichnis der Kompositionen Ernst Hermann Meyers: Stand vom 31.12.1971." *Festschrift für Ernst Hermann Meyer zum sechzigsten Geburtstag.* Hg. von Georg Knepler. Leipzig: VEB Deutscher Verlag für Musik, 1973, S. 311-373.
Heister/Maurer Zenck/Petersen 1993
Musik im Exil: Folgen des Nazismus für die internationale Musikkultur. Hg. Hanns-Werner Heister, Claudia Maurer Zenck und Peter Petersen. Frankfurt a.M.: Fischer Taschenbuch Verlag, 1993.
Heller 1988
Heller, Friedrich C. "Einige grundsätzliche Überlegungen zur Emigration österreichischer Musikwissenschaft." *Vertriebene Vernunft II: Emigration und Exil österreichischer Wissenschaft.* Hg. Friedrich Stadler. Wien, München: Jugend und Volk, 1988, S. 600-602.
Hellsberg 1992
Hellsberg, Clemens. *Demokratie der Könige: Die Geschichte der Wiener Philharmoniker.* Mainz: Musikverlag Schott; Zürich: Schweizer Verlagshaus; Wien: Kremayr und Scheriau, 1992.
Henke 1978
Henke, Josef. "Hitlers England-Konzeption - Formulierung und Realisierungsversuche." *Hitler, Deutschland und die Mächte. Materialien zur Außenpolitik des Dritten Reiches.* Hg. Manfred Funke, Durchges., um e. Reg. erw. Nachdr. d. erstmals 1976 erschienen Werkes. Düsseldorf: Droste, 1977, S. 548-603.
Herrmann 1976
Herrmann, Paul-Wolfgang. *Die Communist Party of Great Britain: Untersuchungen zur Geschichte, Entwicklung, Organisation, Ideologie und Politik der CPGB.* Meisenheim am Glan: Verlag Anton Hain, 1976.

Herzfeld 1965
Herzfeld, Friedrich. "Musik und Musikleben in England." *Handbücher der Auslandskunde: Englandkunde*. Hg. von Paul Hartig. 5. neubearb. Auflage. Frankfurt a.M., Berlin, Bonn: Moritz Diesterweg, 1965, S. 316-343.
Hess 1942
Hess, Dame Myra. "Foreign Musicians: To the Editor of The Times." *The Times* 20.2.1942.
Hill 1940
Hill, Ralph. "Radio Music." *Radio Times*, (1.11.1940), S.7.
Hill/Hinrichsen 1944
"Who is who among the Contributors." *Hinrichsen's Year-Book 1944: Music of Our Time*. Ed. by Ralph Hill and Max Hinrichsen. London: Hinrichsen, 1944, S. 293-299.
Hill/Hinrichsen 1946
Hinrichsen's Musical Year Book 1945-46. Edited by Ralph Hill and Max Hinrichsen. London: Hinrichsen Ltd., 1946.
Hill 1944
Hill, Ralph. "Orchestras in Wartime." *Hinrichsen's Year Book 44: Music of Our Time*. Edited by Ralph Hill and Max Hinrichsen. London: Hinrichsen Ltd., 1944, S. 32-35.
Hinrichsen 1938/39
Hinrichsen, Max: *Hinrichsen's New-Letter No. 4: First Survey*. London: Hinrichsen, 1938/39.
Hirschfeld 1983
Exil in Großbritannien: Zur Emigration aus d. Nationalsozialistischen Deutschland. Hg. Gerhard Hirschfeld. Stuttgart: Klett-Cotta, 1983.
Hoffmann u.a. 1987
Hoffmann, Ludwig u.a. "Exil in Skandinavien." *Kunst und Literatur im antifaschistischen Exil 1933-1945. Bd. 5: Exil in der Tschechoslowakai, in Großbritannien, Skandinavien und Palästina*. Hg. Autorenkollektiv d. Akademie der Wissenschaften d. DDR/Zentralinstitut für Literaturgeschichte u.d. Akademie d. Künste d. DDR. Leipzig: Reclam jun. 1980, 1987, S. 327-603.
Holbrock 1937
Holbrock, Joanne. "The Centre of Music To-day: Vienna and London." *The Musical Times*, (July 1937), S. 605-606.
Homeyer 1963
Homeyer, Fritz. *Deutsche Juden als Bibliophilen und Antiquare*. Tübingen: J.C.B. Mohr (Paul Siebeck), 1963.
Ince 1960
Ince, Godfrey. *The New Whitehall Series: The Ministry of Labour and National Service*. London: George Allen & Unwin; New York: Oxford University Press, 1960.
J.A.W. 1938
J[ack] A[llan] W[estrup]. "Reviews of Books: Alban Berg: mit Bergs eigenen Schriften und Beiträgen von Theodor Wiesengrund-Adorno und Ernst Krenek." Herausgegeben von Willy Reich, erschienen bei Reichner in Wien 1937." *Music & Letters, (January* 1938), S. 93-94.
J.A.W. 1944
J[ack] A[llan] W[estrup]. "Hinrichsen's Year Book (1944): 'Music of Our Time'. Edited by Ralph Hill and Max Hinrichsen." *The Monthly Musical Record*, (July-August, 1944), S. 136.
J. K. 1942
J[oseph] K[almer]. "Oesterreichische Kulturkonferenz." *Zeitspiegel*, (5.9.1942), S. 7.
J. K. 1943
J[oseph] K[almer]. "Das Laterndl: Diesmal mit Musik." *Zeitspiegel*, (23.10.1943), S. 6.

Jacobsen 1968
Jacobsen, Hans-Adolf. *Nationalsozialistische Außenpolitik 1933-1938*. Frankfurt a.M. und Berlin: Alfred Metzler Verlag, 1968.
Jarecki 1942
Jarecki, Tadeusz. "Foreign Musicians: To the Editor of The Times." *The Times* 25.2.1942.
John 1993
John, Eckhard. "Vom Traum zum Trauma: Musiker-Exil in der Sowjetunion." *Musik im Exil: Folgen des Nazismus für die internationale Musikkultur*. Hg. Hanns-Werner Heister, Claudia Maurer Zenck und Peter Petersen. Frankfurt a.M.: Fischer Taschenbuch Verlag, 1993, S. 255-278.
K 1943
K. "Im Geiste Schuberts." *Zeitspiegel*, (22.5.1943), S. 7.
K. B. 1929
K.B. "8. Symphoniekonzert." *Nachrichten für Stadt und Land* 18.4.1929.
Kaiser 1988
Kaiser, Konstantin. "Zur Diskussion um Kultur und Nation im österreichischen Exil." *Vertriebene Vernunft II: Emigration und Exil österreichischer Wissenschaft*. Hg. Friedrich Stadler. Wien, München: Jugend und Volk, 1988, S. 1052-1064.
Kändler / Karolewski / Siebert 1987
Berliner Begegnungen: Ausländische Künstler in Berlin 1918 bis 1933. Aufsätze - Bilder - Dokumente. Hg. Klaus Kändler, Helga Karolewski, Ilse Siebert. Akad. d. Künste d. DDR. Veröffentl. d. Nat. Forschungs- u. Gedenkstätten d. DDR für deutsche Kunst u. Lit. d. 20. Jhds. Berlin: Dietz, 1987.
Kastner 1926
Kastner, Rudolf. "Berliner Konzerte." *Berliner Morgenpost* 28.2.1926.
Kenyon 1981
Kenyon, Nicholas. *The B.B.C. Symphony Orchestra: The first fifty years 1930-1980*. London: British Broadcasting Corporation, 1981.
Kersting 1986
Kersting, Ann. *Carl Halle - Sir Charles Hallé: Ein europäischer Musiker*. Hagen: Kommissionsverlag v.d. Linnepe, 1986.
Kießling 1992
Kießling, Wolfgang. "Paul Merker. Im Widerstreit mit Moskau." *Beiträge zur Geschichte der Arbeiterbewegung*, (September 1992), S. 29-42.
King 1945
King, A. Hyatt. "Reviews of Music. Mozart; The Ten Celebrated String Quartets: first Authentic Edition in Score, based on Autographs in the British Museum and on Early Prints. Edited by Alfred Einstein. Publications of the Paul Hirsch Music Library (Cambridge), Vol. 12 (Novello, London.)" *Music & Letters*, (October 1945), S. 241-242.
King 1968/69
King, A. Hyatt. "A Collection of Musical Programmes." *The British Museum Quarterly*, 3-4 (1968-69), S. 91-92.
Knepler 1944
Knepler, Georg. *Austrian Centre*. Association of Austrians in Great Britain: Affiliated to the Free Austrian Movement. London: Free Austrian Books, o.J. (1944).
Knepler 1973
Knepler, Georg. "Festrede - gehalten am achten Dezember 1965." *Festschrift für Ernst Hermann Meyer zum sechzigsten Geburtstag*. Hg. von Georg Knepler. Leipzig: VEB Deutscher Verlag für Musik, 1973, S. 9-13.

Knepler 1991
Knepler, Georg. *Wolfgang Amadé Mozart: Annäherungen*. Berlin: Henschel, 1991.
Knox 1939
Knox, Collie. "The music goes round & round - among 14 merry men who are the new quick-change artists of the B.B.C.[...]" *The Daily Mail* 14.11.1939.
Koch 1955
Koch, Ludwig. *Memories of a Birdman*. First Published, London: Phoenix House Ltd, 1955.
Koelb 1989
Koelb, Herlinde. *Jüdische Porträts*. München: S. Fischer, 1989.
Kostmann 1988
Kostmann, Jenö. "Zeitzeuge." *Vertriebene Vernunft II: Emigration und Exil österreichischer Wissenschaft*. Hg. Friedrich Stadler. Wien, München: Jugend und Volk, 1988, S. 836-842.
Krenek 1992
Ernst Krenek. *Die amerikanischen Tagebücher 1937-1942: Dokumente aus dem Exil*. Hg. Claudia Maurer Zenck. Wien, Köln, Weimar: Böhlau, 1992.
Krummel/Sadie 1990
The New Grove Handbooks in Music: Music Printing and Publishing. Ed. D.W. Krummel and Stanley Sadie. Houndmills, Basingstoke, Hampshire and London: Macmillan Press, 1990.
Kuczynsky 1983
Kuczynsky, Jürgen. *Memoiren. Die Erziehung des J.K. zum Kommunisten und Wissenschaftler*. Köln: Pahl-Rugenstein, 1983.
Kutsch / Riemens 1987
Kutsch, Karl J. und Riemens, Leo. *Großes Sängerlexikon. 2 Bde*. Bern und Stuttgart: Francke, 1987.
Kutsch / Riemens 1991
Kutsch, Karl J. und Riemens, Leo. *Großes Sängerlexikon: Ergänzungsband*. Bern und Stuttgart: Francke, 1991.
Lambert 1934/1948
Lambert, Constant. *Music Ho! A Study of Music in Decline*. 1. Aufl. 1934, London: Penguin Books, 1948.
Lambert 1935
Lambert, R.S. "Celebrating Handel at Halle." *The Listener*, (6.3.1935), S. 387-390.
Lange 1987
Lange, Annemarie. *Berlin in der Weimarer Republik*. Bearb. u. hg. von Peter Schuppan unter Mitarb. von Ulrike Köpp. Berlin: Dietz, 1987.
Laux 1977
Laux, Karl. *Nachklang: Autobiographie*. Berlin: Verlag der Nation, 1977.
Lebrecht 1987
Lebrecht, Norman. "Maestro hears his long-lost chord." *The Sunday Times* 8.11.1987.
Legge 1944
Legge, Walter. "E.N.S.A. Musical Activities." *Hinrichsen's Musical Year Book 1943-44*. Edited by Ralph Hill and Max Hinrichsen. London: Hinrichsen Ltd., 1944, S. 171-176.
Leichtentritt 1933a
Leichtentritt, Hugo. "Musical Notes from Abroad: Germany." *The Musical Times*, (June 1933), S. 554-555.
Leichtentritt 1933b
Leichtentritt, Hugo. "Musical Notes from Abroad: Germany." *The Musical Times*, (July 1933), S. 651.

Leichtentritt 1933c
Leichtentritt, Hugo. "Musical Notes from Abroad: Germany." *The Musical Times*, (August 1933), S. 747-748.
Leichtentritt 1933d
Leichtentritt, Hugo. "Musical Notes from Abroad: Germany." *The Musical Times*, (September 1933), S. 844-845.
Leichtentritt 1933e
Leichtentritt, Hugo. "Musical Notes from Abroad: Germany." *The Musical Times*, (October 1933), S. 943-944.
Leske / Reinisch 1987
Leske, Birgit und Reinisch, Marion. "Exil in Großbritannien." *Kunst und Literatur im antifaschistischen Exil 1933-1945. Bd. 5: Exil in der Tschechoslowakai, in Großbritannien, Skandinavien und Palästina*. Hg. Autorenkollektiv d. Akademie der Wissenschaften d. DDR/Zentralinstitut für Literaturgeschichte u.d. Akademie d. Künste d. DDR. Leipzig: Reclam jun. 1980, 1987, S. 157-293.
Levi 1991
Levi, Erik. "The German Jewish Contribution to Musical Life in Britain." *Second Chance: Two Centuries of German-speaking Jews in the United Kingdom*. Co-ordinating Editor Werner E. Mosse; Editors Julius Carlebach, Gerhard Hirschfeld, Aubrey Newman, Arnold Paucker und Peter Pulzer. Tübingen: J.C.B. Mohr (Paul Siebeck), 1991, S. 275-295.
Levi 1994
Levi, Erik. "Deutsche Musik und Musiker im englischen Exil." *Musik in der Emigration 1933-1945. Verfolgung - Vertreibung - Rückwirkung; Symposium Essen, 10.-13. Juni 1992*. Hsg. von Horst Weber. Stuttgart, Weimar: Metzler, 1994, S. 192-212.
Licht 1993
Licht, Rainer. "Warten - Widerstehen - Untertauchen: Musiker-Exil in den Niederlanden." *Musik im Exil: Folgen des Nazismus für die internationale Musikkultur*. Hg. Hanns-Werner Heister, Claudia Maurer Zenck und Peter Petersen. Frankfurt a.M.: Fischer Taschenbuch Verlag, 1993, S. 235-254.
Lindlar 1967
Lindlar, Heinrich. *C.F. Peters Musikverlag: Zeittafeln zur Verlagsgeschichte 1800-1867-1967*. Frankfurt, London, New York: C.F. Peters, 1967.
Lockspeiser 1944
Lockspeiser, Edward. "Music on the Overseas Services of the B.B.C." *Hinrichsen's Year-Book 1944: Music of Our Time*. Edited by Ralph and Max Hinrichsen. London: Hinrichsen, 1944.
Loebl 1983
Loebl, Herbert. "Flüchtlingsunternehmen in den wirtschaftlichen Krisengebieten Großbritanniens." Aus dem Englischen von Nikolaus Creutzfeld und Gerhard Hirschfeld. *Exil in Großbritannien*. Hg. Gerhard Hirschfeld. Stuttgart: Ernst Klett, 1983, S.205-235.
Loewenberg 1944
Loewenberg, Alfred. "Bibliography of Books and Articles on Music, 1942-1943." *Hinrichsen's Year-Book 1944: Music of Our Time*. Edited by Ralph and Max Hinrichsen. London: Hinrichsen, 1944, S. 247-299.
Loewenberg 1946
Loewenberg, Alfred. "Bibliography of Books and Articles on Music: October 1943 to July 1945." *Hinrichsen's Musical Year Book 1945-46*. London: Hinrichsen, 1946, S. 356-379.
Loewenberg 1955
Loewenberg, Alfred. *Annals of Opera 1597-1940. Compiled from the original sources, II Bde*. 2. überarbeitete Aufl., Geneve: Societas Bibliographica, 1955.

Lucas 1975
Lucas, Roger. "Ilse Wolf: 'a way of life'." *More Magazin Morley College*, (Autumn 1975), S.3-5.
M. Br.-Sch. 1929
M. Br.-Sch. "Theater, Kunst und Wissenschaft. Konzerte und Vorträge." *Hamburger Fremdenblatt*, Abendausgabe, 31.1.1929.
M.L. 1944a
M.L. "Concert Tours." *London Philharmonic Post*, (March 1944), S.3.
M.L. 1944b
M.L. "Concert Tours." *London Philharmonic Post*, (July 1944), S. 5.
M.L. "Concert Tours." *London Philharmonic Post*, (May 1944), S.
Maas 1976-1990
Maas, Liselotte. *Handbuch der deutschen Exilpresse 1933-1945*. Bd.1: Bibliographie A-K. München und Wien: Carl Hanser, 1976. Bd.2: Bibliographie L-Z. München und Wien: Carl Hanser, 1978. Bd.3: Nachträge - Register - Anhang. München und Wien: Carl Hanser, 1981. Bd.4: Hg. Eberhard Lämmert. Die Zeitungen des deutschen Exils in Europa von 1933-1939 in Einzeldarstellungen. München und Wien: Carl Hanser, 1990.
MacDonald 1988
MacDonald, Barrie. *Broadcasting in the United Kingdom: A guide to information sources*. London und New York: Mansell Publishing Ltd., 1988.
Mackenzie 1940
Mackenzie, Compton. "Editorial; Lunatics at Large." *Gramophone*, (December 1940), S. 147-148.
Mahling 1992
Mahling, Christoph-H. "Anmerkungen zu Rolle und Status des Opernkomponisten in der Gesellschaft des 18./19. und 20. Jahrhunderts." *Gesungene Welten: Aspekte der Oper*. Hg. Udo Bermbach und Wulf Konold. Berlin und Hamburg: Dietrich Reimer Verlag, 1992, S. 261-280.
Maimann 1975
Maimann, Helene. *Politik im Wartesaal: Österreichische Exilpolitik in Großbritannien 1938-1945*. Wien, Köln, Graz: Hermann Böhlaus Nachf., 1975.
Makower 1942
Makower, Ernest. "Foreign Musicians: To the Editor of The Times." *The Times* 5.3.1942.
Matthews 1983a
Matthews, David. "Berthold Goldschmidt: A Biographical Sketch." *Tempo*, 144 (1983), S.2-6.
Matthews 1983b
Matthews, David. "Berthold Goldschmidt: The Chamber and Instrumental Music." *Tempo*, 145 (1983), S. 20-25.
Matthews 1984
Matthews, Colin. "Berthold Goldschmidt: Orchestral Music." *Tempo*, 148 (1984), S. 12-16.
McCrum 1993
McCrum, Robert. "Survivor of a lost age." *The Guardian* 16.3.1993.
McN. 1934
McNaught, William. "The Berlin Philharmonic." *The Musical Times*, (March 1934), S. 264.
McN. 1935
McNaught, William. "London Concerts. B.B.C. Contemporary Concerts." *The Musical Times*, (February 1935), S. 169-170.
McN. 1938
McNaught, William. "The German Season at Covent Garden." *The Musical Times*, (June 1938), S. 464-465.

McN. 1939
McNaught, William. "London Concerts: Bruno Walter." *The Musical Times*, (February 1939), S. 139.
W. McN. 1940
McNaught, William. "London Concerts: Richard Tauber." *The Musical Times*, (September 1940), S. 382.
McN. 1942
McNaught, William. "London Concerts. Soviet Music." *The Musical Times*, (January 1942), S. 28.
McN. 1945
McNaught, William. "London Concerts. Ode to Napoleon." *The Musical Times*, (June 1945), S. 188.
Mecklenburg 1955
Mecklenburg, Günther. "Otto Haas zum Gedächtnis." *Börsenblatt für den Buchhandel*, Frankfurter Ausgabe, 49 (21.6.1955), S. 394.
Meyer 1935
Meyer, Ernst Hermann. "Has Handel written Works for two Flutes without Bass?" *Music & Letters*, (1935), S. 293-295.
Meyer 1936
Meyer, Ernst Hermann. "The 'In Nomine' and the Birth of Polyphonic Instrumental Stile in England." *Music & Letters*, (1936), S. 25-36.
Meyer 1952
Meyer, Ernst H. *Musik im Zeitgeschehen*. Hg. v.d. Deutschen Akademie der Künste. Berlin: Bruno Henschel und Sohn, 1952.
Meyer 1977
Geschichte der Musik, Band 1: Musik der Urgesellschaft und der frühen Klassengesellschaften. Hg. v. Ernst Hermann Meyer. Leipzig: VEB Deutscher Verlag für Musik, 1977.
Meyer 1979
Meyer, Ernst Hermann. *Kontraste; Konflikte: Erinnerungen; Gespräche; Kommentare*. Gesprächspartn. u. Hg. Dietrich Brennecke und Mathias Hansen. Berlin: Neue Musik, 1979.
Meyers 1978
Meyers Universal Lexikon: Bd. 1-4. Hg. Lexikonred. d. VEB Bibliographisches Institut Leipzig. 2. Aufl. Leipzig: VEB Bibliographisches Institut Leipzig, 1978.
MGG 1949-1979
Die Musik in Geschichte und Gegenwart: Allgemeine Enzyklopädie der Musik. Unter Mitarbeit zahlr. Musikforscher d. In- und Auslandes hg. v. Friedrich Blume. 16 Bde.; Kassel und Basel; Tours und London: Bärenreiter, 1949-1979.
Millington 1993
Millington, Barry. "Raised to great heigths: CBSO/Rattle; Albert Hall/Radio 3." *The Times* 9.3.1993.
Mittenzwei u.a. 1978ff.
Kunst und Literatur im antifaschistischen Exil 1933-1945. Hg. Autorenkollektiv d. Akademie der Wissenschaften d. DDR/Zentralinstitut für Literaturgeschichte u.d. Akademie d. Künste d. DDR. 7 Bde. Leipzig: Reclam jun., 1978-1987.
Morley College 1973
Morley College. *Morley Scrap Album*. London: Morley College, 1973.
Moore 1967
Moore, Gerald. *Bin ich zu laut? Erinnerungen eines Begleiters*. Übs. Else und Walter Winter. 4. Aufl. Tübingen: Rainer Wunderlich Verlag, 1967.

Moore 1982
Moore, Jerrold Northrop. *Philharmonic Jubilee 1932-1982*. London: Hutchinson, 1982.
Muck 1982
Muck, Peter. *Einhundert Jahre Berliner Philharmonisches Orchester. Darstellung in Dokumenten*. 3 Bde: 1. 1882-1922; 2. 1922-1982. 3. Die Mitglieder des Orchesters. Die Programme. Die Konzertreisen. Erst- und Uraufführungen. Tutzing: Schneider, 1982.
Mueller von Asow 1954
Kürschners Deutscher Musiker-Kalender 1954: Zweite Ausgabe des Deutschen Musiker-Lexikons. Hg. Hedwig und E.H. Mueller von Asow. Berlin: Walter de Gruyter & Co., 1954.
Nelki 1981
Nelki, Erna. "Eingesperrt im englischen Frauenlager." *Sie flohen vor dem Hakenkreuz: Selbstzeugnisse der Emigranten. Ein Lesebuch für Deutsche*. Hg. Walter Zadek. Reinbek bei Hamburg: Rowohlt Taschenbuch Verlag, 1981, S.120-126.
Newman 1936a
Newman, Ernest. "Governments and the Rescue of Music: The Problem in Germany and elsewhere." *The Sunday Times* 16.8.1936.
Newman 1936b
Newman, Ernest. "What Shall We Do with the Critics?: Some Suggestions from Germany." *The Sunday Times* 23.8.1936.
NGDM 1980
The New Grove Dictionary of Music and Musicians. Ed. by Stanley Sadie, in twenty volumes. London, Washington und Hong Kong: Macmillan Publishers Lmtd., 1980.
Niemann/Schneider 1973
Niemann, Konrad und Schneider, Frank. "Ernst Hermann Meyer - Eine biographische Studie." *Sammelbände zur Musikgeschichte der Deutschen Demokratischen Republik: Bd. III*. Hg. von Heinz Alfred Brockhaus und Konrad Niemann. Berlin: Neue Musik, 1973, S. 9-81.
o 1929
o. "Neuntes Symphonie-Konzert." *Hamburger 8-Uhr Abendblatt* 1.2.1929.
Oppenheimer 1943
Oppenheimer, Ruth. "Leserbrief." *Freie Tribüne*, (Oktober 1943), S.8.
Pâris 1992
Pâris, Alain. *Lexikon der Interpreten klassischer Musik im 20. Jahrhundert*. Übersetzt und bearbeitet von Rudolf Kimmig: Mit einer Einleitung von Peter Gülke. München: Deutscher Taschenbuch Verlag und Kassel: Bärenreiter Verlag Karl Vötterle, 1992.
Paxton 1989
Paxton, John. *The Penguin Dictionary of Abbreviations*. Hamondsworth, Middlesex: Penguin Books, 1989.
Petersen 1991
Petersen, Peter. "Musikwissenschaft in Hamburg 1933-1945." *Hamburger Beiträge zur Wissenschaftsgeschichte: Im Auftrag der Universität Hamburg;* hg. v. Eckart Krause, Gunter Otto, Wolfgang Walter: *Hochschulalltag im "Dritten Reich": Die Hamburger Universität 1933-1945, Bd II. Philosophische Fakultät; Rechts- und Staatswissenschaftliche Fakultät*. Hg. Eckart Krause, Ludwig Huber, Holger Fischer. Berlin und Hamburg: Dietrich Reimer, 1991, S. 625-640.
Petersen 1993
Petersen, Anne D. *Die Engländer in Hamburg 1814-1914: Ein Beitrag zur Hamburgischen Geschichte mit einem Geleitwort von Patrick Yarnold*. Hamburg: von Bockel Verlag, 1993.

Goldschmidt 1994
Berthold Goldschmidt. *Komponist und Dirigent: Ein Musikerleben zwischen Hamburg, Berlin und London*. Hg. von Petersen Petersen und der Arbeitsgruppe Exilmusik am Musikwissenschaftlichen Institut der Universität Hamburg. Hamburg: von Bockel Verlag, 1994.
Pflug 1985
Die jüdische Emigration aus Deutschland 1933-1941: Die Geschichte einer Austreibung. Eine Ausstellung der Deutschen Bibliothek, Frankfurt am Main, unter Mitwirkung des Leo Baeck Instituts, New York. Sonderveröffentlichung der Deutschen Bibliothek; Nr. 15. Hg. Günther Pflug. Frankfurt am Main: Buchhändler-Vereinigung, 1985.
Pohle 1986
Pohle, Fritz. *Das mexikanische Exil. Ein Beitrag zur Geschichte der polit.-kulturellen Emigration aus Deutschland (1937-1946)*. Stuttgart: Metzler, 1986.
Prieberg 1968
Prieberg, Fred K. *Kraftprobe: Wilhelm Furtwängler im Dritten Reich*. Wiesbaden: Brockhaus, 1986.
Prieberg 1989
Prieberg, Fred K. *Musik im NS-Staat*. Frankfurt am Main: Fischer Taschenbuch Verlag, 1989.
Projektgruppe 1988
Zündende Lieder - Verbrannte Musik: Folgen des Nationalsozialismus für Hamburger Musiker und Musikerinnen. Katalog zur Ausstellung in Hamburg im November und Dezember 1988. Hg. Projektgruppe Musik und Nationalsozialismus. Hamburg: VSA, 1988.
Raab 1993
Raab, Jutta. "Internierung - Bombardierung - Rekrutierung: Musiker-Exil in Großbritannien." *Musik im Exil: Folgen des Nazismus für die internationale Musikkultur*. Hg. Hanns-Werner Heister, Claudia Maurer Zenck und Peter Petersen. Frankfurt a.M.: Fischer Taschenbuch Verlag, 1993, S. 279-296.
Raabe 1935
Raabe, Peter. *Die Musik im Dritten Reich: Kulturpolitische Reden und Aufsätze*. Von deutscher Musik, Bd. 48. Regensburg: Gustav Bosse Verlag, 1935.
Radax-Ziegler 1988
Radax-Ziegler, Senta. "Siegmund Nissel, 16: Mozart im Exil." *Sie kamen durch: Das Schicksal zehn jüdischer Kinder und Jugendlicher, die 1938/39 aus Österreich flüchten mußten*. Wien: Ueberreuter, 1988, S. 9-24.
Rathkolb 1988
Rathkolb, Oliver. "Zur Archäologie über österreichische Juristen im Exil." *Vertriebene Vernunft II: Emigration und Exil österreichischer Wissenschaft*. Hg. Friedrich Stadler. Wien, München: Jugend und Volk, 1988, S.434-438.
Ratz 1964
Ratz, Erwin. "Gustav Mahlers X. Symphonie." *Neue Zeitschrift für Musik*, (August 1964), S.307-308.
Rauchhaupt 1965
Rauchhaupt, Friedrich Wilhelm von. "Der Aufbau des englischen Rechts." *Handbücher der Auslandskunde: Englandkunde*. Hg. von Paul Hartig. 5. neubearb. Auflage. Frankfurt a.M., Berlin, Bonn: Moritz Diesterweg, 1965, S. 139-162.
Redlich 1973
Redlich, Hans Ferdinand. "Ein Brief an E.H. Meyer." *Festschrift für Ernst Hermann Meyer zum sechzigsten Geburtstag*. Hg. von Georg Knepler. Leipzig: VEB Deutscher Verlag für Musik, 1973, S. 22.

Reinisch 1987a
Reinisch, Marion. "Fritz Busch und Carl Ebert in Glyndebourne." *Kunst und Literatur im antifaschistischen Exil 1933-1945. Bd. 5: Exil in der Tschechoslowakai, in Großbritannien, Skandinavien und Palästina.* Hg. Autorenkollektiv d. Akademie der Wissenschaften d. DDR/Zentralinstitut für Literaturgeschichte u.d. Akademie d. Künste d. DDR. Leipzig: Reclam jun. 1980, 1987, S. 302-306.

Reinisch 1987b
Reinisch, Marion. "Kurt Joos." *Kunst und Literatur im antifaschistischen Exil 1933-1945. Bd. 5: Exil in der Tschechoslowakai, in Großbritannien, Skandinavien und Palästina.* Hg. Autorenkollektiv d. Akademie der Wissenschaften d. DDR/Zentralinstitut für Literaturgeschichte u.d. Akademie d. Künste d. DDR. Leipzig: Reclam jun. 1980, 1987, S. 307-312.

Revers 1988a
Revers, Peter. "Es war nicht leicht, sich in die völlig veränderten Verhältnisse einzugewöhnen: Egon Wellesz' Emigrationsjahre in Oxford." *Vertriebene Vernunft II: Emigration und Exil österreichischer Wissenschaft.* Hg. Friedrich Stadler. Wien, München: Jugend und Volk, 1988, S. 616-619.

Revers 1988b
Revers, Peter. "50 Jahre danach: Egon Wellesz." *ÖMZ* 1988, S. 197-201.

Riemann 1929
Hugo Riemanns Musiklexikon. 2 Bde. 11. Aufl., bearb. v. Alfred Einstein. Berlin: Max Hesse Verlag, 1929.

Riemann 1961
Riemann Musiklexikon. Völlig neu bearb. Aufl. in drei Bänden. Hg. Wilibald Gurlitt. Personenteil, 2 Bde. Mainz: B. Schott's Söhne, 1961.

Riemann 1967
Riemann Musiklexikon. Zwölfte völlig neubearbeitete Aufl. in drei Bänden. Hg. v. Wilibald Gurlitt. Sachteil, begonnen von Wilibald Gurlitt: fortgef. u. herausg. von Hans Heinz Eggebrecht. Mainz: B. Schott's Söhne, 1967.

Riemann 1975
Riemann Musiklexikon. Hg. Carl Dahlhaus. Ergänzungsband, 2 Bde. Mainz: B. Schott's Söhne, 1975.

Riemann 1989
Brockhaus Riemann. Musiklexikon: In vier Bänden und einem Ergänzungsband hg. von Carl Dahlhaus und Hans Heinz Eggebrecht. Mainz und München: Schott und Piper, 1989.

Röder / Strauss 1983
Biographisches Handbuch der deutschsprachigen Emigration nach 1933. Band I; Politik, Wirtschaft, Öffentliches Leben. Ltg. u. Bearbtg.: Werner Röder, München und Herbert A. Strauss, New York. München, New York, London, Paris: KG Saur, 1980. International Biographical Dictionary of Central European Émigrés 1933-1945. Volume II/Part 1: A-K; Volume II/Part 2: L-Z; The Arts, Sciences, and Literature. General Editors: Herbert A. Strauss, Werner Röder. München, New York, London, Paris: KG Saur, 1983. Biographisches Handbuch der deutschsprachigen Emigration nach 1933. Band III; Gesamtregister. Ltg. Werner Röder. München, New York, London, Paris: KG Saur 1983.

Röder 1968
Röder, Werner. *Die deutschen sozialistischen Exilgruppen in Großbritannien 1940-1945. Ein Beitrag zur Geschichte des Widerstandes gegen den Nationalsozialismus.* Schriftenreihe des Forschungsinstituts der Friedrich-Ebert-Stiftung. Hannover: Verlag für Literatur und Zeitgeschehen, 1968.

Rogge 1974
Theodor W. Adorno und Ernst Krenek. Briefwechsel. Hg. Wolfgang Rogge. Frankfurt am Main: Suhrkamp, 1. Aufl., 1974.
Rosenthal 1966
Rosenthal, Albi. "Otto Haas, Antiquarian Bookseller (1874-1955)." *Brio. Journal of the U.K. Branch of the International Association of Music Libraries*, (Spring 1966), S.3-5.
Rosenthal 1967
Rosenthal, Harold. *Opera at Covent Garden. A Short History.* London: Victor Gollancz Ltd, 1967.
Rosenzweig 1942
Rosenzweig, Alfred. "'Die Zauberfloete' im Austrian Centre." *Zeitspiegel*, (28.11.1942), S.7.
Rosenzweig 1943
Rosenzweig, Alfred. "Der Kampf um Richard Wagner." *Zeitspiegel*, (6.3.1943), S.7.
Rostal und Lang 1990
"'Der Zuhörer muß durch ein Erlebnis gehen': Max Rostal im Gespräch mit Klaus Lang." *ESTA Bulletin*, 10 (1990), S. 42-50.
Russell 1944
Russell, Thomas. *Philharmonic Decade.* London, New York, Melbourne, Sydney: Hutchinson, 1944.
S.Sch. 1929
S.Sch. "Hamburger Konzerte." *Hamburger Nachrichten* 31.1.1929.
Savage 1937
Savage, R. Temple. "The London Philharmonic Orchestra in Germany." *The Monthly Musical Record*, (January 1937), S. 10.
Schebera 1978
Schebera, Jürgen. *Hanns Eisler im USA-Exil. Zu den politischen, ästhetischen und kompositorischen Positionen des Komponisten 1938 bis 1948.* Hg. von der Akademie der Wissenschaften der DDR, Zentralinstitut f. Literaturgeschichte. Berlin: Akademie-Verlag, 1978.
Schebera 1981
Schebera, Jürgen. *Hanns Eisler: Eine Bildbiographie.* Berlin: Henschelverlag Kunst und Gesellschaft, 1981.
Scheit 1984
Scheit, Gerhard. "Zwei Arten, das Verhältnis von Musik und Politik zu beschreiben." *Aufrisse*, 2 (1984), S.44-45.
Scherchen 1984
Scherchen, Hermann. *Aus meinem Leben. Rußland in jenen Jahren: Erinnerungen.*
Herausgegeben und mit einem Vorwort versehen von Eberhardt Klemm. Berlin: Henschelverlag Kunst und Gesellschaft, 1984.
Schiller-Lerg 1994
Schiller-Lerg, Sabine. "Er wechselte über die Grenze wie ein scheues Reh: Erinnerung an den hundertsten Geburtstag von Ernst Schoen und seine glücklose Heimkehr aus dem Exil." *FAZ* 15.4.1994.
Schmidt 1926
Schmidt, Leopold. "Aus den Konzerten." *Berliner Tageblatt und Handelszeitung: Abend-Ausgabe* 2.3.1926.

Schmieder 1976
Schmieder, Wolfgang. *Thematisch-systematisches Verzeichnis der musikalischen Werke von Johann Sebastian Bach: Bach-Werke-Verzeichnis (BWV)*. Hg. Wolfgang Schmieder. Leipzig: VEB Breitkopf & Härtel Musikverlag, 1976.
Schneider 1989
Schneider, Gerhard. "Ein Emigrantenschicksal ohne Bitterkeit: Berthold Goldschmidt." *Oper und Konzert*, (Juni 1989), S. 17.
Schneidereit 1970
Schneidereit, Otto. *Fritzi Massary: Versuch eines Porträts*. Berlin (DDR): VEB Lied der Zeit, Musikverlag, 1970.
Schönberg 1958
Schönberg, Arnold. *Briefe*. Ausgew. und herausg. von Erwin Stein. Mainz: B. Schott's Söhne, 1958.
Schubert 1987
Schubert, Giselher. "'Ein bißchen daheim sein': Zu den Problemen der in die USA emigrierten Komponisten in den dreißiger und vierziger Jahren." *Amerikanische Musik seit Charles Ives*. Hg. Hermann Danuser, Dietrich Kämper und Paul Terse. Laaber: Laaber, 1987, S. 73-89.
Seeger 1966
Seeger, Horst. *Musiklexikon in zwei Bänden*. Leipzig: VEB Deutscher Verlag für Musik, 1966.
Seeger 1978
Seeger, Horst. *Opernlexikon*. Berlin: Henschelverlag, 1978.
Seiber 1944
Seiber, Mátyás. "The Committee for the Promotion of New Music." *Hinrichsen's Year Book 1944: Music of Our Time*. Edited by Ralph Hill and Max Hinrichsen. London: Hinrichsen Ltd., 1944, S. 181-183.
Seyfert 1983
Seyfert, Michael. "'His Majesty's Most Loyal Internees': Die Internierung und Deportation deutscher und österreichischer Flüchtlinge als 'enemy aliens'. Historische, kulturelle und literarische Aspekte." *Exil in Großbritannien*. Hg. Gerhard Hirschfeld. Stuttgart: Ernst Klett, 1983, S.155-182.
S.G. 1937
S[cott] G[oddard]. "Reviews of Periodicals: Tydschrift der Vereeniging voor Muziekgeschiedenis. Amsterdam 1937." *Music & Letters*, (October 1937), S. 441.
Sharf 1964
Sharf, Andrew. *The British Press and Jews under Nazi Rule*. London, New York, Bombay: Oxford University Press, 1964.
Singer 1988
Singer, Charlotte. "From the Diary of a Refugee." *Women of Exile: German-Jewish Autobiographies since 1933*. Edited by Andreas Lixl-Purcell. New York, Westport, Connecticut, London: Greenwood Press, 1988, S. 122-127.
Smyth 1933
Smyth, Ethel. "Germany To-Day: To the Editor of The Times." *The Times* 27.4.1933.
Sperber 1983
Sperber, Manes. *All das Vergangene... Die Wasserträger Gottes. Die vergebliche Warnung. Bis man mir Scherben auf die Augen legt*. Wien: Manes Sperber und Europaverlag, 1983.
Spiegel 1986
Spiegel, Fritz. *Die Fachismuskonzeption der KPD 1929-1933: eine Untersuchung mit besonderer Berücksichtigung der kommunistischen Presse*. Münster: Litverlag, 1986.

Spiel 1977
Spiel, Hilde. "Psychologie des Exils." *Österreicher im Exil 1934 bis 1945: Protokoll des Internationalen Symposions zur Erforschung des österreichischen Exils 1934-1945: Abgehalten vom 3. bis 6. Juni 1975 in Wien.* Hg. Dokumentationsarchiv d. österreichischen Widerstands und Dokumentationsstelle für neue österreichische Literatur. Wien: Österreichischer Bundesverlag f. Unterricht, Wissenschaft und Kunst, 1977, S. xxii-xxxvii.
Spoto 1990
Spoto, Donald. *Die Seeräuber-Jenny: Das bewegte Leben der Lotte Lenya.* Aus d. Amerik. v. Michaela Grabinger. München: Droemer, Knaur, 1990.
Stadlen 1988
Stadlen, Peter. "50 Jahre danach." *ÖMZ* 1988, S. 202-203.
Stadlen 1990
Stadlen, Peter. "Österreichische Exilmusiker in England." *Beiträge '90. Österreichische Musiker im Exil - Kolloqium 1988. Bd.8.* Beiträge der österreichischen Gesellschaft für Musik. Hg. österreichischen Gesellschaft für Musik. Kassel, Basel, London: Bärenreiter, 1990, S. 125-133.
Stege 1936
Stege, Fritz. "Berliner Musik." *Zeitschrift für Musik,* (Dezember 1936), S. 1489.
Stein 1944
Stein, Erwin. "Mahler Today." *Tempo,* (February 1944), S.5-6.
Stein 1944
Stein, Erwin. "Sir Henry and Schoenberg." *A World Symposium: Homage to Sir Henry Wood.* London: 1944.
Stein 1987
Stein, Werner. *Der grosse Kulturfahrplan. Die wichtigsten Daten der Weltgeschichte bis heute in thematischer Übersicht: Politik, Wirtschaft, Kunst, Musik, Religion.* Erweiterte Auflage 1987. München, Berlin: F.A. Herbig Verlagsbuchhandlung, 1987.
Steinbach 1980
Steinbach, Lothar. "Lebenslauf, Sozialisation und 'erinnerte Geschichte'." *Lebenserfahrung und kollektives Gedächtnis: Die Praxis der "Oral History".* Hg. Lutz Niethammer unter Mitarb. v. Werner Trapp. Frankfurt a. M.: Syndikat, 1980, S. 291-322.
Steiner 1988
Steiner, Herbert. "Großbritannien." *Vertriebene Vernunft II: Emigration und Exil österreichischer Wissenschaft.* Hg. Friedrich Stadler. Wien, München: Jugend und Volk, 1988, S. 980-985.
Stengel/Gerigk 1940
Stengel, Theo und Gerigk, Herbert. *Lexikon der Juden in der Musik: Mit einem Titelverzeichnis jüdischer Werke.* Zusammengestellt im Auftrag der Reichsleitung der NSDAP. auf Grund behördlicher, parteiamtlich geprüfter Unterlagen bearbeitet von Theo Stengel, Referent in der Reichsmusikkammer, in Verbindung mit Herbert Gerigk, Leiter der Hauptstelle Musik beim Beauftragten des Führers für die Überwachung der gesamten geistigen und weltanschaulichen Schulung und Erziehung der NSDAP. Berlin: Bernhard Hahnefeld, 1940.
Stengel/Gerigk 1941 und 1943
Dito, weitere Auflagen.
Stompor 1994
Stompor, Stephan. *Künstler im Exil in Oper, Konzert, Operette, Tanztheater, Schauspiel, Kabarett, Rundfunk, Film, Musik- und Theaterwissenschaft sowie Ausbildung in 62 Ländern.* 2 Bde. Frankfurt a.M., Berlin, Bern, New York, Paris, Wien: Lang 1994.
Strauss 1983
Strauss, Herbert A. "Introductions. Jews in German History: Persecution, Emigration, Acculturation." *International Biographical Dictionary of Central European Émigrés 1933-1945.*

Volume II/Part 1: A-K; The Arts, Sciences, and Literature. General Editors: Herbert A. Strauss, Werner Röder. München, New York, London, Paris: KG Saur, 1983, S. XI-XXVI.

Struck 1990
Struck, Michael. "Zeugnisse einer zertrümmerten Musikgeschichte: Zur Kammermusik Berthold Goldschmidts." *Neue Zeitschrift für Musik*, (September1990), S.5-11.

Struck 1992
Struck, Michael. "Berthold Goldschmidts Werke: Auswahl der erhaltenen Kompositionen." *Programmheft Traunsteiner Sommerkonzerte 1992 im Landratsamt Traunstein 14.-18. Juni*. Traunstein: A. Miller & Sohn, 1992, o.S.

Struck 1993
Struck, Michael. "Berthold Goldschmidt: Daten eines Lebens." *Programmheft Gesprächskonzert mit Berthold Goldschmidt am 26.5.1993 in Lübeck*. Hg. Amt für Kultur der Hansestadt Lübeck. Lübeck: Zentrale Vervielfältigungsstelle, 1993, S. 2-5.

Stuckenschmidt 1936
Stuckenschmidt, Hans Heinz. "Music in Berlin." *The Monthly Musical Record*, (December 1936), S. 230.

Stuckenschmidt 1937
Stuckenschmidt, Hans Heinz. "Portrait of Hindemith." *The Chesterian* (May/June 1937), S. 122-127.

T.R. 1944
T[homas] R[ussell]. "Programmes and Playing Standards." *London Philharmonic Post*, (July 1944), S. 1-2.

Thiel 1981
Thiel, Wolfgang. *Filmmusik in Geschichte und Gegenwart*. Berlin: Henschelverlag, 1981.

Tippett 1944
Tippett, Sir Michael. "Music at Morley College." *Hinrichsen's Year Book 1944: Music of Our Time*. Edited by Ralph Hill and Max Hinrichsen. London: Hinrichsen Ltd., 1944, S. 147-149.

Tovey 1936
Tovey, Sir Donald. "The 'Lean Athletic Style' of Hindemith." *The Listener*, (30.12.1936), S. 1259-1260.

Traber 1986
Traber, Jürgen Habakuk. "Emigrierte Musik: Über Komponisten im britischen Exil." *Kunst im Exil in Großbritannien 1933-1945*. Hg. Neue Gesellschaft für Bildende Kunst. Berlin: Frölich und Kaufmann, 1986, S. 245-252.

Traber/Weingarten 1987
Verdrängte Musik. Berliner Komponisten im Exil: Ein Buch der Berliner Festspiele GmbH. Intendant Ulrich Eckhardt zum Programmschwerpunkt "Musik aus dem Exil" der 37. Berliner Festwochen 1987. Hg. Habakuk Traber u. Elmar Weingarten. Berlin: Berliner Festspiele und Argon, 1987.

Trustees of the British Library 1959
Books in the British Library with Supplement List of Music. Published by the Trustees of British Museum; London 1959: Catalogue of Printed Books in the British Library: Accessions, Third Series - Part 291 B. London and Beccles: William Clowes and Sons, 1959.

Ulrich 1944
Ulrich, Hermann. "Die Zauberflöte: Geschichte, Symbolik und Deutung." *Kulturblätter des Free Austrian Movement: Österreichisches Pantheon*, (April 1944), S. 10-18.

Umbach 1993
Umbach, Klaus. "Zurück zum Schönklang: Spiegel-Redakteur Klaus Umbach über den Erfolg des greisen Komponisten Berthold Goldschmidt." *Der Spiegel*, 36 (1994), S. 204-208.

Unger 1989
Unger, Alfred H. "Als der Kulturbund zum Politbund wurde: Zur Gründung des Club 43." *europäische ideen*, 71 (1989), S. 20-24.
Ury 1945
Ury, Peter. "Ulmer Begegnungen." *Freie Tribüne: German Antifascist Fortnightly*, (18. 8. 1945), S. 4-5.
V.K. 1944
V.K. "Eine Aufführung von Kirchenmusik zugunsten des Red Cross und St. John Fund." *Freie Tribüne*, (November 1944), S. 10.
Vaughan Williams 1963
Vaughan Williams, Ralph. *National Music and other Essays*. London: Oxford University Press, 1963.
Vaughan Williams 1964
Vaughan Williams, Ursula. *R.V.W.: A Biography of Ralph Vaughan Williams*. London: Oxford University Press, 1964.
Verband Deutscher Komponisten und Musikwissenschaftler 1966
Komponisten und Musikwissenschaftler der Deutschen Demokratischen Republik. Hg. Verband Deutscher Komponisten und Musikwissenschaftler; Musik-Informationszentrum. Berlin: Verlag Neue Musik, 1966.
Verkauf-Verlon 1977
Verkauf-Verlon, Willy. "Die politische und kulturelle Tätigkeit der Freien Österreicher im Nahen Osten in den Jahren 1933-1945." *Österreicher im Exil 1934 bis 1945: Protokoll des Internationalen Symposions zur Erforschung des österreichischen Exils 1934-1945: Abgehalten vom 3. bis 6. Juni 1975 in Wien*. Hg. Dokumentationsarchiv d. österreichischen Widerstands und Dokumentationsstelle für neue österreichische Literatur. Wien: Österreichischer Bundesverlag f. Unterricht, Wissenschaft und Kunst, 1977, S. 224-229.
Vespignani 1977
Vespignani, Renzo. *Faschismus*. Berlin (West) und Hamburg: Elefanten Press, 4. Aufl., 1977.
Volmer 1992
Volmer, Berta. "Zur Violinpädagogik Max Rostals." *ESTA-Nachrichten*, (März 1992), S. 12-17.
von Köchel 1975
von Köchel, Ludwig Ritter. *Chronologisch-thematisches Verzeichnis sämtlicher Tonwerke Wolfgang Amade Mozarts nebst Anlage der verlorengegangenen, angefangenen, übertragenen, zweifelhaften und unterschobenen Kompositionen*. Nachdruck d. 3. bearb. von Alfred Einstein. Leipzig: Breitkopf & Härtel, 1975.
Vorstand des Austrian Centre 1943
Vorstand des Austrian Centre. "Erklärung des Vorstandes des Austrian Centre." *Zeitspiegel*, (18.9.1943), S. 4.
Walk 1988
Walk, Joseph. *Kurzbiographien zur Geschichte der Juden 1918-1945*. Hg. v. Leo Baeck Institute, Jerusalem. München, New York, London, Paris: KG Sauer, 1988.
Walter 1947
Walter, Bruno. *Thema und Variationen: Erinnerungen und Gedanken*. Stockholm: Bermann-Fischer, 1947.
Walter 1978
Walter, Hans-Albert. *Deutsche Exilliteratur 1933-1950. Bd. 4: Exilpresse*. Stuttgart: J.B. Metzler und Carl Ernst Poeschel, 1978.

Walter 1982
Walter, Hans-Albert. "Schwierigkeiten beim Kurs auf die Realität: Zum ersten Versuch einer Gesamtdarstellung von Kunst und Literatur im Exil." *Sammlung. Jahrbuch 5 für die antifaschistische Literatur und Kunst.* Hg. Uwe Naumann. Frankfurt a. M.: Röderberg, 1982, S. 92-108.

Wamser / Weinke 1991
Ehemals in Hamburg zu Hause: Jüdisches Leben am Grindel. Hg. Ursula Wamser und Wilfried Weinke. Hamburg: VSA, 1991.

Wasserstein 1983
Wasserstein, Bernard. "Britische Regierungen und die deutsche Emigration von 1933-1945." *Exil in Großbritannien: Zur Emigration aus d. Nationalsozialistischen Deutschland.* Hg. Gerhard Hirschfeld. Stuttgart: Klett-Cotta, 1983, S. 44-61.

Wellesz 1937a
Wellesz, Egon. "Music in Vienna: A Summary of the Season." *The Times* 27.2.1937.

Wellesz 1937b
Wellesz, Egon. "Music in Vienna: The Spring Season." *The Times* 5.6.1937.

Wellesz 1937c
Wellesz, Egon. "Music in Vienna: Opera and Symphony." *The Times* 18.12.1937.

Wellesz 1981
Wellesz, Egon und Emmy. *Egon Wellesz: Leben und Werk.* Hg. Franz Endler, Wien und Hamburg: Paul Zsolnay, 1981.

Wendler 1981
Wendler, Karlheinz. "Alfred Kerr im Exil." [Masch.-schr.] Diss. Berlin, Freie Universität, 1981.

Westrup 1961
The Master Musicians Series. Vaughan Willliams. Series edited by Sir Jack Westrup. 1. Aufl., London: J.M.Dent and Sons Ltd., 1961.

Who was Who 1952
Who was Who: 1941-1950. A Campanion to Who's Who containing the biographies of those who died during the Decade 1941-1950. London: Adam & Charles Black, 1950.

Who was Who 1961
Who was Who: 1951-1960. A Companion to Who's Who containing the biographies of those who died during the decade 1951-1960. London: Adam & Charles Black, 1961.

Wildgans 1967
Wildgans, Friedrich. *Anton Webern: Eine Studie.* Tübingen: Rainer Wunderlich Verlag, Hermann Leins, 1.Aufl., 1967.

Willett 1983
Willett, John. "Die Künste im Exil." *Exil in Großbritannien: Zur Emigration aus d. Nationalsozialistischen Deutschland.* Hg. Gerhard Hirschfeld. Stuttgart: Klett-Cotta, 1983, S. 183-204.

Wood 1940
Wood, Henry. "Help for Orchestras: Stimulating Public Interest." *The Daily Telegraph* 19.1.1940.

Wulf 1989a
Wulf, Joseph. *Kultur im Dritten Reich. Bd.1. Presse und Funk im Dritten Reich: Eine Dokumentation.* Frankfurt/M., Berlin: Ullstein, 1989.

Wulf 1989b
Wulf, Joseph. *Kultur im Dritten Reich. Bd.5. Musik im Dritten Reich: Eine Dokumentation.* Frankfurt/M., Berlin: Ullstein, 1989.

Wulf 1993
Wulf, Stefan. "Sabine Kalter: Eine jüdische Altistin, bis 1935 auf einer deutschen Opernbühne." *Musik im Exil: Folgen des Nazismus für die internationale Musikkultur.* Hg. Hanns-Werner

Heister, Claudia Maurer Zenck und Peter Petersen. Frankfurt a.M.: Fischer Taschenbuch Verlag, 1993, S. 147-158.

Zenck 1980
Zenck, Claudia Maurer. *Ernst Krenek. Ein Komponist im Exil.* Wien: Elisabeth Lafite, 1980.

Zenck 1982
Zenck, Claudia Maurer. "Zwischen Boykott und Anpassung an den Charakter der Zeit. Über die Schwierigkeiten eines deutschen Komponisten mit dem Dritten Reich." *Hindemith-Jahrbuch: Annales Hindemith 1980/IX.* Hg. Paul-Hindemith-Institut, Frankfurt/Main; Mainz, London, New York, Tokyo: Schott, 1982, S. 65-129.

Zweig 1994
Zweig, Stefan. *Die Welt von Gestern: Erinnerungen eines Europäers.* Frankfurt a.M.: Fischer Taschenbuch Verlag, 1994.

Namensregister

Abbiate, 415
Aber, Adolf, 80; 204; 207; 393
Abert, Hermann, 396; 472
Ackermann, Lotte, 393; 419; 466
Ademy, Wrayburn, 288
Adler, Bruno, 157
Adler, Guido, 399; 402; 411; 416; 429; 433; 455; 473
Adler, Oskar, 129; 394
Adler, Paula, 129; 130; 394
Adorno, Theodor W., 394
Alexander, Hilda, 145; 285; 394; 419
Alexander, Paul-Julius, 394
Alexandra, George, 288
Alexanian, Diran, 420
Allen, Hugh, 117; 121
Allers, Franz, 394
Alwyn, William, 288
Amberg, Karl Helmut, 395
Amberg, Marie-Luise, 219; 395
Anders, Rolf, 368
Andersen, 406
Anderson, William Robert, 344
André, Johann Anton, 208
Arnold, Franz, 440
Arnold, Malcolm, 288
Árpád, Jenö, 428
Arundel, Honor, 368
Asriel, Andre, 283; 285; 286; 290; 294; 298; 339; 395; 418; 470; 475
Attey, John, 363
Bach, Carl Philipp Emanuel, 252
Bach, David Josef, 395; 463
Bach, Johann Christian, 253
Bach, Johann Sebastian, 42; 49; 93; 142; 152; 159; 195; 204; 209; 210; 217; 232; 234; 242; 243; 248; 250; 251; 252; 256; 259; 284; 287; 289; 312; 317; 338; 355; 374; 385; 400; 411; 422; 427; 443; 446; 461; 462; 475
Bachner, Raoul, 316; 395
Baillie-Stewart, Norman, 144
Baker, Janet, 426
Baldwin, Stanley (Lord), 32; 86; 87; 303
Balfe, Michael William, 358

Bantock, Sir Granville, 45; 182; 188; 206
Barbirolli, Sir John, 212
Bardi, Benno, 213; 214; 396
Barrington, Jonah, 144; 185
Barthel, Kurt (Kuba), 267
Bartók, Béla, 155; 162; 163; 173; 202; 244; 428; 432; 456; 462
Baudelaire, Charles, 478
Bauer, Moritz, 394
Bauer, Ruth, 396
Bax, Sir Arnold, 49; 143
Becher, Johannes R., 272; 291; 368
Becker, Hugo, 408; 420
Bedford, Herbert, 49
Beecham, Sir Thomas, 39; 40; 41; 43; 44; 45; 46; 47; 48; 51; 53; 54; 55; 56; 57; 58; 59; 71; 72; 105; 106; 182; 467
Beethoven, Ludwig van, 38; 42; 65; 72; 93; 152; 153; 157; 163; 170; 208; 209; 231; 232; 233; 236; 238; 239; 240; 241; 242; 243; 244; 245; 246; 247; 248; 249; 250; 253; 256; 284; 285; 287; 290; 312; 317; 319; 320; 324; 347; 374; 386; 391; 400; 401; 410; 423; 428; 432; 447; 448; 453; 462; 464; 471
Behrens, Kurt Max, 396
Bell, George Kennedy Allen, 274; 304
Bell, Michael, 76; 77
Benjamin, Anton, 457
Benjamin, Arthur, 343; 344
Benjamin, Walter, 459
Benson, Mona, 315
Berend, Fritz, 125; 213; 239; 251; 285; 286; 287; 312; 394; 396; 418; 424; 442; 446; 449; 478
Berg, Alban, 66; 94; 95; 155; 168; 189; 195; 290; 324; 394; 402; 414; 416; 429; 465
Berghahn, Marion, 218
Bergmann, Walter, 104; 203; 217; 250; 267; 283; 289; 397; 461; 466
Berkeley, Lennox, 223; 247
Berlioz, Hector, 43; 46
Berners, Lord, 43
Besseler, Heinrich, 361
Bevin, Ernest, 119
Biber, Franz von, 252
Billinghurst (Mitarbeiter des brit. Arbeitsministeriums), 127; 128; 134

Bing, Rudolf, 179; 335; 338; 341; 342; 355; 397; 400; 401; 404; 406; 474
Blades, James, 244
Blech, Harry, 341; 389
Blech, Leo, 56; 246
Bliss, Sir Arthur, 49; 154; 179; 223; 328; 341; 461
Block, Hans H., 284; 397
Blom, Eric, 140; 145
Blomberg, Werner von, 45; 52
Blume, Friedrich, 411; 421
Blumenfeld, Paul, 103; 218; 219; 220; 250; 251; 285; 287; 315; 398
Blunck, Hans Friedrich, 73
Boccherini, Luigi, 204; 430; 462
Bockelmann, Rudolf, 24; 56
Bocquet, Roland, 74
Bodwin, H. S., 368
Boeuf, Henri le, 463
Böhm, Karl, 37; 43; 58; 59; 61; 62; 63
Bond, Dorothy, 252
Boosey, Lesley, 429
Borchard, Leo, 48
Borchert, Wolfgang, 338
Borgioli, Dino, 403
Born, Claire, 57; 307; 398
Born, Max, 97
Borner, J., 137
Bornstein, Heinrich, 398
Bothe, Arnold, 398
Bothe, Elisabeth Karen, 334; 398; 472
Botstiber, Hugo, 398
Boulanger, Nadja, 247; 421; 425
Boulez, Pierre, 67
Boult, Sir Adrian, 70; 92; 105; 117; 138; 140; 153; 154; 160; 164; 166; 167; 169; 173; 176; 187; 212; 322; 329; 337; 345; 454; 477
Bowmann, Aubrey, 288
Bradshaw, William, 244
Brahm, Hans, 450
Brahms, Johannes, 65; 70; 72; 93; 173; 184; 195; 210; 231; 232; 236; 238; 239; 240; 243; 244; 245; 247; 249; 256; 284; 285; 287; 290; 317; 319; 374; 400; 401; 411; 429; 432; 433; 448; 453; 457; 465; 471
Brain, Dennis, 385; 389; 413
Brainin, Norbert, 218; 264; 265; 284; 285; 312; 383; 386; 388; 398; 399; 436

Braithwaite, Warwick, 175
Brasch, Horst, 283
Brav, Ludwig, 118; 274; 283; 286; 339; 399
Brecht, Bertolt, 368; 407; 419; 439; 472
Brennecke, Dietrich, 361
Breuer, Robert, 399
Briggs, Asa, 140; 163
Brind, Paul H., 120; 121; 122; 127; 131; 132
Brinitzer, Carl, 139; 149; 152; 157; 158; 159; 181
Britten, Benjamin, 49; 94; 156; 202; 217; 223; 265; 289; 324; 331; 352; 358; 366; 385; 389; 413; 419; 447; 465; 481
Britton (Colonel), 157
Bronstein, Rafael, 430
Bruckner, Anton, 42; 59; 69; 89; 399
Bruckner, Wilhelm, 285; 399
Bum, Margarethe, 123; 124; 400
Burge, L. W., 130; 132
Burgstaller, 394
Busch, Adolf, 102; 106; 400; 414; 479
Busch, Ernst, 400; 406
Busch, Fritz, 48; 60; 61; 62; 133; 335; 401; 404; 445; 447
Busch, Grete, 58
Busch, Hans Peter, 401
Busch, Hermann, 400
Busch, Malter, 406
Bush, Alan, 272; 286; 343; 344; 358; 368; 371; 455
Busoni, Ferruccio, 61; 68; 94; 195; 325; 334; 472
Butting, Max, 137; 141; 330; 367; 444
Buxbaum, Friedrich, 169; 239; 240; 321; 385; 401; 407; 454
Byrd, William, 377
Byron, Georg Noel Gordon (Lord), 346
Cameron, Douglas, 341
Carner, Mosco, 145; 162; 163; 164; 165; 177; 210; 212; 223; 225; 229; 286; 311; 324; 402; 416; 455; 465; 469
Carter, Elliot, 403
Casella, Alfredo, 330
Cassado, Gaspar David Ramón, 432
Cassirer, Paul, 407
Castelnuovo-Tedesco, Mario, 68
Cazalet, V. (Captain, M.P.), 304
Chagrin, Francis, 153; 224; 226

Chamberlain, Neville, 33; 79; 179; 185; 230; 276
Chopin, Frédéric, 152; 210; 243; 250; 284; 432
Christie, John, 110; 111; 322; 335; 356
Churchill, Winston, 33; 79; 185; 198; 228; 276; 277; 293
Clark, Edward, 70; 138; 155
Clark, Sir Kenneth, 230; 231
Clementi, Muzio, 243
Cleobury, Nicholas, 212
Clifford, Hubert, 341; 464
Coates, Albert, 45
Cohen, Fritz, 336; 402
Cohen, Harriet, 118; 154
Colles, Henry Cope, 117; 362
Cook, Ida, 443
Cooke, Arnold, 153; 249
Cooke, Deryck, 348; 349; 414
Cooper, Ernest N., 122; 123; 126; 127
Copland, Aron, 202; 441
Cornelius, Hans, 394
Cornelius, Peter, 150; 172
Cosman, Milein, 26; 301; 432
Costa, Ernestine, 402
Coward, Noel, 356
Cowell, Henry, 415
Crommelynck, Fernand, 413
Crookenden, E. V., 128; 129; 130; 131; 132; 134; 394
Crozier, Eric, 156
Csipák, Károly, 23
Cummings, Keith, 341
Cundell, Edric, 225
Dahl, Ingolf, 435
Dahlem, Franz, 270
Dahlhaus, Carl, 415
Dallapiccola, Luigi, 395; 428
Damisch, Heinrich, 328
Daniel, Oskar, 427; 471
Danziger, Heinz Hermann, 402
Dart, Thurston, 421
Davies, Joseph E., 370
Davies-Renolds, Nina, 403
Davis, Colin, 475
Debussy, Claude, 68; 243; 244; 249
Del Mar, Norman, 226
Delay, Dorothy, 430
Delius, Frederick, 43; 44; 45; 49; 69; 355

Denison, John, 357
Dent, Edward, 50; 89; 90; 214; 328; 329; 362; 459
Dessau, Paul, 331; 351; 359; 472
Dessoir, Max, 396
Deutsch, Gitta, 261
Deutsch, Helma, 403
Deutsch, Otto Erich, 220; 222; 261; 262; 314; 403; 444; 459
Dibdin, Charles, 155; 459
Dieck, Ilsabe, 403
Dierich, Marie, 460
Diessener, Gerhard, 363
Dimitroff, Georgi, 276; 279
Dittersdorf, Karl Ditters von, 240; 253; 405
Doebber, Johann, 423
Doernberg, Martin, 403
Doktor, Karl, 321
Dollfuß, Engelbert, 64
Dolmetsch, Arnold, 161; 362
Donizetti, Gaetano, 466
Doran, E. (M.P.), 29
Douglas, B., 311
Dowland, John, 363
Dräger, Hans Heinz, 437
Dunajewski, Isaak, 368
Durrell, Lawrence, 346
Dvořák, Antonín, 43; 98; 169; 233; 240; 246; 247; 285; 287; 312; 322; 384; 386; 457
Dyson, George, 41; 100; 101; 102; 103; 104; 105; 106; 107; 108; 109; 111; 112; 115; 116; 118; 120; 121; 122; 123; 131; 132; 133; 134; 169; 219; 388
Eames, Frank, 128; 129; 132; 187; 188; 394
Ebert, Carl, 37; 334; 335; 354; 397; 403; 404; 408; 413
Ebert, Peter, 404
Eduard VIII. (von England), 63
Egk, Werner, 467
Ehlers, Alice, 404; 420; 447
Ehrenberg, Henry, 405
Ehrenburg, Ilja, 281
Ehrenzweig, Anton, 405
Ehrlich, Max, 405
Einem, Gottfried von, 463
Einstein, Albert, 272
Einstein, Alfred, 60; 61; 204; 362; 363; 405; 423; 465
Eisenheimer, Edith, 405

517

Eisenhower, Dwight D., 95; 228
Eisinger, Irene, 57; 141; 143; 144; 145; 149; 152; 245; 246; 310; 311; 406; 463
Eisler, Charlotte, 339; 406
Eisler, Georg, 406; 407
Eisler, Gerhart, 270
Eisler, Hanns, 190; 195; 299; 351; 359; 365; 366; 368; 374; 394; 395; 406; 407; 434; 435; 439; 444; 459
Eisner, Olga, 398
Eldering, Bram, 400
Elgar, Sir Edward, 43; 44; 45; 49; 68; 69; 71; 89; 94; 163; 164; 188; 206
Elias, Norbert, 262
Eliot, Margaret, 288
Elkin, Robert, 137
Elmhirst, Leonard, 336
English, Gerald, 346
Epstein, Jacob, 383
Erdmann, Karl Otto, 396
Erede, Alberto, 335
Esslin, Martin, 342
Etzold, Alfred, 337
Eulenburg, Ernst, 205; 407
Eulenburg, Kurt, 205; 407
Evans, Edwin, 328
Fenelon, Fanya, 267
Ferber, Albert, 441
Ferguson, Howard, 223; 345
Feuchtwanger, Lion, 191; 272
Ficker, Rudolf von, 433
Field-Hyde, Margaret, 252
Finck, Werner, 419; 477
Fischer, Edwin, 325
Fischer, Grete, 282; 286; 369; 372; 407
Fischer, Rudolph, 408
Fischer, Wilhelm, 433
Fistoulari, Anatole, 212; 339
Fladung, Johann (Hans), 271; 272; 273; 280; 282
Flaetter, Hilda, 408
Fleetwood, Nancy, 47; 49; 50; 51; 74; 87
Fleischer, Oskar, 396
Flesch, Carl, 88; 247; 380; 381; 382; 385; 390; 391; 399; 408; 430; 435; 453; 454; 455
Flesch, Hans, 271; 282
Flotow, Friedrich von, 396
Forbes, Watson, 385

Foreman, Lewis, 341
Forsten, Philip, 461
Foss, Hubert, 118
Francis, John, 288
Franck, César, 238; 247
Frank, Ernst, 57; 151; 225; 408
Frank, Norman, 315
Frankl, Peter, 428
Franz, Robert, 236
Freeden, Herbert, 258
Frenkel, Ben, 288
Freudberg, Joanna, 409
Freund, Erich, 409
Freund, Irmgard, 409
Freyhan, Hans, 267; 409
Freyhan, Kate, 409
Freyhan, Michael, 410
Freyhan, Peter, 410
Freymann, Richard, 80
Fricker, Peter Racine, 389
Friedberg, Annie, 231
Friedberg, Carl, 408
Friedberger, E., 452
Friedländer, Max, 396; 476
Fuchs, Robert, 398
Fürstner, Adolph, 201; 202; 445
Fürstner, Otto, 201
Fürstner, Ursula, 201
Furtwängler, Wilhelm, 38; 39; 40; 41; 42; 44; 48; 54; 55; 68; 97; 98; 325; 380; 481
Furuhjelm, Erik Gustav, 441
Gabrieli, Giovanni, 252
Gál, Erna, 410
Gál, Hans, 24; 64; 67; 174; 175; 178; 190; 204; 220; 262; 309; 310; 312; 314; 315; 316; 318; 319; 324; 340; 356; 357; 398; 406; 410; 411; 414; 433; 448; 460
Garmo, Mathilda de, 56; 491
Gassmann, Florian, 252
Geiger, Isidor, 410
Geiringer, Karl, 80; 88; 142; 159; 160; 411; 429
Geissmar, Berta, 44; 45; 46; 47; 51; 80; 102
Gellhorn, Peter, 26; 71; 78; 96; 97; 213; 214; 215; 218; 220; 255; 262; 263; 267; 269; 299; 381; 382; 384; 385; 386; 403; 411; 412; 419; 432
Georg V. (von England), 63
Georg VI. (von England), 63

518

Gerhard, Roberto, 403
Gerhardt, Elena, 126; 143; 144; 145; 199; 213; 220; 231; 235; 236; 237; 238; 246; 249; 250; 255; 397; 412
Gerigh, Herbert, 197
Gerster, Etelka, 459
Gibbons, Orlando, 377
Gibbs, Armstrong, 263
Gilbert, Jean, 190; 195; 412
Gipps, Ruth, 432
Glas, Richard, 412
Glickman, John, 389
Glock, William, 348; 358
Gluck, Christoph Willibald, 53; 54; 65; 163; 210; 214; 405; 440
Gmeindl, Walther, 458; 464
Goebbels, 40; 41; 45; 48; 52; 60; 74; 75; 329; 336
Goehr, Alexander, 413
Goehr, Walter, 29; 164; 165; 168; 171; 172; 175; 177; 190; 191; 194; 212; 217; 218; 221; 225; 229; 315; 342; 353; 365; 385; 388; 389; 413; 461; 476; 479
Goerdeler, Carl, 46; 47
Goethe, Johann Wolfgang von, 141; 457
Goetz-Levy, Gina, 405
Goldmark, Karl, 259
Goldsand, Hilde, 413
Goldsbrough, Arnold, 223; 283; 346; 370; 371; 376
Goldschmidt, Berthold, 22; 23; 26; 28; 38; 55; 58; 78; 94; 118; 125; 126; 136; 142; 172; 173; 174; 178; 179; 190; 191; 192; 196; 224; 248; 251; 269; 286; 288; 290; 294; 299; 310; 311; 316; 333; 334; 335; 336; 337; 338; 339; 340; 341; 342; 343; 344; 345; 346; 347; 348; 349; 350; 351; 352; 353; 354; 355; 356; 357; 358; 359; 360; 384; 393; 398; 399; 400; 402; 413; 414; 416; 423; 431; 436; 442; 443; 446; 451; 457; 462; 466; 471; 472
Goldschmidt, Lotte, 166
Goldstein, Friederike, 124; 414
Gombrich, Dea, 155; 314; 414; 424
Gombrich, Ernst, 414; 421; 424
Goodman, Alfred, 415; 417
Goossens, Eugène, 49; 53
Goossens, Leon, 385
Gorrell, Joyce, 288

Gottfurcht, Fritz, 369
Gottschalk (Dresden), 63
Grabner, Hermann, 441
Gradenwitz, Peter, 415
Graener, Paul, 421
Graetz, René, 369
Graudan, Nikolai, 336; 409; 415
Greene, Hugh Carleton, 174
Grinke, Frederick, 382
Gross, Else, 314; 463
Gross, Eric, 104; 416
Grosz, Wilhelm, 145; 189; 190; 318; 324; 416; 466
Gruenbaum, Hermann, 402
Gruenberg, Erich, 345
Grün, Bernard, 416; 451; 467
Grune, Karl, 407
Gurlitt, Wilibald, 431
Guttmann, Julius, 314; 396; 417
Guttmann, Oskar, 415; 417
Haake, Rudolf, 46
Haas, Dolly, 450
Haas, Frieda, 417
Haas, Karl, 213; 251; 252; 253; 386; 417; 418; 466
Haas, Otto, 207; 208; 209; 418; 454
Haas, William, 417
Hába, Alois, 459
Hadda, Gerhard, 267; 339; 418
Haftl, Martha, 418
Hager, Kurt (Felix Albin), 271; 284
Hailey (Lord), 304
Haley, Olga, 98; 247
Hallé, Charles, 71; 211; 212; 470; 474
Hamburg, Lily M., 419
Hamburger, Michael, 419
Hamburger, Paul, 104; 154; 220; 263; 264; 285; 299; 312; 315; 383; 388; 412; 419
Hamburger, Richard, 419
Händel, Georg Friedrich, 43; 49; 50; 51; 93; 208; 209; 210; 217; 220; 266; 312; 317; 355; 362; 397; 423; 443; 452; 476
Hänisch, Natalia, 460
Hansen, Mathias, 361
Harrison, 176
Hart, Fritz, 175
Hartl, Franz, 368
Hase, Annemarie, 157; 284; 294; 419
Havemann, Gustav, 394

519

Haydn, Joseph, 42; 43; 65; 66; 190; 204; 240; 249; 252; 256; 315; 317; 320; 321; 345; 410; 411; 424; 454; 462; 466
Heartfield, John, 368
Hedmont, Marie, 412
Heifetz, Jascha, 380
Heim, Emmy, 145; 255; 419; 426; 451; 475
Heim, Melitta, 420
Heine, Heinrich, 315; 350
Heinemann, Lilli, 57; 405; 420
Heinitz, Eva M., 88; 102; 155; 381; 420; 480
Heinitz, Wilhelm, 52
Heinlein, Frederico, 421
Heissler, Karl, 453
Heister, Hanns-Werner, 24
Heller, Doris, 421
Heller, Hugo, 328; 397; 400
Heller, Ilse, 421
Hellsberg, Clemens, 37
Hely-Hutchinson, Victor, 153; 154; 160; 161
Hemsley, Thomas, 346
Henschel, Ernst, 22; 26; 72; 153; 325; 327; 333; 340; 341; 401; 405; 409; 418; 421; 425; 427; 428; 429; 432; 440; 442; 444; 449; 450; 451; 455; 457; 459; 462; 464; 466; 467
Herbage, Julian, 138; 153
Hermlin, Stephan, 375
Herschmann, Ella, 124; 422
Hertzka, Emil, 328; 462
Herz, Peter, 262; 437; 451
Herzl, Theodor, 478
Herzog, Jascha, 382; 430
Hess, Dame Myra, 22; 26; 92; 109; 110; 111; 117; 199; 230; 231; 232; 233; 234; 235; 236; 237; 238; 239; 240; 241; 242; 245; 246; 248; 250; 253; 255; 256; 257; 322; 324
Heß, Willi, 400
Heymann, Werner Richard, 463
Hill, Ralph, 162; 183; 184; 186; 187; 203; 212; 493
Hind, Pamela, 314
Hindemith, Paul, 40; 61; 67; 89; 90; 91; 92; 98; 190; 193; 195; 198; 199; 249; 315; 328; 330; 351; 367; 389; 411; 436; 444; 447; 452; 458; 472; 475
Hinrichsen, Carla E., 207
Hinrichsen, Hans-Joachim, 205

Hinrichsen, Henri, 205
Hinrichsen, Martha., 205
Hinrichsen, Max, 178; 204; 205; 206; 207; 223; 422
Hirsch, Artur, 422
Hirsch, Betty, 422
Hirsch, Hugo, 423
Hirsch, Paul Adolf, 204; 208; 209; 418; 423; 444; 459
Hirsch-Hahn, Rosy, 424
Hirschfeld, Gerhard, 23
Hitler, 21; 28; 31; 32; 33; 36; 37; 44; 45; 48; 49; 51; 52; 55; 58; 78; 81; 87; 96; 109; 152; 158; 166; 172; 189; 228; 230; 269; 271; 276; 277; 278; 279; 281; 282; 283; 286; 293; 305; 307; 309; 314; 339; 369; 370; 448; 463; 464; 481
Hochdorf, Louise, 424
Hock, Leonie, 414; 424
Hock, Susi, 255; 424
Hodgkinson, Josef Lyon, 214
Hoesch, Leopold von, 31
Hoesslin, Franz von, 394; 413
Holbrook, Joanne, 68; 69
Hollaender, Friedrich, 419; 463
Hollander, Hans, 424
Hollitscher, Heinz, 424
Hollitscher, Violetta, 318
Holst, Gustav, 49; 215; 265
Holst, Imogen, 265
Holt, Harold, 40
Holzmann, Rudolph, 330
Hood, S.C., 338
Hopkins, Edward J., 466
Hopkins, Gerard Manley, 474
Horitz, Karel, 246; 384; 471
Horowitz, Joseph, 425
Horowitz, Wladimir, 173
Horsley, Colin, 455
Howe, Janet, 456
Howes, Frank, 118
Hubermann, Bronislaw, 380
Hübsch, Alice, 316; 425
Humperdinck, Engelbert, 246; 462; 472
Huston, John, 477
Huttenbach, Beate, 425
Huttenbach, Dorothy, 425
Huttenbach, Henry, 426
Huttenbach, Otto, 252; 312; 425

Huttenbach, Trude, 312; 426
Hutter, Richard, 262
Imberg, Marianne, 381; 397; 426
Ireland, John, 143; 182; 223
Isaacs, Leonard, 178; 179; 193; 223; 386
Isepp, Helene, 426; 475
Isepp, Martin, 475
Jacobs, Monty, 282
Jacobsen, Hans Adolf, 32
Jacobsen, Joseph, 426
Jacobsen, Max, 430
Jacoby, Erwin, 292; 426
Jacoby, Ilse, 427
Jahn-Beer, Berta, 468
Jahoda, Fritz, 427
Janácek, Leos, 429; 459
Janssen, Herbert, 56; 427
Jarecki, Tadeusz, 111; 112; 115
Jekel, Max, 219; 220; 240; 259; 427; 454
Jenkins, John, 160
Jessner, Leopold, 439
Joachim, Josef, 196
Johannsen-Wagner, Else, 284
Joos, Kurt, 402
Jooss, Kurt, 192; 267; 336; 414; 428; 436; 471; 477
Joseph, Lilo, 428
Joseph, Vivian, 385
Joubert, John, 389
Juler, Pauline, 177; 246; 248; 249
Jurmann, Walter, 196
Kabos, Ilona, 152; 221; 224; 243; 244; 245; 428; 432
Kahle, Hans, 284
Kahn, Erich Itor, 422; 465
Kahn, Robert, 429
Kalichstein, Joseph, 428
Kálmán, Emmerich, 434
Kalmar, Joseph, 282; 309
Kalmus, Alfred E., 200; 201; 202; 267; 283; 429
Kalter, Sabine, 55; 249; 310; 311; 340; 429; 440
Kantorowicz, Lilo, 381; 382; 430
Kapper-Mislap, Marianne, 430
Karpeles, Heinz, 368
Karpeles, Maud, 117; 118; 120; 121; 122; 123; 126; 127; 132; 133
Kaspl, Joseph, 430

Kastner, Alfred, 431
Kastner, Rudolf, 431
Katz, Erich, 213; 214; 224; 267; 286; 431
Kauder, Hugo, 189; 431; 452
Keller, Hans Heinrich, 221; 263; 301; 431
Kennedy, Jimmy, 416
Kennedy, Valentine, 219; 220; 432
Kentner, Louis, 141; 152; 221; 224; 241; 242; 243; 244; 245; 428; 429; 432; 433; 455; 469
Kenyon, Nicholas, 70; 138; 139; 175; 176
Kerr, Alfred, 272; 433
Kerschbauer, W., 473
Kersey, Eda, 246
Kestenberg, Leo, 166
Kienzl, Wilhelm, 455
Kipnis, Alexander, 433
Kissel, Sam, 430
Klatte, Clara, 472
Klatte, Wilhelm, 421; 463; 469
Kleiber, Erich, 56; 334; 354; 359; 450
Klemperer, Otto, 66; 317; 325; 380; 406; 420
Klose, 396
Klüger, Ada Vera, 255; 433
Klughardt, August, 196
Knappertsbusch, Hans, 55; 68
Knepler, Georg, 24; 26; 29; 64; 93; 94; 118; 125; 136; 145; 155; 156; 157; 158; 166; 213; 255; 285; 286; 287; 298; 301; 302; 303; 304; 308; 309; 310; 311; 312; 313; 314; 318; 319; 322; 333; 339; 340; 365; 368; 376; 377; 394; 398; 400; 406; 414; 420; 433; 434; 446; 459; 470
Knepler, Käthe, 158; 309; 434
Knepler, Paul, 157; 285; 315; 316; 434
Koch, Friedrich Erich, 462
Koch, Ludwig, 172; 179; 180; 181; 219; 267; 435
Kochan, Günther, 439
Kodály, Zoltán, 162; 202; 243; 428; 432; 461; 462
Koeßler, Hans, 432
Kok, Felix, 341
Kokoschka, Oskar, 272
Korn, Peter Jona, 435; 468; 469
Korngold, Erich Wolfgang, 189; 195
Kornreich, E., 435
Kosterlitz, Rolf, 435

Kostmann, Jenö, 309
Kotowska, Adela, 312; 435
Koussevitzky, Sergej, 441
Kowalski, Max, 190; 436; 448
Kralik, Heinrich von, 328
Krasselt, Rudolf, 413; 472
Kraus, Karl, 312
Kraus, Otakar, 312
Kreisler, Fritz, 380
Krenek, Ernst, 145; 156; 166; 167; 171; 173; 234; 317; 318; 324; 331; 338; 450; 459; 466
Kretzschmar, Hermann, 393; 396; 411; 444; 476
Kreutzer, Leonid, 247; 248; 447; 452; 464
Kroll, William, 430
Kroyer, Theodor, 396
Kuhnau, Johann, 204; 393
Kupfer, Harry, 352
Kuthan, Gerti, 436
Laban, Rudolf von, 428; 436
Lach, Robert, 433
Lambert, Constant, 89; 90; 91; 182; 226
Lambert, R. S., 50; 51; 163
Lammel, Inge, 294; 437
Landau, Anneliese, 437
Landau, Siegfried, 104; 437
Landauer, Walter, 262; 267; 437
Landowska, Wanda, 404
Lanner, Josef, 285; 316; 318; 395; 425; 434; 449
Lasker, Anita, 438
Laux, Karl, 61
Lavelyae, Victor de, 157
Lawes, William, 160
Lawrence, Martin, 313
Lawrence, Thomas Bertie, 324
Lebrecht, Norman, 357; 358
Leclair, Jean-Marie, 396
Lehár, Franz, 143; 189; 195; 434; 467
Lehmann, Beatrix, 272
Lehmann, Lotte, 54; 56; 438
Leichtentritt, Hugo, 73; 74
Lemnitz, Tiana, 56
Lendvai, Erwin, 214; 438; 463
Lenheim, Maria, 438
Lenya, Lotte (auch Lenja), 439
Lesser, Wolfgang, 267; 294; 439

Levi, Erik, 24; 34; 96; 200; 205; 207; 210; 218; 219; 299; 407; 457
Levie, Elsa, 439
Lewandowska, Wanda, 420
Lewis, Richard, 346
Lichtenstern, Paul, 267; 284; 285; 310; 312; 440; 443
Lichtenthal, Herbert, 440
Lidka, Mania (Liedke, Marianne), 22; 26; 27; 88; 96; 100; 103; 118; 155; 202; 209; 218; 219; 220; 221; 222; 225; 246; 247; 249; 250; 251; 252; 256; 269; 292; 294; 299; 324; 327; 333; 346; 379; 380; 381; 382; 383; 384; 385; 386; 387; 388; 389; 390; 391; 394; 395; 397; 398; 404; 408; 411; 412; 414; 418; 419; 420; 421; 423; 425; 426; 427; 428; 429; 436; 438; 440; 443; 445; 446; 448; 449; 455; 458; 462; 464; 466; 469; 470; 471; 474; 477; 478
Liebermann, Max, 467
Liedke, Emmy, 380
Liedke, Ernst, 380
Liepmann, (Ehepaar), 440
Liepmannssohn, Leo, 207; 208; 418; 454
Lipps, Theodor, 396
Liszt, Friedrich, 141; 152; 153; 243; 428; 432
Littleton, Walter, 204
Livingstone, L., 118
Lloyd George, D., 32
Lobenstein, Frieda, 458
Lobotskaja (Sängerin), 339
Loeser, Brigitte, 440
Loewenbach, Jan, 118; 440
Loewenberg, Alfred, 206; 441
Long, Kathleen, 246; 316
Long, Marguerite, 472
Löns, Hermann, 79
Lopatnikoff, Nikolai, 441; 468
Lorenz, Erna, 284
Lovett, Martin, 264; 265
Lucas, Mary, 315
Luening, Otto, 415
Lund, Engel, 234; 235; 255; 322; 451
Lutyens, Elisabeth, 389
Mackeben, Theo, 434
Mackenzie, Alex Campbell, 188; 199; 206
Mackenzie, Compton, 186
Madden, Cecil, 189

Maerker, Edith, 292; 441
Mahler, Gustav, 38; 65; 69; 72; 89; 94; 95; 145; 163; 164; 173; 189; 196; 197; 199; 202; 203; 250; 310; 311; 315; 318; 320; 324; 334; 340; 346; 348; 349; 394; 399; 402; 406; 414; 427; 430; 452; 453; 454; 455; 457; 465; 468; 469; 470; 475
Makower, Ernest, 116
Malipiero, Gian Francesco, 330
Malter, 406
Mandyczewsky, Eusebius, 410; 466
Manhart, Alexander, 473
Mankiewitz, Lucie (Lucie Manén), 442
Mann, Alfred, 442
Mann, Heinrich, 272
Mann, Thomas, 73; 272; 394
Manning, Edward, 170
Manns, Augustus, 71
Marchant, Stanley, 118
Mareiner, Hilde, 309
Mark-Neusser, Paula, 406
Marketta, Lisa, 246
Markowitz, Inge, 442
Marriner, Neville, 253
Marsick, Martin-Pierre-Joseph, 408; 451
Martinez, Odaline de la, 351
Marton, Miss, 315
Marx, Joseph, 464; 467; 473
Masaryk, Jan, 384
Massary, Fritzi (Friederike), 356; 442
Matheson, John, 403
Mathieson, Muir, 172
Matthews, Colin, 350
Matthews, David, 333; 349
May, Edward, 383
May, Hans, 267; 440; 443
May, Marius, 387
Mayer-Lismann, Else, 221; 443
Mayer-Lismann, Emma, 443
McCrum, Robert, 352; 353
McNaught, William, 39; 54; 72; 317
Mellon, 214; 215
Mendelssohn-Bartholdy, Felix, 38; 46; 51; 65; 173; 174; 208; 315; 317; 334; 396; 433; 447; 455; 469
Mengelberg, Willem, 166; 348
Menuhin, Yehudi, 400; 432; 447
Merker, Paul, 270; 278
Merritt, James, 241

Mersmann, Hans, 381
Messian, Oliver, 267
Metzger-Lichtenstern, Johanna, 285; 312; 443
Meusel, Alfred, 369
Mewton-Wood, Noël, 92; 244
Meyen-Jessen, Sabine, 443
Meyer, Conrad Ferdinand, 371
Meyer, Ernst Hermann, 22; 26; 90; 118; 141; 142; 160; 161; 162; 174; 190; 191; 270; 272; 274; 275; 283; 284; 285; 286; 287; 289; 290; 294; 295; 296; 298; 313; 332; 333; 339; 341; 355; 359; 360; 361; 362; 363; 364; 365; 366; 367; 368; 369; 370; 371; 372; 373; 374; 375; 376; 377; 378; 379; 395; 397; 399; 400; 401; 404; 407; 409; 414; 419; 432; 436; 437; 438; 444; 445; 447; 453; 455; 457; 458; 459; 464; 469; 470; 471; 472; 474
Meyer, Kathi, 208; 444
Meyer-Fredman, 403
Michlaski, Kurt, 445
Mildmay, Audrey, 335; 466
Mildner, Herbert, 406
Milkina, Irina, 245
Miller, Martin, 312
Mislap-Kapper, Renate, 307
Moffat, Alfred, 208
Moiseiwitsch, Benno, 238
Möller-Dostali, Rudolf, 281
Monteux, Pierre, 437
Monteverdi, Claudio, 191; 208; 452; 454
Moore, Gerald, 98; 236; 238; 239; 246; 249; 255; 384; 386; 412; 457
Moore, T. C. R., 32
Morgenstern, Milan, 445
Mörike, Eduard, 469
Morley, Samuel, 215
Morley, Thomas, 363
Morris, Gareth, 226
Moscheles, Ignaz, 208
Mosley, Sir Oswald, 237
Mottl, Felix, 68; 396
Motz, Kokka, 312
Mozart, Wolfgang Amadeus, 43; 44; 64; 65; 66; 72; 93; 141; 149; 152; 155; 160; 165; 169; 170; 183; 191; 204; 208; 209; 210; 232; 238; 239; 240; 243; 245; 246; 247; 248; 249; 250; 252; 256; 266; 284; 285;

287; 289; 312; 315; 317; 318; 319; 320; 322; 325; 335; 355; 368; 386; 389; 397; 400; 401; 406; 416; 423; 424; 432; 440; 445; 446; 447; 460; 461; 464; 467; 468; 469; 470; 475
Muck, Karl, 445
Muck, Peter, 37
Mukle, May, 240
Müller, Herbert, 267; 445
Müller-Hartmann, Robert, 94; 124; 126; 190; 266; 286; 339; 445
Münzenberg, Willi, 276
Murray, Sir Gilbert und Lady, 168
Murril, Herbert, 341
Mussorgsky, Modest, 191; 248; 284; 339
Muthesius, Miette, 382
Nadel, Arno, 474
Nestroy, Johann, 318
Neumark, Hans, 266; 445
Newman, Angelo, 449
Newman, Ernest, 60; 74; 75; 76; 77; 89
Newton, Ivor, 249
Nickel, Wilhelm, 446
Niel, Herms, 79
Nielsen, Carl, 346
Nikisch, Arthur, 325; 412
Nissel, Siegmund, 26; 64; 102; 118; 234; 241; 263; 264; 265; 269; 274; 294; 299; 301; 306; 349; 383; 386; 388; 446; 455
Norman, Frank, 430
Nunn-May, Ralph, 337
Oberländer, Anita, 145; 446
Oertel, Gerhard, 272; 298
Oertel, Helmut, 277
Oertel, Johannes, 201
Offenbach, Jacques, 156; 173; 312; 340; 430; 442
Offenbach, Rudolf, 446
Ogdon, John, 428
Oppenheim, Hans, 211; 335; 336; 420; 446
Oppenheimer, Paul, 447
Oppenheimer, Ruth, 290
Orff, Carl, 452
Ormerod, 383
Orr, Robin, 288
Osborn, Franz, 29; 153; 221; 224; 226; 247; 248; 310; 311; 340; 341; 395; 414; 447; 455; 479
Osborn, Tamara, 447

Ost-Hahn, Greta, 448
Ozim, Igor, 391
Pallenberg, Max, 442
Panter, Mary, 314
Papier-Paumgartner, Rosa, 448
Passer, Kurt, 448
Pauly, Rose (Pauly-Dreesen), 56; 448
Peake, 306
Pears, Peter, 217; 265; 324; 331; 389; 412; 413; 417; 447; 478
Peppin, Geraldine, 288
Pergolesi, Giovanni Batista, 239; 249; 412
Peters, Frieda, 315; 448
Petersen, Peter, 24; 333
Peyer, Gervase de, 345; 349
Pfitzner, Hans, 42; 89; 201
Philipsky, Margarete, 316; 440; 448
Phillips, George, 193
Piatigorsky, Gregor, 380
Piccaver, Alfred, 449
Pietroushka, M., 259; 427
Piggott, Audrey, 249
Pijper, Willem, 330
Piscator, Erwin, 400
Pisk, Paul, 462
Pleeth, William, 345
Pohle, Fritz, 270
Pollmann, Stefan, 124; 265; 449
Polnauer, Josef, 427
Pommeroy, Jay, 339
Possony, Ernst, 124; 125; 145; 251; 307; 315; 448; 449
Powell, Michael, 477
Preetorius, Emil, 54
Pressburger, Emeric, 477
Price, Walter, 239
Prieberg, Fred K., 39; 45; 52; 79; 330
Priester, Eva, 309
Priestley, John Boynton, 272
Primrose, Wiliam, 49; 336
Procházková-Neumannová, Jaroslavá, 449
Prokofjew, Sergej, 173; 202; 406; 447
Prüwer, Julius, 394; 411; 413; 415; 464
Puccini, Giacomo, 402; 438
Pulvermann, Irma, 284; 450
Purcell, Henry, 94; 155; 214; 217; 315; 352; 365; 444; 459; 466
Pyke, Helen, 419
Raabe, Peter, 75; 76; 93

Rachmaninow, Serge, 202
Rankl, Karl F., 166; 167; 168; 169; 170; 171; 176; 202; 212; 267; 317; 343; 344; 357; 450
Raphael, Mark, 321
Rathaus, Karol, 175; 331; 450; 451
Rathbone, Eleanor, 103; 283; 304
Rattle, Simon, 351; 352
Rauter, Ferdinand, 117; 118; 234; 235; 240; 255; 263; 264; 265; 266; 322; 324; 451
Ravel, Maurice, 68; 70; 173; 244; 247
Rawicz, Maryan, 262; 451
Rawsthorne, Alan, 153; 366; 403; 432
Rebner, Adolf, 451; 452
Rebner, Wolfgang Eduard, 452
Redlich, Hans Ferdinand, 210; 211; 214; 221; 314; 377; 452; 470
Redman, Reginald, 167; 168; 169; 170; 171
Reger, Max, 74; 89; 197; 199; 240; 249; 259; 284; 368; 466
Rehberg, Willy, 468
Rehfisch, Hans J., 282
Reicher, Emanuel, 423
Reichmann, Grete, 125; 452
Reinberger, Jiri, 196
Reiner, Fritz, 421
Reinhardt, Max, 401; 404; 406; 419; 439; 475; 477
Reiniger, Lotte, 214
Reisfeld, Berthold, 196
Reitler, Hugo, 328
Reizenstein, Franz, 90; 91; 94; 153; 154; 174; 176; 177; 190; 191; 199; 212; 221; 222; 224; 225; 248; 249; 265; 286; 288; 339; 385; 386; 388; 389; 452; 453; 455
Renn, Ludwig, 272
Respighi, Ottorino, 195
Ress, Johannes, 420
Ribbentrop, 32; 45; 55; 383
Richter, Hans, 71
Riehl, Alois, 396
Riemann, Hugo, 444
Rimskij-Korsakow, Nikolaj, 43
Ringelnatz, Joachim, 477
Ristow, Nicole, 167
Ritchie, Gladys, 283; 287
Roeder, H., 118
Rohodes, Josephine, 315
Roll, Michael, 263

Roosevelt, Franklin D., 228; 239
Roper, Stanley, 118
Rosa, Carl, 169; 212; 213; 396; 408; 411
Rosario, 449
Rosé, Alfred, 451; 453
Rosé, Alma Maria, 321; 453
Rosé, Arnold Josef, 169; 239; 240; 241; 247; 321; 322; 385; 401; 427; 453; 454; 455; 479
Rosen, Willy, 405
Rosenbaum, Susi, 265; 454
Rosenberg, 31; 32; 50
Rosenthal, Albi, 208; 418; 454
Rosenthal, Bernhard, 454
Rosenthal, Jacques, 454
Rosenthal, Nora, 454
Rosenzweig, Alfred, 166; 267; 286; 313; 314; 317; 322; 454; 455
Rossini, Gioachino, 43; 195; 289
Rössler, Richard, 395; 411
Rostal, Max, 78; 153; 165; 191; 204; 220; 221; 222; 224; 246; 247; 248; 250; 264; 265; 283; 284; 287; 288; 368; 380; 381; 382; 383; 384; 385; 387; 388; 390; 391; 399; 423; 426; 430; 440; 446; 447; 454; 455; 458; 469; 480
Roth, Ernst, 201; 202; 267; 455
Roth, George, 244; 245
Roth, Nicholas, 244
Rothschild, Frank, 456
Rothschild, Siegmund, 456
Roussel, Albert, 330
Routh, Francis, 389
Rowley, Alec, 188; 206
Rózsa, Miklós, 435
Rozsa, Suzanne, 419
Rubbra, Edmund, 247; 391; 435; 461
Russell, Thomas, 43; 44; 45; 46; 47; 80; 87; 224
Sabata, Vittorio de, 68
Sabatzky, Kurt, 47
Sacheverell Coks, R., 315
Sachs, Curt, 396; 404; 411; 472
Sachs, Toni, 284; 456
Saint-Saëns, Ch.-Camille, 68
Salaman, Esther, 412
Salomon, Willy, 312; 398; 405; 430; 456; 460; 476
Salpeter, Max, 288

Samek, Lilly, 457
Sammons, Albert, 390
Sandberg, Mordechai, 457
Sandberg-Kohlmey, Gerda, 457
Sandberger, Adolf, 396; 405
Sargent, Malcolm, 433
Saunders, William, 78; 79
Savage, Richard Temple, 324
Saville, Victor, 450
Scarlatti, Alessandro, 142; 159; 195; 252; 396
Schacht, Halmar, 62
Schacht, Peter, 73
Schadow, Alma, 460
Schaeffer, Alice, 141; 145; 149; 150; 172; 255; 288; 292; 339; 449; 457; 465; 472
Schaffer, Gordon, 283
Schalk, Franz, 69
Schauer, Richard, 204; 457
Schdanow, Andrej Alexandrowitsch, 374
Scheidt, Samuel, 204; 393
Scheit, Gerhard, 316; 317
Scherchen, Hermann, 154; 317; 329; 331; 395; 414; 458
Schering, Arnold, 411; 421; 437
Schibler, Armin, 225
Schicht, Johann Gottfried, 204; 393
Schidlof, Peter, 255; 264; 265; 306; 386; 388; 451; 458
Schiffer, Marcellus, 463; 477
Schlesinger, Lotte, 458
Schmid-Lindner, August, 396
Schmidt, Franz, 468; 476; 477
Schnabel, Artur, 65; 66; 247; 325; 380; 408; 421; 445; 447; 459; 479
Schnabel-Behr, Therese, 428; 458
Schnapper, Edith, 459
Schnoor, Hans, 61; 62; 63
Schoen, Ernst, 155; 156; 213; 365; 433; 459; 460
Scholes, Percy, 118
Schönberg, Arnold, 66; 67; 70; 73; 90; 94; 95; 139; 145; 155; 162; 166; 171; 189; 192; 193; 195; 197; 202; 262; 290; 315; 316; 317; 324; 338; 347; 348; 351; 378; 379; 389; 395; 407; 413; 419; 427; 429; 435; 436; 450; 458; 464; 465; 466; 472; 473; 474; 477
Schonthal, Ruth, 90

Schostakowitsch, Dimitrij, 68; 202; 240; 288
Schrade, Leo, 468
Schragenheim, Edith, 252
Schrammerl, Johann, 315
Schrattenholz, 394
Schrecker, Fritz, 157; 285; 316
Schreker, Franz, 94; 247; 334; 354; 359; 413; 416; 427; 447; 450; 458; 472
Schröder, Kurt, 190; 294; 460
Schubert, Franz, 59; 65; 152; 155; 163; 175; 178; 210; 220; 232; 236; 238; 239; 241; 242; 246; 247; 249; 250; 256; 259; 262; 265; 284; 285; 287; 312; 315; 317; 320; 324; 359; 393; 403; 406; 408; 417; 420; 432; 434; 443; 455; 456; 457; 460; 464; 470; 471; 475
Schulz-Dornburg, Rudolf, 459
Schulze, Adolf, 423
Schumann, Elisabeth, 65; 66; 460
Schumann, Robert, 141; 232; 236; 237; 238; 240; 243; 315; 317; 374; 393; 402; 408; 475; 476
Schünemann, Georg, 458
Schuricht, Karl, 49
Schütz, Heinrich, 284; 374
Schwarz, Alice, 460
Schwarz, Joseph, 463
Schwarz, Paul, 460
Schwarz, Rudolf, 142; 460; 461
Schwarz, Vera, 461
Schwarz-Schilling, R., 395
Scott, Charles Kennedy, 42
Searle, Humphrey, 226
Seghers, Anna, 272
Seiber, Mátyás, 162; 164; 174; 176; 177; 178; 190; 191; 203; 218; 221; 223; 224; 225; 229; 243; 248; 253; 255; 286; 288; 331; 338; 339; 385; 388; 413; 428; 455; 461; 462
Sekles, Bernhard, 394; 436
Sevcik, Otakar, 124; 422
Seyfert, Michael, 262
Sharf, Andrew, 50; 81; 82; 83; 84; 85; 86; 87; 88
Sharp, Cecil, 117; 118
Shelly, Percy Bysshe, 337; 342
Sibelius, Jean, 43; 68; 69; 89; 195; 330
Simon, Enid, 341
Simon, Werner, 339; 462

Singer, Charlotte, 19
Singer, Kurt, 142; 420; 460; 465
Sitwell, Edith, 243
Smetana, Friedrich, 247; 386
Smyth, Dame Ethel, 71; 77; 182; 328
Sondheimer, Kurt, 207
Sondheimer, Robert, 203; 462
Sonnenberg, Jenny, 462
Soyfer, Jura, 368
Specht, Richard, 348
Spiegl, Fritz, 220; 462
Spiel, Hilde, 293
Spinner, Leopold, 214; 462; 463
Spitz, Rudolf, 340
Spoliansky, Mischa, 172; 190; 316; 399; 413; 414; 463; 464
Springer, Max, 464; 473
Stadlen, Peter, 24; 67; 92; 94; 95; 96; 117; 155; 220; 222; 250; 265; 266; 322; 324; 331; 386; 414; 420; 424; 429; 451; 456; 464
Stalin, 271; 276; 277; 278; 279; 282; 283; 287; 307; 370; 375; 379
Steed, Wickham, 272
Stefan, Paul, 328
Stege, Fritz, 48
Stein, Egon L., 284; 464
Stein, Erwin, 200; 202; 203; 207; 260; 267; 347; 464; 465
Steinbach, Fritz, 400; 401
Steinberg, Michael, 465
Steiner, Herbert, 304
Stengel, Theo, 197
Sterlin, Louis, 118
Steuermann, Eduard, 394; 406; 427; 433; 468
Stiedry, Fritz, 469
Stockhausen, Julius, 458
Stoeving, Paul, 124
Stöhr, Richard, 411; 468
Stolzenberg, Benno, 423
Stompor, Stephan, 24; 269; 299; 396
Storm, Erika, 19; 26; 55; 56; 57; 143; 145; 170; 173; 185; 269; 293; 299; 324; 333; 338; 343; 393; 400; 402; 408; 414; 416; 419; 420; 447; 457; 465; 466; 469; 472; 477; 478
Storm, Theodor, 470

Strasser, Jani, 214; 218; 252; 289; 313; 335; 403; 405; 409; 428; 466
Straube, Karl, 424
Straus, Oscar, 196; 442
Strauss, Jacob, 454
Strauss, Richard, 44; 53; 58; 59; 60; 61; 65; 66; 89; 94; 139; 163; 183; 184; 186; 196; 201; 202; 209; 312; 325; 328; 329; 330; 340; 396; 398; 442; 445; 452; 456; 460; 463; 475
Strauß, Johann, 70; 265; 399; 402
Strawinsky, Igor, 67; 94; 173; 202; 209; 248; 250; 441; 450; 459; 461; 463; 472
Strobel, Heinrich, 325; 421
Strohbach, Hans, 55; 57
Stuckenschmidt, Hans Heinz, 45; 46; 91
Stumpf, Carl, 396
Suk, Josef, 246; 247; 384; 386
Suppé, Franz von, 65
Süsskind, Walter, 168; 246; 384; 478
Szekely, Arnold, 432
Szell, Georg, 210; 344; 466
Szendy, Árpád, 428
Tal, Joseph, 351
Tauber, Richard, 54; 55; 56; 151; 152; 189; 212; 406; 407; 416; 461; 467
Telemann, Georg Philipp, 252; 312; 318; 411; 443
Tenney, Ruth, 168
Tertis, Lionel, 231; 390
Teyte, Maggie, 315
Thatcher, Sir Reginald, 187; 193; 194
Thistleton, Frank, 118
Thompson, A. E., 180
Thorndike, Dame Sibyl, 272
Tietjen, Heinz, 54; 57
Tille, Margarete, 292; 467
Tinten, Georg, 467
Tippett, Sir Michael, 94; 104; 212; 217; 218; 221; 224; 289; 385; 389; 397; 413; 432; 461; 462; 475; 481
Tischler, Hans, 424; 468
Toch, Ernst, 174; 175; 190; 351; 435; 441; 468; 469
Toller, Ernst, 407
Tolstoi, Leo, 288
Tomasini, Aloisio Luigi, 195
Tomlinson, Ernest, 239; 240; 454

Toscanini, Arturo, 44; 45; 68; 73; 74; 139; 173; 438
Tovey, Sir Donald Francis, 54; 91; 410
Toye, Francis, 459
Traber, Habakuk, 23; 298
Trau, Sela, 224; 255; 286; 288; 315; 455; 469
Tröber, Fritz, 62
Tschaikowsky, Peter Iljitsch, 288; 370
Ulbricht, Walter, 270
Ullmann, Viktor, 331
Ulrich, Hermann, 319; 320; 469
Unger, Alfred, 282
Unger, Fritz, 171; 212
Unger, Heinz, 19; 469
Unger, Wilhelm, 282
Urbach, Ernst, 190; 255; 310; 312; 434; 456; 460; 470
Ury, Peter, 285; 293; 339; 418; 470; 475
Vansittart, Sir Robert, 281
Vaughan Williams, Ralph, 43; 49; 70; 92; 93; 94; 95; 117; 120; 123; 133; 173; 182; 223; 225; 263; 265; 266; 272; 322; 402; 425; 445; 452; 477
Verdi, Guiseppe, 61; 240; 344; 359; 390
Verlaine, Paul, 478
Vetter, Walter, 437
Viertel, Berthold, 272; 400; 468
Villa Lobos, Heitor, 395
Vivaldi, Antonio, 204; 462
Vogel, Edith, 154; 179; 220; 222; 315; 470; 471
Vogel, Wladimir, 329; 330
Volmer, Berta, 391
Wachsmann, Klaus, 471
Wadham, D., 118
Wagner, Richard, 50; 53; 59; 65; 70; 183; 213; 249; 286; 317; 372; 373; 398; 411; 455
Wagner-Régeny, Rudolf, 439
Waldmann, Fritz, 336; 471
Walker, Sir Alexander, 383
Wall Lade, Ingeborg, 26; 269; 294; 295; 296; 471
Wallfisch, Hans Peter, 472
Walter, Arnold, 472
Walter, Bruno, 48; 51; 53; 64; 65; 66; 68; 71; 72; 73; 80; 81; 325; 380; 442
Walter, Rose, 145; 465; 472

Walton, William, 224; 243; 432
Warburg, Aby, 208; 454
Warlook, Peter, 143
Warrack, Guy, 175
Wasserstein, Bernd, 23
Weber, Carl Maria von, 65
Webern, Anton, 67; 94; 95; 139; 189; 208; 290; 315; 329; 331; 348; 406; 407; 429; 450; 454; 462; 464; 465
Weigl, Karel, 472
Weill, Kurt, 89; 136; 190; 351; 439; 472; 475
Weiner, Leo, 428; 432
Weingarten, Paul, 321; 452; 464
Weingartner, Felix von, 56; 58; 68; 189; 196; 325; 416; 467; 473
Weintraub, Franz C. (Wert, Franz C.), 307
Weinzweig, Hilde, 312; 473
Weis, Paul, 436
Weisgall, Hugo, 224
Weiss, Erwin, 313; 473
Wellesz, Egon, 66; 67; 90; 123; 145; 162; 189; 196; 222; 261; 262; 286; 315; 317; 318; 320; 321; 324; 328; 348; 357; 362; 400; 416; 420; 426; 433; 468; 473; 474
Wellesz, Emmy, 261
Werder, Felix, 266; 474
Werfel, Franz, 83
Wertheim, Gertrud, 474
Wetzler, Hans Hermann, 196
Wieck, Mirjam, 104; 219; 474
Wigman, Mary, 436
Wilder, Billy, 478
Wilder, Thornton, 156
Willett, John, 23; 24; 89; 90; 92; 96; 200; 207; 220; 251; 416; 418; 419; 428; 429; 432; 453; 455; 462; 463; 465; 471; 475; 476; 482
Willner, Artur (Arthur), 174; 475
Wilson, Stuart, 203
Wipplinger, Erna, 301
Wittenberg, Alfred, 97; 430
Wittgenstein, Paul, 468
Wittkower, Rudolf, 208; 454
Wolf, Friedrich, 272
Wolf, Hugo, 189; 196; 236; 249; 250; 315; 322; 465
Wolf, Ilse, 104; 217; 218; 220; 222; 261; 265; 346; 388; 420; 426; 475
Wolf, Johannes, 396; 404; 444; 472

Wolf-Ferrari, Ermanno, 465
Wolff, Ernst, 475
Wolff, Ernst Victor, 476
Wolff, Frieda, 282
Wolff, Max, 476
Wölfflin, Heinrich, 396
Wolfsthal, Josef, 380
Wolkenstein, Lisa, 476
Wolpe, Stefan, 403; 435
Wood, Sir Henry, 105; 177; 182; 233; 347; 433; 465
Wright, Kenneth A., 138; 160; 164; 166; 167; 168; 170; 172; 187; 194; 195; 196; 429
Wunderer, Alexander, 464
Wunsch, Hermann, 395
Wurmser, Leo Russell, 56; 57; 165; 174; 194; 213; 218; 265; 429; 476; 477
Wurmser-Dawson, Mrs., 477
Wynn, Arthur, 144; 150; 171; 172
Wynne, David, 225
Wyss, Sophie, 176
Zadek, Peter, 470
Zander, Hans, 477
Zeffirelli, Franco, 403
Zemlinsky, Alexander von, 189; 351; 399; 472
Zenck, Claudia Maurer, 24; 51
Ziegler, Benno, 477
Zimmering, Max, 368
Zmigrod, Josef, 267; 477
Zörner, Ernst (Dresdner Oberbürgermeister), 63
Zur Mühlen, Raimund v., 472
Zweig, Fritz, 56; 58
Zweig, Hilda, 251; 285; 478
Zweig, Stefan, 209; 272; 478

Nachweis der Abbildungen

Abb. 1: Eva M. Heinitz. (Aus: Heft zur CD "Authentic Baroque Music performed in a non authentic Manner").
Abb 2: Lilo Kantorowicz, New York 1942. (Privatbesitz).
Abb 3 und 4: "Week-End Radio Guide" der B.B.C. vom 1.1.1938. (Privatbesitz).
Abb 5: Erika Storm, 1934. (Privatbesitz).
Abb 6: Das Morley College. (Aus: Morley - Album, 1973).
Abb 7: Programm des "Committe for the Promotion of New Music". (Henschel Collection).
Abb 8: Dame Myra Hess. (Aus: Elena Gerhardt: Recital. London 1953).
Abb 9: Aufruf des "Freien Deutschen Kulturbundes". (Stiftung Archiv der Parteien und Massenorganisationen der DDR im Bundesarchiv).
Abb 10: Programm eines Konzerts der "Free Austrian Movement in Great Brtain". (Henschel Collection).
Abb. 11: Kopenhagener Programmheft von 1964 der ISCM. (Internationales Musikinstitut Darmstadt).

Musik im "Dritten Reich" und im Exil

Schriftenreihe
Herausgegeben von
Hanns-Werner Heister und Peter Petersen

In der Reihe *Musik im "Dritten Reich" und im Exil* erscheinen Arbeiten über die Musik und Musikkultur des NS-Systems sowie seiner Opfer und Gegner in den Konzentrationslagern, im Widerstand und im Exil. Berücksichtigt werden unterschiedliche Facetten und thematische Zugänge: Kompositions-, Rezeptions- und Institutionengeschichte, Biographik, Zeitzeugenberichte u.a.m. Eingeschlossen in das Programm der Reihe sind auch Fragen nach Kontinuitäten und Brüchen faschistischer Strukturen und Mentalitäten vor 1933 und nach 1945 sowie oppositioneller Strömungen und Haltungen.

Als Band 2 der Reihe erscheint:

Gabriele Knapp:
Das Frauenorchester in Auschwitz. Musikalische Zwangsarbeit und ihre Bewältigung. *Ca. 400 Seiten, ISBN 3-928770-71-3, ca. 78,00 DM*

Musik wirkt in einem durch Personen geprägten, gesellschaftlich bedingten und situativ umgrenzten Handlungsraum. Trifft dies auch auf Extrembedingungen zu, wie sie in deutschen Konzentrationslagern herrschten? Welche Bedeutung hatte hier Musik? Bislang wurden vorwiegend die überlebenswichtigen Aspekte musikalischer Aktivitäten für die KZ-Häftlinge erforscht, das heimliche oder freiwillige Musizieren. Weniger aufgearbeitet wurde das Musizieren auf Befehl der SS und seine Bedeutung im KZ.

Gabriele Knapp beschreibt am Beispiel des Frauenorchesters in Auschwitz, was musikalische Zwangsarbeit war, und wie die SS von ihr profitierte. Durch detaillierte Analysen musikalischer Einsatzsituationen, beispielsweise dem Einsatz von Marschmusik am Lagertor, zeigt sie eindrücklich auf, wie Musik und die Musizierenden in den Vernichtungsapparat der SS verwoben wurden.

Das Orchester war integraler Bestandteil des Alltags der SS und zwangsläufig der Gefangenen. Die Autorin betont, daß befohlene Musik für die Mehrzahl von ihnen ein zusätzliches Element alltäglicher Qual, Demütigung und Täuschung war. Sie entmythologisiert die häufig in der Literatur betonte positive Kraft von Musik auf die KZ-Häftlinge.

Wie erlebten die Mitglieder des Frauenorchesters ihre Zwangslage? Die Autorin fand sieben ehemalige Musikerinnen, die bereit waren, über die musikalische Zwangsarbeit zu sprechen. In ihrer Arbeit geht sie den Fragen nach, wie es die Frauen ertragen konnten, in Auschwitz musizieren zu müssen, und welche Rolle die Musik nach 1945 in ihrem Leben weiter spielte.

Die Autorin stellt musikalische Lebensläufe anhand biographischer Kategorien dar. Auf der Basis der spezifischen Psychologie von KZ-Überlebenden zeigt sie durch behutsame Interpretationen auf, wie alle Frauen durch die Zeit der NS-Verfolgung und die KZ-Gefangenschaft massive Einschnitte in ihre Musikbiografie erlitten. Um weiterleben zu können, mußte jede Frau individuelle Bewältigungsstrategien finden.

Ein zentrales Ergebnis der Arbeit ist, daß die Musikerinnen auf grausame Weise Opfer waren. Die Autorin kritisiert daher die Darstellung ihrer Lebens- und Arbeitsbedingungen im Buch der Fania Fénelon, *Das Mädchenorchester in Auschwitz* (1981), in dem die Geschehnisse im Orchester verharmlost und beschönigt beschrieben sind. Sie zieht den Schluß, daß es keine verbindliche Wahrheit gibt, sondern daß es darum geht, die subjektiven Sichtweisen aller Frauen als kontrastierende Wahrheitsebenen gegenüberzustellen und zu respektieren, daß die Frauen des Orchesters durch die Verdrängung großer Teile der traumatischen Vergangenheit überhaupt weiterleben konnten.

von Bockel Verlag
Simrockstr. 62 B - 22589 Hamburg
Telefon & Telefax: 040-870 58 23